国家出版基金项目

中国近代
思想家文库

◎

夏明方 杨双利 编

王亚南卷

中国人民大学出版社
·北京·

总　序

　　对于近代的理解，虽不见得所有人都是一致的，但总的说来，对于近代这个词所涵的基本意义，人们还是有共识的。一个国家、一个民族走入近代，就意味着以工业化为主导的经济取代了以地主经济、领主经济或自然经济为主导的中世纪的经济形态，也还意味着，它不再是孤立的或是封闭与半封闭的，而是以某种形式加入到世界总的发展进程。尤其重要的是，它以某种形式的民主制度取代君主专制或其他不同形式的专制制度。中国是个幅员广大、人口众多、历史悠久的多民族国家，由于长期历史发展是自成一体的，与外界的交往比较有限，其生产方式的代谢迟缓了一些。如果说，世界的近代是从 17 世纪开始的，那么中国的近代则是从 19 世纪中期才开始的。现在国内学界比较一致的认识，是把 1840 年到 1949 年视为中国的近代。

　　中国的近代起始的标志是 1840 年的鸦片战争。原来相对封闭的国门被拥有近代种种优势的英帝国以军舰、大炮再加上种种卑鄙的欺诈打开了。从此，中国不情愿地加入到世界秩序中，沦为半殖民地。原来独立的大一统的中央集权的君主专制国家，如今独立已经极大地被限制，大一统也逐渐残缺不全，中央集权因列强的侵夺也不完全名实相符了。后来因太平天国运动，地方军政势力崛起，形成内轻外重的形势，也使中央集权被弱化。经历第二次鸦片战争、中法战争、甲午战争、八国联军入侵的战争以及辛亥革命后的多次内外战争，直至日本全面侵略中国的战争，致使中国的经济、政治、教育、文化，都无法顺利走上近代发展的轨道。古今之间，新旧之间，中外之间，混杂、矛盾、冲突。总之，鸦片战争后的中国，既未能成为近代国家，更不能维持原有的统治秩序。而外患内忧咄咄逼人，人们都有某种程度"国将不国"的忧虑。

　　"天下兴亡，匹夫有责"，读书明理的士大夫，或今所谓知识分子，尤为敏感，在空前的危机与挑战面前，皆思有所献替。于是发生种种救亡图存的思想与主张。有的从所能见及的西方国家发展的经验中借鉴某些东西，形成自己的改革方案；有的从历史回忆中拾取某些智慧，形成某种民族复兴的设想；有的则力图把西方的和中国所固有的一些东西加以调和或结合，形成某种救亡图强的主张。这些方案、设想、主张，从世界上"最先进的"，到"最落后的"，几乎样样都有。就提出这些方案、设想、主张者的初衷而言，绝大多数都含着几分救国的意愿。其先进与落后，是否可行，能否成功，尽可充分讨论，但可不必过为诛心之论。显而易见，既然救国的问题最为紧迫，人们所心营目注者自然是种种与救国的方案直接相关的思想学说，而作为产生这些学说的更基础性的理论，及其他各种知识、思想，则关注者少。

围绕着救国、强国的大议题，知识精英们参考世界上种种思想学说，加以研究、选择，认为其中比较适用的思想学说，拿来向国人宣传，并赢得一部分人的认可。于是互相推引，互相激励，更加发挥，演而成潮。在近代中国，曾经得到比较广泛的传播的思想学说，或者够得上思潮的，主要有以下几种：

（一）进化论。近代西方思想较早被引介到中国，而又发生绝大影响的，要属进化论。中国人逐渐相信，进化是宇宙之铁则，不进化就必遭淘汰。以此思想警醒国人，颇曾有助于振作民族精神。但随后不久，社会达尔文主义伴随而来，不免发生一些负面的影响。人们对进化的了解，也存在某些片面性，有时把进化理解为一条简单的直线。辩证法思想帮助人们形成内容更丰富和更加符合实际的发展观念，减少或避免片面性的进化观念的某些负面影响。

（二）民族主义。中国古代的民族主义思想，其核心是"非我族类，其心必异"，所以最重"华夷之辨"。鸦片战争前后一段时期，中国人的民族思想，大体仍是如此。后来渐渐认识到"今之夷狄，非古之夷狄"，"西人治国有法度，不得以古旧之夷狄视之"。但当时中国正遭受西方列强的侵略和掠夺，追求民族独立是民族主义之第一义。20世纪初，中国知识精英开始有了"中华民族"的概念。于是，渐渐形成以建立近代民族国家为核心的近代民族主义。结束清朝君主专制，创立中华民国，是这一思想的初步实现。第一次世界大战爆发，中国加入"协约国"，第一次以主动的姿态参与世界事务，接着俄国十月革命爆发，这两件事对近代中国的发展历程造成绝大影响。同时也将中国人的民族主义提升到一个新的层次，即与国际主义（或世界主义）发生紧密联系。也可以说，中国人更加自觉地用世界的眼光来观察中国的问题。新生的中国共产党和改组后的国民党都是如此。民族主义成为中国的知识精英用来应对近代中国所面临的种种危机和种种挑战的一个重要的思想武器。

（三）社会主义。社会主义作为一种模糊的理想是早在古代就有的，而且不论东方和西方都曾有过。但作为近代思潮，它是于19世纪在批判近代资本主义的基础上产生的。起初仍带有空想的性质，直到马克思和恩格斯才创立起科学社会主义。20世纪初期，社会主义开始传入中国。当时的传播者不太了解科学社会主义与以往的社会主义学说的本质区别。有一部分人，明显地受到无政府主义的强烈影响，更远离科学社会主义。直到五四新文化运动兴起之后，中国人始较严格地引介、宣传科学社会主义。但有一段时间，无政府主义仍是一股很大的思想潮流。中国共产党的成立，从思想上说，是战胜无政府主义的结果。中国共产党把在中国实现社会主义乃至共产主义作为自己的奋斗目标。此后，社会主义者，多次同各种非科学社会主义思想的信仰者进行论争并不断克服种种非科学社会主义思想的影响。

（四）自由主义。自由主义也是从清末就被介绍到中国来，只是信从者一直寥寥。直到五四新文化运动兴起，具有欧美教育背景的知识精英的数量渐渐多起来，自由主义始渐渐形成一股思想潮流。自由主义强调个性解放、意志自由和自己承担责任，在政治上反对一切专制主义。在中国的社会条件下，自由主义缺乏社会基础。在政治激烈动荡的时候，自由主义者很难凝聚成一股有组织的力量；在稍稍平和的时候，他们往往更多沉浸在自己的专业中。所以，在中国近代史上，自由主义不曾有，也不可能有大的作为。

（五）激进主义与保守主义。处于转型期的社会，旧的东西尚未完全退出舞台，新的东西也还未能巩固地树立起来，新旧冲突往往要持续很长的时间，有时甚至达到很激烈的程度。凡助推新东西成长的，人们便视为进步的；凡帮助旧东西排斥新东西的，人们便视为保守的。其实，与保守主义对应的，应是进步主义；与顽固主义相对的则应是激进主义。不过在通常话语环境中人们不太严格加以区分。中国历史悠久，特别是君主专制制度持续两千余年，旧东西积累异常丰富，社会转型极其不易。而世界的发展却进步甚速。中国的一部分精英分子往往特别急切地想改造中国社会，总想找出最厉害的手段，选一条最捷近的路，以最快的速度实现全盘改造。这类思想、主张及其采取的行动，皆属激进主义。在中共党史上，它表现为"左"倾或极左的机会主义。从极端的激进主义到极端的顽固主义，中间有着各种程度的进步与保守的流派。社会的稳定，或社会和平改革的成功，都依赖有一个实力雄厚的中间力量。但因种种原因，中国社会的中间力量一直未能成长到足够的程度。进步主义与保守主义，以及激进主义与顽固主义，不断进行斗争，而实际所获进步不大。

（六）革命与和平改革。中国近代史上，革命运动与和平改革运动交替进行，有时又是平行发展。两者的宗旨都是为改变原有的君主专制制度而代之以某种形式的近代民主制度。有很长一个时期，有两种错误的观念，一是把革命理解为仅仅是指以暴力取得政权的行动，二是与此相关联，把暴力革命与和平改革对立起来，认为革命是推动历史进步的，而改革是维护旧有统治秩序的。这两种论调既无理论根据，也不合历史实际。凡是有助于改变君主专制制度的探索，无论暴力的或和平的改革都是应予肯定的。

中国近代揭幕之时，西方列强正在疯狂地侵略与掠夺殖民地和半殖民地，中国是它们互相争夺的最后一块、也是最大的资源地。而这时的中国，沿袭了两千年的君主专制制度已到了奄奄一息的末日，统治当局腐朽无能，对外不足以御侮，对内不足以言治，其统治的合法性和统治的能力均招致怀疑。革命运动与改革的呼声，以及自发的民变接连不断。国家、民族的命运真的到了千钧一发之际，危机极端紧迫。先觉分子救国之心切，每遇稍具新意的思想学说便急不可待地学习引介。于是西方思想学说纷纷涌进中国，各阶层、各领域，凡能读书读报者，受其影响，各依其家庭、职业、教育之不同背景而选择自以为不错的一种，接受之，信仰之，传播之。于是西方几百年里相继风行的思想学说，在短时期内纷纷涌进中国。在清末最后的十几年里是这样，五四时期在较高的水准上重复出现这种情况。

这种情况直接造成两个重要的历史现象：一个是中国社会的实际代谢过程（亦即社会转型过程）相对迟缓，而思想的代谢过程却来得格外神速。另一个是在西方原是差不多三百年的历史中渐次出现的各种思想学说，集中在几年或十几年的时间里狂泻而来，人们不及深入研究、审慎抉择，便匆忙引介、传播，引介者、传播者、听闻者，都难免有些消化不良。其实，这种情况在清末，在五四时期，都已有人觉察。我们现在指出这些问题并非苛求前人，而是要引为教训。

同时我们也看到，中国近代思想无比的多样性与复杂性呈现出绚丽多彩的姿态，各种思想持续不断地展开论争，这又构成中国近代思想史的一个突出特点。有些论争为我们留下了非常丰富的思想资料。如兴洋务与反洋务之争，变法与反变法之争，革命与改良之争，共和与立宪之争，东西文化之争，文言与白话之争，新旧伦理之争，科学与人生观之争，中国社会性质的论争，社会史的论争，人权与约法之争，全盘西化与本位文化之争，民主与独裁之争，等等。这些争论都不同程度地关联着一直影响甚至困扰着中国人的几个核心问题，即所谓中西问题、古今问题与心物关系问题。

中国近代思想的光谱虽比较齐全，但各种思想的存在状态及其影响力是很不平衡的。有些思想信从者多，言论著作亦多，且略成系统；有些可能只有很少的人做过介绍或略加研究；有的还可能因种种原因，只存在私人载记中，当时未及面世。然这些思想，其中有很多并不因时间久远而失去其价值。因为就总的情况说，我们还没有完成社会的近代转型，所以先贤们对某些问题的思考，在今天对我们仍有参考借鉴的价值。我们编辑这套《中国近代思想家文库》，希望尽可能全面地、系统地整理出近代中国思想家的思想成果，一则借以保存这份珍贵遗产，再则为研究思想史提供方便，三则为有心于中国思想文化建设者提供参考借鉴的便利。

考虑到中国近代思想的上述诸特点，我们编辑本《文库》时，对于思想家不取太严格的界定，凡在某一学科、某一领域，有其独立思考、提出特别见解和主张者，都尽量收入。虽然其中有些主张与表述有时代和个人的局限，但为反映近代思想发展的轨迹，以供今人参考，我们亦保留其原貌。所以本《文库》实为"中国近代思想集成"。

本《文库》入选的思想家，主要是活跃在 1840 年至 1949 年之间的思想人物。但中共领袖人物，因有较为丰富的研究著述，本《文库》则未收入。

编辑如此规模的《文库》，对象范围的确定，材料的搜集，版本的比勘，体例的斟酌，在在皆非易事。限于我们的水平，容有瑕隙，敬请方家指正。

《中国近代思想家文库》编纂委员会

目　录

导　言

　　书是精神食粮的宝库，亦是人成才的阶梯。古人发奋读书的故事史不绝书，凿壁偷光，悬梁刺股，映雪囊萤，无不激励后辈。近代中国史上也流传着一段"睡三脚床惜时"读书的故事，主人公就是我国著名的经济学家、教育家王亚南。

一

　　王亚南原名际主、直淮，号渔村，笔名王真、碧辉，清光绪二十七年（1901年）生于湖北省黄冈县王家坊。生时值《辛丑条约》签订一个多月后，清王朝的统治在内忧外患的颠簸下早已成"将萎之花"。幼时，母亲、父亲相继离世，在兄长和姐姐的支持下读完了小学和中学。这种"国破家亡"的现实似乎已经赋予了这个幼小的生命某种使命。读中学时，王亚南勤奋苦学，为了争取更多读书时间，特意把自己所睡木板床的一条腿锯短半尺，成为"三脚床"。每晚读书疲倦睡下后迷糊中一翻身，便被倾斜的木床惊醒，即刻起床，伏案夜读，从无间断。上大学后，更是认真刻苦，勤工俭学。从武汉的中华大学毕业，王亚南在一所私立中学任教。此时，国家罹难，军阀割据，北伐战争已经打响，成城中学在战乱中被迫停办。失业后的王亚南在朋友的介绍下，奔赴长沙参加北伐军，在军中担任政治教员。不料，革命尚未成功，国共合作破裂，大革命转入低潮。壮志青年，一腔热血，怀着悲愤的心情重返武昌。谋职未果，与留法回国的夏康农共赴上海。原本打算写一部关于北伐战争的小说，但为生活所迫，又从上海辗转到杭州。正所谓"人生路上遇知音，泛起涟漪起共鸣"，就在杭州大佛寺内，王亚南遇到了后来共成伟业的同样流寓在此的郭大力。二人一见如故，由郭大力提议，"立定了一个译述世界经济名著的计划。预译的书，是亚当·斯密的《国富论》，里嘉图的《经济学及赋税之原理》，马尔萨斯的《人口论》，约翰·穆勒的《经济学原论》及马克思的《资本论》，预定的年限是六年乃至八年"①。关于这个庞大的译书计划的动机，自是与他们对当时经济学界及中国时局的深刻认识相关联。王亚南在后来的《经济学史·序论》中写到："我们立定这个计划，有几种动机：第一，经济学是一切社会科学的基本学问，在社会科学风靡一时，且变为时尚的中国，颇需要人来做这种切实的笨工；第二，把学问的研究与主义的宣传，混为一谈，那几乎是今日中国异常普遍的错误。就在研究者自身，他们亦是严立门户，比如，资本主义经济研究者，每视《资本论》一类著述为危险物；而马克思主义经济研究者，又视《国富论》一类著述为过时物，其实在学问本身是不能这样狭隘和猜忌的。我们之所以要由资本主义经济著述，译到马克思的著述的，一方面固然是因着研究的兴致，同时也期望能由此确立开明的研究精神。第三，在学无素养，而又置身在主义面前，意见庞杂的中国的我们，自觉埋头做这类译述工作，是再好没有的，因为这不但可以奠定我们学问的根基，且可以抑制我们偏见的发露"②。二人还打算在前述五部著作译成后，再合写一部《由亚当·斯密到马克思》，之后就在国内各地旅游。1928 年年底，郭大力回上海教书，王亚南东渡日本。自此，便开始了他们译介世界经济学名著的伟大工程。

二

王亚南对于学界之贡献不可谓不大，大致可以分为两个阶段：三十年代主要以译述经济学说为主，兼论时事；进入四十年代之后，便逐渐形成了自己研究经济问题的理论体系，继续着其对于中国社会"历史的经济的解释"的学术实践。概括起来说，有以下几个方面：

（一）译介国外学术论著，讲述世界经济学说

王亚南到达日本后，一面穷力钻研马克思主义政治经济学，一面学习日语和德语，为翻译工作做准备。在东京三年，他靠译著为生，生活

① ② 王亚南：《经济学史·绪论》，载《读书与出版》，1933 年第 2、3 期。

异常清苦，闲暇之时大都消磨在神田町的书市里。期间，王亚南除与郭大力合译《经济学及赋税之原理》和《国富论》二书外，独自翻译了芬兰人类学家爱德华·韦斯特马克的《人类婚姻史》及日本高畠素之的《地租思想史》等著作。1933年3月，其所译英国克赖氏《经济学绪论》由上海民智书局刊行。同年，王亚南开始着手翻译奈特等撰写的《欧洲经济史》。次年，因闽变失败遭通缉，出走欧洲，将未译完的《欧洲经济史》移交给郭大力翻译，1935年3月由上海世界书局刊行。"这部《欧洲经济史》，对于以不同方法研究中国经济史的学者"来说，提供了"可以攻玉"的"他山之石"①。是年年底，王亚南辗转日本回国，与郭大力合作全力翻译《资本论》。他们根据德文原本，参考日文译本以及国内已经翻译出版的第一卷部分，尽可能通俗化翻译《资本论》全本。《资本论》的全译，不仅促进了马克思主义在中国的广泛传播，为中国革命提供了理论营养，也为马克思主义经济理论在中国经济学界的传播、运用和发展做出了开创性的贡献。此后又与王搏金合译了英国柯尔的《世界经济机构体系》一书。

三十年代初期，王亚南撰写的评介西方经济学说的"世界经济名著讲座"系列文章及《经济学史》（上卷），为后来的经济学人系统了解和学习西方经济学说提供了很大帮助。王亚南之所以"打算把世界经济学名著做经纬，来叙述世界经济理论之史的发展"，源自于他对当时中国思想界对于西方学说的态度的反思。他希望中国学人能对这些学说有"一个全般系列的理解"，存其本来面目，知其渊源背景，而"不致以主观的是非定高低，以主观的好恶为取舍"。在此基础上，他认为，不管《国富论》、《资本论》，抑或是其他各类著作，"就其著述者各别的时代看去"，都有其"不可磨灭的价值"，"我们是要在经济学说史和经济事实史的视野里边，才能看清各部名著的本来面目，才能由杂多的各别的名著，得到一个全般的认识"②。王亚南自一开始介绍和研究西方经济学说史时，就明确指出，经济学说由于它的时代背景和实践基础的不同会有差异，"哪怕同是资本主义社会组织的经济学者，在资本主义发生、发展、颓敝、崩溃各时期所具的见解，必大相悬殊；就后者来说，那怕同在某一资本主义发展阶段，甲国社会环境孕育的经济理论，与乙国社

---

① 郭大力《序》，见奈特等著、王亚南译：《欧洲经济史》，第3页，上海世界书局，1935年。

② 王亚南：《世界经济名著讲座》，载《读书杂志》，1931年第1卷第1期。

会环境孕育的经济理论，又必不相一致"①。因此，他在介绍西方经济学说时，按照出现时期的先后，大体上将马克思主义经济学说出现之前的西方经济学——资本主义经济学——分为：资本主义发轫期以法国经济学者为代表的重农学派，资本主义兴盛时期以英国经济学者为代表的正统派，资本主义渐渐呈现矛盾的衰颓期以德国经济学者为代表的历史学派，以奥地利一派经济学者为代表的奥地利派，还有后来修正正统派经济学的新正统派及修正历史派经济学的新历史派等几大流派。他指出，社会主义经济学作为指证资本主义社会"颓敝崩溃倾向的经济学说"，是资本主义经济学的"一种相反的继续"，马克思的经济学说是其代表。"但就其性质或所探求的对象而论，马克思主义经济学，也就不外资本主义经济学"。"资本主义经济学，是'关于资本家生产样式之特殊法则的科学'，而马克思主义经济学，则是'发现资本主义没落法则'，并'暴露资本家社会之经济运动法则'的科学"②。

（二）创建学术研究机构，创办学术期刊杂志

王亚南任中山大学经济学系主任期间，创办经济调查研究所及《经济科学》杂志，并任主编。在作为"代发刊词"的《经济科学论》一文中，王亚南提出"经济科学是一门实践的科学；是在实践的应用的过程上形成的科学；是要在实践的应用的意义和要求上才能正确有效的去研究去理解的科学"，并要求将体现"经济学的实践性"作为该刊"努力的指针"③。1944 年，王亚南任福建省研究院社会科学研究所所长，对研究所进行了改组，组织了闽西土地调查。1945 年，在福建永安创办经济科学出版社，出版《社会科学》、《研究汇报》等杂志。1950 年任厦门大学校长后，创办了厦门大学经济研究所，成立经济学院，复刊《厦门大学学报》并亲自参与组稿、写稿、审稿及编辑工作。经王亚南提议，厦门大学经济研究所主办的《中国经济问题》于 1959 年正式创刊，是新中国成立后高校中第一份经济学专业杂志，至今仍为中国经济问题学术交流的重镇。

---

① 王亚南：《世界经济名著讲座》，载《读书杂志》，1931 年第 1 卷第 1 期。
② 张贶余，王亚南：《通信：几个关于经济学的初学的问题》，载《读书杂志》，1932 年第 2 卷第 11—12 期。
③ 王亚南：《经济科学论》，载《经济科学》，1942 年创刊号。

（三）勤力学术研究，探索"中国问题"

1. 对于旧中国社会的"历史的经济的解释"

王亚南一生论著宏富，思想体系庞大，从事马克思主义经济学研究的陈其人教授将其主要学术成就称为"王亚南百科全书"。他认为，"王亚南百科全书有广义和狭义之分"，狭义的"是整个马克思主义经济科学"，"广义的则是由经济学扩展开来而又包括其他科学在内的社会科学"①。当然，其最杰出的贡献无疑是在经济学领域，最有特色的则是运用马克思主义经济学理论对于中国问题的"历史的经济的解释"。

从三十年代初，王亚南就从中国经济史入手，探索旧中国社会经济问题。《封建制度论》一文是其鉴于当时中国社会性质论战所引发的对封建制度的思考。他从封建制度的经济基础谈起，对欧洲、日本、中国"封建社会"进行梳理和比较研究后，指出中国"当下"不是封建社会，大体上全国处于资本主义的支配下。用他自己的话说："我不承认中国今日还存在封建制度，我同样不承认中国今日还存有封建势力"。虽然他说："我写这篇论文，目的在泛论封建制度的性质。其中也许不免涉及中国社会的性质问题吧，但，那是附带提到，顶多，是当作观战者的感言提到"，但这篇文章反映了三十年代初王亚南对中国社会性质问题的基本认识，不逊于当时关于这一问题的主要论战者。

当时的中国思想界由"中国社会性质问题的论争，曾带来了中国社会史性质的论争，而在中国社会性质论争的过程中逐渐萌芽发育起来了中国经济史"②。王亚南1936年出版的《中国社会经济史纲》一书，正是这一思想脉络的延续。该书除论述中国社会经济史上的方法论问题外，着重探讨从原始社会到封建社会各个历史阶段的经济特征、生产力发展水平以及社会形态的演变等。"所有今日中国社会史论争上的诸般问题，如井田制问题，奴隶制问题，亚细亚生产方法问题，商业资本形态问题，专制主义问题等等，大体都在本书中有了确定的解答"③。

随着对中国现实的深刻认识和对马克思主义政治经济学的深入学习，王亚南认识到可以运用马克思主义经济学理论研究中国问题，但他强调要从本国的实际出发灵活运用。他在1934年发表的《生产经济学》一文中就曾指出："马克思所阐明的关于资本主义走向没落旅程的趋势，

① 陈其人：《王亚南在中山大学及其百科全书》，载《中国经济问题》，2009年第3期。
② 王亚南：《中国经济原论》，第17页，上海生活书店，1947年。
③ 王亚南：《中国社会经济史纲》，第1页，上海生活书店，1936年。

虽然一般可以应用到一切资本主义的社会，但每个社会本身所具有的特殊性，每个社会由其四周环境所形成的特殊性，以及它们由这诸般特殊性影响其发展过程的事实，必须得对马克思经济学说加以有效的活用。"①

进入四十年代以后，王亚南逐渐形成了自己的经济理论体系。用他的话说："我……虽然也出版了一些有关经济学方面的东西，但用我自己的思想，自己的文句，自己的写作方法，建立起我自己的理论体系，并依据这个体系，把它伸展延拓到一切社会科学的领域……却显然是到了中大以后开始的。"② 1940 年，王亚南受聘于国立中山大学任教，讲授高等经济学、中国经济史、经济思想史等课程。高等经济学课程的讲授底本是王、郭二人翻译的李嘉图的《经济学及赋税之原理》，这本李嘉图自己都怀疑"全英国是不是会有二十五个人懂得"的抽象理论书籍难以引起年轻学子们的兴趣，同学们对中国经济史课程的兴趣更大。这使得王亚南在以后几年的教学中"逐渐丢开了里嘉图的那部大著，而直接由一般经济理论入手"，来讨论和研究中国经济。他还承担了一门经济学课程，努力"编出一个站在中国人立场来研究经济学的政治经济学教程纲要"。因此，他"在讲完每一篇每一章的一般经济形态之后，紧接着就讲到中国有关经济形态的相同相异点，以及时下流行的国人有关那种经济形态的不正确认识，并分别予以评正"③。这些讲述被撰成系列文章发表在《中山文化季刊》、《广东省银行季刊》、《时代中国》等杂志上，成了《中国经济原论》一书主要部分的底稿。这部著作践行了他所倡导的"应站在中国人的立场上来研究经济学"的主张，被誉为"中国式的《资本论》"。该书的第一篇《导论》部分的写作可谓几经波折，王亚南原本写就的关于"中国现代经济的全般发展情形，及中外学者对于中国经济本身认识的演变情形"的长篇绪论因战事原因而遗失。1946年初版中的《中国经济研究总论》是他另写的一篇绪论，是其对于中国经济研究的总体认识的反映。新中国成立后，他对原书进行了修订和改写，尤其对第一篇进行了彻底的改写，并增加了第九篇《结论》和附录部分的五篇文章。1957 年增订版将书名改为《中国半封建半殖民地经济形态研究》。在书中，王亚南认为中国经济的研究要"借鉴于经济史

---

① 王亚南：《生产经济学》，载福建人民政府机关报《人民日报》，1934 年 1 月 10 日。
② 王亚南：《留给中山大学经济学系同学一封公开信》，载《每日论坛》，1946 年 11 月。
③ 王亚南：《中国半封建半殖民地经济形态研究》，初版序言，人民出版社，1957 年。

学"，原因有三："第一、经济史学由其历史必然发展阶段的提示，使我们得认知中国经济是处在何种历史发展过程中，它必然具有那些根性；第二、它由其所论证了的一般历史规律，使我们得认知，处在我们这种发展状态或过程中的经济，该会受到那些规律所支配，即它该会向着怎样的必然途径展开；第三、它并还为我们说明：历史规律是如何没有历史现实表现得错杂而丰富，它向我们提供出了在同一经济基础上，在同一社会发达阶段呈现着无限参差不同的经验事象的确证，它指点我们：任何一个社会经历由封建推移到资本的过渡阶段，都可因其当前所遭值的不同的社会条件，而不必有划一的按图索骥的方式，但它对于我们主观努力的最大'善意'，也只表示经历历史必然发展阶段的时期和苦痛可以缩减，却不允许超越，却不承认旧社会未经否定和扬弃，就可以轻易的让新社会实现出来"[①]。这也就解释了为什么二三十年代中国社会性质论战到后来不得不导出中国社会史的论战。因为"由中国社会经济史实的发展规律的研究，我们以前对于中国这种经济形态上许多想不到或者想不透的事象，现在都可以说明了"。所以，"我们研究中国这种经济形态决不能忽视这尚在萌芽成长过程中的中国经济史所可能给予我们的直接间接的帮助"[②]。

1943 年，英国学者李约瑟访王亚南于广东坪石，希望王亚南对中国官僚政治做出"历史的社会的解释"，这为王亚南学术体系的扩展提供了一个契机。此后的五年多时间里，王亚南对这个问题进行了深入的思考和研究。在 1947 年至 1948 年，他将自己关于中国官僚政治研究的成果先后发表在《时与文》杂志各期，这些文章都有一个共同的副标题"中国官僚政治之历史的经济的解释"。足见，对于中国问题谋求一个"历史的经济的"解释是王亚南学术研究的一个基本认识和追求。这些成果在 1948 年结集出版了《中国官僚政治研究》一书，其弟子孙越生评价该书"最有科学价值和现实意义的地方，就在于以历史和经济分析为基础，对官僚政治这一官僚主义发展最成熟的形态本身的基本矛盾——官民对立关系作了慧眼独具的剖析，从而为探索官僚主义的根本克服办法提供了启示"[③]。《中国经济原论》与《中国官僚政治研究》两

① 王亚南：《中国半封建半殖民地经济形态研究》，第46页，人民出版社，1957年。
② 同上书，第47页。
③ 孙越生：《再版序言》，见王亚南：《中国官僚政治》，第1页，中国社会科学出版社，1981年。

本书"成为研究旧中国经济基础和政治上层建筑的重要著作"①，与后来出版的《中国地主经济封建制度论纲》一书共同构成了王亚南关于旧中国系统研究的主体内容。

《中国地主经济封建制度论纲》一书由王亚南发表在《文史哲》上的一篇长文《由封建的领主经济和地主经济引论到中国社会发展史上的诸问题》整理而成，系统分析了地主经济与中国封建社会的关系。该书在补充《中国官僚政治研究》若干内容的基础上，"从中国地主经济封建制度，引论到中国社会发展史上的一些尚待研究解决的问题，如中央集权官僚政治问题、天道观念的政治思想问题、民族产生问题、中国封建社会长期停滞问题、亚细亚生产方式问题等"，"比较广泛地说明了中国社会发展过程中社会经济、政治、文化的内在有机联系"，"把地主经济封建生产方式作为一个整体，从经济结构、政治体制和文化思想等几个方面，进行全面系统的、宏观与微观相结合的研究，在解放前可说是独树一帜，大胆创新"②。

这一系列讨论中，王亚南系统提出了"地主经济论"，将"中国的封建制度分为领主经济和地主经济两大阶段，而以地主经济形态和半封建生产方式作为一个整体，从经济结构、政治体制和文化思想等几个方面，进行全面系统的、宏观和微观相结合的研究，来解释中国社会经济史长期争论的'停滞发展'问题，被称为是'对三十年代以来讨论的小结'"③。其运用马克思主义的基本原理对中国半封建半殖民地经济形态进行了系统的分析，对于旧中国半封建半殖民地社会形成的原因、性质、改造办法、改造方向都进行了清晰的阐明。"对于旧中国的商品经济理论、资本理论、利润利息理论、经济危机理论、官僚政治理论等方面，都有自己的独到精辟的见解，并形成完整的经济理论体系"④，为中国革命的反帝反封建斗争提供了科学的理论依据。

2. 中国经济学研究

在探索中国经济学的历程中，王亚南做了以下几方面的努力：一是对政治经济学原则和规律的阐明，即对于经济科学之一般理论的研究；二是对于政治经济学史进行再清理；三是探讨如何运用政治经济学所揭

---

① 陈其人：《王亚南在中山大学及其百科全书》，载《中国经济问题》，2009 年第 3 期。

② 陈克俭：《王亚南对创建中国经济学的历史性贡献及其启示——纪念王亚南诞辰 100 周年》，载《东南学术》，2002 年第 1 期。

③④ 见《王亚南生平事略》，《王亚南文集》，第 1 卷，福建教育出版社，1987 年。

示的规律来改造"当前"社会。王亚南推崇马克思主义学说，对于马克思主义政治经济学的源头——古典政治经济学给予了肯定，而对于他所认为的庸俗经济学（马尔萨斯人口论、奥地利学派、凯恩斯学说等），虽然也肯定他们在某些方面有一点合理性，但对于其为没落的资产阶级辩护的立场进行了无情的批判。

"中国经济学"一词，王亚南早在1941年公开发表的《政治经济学在中国》一文中就提出了，且有相关论文对中国经济学建立之必要性、研究对象、研究方法等问题进行了系统论述。按照王亚南的计划，中国经济学的论证过程中，"有关经济科学之一般理论者，已由中华出版社以《经济科学论丛》的书名出版，其有关中国经济思想者，正计划出一个《中国经济意识论丛》的专集"，其有关中国"当前"经济问题的论述则"被冠以《中国经济论丛》的名色"出版。①《经济科学论丛》首篇《经济科学论》一文系统地阐述了"作者对于经济科学的基本认识"。其他文章则分别阐述了作者关于经济科学中人的因素、自然的因素、经济法则、哲学与经济学的关系、政治经济学及其应用、政治经济学发展历程等问题的思考。1944年出版的《中国经济论丛》一书所收录的八篇文章则是王亚南对于抗战后期中国经济问题的研究。这一系列文章在"研究观点和研究方法上"，"是统一在一个系统之下的"，即"经济政策方面"。他"始终认为中国当前经济问题的症结，不在其技术性方面，而在其社会性方面"②，从这方面入手，才不至偏离中国经济问题研究的方向。1949年，王亚南出版了《政治经济学史大纲》一书，对于此前影响巨大的经济学说进行了一次大清理。该书除了对之前《经济学史》（上卷）有部分内容上的移植之外，对于马克思恩格斯的思想体系及"当代"流行的个人主义、国家主义和社会主义三大经济思潮进行了系统的论述，是其经济学说方面的集大成之作，为其"中国经济学"的建立奠定了深厚的理论基础。

其关于运用政治经济学所揭示的规律来改造"当前"社会的论述，则体现在对"中国社会经济改造"问题的讨论上。前述《中国经济原论》一书对于中国半封建半殖民地的社会经济形态作了理论上的探讨，"然则如何去改变我们那种半封建半殖民地的社会生产关系呢？""在《原论》尚未与读者见面以前"，王亚南"就计划写一部《中国社会经济

①②　王亚南：《中国经济论丛·序言》，五十年代出版社，1944年。

改造论纲》，把该书研究的结论，引到实践上去"。1949 年出版的《中国社会经济改造问题研究》一书便是这一计划的结晶，亦可作为《中国经济原论》的续篇，要"使《原论》中通过'化验室方法'研究所得的诸种法则，再回到现实中去"①。该书"从通常一般阻碍我们认识的自然观出发，由自然观引到技术观，由技术观引到资本观。""紧接着讲中国经济改造上的生产力与生产关系的问题。"最后将讨论的重点落在从其"一般讲得最多"又"看法各有不同的"土地问题，"由它的诸封建特质来"做出解释。"问题如剥笋般的慢慢由外围剥到了核心，然后再提到中国社会经济改革的指导原理"② 上来。

随着时间的推移，王亚南深感时局变化之大，《中国社会经济改造问题研究》中许多结论已经不能回答"当前"新民主主义经济的特征及日渐凸显的新问题，遂决定写一部讨论新民主主义经济的著作。将之前讨论半封建半殖民地经济形态的《中国经济原论》作为上卷，此书为下卷，以完成揭露"由半封建半殖民地经济转向新民主主义经济的内在必然联系"的任务。这便是《中国社会经济改造思想研究》。该书分为上、下两卷，上卷"把原来集载在《中国社会经济改造问题研究》中的失了时效的诸篇勾销去，并增订其余的部分"，讨论了"数十年来资产阶级和小资产阶级关于中国社会经济改造的各种意见，就其最有代表性的，加以批判，藉以清除许多人头脑中的改良主义意识，并概括出新民主主义的正确性"；"下卷则对中国社会经济改造的正确途径——新民主主义经济，作深入的研究"③。

3.《资本论》研究

《资本论》"是一部政治经济学典范，也是一部阶级学典范"。王亚南对于马克思主义的学习和研究都是借助于这部著作。然而王亚南真正系统研究《资本论》则是在二十世纪五十年代末至六十年代初。这一时期，王亚南撰写了一系列文章，从《资本论》产生的时代背景、历史任务、研究对象和方法、结构与体系、历史功绩等方面进行了深入分析。并结合学习、研究《资本论》的体会，对于当代资产阶级经济学和现代修正主义对《资本论》的批评进行了反批评，对于当时经济理论界争论的许多重要问题提出了自己的看法。这些文章由厦门大学经济研究所组

---

① ② 王亚南：《中国社会经济改造问题研究·序》，中华书局，1949 年。
③ 王亚南：《中国社会经济改造思想研究·序》，中华书局，1950 年。

织结集成《〈资本论〉研究》一书于 1973 年由上海人民出版社出版。

王亚南 1962 年 10 月在江西省南昌讲学时的记录稿，也被整理成《关于学习〈资本论〉的几个问题》一书出版。这本书的部分标题虽与《〈资本论〉研究》一书雷同，但相比之下有这样两个特点："第一，篇幅虽然不大，但对《资本论》产生的时代背景，研究的对象与方法，结构与体系，第一、二、三卷的要点，以及学习与应用的途径，分别作了系统、扼要的介绍；第二，由于是讲学的记录稿，词句比较口语化，深入浅出，通俗易懂"①。

此外，王亚南还主编或合作编写了《〈资本论〉讲座》（第一册），《〈资本论〉选读讲座》（上册）等著作，为后来者学习《资本论》提供了方便。

4. 社会科学研究

社会科学的研究是王亚南经济学研究的拓展。王亚南讨论社会科学的文章最初辑录在《社会科学论纲》一书中，后来增订为《社会科学新论》。全书共分为四个部分：第一部分"社会科学认识论"，对于社会科学的属性进行了探讨，认为"一切社会科学，均是在应用过程中产生，更当到应用的过程中去理解"。其后的三个部分对于当前最显著的"文化、战争、建设三种社会事象，分别应用社会科学的基本理论加以研究"②。第二部分"社会科学文化论"从东西经济的讨论入手对梁漱溟、钱穆和朱谦之三人的东西文化观进行了评论。第三部分"社会科学战争论"的分析得出的结论是："第一、愈到近代，战争的经济性，愈大于其政治性"；"第二、愈到近代，战争的必然性，愈大于其偶然性"；"第三、愈到近代，战争的客观强制因素，愈大于其主观决定因素"③。第四部分"社会科学建设论"，对于以往关于经济建设的"不正确见解"、混合经济制度及工业化形式主义论者的论断进行了批判分析。并讨论了中国工业建设问题、技术在生产建设上的意义及现代化进程中的经济问题与民主问题。

关于人口问题，马尔萨斯的解释对后世的影响极为深刻。王亚南在《马克思主义的人口理论与中国人口问题》一篇长文里对马尔萨斯主义为代表的资产阶级人口理论进行批判。该文分为两部分：第一部分在批

---

① 王亚南：《关于学习〈资本论〉的几个问题·前言》，福建人民出版社，1980 年。
② 王亚南：《社会科学论纲·序言》，东南出版社，1945 年。
③ 王亚南：《社会科学新论》，第 114—115 页，经济科学出版社，1946 年。

判马尔萨斯主义之后，系统地阐明了马克思主义的人口理论。第二部分历述了中国历史上的人口问题及其产生的原因，揭露和驳斥了在中国现代反帝反封建斗争过程中出现的新旧马尔萨斯主义的论断，"根据马克思主义的人口理论，论证了以往中国长期存在的大量劳动人口失业问题，只有在新社会条件下才能逐渐得到解决"①。这篇文章公开以后，正值节育号召在全国宣传开来。虽然王亚南此后在该文单行本的《序言》中对于"节育问题"提出了一些自己的看法，但为了一般读者"在节育运动中不迷惑在马尔萨斯主义的观念迷雾中"，王亚南又写了《申论马克思主义的人口理论与中国人口问题》一文，对我国过渡时期的人口问题进行了新的解释。

5. 其他方面

其他各书自有专论，如 1933 年由中华书局出版的《现代外交与国际关系》对外交的意义、性质、功能、经济基础，近代外交的演进，及第一次世界大战前后的国际关系进行了分析，并指出现代外交的两个显著特征：一是"经济中心主义"，"经济在各国外交关系中，具有决定的作用"；二是"十八世纪以后的各国外交政策的运用几乎直接间接都受到了英国外交的支配"②。1936 年由中华书局出版的《经济政策》一书阐述了经济政策的意义、功能及其历史考察，对于从商业资本时代到工业资本时代，到金融资本时代，到一次大战后资本主义经济的及苏俄经济的政策及特征进行了系统的分析；同年由中华书局出版的《德国之过去、现在与未来》用大量史实阐述了十九世纪上半期以来的德国政治经济发展状况，是一部德国政治经济简史；也是同年中华书局出版的《现代世界经济概论》从政治经济学意义上对现代世界经济进行了系统论述，并分析了一战后的世界经济状况。1937 年出版的《战时财政政策与金融政策》，全面论证了战时经济的重要性，并阐明了金融财政、内外贸易、工业、农业等问题，提出了相应对策，对战时经济的本质与抗战前途进行了说明。1957 年出版的《政治经济学论文选集》则收录了王亚南五十年代在不同场合发表的关于政治经济学的 11 篇论文，"有益于一些有了社会科学基础知识的读者"的学习和研究。1959 年出版的《论当前两种社会制度下的两种不同经济现象和市场问题》一书，运用

---

① 王亚南：《申论马克思主义的人口理论与中国人口问题》，载《新建设》，1957 年第 5 期。

② 王亚南：《现代外交与国际关系》，第 1—2 页，中华书局，1933 年。

马克思主义政治经济学原理分析了资本主义和社会主义两种不同的社会制度，及其由于不同经济规律存在着的两种不同的供求经济现象。1965年出版的王亚南主编的《资产阶级古典政治经济学选辑》一书，由资产阶级古典政治经济学主要代表人物的著作中"选辑了其中能够反映他们基本观点的章节，并在每个代表人物著作选辑前简单地介绍他们的生平、思想和在资产阶级古典政治经济学中的地位"，以便后来者了解学习。

（四）秉持学人精神，树立师者风范

王亚南不仅给学界留下了一部部经典的学术著作，还有宝贵的精神财富，就是他那经典的学人故事和一生都在谨守的学人精神。王亚南主持大学教育是从1950年开始的，但他独特的学人精神和教书育人、激励后人的学者风范却是很早就为人所知的。

现在所知王亚南启迪后人的故事已经很多，除了前述"睡三脚床惜时"的故事外，还有几则颇为有趣的故事。一则是王亚南读大学时为了充分利用点滴时间，曾在宿舍自修桌旁贴了一张纸条，上写"来客接谈十分钟，超过时间，恕不奉陪"[1]。另一则是新中国成立后，他当大学校长时，勤奋读书的劲头始终不减。每次出去开会，都随身带一箱子书，备足了旅途的"精神食粮"。平时也是抓紧零碎的时间，经常拿起原版的外文书来大声朗读。青少年时代养成的摘抄习惯，在他著书立说以后仍然保留着。往往亲自动手做索引卡、摘要卡，不假手于秘书或资料员。他给自己规定一条守则：非星期天不看影剧。[2]

王亚南对于自己的学生的爱惜是出了名的，曾经将自己翻译《资本论》的稿费全部用于支付厦门大学学生的讲义费，给贫困同学买鞋穿等。广为流传的是发生在日后成为著名数学家的陈景润身上的故事。陈景润从厦门大学毕业之后被分配到北京市第四中学教学。这位天才的数学家由于天生木讷、不善言辞，被学校辞退，不得不在福州的大街上摆摊生活，被王亚南巧遇之后，安排他到厦门大学资料室担任助教，为其提供了做学术研究的基本条件，在成就天才的道路上做出了重要的安排。

科学地对待学术研究是王亚南一贯的态度，他曾在《中国官僚政治

---

[1]　甘民重，林其泉：《王亚南传略》，载《党史资料与研究》，1987年第04期。
[2]　朱雪冬：《王亚南读书生活片段》，见黄岳洲等编：《怎样读书最有效》，语文出版社，1996年。

研究》的"自序"中写道:"过分渲染一种急待除去的东西的丑恶和过分渲染一种急待实现的东西的美好,也许在宣传上是非常必要的,但同样会妨碍科学上的认识。"① 这是对处于政治运动频繁时代的自己的一种警示,也是对青年一代的提醒。

跨学科的方法,在王亚南那里称为"相互渗透"的方法。王亚南经常在案头放一部《莎士比亚戏剧选集》。一次一位研究哲学的朋友很好奇:以经济学研究著称的学者怎么会有如此"雅兴"?王亚南对他道出了其中的奥秘:"借用你们搞哲学的一句行话,叫'相互渗透'。我喜欢看外国小说,正是为了搞文科的'相互渗透'呀!"王亚南举出了马克思的例子。"《资本论》是一座庞大的知识宝库,不仅有经济学理论,还包含了丰富的哲学、历史和文学的知识呢。马克思对古希腊神话及后来莎士比亚等人的著作非常熟悉,他准确自如地引用其中的典故来表述自己的经济学观点,把非常枯燥的经济问题谈的别有兴味。而且通过小说所描绘的内容,可以从不同侧面了解当时的社会背景,从而认识资本主义的剥削本质"②。

王亚南的教育论、人才论和教学论内容丰富,厦门大学原党委书记吴宣恭先生将其概括为:第一,"他从近代教育发展趋势和中国实际出发,提出现代教育要以科学教育和民主教育为核心,主张社会科学和自然科学的教育应当并重";第二,"他从科学研究的本性出发,主张大学要充分重视科学研究,要创造自由研究的学术风气";第三,"他根据矛盾普遍性、特殊性的原理,提出要认识校情,发挥优势,把厦门大学办成富有特色的大学"③。以此教育思想而重视人才的发现和培养。其发现和培养陈景润的事迹被作家徐迟誉为"一个懂得人的价值的经济学家"。

三

后人关于王亚南学术成果的整理主要有以下几个方面:一是 1981 年由上海人民出版社出版的《王亚南经济思想史论文集》;二是由福建教育出版社于 1987 年至 1989 年出版的五卷本《王亚南文集》,对于王

① 王亚南:《中国官僚政治研究·自序》,中国社会科学出版社,1981年。
② 钟雪风主编:《名人读书法》,第94—95页,远方出版社,2006年。
③ 吴宣恭:《一位杰出经济学家和教育家的光辉历程——在"王亚南经济和教育思想学术报告会"上的讲话》,载《厦门大学学报(哲学社会科学版)》,1987年第02期。

亚南的学术成果作了系统的分类和编排，收录了王亚南生前发表的主要著作和少数未刊稿；三是 2007 年由中国社会科学文献出版社出版的三卷本《王亚南文选》，基本上是《王亚南文集》中关于政治经济学、政治经济学史、《资本论》研究、中国半封建半殖民地经济形态研究、中国新民主主义经济形态研究、中国经济史法则及方法论问题部分的再版。就目前来说，五卷本的《王亚南文集》仍然是体现王亚南学术成果最全面、最系统的文献。

由于王亚南的文章众多，有限的文字不可能将其皇皇巨著尽行收录。要编这样一部文集，在兼顾全面的同时也不得不有所侧重。况且即便是单篇文章，也多为体大者，万余言乃至数万字的文章更是占大多数。编者既要在既有的篇幅内将其毕生思想涵括进去，又不能作"断章"之举，确实难以取舍。即便有此两难问题，也不得不勤力搜集，认真研读，小心归类。选出的文章尽量既能够体现其思想的时代变迁，也能够反映其在各个领域、各个方面思想的要核。在每一部分文章的选择上，力求能够在内容上和思想上连贯起来，又能够完整地体现王亚南的学术思想。鉴于此，编者编录内容的主要原则如下：

（一）文本取自于最先发表的刊物，全文收录，不作删节或改动。

（二）尽量保证能够兼顾王亚南在每一时期每一方面的论述，而在每一个时段、每一个方面中所选的文章则尽量能够反映其主要思想（官僚政治研究方面的论文除外，这部分内容是一个系列，绝大部分初刊于《时与文》杂志，但限于本书篇幅，只字未作收录，读者可阅读原刊或是已经出版的《中国官僚政治研究》一书）。

（三）本书收录了部分《王亚南文集》、《王亚南文选》及其他已出版著作中未能收录的反映其主要思想的文章。

（四）全书按文章所论主题分为若干部分，每一部分按照最初文本的发表时间排序。关于《资本论》研究的系列文章，虽多发表在二十世纪五十年代之后，但鉴于其一生研究中，无不贯穿和渗透着从《资本论》中汲取的思想，故将其作为全卷的第一部分。

（五）为了让读者更全面地了解王亚南及其学术研究，本卷的导言并非只是对所选内容进行介绍，而是对王亚南的生平、学术贡献、治学思想等做了一个系统的论述。

（六）本卷收录文章的具体内容如下：

1. "《资本论》与政治经济学研究"收录了王亚南从时代背景、基本内容、结构、研究方法、综合理解、学习与运用等几个方面系统研究《资本论》的四篇文章，以及讨论古典政治经济学和马克思主义政治经济学的两篇文章。

2. "中国经济学的建立"收录了王亚南首次提出"中国经济学"的《政治经济学在中国》一文，讨论中国经济学建立的可能性与必要性、研究对象与研究方法的两篇文章，以及讨论中国经济学界的奥地利学派经济学的一篇文章。另外，《中国经济研究总论》一文是 1946 年版《中国经济原论》的绪论，是王亚南对于中国经济研究的总体认识，故一并收录于此。

3. "中国地主经济封建形态的形成与演变"所收《封建制度论》一文，是王亚南在二十世纪三十年代初鉴于中国社会性质论战所引发的对封建制度和中国社会性质问题的思考。《由封建的领主经济和地主经济引论到中国社会发展史上的诸问题》是其系统分析地主经济与中国封建社会关系的一篇长文（1954 年由华东人民出版社出版成《中国封建地主制度经济论纲》一书）。

4. "中国半封建半殖民地经济研究"部分，收录了《中国半封建半殖民地经济形态研究》一书的"导论"和"结论"，从整体上反映了王亚南关于中国半封建半殖民地经济形态的基本思想。《中国经济恐慌形态总论》一文讨论了经济恐慌与经济现代化的重大问题，故亦收录于此。

5. "中国新民主主义经济形态考察"收录的三篇文章，分别讨论了中国半封建半殖民地经济向新民主主义经济转变的历史过程和必然性，新民主主义经济的构成和性质，以及马列主义与新民主主义经济的关系。

6. "人口理论与中国人口问题"中收录的三篇文章，是王亚南运用马克思主义人口理论分析中国人口问题的精华之作。《资产阶级的人口理论和马克思主义的人口理论》一文在批判资产阶级经典人口理论——马尔萨斯主义的基础上，系统阐释了马克思主义人口理论的基本观点。《中国的人口问题及其解决途径》则历述了中国历史上的人口问题及其原因，对当时中国出现的新旧马尔萨斯主义进行了批判，并分析了新中国成立后中国人口的性质和解决途径。《申论马克思主义的人口理论与中国人口问题》一文在前两篇的基础上分析了过渡时期的人口问题，强调节育对于解决中国人口问题和社会发展的重要性。前两篇 1956 年由科学出版社集结为《马克思主义的人口理论与中国人口问题》一书出版。

7. "文化与经济"、"研究方法与治学经验"两个部分，分别是王亚南对"知识阶级"、"思想危机"、出版界、文化与经济、社会科学诸方面的思考，以及在治学方面的一些经验和思想。

《资本论》与政治经济学研究

马克思与《资本论》
——纪念马克思逝世七十周年
（1953）

一

伟大的革命导师卡尔·马克思逝世七十年了。

在这七十年的后一半时期中，人类历史发生了根本的变化：在世界很大一部分领域内，实现了马克思在《资本论》中所作的结论："剥夺者被剥夺"了。这个变化，是马克思所殷切期待的，是马克思所确切预料到了的，是马克思由他的巨著《资本论》所科学论证得十分肯定的。并且，这个变化，又是高举着马克思主义的旗帜，用马克思在他的《资本论》中阐发的真理的宣传号召和流血斗争所促成的。如其说，这个变化，标志着人类历史的新纪元，标志着旧世界与新世界的历史境界的分野，那么，在那个分野境界耸立着的高瞻远瞩的巨像，就是伟大的革命导师马克思，而在他的手里，把握着放射万丈真理光芒的、关系人类历史命运的《资本论》。

二

当我们论到马克思以他的巨著《资本论》解释世界并改造世界的伟大贡献的时候，显然没有忽视另一位伟大革命导师恩格斯在这方面的功绩。他不但是《资本论》创作的积极支持者，是《资本论》第二卷第三卷遗稿的整理者、完成者、负责出版者，同时还是《资本论》中所阐述的真理的保卫者、宣扬者。事实上，恩格斯就是整个马克思主义的两位创建人之一。

由马克思、恩格斯创建的马克思主义，包括有哲学、政治经济学、社会主义三个部分。从表面上看来，《资本论》只是代表政治经济学那一部分，而且只是马克思许多著作中的一种。但虽如此，《资本论》却显然是马克思主义所由建立的基石。马克思遗留给我们的最完备最精密最深刻的经济学说，固无疑是表现在他的《资本论》中，他的唯物主义世界观，唯物的辩证的历史观，他的科学社会主义，都在《资本论》中有了极全面的应用和极精到的发挥。《资本论》并不单是一部马克思主义的经济学经典，同时还可视为哲学的和社会主义的经典。从马克思主义的观点来说，它的三个构成部分，是不可分割的。

据恩格斯的说法，在科学的研究上，马克思有两大发现：一是唯物史观，一是剩余价值学说。① 剩余价值这个特定的社会经济范畴，显然只是要根据唯物史观才能发现的；有了唯物史观和剩余价值的认识，社会主义才变为科学。② 所以，马克思虽然明确地指出了《资本论》这部著作的最终目的，是揭露资本主义社会的经济的运动法则③，可是他在进行那种揭发当中，却极生动地把客观经济事物的发展过程及其规律性，都原原本本地表达出来，而构成一幅活生生的唯物史观的图画；同时就在这图画中，把社会主义的必然性和可能性，甚至把社会主义——共产主义的形象，也极鲜明地描绘出来了。

事实上，马克思用二百万言所写成的《资本论》这部巨著，是要阐扬两个相关联的真理：其一是，资产阶级是怎样变富了的、无产阶级是怎样变穷了的；又其一是阶级是怎样发生的、又将是怎样消灭的。对前一个真理，马克思是就剩余价值的如何产生、实现和分配来说明的；对后一真理，他又是在剩余价值的连续再产生、再实现和再分配中，在资本主义的生产力和生产关系的发展过程中看出无产阶级大翻身、夺取政权、和消灭阶级的必然性和可能条件来说明的。马克思和恩格斯在他们的前期著作中、在《雇佣劳动与资本》、特别是在《共产党宣言》中，原已在基本上把这些道理讲得相当明白了，但因为这不仅是关系资产阶级和无产阶级进行斗争的死活问题，同时还是关系人类历史命运的问题；不仅要针对着资本主义在经济上的剥削体制进行分析，同时还得对于遮掩那种剥削的思想体系进行批判；所以，一个以资本主义为主要对

---

① ② 　吴黎平译：《反杜林论》，三联书店版，第一九页。

③ 　《资本论》，第一卷原著者初版序。

象而同时关涉一切私有制度的全面的、深刻的、非常详尽的科学研究，就被当作一项最迫切的历史任务而提出来了。在《资本论》中，马克思是从以下两方面来完成这个历史任务的：

首先，所谓阶级社会，用列宁的话来说，就是一部分人占有其他人的劳动的社会。① 奴隶主占有奴隶的劳动、是非常明白的；封建领主把农奴的劳动截然地分成两个部分，而占有农奴维持自己生存以上的剩余劳动部分，那也比较容易明白。只有资产阶级占有无产阶级的劳动或剥削其剩余劳动这一点，因为无产阶级的必要劳动那一部分，由于取得了工资作为代价，于是，这一部分的代价，就掩盖了剩余劳动那一部分之被无偿占有或被剥削，这样，资产阶级及其御用学者，就无耻地认定资本主义制度是"平等自由"、"公平合理"的，谁富了，成了资本家；谁穷了，成了无产者，不是由于命运，就是由于有没有能力，并且说这和制度本身是没有关系。人道主义者、空想社会主义者、小资产阶级的浪漫主义者曾在各种不同的立场上对吃人的资本主义制度提出抗议，可是，因为他们全都没有从私有制社会的阶级关系去分析资本主义的本质、没有找到资本主义发展的客观规律，单凭自己的想象和主观的愿望，结局，就不可能使他们的理论具有何等说服力量。马克思一开始就把资产阶级与无产阶级结成的生产关系，看作他研究分析的对象和出发点。在这种生产关系下，由于资产阶级掌握着生产资料，直接生产的劳动者，必须像农奴依靠领主的土地一样地依靠那些生产资料，尽管一般商品的买卖是依据等价交换的原则，但劳动力这种特殊商品被出卖于资本家，却是依据不等价交换的原则。资本家利用劳动力所生产的价值，比较他购买劳动力所付给的价值，是一个不同的量，劳动者被迫把他维持自己生存以上的剩余劳动部分，都作为资本家的剩余劳动量或剩余价值量了。资产阶级就是经由这样曲折的方式来向无产阶级进行剥削的。可是，资产阶级占有劳动的方式虽然曲折，他们和奴隶主、农奴主占有奴隶、农奴的劳动，却同样是由于掌握了制人死命的生产资料的独占权、同样是由于利用了保护生产资料所有者的政治权力，同样是强制地迫使直接生产者提供出他们的剩余劳动。所不同的，在奴隶社会或封建社会里，剥削者是直截了当地把剩余劳动占有，而在资本主义社会，则是偷偷摸摸地、通过交换、使剩余劳动采取剩余价值的形态。剩余价值

---

① 参见《马克思列宁主义的阶级和阶级斗争理论》，第七页。

形态被发现出来，资产阶级这个吸血鬼的假面具就被揭下来了，使人们知道：资本主义再也不是什么"合理""公平"的值得永恒保持下来的制度，恰好相反，那是更加贪得无厌的杀人不见血的剥削制度，而在它本身、就在它进行剥削过程中，在剩余价值资本化的过程中，在资本积累的过程中，已经创造出了否定它自己的前提条件了。

其次，当马克思在《资本论》中，这样地揭露了剩余价值，从而揭露了资本主义的本质的时候，他同样也指示我们：剥削一经采取剩余价值形态，一方面表示社会生产力有极迅速的提高，和商品生产在国内乃至国际范围内更带有社会的性质；另一方面表示，作为资产阶级社会的对立物而出现的劳动阶级，将不可避免地要随着资本主义生产力和生产关系的发展而发展壮大起来。这两方面的变化，是按照资本主义社会经济的自发规律，按照资本积累的规律，平行地运动着和开展着。可是在结局，前一方面的发展愈来愈显示资本主义制度的内在矛盾，即生产的社会性与私人的占有形式之间的矛盾的扩大和加深，愈益显示它在为一个新的能容许生产力无限扩展的社会制度创造条件；后一方面的发展又说明：劳动力不绝为机械所驱逐，小生产不绝为大生产所吞没，因而愈来愈益招致更多破产失业的人口或产业预备军的形成，更加促使在业工人工资收入的减少和造成失业的威胁。当资产阶级社会占有绝大多数的劳动人民一经认清了资本主义制度的不合理，认清了他们穷困的根源，认清了他们自己的力量的时候，剥夺者被剥夺的革命场面就要演出了，社会主义就要出现了，最后的也是最顽强有力的阶级统治就要消灭了。所以，我们说马克思在《资本论》中从理论上向国际工人阶级提出了革命实践的号召。

三

马克思曾作过这样一种预言："资产阶级终生会想到我的麻烦"[1]。他的预言早经实现了。然而，资产阶级的那种感觉，是由于工人阶级接受了马克思主义，接受了《资本论》的真理逐渐团结壮大起来而日益趋于尖锐的。和以往一切剥削制度比较，资本主义的经济政治社会组织，是更加强大有力的。为它服务的整个思想系统，也相应地具有更大的欺

---

[1] 郭大力译：《资本论通讯集》，第一页。

骗力量。在十九世纪五十年代前后的西欧，特别是在英国正好是资本主义向上发展的阶段（虽然那也正是工人阶级逐渐显示出团结力量的时候），马克思同他亲密的战友恩格斯发表一系列的反对资产阶级及其思想体系的论著，其中包括惊天动地般的人类解放大宪章——《共产党宣言》；到了一八六七年，《资本论》第一卷问世了。尽管这部以血与火的文字披露出资产阶级掠夺榨取实例的文献，主要是取材于老牌的资本主义英国，而其理论批判，也主要是针对着英国经济学派，同时，当时也还只有英国资产阶级较能理解这部著作的决定影响，但他们对待的方法，却是假装镇静，并采行了抹煞闷死的方策。（虽然，同时也并不放松在出版、发行、宣传介绍方面，给以种种阻碍，那曾由恩格斯在当时企图扩大《资本论》影响所遭遇到的困难而反映得十分明白的。）

可是，就在英国资产阶级采行这种抹煞闷死方策、故示镇静的当时，大陆上的资产阶级及其御用学者们，早已由三、四十年代英法诸国工人阶级的初期斗争行动中，感到神魂不安了①，他们没有英国资产阶级那样"羽翼已丰"的"本钱"和"修养"，就以种种色色庸俗透顶的议论从四方八面来对着马克思主义狂吠了。在四十年代末和五十年代初，一个高唱阶级利益一致理论的经济学派在法国出现了。这个以法国巴斯夏为首的小学派（巴斯夏的谬论还是由美国加雷那里偷袭过来），很快就在劳资对立尖锐化的事实面前破产了，这道符咒不灵了。另外两个派别就接替了它的任务，那就是德国的历史学派和奥国的维也纳学派或主观价值学派。前一个学派，是把资产阶级的国家，看作"超阶级的"机构，用它来调整资产阶级与无产阶级间的利害冲突，也就是干脆叫无产阶级好好忍受资产阶级的榨取。这个学派尽管在理论上比上述所谓经济调和学派还要荒唐无稽，但后来愈接近帝国主义金融寡头垄断时期，却愈被当作一种"奇货"竞销起来。一切法西斯的统治者都不约而同地把这种反马克思主义的超阶级的国家理论，作为维护其血腥统治的依据。可是，在资产阶级的经济学界，却认为这样不能对付马克思的阶级斗争学说，特别是对付他在《资本论》中展开的剥削学说或剩余价值学说，于是论证资本家阶级对劳动者完全没有剥削的限界效用价值理论出现了。这个学派的头目庞巴威克写出了《剥削论批判》，还写出了

---

① 一八三一年法国里昂曾发生第一次工人暴动，一度占领里昂市；一八三四——一八四六年英国第一次的工人运动和宪章运动，达到很广泛的规模。

《资本肯定论》，论证利润（他称作利息）并不是产自劳动，而是出于资本，他把一切论点建立在主观的心理状态上，不但不讳饰其主观主义，反把主观主义当作特点来宣扬，好像要从"主观上"来赶跑客观的铁一般的剥削事实似的。沉溺到了深渊的没落阶级，那怕是一根野草，也看作救命圈抓着不放；在十九世纪七十年代以后，这种胡说八道的说教，竟在欧美资产阶级经济论坛和讲坛上传扬起来。道理是不难明白的，不管怎样下流贱薄的货色，只要是反对马克思的，只要是反对《资本论》中的剩余价值学说的，资产阶级就一定会感到兴趣的。可是，坚持真理的工人阶级是绝对也不会接受这套反乎他们经验的邪说的。反对马克思主义的阶级利益破产了，主张以所谓超阶级的国家来调和劳资利害关系的历史学派理论不中用了，硬说资产阶级对无产阶级没有剥削的奥地利学派的谬论，只能在资产阶级方面有"主观价值"了，资产阶级确实感到马克思的"麻烦"了，正当这个时候，第二国际的右翼社会党人打着马克思主义的旗帜，跑出来为资产阶级报效了。

"巴黎公社"失败以后，资产阶级曾经历了一个比较和平发展的时期；从形式上的普选运动预期可以得到一些"甜头"的马克思主义的叛徒们，就用支解马克思主义的手法，来把马克思主义修正到资产阶级认为"正中下怀"的程度。与一切资产阶级学者不同，他们是从假装赞成马克思的《资本论》中的理论分析出发的。马克思在《资本论》中肯定资本主义提高生产力、发展生产关系、是为社会主义准备条件，他们就抓住这一点，认为当这些条件还准备得不充分的时候，用考茨基的滥调①说，当生产力还未好好发展起来，工人阶级还未壮大，他们还没有足够的人数通过国会选举等方式学好管理国家的本领的时候，强调阶级斗争，强调夺取政权，就等于破坏那些准备条件。从这个认识里，就显然包含有这样一个结论：资本主义应当和平成长到社会主义，于是，阶级斗争就被根本否定了。就因为这个缘故，以修正主义大师自命的伯恩斯坦，就宣称马克思的经济理论中包含的辩证法是神秘的，也就无异说，充分体现着资本主义制度中的矛盾对立斗争的革命因素，是神秘的，是应当修正的。这批工人阶级的叛徒——右翼社会党徒们、第二国际的理论家们，就是这样为了满足他们个人的罪恶企图，明目张胆地举着马克思主义的旗帜，来歪曲马克思主义，来欺骗工人阶级。资产阶级

---

① 参见《列宁主义问题》，第三十一——二页。

极廉价地雇得了这样一些为他们利益祝福的鼓手，当然是非常满意的，但他们是否就因此高枕无忧了呢？绝对没有。更大的麻烦在等着他们啊！

四

就在第二国际政客们、各国的右翼社会党徒们兴高采烈地干着歪曲马克思主义、欺骗工人阶级的罪恶勾当的时候，无产阶级革命的导师列宁步上革命政治舞台了。诚如斯大林所指明的①，列宁不仅是一个马克思主义的大革命实践者，同时还是一个卓越的马克思主义革命理论家，针对着帝俄及西欧各国的反动哲学界经济学界，他全面地展开了捍卫马克思主义的理论斗争。特别是对于马克思的《资本论》，他认为那是工人阶级的"圣经"，是武装工人阶级头脑的取之不尽、用之不竭的知识的源泉。大体说来，他从以下三个方面分别肯定了、应用了、发展了"资本论"所提示的普遍真理：

首先，与伯恩斯坦之流的叛徒们完全相反，列宁自始就认定《资本论》的颠扑不破的真理性，就在它所采取的方法，恰好把资本主义社会内在的矛盾对立关系，把资本主义经济中不绝产生矛盾、克服矛盾和扩大矛盾的辩证发展运动，按照其本身的推移演变顺序，如实地表达出来。这种透彻的、活生生的辩证逻辑完全是唯物主义的，没有渗入一点工人阶级的主观的愿望或爱憎，可是，它把工人阶级依照不可抗拒的辩证逻辑必然要起而代替资产阶级才能解决资本主义基本社会矛盾的客观规律指证出来，这当然不能不激起资产阶级的仇恨和恐惧了。《资本论》的伟大处，就在它是科学和革命统一的典范。列宁不但能彻底认识到这一点，并且把它进一步加以发挥和应用了。

其次，为了贯彻《资本论》中的基本原理及其革命实践精神，列宁从两方面继续和扩大了《资本论》的科学研究范围。如其说"帝国主义论"展开了资本主义没落阶段的研究，那么，"俄国资本主义的发展"就大体加深了并丰富了资本主义发生阶段的研究。通过列宁，马克思主义的政治经济学、马克思的《资本论》，更加焕发着真理的光芒了。资本主义发展到帝国主义阶段，资产阶级为了解决商品生产过剩矛盾在国

---

① 参见《列宁文选》第一卷，第四六——七页。

内及国际间所采取的垄断组织形式，就把矛盾扩大到了不易再在资本主义基础上得到解决的程度，同时也就在这种变化当中，列宁天才地发现出了工人阶级可以在比较落后的资本主义国家实现革命的途径。

最后，和教条主义的考茨基之流完全相反，列宁虽然接受《资本论》中所提示的资本主义发展生产力和扩大其生产关系、是为社会主义创造条件的理论，但他并不把它当作教条，以为资本主义发展得不够充分，就不能进行社会主义革命了。恰好相反，在帝国主义已把世界联结成一个统一市场，并以各种国际经济组织使许多国家民族相互结成依存关系的情形下，工人阶级夺取政权的斗争，已经具有世界革命的性质（同时反革命亦具有世界的性质）就不一定要在资本主义较发达从而其抵抗力较强的国家进行，倒很便于在那种资本主义比较不发达、从而其抵抗力亦比较薄弱的国家进行。在这种认识下，列宁把西欧的革命舞台，由德意志推到了俄罗斯，因为根据他所分析的俄国资本主义的一些特殊性，恰好可以看作是帝国主义的脆弱的一环，可以首先取得社会主义革命的胜利。在列宁、斯大林的领导下，马克思主义—列宁主义的旗帜飘扬在俄国大地上了，使人类历史发生根本变化的十月革命，就是这样依据着、发展着、贯彻着马克思在《资本论》中所揭示的由资本主义到社会主义的辩证逻辑而实现的。人类史由此写下了一个新的篇章，而《资本论》就是它的具有高度科学预见性的导论。

五

事实上，马克思主义的真理，马克思特别深刻表现在《资本论》中的真理，并不仅限于应用在资本主义制度的灭亡方面，也还应用在社会主义的建设方面；而且，并不限于应用在比较不发达的资本主义社会，又还应用于半封建半殖民地社会。由马克思、恩格斯开辟的人类解放的道路，由列宁、斯大林、毛泽东这些革命导师们依据他们自己所处历史时代的具体条件，在革命实践中发展了马克思主义，就使得条条道路可以通到共产主义了。

苏维埃政权建立起来以后的若干年间，由于长期战争和动乱的大摧毁，也由于帝俄时代的资本主义的脆弱基础，列宁就依据马克思在《资本论》中提示的社会主义必须在资本主义准备的物质基础上建立起来的原理，断然实行容许资本主义因素有某种程度的发展的新经济政策。同时，他又在关系社会主义建设方面，细心研究运用马克思的再生产理论。在他的有关市场问题的论文中，他把与劳动生产率的增长，国民经济各部门的商品性的增长相联系的社会分工的增长情形加以分析，使得经济计划所依据的再生产平衡的内容具体化起来。① 斯大林也非常重视马克思的再生产公式对于计划经济、对于国民经济平衡表的原则上的启示。在开始计划化的年月里，他经常运用再生产理论提出有关国民经济计划的重要指示；就是到了由社会主义向着共产主义过渡的现阶段，尽管有一些像雅罗申柯之流的经济学家，还宣称马克思的以资本主义经济为研究对象的再生产公式，如何失了时效，但斯大林已严厉地予以驳斥，力言再生产公式中所包含的基本原理，就是到了共产主义社会也还能适当地应用。② 事实上，斯大林的经典著作《苏联社会主义经济问题》，根本就是沿着《资本论》、《帝国主义论》的理论线索一脉相承下来的。它是马克思列宁主义政治经济学的新发展。

如其说，列宁、斯大林结合俄国革命和建设的具体情况，发展了马克思主义；毛泽东主席就是结合中国革命和建设的具体情况，发展了马克思主义。依据列宁创建的在帝国主义时代可以在比较落后的资本主义国家首先实现社会主义的理论，依据列宁、斯大林提示的社会主义苏联出现以后、在比较更落后的半封建半殖民地国家、有了苏联的支助、也可经过较曲折的道路、提前得到解放的理论，我们的伟大领袖毛主席创立了在帝国主义统治下的半个世界可以适用的新民主主义革命学说。自他在一九二六年发表的《中国社会各阶级的分析》以来，这个从半封建半殖民地的中国社会各阶级的经济地位、特点、相互关系及其发展趋势出发所确立的革命路线，在三十年的革命斗争过程中，已证实了它的完全正确性；它把马克思主义的工人阶级领导权的理论、工农联盟理论，有条件地容许资本主义发展的理论，极其生动地融会贯通起来，成为马克思列宁主义理论武库中的典范文献之一。依靠这个武器，我们把国内的封建买办及帝国主义势力全部肃清了；依靠这个武器，我们的新民主主义经济建设已经有了巨大的成就，并且加速地为过渡到社会主义创造条件了。当全世界的人民特别是在帝国主义统治下的全亚洲人民，以惊异的眼光，注视着我们这被长期压迫糟踏的古老国家、在毛泽东旗帜下

① 参见《计划经济论文选》第三辑，第一一一页。
② 参见斯大林著：《苏联社会主义经济问题》，第七一——四页。

觉醒过来、站立起来、成长起来的时候，马克思、恩格斯、列宁、斯大林的人类解放的号召，马克思在《资本论》中论证得非常确定的人类解放的可能与必然的科学预见，就很快被他们视为自己解脱灾难的福音了。

六

七十年过去了，十月革命把这七十年等分成两半。在前一半时期里，资产阶级还在横行阔步地忙着以奴役掠夺的方式征服世界分割世界；在后一半时期里，景况大不相同了，它已在极迅速地经历着崩解没落的过程，因而失掉了自信，益发感到了马克思的"麻烦"。《资本论》这颗炸弹，已经落到俄国资产阶级的头上了①，结果，一切国家的资产阶级都惊惶起来。特别是在那些外强中干的法西斯国家，如像在第二次世界大战前的德、意、日诸国，谈马克思，读《资本论》，是悬为厉禁、罪在不赦的。而在今日的美国，是更进一步法西斯化了，不但禁读马克思、恩格斯、列宁、斯大林的著作，就连达尔文的学说，也看成亵渎上帝了。当中世纪末期僧侣贵族用火刑、用一切残酷迫害手段对付科学、对付启蒙学者的时候，那已表示他们是如何惧怕真理。美帝国主义者把它宣扬了很长一个时期的"科学自由"的假面具揭下来，露出一副青面獠牙的凶相，那是为了什么呢？那不已说明它整个社会的矛盾对立达到了爆裂的顶点、已经处在"剥夺者被剥夺"的前夜、从而正在实践着马克思在《资本论》中所论证的辩证逻辑么？

今天，马克思主义的真理之光已普照着大地，全世界正到处响着剥削阶级的丧钟，我们应当以如何感激崇敬的心情，以如何坚决走向社会主义——共产主义的斗争意志，来纪念这位伟大革命导师——马克思的逝世七十周年啊！

（原载《新建设》1953 年第 5 卷第 3 期）

---

① 当马克思完成了他的《资本论》第一卷的时候，曾表示：这颗炸弹对于资产阶级的头脑来说、是从来也没有碰到过的。

《资本论》的产生、其性质、
其结构及其研究方法
（1956）

一、引　言

　　《资本论》，是代表工人阶级的基本利益而出现的，但却关系着人类的历史命运和整个世界的改造。

　　我们这个时代，已经处在伟大的社会变革中，已经处在由资本主义社会向着社会主义社会转变过程中。这种大变革或大转变，不但不同于以往政治史上的改朝换代，也不同于社会发展史上的，如像由封建制代替奴隶制或资本制代替封建制那样的革故鼎新，而是要对那个几乎占据着整个文明史的剥削压迫制度，从根彻底予以铲除。由封建制代替奴隶制，只是改变了剥削压迫的形式，并没有否定压迫剥削本身，同样，由资本制代替封建制，也只是改变了压迫剥削形式，而没有否定剥削本身；倒是压迫剥削愈来愈采取掩蔽的形式，压迫剥削的本质就愈来愈变得模糊。就存在有社会阶级对抗的社会来说，资本主义社会经济制度是最进步的，也是最发达的，因而，在压迫者剥削者方面，就把这一点拿来强调它的合理，强调它的永生的权利，可是，正因为它是最进步的最发达的压迫剥削制度，正因为这种制度把社会生产力大大发展起来，把被压迫被剥削阶级即无产阶级的力量编组集结起来，因而使他们的阶级觉悟通过斗争实践和宣传教育逐渐提高起来，这就有可能使得这种最进步的阶级剥削制度不仅要按照社会史的发展规律，为更高级的社会主义制度所代替，并要作为一种最后剥削制度向着真正的平等自由的人类社会推移。马克思早在十九世纪四十年代初期，就认定无产阶级的解放就是意味着人类的解放，他并说："人的解放，它的心脏是无产阶级，它的头脑是哲学。"① 当马克思这样肯定了无产阶级的自我解放即是人类解放的历史任务以后，他就着手研究给无产阶级以武装头脑的哲学，给他们以斗争的信心与力量的阶级学说，马克思主义就是这样产生的，而无产阶级的革命运动，即在我们这个时代的由资本主义社会向着社会主义社会推移的大变革，就是这样把马克思主义作为指导原则的。在马克思底指导无产阶级革命运动的全部理论中，在确证和通用上最为深刻、全面而精密的，是如列宁所说的，要算他的经济学说②，而他的经济学说的基石，就是被看作无产阶级的圣经《资本论》。

《资本论》既然担当有这样伟大的变革的历史使命，它的产生，就是很不平凡的，就是一个在思想上的彻底的大革命，也就是说它要对以往流行于一切阶级社会特别是资产阶级社会的传统思想学说，全面予以大翻案的总结。马克思是怎样完成这个伟大的思想工作的呢？这要就《资本论》的产生，它的性质，它的研究方法和结构这几方面来分别概括予以说明；仔细分析起来，也就是要从《资本论》这个伟大著作中明确体现的立场、观点和方法论诸方面来加以系统的解述。

二、《资本论》是代表无产阶级的基本利益而产生的

马克思写作《资本论》，开始于十九世纪五十年代；《政治经济学批判》出版于一八五九年；当作《批判》续编的《资本论》的第一卷出版于一八六七年，第二卷第三卷则系在马克思死后，由他的亲密友人和忠实同志恩格斯编好遗稿分别于一八八五年和一八九四年问世。由写作到全部出版，前后几历半世纪的时间；恩格斯始终是这个伟大的难产工作的全力支持者和协助者。

决定《资本论》难产的最初的也是最根本的因素，应当说是有关立场的问题，把解放无产阶级，因而解放人类的历史任务，属望于无产阶级自身，这在一开始，就要对一切传统的因袭的思想，采取非常坚决的革命立场。如果不是在斗争实践中认清了无产阶级的力量；不是在科学研究上，发见了资产阶级经济学者乃至小资产阶级的空想社会主义者关于社会经济发展的错误认识，也就不可能站稳这个立场。如其说，马克

---

① 参见马克思：《黑格尔法律哲学批判序言》，人民出版社版，第22页。
② 见列宁：《卡尔·马克思》论马克思恩格斯及马克思主义，莫斯科中文版，第27页。

思在十九世纪四十年代就采取这个立场的，那么我们有理由把四十年代看作是《资本论》写作的酝酿准备期。

十九世纪四十年代前后，可以说是西欧资产阶级社会经历着饱满发展的前进的阶段，同时，也恰好是这个社会在以极大的规模和极快的速度来创造发展它的致命的对立物——无产阶级的时期。无产阶级对资产阶级的斗争，愈来愈益采取了公开的形式。在资本主义经济发展较早，劳动阶级远在一八二四年就已取得了集会结社自由的英国，一八三一年就在选举法改正运动中出现了奥文派领导组织的"全国劳动者阶级同盟"，一八三六年又由"伦敦劳动者同盟"积极展开废除选举财产限制的普选运动，这个运动以和平请愿始，和平请愿失败，就诉之于全国总罢工，在各地引起骚扰，警察军队到处和群众发生冲突。资产阶级原来是想利用劳动者阶级的组织力量，好从保守的封建地主阶级争取政治权力，但劳动者阶级一经组织发动起来，就把他们自己的要求带到运动中去，而往往大大地超越了资产阶级所希望实现的限界。当英国资产阶级为了对付贵族地主阶级在政治上的压倒势力，致不惜利用无产阶级，并帮助他们获得集会结社的自由，而结局弄得大伤脑筋的时候，顽固地不肯给予无产阶级以那种自由的法国统治者，却并没有证明他们做得聪明。一八三一年法国里昂的丝业工人起义了，这个城市被工人们占领了许多天。对于这个事件，法国大资产阶级右翼的机关报《辩论报》（*Journae Dis Debats*）极敏感也极明确地第一次把资产阶级和无产阶级斗争的现实赤裸裸地揭露出来了：

> 里昂起义已经显示出了一个重要秘密：就是社会上已经发生了有资产的阶级和没有资产的阶级的斗争。
>
> 商工业社会和其他社会一样，有它的创伤，这个创伤就是工人，有这个永远在增长、永远在匮乏中的劳动人口，社会就没有平静可言……
>
> 试比较一下城市里面的贸易和产业阶级的数目和工人阶级的数目，你就会为了它的不平均而大吓一跳——一对一百。
>
> 工人阶级随时在生活不安的状态下要求一种改变，这是现代社会的危机。①

这个从法国资产阶级口里讲出的"现代社会的危机"或"商工业社会的创伤"在落后的德国一开始现代化，就很快地表现出来。一八四四

---

① 参见伦第著：《现代世界民主运动史纲》中文本，三联书店版，第92—93页。

年作为德国资产阶级和无产阶级的第一次阶级战斗而出现的西里西亚的纺织工人起义了，马克思极其重视这次起义的重大意义，他非常坚决地指出："……无产阶级立即非常肯定地、尖锐地、毫不客气地、庄严地、大声疾呼地宣称它是同私有制社会相对抗的。"[1] 在前一年即一八四三年刊行的《黑格尔法律哲学批判》序言中，提出了"人的解放，……它的心脏是无产阶级"的看法，所以他异常兴奋地看到这样的斗争场面，认为"……没有革命，就没有社会主义。社会主义需要这种政治行动，因为它需要摧毁和消灭旧东西。"[2] 无产阶级诉之于直接行动的革命斗争实践，不仅向革命导师们表示了他们的力量，同时并还增强了革命导师们对于他们的信赖。恩格斯是直接间接参加了英国工人阶级的宪章运动的，他非常关心英国的工人生活，他在一八四五年写成的《英国工人阶级状况》中，最后表示了这样的结论性的意见，他说："穷人反对富人的战斗，今天已在个别地间接地进行着，在英国，那将导向一般的、全面的、直接的行动。要和平解决，不成了。阶级差别愈悬殊，敌对的精神就愈加要贯彻在工人们脑中，加深他们的怨愤，个别的游击式的袭击，会集中表现为重大的战斗和示威，一个小的冲突，很快就会扩展为雪崩的运动。全国都发出'不战斗就没有出路'的吼声，那时富豪们就是能够注意到，也来不及了。"[3] 马克思是非常重视恩格斯的这种著作的，他同恩格斯在一八四七年底合草的《共产党宣言》，已显然把他们对于无产阶级的认识和期望，更明确更系统地表达出来了：在一方面，他们认为，"无产阶级是现代社会中最下层的阶级，它若不把压在它头上而由组成正式社会的那些阶层所构成的全部上层建筑物抛出九霄云外，便不能伸腰，便不能抬头。"[4] 同时，"资产者阶级生存和统治的基本条件，是财富积累在私人手中，是资本的形成和增殖。资本的生存条件，是雇佣劳动制，雇佣劳动制是全靠工人们自相竞争来支持的。但资产阶级不由地造成而又无力抵抗的工业进步，却使工人们经过互相联合达到革命团结代替了他们因相互竞争引起的分散状态。于是，随着大工业的发展，资产阶级所借以生产并占有产品的基础本身也就从脚下抽去

---

[1] 马克思对《普鲁士工人》《普鲁士国王和社会改革》一文的短评，转引自依·普列依斯：《马克思恩格斯的伟大革命道路的开始》，学习译丛，一九五五年第六号，第93页。

[2] 同上，第93页。

[3] 见恩格斯：《英国工人阶级状况》，1952年柏林狄兹版，356—357页。

[4] 见《马克思恩格斯文选》，两卷集，莫斯科中文版，第一卷，第20页。

了。它所生产的首先是它自己的掘墓人。"^① 其结局就是："资产阶级的灭亡和无产阶级的胜利同样是不可避免的。"^② 即社会主义是无可避免的。马克思在五十年代之初，已经是明确地站在工人阶级立场，并抱着实现社会主义的充分信念而开始其《资本论》的写作的。

不过论到这里，我们需要着重说明一下当时存在于哲学上社会主义思想上及政治经济学上的各种学说对于马克思的《资本论》的产生，所给予的巨大影响。

十九世纪上半期特别是在三十年代四十年代那个时期，资本主义在英国、法国乃至西欧其他一些国家，都以飞快的速度向前发展，社会阶级间引起了深刻的分化。而在较迟走上资本主义旅途的德国，无产阶级抬头了，封建贵族阶级却并没有倒下去，于是在阶级消长变化中，造成一种非常错综复杂的局面。在这种狂飙急变的情形下，一切传统的想法和看法，都不能维持了：形而上学的观点站不住脚，平等自由博爱的理性王国兑不了现。因而就在无产阶级逐渐由社会最底层爬升起来的同时，在各种社会意识中，在学说争鸣当中，已经为他们准备了或贮备了一些虽然是不完备的不成熟的但不少是有利于打破传统成见的进步思想因素。马克思就是呼吸在这样的思想生活的气氛中。我们由他的思想观点的急速转变，也不难理解当时进步思想学说给予他的刺激和影响。他在科学研究的过程中，是由法律、历史、哲学再转到政治经济学方面，是由青年黑格尔派，转变为费尔巴哈的学徒，再变成辩证唯物主义者的。当他由青年黑格尔派变成费尔巴哈学徒，变成无神论者唯物主义者的时候，他就回过头来批判青年黑格尔派鲍威尔兄弟，说他们把历史的创造者期之于所谓"批判的人物"而把群众看为是惰性的阻碍"批判的人物"创造历史的东西，是完全错误；他认为创造历史，实现社会主义的，正好要依靠无产阶级群众的力量。这是马克思表述在《神圣家族》那部早期论著中的意见，那已表明他这时的进步思想，是先从传统哲学上解放出来的结果。虽然当时流行的各种社会主义学说早就给予了这个热心于社会改革的青年哲学家的深刻影响。恩格斯在他的《社会主义从空想到科学的发展》中讲过："现代社会主义，按其内容说来，首先是，一方面，对于那统治于现代社会中的有产者和无产者间，资本家和雇佣

---

① 见《马克思恩格斯文选》，两卷集，莫斯科中文版，第一卷，第 20—21 页。

② 同上，第 21 页。

劳动者间的阶级对立的认识底结果，另一方面，对于那支配于生产中的无政府状态的认识底结果。可是，按其理论形式说来，现代社会主义最初出现，只表示为是十八世纪法国的伟大的启蒙学者们所提出的原则的继续和似乎是更彻底的发展。现代社会主义，正如任何学说一样，应得首先从在它之前已经积累了的思想资料出发，虽然它在物质的经济事实中有着深刻的根源。"[①] 不错，马克思的社会主义思想，在前述《共产党宣言》中，已经从物质的经济的事实中去探索它的深刻的根源，但要就无产阶级必然胜利，资产阶级必然灭亡的结论加以科学论证，那就非把资本主义经济制度，或有关资本主义经济制度的大量思想材料历史材料，加以缜密周到地研究不可。而这也正是马克思由哲学，社会主义转向政治经济学方面的原因。他在一八五〇年开始经济研究工作的时候，曾表示在英国做这个工作有重大的便利：英国是资本主义的典型所在。"伦敦是便于研究资产阶级社会的良好观察所"；"大英博物馆里收集有关于政治经济学历史方面的巨量资料"[②]。马克思费了一个世纪的四分之一的时间，钻研这些材料，批判其错误，吸收其健全而合理的成分，建立起他底以剩余价值学说为核心的政治经济学体系。这就是说，剩余价值学说是沿着英国古典经济学的劳动价值理论发展过来的。所以列宁说："马克思以前的古典政治经济学，是在资本主义最发达的英国形成的。亚当·斯密和大卫·里嘉图考察经济制度时奠定了劳动价值论的初步基础，马克思继续了他们两个人的事业。他严整地论证并一贯发展了这一理论"[③]。当马克思在政治经济学上进行这种批判分析工作的时候，显然是由于他在哲学上，已经由批判吸收了黑格尔辩证法的合理核心，赞承了费尔巴哈唯物主义哲学中的健全部分，而由是建立起了辩证唯物主义观点，这使得他把辩证唯物主义应用到人类社会生活方面，因而在政治经济学研究上采取辩证唯物主义的历史观点。至于空想社会主义者们，咒骂资本主义制度，分别提出各种各样消灭代替资本主义制度的理想图案，在天真的幻想中，确实夹杂有不少可供启发的天才预见成分。在把资本主义看作残酷的剥削制度，并否认其合理存在的限内，马克思

---

① 中译本解放社版，46 页。

② 见《政治经济学批判序言》，《马克思恩格斯文选》，两卷集，莫斯科中文版，第一卷，第 343 页。

③ 见列宁：《马克思主义底三个来源与三个组成部分》，《列宁文选》，两卷集，莫斯科中文版，第一卷，第 72 页。

和恩格斯一点也没有低估那些空想社会主义者们的重要影响。这就是说，作为无产阶级这个先进阶级的理论，马克思主义应该看作是一切思想遗产中底先进成分的赞承者和继续者，"马克思的全部天才，正在于他回答了人类先进思想所已提出的种种问题。他的学说是直接继承那些伟大的哲学家，政治经济学家和社会主义者底学说而产生。"① 这一点，在马克思的《资本论》中，格外表现得明显。凡属前人在哲学、政治经济学、社会主义方面有所益助于无产阶级解放任务的基本论点乃至一鳞片爪的零星见解，几乎都可在《资本论》中找到它的适当地位。像亚里士多德、威廉·配第、魁奈、黑格尔、圣西门、欧文、亚当·斯密、大卫·里嘉图、浩斯金、汤姆普生，往往是用一定的敬意来称呼的。"马克思主义没有丝毫与'宗派主义'相像的东西，它绝对不是一种什么离开世界文明发展大道而产生出来的偏狭顽固的学说。"② 这基本是由于它所服务的阶级，即无产阶级，正是从人类文明的历史发展大道上产生出来，并负担有自我解放并进而解放全人类的历史任务的缘故。

由上面的说明，我们知道，马克思在正式开始写作《资本论》的五十年代以前，就已经确立了他的无产阶级的立场；即写作过程中，他不但从未怠忽他所担任的国际工人阶级运动的组织领导工作，并且一直是把那种写作，看作是在思想上鼓舞教育工人阶级的革命具体实践。所以当他听到工人阶级从他的《资本论》受到了教育的时候，他就喜不自胜地认为那是对于他的劳作的巨大报酬，正惟其他始终坚持着这个立场，他就有可能从现代哲学，政治经济学及社会主义思想中，批判驳斥其为资产阶级辩护的不合理的错误的部分；而将其有利于工人阶级的健全的合理的部分吸收出来，由是建立他自己底揭露现代资本主义的发展规律的经济理论体系。因此，在论及《资本论》产生过程的时候，我们是有必要把马克思底代表无产阶级利益的阶级立场问题，作为最有决定意义的关键，而首先予以考察的。

三、无产阶级的世界观根本改变了政治经济学 的内容和性质

显然的，由《资本论》导来的政治经济学上的革命，单从阶级立场

---

① ② 见列宁：《马克思主义底三个来源与三个组成部分》，《列宁文选》，两卷集，莫斯科中文版，第一卷，第69页。

上去说明是不够的。由资产阶级转到无产阶级的立场，只不过是标志着那个革命的起点。

无产阶级和资产阶级、小资产阶级有一个根本不同的地方，就在于它的社会地位社会条件，允许它，并要求它采取唯物主义的世界观。为什么呢？就因为它是无产阶级，就因为它本来就一无所有，不怕从彻底的革命斗争中丧失什么，也不会要求在革命胜利后有什么特殊权利；它所处的被压迫与被剥削的地位，它所被赋予的自我解放并进而解放人类的历史任务，都在本质上要求按照事物的本来面目，按照事物相互间的必然因果关系，按照社会的自然发展过程，不掺假，不含糊，不掩饰，实事求是地把客观存在的事实表达出来，反映出来，这就是唯物主义的认识论或反映论，或者唯物主义的世界观。在把哲学看作社会阶级斗争的有效武器的限内，如其说无产阶级需要这样彻底的唯物主义哲学或世界观，那同时也说明那些企图继续保存并巩固其剥削特权的资产阶级乃至小资产阶级为什么总是多方宣扬着各种不同程度的唯心主义，到了没落阶段，甚至乞怜于神秘的信仰主义或僧侣主义了。有这样的社会阶级，就要求采取那样的哲学观点指导下，对于同一社会现象或者同一资本主义经济制度，可以产生性质完全不同的研究成果。马克思的《资本论》，就是以不同立场，不同观点，来对于资产阶级的政治经济学进行批判的结果。

马克思在一八四四年夏天，已因前述西里西亚纺织工人起义的影响，完全站在革命无产阶级立场，他就在这个时候写作的《经济学哲学手稿》中，已经"认为要直接依据费尔巴哈在哲学上的发现，来研究政治经济学的问题"[1]；他并"第一次在哲学上把人们在劳动过程中，把人们在资本主义生产中的实在关系，当做自己分析的对象，并以无产阶级的阶级观点，来考察那些关系"[2]。接着在一八四五年的《神圣家族》中，在一八四七年的《哲学之贫困》中，特别在一八四八年的《共产党宣言》中，他用无产阶级的观点来研究考察现代社会经济关系的方向，已经逐渐明确下来了；他后来在《政治经济学批判》序言中提出的唯物史观公式，应当理解为是沿着这个研究方向发展而达到完全成熟的结果：

---

[1] 乌·卡尔普申：《马克思一八四四年在经济学哲学手稿中对唯物主义辩证法的研究》，见学习译丛，一九五五年第9号，第85页。

[2] 同上，第89页。

  人们在自己生活的社会中，参与一定的、必然的、不依他们本身意志为转移的关系，即与他们当时物质生产力发展程度相适应的生产关系。这些生产关系的总和就组成社会的经济结构，即法律的和政治的上层建筑所借以树立起来而且有一定的社会意识形态与其相适应的那个现实基础。物质生活的生产方式决定着社会生活政治生活以及一般精神生活的过程。并不是人们的意识决定人们的生存，恰好相反，是人们的生存决定人们的意识。社会的物质生产力发展到一定阶段时，便和它们向来在其中发展的那些现存的生产关系，或不过是现存生产关系在法律上表现的财产关系发生矛盾。于是这些关系便由生产力发展的形式变成了束缚生产力的桎梏。那时社会革命就到来了。①

  这一段唯物史观的经典表现，应当说是《资本论》写作所依据的总路线；其中每一个基本论点，都在《资本论》中有了极明确的反映，把无产阶级世界观即唯物主义应用到社会生活方面，首先就要求在纷繁复杂的社会现象网中，找出区划主要现象和次要现象的客观准绳。在马克思主义出现以前，把各种社会生活作为研究对象的社会学，就始终是在各种社会因素的因果关系上兜圈子，有的把政治法律因素看得重要，有的把大人物的个人力量看得重要，有的把思想因素看得重要，甚至有的把气候、土壤、地势一类自然条件拿来作为最有决定一切的因素……这样，就恰好达到社会历史发展没有什么规律可循的结果。马克思第一次系统地把这个问题解决了，他在整个社会现象中，找出了区别主从关系的标准，用列宁的话，就是"从社会生活各部门中，分划出经济部门，从一切社会关系中，分划出生产关系，作为一切社会关系的始初关系。"②"把'生产关系'划出来作为社会结构，就使人有可能把主观主义者所认为不可用到社会科学上的重复律，应用到这些关系上来。"③"把一切社会关系归结于生产关系，把生产关系归结为生产力高度"④，生产力发展到一定阶段，便和一向在其中发展的那些生产关系发生冲突，而由是引起社会革命，这正好是如恩格斯所说的，"当我们把我们的唯物主义的论点加以进一步的发挥，并进一步应用于现代生活时，一

　① 《政治经济学批判》，人民出版社版，序言，第2—3页。
　② 见列宁：《什么是人民之友以及他们如何攻击社会民主党人》，《列宁文选》，两卷集，1949年莫斯科中文版，第一卷，第6页。
　③④ 同上，第98页。

个伟大革命——一切时代中最伟大的革命——的前景，就立即呈现于我们的面前。"① 把资本主义社会经济制度作为对象，对于它的发展以及最后由革命导致灭亡而为更高级的社会组织所代替的全过程，马克思都是根据这个制度，这种生产关系中已经出现或已经萌芽存在的事实，用严密的科学研究，来证明其推移运动秩序的必然性，证明其发展的必然规律。他的分析研究，严格限定在这个社会成员间的生产关系方面，"在解说问题时，非属于生产关系的其他因素，甚至于没有提到。这样做法，马克思可以使我们看到，商品经济发展，怎样转化为资本主义经济，而创造出敌对的阶级——现在生产关系的范围以内——资产阶级与无产阶级来，它怎样发展了社会劳动的生产率，它怎样由此引进一个因素，一个和资本主义组织本身的基础立于不可调和地位的矛盾的因素"②。他"一次也没有借用什么超出这些生产关系的因素来说明问题"③。这种严格的实事求是的科学研究精神，就使得《资本论》成为历史唯物主义的科学典范，具有无可争辩的说服力。先进的无产阶级不但由这个先进理论证示了真理是在他们一边，并还证示了他们并不是像资产学者④所想象的那样，站在"历史圈外""文化圈外"而恰好是要以更高度的科学文化武装了的头脑来改变历史。

然而，在政治经济学的研究上，在资本主义经济制度的研究上，坚持唯物主义观点，特别是由于坚持唯物主义观点，而引出了这样变革的结论即从根改变历史，使那些被踩在社会底层的广大劳动群众超升到社会上层，站在统治者的地位，那就不但要遭受活着的资产学者的反对，并还要和所有过去强调资本主义制度为最合理的、最适合人性的资产学者的理论相抵触；更进一步，甚且还要和那些那怕是反对资本主义制度的空想社会主义者们的见解相抵触，恩格斯在《论卡尔·马克思著政治经济学批判》一书中这样讲过："新的世界观，必然要不仅遭到资产阶级的代表们的抵抗，并且遭到大群想用自由平等博爱的符咒来翻转世界的法国社会主义者的抵抗。"⑤ 就由于以往有关社会经济制度，有关资

---

① 恩格斯：《论〈政治经济学批判〉一书》，见《马克思恩格斯文选》，两卷集，莫斯科中文版，第一卷，第 346 页。

②③ 同上，第 99 页。

④ 德国反动哲学家施本格勒认为工人阶级是微末不足道的，站在历史之外，文化之外（参见《简明哲学辞典》，人民出版社版，中译本，第 339 页）。事实上施本格勒这个说法，不过是把资产阶级及其学者们轻蔑劳动人民的态度，露骨地表达出来罢了。

⑤ 《马克思恩格斯文选》，莫斯科中文版，第一卷，第 347 页。

本主义经济制度的文献，差不多都是用不同程度的唯心主义观点考察的结果，所以，"即令只要在一个单独的历史事例上发挥唯物主义的历史观点，也是一种需要多年静心研究的科学工作，因为很明显，在这里讲空话是无济于事的，这样的任务，只有依靠大量的、经过批判审查了的、完全领会了的历史材料、才可解决。"① 同时，我们又知道，任何一个单独的历史事例，任何一个关系个别经济范畴或规律的理论说明，都不是孤立的，都是作为用这种那种唯心主义观点所组成的什么体系中的构成部分，它牵涉到某个体系整体；甚至本质地牵涉到抱有同一立场观点的资产阶级经济学界，结局，这个科学研究工作，就不能只是对于政治经济学的个别论点，个别章节的简单批判，也不能只是对于某些论争的经济问题的个别审查。恩格斯论述《政治经济学批判》的话，显然是完全适用于《资本论》的，他说："这部著作一开头就建立在这样的基础上，即系统地综括全部经济科学的复杂构成，在联系中阐明资产阶级生产和资产阶级交换的法则。经济学家既然无非是对于这些规律的解释者与辩护者，那末，这种阐明同时也就是对全部经济学文献的批判。"②

必须指明，马克思在政治经济学批判上采取唯物主义的历史观点，显然不能单把他们批判范围，限定在经济方面，事实上，《资本论》已为马克思主义的基础与上层建筑的学说，提供了极全面极生动的科学典范。单就他所分析批判的政治经济学本身说罢，在《资本论》初版序、第二版跋那两篇文字里，他也已非常明确地就英国、德国的资本主义经济发展程度来解述它们的经济理论可能达到的水平，同时并还就这两个国家的资本主义经济发展的历史社会条件，分别说明英国到了十九世纪三十年代，已不允许它在政治经济学上继续作科学的研究，而在政治经济发展上落后于英国、法国，但却反映着英、法的政治经济情况的变革而提出了辩证哲学的德国，则只能另辟一个途径，以无产阶级的经济学来代替为资本服务的经济学了。事实上，不仅政治经济学这种社会意识形态，其他的一般精神生活，莫不取决于社会物质生活的生产条件，同时又给予那种生产条件以作用和影响。所不同的，只是政治经济学所直接研究的对象——社会经济关系或其在法律上表现的财产关系，更密切地关系到各社会阶级的利益，更本质地得到社会政治生活，因而在讨论

---

① 《马克思恩格斯文选》，莫斯科中文版，第一卷，第 347 页。
② 同上，第 348 页。

当中，就不免要更多地涉及它的各种上层建筑。所以，在《资本论》中，对于资本主义各个发展阶段上的社会政治法律制度的变迁，社会生活的改变，各种学说思想意识的相应变化，差不多都有异常周到而深刻的分析，这就使得它简直成了一部社会百科全书，而无异"把整个资本主义社会形态作为活生生的东西表明给读者看，将它的风俗习惯，将它的生产关系所固有的阶级对抗底具体社会表现，将它的保证资本家阶级统治权的资产阶级政治上层建筑物，将它的资产阶级的自由平等以及其他等等观点，将它的资产阶级的家庭关系，都全盘托出。"①

可是，当我们指出《资本论》充分体现着唯物史观的基本精神，而把整个资产阶级社会形象给我们全面分析刻划的时候，切不要忘记了，马克思关于资产阶级社会的风俗习惯，阶级对抗现象，政治法律上层建筑、观念形态以及家庭关系等等，都是把它们看作那个社会在各特定历史阶段的生产力和生产关系发展变化在各方面的反映。只有这样，才使得那些建立在狭隘的形而上学观点上的资产阶级经济学说，完全经不起马克思依着全面发展观点所展开的批判。无产阶级在二十世纪初期才开始对资产阶级取得革命斗争的胜利，但远在十九世纪中叶，无产阶级的政治经济学，已早把资产阶级的政治经济学彻底击败了。

四、建立在唯物主义辩证法基础上的总结构和研究方法

事实上，当我们说《资本论》在政治经济学上引起了革命的时候，那并不是单从立场观点方面立论，同时也涉及了它的研究方法和依一定方法所安排的总体结构。哲学上的认识论和方法论是统一的。从形而上学的观点去看问题，和从辩证发展的观点去看问题，那就不但所看出来的问题的内容和性质不同，同时也说明它们分别在"看"的过程中，已在应用着和各自立场、观点相适合的方法。不过，在说明的便利上，是不能不分开来讲的。

我在前面已经提到了马克思主义的三个来源说问题；在政治经济学上，马克思论证了并一贯发展了亚当·斯密和大卫·里嘉图的劳动价值理论。可是，马克思接触到英国的经济理论，是在他批判吸收了德国古

---

① 列宁：《什么是人民之友以及他们如何攻击社会民主党人》，《列宁文选》，两卷集，莫斯科中文版，第一卷，第99页。

典哲学的合理核心以后，是他把黑格尔的辩证法依费尔巴哈的唯物主义来加以改造以后，因此，"作为马克思主义经济学说的思想来源的资产阶级政治经济学，对于马克思在研究新方法问题时的直接帮助是很少的。当马克思着手研究资产阶级经济学家的理论时，他不仅批判了黑格尔的辩证方法，而且还开始从唯物主义的立场改造这一方法。因此，资产阶级经济学家的形而上学方法论对于马克思是格格不入的。"① 不仅如此，马克思对于资产阶级的政治经济学的批判，一开始就抓到了它的自然主义的形而上学的弱点，远在一八四七年，他就在《哲学之贫困》一书中，指责蒲鲁东跟在资产阶级经济学者后面，把资本主义的生产和生产关系永久化，他说："经济学者把资产阶级的生产关系、分工、信用，货币等等看为固定的，不变的，永久的范畴。"② 他在那里面批判经济学者们说："经济学家有一种特征的研究方法。在他们看来，只有两种制度，人为的和自然的。封建制度是人为的、资产阶级的制度是自然的。……因为现存的关系——资产阶级的生产关系是自然的。……所以，这种关系本身，就是与时间的影响无关的自然的规律。"③ 一八五九年马克思在《政治经济学批判》序言中开始提出了有名的唯物史观公式，那在原则上，应当理解为是马克思主义政治经济学的方法论，或者政治经济学方法论的哲学基础。如像前面讲到的，他"从社会生活各部门中，分划出经济部门，从一切社会关系中，分划出生产关系，作为一切社会关系的始初关系"，作为政治经济学的研究对象，所有存在于特定社会的各种经济范畴都被视为是那个社会生产关系的个别方面的反映或抽象。当社会生产关系随着社会生产力的发展变化而改变了的时候，所有附着于这种关系而存在的一切经济范畴，都将随着发生变化。结局，没有一件永远不变的东西了。资产阶级社会生活关系连带它的一切"心爱的"附着物利润、利息、地租……等等，都处在待变或正在变化的状态中。这个提法，一开始就叫自然主义的形而上学没有站脚的余地。那很显然不单是观点问题，同时还是方法论问题。所以恩格斯在《论卡尔·马克思政治经济学批判一书》中说，"作为马克思政治经济学批判基础的方法的确定，在我们看来其意义的重大不亚于唯物主义的基

① 乌·卡尔普申：《马克思一八四四年经济学哲学手稿中对唯物主义辩证法的研究》，学习译丛，1955 年 9 月号，第 88 页。
②③ 《哲学之贫困》中译本，解放社版，第 145 页。

础观点。"①

研究分析一个社会形态，把它看为永久不变时所用的方法和把它看为是一直处在变动状态中，并且正在创造条件为其他社会形态所代替时所用的方法，显然绝不一样；对于各种经济范畴和原则的叙述，应把它们安排在怎样的顺序中呢？依照前者，当然最好是分别把它们位置在一看就是出于自然的天定的无可更易的那种体系；资产阶级的经济学者就是这样做的，不过他们因所处的历史阶段不同，做法也并不完全一样。大约处在资本主义前进阶段的古典学者，如像亚当·斯密、大卫·里嘉图，由于他们为了向封建的残余势力或制度，或者重商主义措施，争取资本主义商品经济所需要的自由竞争，同时威胁着资本主义生存的无产阶级的力量又还未十分发展显露出来，因此，他们就比较能够无所顾忌地从资本主义生产关系内部去发现它的各种经济范畴的相互联系，由亚当·斯密比较系统地说明了的劳动价值理论，和大卫·里嘉图在劳动价值理论基础上展开的关于利润、工资、地租诸形态的相互对立的分配学说，都不容许他们把他们用以说明的系统，完全放在形而上学的固定框格里。所以，亚当·斯密的大著《国富论》的论述次第，虽然叫我们看来，不很合经济学的体裁，里嘉图的大著《经济学及赋税之原理》更像是一些独立论文的杂凑，可是，比起以后庸俗经济学者们用生产、分配、交换、消费四分法和资本——利润，劳动——工资，土地——地租三位一体公式和所构成的完全形式主义的系统，却是更便于说明一些真理的。自然，亚当·斯密和里嘉图把资本主义制度说成是出于人类天性，合乎人类天性，并把他们研究出发点的个人，臆造成像鲁滨逊那样的单独的独立的猎人和渔人，都受到了马克思的严厉批评，可是在他们所处的时代，还没有必要使他们在经济学方法论上虚构一些掩蔽阶级矛盾的系统，而这是愈到后来才愈做得到家的。

马克思在一八五七年写成但未曾即时发表的《政治经济学批判》"导论"中，曾批评了一般资产阶级经济学者传统袭用的经济学体裁并还专节讨论了经济学的方法。很显然，在这一方面，即在展开对于资产阶级经济学的批判当中，建立起他自己的以唯物主义辩证法为基础的正确方法和系统的。与资产阶级经济学者把资本主义社会看作不再变了的自然秩序恰好相反，马克思在四十年代就认识到了资本主义社会和它所

① 《马克思恩格斯文选》，莫斯科中文版，第一卷，第352页。

由转变过来的封建社会一样，正在辩证地创造否定它自己的条件。问题乃在于用什么方式方法才能把这个过程，把资本主义经济发生发展以至灭亡的规律揭露出来。这正是马克思在《资本论》中所应用的方法原理。但因为这和形而上学的观点方法相抵触，所以，马克思自己也说，《资本论》的方法，不常为人理解。① 可是毕竟有理解得连他自己也认为很好，把他的方法的辩证唯物论的基础作了适切说明的：

> 在马克思，只有一件事是重要的，那就是发现他从事研究的现象的法则。他认为重要的，不仅是在各种现象具有一个完成形态，并保持一种可以在一定期间看到的联系的限度内支配着这各种现象的法则。对于他，更重要的，是现象之变化的法则，发展的法则由一形态到他一形态，由一种联系的次序，到另一种联系的次序的推移的法则。这种法则一经由他发现，他就要详细研究这个法则在社会生活上表现出来的各种结果。……所以，马克思只关心一件事：那就是由严密的科学研究，证明社会关系上一定秩序的必然性，并对于当作出发点和根据点的各种事实，尽可能予以完全的确认。为达到这个目的，他只要证明现在的秩序有其必然性，同时又证明别一种秩序也有其必然性，不管人是否相信，不管人是否意识到，现存的秩序，总是必须推移到这个别一种秩序去的。马克思把社会的运动，看为是一个自然史的过程，支配它的法则，不仅和人的意志，意识和意图是独立的，却宁说是决定人的意志，意识和意图的。……意识要素在文化史上的位置既然如此低，那就不说自明，以文化为对象的批判，不能以意识的任何一个形态或结果来做基础。这就是说，能作为这种批判的出发点的，不是观念，只是外部的现象。批判的范围，不限于拿事实和观念来比较对照，却是拿一个事实和别的事实来比较对照。在这种批判上，唯一重要的，是两种事实必须尽可能同受正确的研究；是这两种事实，必须现实地，在互相对待的意义上，成为不同的发展要素。但最重要的，是要同样正确地研究各种秩序的序列，各个发展阶段依以出现的次序与联结。有人说，经济生活的一般法则是永远同一的；适用于现在，适用于过去，都是一样的。但这正是马克思否定的。依他说，抽象的法则是不存在的。……依照他的意见，正好相反，每一个历史时

---

① 《资本论》，第一卷，第二版跋，人民出版社版，第13页。

期，都有它自己的法则。……生命通过一定的发展时期，由一阶段向他一阶段推移时，你就开始要由别一些法则去支配。总之，经济生活表现了一种现象，与生物学其他领域内的发展史颇相类似。……旧经济学家以经济法则比于物理学法则或化学法则时，是把经济法则的性质误解了。……更深刻地把现象分析一下，就知道诸种社会有机体，是和诸种动植物有机体一样，彼此有根本的区别。……并且，同一个现象，也因各种有机体的全部构造不相同，因它们的个别器官有差别，因这各种器官是在不同的条件下发生作用等等原故，须受支配于完全不同的法则。例如，马克思就否认人口法则是任何时任何地都相同的。反过来，他是主张，各发展阶段有各自的人口法则。……生产力的发展不同，社会关系与支配社会关系的法则也不同。马克思把这个目标放在面前，从这个见地去研究它并且说明资本主义的经济制度时，他不过要严密科学地，把经济生活每一种正确研究所必须有的这个目标，树立起来。……这样一种研究的科学价值，是在于说明，一定社会有机体的发生，生存，发展，死灭，以及它由别一个更高级的社会有机体来代替的事实，是受着怎样一些特殊的法则支配。马克思这部书实际上有这种价值。①

对于这样一篇专门讨论《资本论》方法的文字，马克思非常满意地表示："这位作者如此正确地描写了我的现实的研究方法，而在考察这个方法在我手上的应用时，又如此好意地描写了它，它所描写的，不是辩证法又还是什么呢？"② 这和资产阶级学者们所应用的那一套，该是如何本质地不同啊！

由杰姆斯·穆勒通俗化里嘉图学说而开始应用的所谓四分主义（由生产到分配，再到交换消费）在形式上像是非常整齐但它的体系是支离的，说明的程序是混乱的。一个社会的总生产物，以如何的方式，如何的比例，分配在各成员之间；他们以如何的方式行使交换，以及消费的一般条件及在全生产物中所占比重如何，均是取决于当前的生产形态，把生产和其他三项经济行为平列出来，那不独不成体统，且没有显出重心。而且，现实的经济活动，并不是显分畛域的生产了再分配，接着再

---

① 《资本论》，第一卷，第二版跋，人民出版社版，第14—16页。
② 同上，第16—17页。

交换，最后始归于消费；一把生产过程看作是再生产过程，它的生产资料，就是交换分配过来的结果，同时，生产还是一直由消费支持着进行的，劳动手段的消费，劳动力的消费，乃至劳动者对于生活资料的消费，通是作为生产上的作用来说明的。四分法已够机械了，再在这个四平八稳的框格里，把所谓三位一体的公式：资本——利润，劳动——工资，土地——地租分别硬塞进去，如像许多资产阶级经济学者所做的那样，那就更加破碎支离百出了。这个由亚当·斯密讲价值来源，讲国民收入时提出的三列式，是属于斯密学说中最庸俗的一面，但往后的庸俗学者就恰好看中了这个，分别把它们安排在四分里面，在生产项下，配上资本、土地、劳动三因素；在分配项下，配上利润、地租、工资三因素；在交换项下，配上这些所得的交互流通，而最后在消费项下由那些所得者各各享受他们生产分配交换来的果实。这同四时运会成岁，一样自然，一样出于各修各得。可是，只要我们稍微点破一下，就知道其中包含有不少不可告人的隐事。把三列式这样配称起来，无非要表示有资本即要求利润，有土地即要求地租，那和有劳动即要求工资，是一样的合理！把资本权、地权与劳动权同等看待，不是极平等，极公平了么？但土地，资本和劳动，究竟把什么作为它们的共同点呢？土地是自然物，资本就它的价值关系来说也好，就它的物质或使用价值的关系来说也好，通是以物为媒介的人与人的社会关系，而劳动，则是一个看作生产活动的社会机能，在其本身，且是一个抽象。这三者的性质，确实看不出有什么共同点，也许说，这个列式上三组的后三项：地租、利润和工资都是作为社会各阶级——地主阶级，资本家阶级，工人阶级的所得或收入，因而就使前三项取得了都是所得的来源这一个共同点，但问题就在这里发生了：为什么有的收入如劳动者的收入，要靠劳动者自身的生产活动才能得到；有的收入，如资本家的收入，不用自己操劳，或只行使监督职权就能得到，最后，有的收入，如地主的收入，他不但不用直接作生产活动，且无须操监督的烦劳，只要法律确定地球的一片段为他所私有，他就大可游乐在千百里外，而消费他人在那块土地上生产的果实。这三个不同性质的收入，理应不能"一视同仁"。而且不幸的是：这三个收入的来源，虽然被经济学者分划得非常清楚，但溯其本源，却又不外是出自一定劳动，推动一定资本，在一定土地上所生产的价值生产物。这价值生产物，先分割为工资与剩余价值，剩余价值再分割为利润与地租。由一个阶级生产包括剩余价值在内的全部价值，由其他阶级分有全部剩余价值的剥削与被剥削的关系，就被这三位一体的公式，给掩盖住了。所以马克思认为"三位一体的公式，把社会生产过程的一切秘密都包括在内"，而且如果像后来许多庸俗经济学者所做的那样，把资本——利润那一组偷换成资本——利息的话，"资本主义生产方式所特有的特征的剩余价值形态，就幸运地被排除了"①。

当资产阶级学者用这样的公式和手法，企图把剥削的实质掩盖着的时候，马克思为了揭露出资产阶级社会所特有的剥削形式，即剩余价值形态，当然有必要先把那个编排得均整好看的西洋景——四分法，三位一体公式——彻底拆穿，并且，就从这个在资产阶级看来，正是他们社会的"美点"同时又是他们社会的"创伤"或痛处下手，来展开他的研究。他发现，资产阶级社会和其他剥削社会的本质区别，就在它的剥削，不是采取自然劳动形态，不是采取实物形态，而是采取非常掩蔽的通过劳动力买卖和使用来实现的剩余价值形态。因此，这个社会的生产，就和其他社会的生产的目的不同，它所注意的，不是自然物形态的使用价值，而是剩余价值，剩余价值是要通过流通过程来实现的，通过市场关系来实现的。而分配的特点，从社会的观点来讲，则是把资产阶级榨取劳动阶级的全部剩余价值，在他们内部依照马克思所谑称的"资本主义的共产主义"方式，凭着这个社会所赋予他们每个人的平等自由竞争权，用一切可能采取的提高生产效率降低成本的手段，来压伏其竞争者，来拚取最大可能的份额。这就是资产阶级社会的经济活动的最本质的内容。这样的经济内容，是不能依生产一般的原则，依单纯的流通过程，依最表象的分配条件来说明的。马克思在《政治经济学批判》序言中，就表示："我照着这个次序来研究资本主义制度：资本、土地所有权，雇佣劳动，国家，对外贸易，世界市场。"② 他从资本着手，就是要从这里去抓住资本主义经济的本质，在《资本论》中他用资本的生产过程，资本的流通过程，资本主义生产的总过程这个崭新的体系，来展开他对于资本主义经济的分析，大体上虽然像是分别依次阐明了剩余价值的生产，剩余价值的实现，剩余价值的分配过程，但他和资产阶级经济学者所采用三分法（生产、交换、分配）四分法没有一点相同，这就因为不但是所研究分析的内容或重点完全两样，而由不同内容或重点

---

① 《资本论》，人民出版社版，中译版，第三版，第 1065 页。
② 人民出版社版，中译版，第 1 页。

所要求阐述的逻辑程序或技术安排也是大有区别的。马克思曾分别在《政治经济学批判》导论和前述《资本论》第一卷第二版跋有关地方，相当详细地论到了他的方法，并给予我们这样一些方法论的启示：

首先，属于研究程序安排的技术性的方法，必须遵守或服从这个最高原则，就是不论自然现象社会现象，都是辩证发展着的，因而，我们在研究上对于这任何一方面的各种原理范畴的本末先后次序的安排，都必须最便于或至少是不妨碍那种辩证发展关系的揭露。因为就社会现象来说罢，这样一种研究的科学价值，就是在于说明，一定社会的有机体的发生，生存，发展，灭亡以及它由别一个更高级的有机体来代替的事实，是受着怎样一些特殊规律的支配。

其次，自然现象和社会现象，毕竟有它的非常不同的特点。虽然它们都需要或便于在"表现在最精确的形态且不受干扰影响的地方去考察，如可能，还在各种条件保证过程正常进行的地方做实验"① 去做调查研究工作。马克思就是这样把英国这个资本主义发展较充分的处所来进行他的研究，但他教导我们，毕竟"在经济形态分析上，既不能用显微镜，也不能用化学反应药，那必须用抽象力来代替二者"②。

又其次，和自然现象比较起来，社会现象，社会经济形态是有较大的变化的。社会形态"由一阶段向他一阶级推移时，它就开始要由别一些法则去支配"③。同时，同一经济范畴在不同社会经济形态中的地位和作用，也不一样。因而如有些资产阶级经济学者所说的那样，经济生活的一般法则永远是同一的，适用于过去，也适用于现在，那是马克思所否认的；"把各种经济范畴顺着它们在历史上起决定作用的前后次序来处理，是不行的，错误的"④，是违反辩证原则的。比如，地租这个范畴，因而租佃这种生产关系，在封建社会，是处在有决定性的地位，有必要把它用来作为说明其他经济活动的出发点或基础，但到了资本主义社会，情形就不是这样：利润这个范畴，因而雇佣这种社会生产关系，是处在决定性的地位，这就有必要把它用来作为说明其他经济活动的出发点或基础。以前一社会形态来说，不弄清楚地租就不能理解商业资本利润，高利贷资本利息等经济范畴；以后一社会形态来说，不弄清

---

① 《资本论》，人民出版社版，中译版初版序，第3页。
② 同上，第2页。
③ 同上，第二版跋，第16页。
④ 《政治经济学批判》导论，人民出版社版，中译版，第169页。

楚产业资本利润，就不能理解地租乃至商业资本利润。各种经济现象间存在的必然联系和次第，把它倒置过来，就无法说明它的辩证发展着的关系，那是违反方法原理的。

最后，马克思教导我们，就是我们把一个社会的最有关键性的经济范畴抓住了，如像我们在资本主义社会形态中抓住了它那个占取剩余价值或利润的资本范畴，我们也不能径直由它着手，因为资本是一个高度发展过了的，有了极复杂联系和无数具体规定的概念，不把它所由发展过来的，并且大体已经确定了的抽象了的一般关系开始，自简单到复杂，而抽象到具体，那就会陷在不可究诘的浑沌表象中而无以自拔。十七世纪许多经济学家不了解研究经济应从什么地方下手，因而把社会中最生动具体的人口拿来分析，结局就恰好引起了那样的结果。马克思曾明确地提出他们所犯的反科学的错误。他说："从实在的具体的东西着手，从现实的前提着手，因而，在经济学上，从成为整个社会生产行为之基础与主体的人口着手，似乎是正确的，但是仔细研究起来，那是错误的。如果我们抛开人口所由以构成的譬如阶级，人口是一个抽象。如果我们不依据阶级所依据的因素，如雇佣劳动，资本之类，阶级又是一句空话。而这些因素，又以交换、分工、价格等等为前提。譬如说资本，如果没有雇佣劳动，没有价值，货币、价格等等，它就什么也不是。"① 怎么办呢？如果把颠倒了的程序正过来，最后再回到人口，那时候，人口就不是浑沌一团，"而是一个丰富的、由许多规定形成的总体了"②。我们从这段话里，不仅明白了，在经济学研究上，从具体上升到抽象的深刻意义是什么，并还知道分析资本应当从那里下手的途径。马克思在《资本论》中就是按照他这里指示我们的途径进行研究的。

由上面马克思分别提示给我们的种种方法，显然都是把唯物主义辩证法作为最高的指导原则，应用这些方法的要求，无非是讲求如何才能把现实的辩证发展关系表达出来。恩格斯很扼要地为我们作了这样一个像是总结了上述各论点的指示，那是针对着《政治经济学批判》说的，当然也适用于看作《批判》底续篇的《资本论》。他说："对于政治经济学的批判，即令按照已经获得的方法，也可以用两种方式进行：依照历史或者依照逻辑。既然在历史本身方面，也如历史在文献上的反映方面

<hr/>

① ② 《政治经济学批判》导论，人民出版社版，中译版，第162页。

一样，发展进程整个说来是从最简单关系向着较复杂关系的推移，那末，政治经济学文献的历史发展进程就提供了进行批判所能遵循的自然基本线索，并且经济学的种种范畴整个说来同时也会按照像在逻辑发展进程中那样顺序地出现。"① 不过，完全按照历史进程，也有行不通的地方，因为"历史的行程往往有飞跃和迂迴曲折的，如果一定要跟着它走，那就势必不仅要注意许多不大重要材料的，并且常要打断思路……因此，逻辑的研究方式乃是唯一的适当的方式，但是这一方式本质上也还是历史的方式，只是摆脱了它的历史形式和对它起着破坏作用的偶然现象而已。历史从什么地方开始，思路也应当从什么地方开始，并且它的进一步的运动也不外是历史过程在抽象的理论上一贯的形式上的反映；它是被修正了的反映，但是这是依据实际历史过程本身所提供的法则来修正的，并且这时对于每一个因素可以在它的发展过程达到完全成熟和典型形式的那一点上加以考察"②。

恩格斯这段话，我们几乎可以从《资本论》中讨论到每一个经济范畴（不管是商品也好，资本也好……）所采用的方式方法，而得到印证。他都是在尽可能地叙述到它们的历史发展进程的限内，就它们发展到了成熟的典型的那种程度而加以考察。但要做到这点，就如马克思在《资本论》第二版跋中所提到的，需要采取的研究和说明的两种方式："说明的方式在形式上当然要与研究的方式相区别。研究必须搜集丰富的材料，分析它的不同发展形态，并探索出这各种形态的内部联系。不先完成这种工作，便不能对现实的运动，有适当的说明。不过，这层一经做到，材料的生命一经观念地反映出来，看起来我们就好像先验地处理一个结构了。"③

《资本论》底体大思精的严密完整结构，就是在唯物主义辩证法基础上依着种种有效的方式方法把总集所得的有关资本主义经济制度的丰富的思想材料和历史材料加以缜密研究处理的结果。

五、小　结

"自从地球上存在有资本家与工人以来，还没有出现过一本比像摆

---

①②　《马克思恩格斯文选》，两卷集，莫斯科中文版，第一卷，第351页。

③　《资本论》，人民出版社版，第一卷，第17页。

在我们面前的这本书对于工人更为重要的书。"① 这是恩格斯在一八八五年论到资本论的时候说的话，到了今天，我们还有理由这样说：自从人类有科学文献以来，实在还没有一部这样关系着人类历史命运的书。

这部书是在这样的时代出现的，是在它所分析的对象——资本主义经济制度已经在物质上思想意义上准备了这样一些办法督促工人阶级当作一个阶级来和资产阶级斗争的条件，但在工人阶级方面，还迫切要求一种指导他们斗争运动的正确而系统的阶级学说的时代出现的。只有在这个时代，工人阶级的革命导师，把当时存在的德国古典哲学，英国的政治经济学，法国的社会主义作为他研究的思想材料的来源，加以批判吸收，而由是建立起符合于工人阶级利益并给予他们以明确斗争方向和斗争力量的新的政治经济学体系。

这个新的政治经济学体系当然吸收了资产阶级古典经济学理论的一些正确部分，特别是如像亚当·斯密所发挥劳动价值学说，和里嘉图在劳动价值学说基础上建立的反映着阶级矛盾的分配学说，但那都是在另一种世界观，即唯物主义世界观指导下，被再组织安排在一个新的系统里面了。马克思依据他所创建的唯物史观公式，从人类最根本的物质生活的生产方式出发，第一，把唯物主义引进了社会生活方面；第二，把一切社会关系归结于和当时物质生产力发展相适应的生产关系；第三，把特定社会生产关系或社会经济结构的社会变革，归结于在那种生产关系允许或促进下发展起来的生产力的改变。根据这样的唯物主义观点来研究资本主义这种社会形态，就是要看它怎样在依着生产关系必须适合生产力性质的规律，发生发展趋于没落的全运动过程。这样从物质生活的生产方式出发来进行研究，就必然和资产阶级学者从形而上学的自然观点，从政治法律观点乃至从道德观点出发来进行研究，那就不但所得的结论完全两样，而所研究的内容，也迥然不同。《资本论》由缜密的科学分析，得出了资本主义经济制度暂时性过渡性的结论，得出了剥夺者被剥夺的结论，那就说明它对传统的为资本主义制度永生辩护的政治经济学作了一次彻底的革命，并使后者在内容上体系上根本改观了。

对于同一经济制度，用不同观点来予以考察，那同时也说明考察研究根据了不同的方法原理。资产阶级经济学者是要掩蔽资本主义制度的

---

① 见恩格斯：《马克思著的资本论》，《马克思恩格斯文选》，两卷集，第一卷，第379页。

剥削本质,并不忍其不可避免的危亡命运的,为了这个阶级目的,他们在考察研究当中,就有必要采取自然主义的观点,因而他们对于资本主义的各种经济原理、范畴、规律,就有必要把它们安排在便于割裂内部联系,阻断发展线索的形式主义的体系中,所谓四分法——生产、分配、交换、消费,所谓三位一体公式:资本——利润,土地——地租,劳动——工资,就是这样被广泛采用的。这样的经济学方法和体系,是和资本主义的现实不相容的,是和真理不相容的。所以马克思在批判资产阶级的政治经济学的时候,非常重视研究的方法。他把辩证法作为方法论的基础;他处理题材,安排各种经济范畴规律的讨论次序都兼顾到历史的逻辑的程序,由简单到复杂,由抽象上升到具体,而由是更好达到揭露资本主义经济的辩证发展规律的目的。

有那样的阶级,就要求采取那么样和它的阶级利益相适应的研究观点和方法,这是马克思主义的阶级学说的真理。在《资本论》中,就充分论证了并也充分体现了这个真理。

(原载《厦门大学学报(社会科学版)》1956 年 4 月第 2 期)

《资本论》的学与用 *
（1961）

今天的讲题是《资本论》的学与用。不久以前，曾用这个讲题在北京中国人民大学经济系做过报告，因为那是临时急就的，内容很不完整，需要做些修改和补充；今天讲的，就是在那个报告的基础上加以充实的。今天在座的同志，有的已经学习《资本论》了；有的学得多一些，有的学得少一些；有的还没有学过，基础不同，要求也不一样。不过，虽然有些人还没有学过《资本论》，但都学过政治经济学资本主义部分，那可以说是《资本论》的简化和通俗化，因此，学过那个部分，也可以说间接地学了《资本论》。我今天讲的就是在大家对《资本论》内容有了一定了解的基础上进行的。但总的讲来，基础不同，要求不一，而且由于时间关系，要讲得很全面，那是有困难的。

一、《资本论》的学

谈到《资本论》的学习，大家都希望能有一个很好的学习方法和经验。我在这里给大家做报告，并不是说我有了很好的经验，而是说，我学了一段时间，在学的过程中，有了一些感受，有了一些体会，现在谈出来，供大家学习时参考。

大家都普遍感到《资本论》难学，这不仅在我们中国是如此，外国也一样。日本的《资本论》的译者长谷部文雄先生寄送我一本题称为《资本论随笔》的小册子，其中，谈到这个问题。他说，《资本论》第一卷第一版印了一千册，五年才卖完；东德从 1947 年至 1953 年就印了十五万部以上；到 1954 年前后，苏联共印了三卷本一百五十万部；日本从《资本论》发行以来，有几种译本，第一卷共印了五十万册（其中十

---

* 本文系根据林其泉同志记录稿整理而成。

五万册是第二次大战后印行的）。中国在 1953 年一年内就连印三版，计八万五千部。他以为，将来中国的发行数量也许要超过苏联。他继续说，《资本论》发行了这么多，究竟有多少人把它学完过呢？有一件事情是值得注意的：日本的《资本论》译本，第一卷印五十万册，最后一卷却不过印了第一卷的四分之一。这说明接触到第二卷第三卷的人就少得多了，而且就是第一卷，有多少人读完它呢？很多人没有读完，有的只读第一篇，有的只读第一章，甚至有的人只翻几页就放下了，买了不读的也有。这说明什么问题呢？是不是他们感到《资本论》不重要呢？不是的。大家买了书，感到它的重要，但读不下去，有困难。困难在哪里呢？他以为，大家没有坚持到底的决心。很多的书，一读就懂，有的书读完了也不懂，有的书只要慢慢地读下去就可以懂，愈读则懂得愈多愈深。《资本论》就是这样的书。他建议读者，好好地读，认真地读，发出声音来读，读了以后就会懂了——鼓起勇气，通读下去！这是他的经验之谈，值得注意，但如果指出真正的困难所在，并提出若干可以缓和或减少困难的做法，那也许更会增加读者坚持下去的勇气罢！

那么，读《资本论》的困难究竟是什么呢？一提到困难，我们大家很容易想到这两点困难：一是部头大，全书有两百多万字，部头大需要时间多，而且消化不容易；二是内容深奥难懂。是不是这样呢？我看不完全是这样。这部书，大是大的，但有的书比它更大呢，如高尔基的小说《克里·萨木舍》近三千页，和《资本论》的三卷的页数一样多，还有许多古典论著，如中国的经史子集之类，都是部头很大的，我们并没有被它们吓倒。至于说内容深奥，那是"见仁见智"的问题，也许有一些理由，但不能一概而论。马克思曾就第一卷说，"除了论价值形态的那一部分，人们不能说这本书是难理解的。当然，我假设读者是想要学一些新的东西，愿意独立思考的。"① 我们今天所说的困难，恐怕和独立思考有关。我的经验也是这样，如果读了一些有关的书，又能独立思考，那就是不难懂的，何况《资本论》这部书，逻辑严密，条理清晰，每提一个论点，都有大量的材料和例解来证验说明它哩。恩格斯还在《资本论》第一卷尚未出版之前的 1867 年 8 月 23 日写信给马克思说："你的完全的方法，已由适切的处理和适当联系上的说明，把那些最微妙的经济问题，弄得极其简单，并且几乎一目了然地明白。依照事物的

---

① 《资本论》第 1 卷，初版序，人民出版社 1958 年版，第 2 页。

性质，把劳资关系，就全面的联系，完完全全地，提出最完美的说明，这还是第一次。"① 而当《资本论》这部书印出来以后，马克思对于德国资产阶级学者提出的非难作了这样的反驳："德意志庸俗的经济学的空口饶舌家，曾非难我的著作的文体及其说明方法。《资本论》文字上的缺点，任何人都不能像我自己那样痛切地感觉到。"他说，但是一个反对我的英国人却说，《资本论》的说明方法，"把一个最枯燥无味的经济问题也说得有一种特别的风味"（星期评论），一个俄国人说："除了一二特别专门的部分外，说明是以容易理解，明畅和异常活跃（虽说它所研究的问题，是科学上异常繁杂的）为特色的。就这点说，作者……与大多数德国学者极不相同。……那些学者，用非常枯燥，非常暧昧的文字来著书，以致普通人的头要由此榨破。"② 所以，如果说《资本论》的学习上的困难，在于部头大，深奥，那是太一般的笼统的讲法，还没有讲出真正困难所在。那么，真正困难是在哪里呢？我的体会有以下几方面。

第一，学习《资本论》需要有丰富的广泛的经济知识、历史基础知识以及文学和哲学知识。我们都很清楚，《资本论》所引用的经济材料、经济史材料是非常丰富的，它不只是一部经济学的书，经济史的书，经济思想史的书，并且还是一部哲学的书，历史的书，列宁就曾说它是一部活的辩证法，所以学习起来是需要有关这些方面的一定的基础知识的，先就历史知识方面举个例子来说吧。第一卷初版序中有这样一句话，"象18世纪美国的独立战争，为欧洲中等阶级鸣起了警钟一样，19世纪美国的南北战争，又为欧洲工人阶级鸣起了警钟。"这就是说，美国的独立战争对西欧特别是法国的资产阶级大革命影响很大，美国解放黑奴的南北战争对欧洲工人阶级革命（巴黎公社）影响很大。如果我们不了解美国独立战争、南北战争、法国资产阶级革命和巴黎公社，以及这些重大历史事件的产生过程，它们分别发生影响的经过，我们即使在字面上有些了解，到底不懂得它讲的什么。还有，这部书讨论的基础，是十八世纪末十九世纪中叶前后的西欧社会经济情况，特别是英国资本主义发展的情况，如果我们不对这些有所了解，学起来就有困难。例如读者不时提问到第一卷初版序中的一句话："波西亚斯戴起一顶隐身的

---

① 《资本论》第1卷，人民出版社1958年版，第986页。
② 以上均见前揭书，第二版跋，第13页。

帽子，叫庞大的魔鬼看不见自己，我们却把帽子紧遮着耳目，为了要否认魔鬼是存在的。"这句话不懂出典，也大体可以了解它的意思。但如果知道希腊神话中波西亚斯杀魔鬼的故事，那就不但可以领会马克思的"别有风趣"的文体，且能感到体现在它那种高度艺术表达形式中的口诛笔伐的力量。又如在第一篇第一章讲商品的时候，他提出商品的"价值对象性"这个语词，表示"价值"是从实际经济生活中可以体会得到，但怎么也不能具体把握的一种社会过程的真实而合理的抽象。莎士比亚的戏剧《亨利第四》那一篇里，两个饶舌对骂的妇人之一的瞿克莱夫人，被对方骂为是一个水獭，"既不是鱼又不是肉，是一件不可捉摸的东西。"马克思在这里从反面来表示不可捉摸的瞿克莱夫人毕竟在那里，价值对象性就不同了。这也是要知道这个文学的出处，才能加深价值本身的认识的。

就哲学方面而论，《资本论》各篇章都散有有关资产阶级哲学的批判，但问题还不在这里。整部《资本论》不但是在唯物史观的指导下写成的，全面体现了唯物辩证法的精神实质，并还由是论证了唯物史观的科学假定。因此，对马克思主义哲学，对辩证唯物主义与历史唯物主义的基础知识，没有一些初步了解，就不但要大大增加系统把握全书结构的困难，甚至对于任何一个有关历史辩证发展问题的叙述，都要感到不易理解。旁的不讲，《资本论》第一卷初版序和二版跋中讲政治经济学的历史任务和社会限制，特别是以德国为例，论证它不但在资本主义未发展起来的时候，不能有资产阶级的古典政治经济学，就是后来资本主义已经发展起来了，也不能有资产阶级的古典政治经济学。为什么呢？这关系到政治经济学与资本主义经济的辩证发展关系问题，关系到基础与上层建筑的问题，不懂辩证法，不懂唯物史观，是弄不清其中的道理的。

至于《资本论》作为一部政治经济学论著来学习，所需要的关于经济理论与史家的准备知识，那是非常明白的，为了说明便利，我打算留待接下去讲第二种困难时来交代。

所有上面这些例解，说明较广泛的文化的历史的知识的要求，构成了我们学习《资本论》的第一个困难。

第二个困难，就是理论联系实际上所感到的困难。理论联系实际有两层意思：一是理论研究要结合到我们当前的政治任务，这是属于方向性的问题；一是所研究的理论必须回到理论所由抽象出来的现实情况中去，才能有较正确的理解，这是属于方法论的问题。这里所讲的，是属于后一方面的问题。就我们中国读者说来，《资本论》里面所讲的，主要是十八世纪末十九世纪前期的英国资本主义经济现象，这是我们所不熟悉的，因为我们中国没有存在过发展较成熟的资本主义或者说资本主义成分很小。我们在现代，直到解放为止，一直是处在半封建半殖民地的阶段。在欧洲人看来是很容易懂的，而我们却不懂，因为我们不熟悉，我们没有在真正的资本主义经济环境中生活过。在资本主义社会，司空见惯的东西，我们学起来就象很费解。甚至一些极其具体的感性的经济现象，如象工厂法、交易所、企业经营管理过程乃至若干年一度的危机之类，我们接触到它，只仿佛是这么一回事很不易深透进去。马克思在《资本论》中，关于当时德国的经济学界讲了这样一段话："政治经济学在德国的生活地盘依然没有，这门科学依然是当作完成品，从英法二国输进来。德国的经济学教授，都还是学生，外国的现实之理论表现，在他们手上，成了个教条集成。他们周围的世界是小资产阶级的世界。从这个世界的观念去解释，这各种理论就在他们手里被误解了。科学无能的感觉，没有完全压下去。他们不安地觉察了，他们必须在一个实际上他们不熟习的范围内钻研。"[①] 这是对德国经济学界讲的，在一定程度上，对于我们研究《资本论》也是适用的。解放以后，我们的现实社会经济生活，起了本质的变化，我们逐渐进入社会主义建设阶段了；单就资本论理论回到它所产生的经济实况这一点来说，这并没有增进我们现实感，甚至加上了一些新的隔膜。我们当前论坛上讨论资本主义的经济危机，批判资本垄断学说，其所以难得深入或不够力量，其中有一个相当有力的原因，就是因为我们所批判争论的，是我们不大熟悉的东西。事实上，不只是对资本主义经济问题，就是对于我们社会主义经济中的等价交换，按劳分配这些原则问题的讨论，由于这些原则和资产阶级平等法权有相当的联系，从而和资本主义社会经济生活，有一定的历史牵连，这也使得我们少受到资本主义洗礼的人，对于这类问题的看法，无形中受到一些限制。

无论如何，我国资本主义太不发达或当前根本不存在资本主义经济现实这一历史条件，不能不说是我们从理论联系实际这一角度来学习《资本论》所不免要遇到的障碍。

---

① 《资本论》第1卷，第二版跋，人民出版社1958年版，第8—9页。

　　最后讲到第三个困难，和前面两个困难比较起来，这个困难应当说是较大的。那就是，马克思在《资本论》中所提出的经济理论，是和我们一般人的常识相反的，是和我们日常思维方法格格不入的，或者有的是我们意想不到的；而他得出来的那些经济理论所用的思维方法，也是我们所不很习惯或很不习惯的。比如说，一件上衣等 20 码麻布，或说一件上衣值多少钱，这在我们大家看来，好象这是用不着去想的，但马克思却把它看成是研究商品，研究那个看不见摸不到的"价值对象性"所必须了解的出发点。再看，《资本论》是研究资本的，但全书似乎不曾对资本下过定义，他只是在说明问题时，讲到资本是一种社会生产关系，是一种支配劳动的社会权力。这都是和我们的通常想法联系不起来的，所以学起来会使我们一时摸不着头脑。资产阶级学者无论讲什么，总是先下一个定义，它的定义又合乎日常的常识，我们就比较容易接受：他们说，资本是将本图利的本钱，是工厂、工具。甚至连古典经济学家亚当·斯密也说："在一般资产中用以获取利得的那一部分就是资本。"现代的庸俗的经济大师庞巴维克说："资本是各种以生利为目的的财货"。一般都说投资就是将本图利。这些都很符合我们的常识，都象是从我们经济生活的经验习惯定义出来的。马克思严厉批判了这些说法，说这些似是而非的论调，根本不能说明问题。为什么呢？他认为，资本是资本主义制度下的特定经济范畴；它的作用，就在增殖价值。工厂、工具以及其他资财本身，并不就是资本，因为它们并不能增殖价值，它们只有和劳动力结合起来，由劳动力的使用，使价值有所增殖，才能成为资本。货币是不是资本呢？购买劳动力的货币是不是资本呢？把它孤立起来看也不是资本，只有它一方面购买劳动力，同时又购买吸收劳动的生产资料，发生了增殖价值的机能，它才成为资本——货币资本。不论是货币，是生产资料，还是劳动力，分别来看，都不是什么资本，只有在一定社会经济条件下，在一定的生产关系下，创造价值，或者是帮助增殖价值，才具有资本的实质和意义。这是资产阶级学者（即使是古典经济学者）想不到、想不通、也说不明白的。因此，马克思说资本是一种社会生产关系，就货币资本而论，说它是资产者利用它来支配劳动的一种社会权力，这就再清楚明白不过了。又如，资产阶级经济学者经常说资本——利润，劳动——工资，土地——地租。这个三位一体的公式，是平等、自由、公道的表现，是神圣不可侵犯的，是天经地义的。资本家由投资得利润，工人由劳动得工资，地主由土地得地租，看去像是合理的，但一用马克思主义的观点方法加以分析，立即就显得极不合理了：土地、资本与劳动是三种不同性质的东西，前两者的所得，是出自对第三者的剥削；前两者是不劳而获的，而第三者则是劳而没有得到应得的报酬。对于这个包藏了一切剥削秘密的公式，资产阶级经济学者一直当作真理来宣传，我们一般也像在依据经验事实，当作教条来接受。因此，我们学习《资本论》，就不能不在每一个经济概念，每一个论点上，和我们自己原来的有关的常识经验或教条作斗争。这就是马克思为什么说要学懂《资本论》，需要读者愿意接受一点新东西，能独立思考。

上面讲的就是我们学习《资本论》会感到的三种困难。这三种困难中哪一种困难最大呢？我以为是最后一种。为什么呢？第一种困难是说要有一定的文化知识、历史基础知识、哲学知识等，这些可以慢慢地学，甚至可以从《资本论》中去学。《资本论》本身就是一个知识宝库，可以提供我们许多正确的知识。《资本论》的某些较容易了解的部分的学习，就可以帮助我们理解其中比较难懂的部分。马克思曾指示我们在学习《资本论》时，不妨先读劳动日那一章，然后再读有关价值形态的那一部分，也就是这个意思。第二种困难讲到的我们不熟悉的东西，那也不是不易克服的，我们可以通过间接的方式去了解去体会。比如我们要学习古代历史，中世纪历史，不也很难吗？但我们可以通过各种方式和工具，间接地去求得理解。事实上，《资本论》中最感到难学的价值形态部分，并还不是以发展了的资本主义经济为背景，而是以我们比较熟悉的小商品生产为背景呢！至于第三种困难，它对前面两种困难，具有不同的特质。大家想想看，一般资产阶级学者，文化历史基础知识可能是相当丰富的，他们又是生活在资本主义社会里，但为什么他们竟对于资本主义经济的理解，那样庸俗肤浅呢，他们对马克思主义的认识，为什么那样隔膜呢？例如列宁在《什么是人民之友》中批判过米海洛夫斯基，说他读了《资本论》，但不懂得《资本论》中有唯物史观，这并不是知识的限制，而是关系到立场观点和方法的问题。而和俄国米海洛夫斯基无独有偶的，是一位德国的经济学者，尽管《资本论》全书都贯串着价值论的说明，他却惋惜《资本论》作者没有专章讨论价值。为什么呢？这是因为他所理解的价值和《资本论》中讲的价值不是一个东西。我也遇到过这样的事情，我在某大学任教时，曾有一个有些名气的经济学教授，教完了《资本论》第一卷以后对我说，他还没弄清楚价值和劳动竟有怎样的关系。应该怎么说呢？能说这不是笑话吗？其实，马克思在《资本论》中所讲的道理，马克思、恩格斯都说西欧特别是德国工人阶级就可以接受；马克思并把工人阶级广泛接受他的看法，看作是对于他写作《资本论》的最大报酬。可见，由不同立场，用不同观点方法所引起的障碍，才是最大的障碍，虽然我们并不因此就说其他困难不值得注意。

现在困难是提出来了，但如何去克服这些困难呢？以下谈我个人的几点体会。

首先，学一本著作，特别是象《资本论》这样的大著，必须明确它的主题，明确它所要解决的中心问题。一本书拿到手里，不论它是文学、哲学或是经济学的书，总是要先明确一下它的主题所在，它讲些什么，它是如何提出问题并解决问题的。愈是对于大部头的论著，愈需要先摸一下这个底，同时愈是有价值的科学论著，它的主题，它的中心思想也愈加明确。比如说罢，列宁的《唯物论与经验主义批判论》，就是要解决物质第一性、精神第二性的关系问题，列宁的《俄国资本主义的发展》，就是要解决俄国国内市场形成的问题。《资本论》呢？它的中心任务，是要解决资本家如何剥削劳动者或剩余价值如何产生和实现的问题——我们在现在看来，好象这个问题是很容易了解的。真是这样吗？如果大家真的懂了，为什么我们又感到《资本论》难学呢？

在奴隶社会里，奴隶主占有奴隶的劳动，这看得很清楚。在封建社会里，领主地主占有农奴的劳动，在时间上空间上也不难看出。在资本主义社会怎样呢？资本家说他没有剥削工人，他是凭公平买卖，工人劳动得了工资，而资本家的利润是使用资本的报酬、管理企业的报酬、或者是贱买贵卖的差额，何尝有什么剥削？在资本主义前期，尽管有些古典经济学者指出了资本家的利润和地主的地租，是从劳动生产物分割出来的，但是他们讲得不深不透；等到后来，作为资产阶级的经济学者，他们再也不敢讲这个问题，并还要拼命替资产阶级辩护了。他们用这样那样的理由，用表面的现象和经验的常识，来为资本主义制度掩饰，为它的永恒的存在祝福。这个剥削问题不弄明白，不从各方面加以系统的论证，就要使工人阶级斗争的正义性受到怀疑，使他们的斗争的勇气和信心受到妨害。事实上，资产阶级也正是利用这些错误欺骗的宣传，来从精神上从思想意识上瓦解工人阶级的斗争意志，并妨害他们的团结。在十九世纪前期，这无疑是一个最关重要的根本问题，即使到了现在，也并没有失去它的现实性。当代资产阶级经济学者，不还在以各种新的方式和手法宣传资本家没有剥削么？为了工人阶级的革命事业，马克思几乎是用他毕生的精力，彻底搞透这个问题。我们要好好为兴无灭资的革命事业服务，难道不应当好好学习《资本论》，把这个根本问题弄透么？

其次，当我们已经明确了《资本论》研究的主题或中心问题以后，就要进而了解马克思是怎样进行分析这个涉及到一切经济生活方面的问题了。资本家对劳动者的剥削，是属于分配方面的问题，同时又是关系到交换方面的问题，但资本家究竟如何对劳动者进行剥削，却基本上是要在直接生产过程才能得到理解的。正因为这是一个牵涉到各方面的复杂的问题，资产阶级学者就惯于用流通方面、分配方面的一些表面现象，来掩盖资本主义制度的剥削本质。说什么一切商品都是凭等价交换，劳动力也是一种商品，它的买卖，也是在等价交换的基础上进行的；又说，同是资本家，有的经营成功，有的经营失败，如果认为成功是剥削工人的结果，那末失败赔了本该怎么说呢？马克思却正好要论证，劳动力这个商品，即使资本家购买时是依据等价原则，他在直接生产过程中使用它、消费它，却破坏了那个原则，使劳动者在生产中创造的价值超过了他在交换上取得的价值；并且，资本家即使在生产中榨取到的额外价值，没有在交换上得到实现，甚至还亏了本，那只不过是他们资产者相互间分配额外价值的比例有了变化，丝毫也没有改变他对工人的剥削关系的实质。为了要揭露这个秘密，马克思就依据生产是经济中的决定环节的原则，并采取科学的抽象方法，先撇开容易引起混淆的流通关系和分配关系，光在直接生产过程中找出剥削的根源，发现剩余价值的秘密，然后再分别讲到实质上是流通剩余价值的流通关系，和实质上是瓜分剩余价值的分配关系。我们如果初步了解了《资本论》的这个别开生面的布局，并初步了解了这样的新布局或总结构的重大的科学意义，就会感到对于了解《资本论》这个"庞然大物"的全貌，有了一个摸索的途径，就会明了第一卷、第二卷、第三卷各别在完成全面分析资本主义这个剥削制度中所担当的任务。读完第一卷，一定要求续读第二卷、第三卷。当我们学习第一卷的时候，也象初步了解全书一样，只要开头了解它的内容和结构，体现了资本主义商品生产由小商品生产基础上逐渐转变过来的辩证发展关系：由劳动生产物到商品，到货币，到资本的转化；由资本产生剩余价值到剩余价值资本化以至由资本的积聚集中而归结到资本的最后被剥夺——这样的结构，几乎要使我们学习起来，象学习章回小说一样，感到它的"引人入胜"的科学的魅力。第二卷、第三卷的内容虽不象第一卷那样一竿子插到底，非常辩证地一个环节紧扣着一个环节，但读者只要学习第一卷有了一定的心得，一定也会感到第二卷、第三卷的严密的逻辑程序和精辟的说服力量。恩格斯甚至说，第三卷"是他从来读过的书中的最可惊的东西"，有的地方，第一卷对它还有逊色。如果说有谁感到第一卷好学，并认为他真已有了心得，应当说，他已突破了学习第二卷、第三卷的难关。

总之，《资本论》的学习，是有困难的，有知识基础上的困难，有联系实际上的困难，尤其是有立场、观点、方法或思想意识上的困难。所有这些困难，在很大程度上就可以由，还必须由学习《资本论》本身得到解决。《资本论》可以大大丰富我们的文化历史知识，《资本论》可以教导我们怎样联系实际，《资本论》尤其会使我们在学习过程中，不知不觉地熟悉并习惯马克思主义的语言和思想方法。就最后一点而论，《资本论》的学习过程，应当理解为是我们在"思想上的兴无灭资"的过程。

然而，有效的学习，还在于用。这是我们在下面要说明的。

二、《资本论》的用

毛泽东同志曾指示我们："读书是学习，使用也是学习，而且是更重要的学习。"① 一般地讲，学习就是为了使用。使用不只是对于学习的效果的检证，并还是对于学习效果的巩固与提高。在这里，使用、应用和运用，殆有相同的含义，我们概称之为用。

讲到《资本论》的用，似乎要说明这几点：用它的什么？怎么用？用它来做什么？大家仿佛都清楚，学以致用，用它来解决理论问题，解决实际问题，也用它来解决我们的思想问题。但是，用它的什么问题，如没有比较明确的认识，不仅怎么用的问题难得弄明白，就是这个看起来非常清楚的用它来做什么的问题，也要成为问题了。事实不正是这样么？

《资本论》所研究的，是西欧特别是英国的十九世纪五十年代以前

---

① 《毛泽东选集》第 1 卷，第 179 页。

的资本主义发展情况。第一卷的出版，离今天近一百年了，在这期中，世界变化很大，资本主义从自由阶段发展到垄断的帝国主义阶段，而《资本论》基本上则是把自由资本主义经济作为研究对象，因此，资产阶级学者和现代修正主义改良主义者都异口同声地说，《资本论》已经过时了。很清楚，马克思主义的三大组成部分——哲学、政治经济学和社会主义——都综合表现在《资本论》一书中，如果说《资本论》已经过时，那就无异说马克思主义过时了。是不是这样呢？马克思用唯物史观作为指导，研究资本主义经济运动法则，建立了以剩余价值理论为基础的革命的政治经济学体系；他并在那里指出了资本主义的发展过程，也是工人阶级被集中被锻炼被组织起来，使成为剥夺剥夺者，推翻资本主义制度的革命力量的过程。这一点，是一切空想社会主义者所看不到的，因此，他们的理论都是空想的。马克思从资本主义发展过程中看出它在为转向更高级社会创造物质条件，同时又看出它的内在的革命力量，这就为科学的社会主义作了结论。我们是在这个限度内，说历史唯物主义或唯物史观、政治经济学和科学社会主义，是马克思主义整个不可分割的组成部分。我们也是在这个限度内，说马克思主义的三大组成部分体现在《资本论》中，然则，前述资产阶级学者、修正主义者、改良主义者，所讲的马克思主义过时了，《资本论》过时了，究是指着什么呢？他们是含糊笼统地胡扯，我们却不能不加以分析。同时在另一方面，我们马克思主义者，我们的毛主席常说马克思主义是"放之四海而皆准的真理"，那又是指着什么呢？那也不能不有所分析。说也奇怪，马克思主义者经常说，社会经济基础变了，上层建筑也跟着变；时代变了，理论也随着改变。现在又说马克思主义是放之四海而皆准的真理，不是很象讲不通么？形而上学的资产阶级学者，从来认为事物是静止不变的，至少只认为有量变而没有质变，现在倒反而象是采取了发展的观点，宣言马克思主义过时了。在这里我们必须分别清楚，马克思主义者所讲的普遍真理指的是什么。那不是别的，那指的是马克思主义的观点方法，它的世界观和方法论，也就是辩证唯物主义和历史唯物主义，这一点要牢记着。还要弄清楚的是，马克思在《资本论》中的基本理论，即剩余价值学说，是用他的唯物史观和辩证方法研究资本主义经济得出来的结果。

剩余价值理论是不是普遍真理呢？马克思主义者从来也没有说它是普遍真理。剩余价值在社会主义国家中是不存在的；但在资本主义国家，只要是人剥削人的资本主义生产关系存在，这个学说就还有它的妥当性。所以，如果说剩余价值理论是资本主义社会的普遍真理，那也是妥当的。不过，在剩余价值基本理论中，毕竟还有一些较具体的个别论点，随着资本主义从自由阶段推移到垄断阶段的具体情况的改变，可能变得不完全适用或者很不适用，如平均利润法则，如经济周期表现形态等等，即使在原则上还有很大的妥当性，应用起来，就不能不加一些限制或说明。所有这些——马克思主义的观点方法，基本经济理论，和个别论点——资产阶级经济学者把它们混在一起，不加区别，这在一方面是由于他们缺乏这种分析的理解力，同时也因为这样做，更便于反对马克思主义。可是我们在学习并应用《资本论》的时候，却就必须把它们分别清楚。

在上面，已算把我们对于《资本论》的运用，在认识上存在的前提问题，作了一个简单的交代。现在似可进而谈到用它的什么，并怎样来用的问题了。我们一般学习《资本论》，往往比较注意它的基本经济理论，而比较不注意它的观点方法，事实上，在我们目前这个帝国主义走向灭亡，社会主义——共产主义走向胜利的新阶段，对于反帝斗争，反垄断资本斗争，反改良主义修正主义斗争，固然在很大程度上，还有必要把《资本论》中基本经济理论作为武器，但更重要的，还是应用体现在《资本论》中的观点方法，来研究当代资本主义的经济规律，来研究我们社会主义社会的经济规律。当然，马克思主义的观点方法，它的唯物主义和辩证法，是贯彻在一切马克思主义的经典著作中的，但一切马克思主义者都承认，《资本论》是全面贯彻着唯物史观和辩证法的典范。我认为，我们学习应用《资本论》，首先就要随时留意体察体会马克思是怎样运用唯物史观，来辩证地揭露资本主义的经济运动的规律的。我在这里谈到这一点，也就是解答我们提出的怎样应用《资本论》，怎样应用它的观点方法和基本理论的问题。

关于马克思怎样在《资本论》中运用唯物史观这个问题，马克思自己和恩格斯都讲得不少，他们曾分别就《政治经济学批判》这个名著，反复讲到它的观点方法，但对《资本论》的观点方法，谈得更明确具体的，却还是列宁。列宁在他的那部经典名著《什么是人民之友及他们如何攻击社会民主党人》中，曾反复说明《资本论》作者揭露并阐述资本主义社会的经济运动的法则，和一切资产阶级经济学者的做法完全相反，资产阶级学者们习惯于从人类一般的情况来谈，什么人类的欲望需要之类；就是那些古典的资产阶级经济学者，也喜欢就所谓人类的自利本性出发，把出现于资本主义社会的特殊经济事象及其原则规律，硬套到"一切时代，一切地方"，结果，原始社会猎人渔人猎兽捕鱼所用的简单工具，就被看成是和现代资产阶级剥削无偿劳动所用的生产资料没有什么本质区别的东西了。而且，正是由于资产阶级经济学者在不同程度上采取了这样的形而上学的观点方法，他们在讨论分析经济问题的时候，也就不可避免地要把许多其他社会因素拉进来打混。结果，就连什么问题也说不明白，交代不清楚，他们其所以惯于把一些经验事实，表面现象，揉杂在理论分析中，原因就在于没有一个正确的观点和方法作为指导。马克思批判他们，革政治经济学的命，也正好是从这里下手。列宁认为，《资本论》一开始就把它的研究对象，限于现代资产阶级的社会经济组织；"专以社会组成员间的生产关系为限"，把一切社会关系，归结于生产关系，把生产关系归结于生产力；他说，"马克思一次也没有用什么超出这些生产关系的因素来说明问题"；各种经济概念、范畴，都被看作是那种资本主义生产关系之个别侧面的理论表现。资本主义生产关系不但决定了它们的存在，决定了它们的性质，决定了它们相互间的地位和可能发生的作用，并且，生产关系随着生产力的发展而有所改变，也要在这一切方面引起相应的变化。这就是为什么，即使是同一个经济概念或范畴，出现在前资本社会的，和出现在资本社会的，并不是一样的内容和性质；就是在资本主义社会的不同发展阶段，也不能一视同仁。唯物史观所要做的，无非是在社会经济发展过程中来考察各种经济现象，来分析各种经济问题，并来辩证地论证其必然的发展倾向。《资本论》全书就是按照这样的章法写出来的。我们学习《资本论》，最要紧的也就是要学习《资本论》作者运用他的正确的观点和方法论的做法，来试图研究处理我们所面临到的各种经济问题。当然，我们这样说，并不是说，包括在《资本论》中的基本经济理论，除了用以正确的认识资本主义制度的本质和它的必然趋向灭亡的归宿以外，对于当代资本主义的研究，特别是对于我们社会主义经济的研究，已经没有太大的帮助了，如果我们真是这样设想，那就很不正确，并且也说明我们对于《资本论》的认识，还大有问题。

我们已经知道，《资本论》中的基本经济理论，是关于剩余价值的理论。《资本论》作者在说明剩余价值的产生及其消灭过程时，不仅连带论到了一些关于前资本主义社会经济的原理，关于社会主义经济的基本原则，并还就一切社会经济形态的共同因素，一切商品生产的共同因素，在原则上作了一些重要提示，和正确的科学说明。这对于我们理解和探讨当前经济问题，是有着非常重要的意义的。举例来说罢，如关于货币理论，《资本论》中所讲的货币基本上是就贵金属或金银币立论的，由金银硬币到纸币，由兑换纸币到不兑换纸币，由资本主义性质的纸币到社会主义性质的纸币，有一序列的关系和中间环节要处理，要交代清楚。如果径直用《资本论》中的货币理论来硬套到我们当前的货币问题上来，当然是格格不入的，所以毛主席在《改造我们的学习》中曾说，"经济学教授不能解释边币和法币"。硬币有硬币的流通法则，纸币又有它的特殊流通的法则，马克思就曾责难里嘉图没有把这两者区别开。同是纸币，资本主义国家的纸币和社会主义国家的纸币，也不一样；就是同在社会主义国家，我们和苏联也不同。为什么呢？资本主义国家和社会主义国家的性质根本不同，对于流通纸币的发行额，和对于发行纸币的保证准备，资本主义国家要经常公布，但在我们社会主义国家就不一定要公布；如美国规定一盎斯黄金等于 35 美元，并对于纸币的发行额规定了一定比例的黄金外汇的保证准备，黄金外流到一定点，就要发生所谓美元危机。这是为什么呢？就因为在资本主义国家，社会财富是为私人所有，国家在发行货币上的职能，只不过是为了便利私人财富或商品的流通，因此，它没有足够的保证准备，就不能叫纸币的持有者不发生疑虑。反之，在社会主义社会，所有的社会财富，它的消费资料和生产资料，都可以为它的纸币发行起保证作用。至于同是在社会主义国家，苏联的卢布，还同一定黄金保持联系，在我们中国，就连这种联系，也没有加以明确规定，这是由于我国的货币改革过程和具体条件和苏联也颇不一样。1957 年第 5 期《经济研究》上登载了一篇石武同志写的有关的文章，讲到了其中的一些道理，尽管他的看法，有的人提出不同意见，但他用唯物史观来处理这个问题，来一层一层地分析由硬币到纸币到不同社会纸币到同性质社会主义社会不同纸币的发展演变过程，为我们应用《资本论》理论提供了一个极有启发性的范例，事实上，不只是研究货币问题，就是研究恐慌问题、人口问题、国民收入问题……等等，丢开了马克思在《资本论》中有关的最基本的理论的分析，恐怕怎么也不易讲得明透深入。

很显然的，当我们已经多少知道如何应用《资本论》的观点方法，如何应用《资本论》的基本理论来解决我们所面对着的问题的时候，我们的思想意识，思想方法，也无疑在相应发生变化。在这种限度内，很可以说，我们学习并应用《资本论》的过程，同时也是我们在思想上的"兴无灭资"过程。

而且，我们在上面所讲的，怎么样应用《资本论》的观点方法和基本理论，并不是说，我们学到一定程度，学到已有所得的某一阶段，才有条件这么做，事实上，我们学习的整个过程，也是应用的过程。学与用是一个不断反复的统一的过程。我们对于所学的每一个概念、范畴、规律，都联系到它的实际，那其实就是在用，就是在独立思考，就是最有效的学。

（原载《中国经济问题》1961 年第 3、4 期）

《资本论》的综合系统理解
（1962）

　　我们学习《资本论》这一部"体大思精"的论著，不对全书各卷的主要内容有一个初步的认识，要理解它的总结构或体系是困难的；反过来说，如果不对它的总结构或体系有所理解，又显然会妨碍我们对各卷内容的认识。这个看来有些矛盾的问题，只有通过"学习、学习、再学习"的反复过程，逐渐予以解决。

　　这里是假定我们对《资本论》的钻研已作了一番努力；对它采取的观点方法，对第一、二、三卷的内容大体有些了解。但即使如此，或者，正因为如此，《资本论》的研究对象究竟是什么？是用怎样的红线贯穿全书？为什么分别在第一、二、三卷讲生产、流通、分配，又要在生产过程讲工资，在流通过程讲再生产，在总过程中讲各种具体分配形态？采取这样的布局，究竟是由于主观的抉择，还是根据客观辩证发展的要求？体现现实经济关系的各种范畴和规律，怎样才能在全部经济理论体系中，把它们的相互关系和作用，有机地表现出来？最后，作者的强烈的阶级倾向性，为什么能和他的研究的高度的科学性统一起来？……所有这些问题，都是我们肯独立思考的读者，在反复阅读《资本论》过程中，会陆续提出来，要求给予解答的。我们在论坛上，也不时发现有关其中某个方面、某个问题的努力尝试，但因为这是需要较长时间的冷静钻研的工作，任谁也不敢说能作满意的解答。下面所讲的，只不过是在全书各卷的总体系上，分别就那些问题，提出一些学习心得体会罢了。

一、贯穿全书的红线　研究的对象与细胞

　　关于《资本论》研究的对象问题，马克思自己并不曾像我们今天研

究政治经济学那样，特地提出定义式的说明。他经常总是在事物的关系
或运动中去表达。我们只能就全书研究的出发点、体系和散见于这里那
里的一些有关的提示，去体会把握。就因为这样，在马克思主义政治经
济学研究者间，即使对这个问题有大体一致的理解，说它所研究的，是
资本主义的社会生产关系，但议论之间，也有主张是研究资本主义生产
方式的，还有在生产方式中，认为对生产力和生产关系是同样重视的，
甚至还有在表面上主张生产力与生产关系并重，而实际却把生产力看得
更重要的。而且，任何一方面，也许都能在《资本论》及《政治经济学
批判》中找到个别论点来支持自己的看法。这里不能从长讨论这个问
题，但却值得提出这一点来考虑，就是从体现着马克思主义的观点方法
的《资本论》体系来说，它的严格的研究对象，如列宁在《什么是人民
之友》那部名著中反复讲到的，只能是生产关系，马克思自己在《政治
经济学批判》序言中，也较明确地提出了这一点。虽然他在《资本论》
中，往往是连带生产方式讲到生产关系，如说："一定的生产方式，及
与它相适应的生产关系。"① "……资本主义生产方式——一方面由资本
家另一方面由劳动者发生作用的生产方式……"②。"和这种特殊的历史
规定的生产方式相适应的各种生产关系"③ ……等等。社会生产关系的
形成，总要把一定的物质条件或生产力作为它的历史前提；社会生产力
的发展，总要受到一定生产关系的促进或妨碍，在这样的情况下，广义
一点说，当然可以说《资本论》是对于"资本主义生产方式之科学的分
析"。④ 但是，如果我们稍为回顾一下《资本论》中假定的社会主体和
经济细胞，以及它严格规定的经济范畴和规律，就知道，它所研究的严
格对象，只能是生产关系，或者，只能是通过资本主义的生产方式，来
研究它的生产关系。因为不是这样，它就不可能有一个连贯全书的
体系。

恩格斯在一篇评解《资本论》的论文——《资本论》中说："我们
今日的社会制度全部，是建筑在资本和劳动的关系这一个轴心上。对于
这种关系，这还是第一次的科学的说明。"⑤ 这里所说的资本与劳动的
关系，是资本家和劳动者构成的生产关系的另一个表现形式。马克思

① 马克思：《资本论》，第一卷，第66页，注33。
② 同上书，第1008页。
③④ 同上书，第三卷，第1150页。
⑤ 同上书，第一卷，第1001页。

说："资本家和工资劳动者本身，也不过是资本和工资劳动的体化，人格化；是由社会生产过程刻印在个人身上的一定的社会性质；是这各种确定的社会生产关系的产物。"① 资本和劳动的结合，或其代理人，资本家和劳动者最初相遇，就是资本的生命和生活的开始。"资本只能在那种地方成立，在那里，生产资料和生活资料的所有者，在市场上，与当作劳动力售卖者的自由劳动者相遇。这一个历史条件，包含一个世界史。所以，资本，从它初出现的时候起，就在社会的生产过程上，划了一个时期。"② 等到资本开始它的生命和生活以后，它就由资本主义生产自身内在的法则的作用，使生产资料的集中与劳动的社会化，或生产力的提高达到一个与资本主义的外壳不能相容之处，而响起丧钟，使已经形成和发展的资本与劳动，资本家与劳动者的关系，根本瓦解，于是又开始一个更新的历史时期。《资本论》就是在研究这个资本主义或这个资本与劳动的关系的发生发展以及灭亡的总趋势。恩格斯说它是在"依照事物的性质，把劳资关系，就全面的联系，完完全全地，提出最完美的说明"③。由于《资本论》在骨子里就是要把这个资本与工资劳动的关系，作为研究对象，而揭露存在于这个关系中的资本对于无偿劳动的占有；证明"我们银行家、商人、工厂主和大土地占有者的全部资本，不外是工人阶级的积累起来的无偿劳动!"④ 或者换一个表现方式，论证"在现代社会中工人并没有得到他的劳动产品的全部价值"，就像红线一样，从头到尾贯穿这本书全部。⑤ 至于劳动者得不到他的生产物的全部价值的原因，毫无疑问，是由于在这生产关系中，是由资本家用他的资本来行使统治，是因为资本家在这种对抗关系中，处在主体的地位。正如同奴隶或领主贵族在奴隶制或封建制关系中所处的地位一样。但"资本家当作资本的人格化在直接生产过程内得到的权威，他当作生产指导者和统治者所担当的社会机能，与奴隶生产，农奴生产等等基础上建立起来的权威，是本质上有别的。……这种权威的执掌者，是当作与劳动相对立的劳动条件的人格化，而不是像在以前各种生产形态内一样当作政治上或神政上的统治者，来得到这种权威。"⑥ 他们与劳动者

① 马克思：《资本论》，第三卷，第1152页。
② 同上书，第一卷，第180页。
③ 同上书，第一卷，第986页。
④ 恩格斯：《〈资本论〉第一卷提纲》，第96—97页。
⑤ 同上书，第100页。
⑥ 马克思：《资本论》，第三卷，第1154—1155页。

相互间的关系，是以劳动力的购买者和出卖者的对等姿态出现；这样，他们对劳动者的剥削，就比以往的奴隶主与领主对奴隶与农奴的剥削，采取了更掩蔽的交易形式；而且，他们不但和工资劳动者以商品买卖者的资格相对立，还在他们自己相互间也以商品生产者、商品买卖者的姿态相对立；后面这种发生于流通分配领域的对立，更把前面那种发生于直接生产过程的剥削实质掩盖了。马克思在《资本论》第一卷，暂时舍象去一般的流通关系与分配关系，专从直接生产过程来揭露资本家对工资劳动者的无偿劳动或剩余价值的剥削，而分别在第二卷第三卷讲流通和分配，那并不单纯由于叙述方法上的便利，还更由于所研究对象的性质，决定了非采用这样的叙述顺序，就不易把问题的实质揭露出来。这是我们要在下面说明的。

正因为资本家的剥削，是采取非常隐蔽的形态，无论如何要通过商品的形式，要通过商品的生产及其买卖的流通过程，才能把所要榨取的无偿劳动实现出来，所以，马克思就商品生产者即资本家的生产企图说："第一，他要生产一个有交换价值的使用价值，要生产一个决定用来售卖的物品，一个商品。第二，他要生产一个商品，其价值，比它生产上必要的各种商品——生产资料与劳动力，他已在商品市场上，为它们，垫支了他的善良的货币——的价值总和大。他不仅要生产一个使用价值，并且要生产一个商品，不仅要生产使用价值，并且要生产价值，不仅要生产价值，并且要生产剩余价值。"[①] 这样，包含剩余价值的商品，就不复是在自己劳动基础上生产的简单商品，而是在他人劳动基础上生产的资本生产物，而是最鲜明地体现着资本与劳动关系的资本主义经济的细胞形态了。

当然，我们这样讲资本主义的经济细胞——商品，讲体现在这种商品里面的生产关系，讲资本家对工资劳动者的强制和剥削，只是在说明《资本论》研究对象的必要限度内，简单交代一下，表明作者始终把他的着眼点放在资本与劳动这个现代制度的轴心上，放在资本家对劳动者的无偿劳动的占有这根红线上；正因此，他才能把体现着资本主义生产关系和包含着剩余价值的商品，当作资本生产物，当作资本主义经济的细胞形态来把握；并也因此表明：所有出现在《资本论》中的其他经济范畴乃至存在于它们之间的规律，都无非像商品那样，是资本主义社会

---

① 马克思：《资本论》，第一卷，第 203 页。

生产关系的某个方面的表现。只有这样，《资本论》的体系，才能是资本主义经济的内在联系的正确反映，而其结构，才说得上为什么要作那样的布局安排。如果有谁要把《资本论》的严格研究对象摆歪了，或摆到资本主义生产关系以外去了，那么，全书就没有被一根红线贯穿起来，完整的体系就无从建立起来了。

二、三卷总联系上的几个关键性的布局

我们知道，《资本论》实质上就是根据资本主义社会的现实关系，对资产阶级经济学作全面的批判，正因为它所批判的，不是任何个别经济学家的个别论点，而是他们的全部重要文献，同时，他也不是就他们的文献来分别逐一考察，而是把它们放在一个最合理的或最能表现现实关系的体系中，让它们所有的不合理的论点，受到审查批判。因此，作者着手进行这种批判工作的时候，就不仅在确定研究对象、研究细胞方面，要打破资产阶级经济学说传统的想法，而在根据那个对象确定全书的总结构方面，尤须一反他们由三分法（生产、交换、分配）与三位一体公式（资本——利润，劳动——工资，土地——地租）所构成的不合理的虚假的体系。现在且先看他就《资本论》三卷内容所作的概括说明，然后再指出其中哪些是具有关键性的独创性的布局。

在《资本论》第二卷第三篇第十八章，马克思说："在本书第一卷，我们把资本主义的生产过程，当作个别的过程和再生产过程来分析：即分析剩余价值的生产和资本自身的生产。我们假定了资本在流通领域内所经过的形态变化和物质变化，但未进一步考察它们，我们假定，资本家是依照生产物的价值来售卖生产物；又假定他在流通领域内发现了过程重新开始或继续进行所必要的各种物质的生产资料。在那里，我们只详细考察了流通领域内一种行为，那就是劳动力的买卖。这种买卖，在那里，是当作资本主义生产的基本条件。在这个第二卷的第一篇，我们考察了资本在其循环中所采取的各种形态，和这种循环本身的各种形态。在第一卷，我们只考察劳动时间；现在，我们又把流通时间加进来考察了。在第二篇，我们是把循环当作周期的，当作周转来考察。……但在第一篇和第二篇，我们还只考察个别的资本，还只考察社会资本一个独立部分的运动。……现在，我们要把个别资本当作社会总资本的构成部分来考察它们的流通过程（那在它的全体性上就是再生产过程的形

态），并从而考察这个社会总资本的流通过程。"① 由于这是作者在第二卷最后一篇讲的，还只概括了第一卷和第二卷的内容。

在第三卷开始，他又就全书三卷分别作了概括的提示："在第一卷，我们研究的，是资本主义生产过程本身当作直接的生产过程所呈现的各种现象。在那里，一切由它外部的事情引起的次要的影响，都还是存而不论的。但这个直接的生产过程，未曾完结资本的生活过程。在现实世界内，它必须由流通过程来补足。流通过程便是第二卷研究的对象。第二卷，尤其是第二卷第三篇（在那里，我们是把流通过程，视为社会再生产过程的媒介来考察），指出了资本主义生产过程，就全体考察，是生产过程与流通过程的统一。在这个第三卷，我们所要做的，不能是对于这个统一之广泛的考察了。我们宁可说要在这一卷发现并且说明，资本的运动过程当作一个全体来看所生的各种具体形态。诸资本在它们的现实运动中，便是在这各种具体形态上，对立着的。对于它们，资本在直接生产过程中的形式以及它在流通过程中的形式，都只表现为特别的要素。所以，我们在这个第三卷所要说明的各种资本形态，对于资本在社会表面上，在不同诸资本相互的行动中，在竞争中，在生产代理人通常的意识中所借以出现的形态，是一步一步地更加接近了。"②

首先，三卷分别讲到的内容：第一卷讲资本的生产过程，第二卷讲资本的流通过程，第三卷讲在资本主义生产总过程中处理具体的分配形态，这在表面上似乎还保存了三分法的格局，但稍微仔细分析一下，就知道，那是没有共同点的。第一卷所讲的生产过程，还只是直接生产过程，第二卷才把出现在直接生产过程前后两个流通阶段，连同从流通角度来看的生产阶段，一齐考察；最后再就社会生产总过程来考察各种资本的具体分配，这已经和资产阶级经济学者所采取的那种形式主义的三分体裁，迥不相同。尤其重要的是，马克思所讲的生产、流通乃至分配，都是从资本出发，都是就剩余价值立论，那和资产阶级经济学者在国家名义下，用国民经济，用国民收入，来掩饰资产阶级剥削的做法，是正相反对的。而且，正是由于流通上存在着买卖有贵贱，分配上存在着收入有多有少的表象，使那些庸俗学者拿来作为剩余价值不能成立的借口；使古典派学者看作剩余价值难于说明的障碍，在第一卷只讲剩余

---

① 马克思：《资本论》，第二卷，第429—431页。
② 马克思：《资本论》，第三卷，第5—6页。

价值的直接生产过程，而把一般的流通和分配，分别留在第二卷第三卷去研究，那一开始就打中了要害。马克思自己也说，《资本论》这部书最大的优点，就在于"讨论剩余价值时，我把它的各种特殊形态，如利润利息地租等等丢开了"，留到后面第二卷去处理，他并说，"古典经济学讨论这各种特殊形态，不断把它们和一般形态混同。所以他们的讨论像是一种杂拌。"① 恩格斯更把古典学者不能把利润、价值的一般形态，离开它的诸特殊形态来处理，看作是他们的病根，是不能全面理解资本主义经济的症结所在，他说，他们"从来不欲超出利润和地租相传下来的概念，从来不欲把生产物这个无给部分（马克思名之为剩余生产物），当作一个全体，并就其全体来考察。因此，对于它的起源，它的性质，它的价值此后实行分配时所须依照的诸种法则，就不能有明白的理解了。"② 当然，要把剩余价值的一般形态，放在直接生产过程去考察，而把它的诸特殊形态放在总过程去考察，那要牵涉到整个结构。我们接下去就要交代这一点。

第二，在第一卷，要处理的两个问题，其一是，把包含剩余价值的商品，和一般简单商品区别开。其二，把工资这个分配形态，看作是资本产生剩余价值的必要条件，使它和其他分配形态区别开，马克思正是这样作的。就前一点而论，资产阶级经济学者，在讨论商品价值从而讨论剩余价值的起源时，始终把简单商品生产与资本主义商品生产混作一团，而不了解资本主义商品生产，是在简单商品生产的基础上产生出来的，不了解只有简单商品生产发展到一定程度，发展到劳动力也当作商品来售卖的可能与必要的条件下，才有资本主义的商品生产。只有在这时，商品价值的形成过程，才转化为商品价值的增殖过程。只有在这时，商品才包含有剩余价值，才成为资本生产物，成为资本主义的经济细胞，才成为资本主义生产关系的体现物。所以，马克思在揭露剩余价值产生的秘密的第一卷，从简单商品生产讲到资本主义商品生产，并不只是讲资本主义的一般历史前提，而是要由此把当作资本生产物的商品的特质，和简单商品以及与它相联系的货币与商品流通的关系，全区别开来，使剩余价值的产生，不但不能从资本的流通与分配过程找到掩蔽，也不能在简单的商品货币关系中打埋伏。所谓"批判的范围，不限

① 马克思：《资本论》，第一卷，第 988 页。
② 同上书，序，第 27—28 页。

于拿事实和观念来比较对照，却是拿一个事实和别的事实来比较对照"。① 在这里，就充分表现了理论的不可争辩的力量。然而，尤其有重大意义的，是把工资形态，放在剩余价值产生的直接生产过程方面来考察，那无异把资本主义生产关系的对抗性提到了尖锐的顶点。剩余价值原来就是没有支付给劳动者的剩余劳动。多劳动多得工资、少劳动少得工资的表象，看来就像劳动力全被支付了，没有剥削，那和商品市价有高低、商品生产者经营有盈亏的表象，来叫人不相信有剥削，是同样或更加有烟幕性的。马克思把混淆剩余价值的流通和分配关系分隔开来，分别放在第二卷和第三卷讨论，再在这里，把掩蔽在工资形态下面的剩余劳动的榨取过程，当作是剩余价值生产过程来予以揭露，这就使任何辩护理论，再也没有躲闪的余地了。

第三，第二卷是在第一卷的基础上展开的，它的内容，也和第一卷的内容相照应：第一卷把资本的生产过程归结为是剩余价值的生产，第二卷把资本的流通过程，归结为是剩余价值的流通。所以，它和资产阶级经济学者紧接着生产一般诸要素的说明，再论到流通一般的诸要素，是完全两样的。事实上，马克思在这一方面，完全踏进了一个前人没有接触到的境界，不但所得的结论是崭新的，而且讨论的方式方法也是崭新的。但在这里，我只能谈一谈它在结构上为什么分那样两个步骤，即前面两篇讲个别资本运动，后面一篇讲社会总资本运动；并且那样做，和第一卷第三卷有什么关系。第一卷"假定了资本在流通领域内所经过的形态变化和物质变化"，又假定"资本家在流通领域内发现了过程重新开始或继续进行所必要的各种物质生产资料"，但这些，是到第二卷才加以考察。第二卷前两篇关于资本的循环和周转，就是着眼在考察前一点，第三篇关于社会总资本的再生产与流通，就是着眼在考察后一点。因为有关资本在流通领域内所经过的形态变化与物质变化问题，只要就社会总资本中的一个独立资本或个别资本的运动，就其所须具备的一般条件和所须通过的一般过程指点出来，加以说明就行了，而有关过程得以重新开始或继续进行所必要的各种物质的生产资料的预先安排问题，或者再生产上的物质更换问题，那就必须把个别资本运动当作社会总资本运动的一个构成部分，就它们在并存和连续中的各种相互补充的条件，或再生产必要的条件来进行考察。在这种限度内，讲个别资本运

----

① 马克思：《资本论》，第一卷，序，第15页。

动，还只是作为讲商品价值在社会总资本中实现的准备步骤，这也许正是研究第二卷的人，特别重视再生产理论的一大原因。可是，如果我们因此忽视了马克思在资本循环周转问题讨论中提出的许多关于剩余价值理论的创见，就很不妥当了。剩余价值只能在生产过程产生，只能由生产资本中的可变资本产生，这是在第一卷讲得非常明白了的，可是，在第二卷讲资本循环周转的场合，他在反复说明剩余价值不能离开流通过程产生，但不能由流通过程产生的理论之余，进一步论到，即使是在生产方面垫支下去的可变资本，也并不是全部都生产剩余价值，而只是其中在实际发生作用的部分，才生产剩余价值，这一来，就一举把同剥削率的同额资本在同一年度内，因周转次数不同，而发生不同剩余价值率的问题解决了，任谁再也不能借口资本周转次数不同，可以产生不同剩余价值，而发生流通过程也能产生剩余价值的幻想了。这都是剩余价值学说上的极其重要的新发现。我们可以由此看到，第二卷讲资本的循环与周转的这一部分，和第一卷结合得非常密切，表明剩余价值只能在生产过程产生，但却又不能离开流通过程产生。至于他讲社会总资本运动，则是把流通过程作为社会再生产过程的媒介来考察，把流通与生产统一起来考察，看资本运动顺利进行，剩余价值顺利实现，应该在简单和扩大再生产上分别具有怎样的实现条件。那在资本主义的现实关系中，是可能的么？第三卷就要作出答案。

第四，讲到第三卷，恩格斯是这样提到它和第二卷的联系的。他说，"这个第二卷的光辉的论究，以及它们在几乎没有前人走过的领域内得到的全新的结论，不过是第三卷的内容的预告。第三卷对于立脚在资本主义基础上的社会再生产过程的马克思主义的说明，展开了最终的结论。"① 然则作者是怎样展开他的马克思主义的说明的呢？从全书乃至这一卷的结构说来，他的说明，作了怎样的科学的布局呢？我们知道，这一卷是讲资本主义生产的总过程，前两卷分别讲到的直接生产过程和流通过程，对它来说，都显示为特殊的要素，这是一；这一卷所讲的总过程，就是日常呈现在我们眼前的实际现象，那包括资产阶级相互间你死我活地争取利得的活动，前两卷则基本上是从隐伏在它们背后的本质关系去进行分析，这是二；还有，许多从本质关系出发，暂时舍象去的因素，现在都要加入考虑了。这种由特殊到一般，由本质到现象，

———————

① 马克思：《资本论》，第二卷，序，第24—25页。

由简单到复杂的场面，怎样才好面面照顾到并前后联系起来加以考察呢？马克思把它分作两个部分，前三篇全面考察总过程，考察由剩余价值到利润化，由剩余价值率到利润率化、利润率平均化、一般利润率下降的过程，商品价值生产价格化的过程，接下去三篇，始分别讲到各种具体资本形态，看它们是怎样依照一般的资本运动法则而展开瓜分剩余价值——利润的活动。而在这样的资本主义商品生产的无政府状态下，不可能具有使商品价值顺利实现的条件，就是必然的结论了。恩格斯对于马克思这样处理第三卷对整个《资本论》体系作了极高的评价。他在 1895 年给丹尼尔逊的信中说："我现今在整理第三卷，那是全书最后的带着王冠的部分，甚至会使第一卷感到失色。……这个第三卷，是我从未读过的最可惊的东西。……最困难的问题，已经被说明被解释得好像简单的轻而易举的事了。全体系也取得了一个新的简单的容貌。"①

三、体现在全书总结构中的经济范畴
体系和辩证发展规律

当然，当我们说，马克思在确定贯穿全书的红线和研究对象的时候，已经在考虑如何处理总结构和全面布局的问题，同样地，他就全书各卷分别作着上述那样的安排的时候，也一定把体现在那个结构中的各种经济范畴和规律缜密地考察过了，否则，那就说不上什么完整的理论体系了。事实上，一个学说体系是否健全，是否能系统地建立起来，就要看它对于所包含的各种经济范畴、规律，是否有正确的认识和适当的处理。特别需要提起的是，从历史唯物主义的观点出发，从辩证的逻辑出发，"它对于每一个生成了的形态，都是在运动的流中，就它的暂时经过的方面去理解"。② "在事物及其相互关系不被理解为固定的，而被理解为可以变动的地方，它们的思想上的反映，概念，也同样会发生变化与转形。我们不把它们封在硬给的定义中，而是要在它们的历史的或逻辑的形成过程中阐明它们。"③ 马克思恩格斯在一切有关的场合，都指示我们：社会情况变了，旧的范畴术语，都要作新的解释，并还要提

---

① 马克思：《资本论》，第三卷，第 1209 页。
② 同上书，第一卷，序，第 18 页。
③ 同上书，第三卷，序，第 16 页。

出新的术语，在一门有关的科学的术语上发生革命。所以恩格斯说："这个认为近代资本主义生产不过是人类经济史上一个过渡阶段的理论，会使用一些名词，和那些著作家习常使用的名词不同，就一点也不足奇了。"① 他们还因此指出，那些立脚在形而上学观点上的古典经济学者的致命缺点之一，就是他们常为既有的传统的经济范畴所限制，使得所要说明的事象或问题，混淆不清。特别是关于带有关键性的剩余价值这个范畴，他们一直纠缠在地租、利润那些既往流行的特殊形态上面，而不能把它当作全体来予以分析。当然，这还只是他们关于经济范畴的错误理解的一个方面。事实上，作为一个体现现实关系的范畴，不仅要从发展的观点去看它的转化、转变，还要从全体的观点去看它在"经济范畴的总的体系"中是处在怎样的地位和发生怎样的作用，并且又还要在发展过程中去把握它对其他经济范畴的"生动的联系"，以及由此表现的各种经济规律。

当然，在这里，我们不是要就《资本论》中论到的一切范畴和规律，全面而详细地加以交代，而只能就其据以处理那些范畴和规律的原则，作示例性的说明。

在一切经济范畴或其所体现的生产关系中，马克思特别把资本突出出来，看为是"资本主义生产方式的统治的范畴，它的决定的生产关系"②。他对于资产阶级经济学者的全面的批判，其所以把书名定为《资本论》，而在《资本论》中，分别用第一卷讲资本的生产过程，第二卷讲资本的流通过程，第三卷讲资本主义的生产总过程，就是从这点出发。而资本被看为统治的经济范畴，并不是由于任意安排，而是由资本主义经济的性质和它本身在那种经济生活中的地位和作用所决定的。"射人先射马，擒贼先擒王"，只有把资本这个统治的经济范畴或决定的生产关系的地位明确了，一切其他的范畴和关系，就分别在资本的活动中相应显出了它们所扮演的角色和作用。

作为资本，就在自行增殖价值。一定量资本如何能把它的价值增殖起来呢？就在于商品生产者或资本家控制了生产资料，因而能够强制劳动力的所有者，使他们的劳动力在直接生产过程中作了劳动力价值以上的支出，提供了无偿的劳动，创造了剩余价值。在这种意义上，资本就

---

① 马克思：《资本论》，第一卷，序，第 28 页。
② 同上书，第三卷，第 1083 页。

是对于劳动的支配，就是对于无给劳动的占有。但由于资本占有无给劳动，是采取商品生产的形式，所以，解析劳动生产物如何采取商品形态，商品如何采取价值形态，价值如何采取货币形态，就不但作为进一步解析货币如何采取资本的形态的历史前提是必要的，在接下去说明资本如何积累发展转化也是必要的。因为资本主义商品生产形态，尽管和简单商品生产形态不同，毕竟还是商品生产；在资本主义商品生产形态下的商品货币及其他一切有关的经济范畴，尽管具有不同的性质，毕竟还是要把它们作为资本运动的内在关系和条件。马克思就简单商品生产下的商品分化为货币再转化为资本的分析，不但把这些范畴作了明确的规定，并还把它们的内在的辩证发展逻辑叙述出来了。这对于认识资本是有重大意义的。他曾指责资产阶级经济学者讲货币不从简单的范畴出发，以致认不清楚作为货币的货币与作为资本的货币的区别。他说，"那一批著作家首先不是从抽象形式上来观察货币，看它是怎样在单纯商品流通内部发展、以及怎样从那正在经历发展过程的商品本身之关系中成长起来。因此，在货币所具有的、与商品对立的抽象形式规定，同货币所具有、隐藏着资本、收入等等更具体的关系的形式规定之间，他们经常来回摇摆。"① 由货币蛹化为资本，从流通形态上表现出来的，是以生产者自己劳动为基础的为买而卖，到生产者以他人劳动为基础的为卖而买；在这里，劳动力的买卖，成了资本所由形成的决定关键，商品生产者把所购买的劳动力连同生产资料投入生产，就使原来的简单商品生产，变为资本主义的商品生产，就使原来的价值形成过程，变为价值增殖过程，就使原来的生产条件——生产资料与劳动力变为资本要素了；它们不仅由此取得了资本性质，并还分别表现为不变资本范畴与可变资本范畴；正是由于可变资本增殖价值，连不增殖价值但却有助于增殖价值的不变资本也被称为生产资本，连不增殖价值但却有助于价值实现的商品与货币，也被称为商品资本与货币资本。这一来，社会经济各方面都发生了变化，不但旧的经济范畴注入了新的内容和特质，还出现了新的经济范畴。原来作用在简单商品生产下的经济规律，也起着不同的作用，并发展到剩余价值规律了。在资本主义商品生产一步一步地向前发展的过程中，我们看到了，剩余价值已经以手工制造业逐渐推移到大工业为条件，而由绝对形态转变为相对形态了。资本积累、积聚、集

① 马克思：《政治经济学批判》，第 145 页。

中的加速进展，使得资本的技术构成、价值构成发生变化，而由是反映出有机构成的不断提高，在总资本中可变资本对不变资本的比例相对减少；劳动人口的相对过剩，就当作资本积累过程中的一个重要规律显现出来。由各种形态的失业者构成的庞大的产业后备军的形成，在一方面提供了资本加强榨取的杠杆和加速积累的有利条件，致使那些在业的劳动者也经常只能挣得劳动力价值以下的工资，但由此造成的生产过剩危机和劳资对立的社会危机，却把生产社会化和产品的个人占有的内在矛盾，充分暴露出来；把社会生产力炸破这种资本主义生产关系外壳的要求，明明白白地提到人们面前，叫那些被资本集中、组织、锻炼起来的强大的工人阶级看到他们有可能也有必要打破资产阶级的统治，自己来利用那种社会化了的物质力量的前景。——整个资本运动，就是像这样非常顺理成章地展开的。各种有关的基本经济范畴及其规律，就都分别在不同发展阶段，一环扣一环，一个推动一个地表现为那个运动的内部条件及其生动的有机联系。

　　就增殖价值的资本本质来说，第一卷着重把这个统治范畴及其有关的重要规律提出来了，但它的全部生命，并没有完全得到说明。第二卷第三卷分别讲资本的流通过程和资本主义生产总过程，就是要把那些为了说明的便利，暂时摆在一边的范畴规律，加入考虑。而那些范畴和规律，也是同样要按照它们的不同性质、不同作用，安排在流通过程和安排在包括生产过程与流通过程的总过程中的各种分配关系方面来处理的。事实上，资本生产剩余价值，不是在流通过程进行，但又不能离开流通过程进行；资本所生产的剩余价值，不是由一个或一类资本家占有，而是由各种资本家共同瓜分。但从整个资本家统治的社会来看，剩余价值实现快也好慢也好，是顺利也好，是不怎么顺利或在这种那种场合遇到这样那样的障碍也好，或者，剩余价值是由赵、钱、孙、李分割也好，是由甲、乙、丙、丁分割也好，多得也好，少得也好，都不会改变资本的本质，不会改变资本运动的一般规律。但在理论上却不能不对它们一一有所交代，并且还是很不容易交代的。其困难所在，就是有关的许多范畴规律，也要和第一卷讲生产过程那样，并还要联系到第一卷所讲的，分别把它们适当而有机地表现出来。所以，在第二卷里面，马克思不仅就流通过程来安排各种属于流通的范畴，还连带处理那些应从流通的角度来考察的有关生产的范畴。比如在资本的循环与周转上，他提出产业资本的三个变形形态：货币资本、生产资本与商品资本，并就生产资本，分别它的固定资本形态与流动资本形态。流动资本一次就把它的价值全部转移到生产物中了，而固定资本则要多次才能转移它的价值。把能否增殖价值的可变资本与不变资本范畴，放在探究剩余价值来源的生产过程考察，而把能否迅速实现剩余价值的固定资本与流动资本范畴，放在流通过程考察。经过这样严密地确定它们这些范畴的科学规定性，就把资产阶级经济学者从来在这方面混淆纠缠不清的问题，一举而彻底地解决了。不错，流动资本中，还包括有可变资本部分，对于这点，马克思还就可变资本的周转过程，提出前面讲到的垫支可变资本与实际发生作用的可变资本的相关理论。所有这些范畴都是作为流通过程中的个别资本运动条件来考察的。由个别资本运动推移到社会总资本运动，他又就再生产公式考察了一系列的范畴及其相关的规律，两种形态的再生产，社会生产的两大部类，两大部类生产间的比例，消费与积累的关系等等。尽管资本主义社会的无政府生产状态，不可能保证再生产的顺利进行，但它的社会总资本运动和体现在那种运动中的各种范畴及其相互间的联系，却仍是现实的。

当我们的考察，由本质的，由比较单纯的形态，移到我们日常熟悉的复杂而具体的表象形态的时候，又有一系列和它相适应的范畴规律表现出来。在前面两卷，就资本生产过程与流通过程，作了详细说明的剩余价值，现在开始以利润的姿态出现了。可是，在讨论各种具体的利润形态以前，还有必要说明利润一般，又还有必要交代利润由剩余价值转化过来的一般过程。直到这里，我们才明了马克思为什么在考察了剩余价值生产过程以后，不直接转到剩余价值的诸分配形态，而必须是讨论它的流通过程的原因。在现实上，在理论逻辑上，剩余价值利润化，剩余价值率利润率化，是要通过流通或在流通过程中进行的，具体地讲，是要在由商品资本向着货币资本的转化过程中实现的。一个资本家在直接生产过程中，不论榨取了多少剩余价值，那和他投下的可变资本相比，有多高的剩余价值率，但在实际能在何种程度实现，要看市场的供需状况，要看同类商品生产者竞争的状态而定；并且，一个资本家所关心的，与其说是剩余价值或和其可变资本相比的剩余价值率，宁是售价在成本以上的利润或和其总资本相比的利润率。在这里，本质的东西，反映到资本家的脑子里，就现象化了。因此，每个生产部门的企业者，在相互展开降低成本，改进生产技术组织，加强劳动榨取的竞争活动中，都会就市场的一般情况，看他投下的总资本（不单是可变资本）能够争取到多大的利得，并以此来衡量他是否继续投资，是否把资本移到更有利的生产部门，或投资多少的依据。这里，我们看到了，不同诸生产部门的不同的资本构成，引起了利润率的差异，由竞争形成了一般利润率或平均利润率，出现了平均利润以上的剩余利润，而作用于其中的商品价值及其规律，转化为生产价格和生产价格规律了。大家为了追求剩余利润所引起的资本有机构成不断提高的倾向，反过来造成了一般利润率不断下降的趋势。与社会总剩余价值相适应的总利润，在各种经营资本形态，在各类资产阶级之间，不论如何分配，这个局面是在事实上被规定了的，是由一系列的范畴体系和规律体现着的。至于马克思接下去就各种具体分配形态所作的各种说明，以及他在那种说明中对资产阶级的有关理论展开的批判，提出的新见解，新发现，无一不是按照事物的性质，具体条件及其相互间的联系，来确定它们的范畴，认识作用于它们之间的规律。

我们由此知道，《资本论》里面所讲到的一切经济范畴和规律，都是以资本主义经济生活为依据，都是以资本主义制度下各阶级成员间的现实生产关系为依据。尽管那种经济生活是复杂而多变化的，由于马克思明确地把握了研究对象，正确设定了让事物本身的内在联系及其发展趋向，得从本质到现象，从简单到复杂，从里到外地表达出来的科学结构，就使得所有的范畴规律，都在总体中有它们的适当位置，而从这方面那方面来有机地反映资本主义社会生产关系的总和。

四、高度严密的科学性和强烈的阶级倾向性——历史唯物主义、政治经济学和社会主义

由上面的说明，已不难想到《资本论》的理论体系，是如何系统、完整和严密的了。但是要认识马克思对自己理论严肃要求的严密科学性，还有需要补充说明的地方。大家在学习《资本论》时，都会深切地感到，马克思在那里运用了许多不能或很少在资产阶级经济学著作中发现的词汇，如范畴，规律，过程，形态，机能等等，那对于我们初学的读者，可能要引起一些困惑。但只要我们初步领会了《资本论》的观点方法，就会认识到，那是《资本论》理论的高度严密科学性的具体表现。我们大家都能接受关于资本主义制度的发展观点，但在理论研究上，只承认它的整体的发展是不够的，必须把构成它那个整体的各个部

分，它的每个细胞，每根脉络，都在过程中，转化中，在不同形态上去把握去理解，否则谈不到什么严密了。但当我们这样肯定了《资本论》的严密的科学性的时候，又会有人对它的阶级倾向性发生问题，以下我们就要来说明这一点。

恩格斯曾表示：读过《资本论》的人，是否会有些感到美中不足，就是，他们对于马克思这位坚决站在工人阶级立场，并且是《共产党宣言》的发言人的导师，为工人阶级利益所写的书，竟是那样不厌周详精密地阐述资本主义经济的范畴、规律，而很少讲到社会主义。《资本论》第一卷出版后不久，恩格斯在《为〈杜塞尔多夫新闻〉作的书评》中说："这本书会使某些读者很失望。在某些圈子内已经有好几年谈到它的出版了。书里毕竟应该揭露社会主义的真正秘密的学说和万应药方，而另一些读者在终于看到关于它出版通告后，可能会以为他从这本书里会知道共产主义的千年王国看来到底是什么样子的。谁要是翘足期望这种愉快，谁就着实误入歧途了。……马克思现在是，而且将来仍然是始终如此的同一个革命家，并且在科学著作中他比无论谁都少掩盖自己的这些观点。可是关于社会变革后将怎样，他仅仅提出了一些很隐晦的轮廓。"① 当然，他没有忘记补上了这一句，说马克思在讲到资本主义积累的历史趋势时，对于"社会革命的要求是足够清楚地提出来了"②。马克思是在 19 世纪中叶前后写这部书的。那时资本主义还在向前发展。工人阶级的革命运动，还是处在比较分散的不发展的阶段。那时，工人阶级能够对他们的革命导师期待的，还不是革命后的社会主义是个什么样子，而只是资本主义向前发展是否有可能与必要转变到社会主义。马克思与一切资产阶级经济学者不同，在他们中间，连最优秀的理论家亚当·斯密、李嘉图也没有对"现代社会将来往后的发展说出最后一句话"③；他也完全和"那些只是倾向于虚饰的奇谈怪论的所谓社会主义者们"，如蒲鲁东、拉萨尔之流不同，他们所做的，不过是从表象上指责资本制度的阴暗面，"辱骂资本家"，而全没有理会到，资本主义的发展，究竟对于实现社会主义有何进步的意义。马克思一方面严肃批判了资产阶级经济学者对资本制度所抱的永恒观点，同时还更严厉地谴责了那些所谓"职业社会主义者"的廉价的空想。他认为这两者同样是非历

---

① ② 恩格斯：《〈资本论〉第一卷提纲》，第 99 页。
③ 同上书，第 102 页。

史唯物主义的，同样是对于工人阶级革命运动有害的。工人阶级需要的，是符合于他们的社会实况，符合于他们的现实要求，指示他们的命运、力量与展望，并成为他们行动指南的科学论证。《资本论》就是这样一部科学论著。大家熟悉的关于《资本论》的下面这段话，充分证示了这一点。

"在马克思，只有一件事是重要的，那就是发现他从事研究的现象的法则。他认为重要的，不仅是在各种现象具有一个完成形态，并保持一种可以在一定期间看到的联系的限度内支配着这各种现象的法则。对于他，更重要的，是现象之变化的法则，发展的法则，由一形态到他一形态，由一种联系的次序，到另一种联系的次序的推移的法则。这种法则一经由他发现，他就要详细研究这个法则在社会生活上表现出来的各种结果。……所以，马克思只关心一件事：那就是由严密的科学研究，证明社会关系上一定的秩序的必然性，并对于当作出发点和根据点的各种事实，尽可能予以完全的确认。为达到这个目的。他只要证明现在的秩序有其必然性，同时又证明别一种秩序也有其必然性；不管人是否相信，不管人是否意识到，现在的秩序，总是必须推移到这个别一种秩序去的。……马克思把这个目标放在面前，从这个见地去研究并且说明资本主义的经济制度时，他不过要严密科学地，把经济生活每一种正确研究所必须有的这个目标，树立起来。……这样一种研究的科学价值，是在于说明，一定社会有机体的发生，生存，发展，死灭，以及它由别一个更高级的社会有机体来代替的事实，是受着怎样一些特殊的法则支配。马克思这部书实际上有这种价值。"①

从这段话里，我们看到马克思是怎样看待资本主义制度，怎样驳斥资产阶级经济学者和所谓职业社会主义者的。对于后者，他叫他们认识资本主义秩序的必然性；对于前者，他叫他们认识资本主义这种有机体一定要为其他更高级社会有机体代替的必然性。只有根据历史唯物主义观点，就资本主义秩序的内在联系来揭露它的运动法则，才能显出它将为社会主义代替的必然前景。那种揭露愈彻底、愈客观、愈不把作者个人主观愿望渗进去，或者愈符合历史唯物主义精神，就愈能够把社会主义的展望更明确有力地当作一个无可避免的历史倾向显现出来。在这里，我们看到了，作者高度关怀工人阶级利益的强烈的倾向性，竟成为

---

① 马克思：《资本论》，第一卷，序，第14—16页。

促使其理论具有高度严密科学性的动力与保证。革命的倾向性，不仅允许而且要求高度的科学性。倾向性与科学性统一了。但是，我们不能因此作出结论，说一切拥护资本主义制度，为资产阶级辩护的理论，也能把它们的倾向性与科学性统一起来。在资本主义前进阶段的经济学者，虽然站在资产阶级立场上，还可以在一定程度上，讲出一些真理，建立起古典经济学，但自此以后，他们就只有在辩护理论上，表现反革命与反科学的统一了。这里就显示了。立场观点方法对于科学理论的决定意义。只有代表最进步的工人阶级的利益，才能采取历史唯物主义的观点，也只有建立在历史唯物主义基础上的政治经济学，才能得出社会主义的结论。我们最好用恩格斯评述《资本论》的一段话，来作本文的结束："大家多少知道的社会主义理论的基本原理都归结为一点：在现代社会中，工人并没有得到他的劳动产品的全部价值。这个原理像红线一样贯串着所评论的这本书全部，可是它较迄今为止所做的远为明确，更为彻底地贯彻到由此所得出的一切结果中，更为密切地与政治经济学的基本原理联系起来，或比起过去来对它们更是直接处于对立地位了。著作的这一部分以力图达到严格的科学性而与我们所知的一切先前的类似著作有出色的不同，并且可以看到作者不仅仅是对自己的理论，而且一般地对科学的认真的态度。"①

（原载《学术月刊》1962 年第 5 期）

---

① 恩格斯：《〈资本论〉第一卷提纲》，第 100 页。

古典政治经济学及其发展
（1962）

一、古典政治经济学的产生

资产阶级古典经济学派，产生于十七世纪中叶到十九世纪前期的这个历史时期。那时，资本主义经济制度，还处在由发生到成长的前进阶段。资产阶级与工人阶级间的阶级斗争，还未发展，而资产阶级对封建贵族僧侣阶级的斗争，对专制主义和重商主义的斗争，却在一步一步地取得决定的胜利。因此，这个时期的政治经济学，就从消极和积极两方面显示了它的任务和特点："它从批判封建生产形式的和交换形式的残余，开始证明它们为资本主义形式所代替的必然性，然后从正面……阐发资本主义生产方式的以及与此相适应的交换形式的规律。"[①] 必须指出，在近代初期，要批判封建生产形式和交换形式的残余，已经不很容易，而要从资本主义的生产方式和交换形式来发现各种经济规律，就更加困难了。因为当时处理经济问题，并没有完全从非经济的宗教的伦理的因素摆脱出来；各种财富形态，被看成是漠不相关的、相互独立的，或至多只认为有一些偶然的表面联系。而社会经济规律的发展，却要求从一般社会关系中，划出经济关系；从一般经济关系中，突出生产关系；并进而从生产关系内部找出统一的联系。马克思所说的古典经济学派，就是这样做的。他们对资本主义的现实关系，作了古典的科学的表述，取得了成绩，所以马克思在肯定的褒扬的意义上，说这样的经济理论，是古典经济学，并把这样一些经济理论研究者，称之为古典经济学

[①] 《反杜林论》，人民出版社 1956 年版，第 154 页。

派。他说:"我所说的古典经济学,是指配第以来这一切的经济学,它曾研究资产阶级生产关系的内部联系"①。并指出,他们这样进行研究所取得伟大的功绩,就在于把一向认为彼此漠不相关的不可究诘的各种经济表象,都从生产关系内部,找到它的统一的因果的关系。"因为它把利息还原为利润的一部分,把地租还原为平均利润以上的余额,让二者在剩余价值内合而为一;因为它把流通过程当作单纯的形态变化来说明,最后并在直接生产过程内,把商品的价值和剩余价值还原为劳动"②。这就是说,古典政治经济学,是在劳动价值学说的基础上,来统一说明资本主义商品生产的各种分配形态与流通形态。

我们今天所熟悉的较完整较系统的古典经济学理论,实是十七世纪中叶以后,将近两个世纪的古典经济学者共同努力的结果。如以劳动价值学说而论,马克思就说:"把商品归结于两重形式的劳动,即把使用价值归结于实在劳动或合目的的生产活动,把交换价值归结于劳动时间或同样的社会劳动,——这个分析,是古典派政治经济学经一个半世纪以上的研究而最后得出的批判的结果"③。价值学说如此,在其他必须依据价值学说来说明的其他经济学说,如货币学说、资本学说、工资学说、利润学说、地租学说……等等都同样经历了长期的摸索过程。古典派经济学者遗留下来的大量著作,就清楚告诉了我们这一点。

二、古典政治经济学的发展过程

马克思在全面批判分析资产阶级政治经济学的同时也指点出:谁是属于古典经济学派,以及哪些是他们的值得重视的古典经济著作。

这里我们不能详细论述古典派经济学者及其著作。我们只想就他们那些代表人物及其代表著作分别在经济学说史上的地位和作用,概括一个轮廓。

在前述古典派经济学产生的那个时期(由十七世纪中叶以后到十九世纪中叶以前),在西方所有的先进国家中,只有英法两国的资本主义经济生活,一直是比较持久地发展着。因此,所谓古典派政治经济学,就差不多是以英法两国为限。马克思很明确地讲到:"古典派政治经济

---

① 《资本论》第 1 卷,第 65 页注脚。
② 《资本论》第 3 卷,第 1087 页。
③ 《政治经济学批判》,第 25 页。

学，在英国从威廉·配第、在法国从布瓦歧尔培尔开始，在英国以里嘉图、在法国以西斯蒙第结束。"① 在这中间他虽然提到了美国人佛兰克林（Benjamin Franklin）在《略论纸币的性质与必要》（1721 年出版）一书中，肯定劳动是价值的尺度，劳动时间是测量价值大小的依据，因此，"规定了现代政治经济学的基本法则"②。但他随即表示："佛兰克林的交换价值分析对于这门科学的总的发展并无直接的影响。因为他不过是在有一定实际需要的时候处理政治经济学上的个别问题。"③ 马克思对于当时个别意大利经济学者的见解，尽管也有所赞许④，但却不曾把他们包括在古典经济学派里面，也许是根据同一理由罢！事实上，就在古典经济学派中，他对英法两国的经济理论，也不是一律看待的；严格意义的资产阶级古典经济学，基本上是属于英国的科学；法国的古典经济学理论，对于古典经济学的发展，一直具有极大的影响，但一般地讲，它们的农业趣味，从而，它们的小资产阶级的色彩，是太浓厚了。

古典政治经济学，在它的整个发展过程中，曾在三个历史时期表现得比较集中突出，也比较显示了不同的特点。

第一个时期是在十七世纪后期。那时的国民生产还基本上是封建的，谋利的资本主义活动，一般还只限于商业范围，而作为对抗封建统治的最初的近代经济意识形态，则是随着流通活动展开而变得极为流行的重商主义。由于经济上的重商主义是要借政治上的专制主义来推行的，而专制国王与贵族官僚在国民财政税制以及其他各种经济措施上的专断与胡为，显然要和当时在流通经济活动中逐渐抬起头来的工商市民阶级的合理的新经济秩序的要求相抵触。在这种情况下，代表市民阶级的那种合理要求的经济学者，就想尽办法，对于那些还基本上没有从封建形态蜕变出来的经济生活，勉强作着资产阶级的解释。在这时期，英国威廉·配第分别在六十年代、七十年代、八十年代写出了《赋税论》、《政治算术》、《货币问答》等著作。紧接着，诺芝（North）在 1691 年发表了《贸易论》，洛克（John Loche）在同年发表了《论降低利息与提高货币价值的后果》，以及法国布瓦歧尔培尔在 1697 年发表了《法兰

① 《政治经济学批判》，第 25 页。
② 同上书，第 28 页。
③ 同上书，第 29 页。
④ 参见《政治经济学批判》，第 30 页。

西详论》和这以后若干年写出了《论谷物的生产与贸易》等著作，尽管
他们的研究所涉及的经济领域不同，所注意的重点不同，但却有一个共
同的要求，就是企图找出国家管理财政经济活动，调整发展产业所可能
依据的合理的原则。威廉·配第第一个就全国民经济范围，指出自然与
劳动是财富的源泉，是产业发展的基本条件，也是各种分配形态如地
租、利息、工资等等之间的内在联系，他甚至试图用商品价值来衡量它
们之间自然的比例关系。后期的突出的重商主义者诺芝，乃至哲学家洛
克，都是沿着他所提出的原则，论证限制货币利息，无异限制用货币来
经营的贸易及其他事业的发展。洛克还进一步说明，货币也是一种商
品，它也和其他商品一样，要受价值法则的支配，政府任意提高货币的
额面价值，在他看来，简直是胡闹。当英国的这些经济学者从贸易产业
的角度，来反对专制主义的重商主义的措施时候，法国的重农主义先驱
布瓦歧尔培尔，却在非常担忧农业受到破坏的情况下，力言农业才是生
产事业，"土地的果实"才是一切收入的源泉，他以为能够让土地生产
物得到合理的价格，就会使生产和消费都有保证。然则用什么做标准来
确定农产品的合理价格呢？马克思说："布瓦歧尔培尔，就他这方面来
说，虽然不是有意识地，却事实上把商品交换价值归结于劳动时间，因
为，他用个人劳动时间分配于各个特殊产业部门的正确比例来决定'真
正价值'。"① 至于金银，在他看来，只不过是为取得财富的手段罢了。
他很奇怪人们为什么把手段当成目的。

　　所有这些经济学家，分别表现在他们上述著作中的见解和理论，归
根结底，无非是要从现实生产关系中探索出有利于资本主义商品生产的
一些基本原则。但在当时，一般劳动剩余生产物的代表形态还是地租，
现代性的资本、利润这一类的重要的经济范畴，都还没有形成，他们的
理论的局限性，就十分明显了。

　　第二个历史时期，是在十八世纪中叶及其以后的二三十年间。在英
国，那是在产业革命开始阶段，而在法国，则已临近大革命前夜。那时
英国的资本主义商品生产，在比较顺利地向前发展，法国也在发展中痛
感到封建制度与重商主义政策的束缚。因此，这一时期的经济理论研
究，就比前一阶段表现了极大的进步性，而形成为古典派政治经济学的
大发展时期。

---

① 《政治经济学批判》，第 27 页。

1750 年英国马希（Joseph Massie）的《论支配自然利息率的原因——关于配第、洛克的意见的考察》一书问世，这部书的划时代的意义，就在于它明确提出了利润这个范畴，论证利息是利润的一部分，因之，决定利息率的就不象配第，特别是哲学家洛克所讲的那样，是货币的供需比例关系，实际上是看运用货币，能获怎样的利润。这样一来，就无异把前一阶段被看作地租的派生形态的利息，转而看作是利润的派生形态了。这是一个历史的转变和发现。在这点上，另一个英国哲学家休谟（David Hume）是完全踏袭着马希的。在 1752 年出版的经济《论文集》中，他这样告诉我们："利息率的水准，定于借者的需要，贷者的供给，从而是定于［货币资本的］供给和需要。但在本质上，它还取决于'由商业发生的'利润的水准。"① 可是不论休谟也好，马希也好，他们所讲的利润，还只是商业利润，不是产业利润。这是毫不足怪的，他们所处的时代，资本主义的活动也还一般地限于流通领域，正是因为这个原因，他们尽管明确提出了剩余这个范畴，"但他们两个都几乎没有说到商业利润本身的起源"② 。没有追问到剩余价值的来源，而剩余价值的来源，在流通过程是找不出来的，必须到生产过程去找。在这里，我们看到一件饶有兴趣的事。不管英国商品经济比法国怎样先进，但从生产过程去发现利润的来源，剩余价值的来源的，却是法国的重农主义经济学者。最初讲到资本与收入的不同性质，和资本的原垫支与年垫支的区别的，是他们；最初说明什么劳动是生产的，什么劳动是不生产的，并由此来区分社会阶级的，也是他们。1758 年，魁奈的那个用简单几根线条来表示全国民经济运动的《经济表》第一次刊印出来了，这一序列有联系的根本问题，都在那个表及其说明中，有了相当确定的交代。而他的后继者，特别是那位在法国财政经济上掌过实权并力图把重农学说付诸实施的杜阁，曾在他 1766 年出版的《关于财富的形成和分配的考察》中，把他们的导师魁奈的许多讲法，还作过一些更有近代意义的订正。因此，马克思说："在资产阶级视域内分析资本，大体说，是重农主义派的功绩。这种功绩，使他们成为近代经济学的真正的始祖。"③ 他又说："重农主义派，把剩余价值起源的研究，由流通领域推

---

① 《论文集》，伦敦 1764 年，第 329 页。转引自《剩余价值学说史》，第 1 卷，第 27 页。
② 《剩余价值学说史》，第 1 卷，第 32 页。
③ 同上书，第 36 页。

移到直接的生产领域，并由此立下了资本主义生产的分析的基础。"①
我们前面不是讲到威廉·配第是"现代经济学的创始者"吗？他不是也
企图用劳动，用商品价值，来统一说明各种财政经济现象的内在联系
吗？但他当时所在的社会，还太落后了，他不过是勉强对那些基本上是
封建的经济秩序作着资产阶级的解释。等到英国工商业发展起来了，要
从工业生产过程去发现剩余价值的来源，又远没有从农业生产过程去发
现剩余价值的来源容易，"在工业上面，普通不是使劳动者直接再生产
生活资料，生产其生活资料以上的剩余。当中的过程，要以买卖做媒
介，以流通的各种行为做媒介的；要理解这当中的过程，必须先分析价
值一般。这个过程，在农业上面，却直接表现在所生产的使用价值多于
劳动者所消费的使用价值的剩余上面了。所以，在农业上面，虽不分析
价值一般，不明白了解价值的性质，这个过程也能被理解"②。马克思
的这个深刻的分析，表明重农学派所强调的纯产物，虽然是使用价值，
但劳动者所生产的使用价值，多于他们所消费的使用价值，就直接地、
毫无掩蔽地把剩余表现出来了，把他们的劳动生产性质表现出来了，把
他们在劳动过程内使用并相互代置的诸物质成分的资本性质表现出来
了。法国的社会历史条件，促使他们的重农者在农业生产过程首先分析
这些问题，取得伟大的成就，但他们所期待的资本主义性质的大农业，
却不过是英国的现实，而他们只承认农业劳动为生产的劳动的片面性，
却必须由工商业发展的英国经济学者来予以纠正、补充和发展。由农业
剩余劳动生产物的认识，推移到它的剩余价值的认识，到一般剩余价值
的认识，首先要解决价值一般，从而劳动一般的问题。更进一步，还要
解决，那是实用的有用劳动还是生产交换价值的劳动的问题。马克思
说，这个成为资本主义财富的源泉的，究竟是哪一种实在劳动的问题，
曾在十八世纪惊动着欧洲。③ 只承认农业劳动才是生产劳动的重农主义
者，显然不能解答这个问题。1767 年，英国经济学家斯杜亚（James
D. Stuart）出版了他的名著《政治经济学原理研究》。马克思说他在那
部书中，第一次就整个资本主义经济制度作了全面的研究，他直截了当
地把利润看成是剩余价值，又把利润分成所谓实际增加社会财富的积极
利润与由让渡发生的在一方的所得即为他方之所失的相对利润。而他

---

① 《剩余价值学说史》，第 1 卷，第 38 页。

② 同上书，第 39 页。

③ 参见《政治经济学批判》，第 29 页。

"比他的前辈和后辈杰出的地方是他在表现在交换价值中的特殊社会劳动和生产使用价值的实用劳动之间划了清楚的区别"①。不过，马克思同时也指出，"在他手上，政治经济学的一切抽象范畴还处在从它的物质内容分化出来的过程中，因而表现得是不确定而摇摆的，交换价值这个范畴就是如此"②。可是凡属由斯杜亚乃至由重农学派表现得不全面、不明确、不确定的地方，最后都由亚当·斯密来加工发展了。许多关键性的原则方面，斯密是站在斯杜亚和重农学派的肩头上去考察的。尽管他在一定程度"抄袭了"这些学者，但他的伟大处，却在他看得更远，更全面，也更周密一些。首先，斯密在劳动一般的认识上，和他的一切先辈比较是大大地跨进了一步，"把创造财富的活动的一切规定完全抛开，——干脆就是劳动，既不是工业的、又不是商业的、也不是农业的劳动，而既是这一种劳动，又是那一种劳动。有了创造财富的活动的这种抽象一般性，也就有了规定为财富的对象的一般性，即生产物一般，或者又是劳动一般"③。有了劳动一般的概念，他就再不用在各种不同劳动形态中区别什么是生产的，什么是不生产的，而是在一切劳动中，看怎样才是生产的，怎样才是不生产的；特别是有了劳动一般的概念，就可以提到价值一般，虽然他经常是用交换价值来混同于价值，但却明确地用包含在商品中的劳动时间来决定商品价值，并把商品价值分解为利润、地租、工资，把它们分别由自由竞争形成的自然利润率、自然地租率、自然工资率，看作是社会合理分配的标帜，看作是一种自然而自由的制度或合理的资本主义经济秩序是否确立起来的准则。他于 1776 年出版的大著《国民财富的性质和原因的研究》，就是全面而有系统的讨论了整个资本主义经济制度。古典政治经济学，就由他的这部著作，有了极大的发展，虽然那里面包含有矛盾的不彻底的乃至不少庸俗的成分。

第三个历史时期，是指着亚当·斯密的《国民财富的性质和原因的研究》出版后又经历了四十多年的十九世纪二十年代前后。当时英国资本主义商品经济在产业革命后，有了更飞跃的发展，法国也从大革命的大破坏中，逐渐恢复成长起来。在这当中，资本主义经济制度对封建制度的矛盾斗争，虽接近尾声，资本主义制度的内在矛盾，却逐渐酝酿暴露出来；生产在迅速发展着，分配上的不平等以及由此引起的贫富两极

---

① ② 《政治经济学批判》，第 30 页。

③ 同上书，第 166 页。

分化的现象，却提到经济学家面前来了。怎么办呢？英国经济学者里嘉图在他于 1817 年出版的大著《政治经济学及其赋税原理》中，提出了他的更自由地、更大规模地发展生产，提高生产力的答案。而法国经济学者西斯蒙第，却对英国那种经济现象感到触目惊心，在他于 1819 年出版的《政治经济学新原理》中，提出了缩小生产规模，使财富不要太集中于少数人手中的另一个答案。他们都是把斯密的自由主义经济理论，作为他们研究的出发点，不但不隐讳，且还进一步揭露所在社会的阶级矛盾。不过在里嘉图看来，那种矛盾，是自然的社会现象，免不掉也避不开，经济学者所要做的只是彻底揭露一切在分配方面阻碍生产力发展的人为障碍。在这种要求下，他对亚当·斯密在价值论上的不彻底的二元论主张，在分配论上表现的天真的调和乐观论调，分别作了大胆的批判，认为严格遵循劳动价值原理，利润与工资的对立，利润与地租的对立，就是无从避免的结论。也就因为他从比较纯粹的资本主义经济，毫无顾忌地进行高度概括的抽象分析，资产阶级的古典政治经济学，就在他手上达到完成的境界。而西斯蒙第则因为要把资本主义生产的经济学，变为所谓关心全民福利的经济学，他就被他的好心肠，引导到浪漫主义的道路。以资本主义的古典经济理论开始，却以反资本主义的小资产阶级的浪漫主义理论告终。

论到这里，我觉得在古典政治经济学的历史发展中，有必要指出这个事实：马克思在《政治经济学批判》中，虽然指明古典政治经济学"在英国以里嘉图、在法国以西斯蒙第结束"，可是后来他在《剩余价值学说史》中，又着重地讲到英国的莱文斯登（Porcy Ravenstone）、兰塞（George Ramsay）和琼斯（Richard Jones）以及法国的舍尔彪利埃（Cherbuliez）等，特别是对于琼斯，他以为体现在琼斯的《财富分配论——地租论》（1831 年）和《国民经济教科书》（1852 年）等著作中的历史观点，使他关于地租，关于资本和所得的论述，大大地超越里嘉图，甚至还就整个资本主义生产方式本身，指出了它的发展的不可踰越的限界，指出了它的过渡性，指出了它为更进步的生产方式代替的可能。在这里，马克思曾意味深长地说："经济学的现实科学是这样结束的：资产阶级的生产关系，被认为是历史的生产关系，它会导入更高级的生产关系"①。当然，作为资产阶级的经济学者，提出这样的问题，

---

① 《剩余价值学说史》，第 3 卷，第 485 页。

已经表示他在科学真理与阶级利益不一致的时候，服从科学的要求，比服从阶级的要求还要勇敢一些，这也是古典政治经济学的一个大特点，虽然它也只限于阶级斗争还未发展到白热化的历史阶段。

三、从古典政治经济学发展中得到的几点体会

我们上面结合古典派经济学的代表人物、代表著作，概述了古典政治经济学发展的一般迹象。我们这样作是希望由此多少可以增进一点我们对于整个古典政治经济学以及各家学说的理解，好帮助我们对它作出较公平的评价。从上面的说明中，有几点值得我们重视。

首先，应当划清古典经济学与庸俗经济学的界线。古典政治经济学在它产生以及发展的一个半世纪以上乃至两个世纪的历程中，我们已看到它经历了好几个不同的发展阶段，无论是研究全国民经济体系，还是研究个别经济范畴，各个阶段所要解决的问题的内容和性质，是极不相同的，其研究成果，也会有非常大的差异。但必须指明，作为古典政治经济学，只要求作者的理论，是依据唯物主义原则的，是从所在社会生产关系的内部结构，去寻找它的各种财富形态和各种经济活动的统一联系的，或者说，是把它的社会经济中的最基本的劳动形态，商品价值形态，来作为考察各种经济关系，说明各种经济运动趋势的出发点的。凡属由这样的途径，就这些方面进行的研究，不论它如何简单、素朴，乃至零碎，总是对于现实关系的表现作了科学的努力，因而，就被称为是古典的。反之，如果不是这样，丢开社会经济基础，只就表面经济现象去找到一些可以说得过去的联系，那种理论，即使在形式上讲得再条理，征引得再渊博，也是反科学的、庸俗的。

其次，应当承认，任何古典经济学者的全部理论中，都难免包含这样那样的一些庸俗成分。因为，作为资产阶级的经济学者，他们的认识，总是有一定的局限性的，加之，在早期阶段，封建的生产形态还占着优势，许多重要的资本主义经济范畴、规律还没有形成，要对这种经济生活，作着资本主义的解释，当然不免有些牵强附会。然则是不是到了资本主义占着绝对统治地位的发展阶段，就没有困难呢？不是的，马克思教导我们，经济上许多内在联系，特别是剥削关系，倒反而是在简单阶段，看得比较明白，面对着较高级的较复杂的经济范畴，连那些大经济学者，也弄不清楚了。举例来说罢，亚当·斯密的二元劳动价值学

说，就是这样发生的，"从单纯商品观点上在他看来似乎是真实的东西，到资本、雇佣劳动、地租等等比较高级和比较复杂的形式代替了商品的时候，在他看来就模糊了"①。他因此认定，在前一场合，是由生产所费的劳动决定价值，而到了后一场合，则是由交换所换得的劳动决定价值。如果说，前者是古典的表现，后者就是庸俗的了。但因为他根本是要用劳动价值学说来说明整个资本主义商品经济活动，尽管他在说明中，未能免俗地掺杂了这么一些庸俗成分，无碍于他是一位伟大的古典经济学者。这个例子，可以适用于一切古典经济学理论家。

第三，我们可以说，古典政治经济学的最初的创始者，到最后的完成者，其中的发展过程是一个唯物史观的继承接力过程。而就其理论的内容来说，又是一个由抽象逐渐上升到具体的过程。威廉·配第的研究，虽涉及了广泛的经济领域，他并企图在它们中间找出一个统一联系。但把他在《赋税论》等著作中的说明，拿来和魁奈的《经济表》比较，特别是拿来和亚当·斯密在《国民财富的性质和原因的研究》序言中对全书所作的设计比较，简直象是一幅虽然粗具轮廓、但著笔不多的经济漫画；可是，如果没有配第在经济学上的许多天才的创见，及后来的洛克、休谟等沿着他的研究成果展开的说明，恐怕《经济表》和《国民财富的性质和原因的研究》就写不出来，至少也是另一个样子。就什么是利润的来源这个问题来说罢，在配第的当时，还不曾当作一个问题提出来，但他在封建生产占着支配地位的条件下，把农业劳动者在生产生活所费以上的剩余，看作地租，就为将近一世纪以后的重农主义者的纯产物学说，提供了理论基础。不过由于重农主义者的纯产物学说，不只是强调农业优于其他工商业，还强调大农优于小农，并由此把生产的劳动与不生产的劳动的区别的问题提出来了，把资本问题提出来了，还连带把土地所有者、劳动力所有者、资本所有者的阶级构成问题也粗略提出来了，这就使得亚当·斯密有可能或有极大的便利，结合英国工商业发展条件，而全面讨论到资本一般、利润一般的问题了。我们由此看到，古典政治经济学的发展，无非是由于这些经济学者分别结合时代提到他们面前的问题，就以前有关的学说，加以批判继承的结果。而在这种发展中，每个原来只有非常简单含义的范畴、概念，也随着实际情况变得错综复杂而具有愈益丰富的具体规定性。

① 《政治经济学批判》，第31页。

　　第四，我们应当由此体会到，不较全面地学习古典政治经济学的论著，我们对于马克思主义政治经济学是以古典经济学为来源的说法，就多少是一个抽象，同时，不好好钻研马克思的几部重要经济著作，也恐怕很难对古典政治经济学的那些论著，作出较正确的评价。马克思对于那些古典经济学者的每部论著，甚至其中的每个论点都反复作了批判的分析。他不惮烦地指摘它们的错误，也毫不保留地肯定它们的成绩或正确的地方。而且，对于这种研究批判工作的进行，都是把"一个新的科学的世界观"摆在前面，"它一开始就以系统地总结经济科学的全部复杂内容，并在联系中说明资本主义生产与交换法则为目的"①。因此，批判的展开，就是马克思主义的政治经济学的建立，而在马克思的著作中，特别在包括《剩余价值学说史》在内的《资本论》中，那些古典经济学理论，就把它们的错误的地方和正确的地方，当作是否符合于资本主义现实关系，而被明确地揭露出来，或被批驳，或被吸收了。我们要从这里体会古典政治经济学是马克思主义政治经济学的来源的含义，同时也说明，好好钻研古典经济学论著，会大大帮助我们对于马克思主义政治经济学的理解。

　　最后，还须指出，出现在三百年乃至一百多年前的古典经济理论，对于当代资本主义经济的理论与实践仍有极大的现实意义。从一方面讲，如果说，马克思批判吸收了古典政治经济学的合理成分，相反的，当代资产阶级经济学者，却在拼命地把它们的那些错误的庸俗的成分，当作"营养"。如象斯密的乐观分配理论、休谟的货币数量理论、里嘉图的土地收入递减理论和工资铁则理论、西斯蒙第的消费不足理论……等等，不正在改头换面地变成目前许多辩护经济学者的口头禅么？从另一方面讲，资本主义经济由自由阶段转变到垄断阶段，并不曾因此改变它的基本的社会生产关系，而它的种种经济活动，也并不因此就避开古典经济学者所发现的那些基本生产、交换法则的支配。事实上，不管当代资产阶级经济学者怎样为了他们的辩护任务，无视这种事实，但他们的理论乃至他们所辩护的垄断资产阶级整个经济政策，不是把古典经济学者所揭露的利润与工资的矛盾，作为出发点吗？马克思就从这个基本矛盾阐发了他的经济危机的理论。在整个资产阶级社会，不正在以唐·吉诃德搏风车的精神来和马克思主义的经济危机理论作斗争吗？应当

---

　　① 恩格斯：《论马克思的〈政治经济学批判〉》。见《政治经济学批判》，第178页。

说，我们今天复习古典经济学的著作，如果善于融会贯通的话，还有着极大的现实意义。当然，全部古典经济著作中，我们对于后期的论著，可能有较大的兴趣，那不但是因为它所讨论的问题，更现实一些，还因为它所作的说明，也更充分更系统更深透一些。

（原载《新建设》1962 年第 10 期）

马克思主义政治经济学与资产
阶级古典政治经济学
（1962）

资产阶级经济学者对"古典政治经济学是马克思主义政治经济学的来源"这个问题的错误看法

我们都知道，明确提出资产阶级古典政治经济学是马克思主义政治经济学的来源的，是伟大的列宁。他在《马克思主义的三个来源和三个组成部分》一文中说："古典政治经济学是在马克思以前在资本主义最发达的英国形成的。亚当·斯密和大卫·里嘉图研究经济制度的时候奠定了劳动价值论的基础。马克思继续了他们的事业。他严密地论证了并且透彻地发展了这个理论。"① 而在列宁讲到这个问题之前，马克思自己也间接这样表示过："1871 年基辅大学经济学教授西伯尔先生（N. Sieber）在其所著《里嘉图的价值理论与资本理论》中，认为我关于价值，货币，与资本的理论，在根本上是斯密，里嘉图学说的必然的完成。"② 代表工人阶级利益的马克思主义革命导师，这样坦率地承认他们的经济学，是在资产阶级古典经济学的基础上发展过来，并把古典经济学的基本理论——劳动价值学说——加以透彻、严密论证，加以发展完成的结果。这在一方面说明，只有在科学真理大道上，不怀丝毫宗派狭隘成见的最伟大的无产阶级革命导师，才能尊重任何人类优秀遗产；同时也说明，只有彻底认识了思想发展过程，在它体现着现实关系的限度内，也是一种自然发展过程的真正的历史唯物主义者，才会毫不

① 《列宁全集》，第 19 卷，人民出版社版，第 5 页。
② 《资本论》，第 1 卷，第 2 版跋，人民出版社 1956 年版（下同），第 13 页。

蹰蹰地象从异己阶级接受物质财富一样，继承他们的精神财富。

然则资产阶级经济学者们，是怎样看这个问题的呢？在 19 世纪 60 年代以后，马克思主义已经逐渐变成工人阶级运动的指导了。阶级斗争的发展，越发使他们的狭隘宗派成见变得不可理喻。对于这个关系到他们拼命反对的马克思的政治经济学的来源问题，他们痛感到从正面来肯定，似乎并不光彩，干脆予以否定，又觉得难于论证，结果就忸忸怩怩地采取曲解诡辩的手法。这类例子是不胜枚举的。在这里只想提出两个最有名望也最有影响的大庸俗经济学者，即 19 世纪后期的奥地利学派的头目庞巴维克和 20 世纪前期的英国剑桥学派的时髦人物凯恩斯的"高论"作为例证。庞巴维克是这样交代这个问题的。他说："劳动为一切价值的泉源，一般人都认为亚当·斯密与里嘉图是这种学说的权威和创始者。这是对的，不过，也不完全对。在亚当·斯密与里嘉图的著作中，我们固然可以发现这种学说，可是亚当·斯密却时常提出相反的论调，同时里嘉图也把这种学说的应用性缩得极小，并且举出一些重要的例外，我们不能认为他把劳动当作价值的一般的与绝对的原则。"[1] 这就是说，"亚当·斯密与里嘉图并不像别人所相信的那样毫无条件地提出劳动价值论。"[2] 尽管如此，他毕竟把他们的这种"有条件的"劳动价值论，联系到罗柏尔塔斯与马克思的劳动价值学说了，他说："罗柏尔塔斯对于劳动理论，不过是在讨论价值的时候随便提一提，把它当作一种假定来看待，并没有用许多话来证明。马克思却不是那样，他把它当作他的基本原则，详详细细地加以说明和解释。"[3] 更进一步，他还就价值理论和剥削理论讲到他们的关系了："……我们可以把亚当·斯密与里嘉图二人当作剥削学说的不自觉的创始者来看待。事实上剥削学说的信徒们也常常存着这种的见解，认为亚当·斯密与里嘉图是这种学说的创始者。甚至最著名的社会主义者对于这二人——仅仅是这二人——也非常的尊敬，认为他们发现了'真正的'价值法则。但是对他们二人没有彻底阐明他们的原则，没有从他们的价值学说引伸出剥削学说，却引为遗憾。"[4] 这位唯心主义的大庸俗经济学者，不管怎样转弯抹角地说亚当·斯密、里嘉图是"有条件的"劳动价值论者和"不自觉

---

[1] 《资本与利息》，商务印书馆 1958 年版（下同），第 307—308 页。
[2] 同上书，第 308 页。
[3] 同上书，第 300 页。
[4] 同上书，第 254 页。

的"剥削论者，由于他所处的时代还很熟悉并很尊重他们的学说，特别是当时的工人阶级运动尚未十分威胁到资本统治的生存，这就使得他还有可能委婉其词地讲一点事实，虽然在骨子里，他是有意为斯密、里嘉图开脱，好把攻击的锋芒，集中到马克思身上。可是到了 20 世纪 30 年代，情况大变了，以马克思主义为指导思想的社会主义国家，在俄国实现了，发展了，整个资本主义制度正陷在深刻的危机中，所以，另一位大庸俗经济学者凯恩斯要触及马克思与古典经济学者的关系问题，就没有庞巴维克的那种讲一点事实的"自由"了。他在 1936 年出版《就业、利息和货币通论》那部名噪一时的论著，据他给萧伯纳的信中表示，是企图"摧毁马克思主义的里嘉图的基础。"[1] 照理，他应当讲一讲马克思主义的里嘉图的渊源，然后再通过里嘉图来间接抨击马克思主义，特别是马克思的经济学说。可是，他完全没有这样做，一味狡猾地乱耍花招。他的全书的着眼点，确实是在反对古典经济学，但他一开头就混淆马克思所设定的古典学派的科学界线，把一些庸俗学者，如萨伊、詹姆斯·穆勒（乃至当代的马歇尔、皮古之流）硬塞到那里面去。[2] 再说里嘉图是他们的集大成者。既不讲劳动价值论，也不讲剥削说，只是抓住里嘉图接受萨伊的贩卖法则，说"需要只受限制于生产"[3]，说"购买生产物的手段，即是生产物或劳役，……就特殊商品说，生产可以过剩，……但就一般商品说，却决不能有此现象"[4] 这一论点大做文章，仿佛这就是里嘉图的整个学说。这个学说既然被当时的大恐慌推翻了，所以把里嘉图学说做基础的马克思主义，也就失灵了，也就根本被摧毁了。真是此地无银三百两，说来全不费工夫！而事实却说明，这只不过是夹在里嘉图的整个古典理论中的个别庸俗论点，这个庸俗论点，早被马克思斥为荒谬绝伦。说这种把商品流通看作是物物交换的"……儿稚的饶舌，出于萨伊之流的口，是适合的，出于里嘉图之口，却是不当的。"[5] 事实上，马克思在他的一切论著中，几乎都严厉批判了这样的谬说。素以渊博自负的凯恩斯，难道一无所知么？难道他真的不知道马克思的经济学，以古典经济学，特别是以里嘉图学说为来源，主要是指

---

① 参见辛格编：《凯恩斯经济学讨论集》，新德里，1957 年版，第 16 页。
② 见凯恩斯：《就业、利息和货币通论》，三联书店 1957 年版，第 9 页。
③ 里嘉图：《经济学及赋税之原理》，中华书局 1949 年第三版（下同），第 225 页。
④ 同上书，第 227 页。
⑤ 《剩余价值学说史》，第 2 卷下册，三联书店 1951 年版（下同），第 611 页。

着劳动价值理论么？他那本《就业、利息和货币通论》，大谈其利息利润和工资的分配问题，几乎完全没有触及到价值理论，更不要说劳动价值理论了。这如何能完成他的"摧毁马克思主义的李嘉图的基础"的"伟大"抱负呢？

然而，对于资产阶级庸俗经济学者的这类错误见解，如果不彻底弄清马克思主义政治经济学与古典派经济学的关系，不明确认识马克思通过科学的批判分析，把资产阶级经济学作了古典的与庸俗的区别，从而"取其精华，去其糟粕"的全过程，是很难完全予以廓清的。

资产阶级古典政治经济学与马克思所批判吸收的古典政治经济学的合理成分

在政治经济学史上，古典政治经济学这个术语或范畴，是由马克思批判研究资产阶级经济学，在肯定的意义上，在积极的意义上，把它与非科学的庸俗政治经济学相对立而提出来的。在古典政治经济学最初出现的近代初期，关于经济问题的说明，一般还没有完全从非经济的宗教的伦理的纠缠中解脱出来，各种财富形态或经济现象，还被看作是彼此独立的或者至多只有一些表面的联系，而作为当时经济界的最先进的解释者的重商主义，也不过是从流通过程，从贱买贵卖、多卖少买的交换行为，去找财富增进的原因。但是，经济学的科学研究，却显然需要从一般社会关系中分划出经济关系，从经济关系中分划出生产关系，并进而从生产关系内部，去找它们的统一的联系。在一定限度内，马克思所说的古典经济学者，就是向着这方面努力的。为要适应新起的商工市民的要求，为要反对传统的封建意识和强制的重商主义措施，他们力图从现实生产过程的内部关系中，去探求有关生产与交换的一些合理的说明。马克思曾总结他们的努力的成就，说他们的最伟大的功绩，就在"……它把利息还原为利润的一部分，把地租还原为平均利润以上的余额，让二者在剩余价值内合而为一，因为它把流通过程当作单纯的形态变化来说明，最后并在直接生产过程内，把商品的价值和剩余价值还原为劳动。"① 从这段话里我们看到了，古典学派是把劳动，把商品价值看作联系一切经济活动的总枢纽和基础，各种分配形态关系如何才算合

---

① 《资本论》，第 3 卷，第 1087 页。

理，并如何表现为对抗的形态，最后都归结到商品价值上去说明，而商品价值的增殖，又只能是产生于生产过程，虽然它要通过流通过程，把流通过程作为媒介。我打算依据马克思的这种提示，就以下四个方面，来较具体地概述古典派经济学者们所做的贡献。

（一）劳动价值理论

作为古典派经济学者，他们几乎都在不同程度，努力把劳动看作财富的来源，看作商品价值的来源。但是，把劳动看作物质财富的来源，那是如马克思所说的，"立法者摩西同税吏亚当·斯密同样地熟悉。"①而把劳动看作交换价值的来源，却是近代商品生产社会的事，并还要商品生产较高度发展才能逐渐理解的事。所以，马克思说，"把商品归结于两重形式的劳动，即把使用价值归结于实在劳动或合目的的生产活动，把交换价值归结于劳动时间或同样的社会劳动，——这个分析，是古典派政治经济学经一个半世纪以上的研究而最后得出的批判的结果"②；在英国，从威廉·配第起，在法国从布瓦歧尔培尔起，就一直在分途探索，决定商品价值的是什么劳动，和由劳动决定的是什么价值这样的问题；最后在英国到里嘉图，在法国到西斯蒙第，才比较明确地作出了结论。马克思说：里嘉图"……十分清楚地作出了商品价值决定于劳动时间的这个规定，并且指出这个法则也支配着表面上与它矛盾的资本主义生产关系"③；而西斯蒙第在同里嘉图直接争辩中，既指出了生产交换价值的劳动的特殊的社会性质，又指出，价值量归结于必要的劳动时间，归结于"全社会的需要与用来满足这种需要的劳动量之间的比例"是"我们经济进步的本质"④，虽然他极力反对这种经济进步带来的社会的不幸的结果。这说明，古典派经济学者其所以特别重视商品价值问题，在本质上，是由于他们要由此解决商品价值中包含的剩余价值问题，更进一步要由此解决剩余价值如何合理分配，才有助于促进商品生产，增进资产者社会的财富问题。

（二）剩余价值理论

剩余价值理论是在劳动价值理论的基础上发展起来的。剩余价值这个范畴，是由马克思正式提出的，但古典派经济学者却长期在货币价值

---

① 《政治经济学批判》，人民出版社 1957 年版（下同），第 10 页。
② 同上书，第 25 页。
③ 同上书，第 32 页。
④ 同上书，第 33 页。

或产品的"余额"、"超额"这一类名词上探索它的来源。当时对于它的认识的极大障碍，是来自重商主义，重商主义者认为那种余额或超额是发生于流通过程。因此，古典派经济学者的研究，不仅要论证流通为纯粹形态变化，并还在很大程度上要把流通看作纯粹形态变化，作为他们探索剩余价值的出发点。马克思其所以把这点看作古典学派的伟大功绩之一，看作他们与庸俗经济学者相区别的最重要关键之一，就在于，资本主义商品生产的目的，并不在商品，也不在价值，而是在资本价值的增殖，或剩余价值。如果没有认清资本价值增殖的原因或剩余价值的来源，这个社会就不可能执行任何一种有效的经济政策。实际上，在近代早期的相当长期内，刚从封建统治蜕变过来的专制国家，确曾把社会财富或价值增殖的努力，建立在贱买贵卖、多卖少买的那种货币主义或贸易主义的认识上。那种认识，不但误解了财富增殖的原因，还根本误解了财富本身。金银就是财富，贸易就是增殖金银的唯一途径。结果，手段变成了目的，生产变成服务于流通，一切都颠倒着。古典学派首先就为纠正这些错觉而斗争。他们一直是努力从生产过程去发现财富或价值增殖的原因。由于商品生产与商品交换紧密地结合着。商品本身又是一方面表现为价值，另一方面表现为使用价值，于是要发现商品价值增殖的原因，从必须转手始能增殖价值的工业品的生产过程方面去努力，就不如从不一定转手也能看出价值增殖的农产品的生产过程方面去努力，来得方便，因而从交换价值变动的方面去看，就似乎不如从使用价值的变动方面去看，还较直接明了，这就是为什么重农学派成为近代资本关系的最初发言人的原因。他们的纯产物理论，就是这样一种理论，即认定农业者所生产的农产品（或使用价值），超过其所消费的农产品（或使用价值），这个差额，就是他们所说的纯产物或当作地租提供地主的纯收入或剩余价值。可是，单从农业生产过程，从担当着价值的农产品或使用价值方面去发现价值增殖的原因，毕竟是非常片面性的，而在事实上，对于从工业生产过程去探索资本价值增殖的要求，宁可说是更加迫切的。后期的重农学者杜阁，特别是古典学派亚当·斯密，里嘉图就用他们的全力来一般地论证流通只是纯粹形态变化，不增加价值。他们大体上是从两个方面着手，一方面只把货币看成流通媒介的通货。无论由货币到商品的运动，还是由商品到货币的运动，按照等价交换原则，都不能说，有什么价值增殖。另一方面，却从生产资本的构成方面，从物化劳动与活劳动的区别方面，来探索所生产的产品价值为什么大于所投下的劳动或资本的价值的究竟。因此，我们知道，这些经济学者其所以强调流通只是纯粹形态变化，货币只是流通手段，实际上是要积极论证资本价值必须通过生产过程，才能增殖。在这里，流通只被看作纯粹形态变化的理论，无非是把劳动价值学说应用在货币、资本方面的另一个表现形式，是为剩余价值理论廓清道路的一个重要步骤。

（三）分配理论

剩余价值理论是和分配理论紧密结合着的。资本主义社会存在着二重的或两种性质不同的分配关系。一是劳动者阶级与资产者阶级间的分配，一是资产者阶级内部的分配。尽管资产阶级经济学者着眼在论证利润、利息、地租等等收入，如何公平合理分配，才能更好地调整、发展产业，使大家交受其利，但他们却不能不最先确定归到工资名义下的部分，究在劳动生产物价值中占着多大的份额。他们差不多都一致地肯定，劳动者在一般的情况下，总只能获得勉强维持他们生存的那么多生活资料或其价值，而在这以上的部分，或剩余价值部分，则分别以利润、利息、地租等名义，在整个资产者之间进行分配。至于为什么发生这种情况的问题，亚当·斯密讲得比较全面。他说：劳动者独自享有全劳动生产物，只是原始状态下的事情；"土地一旦成为私有财产，劳动者想由土地生产或采集物品，就不能不在所产物品中，以一定份额，分给地主，而称为地租。因之，曾使用土地的劳动生产物，就不得不第一次，扣下一部分来，作为地租。一般农耕者，大都没有维持生活到收获完了的资料，他们的生活费，通例由雇主（即役使他们的农业家）的资本项下垫支。这般雇主，如果……投下资本，假若得不到相当的利润，他们当然不愿投资，不愿雇用劳动者。因之，曾使用土地的劳动生产物，又不得不第二次，扣下一部分来，作为利润。"[①] 且不讲利息等等派生形态，地租和利润这两部分，不但少不得，并且都有不能再少的最低限。至于工资，他认为，劳动者因处在非即刻出卖劳动力就无以为生的不利地位，工资有时还不能下降到仅够维持生存的极低限度以下，他甚至毫不掩饰地援引旁人的话，拿工资劳动者与奴隶相比，"一个健康奴隶的劳动，约有倍于其生活费的价值；一个最低级劳动者的劳动所值，也不能在一个健康奴隶以下。"[②] 他力言商品的价值，分解为利润、

---

① 《国富论》，上卷，中华书局 1949 年第四版（下同），第 78 页。
② 同上书，第 81—82 页。

地租、工资，同时又强调，利润、地租、工资构成商品价值，这显然是庸俗的错误论点，但由此也说明，他要求一切分配上的理论问题，是必须归结到价值论，从而必须归结到剩余价值论上去解决的。

（四）社会诸阶级间的经济对立理论

古典派经济学的最突出的伟大成就之一，就是他们由劳动价值、剩余价值理论，通过分配理论，得出了社会阶级间的经济对立理论。由重农学派起，他们就试图从社会经济生活条件中发现构成社会的诸基本阶级，但他们一直没能讲清楚。到了亚当·斯密，他不但很概括也很明确地就生产的三个要素，收入的三个来源，来区划社会三大阶级，并且还在一定程度上，看出了它们之间的不那么和谐的关系。他讲过这样的话："劳动者盼望多得，雇主盼望少给；劳动者为提高工资而团结，雇主为减低工资而联合。"[①] 但是，亚当·斯密毕竟是处在阶级关系尚未发展的手工制造业时代，他讲到这样的矛盾问题，还只能说是当作正在萌发中的经验的事实提出来，而还不是他们间的不可调和的关系的反映，从而，也很难说是沿着劳动价值论、分配学说而在理论上展开的阶级分析的结果。事实上，由于他对地租这个分配形态的处理，始终不能忘情于重农主义者的自然观，以为那是对于土地自然力的报酬，因而认定支配商品交换价值的根本法则，得因土地占有和地租支给的事实而完全改变。里嘉图不同意他这种说法[②]，认为地租的发生，不是由于土地，也不是由于土地生产物，而是由于土地生产物的价格。即地租不是构成价格的原因，而是土地生产物价格腾贵的结果。他指出，在各种不同性质的土地上耕种同一种农产品，那种产品价格如允许少产的低等土地的耕作者收回成本加平均利润，多产的优等土地耕作者便会获得额外利润，这额外利润就要转化为地租。农产品更大的需要，使更加劣等的土地进入耕种，价格就会进一步提高，地租就会进一步增多。因此，地主阶级的地租收入，就会同一切需要谷物原料品的一切阶级的利益相抵触。所以他说："……我们的学说是，利润高低由工资高低而定，工资高低由必需品价格腾落而定，必需品价格腾落，又主要由食物价格腾落而定。"[③] 资本家、地主、工人这三种人以及他们的这三个阶级的利害矛盾关系，就这样明确揭露出来了。里嘉图是处在大工业迅速发展与资

---

① 《国富论》，上卷，第 79 页。
② 参见《经济学及赋税之原理》，第 42 页。
③ 同上书，第 81 页。

本主义商品生产广泛展开的时代，也是各社会阶级潜在矛盾逐渐趋于明朗和尖锐化的时代，这不但有可能还有必要促使他沿着斯密研究的道路，进一步认定"资产阶级体系的生理学即其内部有机关联和生理过程的理解之基础或出发点，是价值由劳动时间决定"①。而由是展开生产关系与交换关系的说明，"发现了，指出了诸阶级之经济的对立性，从而在经济学上，把握了，说明了历史斗争及发展过程的根本"②。

所有以上这几个方面的理论，就是马克思所说的古典学派的伟大成就所在，而我们也可以由此体会到，马克思从古典政治经济学吸收的合理成分，也无非是指着这些理论或者再加上探索这些理论所运用的一定的科学方法。

马克思在指责古典经济学中的不彻底不一贯和自相矛盾的错误的同时，全面展开了自己的新的理论建设

马克思在讲到古典派的经济学的伟大成就时，随时都没有忘记指出他们的局限性和缺点。他曾指出，古典学派企图透过假象的世界，在资产阶级的生产关系内部，去发现统一的经济联系，但是他说，就连他们的第一流的发言人，也还多少拘囿在他们曾经批判地解决了的假象的世界内。而从资产阶级的立场看，再也不能有别的结果，他们都多少陷在不一贯、半途而废和没有解决的矛盾中。③ 不论是对于哪一方面的理论，甚至是最有成果的理论，他们都不曾首尾一贯地、很明确地讲得系统透彻。正因为是这样，马克思对于他们的批判，就不能是枝节地、就这一家那一家的某个理论或论点零敲碎打，而必须从资产阶级社会整体出发，从表现那个整体的全体系出发，看它们是否符合于现实，是否通得过，讲得通。他让事实，让局部从属于整体的有机联系，去进行揭露和批判。恩格斯在《论马克思的〈政治经济学批判〉》一文中说："我们面前这样的著作，决不是对于政治经济学中的个别章节作零碎的批判，决不是挑选出经济学上某些争论问题作孤立的研究。相反，它一开始就以系统地总结经济科学的全部复杂内容，并在联系中说明资本主义生产与交换法则为目的。经济学家们既然无非是

---

① 马克思：《剩余价值学说史》，第 2 卷上册，第 5 页。
② 同上书，第 6 页。
③ 参见《资本论》，第 3 卷，第 1087 页。

这些法则的解释者和辩护人，那末，这个说明同时就成为对于全部经济学著作的批判。"① 也因此，这个批判的展开，就同时是马克思的革命的新经济学的建立。

当然，本文的任务，不是要全面概述马克思的整个经济学，而是要指出马克思是在如何批判那些古典经济学者的错误见解中，提出他自己的积极看法，而由是使政治经济学在原有基础上得到革命和发展。

为了说明的便利，这里大体还是就上述几个方面的理论来分别予以论述。

就最基本的劳动价值理论来说，古典经济学者们长期一直在围绕着劳动决定价值这个经济学的根本法则摸索前进。要肯定这个法则，似乎有这样一些问题需要确定：（1）决定价值的是什么劳动；（2）由劳动决定的是什么价值；（3）劳动如何决定价值。所有这些问题，泛泛地谈一谈是比较容易的，要从现实关系的内在联系中去作系统的说明，就不但会受到我们对客观条件认识的限制，还会受到客观条件本身发展的限制。劳动生产物采取商品形态，商品采取价值形态，价值采取货币形态，是由来已久的，但要认识劳动表现为价值，表现为货币，却必须到商品生产发展到相当普遍的程度，到各种合目的的实在劳动，已经因分工发达交换频繁显得"在交换价值上，个别人的劳动时间，直接表现为一般劳动时间"，我们才能把握劳动一般，价值一般，才能有一般等价物的概念。这就是为什么古典派经济学者，经历一个半世纪以上的连续努力，到商品生产高度发展的 19 世纪初才得出使用价值归结为合目的的生产活动或实在劳动，交换价值归结为劳动时间的这个科学结论。可是，在作了这样的科学区别以后，即使是他们的最优秀的学者，又似乎不易把它们合起来统一考察。直到马克思结合商品的二因素，提出劳动的二重性，把创造使用价值的具体劳动和创造价值的抽象劳动，统一在商品生产过程来说明，劳动价值学说才突破最困难的一关。我们才能明确认识决定商品价值的是社会必要劳动量；劳动所决定的，只是价值实体，价值本身，不但不是当作它的形态看的交换价值，尤其不是作为它的较高级的转形形态看的生产价格。可是，就连亚当·斯密、里嘉图这样的古典派经济学者在论到价值的时候，即使在一定程度上从使用价值解脱出来了，却一般是把交换价值看作价值本身，在许多场合是把生产

① 见《政治经济学批判》，第 177—178 页。

价格与价值看得没有区别，把较低级阶段的商品和高度发展的商品形态等同看待。这就无怪他们一方面坚持商品价值由劳动决定，同时又不得不修正那个法则，其结果，劳动如何决定价值这个问题，就显然无从得到解决了。在这里，可以看到他们在这个问题上感到的更大的困难，与其说是在劳动如何决定价值，毋宁说是在劳动如何决定价值的同时，还要决定包含有剩余价值在内的价值。

我们前面已讲到古典派经济学者不从流通过程，却从生产过程去发现剩余价值的来源，利润的来源的贡献。但他们对于这个问题的解决也是半途而废、矛盾重重的。首先，如马克思所指出的，他们一直没有把建立在自己劳动基础上的小商品生产和建立在他人劳动基础上的资本主义商品生产区别开来。他们看不到劳动的特殊的社会性质，从而就看不出为买而卖的流通形态与为卖而买的流通形态有什么区别，分不清作为货币的货币与作为资本的货币有什么区别，分不清价值形成过程与价值增殖过程有什么区别。他们不问时间地点条件，一味用形而上学的观点来处理这个问题，所谓"不揣其本，而齐其末"，愈是坚持劳动决定价值这个法则，就愈感到这个法则要修正，否则剩余价值就发现不出来了。事实上，马克思还指出了他们在探索剩余价值来源中所表现的另一个严重的缺点，他们一直是把剩余价值的形态，看作剩余价值本身，并还把剩余价值的某一形态，看作它的全体。早期的古典派经济学者把地租代表剩余价值，愈到后来，才愈把利润来代表剩余价值，这无疑是一个进步。但在理论研究上，不把剩余价值本身与它的表现形态分开，就显然要在剩余价值生产过程与剩余价值实现过程造出许多矛盾，因为剩余价值是在生产过程产生的，而剩余价值的利润化，则是通过流通过程的结果。就全社会讲，剩余价值与利润是同一的，就个别资本讲，它在生产过程生产了多少剩余价值，决不可能通过供需变动无常的流通过程，还恰好得到那么多的利润。而况就其发生来源讲，利润是对总资本讲的，而剩余价值则是对总资本的一个构成部分的可变资本说的。把利润看作剩余价值，就要在一系列有关问题上引起混乱。他们许多人（包括里嘉图）把价值与生产价格等同看待，毛病也出在这里。不但如此，在资本主义社会，利润虽然是剩余价值的代表形态，但毕竟只是它的一种表现形态，直接把利润看作剩余价值，就无疑是把部分看作全体。由于他们对于剩余价值本身或其整体没有一个明确概念，他们就只能模糊地接触到相对剩余价值，没有可能正视到绝对剩余价值，更没有可能辨认出绝对剩余价值与相对剩余价值的区别。而在马克思看来，这都是把握剩余价值发生、发展动态和理解商品价值分解为劳动力价值、剩余价值，以及剩余价值分割为各种分配形态的比例关系的一个关键问题。

古典派经济学者，一般都认定，价值论是分配理论的根据，在商品价值中，除去补偿生产资料消耗部分，其余就是作为总收入，在社会各阶级间进行分配；总收入中，除去劳动者阶级所得的工资，就是作为纯收入，在资产阶级内部进行分配。用马克思的语言则是价值生产物（即除去补偿生产资料耗费后的新价值）分解为劳动力价值与剩余价值，而剩余价值更分解为利润、地租等分配形态。马克思的讲法，和那些古典派经济学者的讲法，有什么本质的区别呢？前面已讲到，剩余价值和利润是不同的，把利润看作是剩余价值就要引出许多矛盾错误。在这里，也必须指出，劳动价值和工资是不同的，把工资看作是劳动价值，会引起更多的矛盾错误。对于劳动者所得的报酬一般称为工资，而在古典派经济学者，工资又被解释为劳动的价值或价格。特别是坚持劳动价值学说的里嘉图，他在这上面翻了很多筋斗。商品的价值，由劳动决定，劳动的价值又由劳动者所消费的商品的价值决定。这个循环论，并不是肯定价值法则，而是否定价值法则。马克思把这看作是他们不能从世俗的流行的思维形态解脱出来的一个生动例子。把工资解释为劳动的价值或价格，就无异认定全部劳动都得到了报酬，那末，剩余价值从何而来呢？马克思指出，劳动只是资本家购买来的劳动力在他们监督使用下所发生的机能。他们使用劳动所产生的价值，和他们购买劳动力所支付的价值，有一个差量，这就是剩余价值。因此劳动的价值，只是劳动力的价值的不合理的表现。马克思说："'劳动的价值与价格'或'工资'是现象形态，劳动力的价值与价格，是表现在它上面的本质关系，是要区别开来的。"① 正因为资本家付给劳动者的工资，只支付了他的劳动的有给部分，另一部分未得到支付的劳动，就是剩余劳动，成为剩余价值的来源。可是，由于利润要在资产者间分配，他们又遇到另一个难关了，为什么不同构成的同额资本，尽管包含不同劳动，却要求同样多的利润呢？这是价值法则与平均利润率的矛盾问题。由于他们不能解释这个矛盾，他们就回过头来要求修改价值法则。马克思却指出，这恰好是

① 《资本论》，第1卷，第668—669页。

因为他们把利润视为剩余价值，把价值视为生产价格所引起的混乱。剩余价值转化为利润，剩余价值率转化为利润率，是一个由本质到现象的问题，要有许多中项才能说明。资本的分为不变资本和可变资本的构成，是从本质上探索剩余价值来源要考虑到的问题，在实际从事商品生产的资本家，他们并不要想到这些，他们所关心的，只是在自由竞争的场面下，他投下的总资本多少，要争取比照其他资本家的投资得到同样多的利润，即得到平均利润。剩余价值转化为利润的过程，同时也是价值法则转化为生产价格法则的过程。不了解这个过程，不但价值法则与平均利润率的矛盾不能解决，剩余价值分解为企业利润、商业利润、利息，特别是地租的过程也很难理解。如果更联系到上面讲到的，他们对价值生产物分解为劳动力价值和剩余价值的关系缺乏认识，那末，他们要从理论上去把握分配矛盾引起的社会阶级冲突的实质与动态，就极其困难了。事实正是这样。

　　资本主义商品经济的发展，到了十九世纪初期，就已经把它的严重的分配问题，或阶级矛盾问题提到经济学者的面前了，这时有两个古典派经济学者分别提出了他们的不同看法，一个是英国的里嘉图，一个是法国的西斯蒙第。里嘉图在他的《经济学及赋税之原理》中，毫无顾忌地把利润与工资的矛盾，利润与地租的矛盾，当作他的研究出发点。但是如我们在上面所讲到的，由于他在分配理论上留下了不少漏洞，没有明确辨别由利润与工资的矛盾所体现的资产阶级与工人阶级间的矛盾，和由利润与地租的矛盾所体现的资本家阶级与地主阶级间的矛盾，有本质的区别。不但如此，他甚至专从资本家阶级立场出发，有意无意地把地主阶级的存在，看作是不合理的，不利于资产阶级与工人阶级的。在他的理解上，资本家阶级与工人阶级的存在及其利害矛盾是自然的、无可避免的。社会生产力向前发展，即使不利于广大工人阶级，那也是自然的、无可避免的。他虽然相信，以机械代替人类劳动的结果，常常有害于劳动阶级[1]，但却认为这不能成为阻止机械发明采用的理由，"如果一国的纯地租纯利润不变，我真不知道，被雇用的生产劳动量的增加，究于国家何益。"[2] 在他看来，阻止机械的发明采用，就是阻止生产力的提高，也就是阻止社会的进步。他在实际上已经肯定：社会进

---

[1]　见《经济学及赋税之原理》，第308页。
[2]　同上书，第273页。

步，是由牺牲广大劳动人民的利益得来的，"人道爱护者，希望世界各国劳动阶级的生活，都安适快乐，并愿以各种法律手段，鼓励他们去获得这种生活。然而，这毕竟是一种希望罢了。"① 在资产阶级的统治下，劳动阶级的前景，确是这样黯淡。但由于时代和阶级的限制，再加上他的劳动价值和分配理论的不彻底和错误，他不能看出这个社会阶级矛盾以及由此引起的祸害能有什么结局。西斯蒙第不是这样看，他对资本主义的社会阶级矛盾与贫富悬殊的揭露，比里嘉图彻底露骨得多。但却以为经济学者既然肯定社会贫困是由劳动生产力迅速提高，资本迅速积累集聚的结果，为什么还要主张继续重复这个错误，来加重这些弊害呢？他力言经济学不应单纯以增加财富为目的，而要以增加广大劳动人民的幸福为目的。他提出的"政治经济学新原理"，就是要求以国家政府的力量，分散社会财富，缩小社会生产规模，使人人都成为工农业上的小生产者。这样，社会阶级矛盾就会得到缓和，贫富悬殊所造成的祸害就可以避免。一句话，他是要以小资产阶级支配的社会，来代替里嘉图的大资产阶级支配的社会。他的心肠可能是善良一些，但他的观点，却不但是乌托邦式的，并还是非常反动的。马克思指出：他同里嘉图同样不能沿着价值——剩余价值理论的正确线索，去透视剩余价值资本化或在资本积累过程中，社会资本构成会有什么变化，那对劳动者阶级与资产阶级间的阶级消长关系，会发生怎样的影响。这就无怪他们无从设想或不敢设想，劳动者阶级在资本集中的过程中会不断扩大队伍，增强其对资产阶级的斗争力量，以及最后使"剥夺者被剥夺"，使资本主义社会为更高级的社会主义社会所代替。

政治经济学上的科学的道路与反科学的道路

由上面的说明，我们已可了解，说马克思主义政治经济学是以资产阶级古典政治经济学为来源，或者说，前者是在后者的基础上发展过来的，这句话，究竟是指着什么说的，究竟应作何理解，究竟有怎样的意义。我们这里，仍有必要加以综合的说明。

古典派经济学者努力从资产阶级社会生产关系的内部联系中去发现支配资本主义商品生产的基本法则，他们一般都就商品价值关系，来说

---

① 《经济学及其赋税之原理》，第62页。

明财富与价值如何增殖，说明所增殖的财富与价值，如何在各社会成员间，从而如何在各社会阶级间进行分配，他们到最后，并还从那种分配中，看到各社会阶级间在经济上的对立与矛盾。他们由是初步建立了劳动价值理论，剩余价值理论，以及在劳动价值理论和剩余价值理论基础上的分配理论和阶级斗争理论。但由于我们上面讲到的，时代的阶级的以及理论认识上的限制，就是他们后期的最伟大最优秀的代表，对于这一方面的理论，都是不彻底的，相互矛盾的，甚至为了要坚持其中的基本原则，遇到矛盾不能克服的时候，还提出一些非科学的庸俗的说明。可是尽管如此，由于他们的总的方向是尝试着从资本主义社会内部生理结构方面去探索解决问题的途径，那种不彻底和矛盾，并不妨碍他们的理论是古典的科学。马克思曾以亚当·斯密为例来说明这一点。他说，亚当·斯密总是从商品价值出发来研究全盘经济问题。而使他在价值决定上动摇不定地，时而主张生产所必要的劳动量决定商品价值，时而又主张由能够购买一定活劳动量的商品，或能够购买一定商品的活劳动决定商品的价值，这是含糊的，混乱的。但马克思指出："这两种全然异质的决定方法的混同，并没有影响斯密对于剩余价值的性质和起源之研究，因为在一切展开议论的地方，实际上他总是无意地固执着正确的商品价值的决定方法——那就是，由商品内加入的劳动量或劳动时间，决定商品的交换价值。"① 马克思的这个指示，不但教导我们如何正确地看待古典政治经济学，还教导我们他是怎样批判它。

事实上，资产阶级古典政治经济学的上述诸般理论，究竟对在哪里，错在哪里，有的地方，特别是那些需要有全面的发展的观点，才能透彻理解的地方，连最优秀的古典派经济学者自己，也并不怎样明白，虽然他们之间，或后继者对于先辈，也展开了相当尖锐的论争。由于马克思对他们的理论的批判，自始就有一个正确的唯物主义历史观摆在前面，采用了最先进的辩证方法，"它一开始就以系统地总结经济科学的全部复杂内容，并在联系中说明资本主义生产与交换法则为目的"②。因而，那些理论，就在能否反映或在何种程度上反映那种以生产剩余价值为目的的资本主义的现实关系，而分别显出它们的合理或不合理，正

① 《剩余价值学说史》，第 1 卷，第 129 页。
② 恩格斯：《论马克思的〈政治经济学批判〉》。见《政治经济学批判》，第 178 页。

确或错误，或在正确中包含着错误。批判的进行，一直是新的理论的建设的展开，其结果一切合理的正确的精华，就在马克思主义政治经济学体系中取得了适当的地位，而不合理的错误的成分，当作糟粕被搁在一边。在这里，我们清楚地看到，马克思对于资产阶级古典政治经济学为批判吸收，即使是就上面讲到的那些合理而正确的成分说，也并不是简单拿过来，照原样用上去。完全不是这样的。在马克思主义政治经济学中，在《资本论》中，每个经济范畴、规律，都被看作是整个资本主义生产关系的个别侧面的理论表现。不论有关价值和剩余价值，或分配的哪一方面的理论，当它被吸收到马克思的新经济学中来的时候，不仅是精炼过了，充实过了，还更恰当更系统地被组织在新的体系中了。一句话，它们是面目全非地脱胎换骨地革命过了。我们必须在这种意义上来认识马克思主义政治经济学是以资产阶级古典政治经济学为来源这句话的全部的深刻的含义。同时还必须在这种意义上来理解马克思在政治经济学研究上所采取的现实的科学的道路。

任何科学方面的成果，都是在长期历史发展过程中积累下来的。经济科学也是如此。不断总结经验，不论研究者的阶级的政治的立场如何不同，对于同一研究对象或同一现实关系的正确反映或科学真理，只有一个。愈是代表先进阶级的理论，就愈需要继承并发扬前人的优秀遗产，不管这遗产是来自自己的阶级还是来自异己阶级；愈是代表保守的反动阶级的理论，就愈需要排斥或歪曲那些由实践证明是正确的优秀遗产，也不管那遗产是来自自己阶级还是异己阶级。这就是为什么资产阶级古典政治经济学的合理的科学的成分，竟为代表工人阶级的马克思主义者所批判吸收，同时却为他们后来的同阶级的经济学者们所反对抨击的根本原因。而且，又正因为代表工人阶级的马克思主义者批判吸收了并阐发了他们的正确理论部分，用以反对资产阶级统治，那些反马克思主义的资产阶级经济学者，就像更有必要抨击他们先辈的那些正确理论，同时并从那些先辈的非科学的庸俗的错误理论成分中去吸取"营养"。十九世纪后期，特别是二十世纪以来的一切庸俗经济学者的说教，都愈来愈抛弃了古典经济学派从他们所在社会生产关系内部去发现经济法则的途径，故意丢开或回避价值理论，专在交换分配的表象上兜圈子。我们前面提到的那位当代的资产阶级经济学界的最大明星凯恩斯和他的信徒们，不正在以他们反科学的庸俗透顶的论著，充塞世界资本主义各国的文化市场么？政治经济学研究上的科学的与反科学的道路是非常明白的。但我们要明确地辨别是非真伪，使我们的经济研究工作少走弯路，我觉得，对什么是资产阶级古典政治经济学，特别是对马克思如何批判吸收古典政治经济学有一定程度的理解，是非常必要的。

（原载《经济研究》1962 年第 11 期）

中国经济学的建立

政治经济学在中国
——当作中国经济学研究的发端
（1941）

"中国经济学"这个语辞的提出，是为了要在经济学的研究方面，作一个新的尝试，开辟一个新的门径，是希望中国经济学界，不再是一味"消纳"所谓英美学派，德奥学派，乃至苏联学派的经济学说的"市场"，而能自己加工制作一个适于国人消费且满足国家需求的国产货色。一年以来，这个语辞，虽在我脑中打了多少回旋，间或也向朋友谈及，但却始终因为自己学力浅陋，对这所谓：中国经济学确立起一个整然研究体系的担当，有些感到踌躇。所以就一直延宕下来了。这篇文章是早写好了的，虽然缺少积极性，却很可作为我们向这方向研究的导引。

一、当作舶来品输入的政治经济学

（一）中国没有产生政治经济学的环境

就一般社会科学而论，政治经济学算是一门最能反映现实，而又最须以现实为依据的科学。在这门科学是以现代资本主义经济为探究对象的限内，像在中国这样一个经济落后的半封建国家，一个直到现在，还有不少的人，主张把欧美资本主义制度当作理想移植过来的国家，当然没有产生政治经济学的可能。我们现在所研究的经济学或政治经济学，是当作完成的舶来品，从先进的资本主义国家输入的，是紧随着那些先进资本主义国家的商品或机械品而输入的。

不过，这里须得指出：这种文化舶来品的输入，若溯其渊源，那大体还是一种首先通过日本，再输到中国来的转口货。而政治经济学这个译名，也还是沿用日本的。即如最先把西欧经济名著《原富》译述过来的严又陵氏，他对于政治经济学或经济学原是译为计学啦。不过，随着中国社会经济发展情形的演变，和中国文化水准相应提高，以前完全或主要由日本转输的经济科学乃至其他一切近代社会科学自然科学，已渐能自行直接输入了。但无论经由日本输入，或是直接由欧美输入，直到现在，我们对于政治经济学还不曾脱却"述而不作"的阶段。就是幻想"一切古已有之"的国粹主义者①，恐怕也无法否认这种事实罢！

谈到这里，我们似乎不应"数典忘祖"地忘记提到以次这个"考据"。十余年前，日本有一位经济学者泷本诚一氏，著有一部《欧洲经济学史》，在这部书后面，他附有一篇题名为"重农学派之根本思想的探源"的附录，这篇附录的主旨，在反复说明重农派之思想的根源，完全出自我国古代的"四书"，"五经"。他最后总结这篇翻案文章的大意说，"要之，构成魁奈（Quesnay）——南按：重农学派的主导者——学说之基础的根本思想，完全吻合于'书经'及其他经典上所表现的中国太古的王制，及其学说的旨趣，不同的地方，丝毫没有，这种论断，我想不会不正当吧。但现在一般人，都认为近代的经济学，是发祥于法国或苏格兰，竟把其重要的母家中国完全置之于不顾，这实在是我们东洋人的一大憾事啊！"

我们看到这段话，当然非常高兴，经济学竟是"吾家宝物"了。但仔细加以考察，就知道这段传奇的说明，完全不合事实。魁奈这位医师，原来曾有过一部《中国专制政治》（Despotisme de La China）的论著以表述他对于开明的专制政治的憧憬。他鉴于法国农村凋敝情形，希望有这么一个理想的政治体制来救治当时农业上的危机。但因他是路易十五的侍医，不便明说法国腐败政治所给予农村的破灭影响，乃用中国古代学者"托古改制"的战术，把中国古代的君主专制体制，照其所理想的描摹出来，以讽喻规劝时君。而他希望在那种政治体制下实现的农业，都是大农形态，富农形态，或资本主义化的农业形态。他那种农业经济思想，与中国古代重农的言论，以及见诸实行的农业措施，根本没有相同之点，最多只能说是彼此都是重视农业罢了，所以，我们单从表面上，见到他称赞中国的专制政治，就说他的重农思想是导源于中国，那是太牵强附会了。我们原不否认近代经济学的发祥地是在法国，是在

---

① 在五四运动当时，记得某国粹杂志上，登载过一篇崇孔论的大文章，其中就力说《论语》"生之者众食之者寡，为之者疾，用之者舒，则财恒足矣"那几句话，是孔子的经济学原理，因而孔子是"大经济学家"。这高论，近已寂然了，但某经济学博士却在前几年的上海杂志上说王莽经济政策上的诸种措施，是近代统制经济的渊源，总算无独有偶了。

苏格兰；并且还可补充地说：苏格兰的亚当·斯密且曾在着手其大著《国富论》的著述以前，"问道"过重农学派诸子。但重农学派诸子所由取得"近代资本主义之最初的系统的发言人"的资格的经济理论，与中国古代重农思想无涉。

（二）以德国作为比证

其实，因经济落后，必然引起经济思想落后的事实，是一切经济发展比较落后国家都曾经历过来的。即如在18世纪70年代的德国，它在哲学及其他学术方面的造诣，尽管早有非常炫赫的成果，但对于政治经济学，它却因为经济发展受到了历史的社会的障碍，而不得不向当时先进的英法两国，低头来做学生，这是由德国一位大思想家非常坦率地承认过了的。

> 直到现在（按指1873年——编者）经济学在德意志还是一种外来的科学。……德国资本主义生产方法的发展，从而，近代资产阶级社会的树立，曾受到那几种历史事情的阻碍。经济学在德国发展的地盘，依然没有。这种科学，依然是当作完成品，从英法两国输进来。德国的经济学教授，都还是学生。①

我们这里且不忙比较今日中国，是否处在七十年前德国所处的那种地位。但有一个值得关心的问题，就是我们的经济环境，不允许我们有自己的经济学。则我们的同一经济环境，也不允许我们正确了解从外国输入的经济学。处在前资本主义的客观情况之下，要对于我们感到十分生疏的资本主义经济问题，表示何等意见，或进一步有所阐发，那除了我们在现实经济上力图改进迎头赶上之外，是非常困难的。这情形，在七十年前的德国，也同样经验过。前述那位德国大思想家，曾紧接上面引述的文句，表示了以下的意见：

> ……德国的经济学教授，都还是学生。外国现实之理论的表现，在他们手上，成了若干教义的集成。他们周围的世界，是小资产阶级的世界。从这个世界的情形来解释，这种种理论是被误解了。他们觉得在科学上自己没有大的力量。他们还感觉不安地知道，自己所讨究的问题，实际是自己所不熟习的问题。他们大都凭借学说史之博学的美装，或杂凑些无关系的材料……来掩饰。②

---

① ② 马克思：《资本论》，第1卷（郭大力，王亚南译），读书生活出版社，1938年，第2版跋，第6页。

他后面这两句话，是针对着德国历史学派说的。我们往往不自觉错误地把德国历史学派与英国正统学派或古典学派对称起来，仿佛德国也产生了一种与英国经济学不同的新经济科学。其实，历史学派在经济学上的成就，顶多不过是在方法论上转了一个小弯①，而他们其所以要转这一个小弯，无非为了德国当时在经济自由竞争上对敌不过先进的英国，才由李斯特发端的几位经济学者，把德国原来当作其重商主义传统的所谓官房学，加以改装增补，而成功为披起历史经济学说外衣的保护主义经济政策理论。站在资本主义经济学的立场上，那不独谈不上何等新的创见，甚且把那种科学支离歪曲了。

不过，我们还得把话讲回来，古典经济学到英国的李嘉图，法国的西斯蒙第已经登峰造极了，在同一资本主义的视野里，我们不能再苛求德国经济学者作何等新的贡献。而这种支离的历史经济学说的形成，那还是 1871 年普法战争前后德国资本主义经济迅速发展的结果。

再就我国来说罢。由目前远溯到中日战争前后，中国资本主义经济的成分，不能说没有相当程度的发展，但因历史的政治的诸种情形的阻碍，以致中国经济，始终踯躅在由封建主义到资本主义的过渡形态中。就资本主义世界的全经济序列来讲，这种落后的经济形态，不可避免地要以带有极大隶属性的次殖民地经济形态，而以买办商业金融，封建式的土地所有关系以及关税权、工业权、内河航行权的丧失这一列具体事实表现出来。而在这种经济环境下的中国经济学方面的研究者，很自然地会痛感到旧的封建传统对于民族资本主义发展所加的束缚与妨害。虽然后来随着国民革命运动的进展，一部分研究者也漠然知道反封建与反帝国主义有必然的联系，但他们却认定，中国要摆脱封建与帝国主义的迫害，只有自己也变成资本主义国家，即是，先进的资本主义国家可恶，资本主义却是可爱的，各先进资本主义国家之现实经济的理论上的表现，却是大大嘉纳的。于是，祝福资本主义，礼赞资本主义经济学教义，就大体形成了中国对于政治经济学研究的支配的事实。单就中国现经济形态立论，这种意识上的反映，不但为必然的结果，且还是不应十分非议的，因为与过去封建社会的经济形态较量、与封建的社会经济意识较量起来，礼赞资本主义的制度及其理论表现却宁可说是进步的

---

① 亚当·斯密：《国富论》，下卷（郭大力，王亚南译），第 4 篇第 1 段，中华书局，1936 年。

表示。

不过，在中国经济过渡到资本主义的难产期内，资本主义对世界行使的统治，已日复一日地暴露了破绽，苏联经济形态的飞跃发展，更说明了资本主义经济黯淡的前途，于是在最近十年来，我们本来是囚在半封建社会经济形态上的意识，却为世界大经济环境的改变，却为世界整个经济意识的改变，而必然对于原来无条件接受的资本主义经济学的教义，逐渐引起了加以选择的重新评价的要求。这就是说，我们对此政治经济学的研究，不但必须采取批判的态度，并也可能采取批判的态度了。

可是，正因为这种"可能"，不是中国社会经济自身改进的结果，而是世界大经济环境改变的结果，结局，在政治经济学研究的观点上，尽管有一部分人从世界整个经济动态上着眼，还有一部分甚至一大部分人，仍不免被中国前资本主义经济形态所拘困，觉得资本主义经济是我们必须经过的光明大道，从而，资本主义经济学或政治学是我们的福音。在目前的中国经济学界，显然还是以后一倾向为特别显著。中国的经济学者，强半是由先进资本主义国家的学府"闻道"归来，如果我们不妨僭越地说，学者是具有某种成见的别名，则当前的经济学界的后一倾向的显著，就无怪其然了。

因此，把多年以来的乃至时下的关于政治经济学的研究情形，加以比较详细的检讨，那也许是颇有益处的。

二、我们是在怎样研究政治经济学

提出我们是在怎样研究政治经济学这个问题，似乎着眼在看察研究的技术方面，例如如何译述，编著，组织研究会，发表论文等等，但我不想枝节地论到这些方面。我所注意的，毋宁在考究他们把政治经济学当作怎样一种性质的学问来研究。

大体上，中国研究政治经济学的人对于这门科学，有两种看法。设加以不十分妥切的区别，其一就是过于形而下学的看法，其二则过于形而上学的看法。且分别加以说明。

（一）形而下学的看法

最初，在政治经济学开始介绍到中国来时，乃至在此后相当长的期间，大家对于这门学问，是很直观地或望文生义地把它看作是极形而下学的学问，是发财致富的学问，或者是使个人发财使国家致富的学问。那是毫不足怪的。过去许多经济学者，特别是资本主义初期的经济学者，受了当时经济基本观念的限制，且为了使其学说见信于当时的国君和国人，都把他们的经济著述的题称来与财富相关联。重农学者杜尔哥（Turgof）的大著题为《关于财富的形成和分配的考察》，即如负有政治经济学创立者的声誉的亚当·斯密，他那简题为《国富论》的大著，其全题名就是《国民财富的性质和原因的研究》，并且他在该书中，正爽切地表明"政治经济学的目的在富其人民而又富其君主"[①]。不过，在斯密以后，经济学已完全当作一门科学，而不复是发财致富的宝典了。而且在这以后，经济学者不但关心致富原因的研究，同时还关心致贫原因研究了。随着资本主义经济的发展，从一方面看，社会是更富了；从另一方面看，社会却又似更贫了。一国最大多数的是穷人；一部分人致富受了大部分人致穷的限制，富人也感觉不安了。致富与致贫都成了经济学的研究对象，结局，经济学就没有理由看作是发财致富的捷径书了。

不过，在享受资本主义的乐趣，但同时却在吃资本主义的苦头的先进国家，虽然十分明白这以资本主义经济为研究对象的经济学，并不能告人以发财致富的方术，但经济学开始输入到落后的国家，或者落后的民族，所以输入这门学问，却显然抱有这个企图。即如严又陵氏之选译斯密的《国富论》，以及他在该书中所加的许多案语，就充分说明了此种事实。

但实际经济情况的推演，也逐渐教训了中国一般经济学研究者，抱着发财致富的企图去研究经济学，是完全没有用处的，说到这里，我倒要插话几句不全是滑稽也不全是题外的话，就是：有谁果真想从经济学的研究来发财致富，却倒可以到一部反资本主义的经济学书中去找到捷径和榜样，《资本论》第一卷《资本的积累过程》那一篇（第七篇）对于近代资本家所由形成的经过，举述无数有声有色的实例；而对于小资本家如何变成大资本家（同上书，第一卷第三、四、五、六篇），都根据事实，提出了鲜明的例证。不过，令人感到不十分愉快的是，就在一个非资本家如何变成小资本家，小资本家如何变成大资本家的过程中，

---

① 亚当·斯密：《国富论》下卷（郭大力，王亚南译），第 4 篇第 1 段，中华书局，1936 年。

也分明从反面显出了独立生产者如何变成雇佣劳动者，变成了赤贫的事实。

总之，政治经济学无论是站在辩护资本主义的立场的，抑是站在批判资本主义的立场的，我们都不能在它那里嗅到金银的气味或听到其铿铿的响声。虽然仍有一小部分经济学研究者，还不肯放弃传统的成见，但大部分人却已从发财致富的幻想中觉醒过来了。不过，这一觉醒，经济学马上在他们手上变了性质；它由一个极端，被投到另一个极端了，即是，他们对于经济学，原来是采取过于形而下学的看法，现在却又采取了过于形而上学的看法了。

（二）形而上学的看法

政治经济学不像初期经济学者所宣传的，"富其人民而又富其君主"，那么，它是怎样一种学问呢？就我们中国介绍这门学问过来的经济学者来说，我们是有什么必要，要把这门学问介绍过来呢？在经济学早已形成为一种科学，且早已当作一门科学来研究的事实，使他们有理由运用"为学问而学问"的这一公式了。不过，他们的认识，也不完全一致，或者说，把政治经济学"超然化"的程度，互有不齐，设勉强加以区分，就有以次三个类型。

（1）当作纯粹与现实无关的学问。这也许是一个比较极端的类型，但却并不是怎样稀罕的。政治经济学原本是作英国社会经济的产物而登场的。由英国经济学者定立的经济法则，在那些经济学者自己，乃至那些把他们的理论，当作教义来宣扬的其他各国经济学者，大体上，都看为是有无限妥当性的真理。亚当·斯密在他的大著《国富论》中，就惯于使用一切时间一切地方的语辞。李嘉图的大著《经济学及赋税之原理》就曾被当时的经济学者誉称为第一次立在永恒法则上的真正的科学。[①] 标本的庸俗经济学者西尼耳，立志要使经济学成为一种"抽象的演绎的科学"。单是这样，经济学上的说明，已经差不多同数学上的加减法则，一样用不着疑难了。而下述两种事实，更加强了这种认识的坚信：第一是，在资本主义还继续行使统治的限内，关于资本主义经济运动定立的法则，自然还保持有相当的妥当性；第二，要对资本主义制度

---

① 德·金拉（De Quinery）（《在一个吃鸦片烟者的自白里》，第 255 页）对李嘉图的经济学是这样赞扬的："……李嘉图那先天的从悟性本身出发，演绎若干法则，那对于材料之黑暗的混沌，还是第一次放射透彻的光明，从而，在先不过是一种尝试的讨论集，现今却成了一种真正的科学，第一次立在永恒的法则之上。"

辩护，也不可避免地会从观念上思维上来确认经济学理论的妥当性。因此，当作完成品——由引论到结论都安排得非常妥当的完成品，输入中国的经济学，就被中国经济学者们看为是推之百世而皆准的绝对主义的东西。而我们经济学者，对于这反映着与我们不大熟习的甚至完全隔膜的外国经济现实的理论，无力鉴别，无法鉴别，就更只好当作与现实无关的学问来接受了。不但此也，晚近奥地利派经济学之传扬于欧洲大陆乃至大陆诸国的大学，也很快地影响到了中国的学术殿堂。这派经济学在方法论上是一般主义与绝对主义的鼓吹者。这里且引述几句充分表现这种教义的杰文斯的说明，他说："经济学的第一原理（指效用变动法则——南），是如此真确适用；所以我们可以说，这种原理，与人性相关而言，乃是一般的真理"，他并说"这种科学的理论，乃如此单纯，如此深深根据人身组织及外部世界的普遍法则所构成。所以，在我们所讨究的一切时代内，那都是同一不变的。"①"一般的真理""在一切时代""同一不变的真理"，那就显然没有此时此地的现实性了，那与二加二等于四的算式，没有时空的特殊现实性一样。然而，这样看成纯粹超现实的经济学，却正在为我国不少经济学者当作新创见新发现来宣扬。

（2）当作与资本主义各国经济变动无关的学问。不错，我们是还有许多经济学者，明了经济学是现实经济的产物，不能有超现实的存在。经济学上诸般原则，究因各资本主义国家的经济变动，或整个资本主义世界经济变动，作了何种修正；那些原理原则，对于新发生的经济问题，如何不能应用，他们都是漠不关心。事实上，自由经济竞争，原是资本主义经济体系的基干，这种经济形态，已在各资本主义国内或全资本主义世界内，为统制经济布洛克经济②所代替了，为卡特尔、托拉斯等经济形态所肢解了，但原来以自由经济为核心为研究对象的经济理论体系，仍旧在中国经济学界当作教义来敷衍、铺陈，好像在各资本主义国家的经济，从而，它们的经济理论，没有变动那回事一样，这该是如何的"恬淡"啊！

不错，在我们的经济学界，在我们的经济出版物上，我们的经济学研究者，也不甘落后地讨论到上述那些较新的经济事业。但他们所发挥的所转述的关于这些问题的理论，究竟对于原有的经济学教义，有何等

---

① 凯恩斯：《经济学绪论》（王亚南译），第9章注释，民智书局，1933年版。
② 编者按：布洛克经济，即集团经济。

不相连续的地方，有何等根本矛盾的地方，他们也许不是全无感触，不过他们多半看作完全不同或完全无关的事情来处理。即是说讨论新经济变动时，和辩护旧经济形态时，他们是采取"分途应战"的办法。这是稍一检点时下的经济出版物，或经济学者的言论，就可以发现不少的实例。

不仅此也，资本主义经济的变动，在上述的限度内，毕竟是资本主义经济，由某一阶段，发展到另一阶段的变动，把这些变动看得与资本主义经济学教义没有十分了不得的关涉，站在资本主义立场上，也许不是情无可原的。但当前的资本主义世界，不是有六分之一的领域，已经"滑落"到另一个世界去了么？这件事对于旧来经济学理论所给予的"冲击"该是非同小可罢！该是不宜等闲视之罢！可是我们的经济学者，仍表示得非常"镇静"，并表示经济学的大曙光，就在面前。且看某经济学者的高论罢：

> 经济学成为科学为时已久，其间因科学社会主义与历史学派之抨击，使正统学派所遗之硕果，几奄奄无生气。然经济学为解决人类生活问题之科学，其地位至崇，职责綦重，岂可因小挫而遽丧气耶……经济学成为研究人类行为之科学，可计日而待也。①

从这些话里面，我才知道经济学的"地位至崇，职责綦重"！它这种崇高地位，恐怕是经济学者替它提升的。姑且不管措辞上待斟酌的地方，我指出的是，他这所谓经济学成为研究人类行为之科学，云云，虽大有所本②，但把"研究人类行为"这一命题，作为未来经济学的内容，已就笼统含糊得可观。而况他所指的这种"科学"即效用学派经济学（据他后面的说明），已经在当作既成的教义宣扬着，并不要计日而待也！不过，他毕竟感觉到了正统派所遗之硕果，几奄奄无生气了。把效用学派经济学，当作正统学派经济学的复兴；认定经济学的"奄奄无生气"纯是由于"科学社会主义与历史学派的抨击"而不触及资本主义世界一大块版图的沦陷，这可见得他是怎样把经济学当作与各资本主义国家经济变动无关的学问。

（3）当作与中国社会经济问题无关的学问。政治经济学既是舶来

---

① 朱通九：《战后经济学之趋势》，第1页。
② 据朱通九《战后经济学之趋势》底页声明："本书材料，大部从 W. C. Michell 所著 *The prospects of Economies* 译出"，故知其"大有所本"。

品，是以外国资本主义经济为研究对象的科学，那么，中国经济学者研究这门学问，把它看得与中国社会经济问题没有何等关系，就似乎是再自然不过的了。不过，政治经济学的研究，究竟与中国社会经济问题的理解与处理，有没有密切关系，我拟留在本文最后一节来说明，这里只要指出这个事实，就是，一般经济学研究者，都不大留心这些问题，即我们中国这种经济形态，政治经济学是把它归属在它的全体系中的哪种经济范畴？我们对于经济学的探究与理解，那在中国社会经济问题的解决上，究有何等帮助，我们所拥护所推崇的经济学教义，在实际的应用上，是否于中国经济的改造，大有毒害？

事实上，提出中国经济改进问题的中国经济学者，尽管极口诋骂帝国主义，昌言解脱民族资本发展束缚，但他们所提出的改造方案，只是依据同一套政治经济学教义，那套教义，却正好是叫中国民族资本"屈伏"在整个资本主义系列之下，而尽其殖民地经济形态的机能的。然而，这个非常明白的矛盾，他们并不曾意识到。这就是因为他们从没有把政治经济学这种科学当作与中国社会经济问题有关的学问来研究。

以上三种不同的研究经济学的方式，究其旨归，无非是把理论与现实隔离开，不过程度互有不同罢了。

三、我们一向在研究怎样的政治经济学

前一节关于我们研究政治经济学的方法或方式的说明，已可想见我们一向所研究的经济学，具有怎样的内容了。但为补充前面的说明，这里且就我们所研究的政治经济学本身，较具体地指出其根本的缺陷。

要就我们研究的经济学本身来考察，势不能不注意到我们时下流行的有关经济学的书，特别是有关经济学原理原则，或题称为经济学"原理"、"概论"一类的书。由大学讲堂到一般经济学的出版物，都应成为我们考察的对象。不过，为了集中论点，指出一般趋势起见，最好是就我们经济学研究者奉为教义，视为不可逾越的圭臬来演述的经济理论；或者就最通行的、每个经济学初学者，都须领教领教的经济学入门书，揭出其共通的千篇一律的论旨与法式，以为下面鉴别批论的张本。

自然，我这里所批论的经济学读物，不仅是我们经济学者的书，我们经济学者编著所据的，或直截了当用原本教授的，乃至指定初学者参

考的外国经济学者的著述，都包括在内。因为事实上，现代经济学教义所显示的破绽，中国经济学者还负不了责，且也似乎毋庸代人受过。他们至多不过做了一点传述或转述工作。

所有这些经济学读物的最显著的共通点，由它们叙述的体裁，或叙述的程序，反映非常明白。经济学上所谓四分主义说、三位一体说，差不多是所有这类读物所依以构成其内容的法式。揭开无论哪一部这类的书，除了首先对经济学加以定义，并解述其本质任务及方法外，接着就是生产，分配，交换，消费这四大部门的分别演绎，而在这四大部门的每一部门中，也差不多全是就资本，劳动，土地，从而，就资本家，劳动者，地主，又从而就利润，工资，地租这几大要素，几大单元，整齐划一地排比出来，构成经济学的整然系列。这种形式上的整秩，正好象征资本主义社会表面的秩序，而资本主义社会生产的无政府状态和分配上的不合理，却也正好象征这种具有整秩外观的经济学的内部结构的凌乱，我觉得，把经济学上的这诸般法式或体裁加以论述，那就可想见我们所研究的政治经济学，究具有怎样的特质了。同时，一般政治经济学研究者，所以常在理论与现实之间掘起一条鸿沟，也不难由此得到理解。

现在且就上述的四分主义说和三位一体说，分别加以检讨。

（一）四分主义说的检讨

经济学上之有四分主义出现，那是经济学已经庸俗化了的结果。在以前古典学派的几位经济学大师的著述，都看不到此种体裁。亚当·斯密的大著《国富论》以分工论开始，李嘉图的《经济学及赋税之原理》以价值论开始。都是随着理论的展开，把生产，分配，交换，消费的事实，不拘形式地，分别就其在全经济运动中扮演的机能，予以说明。但自1821年詹姆斯·穆勒出版其《经济学要义》，把全书分为四章，第一章生产，第二章分配，第三章交易，第四章消费，于是经济学上，就有所谓四分主义。他这部书的写成，原是由于他与李嘉图颇有友谊，李嘉图那部大著《经济学及赋税之原理》的出版，就是出于他的怂恿。但因为他觉得那书艰深难解，不便初学，故特于携子约翰·穆勒散步时，择讲其中精义，令其笔记，后将此笔记整理润色，以成此书。他为了把李嘉图的艰深理论，加以明易条理讲说，特采取此四分法。这种四分法体裁的采用，李嘉图的理论体系，虽然变得模糊不清了，但却非常适合此后经济学日益肤浅化普遍化与通俗化的要求。所以愈到后来，四分法就愈加成为经济学著述最通行的体裁了。

通观资本主义社会的经济现象,好像其经济运动的程序首先是,生产物由生产领域产生出来,再分配在直接间接参加生产活动的各主体之间,比如,分配在资本家劳动者及土地所有者之间,他们各将其所得,行使交换,最后各人把交换的成果,拿来消费。一看,把这诸般经济现象作为研究对象的经济学,按照这种次第,分为四个部门,排比出来,仿佛是再明白再自然不过的了。但稍一检讨,就知道这是极不合理的分论法。这里简单指出以次两个错误:

(1)理论体系的支离。一个有组织的理论体系,应当有一个重心,有一个统一全部脉络的中心枢纽。等于"四头政治"的四分法,不能把这个重心,这个中心枢纽告诉我们。一个社会的总生产物,以如何的方式,如何的比例,分配在各成员之间,它们以如何的方式行使交换,以及消费的一般条件及其比重如何,均是取决于当前的生产形态。有哪种社会生产,就有哪种与其相适应的分配形态,由一般流通显示出的交换关系,它是作为全生产过程中的一个机能而作用着的,至于消费,在作为生产手段的消费的限内,已经是生产中的要素形态,而此外在作为生活资料的消费的限内,那在经济学上,不过是当作附随事项,在必要场合提到罢了。自然,一般消费能力的大小,交换范围的广狭,乃至分配比例的变动,都会在生产规模,生产形态上发生反拨的作用,但其作用,仍不过是限于一定生产形态生产关系所允许的范围之内,生产在全经济活动中所占的这种统一全部脉络的中枢地位,单是把它位置在四分法的第一把交椅上,是表现不出来的。把陪角同主角"平等"起来,把群众和领袖看得一样没有差等。我们的经济学者们是很容易感到不成体统的。但经济学上的这平列式的无头无脑的无政府状态,他们却丝毫感觉不到,且反而认定这正是井井有条的理论体系。不过,我得顺便指出:经济学上四分法的这种"古典"作风,虽然为19世纪中叶以后的经济学著述所一般宗法,但比较有点理解有点特见的经济学者,却大抵知道这是一种阻碍理论展开的格式,这是可以从他们著述中看得出来的。

(2)说明程序的凌乱。也许说,特别看重生产,把分配,特别是把交换,消费屈居在隶从地位,那是经济学上某一部分人或某派的主张,而非大家一致赞同的"公意";还可说,经济学的理论体系,并不一定要特别对生产另眼相观,才能建立起来,像大经济学者李嘉图的《经济学及赋税之原理》，就是着重分配问题。① 主张限界效用说的奥地利学派经济学者，特别强调消费问题；此外，历史学派的几位名经济学者，还把交换作为社会经济发展阶段的枢纽，他们各别都完成了一定的经济理论体系。在这里，因为篇幅的关系我不能深入地解答这些问题，不过，我得指明，李嘉图把研究的重心放在分配上面，那与这里成为问题的四分主义无关，他不过由此限定研究的范围，等于写部分配论的著述一样。历史学派经济学者奥地利派经济学者分别把交换或消费作为其理论的出发点，虽其理论的支离，我们往后还有从长讨论的机会，但他们并不一定是四分主义的宗法者。即使退一万步说，经济理论的建立，并不一定要把社会生产形态作为重心，但整个经济理论由四分主义或四分法去说明，一定是要显得凌乱不堪的。首先，现实的经济活动，并不是显分畛域地生产了再分配，接着再交换，最后始归于消费。一把生产过程看作是再生产过程，它的生产手段，就是交换分配过来的结果。同时生产还是一直由消费支持着进行的。劳动手段的消费，劳动力的消费，乃至劳动者对于生活资料的消费，通是作为生产上的作用来说明的。在观念上把它们硬分出次第来，已经够支离了。而况在依次的解说上，又须全般的重叠。消费主要是在生产领域进行的，结局，就大体要在生产项下来说明。往后又变一个花样，在消费项下来说明。分配的几个主体，首先就在生产方面，事实上，生产上还不绝在行使着分配。生产物当作生产要素加入生产领域，生产物又当作完成品从生产领域移到市场，它的来龙去脉，对交换发生了不可分离的关系。劳动者与资本家之间的劳动力的买卖是资本家生产日记上的一件基本事实。但这在生产项下必须处理的问题，又得在四分主义的交换项下去听候摆布。总之，在四分主义下勉强割裂开的诸般经济事实，是难免说了又说的。现在且进而论到与四分主义"相得益彰"的经济三位一体说。

（二）三位一体说

经济学上的三位一体说，或经济三位一体说，是用这个公式表现出来：

土地——地租

资本——利润

---

① 李嘉图在该书序言中说："……这种分配受支配于一定法则，确定这种法则，是经济学上的主要问题。"

劳动——工资

这个公式，自亚当·斯密以来，即为经济学者所崇尚。但对于这个公式的运用，则不尽相同。斯密大著《国富论》第一篇，标题为"论劳动生产力改良的原因，并论劳动生产物分配给各阶级人民的自然顺序"，对于标题后半截，他是这样说明的：

> 不论是谁，只要自己的收入，出自他的源泉，他的收入，就一定出自这三个源泉：劳动，资本，或土地。出自劳动的收入，称为工资，出自资本的收入，称为利润，……专由土地生出的收入，通常称为地租。[1]

> 一个每年土地劳动生产物的全价格，自然分为劳动工资，资本利润，土地地租这三部分。对于三个不同阶级的人民——依地租为生，依利润为生及依工资为生的人民——构成各各不同的收入。[2]

斯密提出这种分配观来的当时，困难的问题，尚在生产不得自由，所以对于分配，他认为只要听其自然，相互竞争，各阶级间的利益，必跻于平。他是非常乐观的，但是到了半世纪后，英国经济学上的困难问题，渐渐移到分配上了，所以李嘉图那部应时产生的大著《经济学及赋税之原理》就把分配问题作为他研究的中心，他在同书序言上，加以这样的说明：

> 劳动，机械，资本联合使用在土地上面，所生产的一切土地生产物，分归社会上三个阶级即地主、资本家与劳动者……

> 全土地生产物，在地租，利润，工资的名义下，分归各阶级……

从李嘉图这几句简短的话里，我们看不出他与亚当·斯密前面那种说明的区别。不过，斯密的乐观主义的分配观，到了李嘉图手中变得非常黯淡了。他对于分配上的这三个形态——地租，利润，工资——各别性质，已会反映现实的情势，加以明确的区别。或者说，他正好是想要确定它们本质上的差别，确定它们相互间的对立关系，才把它们相提并论的。李嘉图以后的经济学者，或者说，在李嘉图以后，处在分配问题

---

① 亚当·斯密：《国富论》，上卷（郭大力，王亚南译），神州国光社，1934 年，第 61 页。

② 同上书，第 60 页。

日益严重化，愈加需要从经济意识上予以辩护的那种情势下的经济学者，他们就刚好利用这个公式的神秘性，企图由这个公式来掩饰这三者间的区别，来从观念上消除它们的对立性。

现在且分别就这个公式各组的个别方面及其综合的全体方面，来辨析其不合理的究竟。

（1）从各别考察上看出的不合理。这里所谓各别考察就是就组织这个公式的三分组，加以考察。首先，我们来看：

土地——地租

把土地作为地租的来源，作为地租所由形成的原因；反过来，地租当作土地的结果，从常识上来判断，这个命题，并不是不可以成立，而在实际上这个命题，已在一般人观念中，看得非常自然，而且将其定式化了。但这个命题用这种公式表现出来，其用意并不全在指示地租是以土地为其来源，而主要是要表明，有了土地，自然而然地要求地租，地租是有了土地的自然结果。结局这个在一定的特殊的社会，以土地所有权，即以对地球一片段的私有为前提条件的土地——地租，就表现为超然历史的存在了。就表现为再自然再合理不过的真理了。但是这个当作"真理"存在的事实，一揭穿它在土地——地租这个公式中所含的秘密，就要暴露出不合理的"内情"，土地是一种自然物，它虽然在每个社会形态下，都拿来作为生产要素，但并不是一拿来作为生产要素，就自然地要造出地租，造出一种作为物来理解的社会关系。可知把自然物土地看作勒取地租的手段，是特定社会的产物，是由特定的人为法律所支持的。一般地讲，土地——地租这个公式，根本不能成立；就特定社会来说，那却也只能反映出不自然不合理的关系。次说：

资本——利润

经济学者对于公式中的这个分组，有时还用这种表现方式，即资本——利息。这比资本——利润这个表现方式，还有神秘性。因为在资本——利息中，当中的媒介全消失了，生息资本回归到所有者手中，是与当作媒介的循环（即资本在现实运动中，先由货币资本转化为生产手段，再通过生产过程，转化为商品，由商品售卖后归到资本家手中的循环）分离的。它表现为会自行生产货币的货币。所以，这个表现方式：资本——利息，最无意义，但也许因为最无意义，就显得最有神秘性了。资本——利润这个表现无疑是比较接近现实，比较能显示现实的关系。但一般经济学者对于这个表现方式的看法，是表示资本自然要产生利润，正如土地自然要产生地租一样。利润是当作资本的结果而产生出来的。在这里，我们因篇幅的限制，不能深入地说明"资本是以物为媒介的人与人的社会关系"，故资本——利润这个表现方式根本不妥，但拥护这个表现方式的经济学者，有时也不自觉地把它否定了。就是当他们无论把资本当作价值体（就货币表现来说）来考察，抑是当作物质体（就劳动的生产条件；机械，原料等等的使用价值方面来说）来考察，都难于安心地承认利润会直接从资本产生出来的时候，他们就借助于转一个弯的说明，说利润是对于资本所有者即资本家的劳务的报酬，或资本家"忍欲"不事浪费（典型庸俗经济学者西尼耳的大发现）的结果。无论就哪一个说法，都把资本——利润这个表现方式否定了。但经济学者尽管自己把这个表现方式否定了，但资本——利润在他们心目中，仍然是看作一种出于自然的安排。最后再看：

　　　　劳动——工资

　　这是把工资作为劳动的价格来表现的。照前面的说明，在这里，劳动被看作是工资的来源，工资也自然是劳动的结果，不劳动，即无工资，劳动了，决不能不给予工资。这颇像是自然大公无私的法理。但首先我们须得明了，劳动就它本身说，它是不存在的，是一个抽象。就社会方面考察，它是指着人类和自然的物质代谢机能所赖以促成人类的生产活动，无论就哪一点解释我们显然不能说是对它支付代价。对一个抽象对一种活动机能支付代价，是怎么也说不通的，不错，在"劳动力"这个语辞，尚未被提出以前，经济学者是不觉含糊地把"劳动"来作为"劳动力"的代用语。但这也不能为他们的错误解脱。劳动——工资，是被当作一种超然历史的表现方式来解释的。好像工资劳动，劳动工资是一切社会通有的形态，我们当前的社会即资本主义社会，不过是把这种形态，当作一份历史的传统事实继承下来罢了。不但此也，在资本行使着统治的社会里，竟用这种表现方式来确定劳动对于工资的要求权，一如土地对于地租的要求权，资本对于利润的要求权一样。这样，"无私的"一视同仁的表示，倒宁可说是出于经济学者的"公正"与"慷慨"。但我们如其把这整个公式的各分组加以综合的考察，却又只能证示那种表现方式中所含蓄的"机诈"。

　　（2）从综合考察上看出的不合理。这整个公式，即土地——地租，资本——利润，劳动——工资的公式，所以成功为三位一体的组合，似乎只有这一点共同的地方，那就是，各分组的表现方式，都是消除了任何例外，除了历史限制的一般的表现方式。从这出发，又导出了另一个共通点，就是他们各别分组，都是看作自然安排的自然关系。但我们一考察实际，就知道这两个共同点，完全是存在于经济学者观念中的，或者说，经济学者是把这两者作为目的，来构成这个公式的。我们且来检点一下这三个分组的前项，即土地、资本、劳动。我们已经知道：土地是自然物，资本就它的价值关系来说也好，就它的物质体或使用价值的关系来说也好，通是以物为媒介的人与人的社会关系，而劳动，则是一个看作生产活动的社会机能，在其本身，也是一个抽象。这三者的性质，看不出一个共同点。而各别以它们这三个分组前项为来源的地租，利润，工资，极其限，可以说它们分别构成社会各阶级的所得或收入，是其共通点，但问题也从这里发生了。为什么有的收入，如劳动者的收入，要靠劳动者自身的生产活动才能得到；有的收入，如资本家的收入，不用自己操劳，或只行使监督职权就能得到；最后，有的收入，如地主的收入，他不但不用直接作生产活动，且无须操监督的烦劳，只要法律确认地球的一个片谷为他所私有，他就大可游乐在千百里外，而消费他人在那块土地上所生产的果实。这三个不同性质的收入，理应不能"一视同仁"。而且不幸的是，这三个收入的来源，虽然被经济学者分划得非常清楚，但溯其本源，却又都不外是出自一定劳动，推动一定资本，在一定土地上所生产的价值生产物。这价值生产物，先分划为工资与剩余价值，剩余价值再分划为利润地租，这同一价值生产物，或者说，一定量的价值生产物，区划为地租，利润，工资三者的来源，它们之间分配的比例，或益于此必损于彼的比例关系，就显然要表现为它们相互对立的关系，这无疑是这个三位一体公式的致命的矛盾。这种矛盾，前述李嘉图一流古典经济学者，尽管不稍隐讳地揭露出来，而此后的庸俗经济学者，却故意用这种公式，来掩饰，来涂抹现实的对立痕迹。并且，他们至少也意识到，劳动者卖了力，要获得够维持其生存，维持其继续劳动所必要的工资，那不独十分必要，且是非常合理的。由于公式中的这个分组取得了合理的存在（仍是他们想象中的），把其他两分组与它合组在一个公式中，自然都合理化了。不过，这样做，有意识地这样做，毕竟还是少数较有见地的经济学者，其他不过习为模仿，机械地奉为金科玉律罢了。

在大体上，这个三位一体公式的流行，还受了四分主义的不少影响，也可说，两者相互加大了不合理的程度。在四分主义的体裁下，地租，工资，利润是比列在分配项下（前述四分主义的创始者詹姆斯·穆勒，就曾在论分配那一章，把这三项分别为三节来说明）。而将其来源土地，劳动，资本比列在生产项下，这样，这个公式就像更取得合理的外观了。因为参加生产的要素，各在分配上获得一份报酬。在另一方面，这个公式在形式上的配列，也给了采行四分主义的一种便利。

它们是无独有偶，相得益彰了。

这是晚近经济学一般内容的典型和标本。濡染在这种经济学传统下的中国经济学者，从而，在中国经济学界，也自然是依样画葫芦地千篇一律地反映出来，但偶然检点时下的经济学读物，似乎有了一点"改革"。就是因为奥地利派经济学家特别看重消费的原故，中国近来的经济学著述，有的硬把消费论"调升"到生产论前面（如李权时、吴世瑞等的著作），使四分主义上的第一把交椅，由消费占据起来。此外，在生产项下，除了土地，劳动，资本，又添一个生产要素，是曰"组织"，不过这一"改革"，就使分配项下以组织为来源的收入，尚不易找到受主了。大概结局仍是划归担负生产的组织责任的资本家。但这对于三位一体公式，却就未免发生破坏的影响了。

总之，中国经济学界的政治经济学著述，大体是依四分主义法式和三位一体公式的模本仿造出来的。这种形式，这种体裁，这种性质的经济学，又无怪研究者们把它看成了与现实经济，与资本主义各国经济变动，特别是与中国社会经济改造问题，不发生关系的学问了。

但是我们应不应该研究这样的政治经济学呢?

四、我们应以中国人的资格来研究政治经济学

对于中国经济学界，一向研究政治经济学所采的方式，及其所视为政治经济学之典型模本的内容，已在前两节都批论过了。在那种批论中，我始终没有忘记一点，就是，与我们中国所处的现实社会经济地位相照应，中国经济学界不可避免，不可讳言地要表现一种落后的征候。因为政治经济学本是近代资本主义社会的产物，我们自己的经济环境无法产生一种特别的政治经济学，同时，现时经济环境又限定了我们对于政治经济学修养的程度，于是，我们对于舶来品的政治经济学所表现的

模仿或"人云亦云"的现象，就可说是十分必然的一种趋势了。而且，因为资本主义经济在衰落过程中，更需要一种掩饰现实状况的经济学作为掩护，以致我们前面指出的那种无关现实或歪曲现实的经济学格外风行，这又足以加强我们经济学界的那种必然趋势。

但是，我们的现实社会经济状况，对于政治经济学上之理解的要求，却正好同这种趋势相反。这就显然要导出我们研究政治经济学的目的论了。从整个资本主义世界的系列上来看，中国经济在受着资本主义的两重的苦难，一是中国资本主义不易发达的苦难，一是环绕着中国的世界资本主义经济过于发达的苦难，这两者互为因果，就造成了我们中国今日这种次殖民地经济的地位。如其说，政治经济学的性质，不同于现实社会无关的道地的形而上学一类东西，它是现实经济的理论的表现，且应是现实经济的理论的表现，我们对于这门学问的研究，就不能采取一种"毫无所谓"的漠然的态度，因为这根本不是研究，而是在要观念上的把戏。还有，如其我们研究政治经济学，是为了要对中国社会经济改造有所贡献，我们尤须认清现代政治经济学的真面目。

总之一句话，我们研究政治经济学，应随时莫忘记：我们是以中国人的资格来研究。中国人从事这种研考的出发点和要求是与欧美大部分经济学者乃至日本经济学者不同的，他们依据各自社会实况与要求，所得出的结论，或者所矫造的结论，不但不能应用到我们的现实经济上，甚且是妨阻我们理解世界经济乃至中国经济之特质的障碍。而我们多年来的经济学界的表现，已把这关键如实地说明了。

（一）三个前提认识

我以为，我们的政治经济学研究者，在开始他的研究以前，应有以次几个前提认识。

第一，在所论政治经济学是以资本主义经济为研究对象的限内，我们一反省到中国经济在资本主义经济系列中，所占的隶属地位，就知道那种经济学是用怎样的眼光，怎样的动机来讨论次殖民地或准殖民地经济。也许我们还不肯自列于殖民地经济范畴，但资本主义经济学者在论殖民地经济时，特别在前次大战后论布洛克经济一类经济问题时，始终是未忘怀中国，至少，他们对于殖民地经济的一大部分理论，可以适用到中国经济上来，所以，我们把他们在政治经济学上的理论作为教义，那就无异承认自己是他们的代言人。比如，今日中国经济学论坛上出现的"以农立国论"就像不知觉地在作着东亚繁荣圈内的"农业中国"论的呼应。

第二，资本主义跨越到了帝国主义阶段，其危险性是加大了，但与这照应着，它的警觉性也加强了。它要动员一切可以动员的力量，来防卫资本主义世界的统治。虽然苏联的特殊经济形态，从它内在矛盾冲突的空隙中突然耸立起来了，但这却更要加强它的警觉性，使它需要从政治、经济、军事、文化各方面，来从事防卫和对抗。在文化方面，最有现实性的政治经济学，当然是被特别注意到了的。各国景气研究机关的设置，大学校中的特设政治经济学讲座，以及研究景气之类的经济刊物之风行一时，俨然是要在经济学上造出一种"景气"，一以缓和国内反资本主义制度的倾向，一以镇定那由实际经济恐慌所引起的悲观失望心理。当然，把这些议论传扬到诸落后民族间特别是传扬到大家"特别看重"的，而正好又在昂扬着反帝国主义气势的中国，一有机会，它们是不会放过的。结局，在以"买办"舶来经济学为能事的许多中国经济学者眼光中，果然闪射着经济学前途的"光明"。这一"人造的"回光，又终于发射出了我们不要害怕资本主义的结论。

第三，由于资本主义经济运动内在的矛盾和缺陷，尽管站在辩护立场的经济学者，在多方设法来掩饰弥缝，但早在资本主义极盛期的 19世纪中叶前后，就已经产生了许多站在批判立场的经济学说。经济学上历史学派奥地利学派以及所谓新正统学派（指马歇尔所领导的一批经济学者）间"内讧"的理论，当然应属于批判经济学说的范畴，反之，那些恰好是辩护理论的"丛合"。就中，仍以资本主义经济为分析对象，但却是当作研究英国经济状况及经济史之结果而产生的德国社会主义学派的批判理论，却因为资本主义经济愈来破绽愈大的趋势的印证，愈加在政治经济学领域内，形成了对抗传统经济思想的巨流，而以这种经济理论为出发点的苏联经济的出现，更加强了它在政治经济学领域的地位。所以各国经济学界虽然如我们前面讲过的，在多方重复旧的教义，并矫造新的光明，但在另一方面，却也不难见到反对学说的发扬滋长。英国格列果利教授（Prof Gregory）在 1932 年发表了一篇《资本主义的前途》的文章，一开始他表示，"现存制度继续存在的希望，目前算是最微弱了，在近代经济史发展上，向来不曾有过这种现象，两年来的不景气，使整个国际经济结构的基础发生动摇……"由于这种实况，就在各国引起对于资本主义制度的非难。他先就美国某某学校当局如何怀疑资本制，又接着说到各国大学的情形："至若大学的学术空气，情形也不见得较佳，在欧洲大陆上，大学就是反对现存制度的中心。"他的这种言论，虽然不曾把那些想换一个方式来"堵住"资本主义"没落"的法西斯理论分别开，但总可概见现代资本主义及以它为依附的政治经济学，该达到了怎样一个破碎支离的阶段。

由以上三点，我们首先知道，传统的政治经济学说，原本就是不利于中国这种国家的社会经济的改造的；其次知道，这种政治经济学，还在当作一种文化侵略或文化麻醉的武器，以期防止我们的社会经济有所改革；再其次知道，政治经济学即使没有任何御用目的存乎其间，它本身已是遍体疮痍，我们如果不从批判的观点去研究，那就无论在实践上抑是在理论上，都不能给予我们何等帮助。

（二）三大研究鹄的

由上面分别论到的几个前提认识，已经显示出了我们研究政治经济学的鹄的何在。在大体上，那亦有三点可言：

第一，就是要由政治经济学的研究，确定我们对于一切社会科学的基础知识，和作为我们从事社会活动的实际指导。我们知道：当作政治经济学研究对象的物质生活过程即经济过程，是现实社会的基础。所以，无论是从事一般社会科学研究，抑是从事任何实际社会活动，都要通过经济学，而了解此种现实社会基础之必要。波格达洛夫（Bogdanov）讲过这样的一段话："不论是就历史全般通体而论，或就社会意识的发展而论，不论是研究外交问题或宗教问题，都不能不顾及社会之经济的纽带（社会之基础的构造）"，并不能不借用经济学的结论，所以经济学实可看为社会科学体系中的基础。经济学在社会科学中的使命，无异物理学和化学在一切有机过程和无机过程中研究的使命，不知道物理学和化学的结论的植物学者，动物学者，天文学者和农业学者，等于解除武装的兵士；同样，社会学者，历史家及法律家如果没有经济学的知识，就要同他们处在同一的境地。此外，想在社会斗争和社会事业方面活动的人，如果不知道经济学，也要和没有武装的兵士一样。[①] 在今日经济事业日趋复杂，人对自然，人对人的各种社会斗争方式，却直接间接介入经济的因果关联，而把我们每个人牵涉在里面，我们即不作社会科学研究，不从事何等社会事业，在日常平淡生活上，亦就无形要受着各种经济法则的支配。在这种意义上，经济学的研究，或对于经济知

---

① 参照周译《经济科学概论》，第 4 页。

识的获得，就不限定是某一部分人的要求了。

第二，就是要由政治经济学的研究，彻底了解近代资本主义经济运动的法则，由是确定资本主义的必然归趋，并对它在此必然归趋的演变过程中，所表露的破绽，矛盾，冲突以及拼命挣扎的诸般现象，加以合理的解释或说明。这种要求，也许是各不同性质的国家（不论是社会主义的苏联抑是资本主义国家，乃至殖民地国家）的经济学研究者所共通的要求，但于中国特别紧要，中国还踯躅在由封建主义到资本主义的过渡阶段，中国还彷徨在向着资本主义前进，抑是向着民生主义为内容的社会主义前进的不定歧途。如果理论连带着现实，指出了资本主义的祸害及其没落前途，我们即使不要害怕资本主义，却也没有理由要"亲近"资本主义。

第三，就是要由政治经济学的研究，扫除有碍于中国社会经济改造的一切观念上的尘雾，那种尘雾，不仅是关于政治经济学本身的，同样是关于经济学以外的一切社会科学乃至自然科学方面的。因为，政治经济学是一种最有实践性，最有现实性（把它看为与现实无关的学问，如前面所说，那不是因为政治经济学本身没有现实性，正是想回避它的现实性）的科学，能够在政治经济学方面把握正确的理论核心，则在政治学、社会学、哲学乃至自然科学方面所抱的诸种成见与幻想都可廓清。事实上，在帝国主义势力影响下的中国，全般的社会意识，都渗透有帝国主义文化侵略的毒素，中国社会经济上每一种变革，都有那种毒素在其中发生阻碍作用。所以，中国不言改造则已，否则政治经济学便当成为中国反对落后封建意识，反对帝国主义文化侵略的"文化武器"，从而，如何运用这个武器，如何锻炼这个武器，就是中国政治经济学研究者的责任了。

此外，我还想特别提出下面这一点要求，以加大我们研究者的责任，那就是，我们要由政治经济学的研究，逐渐努力创建一种专为中国人攻读的政治经济学。也许有人疑问：第一，科学无国界，用不着每个国家都有它自己的特殊科学，第二，政治经济学是现实经济之理论上的表现，落后的中国经济，如我们前面第一节所说，是怎样也不能产生一种经济学的。但如果把我们所要求创立的政治经济学家，解释为特别有利于中国人阅读，特别会引起中国人的兴趣，特别能指出中国社会经济改造途径的经济理论教程，那又当别论了，那种理论的全般体系，可以特别注意其论断或结论在中国社会经济上的应用；此外，其例解、其引证，尽可能把中国经济实况，作为材料。像这种一个体裁与内容的政治经济学，到目下为止，我们尚不曾发现。我们尽管已有不少进步的政治经济学读物可供参考，也有不少的外国的政治经济学者，在为中国社会经济理论努力，并已有相当的成果，但总不能十分适合我们的要求。自然，像我在这里所规定的供中国人研究的政治经济的内容，实际无非就是一个比较更切实用的政治经济学读本，但我们要把这方面的努力，作为中国政治经济学研究者的一个鹄的，就是认为创立一种特别具有改造中国社会经济，解除中国思想束缚的性质与内容的政治经济学，是颇不同于依据现成材料来编述一个政治经济学的读本。那颇需要我们研究政治经济学的人，在有关世界经济及中国经济之正确理论体系上，分别来一些阐发准备的工夫。

（原载《新建设》1941 年第 2 卷第 10 期）

中国经济学界的奥地利学派经济学[*]（1943）

一、题旨的说明

近三年来，我曾不大明显地把"中国经济学"这个命题，作为我研究的重心。"中国经济学"这个语辞，是不只一次地被提出来了，但我却不曾对它加以限界的释明。因为在理论上，这样一个名称，是不大妥切的。而且很容易引起许多不必要的误解。当作一门科学的经济学，当作一门在今日已经算是大抵进于完成领域的经济学，是不允许我们用这个名称来伤害它的一般妥当性和系统性的，经济学只有一个。

不错，读者也许从意大利经济学史家柯沙（Cossa）的著作中，从英国经济学史家英格列姆（Ingrain）的著作中，见到"英国经济学"，"德国经济学"，"法国经济学"……的字样。在学说史上的这种国别分类的研究法，其最大缺点，尚只是在各国经济领域，树立起国界的藩篱，破坏各个派别在各国间的关联性和派属性，把重要的经济学说和不重要的经济学说，等同地并列起来，使现代经济学整体，受到支离分解的弊害。但因为他们大抵是把各国已经过去了的经济思想或学说，分别汇积起来，当作史学看，虽然有了我们在上面所指的那些毛病，但当作史料看，却就没有什么了。事实上，像柯沙、英格列姆辈的经济学说史，并不曾逸出史料的范畴。经济学在他们心目中，是不大发生一般性和科学的系统性的问题的。

反之，我是经济科学之一般性的确认者。我相信，在一定的社会生产关系之下，在一定的生产条件和交换条件之下，形成的经济法则，可以应用到一切具有同一社会生产关系或同一生产条件与交换条件的诸社

---

* 编者按：原题为《中国经济学界的奥大利学派经济学》。

会。当然哪，任何一个社会，它的自然条件，从而，它的历史条件，不能与其他社会恰好一致；在这种限度之内，任何一个社会的经济法则，就理应不能完全适应到其他社会。但在这里，我们有两种事实须分别清楚。其一是：一切经济法则，是就同一社会发展阶段的各别社会的经济事象，分别舍象其特异点，而抽出其一致点所得的结论；其二是：现代经济学，虽然主要是从英国经济的特殊环境而定立起来，但英国经济的一般趋势，大体内容，甚至其演变展拓程序，在法，美，德诸国同样表现得明显。英国的经济学或经济理论，不但由其他较迟发展的诸资本主义国家，得到了印证，事实上，当英国经济学者开始其科学研究之顷，其他国家，特别是法国经济学者，已半凭经验，半凭天才的预感，把现代经济的诸基本法则暗示或图示（如法国重农学派主导者魁奈的经济表）出来，使英国经济学者在研究上得到不少的便利。

由上面这简括的说明，使我们对于经济学的产生及其应用，有了以次这几个基本概念：

第一，经济学的一般性同世界性，是以经济的一般性和世界性作为现实的基础。

第二，经济的一般性或世界性，从而，经济学的一般的世界的性格，不但不否认各特定社会的特殊经济条件，甚且，就其积极一面的意义上讲，是把各别特殊经济条件抽象化一般化的结果，就其消极一面的意义上讲，是把不能一般化共同化的特异点，舍象去了的结果。

第三，由上述研究过程产生的经济学，在应用上，即使是对于和产生那种经济学，立在同一社会发展阶段的经济现实，显言之，就是，如其我们现在所论究的经济学，是有关资本主义经济现实的科学，则这种科学，对于已经发达到资本主义阶段的经济，也可能因其发展的成熟程度的差异，可能因其发展时所具有的特殊条件，即不易一般化，而被特殊过程舍象去了的特殊条件的作用，而不能"按图索骥"似的套现成的公式。而它对于将要超越资本主义发展阶段的经济，或者是，对于尚未成就资本主义发展的经济，当然更是不能"削足适履"似的去应用了。

后面这一点关于经济学之应用的理解，是我在这里所特别着意的。在理论上，经济学在各国尽管只有一个，而在应用上，经济学对于任何国家，却都不是一样。我是在这个前提认识下，提出"中国经济学"这个名称的。而其所以要提出这个名称的最有力的动机，就是痛感到经济学在中国是太被误用了，而且一直还在被误用着。经济学当作一种完成的舶来品输入中国，已经有几十年了，我们对于经济学是怎样一门科学，需要怎样去应用始有助于中国经济变革的理解，还是格格不入。而且，这种所谓格格不入，并不是指着一般人，而是指着一般经济学研究者，就中，特别要数到那些经济学的输入者，那些以现实经济之立案者或指导者自居的经济学者们。

说经济学者不了解经济学是什么，设加以限界，说他们不知道他们所学的经济学是什么，也许有人会感到稀罕。但和尚不知道佛经是什么，不知道他每日所念的所宣扬的佛经是什么，却是一件极其寻常的事。如其我们经济学者所念的或所专攻的是形而上学的经济理论，他在理解上，就和一般和尚的距离更加接近了。

我这里所谓形而上学的经济理论，主要是指着奥地利学派的经济学。这个学派的经济学是讲的一些什么，是如何传到中国，是如何在中国特别猖獗起来，是如何抵触我们的经济国策并妨碍我们的经济改造，这是我要在下面展开的研究程序。

二、奥地利学派经济学的正体

属于奥地利学派的学者很多，他们之间的理论，也并不完全一致。但把门格尔（Menger），威色（Wleser）及庞巴维克（Bohm-Bawerk）作为他们主导者，把他们的理论，当作该派经济学的主体，却是为一般所公认的。

我们在这里不能有充分的篇幅来详述他们的理论体系，仅按照他们所着重的几个论点，"批隙导窍"地加以说明，他们是反对古典学派的，但在方法论上，却是从相反的观点，来抄袭古典学派所建立的逻辑程序。他们特别强调经济学方法论，强调价值论，强调分配论，把分配论的认识基础，建立在价值论上，把价值论的基本命题，安置在方法论上，这完全是从古典学派抄袭过来的，晚近各国特别是在美国之奥地利学派的传习者们，所宣扬的"经济学的改造"，"经济学的（文艺）复兴"，也许就是指着这种"抄袭"，虽然他们会特别着意于"抄袭"中所采取的不同观点。

首先，就他们的方法论略加注释罢！

在他们看来，国民经济现象，可以从历史的，理论的及实际的三个见地来考察。当作"存在的科学"的理论经济学，是应当同那种当作

"当为的科学"的实际经济学，即财政学与经济政策分开的，但古典学派把它们混同起来了；统计的研究与历史的研究，原只对理论经济学提供实际的例证与材料，但历史学派却把它们拿来代替理论的认识。由于这两方面的关系，他们就以再造理论经济学的"十字军"的姿态而出现了。他们认为：理论经济学的研究，应该采取所谓"严密的方法"，使现实的经济现象，成为最简单最严密的考察分析的类型要素。作为经济学考察对象的现象形态，如像绝对的只追求经济目的的那种人，和那种人在从事经济活动时的心理状态，始终是最普遍的最重要的。把他们的这种经济的心理状态，孤立起来加以研究，是经济学的起点（门格尔）。惟其如此，他们就认定真的经济理论，必须先"探究人类活动的大动脉——快乐与痛苦的感情"（杰文斯）为满足欲望，而不绝忍受牺牲，以及"由此发生的快乐与痛苦之关系，便是经济学研究的范围"（杰文斯）。在此种限度内，经济学就差不多是一种"享乐学"（戈森）。基于人类本能需求（享乐主义）的这种自然性质，使经济法则与自然科学和心理学不发生冲突。因为"有关经济学的问题的讨论，是须得在自然科学与心理学的原则上去进行的"（庞巴维克）。

然则经济学上的全般理论，何以能从心理的研究去达成呢？他们像很系统地把价值论当作经济学的枢纽。价值论能在心理学的基础上建立起来，他们的整个学说，就算有了着落。限界效用价值论，可以说是他们全部经济学说的神经中枢。在他们看来，所谓价值，乃吾人在满足欲望上，对于财货所感到的一种重要程度的评价，即价值是由主观评价而发生的。此主观评价，虽然要通过财货的客观价值，如肉之滋养价值，煤之燃烧价值，然后始能评判其在何种程度满足吾人的欲望，但经济学的价值研究对象，却不是此客观价值，而宁是主观价值。

惟其如此，一切财货，即使都有客观价值，都有满足吾人欲望的效用，却并不是一切有效用的东西，都有价值（即主观评定的价值）。财货的价值，只是在吾人的欲望满足上，对它有了一定的需求关系，才能表现出来。所以，同一货财，可因供用的情形不同，或有价值，或无价值，水在一般情形下，仅有效用，在沙漠的旅行者，乃有价值。在这种认识下，价值的发生，遂必然要关联到财货的稀少性和它的效用性。效用性是价值的来源，而稀少性则是使财货在一定场合，具有价值的条件。从这点看来，一般人动辄称奥地利学派是效用学派，那是不妥的。他们虽认定效用是价值的来源，但却不主张财货价值的有无或其价值的大小，取决于效用的有无或效用的大小。因为，如其是这样，他们就是客观效用价值论者，而非主观价值论者了。

作为他们整个价值学说的核心部分，乃是限界效用（karginal utility）的理论。然则什么是限界效用呢？要解答此一问题，须知道：财货效用的大小，系取决于它对吾人欲望满足要求之重要性如何。吾人的欲望有许多种类，同种类欲望又有各种不同程度，将欲望的种类与欲望的程度，联合参较，斯可确定效用的级次，而由是达出限界效用的说明。即同一财货，可满足昔人不同重要性的诸种欲望和不同迫切程度的同一欲望。某一财货的现在贮存量，能满足吾人欲望，达到饱和之点，吾人对该财货，即不发生经济问题，一旦因某种情形，致丧失其一部分，致吾人在诸种欲望中，在同一欲望的诸种迫切程度中，至少有一项得不到满足，吾人的避苦就乐本能，必让那少了它，只受到最少的不便或痛苦的那一部分的最后的最低级的欲望，不予满足，此最后的最低级的欲望，即限界欲望，由此限界欲望所感到的效用，即限界效用。为求满足此限界欲望，而对于该财货所给予的评价，即限界效用价值。为满足吾人欲望，所感到的缺乏程度或迫切程度愈高，其限界效用愈高，其限界价值亦相应愈高。

在由价值移到价格的说明中，奥地利学派也很巧妙地抄袭了古典学派的作法，把价值看为其本质的形态，而价格则是现象的形态。他们认为，各个人在参加交换过程中，是把自利和自己对所需财货之主观的评价，作为交换能否成立的前提。对同一财货，各人由其各别限界效用所引起的主观评价不同，各人之利害关系的打算不同，所以，交换成立，各得其所，各受其利。

然则各人的评价不同，何以能形成一定的市场价格呢？竞争在这里发生了决定的作用。他们像很合逻辑的，由孤立交换场合，单方竞争场合（其中包括买者单方竞争及卖者单方竞争），最后描述到双方竞争场合。最后这种场合，正是现代市场的情形。在那里，对同一商品的买主和卖主，都有许多人在从事竞争。买方出价愈高，竞争者愈多，卖方索价愈高，竞争者愈少，相互竞争结果，必达到买卖双方之数趋于平衡，此时市场决定范围，必定是以最后买者和被排出的最有贩卖力的卖者的主观评价为高限，以最后卖者，和被排出的最有购买力的买者的主观评价为低限。此结局定价范围内之两买主两卖主，称为"限界对偶"（marginal pair）。由此限界对偶所决定之价格，称为"限界价格"

（marginal price）。此限界价格，虽不一定与各个人之限界效用价值相符，但毕竟可由限界对偶，而决定其大体的变动范围，使它与限界效用价值，或各人之主观评价，一直都保持相当的联系。财货的价格，既与主观限界效用，具有上述的关联，那末，财货当作商品来买卖，就与其生产时所投下的费用，没有何等直接联系了。换言之，就是商品价值的大小，不是取决于生产费的大小，而是取决于消费者对该商品在满足其欲望时，所感到的重要性如何，迫切性如何。为了"自圆其说"，他们把财货区分为消费财货与生产财货，前者是直接满足吾人欲望的东西，如面包之类，后者能间接满足吾人欲望，如制成面包所用面粉烤具等，更如制成面粉之小麦磨坊，推而至于栽培小麦之土地、劳动工具及农业劳动等等。他们把直接满足欲望的财货另称为第一级财货，其余则顺序称为第二级财货，第三级财货，第四级财货……

直接财货的价值，无疑是由直接消费者对该财货之限界效用决定。然则第二级及其以下的诸种财货的价值，将如何决定呢？即生产财货的价值将如何决定呢？他们认为生产财货与消费行为，有一连续过程。第一级财货，如面包的价值，系由消费者直接对该财货的限界效用决定，第二级财货如面包烤具的价值，则系由第一级财货之限界效用去测量，而第二级财货如小麦磨坊等的价值则系由第二级财货的限界效用去测量……由是，无限的最后的任何级的财货的价值，都是以它的第一级财货具有限界效用去决定。所以，威色认定生产财货的价值，是取决于它所制成的生产物的价值。在这种限度内，生产费用就凭借种种迂回的"便桥"，和价值，从而，和价格发生了关系。

奥地利学派的这种"苦心孤诣"的价值论的"杰作"，无疑是为了要把它应用到分配论上。

作为分配论中最基本部分的利息学说，是他们的限界效用价值说的更"踌躇满志"的应用。但在奥地利派的一切经济学说中，惟有这一项的发明权，特别是属于庞巴维克的"专利"。事实上，没有这项发明，整个奥地利学派经济学，便完全失去其现实存在的意义了。

他把财货在时间的观念上，区分为现在财货与将来财货，这种区分的意义，就是说："现在财货因为技术上的原因，成为满足我们欲望之比较完全的手段，而且，它因此对于我们，比将来财货有更大的限界效用"。设对此加以进一步的说明，就是，由于技术的原因，早些把生产财货放在生产过程中，比之把它迟些放在周转中，会带给我们更多的东西。此外，我们现在如果有了充分的消费财货，我们就不会因为缺乏或欲望不能得到充分满足的缘故，在消费上，提高对于所需物品的限界效用，在生产上去从事那些比较少利益的生产用途。现在财货对将来财货，既有上述的优越性，借得现在财货，取得将来财货的贷金，自不能不在原本以外索取报酬。而借入现在财货偿还将来财货的借者，亦自愿意于原本以外，支付报酬。借贷两方都有这种财货的时间差观念，这就是所谓利息存在之心理学的基础。

本此原则，如果资本家为了生产，丢开那些现在可以满足欲望的消费财货，而去购买原料，机器及劳力等等高级财货，即生产财货，那也类似用现在财货去购买将来财货，他自然有理由在这将来财货收回时，附上一个增加额，即所谓企业利润或资本的收入。而其来源，则是生产财货的总价值，它少于其生产物之价值，而由是形成的生产价值超过其生产费用之剩余。在这里，庞巴维克很怕人误解了他的意思，以为把财货搁着不用，也可因时间的推演而生较大的价值。他指出："要使未来财货转变为现在财货，必须先把它投于生产过程中，然后始可使它转变为现成的消费品"。假如没有生产过程，资本便是死资本，生产工具的价值，就始终不会和成为现在财货的价值一律看待。利润和利息，也根本不会产生。资本家的可贵，就在他们节省当前的消费，把节省下来，当作资本来使用的财货，投入生产过程；他们节省的愈多，投入生产过程的愈多，转化为现成消费品的愈多，利润和利息也就愈多了。

这从心理上体验出来的时间差，价值差，不但可以解释利息利润，且可以解释工资。

庞巴维克教授曾"很慷慨"的声言：劳动者有理由要求得到他的劳动生产物的全部价值，但他却认为那理由只是片面：各个人都可以要求，在现在，按照他所卖的现在财货之全部价值支给他。但没有人可以要求，在现在，支给他那在将来才能出售的财货的全部价值。劳动者出卖给资本家以他那只有在将来才能给予有价值的生产品之劳动，他由此让渡给资本家以将来的财货。然而报酬他，却比较生产过程完结要早一些，那就是在现在。所以，资本家是从劳动者得到将来的财货，而付给他以现在的财货。而且，因为将来的财货和现在的财货是不等价的，后者要比较高，故对于劳动者所提供的同一数量的财货，按照公理，资本家只应支给他们以少些的比较有价值的财货。就因此故，劳动者即使没有得到他的劳动的将来生产品的全部价值，但这并没有破坏"公道"。

还应该说：这正是"公道"。

上面已把奥地利学派的基本理论"和盘托出"了。从全体的表象看出，很像是条理井然的学说体系了，但稍一检点，就知道它和它所体现的资本主义体制本身，有同多的或更多的缺点和漏洞。

我们且不忙讲，用时间观念来说明利润的来源，说明劳动者应当舍去他应得的报酬部分，该是如何滑稽，单就其整个学说的体系而论，那亦是不通的。分配论的基本命题，被安置在价值论上，现竟又在限界效用大小，决定价值大小的命题之外，提出时间观念，以财货实现的未来，对现在的时间距离远近，来测知它的价值的大小。从而，来测定资本家应取得的利润的多少，和劳动者应得工资的多少。不错，他们在这里，曾把将来财货对现在财货，只有较小限界效用，作为其间的桥梁，但满足欲望的限界效用的大小，和时间的长短，究有如何的联系呢？如其时间的长短，如一年一月之类，系以确实的时间经过为准，而非主观所实感出的时间距离，那又不啻在主观的评价上，掺进了客观的因素。

其实，在现实商品市场上，不仅这里用时间观念区别出来的所谓现在财未来财，是一种多余（然在奥地利派学者当然是必要），而其他如第一级财第二级财的分类，也于实际毫无关系。而且在市场当作买者的供给者，和当作卖者的需要者，如其他们是以资本家的资格出现，他们对于其所买所卖的对象物，并不易同他们的消费欲望发生直接联系。即使像一般奥地利派学者所诡辩的，任何买卖对象物，至少会"迂回的"间接的同买卖者的消费相关联，但交换的必需性，特别是"为卖而买"的交换的必需性，定会使一切主观的评价，都被消灭，都被压平到一定的客观标准。而况，每个人的主观评价，在开始，就已经是把一定的客观标准作为基础。

显然的，奥地利学派的这种支离的价值论，是在他们的方法论上注定了错误的根源的。在方法论上，他们把古典学派抽象化一般化了的经济人，更进一步予以超时代化自然化。古典学派把握个人自利的心理状态，始而强调生产，往后则强调分配，尚不难与时代的一般要求相配合。奥地利学派把握个人自利的心理状态，却强调消费，认定"生产是为了消费"。他们把这妇孺皆知的自明道理，当作"真理"来发现，以为由此建立的经济学，就立在不可动摇的坚固基础上。但问题的关键，不在当作研究出发点的命题，有怎样的真实性，而在由它引导出的结论，有怎样的妥当性，换言之，就是看他们研究，是否依据当前经济现实，是否能用以说明当前的经济现实。在资本主义的商品生产社会，不论是资本家，抑是为资本家雇佣的劳动者，都不是为了自己消费而生产，他们都是在生产交换价值，而非生产使用价值。如其他们真是为了消费而生产，由生产过剩，消费不足所引起的恐慌事实，就无从得到理解了。

总之，奥地利学派在方法论上所研究的个人，是没有社会性的个人，是好像在一定社会生产关系以外活动的超人；像这种人的心理状态，当然与现实社会没有密切的联系。而一味把这种人的心理状态，特别是把他的消费欲望作为研究前提和对象的经济学，无疑是具有充分的形而上学的性质的。

三、奥地利学派经济学向世界各国的传播

经济学的形而上学化，可以说是对于经济学本身的否定。但二十世纪的经济学界，却竟像是很自然地把这种否定其自身存在的这种形而上的经济学看作是经济学一般。简言之，就是奥地利学派经济学及其变种或亚种，却满布于各国经济学界（除了晚近苏联以外）。这事实，在其德国的信奉者熊彼特（Schumpeter）曾这样傲慢地夸称着："最近在各国唯一可以并应当得到一般承认的经济学，就是限界效用说，最近所有的理论经济学的著作，有十分之九，是在心理学派的思想圈里绕着"。如其我们觉得它的拥护者的说法，难免失之夸张，再看它在美国方面的反对者，凡勃伦（Vablen）的议论吧。凡氏指奥地利派经济学及其诸变种说："这类经济学诱人入形而上学，它将来无疑的还要繁盛，但对于实际问题的解释，它还不曾做，而且也不能做"。像这样不能说明经济现实问题的经济学，为什么已经如此繁盛，"将来还要繁盛"呢？我们需要在这里说明它的原由。

首先，我们应当指出：奥地利学派的整个经济学，是从自然的观点出发。凡属从自然观点出发的学说，很容易给人以不易颠扑的印象。比如马尔萨斯的人口论，就是把人类最无可否认的两个要求：食欲与性欲，作为它的出发点。在当时及以后许久，人口论其所以那样被人称扬，那样淆惑人的视听，这是最重要原因之一。但科学的真理，并不是在解说自明的事实，愈是自明的事实，愈不需要科学。奥地利学派强调的消费欲望，尽管是谁都不能否认的事实，但经济科学实在用不着费篇

幅来讲解它，并讲解人们在满足消费欲望时的心理状态。经济科学所需说明的，宁是满足消费欲望的物质条件，为什么有些人能够充分得到，有些人却不能够，和在它们之间的必然的因果关系。但奥地利学派极力回避这种说明，且借着强调无需解说的事体来作为回避应当解说的事体的手段。

奥地利学派经济学向各国传扬的第二个原由，就是它的全学说内容，原本就掺杂进了已经被古典学派安置在极坚固基础上的诸般经济原理。如自由竞争，需要与供给，以及利润等经济形态的运动法则，它都局部的迂回的甚至是机诈的，用不同的方式，收编进来，特别是作为它"全部学说之锁钥"的主观价值论的论理形式，直到今日，还不曾被人发现，那正好是对它反对最烈的古典学派之劳动价值学说之理论方式的变相抄袭，最显而易见的一点，是古典学派把价值与价格的区别，理解为本质与现象的区别，并认定后者的变动，是以前者为中心。奥地利学派所强调的限界效用价值与限界价值间的关系，正是以此为摹本，而由是取得科学的外观。此外，如古典学派把商品生产所费的劳动看为其价值的来源，把它的效用或使用价值看为它取得交换价值的条件，套这个公式，奥地利学派却把商品满足吾人欲望时的效用看为其价值的来源，而把它的稀少性，看为它取得交换价值的条件。还有，古典学派所阐述的商品价值中，包含有资本价值以上的剩余价值，奥地利派学者则强调生产财的价值，每小于其生产物的价值。这一切，已够表现奥地利派学者的"抄袭"技术。但经济科学的可贵，并不是它的逻辑程序，而是在应用逻辑程序所表现的正确事实。

如其说奥地利学派盛行的第二个原因，是它变相抄袭了科学的研究形式，则第三个原因，就是在另一方面，把许多可以直接诉之于常识的肤浅见解，都吸收来充实它那研究形式的内容。比如，作为其研究起点的消费欲望，特别是关于欲望种类及其满足程度的说明，简直是常识以下的东西。至于用观念上的时间差所引起的价值差，即以现在财货对将来财货有较大价值的"大发现"，来解释资本利息及利润的来源，来解释劳动者之工资应少得的原因，那却不仅是依据常识，同时又"制造常识"。他如前面所说的第一级财第二级财第三级财，乃至无限级的价值，都是以它前一级财的限界效用决定，而逆推至第一级财的价值，则是由该第一级财对其消费者在满足欲望时所直感出的重要程度决定云云，那虽然在一般常识中也找不出来，却很显然要借常识去理解，稍有科学训练的人，就极容易把这些看成无从分析的呓语了。最后，如像我们前面还不曾提及但奥地利学派信奉者，已早说到极关重要之理论关节的代替财、补充财一类术语，殆莫不是从极一般常识中引导出来。

奥地利学派是强调纯粹经济理论的。为了补充这种常识化的缺点，他们有意无意地把他们的理论与数学结合起来，借数学的一般性与不可动摇的科学性，使自己七颠八倒的经济学说，得到有力的支持。这很可以说是这个学派向世界传扬或展开的第四个理由。事实上，被算作奥地利学派前驱的诸学者，如法国的库尔诺（Conrnot），瑞士的瓦拉斯（Walras），英国的杰文斯及德国的戈森等等，原都是把数学的解析方式，作为其研究的最基本方法，而此后接受了奥地利学派诸基本命题的马夏尔（A. Marshall），其在德国的支持者利夫曼（R. Liefmann）及熊彼特，特别是所谓在美国的奥地利派学者如克拉克（Clark），卡弗（Carver），费雪（Fisher）之流，殆莫不是应用数学的解析方式，来说明经济事象，甚至在价值论上极力非难奥地利学派的卡塞尔（Cassel），他在研究方法上，却更有数理的倾向。这种经济学之数理研究的作风，一方面使奥地利经济学说更容易传播，同时，也因为奥地利学派的所谓纯理的而同时又是表象的研究，更适于采用数学的方法。数学方法，原是可以应用而且应当应用的。但它被用来解释经济现象，却有一个限度。对于已经由其他方法论证出的经济运动法则，再借数字或数理的解析，予以更明确的说明，那是被容许的。但如一开始就诉之于数学的诸般概念，并把一切的经济命题，分别拘束在一些解析方程式中，其结果，便是以经济现象去迁就数学方式，而非以数学方式来解明经济现象。在这场合，数学方法排除它以外的其他一切研究方法的应用。

然而，所有上面所提出的四个促使奥地利派经济学向世界传播的理由，只有在我们现在所要提到的这最后一个理由存在的条件下，始能取得现实的意义，这个理由就是：资本主义经济的发展，到了十九世纪最后数十年乃至二十世纪初，已经把它的内在矛盾及其不可避免的命运，给批判经济理论，暴露得毫无躲闪余地了。为了对抗这经济意识上的"危机"，奥地利学派便以"卫道"的义侠武士的装束表演出来。由古典学派，至批判学派所一脉相承的客观主义，都在逼着人去正视现实，去揭发资本主义危机的根源。奥地利学派既是负有"特殊"的使命，自不能不从相反的立场采取主观主义的研究方法，经济学之观念化，形而上学化，不能解释实际经济问题，虽然站在资本家立场的人，间尝也发出不满的议论，但在大体上，资本家的世界，特别是完全脱离生产领域，而一味在从事享乐的金融资本家的世界，毋宁是特别欢迎这种"消费经济学"。奥地利学派经济学向世界不胫而走的最基本原因就在此。

四、奥地利学派经济学传入中国的原委

奥地利学派经济学，也传播到中国了，并且已像生起根来。中国还不是一个资本主义国家。为什么我们也需要这种经济学呢？上述奥地利学派经济学传播到各资本主义国家的理由，是否也对中国适用呢？本文的论点，原在说明奥地利学派传到中国的实情，而在前节其所以要特别提论到奥地利学派经济学之向世界各国传播，其目的也就是想借此说明它传入中国的经过。

现代资本主义的各种意识，是伴随资本主义的商品陆续输入的。商品的输入，特别与商品意识（经济学）的输入，原有极密切的关联。一个国家，它对商品的输入，是由于自动，它对商品意识的输入，斯能自主，反之，它对商品的输入，不是由于自动，而是由于输入者的强制，则商品意识的输入，就不是由于它自愿或自主，而是由于商品强制输入者，把商品意识的输入，当作商品输入的一个组成的手段。在这种情形下，商品对被输入国最可能是有害的，商品意识或经济学对被输入国亦最可能是有害的。

不错，二十世纪开始以来，我们对于商品意识的输入，正适应着我们对于商品输入，已经有自行选择的可能了，但这种可能，在商品意识上或在经济学上所受到的限制，比商品上所受到的限制还大得多。我们尽管每年派出了大批的国外留学者，其中有不少的政治经济学研究者，自动地去输入我们自己所需要的经济科学，但这种工作，首先，就受到了我们社会一般知识水准的阻碍，在外国，许多经济理论，尽管已由实际的经验与应用，变成了一般人的常识，在我们，却需要大费气力去学习。

其次，我们由外国输入的经济学，是资本主义的经济学，在我们自己尚未造成资本主义的经济条件，对于那种经济学的研究，这不但会增加认识理解上的困难，同时其所研究的法则，是否正确，是否应验，亦无从对照现实，予以确定。

再其次，资本主义经济发展到二十世纪，帝国主义文化政策的执

行，愈成为必要。在过去，各先进国家尚夸称它们对于落后地带的经济与文化负有开发传播的使命。一进入帝国主义阶段，它们对于落后地带的工业开发，已经一般的有所踌躇，已经分别采行了"保留"或"带住"落后地带之前资本主义社会经济体制的策略了，在配合这种策略的要求下，它们对于最有基本性的政治经济学的"输出"，就不能不采行远较它们在自由放任主义时代为严格的限制了。其实，关于这点，与其说它们是在"输出"上用工夫，就宁不如说它们是在被输入地带的"输入"上用工夫，它们在诸落后地带，是确实拥有这种特权的。

然而，我们在上面所指出的，还是问题的一个侧面，还是奥地利学派经济学所以便于输入的理由。事实上，资本主义各国的经济学界，如我们前面所说都是充满了奥地利学派经济学的气氛的。由一般社会论坛到大学讲坛，乃至由政府及私人设置的各种经济研究机关，差不多直接间接都是由这所谓主观主义经济学说在发生领导作用。愈到晚近，这种倾向亦愈为明显。在这种情势下，资本主义各国向世界落后地带传扬介绍的经济学理论，即使再没有帝国主义的打算，亦是会很自然地把它们正在宣扬正在奉行的理论，和盘托出来。而它们这样做，倒反而会显出这正是它们的"无私"和"正直"。而在诸落后地带，特别如在我们中国，不论是自己派入到国外去研究，抑是由外国请人来帮同研究，自己既没有选择的权能，复没有证验的社会条件，当然一切只有出自"顺受"。而况，我们前面已经论述过的奥地学派经济学本身所具有的诸种传播性的特征，有许多是特别宜于向落后国家的研究者传授的，比如，常识化的现象因果论，就最容易为幼稚的和科学研究水准较低的头脑所接受。他们所强调的消费论，欲望论，时差利息利润论，以及根据市场上诸般经济表象所"做作"的各种表式和数字的说明，尽管是似是而非的，但在经济学的初学者或经济科学根底不深的人看来，却最合口味的。经济学常识化的这种倾向，又导出了同派在传播中必然会形成的另一个特征，那就是把工商业上企业经营法，市情的报道，供需变动图解，以及在经济理论上，只占着辅助的，副次的和极边部分的经济技术知识，认为是经济学本体，这一点，也是对于经济学研究者极当警戒的，而我们的一部分经济学者，却显然犯了这个毛病。此外，在奥地利学派经济学中，还有一个与常识化技术化表面上相反但实际上却是相同的特征，一个最有基本性的特征。或者说是中国经济学研究者因此中毒最深而为害最烈的一点，就是把经济学看为玄学，看为形而上的纯理论之学。也许因为是奥地利学派一方把经济学当作形而上学来处理，他们为了要在现实上取得存在的依据，乃不能不乞灵于技术和常识，也许还因为是他们把经济学直截了当地看为抽象的演绎的学问，一种没有历史性的学问，他们就更易于为经济的常识和技术所驱使；但不论如何，经济学的常识化，技术化同时又玄学化，对于中国从事经济学研究的人，尽管是多重的蒙混和翳障，但他们却像很不免矛盾的用分类的方法，将其调和起来，以常识化技术化的部分，是实用经济学，而玄学化的部分则是纯理经济学，前者是容易理解的，一学即得，后者是根本不易理解的，只要模糊理解就行。总之，这三者，都是奥地利学派经济学本身容易在中国经济学界"繁殖"的重要原因。

五、中国经济学界充满着奥地利学派经济思想的实际及经济实践上反映出的奥地利学派的经济意识

在前面，我们已把奥地利学派经济学的正体，作了一个轮廓的描述，要说明中国经济学界为何充满了这个学派的思想的实际情形，似乎只要读者自己去做一点对照工夫就行，不用多所词费。比如，涉猎一下各大书局出版的关于经济学部分的大学教本，我可保证百分之九十是依据美国各大学的经济学教本抄述过来的，就其"取法乎上者"而言，亦不过是把卡弗，道希格（Taussig），依里（Ely）及舍利格曼（Seligman）一流经济学者的教材作为蓝本，下焉者更不必说了。但我不想这样零碎枝节的分别指出哪些书哪些见解是奥地利学派经济学的传扬品，只须指明一个比较有概括性的测验准则就行了。奥地利学派经济学的最基本命题，是建立在超历史的观点上，不论是学校教本，抑是普通出版物上有关经济的理论或见解，只要它们忽略了所研究对象的社会性质，如论商品，论货币，论资本，论价值及工资，乃至论生产消费诸经济形态，都不涉及其因以形成的特定社会基础，而一味抽象演绎下去，那就是奥地利学派经济学的产物。这一类的作品或高见，我们实在是厌见饫闻了。

我们论述到这里，很容易"感慨系之"的忆及一位德国经济学者的话，他在十九世纪中叶曾这样指责当时的德国经济学界："政治经济学的著作或教授，无不醉心于世界主义学派，而视一切保护税为'学理之疵'。彼辈有英国利益以助之，故无往而不胜，尤可痛者，英内阁善利

用金钱势力，钳制海外舆论。苟于其商业有济，则挥金如土，从未有所吝惜。大队通讯员，领袖著作家……漫游各地，专从事攻击德国工业家要求实施保护税之'无理'的愿望，……时流学说与德国学者之意见，既皆倾向于彼辈，以故为英国利益辩护者之工作，尤易易也"（见王译李斯特著《国家经济学》）。这段话已历一个世纪，但我们今日读起来，似犹有新的意义。不过，李斯特所指责的，是英国当时利用以阻害德国经济改造的世界主义学派，即英国经济学派的理论，而我们在此不惮陈述的，则是一切资本主义国家利用以阻害中国经济改造的奥地利学派经济学，而且，在事实上，德国当时所受阻害，尚只限于保护关税的实施，而在中国，其毒害所及，并不只于保护关税一项，整个社会经济的变革，现代化的进程，皆由此直接间接遭受了妨阻。

自然，以中国所处的国际地位，我们已经讲到了，商品和商品意识（即经济学）的输入及其流布，是无法完全自主的，但同时也得承认我们在这些方面，仍有自主与自动的可能运用范围的存在。外国经济顾问、外国经济专家，帮助中国经济"复兴"的计划或提案，不会把中国经济"复兴"的障碍，归因于帝国主义政策，这无疑是极其自然的。但许多强调"中国经济改造"的"权威"著作，也依照外国学者的浮面逻辑，不肯提论到帝国主义政策，即使近十余年来，指斥帝国主义政策的议论渐渐多了，但大半又只限于肤浅的感应，仍不肯继续探究到帝国主义政策作用下的中国经济，该是如何不宜于应用帝国主义者处理其经济问题所依据的经济学理论及其所定的单方。结局，自中国社会经济史研究问题被提论到学术论坛以来，中国经济学界为奥地利学派经济学独占的局面，在一般社会论坛上，虽然已经有了一些动摇，但几乎在全部的大学讲坛上，在最有政治权势的经济研究机关里面，依旧满布着超历史的形而上学的经济理论，即使是对于摆在我们面前要我们去正视的经济问题，它们最一般的仍是用常识的技术的观点去处理。站在学术的立场上，奥地利学派的经济学说，无疑是我们应当研究的部门之一。但如其我们知道它是晚近资本主义各国为了稳定其金融统治或世界统治所促成或育成的辩护经济理论体系，我们对予这种学说的研究，就得采取批判的立场借以确知各国的整个经济动向，特别是认识它们对于落后地带所推行的经济政策。万不能"生于其心""害于其政"的，由那种经济学说的意识中，去定立中国经济的改建方案。

然而不幸的是：晚近以来，作为中国经济设施之立案者或发言者的中国经济学界，例皆不问中国社会已有的经济基础，不问所有的设计，应用起来，是否为中国社会已有的经济条件所要求或允许。他们很直观地把构成中国总经济形态的商品价值，利润，工资，货币，资本诸基本范畴，与他们从经济学教本中，从奥地利学派经济学中，所习得的同名目的诸基本概念，看为同一的东西，迨其所定立的方案，在实行上遇到障碍，他们再回过头来叹说中国社会的技术条件不够，而迄未反省到他们的计划或立案，根本就未顾及中国社会以及中国社会的技术水准。过去是如此，现在亦然。

然而这正是研究形而上学的经济学的必然结果。

六、奥地利派经济学对于民生主义经济 由理论到实践的背离

其实，当中国经济学界早陷在昏迷状态中的二十余年前，国父孙中山先生已很正确的提出了中国经济改造的必由之路。民生主义经济中所创议的土地政策与资本政策，确不仅只把握了中国社会的客观经济现实的症结和认清了资本主义的弊害，同时还很理论的断定中国不经过土地上大变革，不由此扫除过去封建社会的残余的力量，决无法顺利进行任何现代性的经济改造，这是任何一个现代国家所曾经历过来的铁一般的事实，同时也是古典学派乃至批判经济论者们从历史的经济法则所论证得昭然若揭的，只有奥地利学派最害怕历史的阶段论。他们为了辩护金融资本阶级的"永生"，遂不惜从观念上把一切不同社会的特殊经济性质或特殊经济条件，加以舍象，原始人使用的石器木棒，和近代资本家所支配的生产手段，在他们看来，并没有什么本质的不同，所以原始人使用石器木棒所得，是为了消费，资本家使用生产手段所得，同样是为了消费。以此类推到其他经济形态，他们认定一切过去的同现代的，只有简单与复杂的区别。在这种认识下，经济学的基本概念，就被一视同仁的涵盖成为不着边际，不关一切历史现实的漠然的时间概念与空间概念，让数学去发挥其演绎的功能，资本主义经济的来龙与去脉，绝不能在这种经济学中找到线索。在经济大恐慌一再威胁着资本主义生存的当代，这种否定历史经济法则的经济学的风行，在资本主义各国，至少有其消极的意义。

然在现代化挫折中的中国，对于这种经济学无批判的吸收，就等于

对中国社会经济性质的忽视，也就等于对民生主义经济理论的蒙蔽。所以，近二十余年来经济学的研究介绍，尽管愈来愈热闹，愈繁昌，对于孙中山先生的正确提论到的民生主义经济理论，即须根本从土地所有关系上，挖去建势力寄托的地盘，然后始能谈到现代性的经济设施的经济理论，反而，其实是必然，被平淡的搁在一边了。在国民革命过程的二十余年中，民生主义中最基本的且是最初步的土地改革政策，其所以未曾见诸实行，当然有我们国情造成的诸种客观的障碍存在，但如说到主观上的努力不够，其罪戾有一大部分应该临到我们经济学界的奥地利学派的作风。一切在经济建设上有发言权的经济学者，殆没有一个肯触到中国社会所需要的本质的变革。不错，当他们看到经济建设上遇到了现实的障碍的时候，间或漠然提到中国经济的落后性，并以此来含混其立案对于现实的隔膜。但"经济落后"的社会意义是什么？他们在讲坛上在论坛上，从不曾给予我们以具体的指示。

一个以民生主义为现实经济指导原则的国家，其经济学界乃至经济界所奉行的，竟完全是与这个指导原则相背离的经济理论，这已够令人感到稀罕的——但最稀罕的，却是这种事实由来已久的存在，直到今日，还不曾有人把它指明出来。

七、经济学者的责任

我现在可用下面这几点比较综括的意见，来结束我的题旨：

（一）我是绝对尊重学术自由研究精神的，对于任何一个学派的经济学说的研究，不但可借以扩大我们对于现代思想的理解，且可借以增进我们对于世界经济现实的理解。在这种意义上，奥地利学派经济学至少和古典学派，"历史学派"，马克思主义学派的经济学，同样值得我们研究和注意。

（二）正惟其如此，我们研究奥地利学派经济学，至少要明了它这种经济学，是适应资本主义衰落期的现实要求而产生的，在经济学史上，它并不像它的一般信奉者所誉称的"经济学的复兴"或"再造"。因为，如其我们不否认经济学是现实经济的反映，那末，在资本主义临到了多灾多难的严重时期，决不能站在资本家的立场，还有什么"更新"的学理的"发现"。即或我们主观上感染太深，不容易去掉这种幻想，我们亦得承认：在现代经济思潮里，奥地利学派经济学究不过是其中的一个支流。即使再强调它的重要性，亦不能竟把它当作是经济学全体。

（三）自然，我并不素朴地或表面地承认中国有什么奥地利学派。适应着中国经济形态的落后，中国的经济意识形态亦是非常落后的。自己不能制造商品，对于舶来商品不易辨认其真伪；自己无从创建经济学，对于舶来经济学亦自不易判别其是非。在这种认识下，我们即使不能否认中国经济学界，也受了中国买办商业金融资产者意识的影响，特别是受了帝国主义文化政策的影响，但我们仍不能据此就断定中国有什么奥地利学派经济学。实际上建立一种经济理论固然是谈何容易；就是信奉一种经济理论，也并不很简单。一般地讲，我们经济学界对于奥地利派经济学，与其说是自觉的自动的去理解和研究，毋宁说是被动的，人云亦云的。因此，我现在来批判中国经济界的奥地利学派的作风，实在是哀悯的心情多，而指责的意思少。但是，

（四）正如同我们的经济，受着历史的资本主义世界的束缚，仍必须拼命挣扎，以求得解放一样，我们的外来的，不由自主的经济意识，亦当由我们努力，由我们展开研究的视野，俾能配合并进一步指导我们的经济解放。世界经济发展的客观动态，正大大启迪我们，只要我们的经济学者，肯从他们一向被拘囚的奥地利学派经济学的"象牙之塔"中开脱出来，中国经济学界定然会一新其面目。这至少是我们经济学者应当担负的自觉的责任。

一九四三年于广东坪石野马轩

（原载《中山文化季刊》1943 年第 1 卷第 3 期）

关于中国经济学建立之可能与必要的问题
(1944)

楔子 "中国经济学"这个名词，是我于 1941 年，在新建设杂志上，发表《政治经济学在中国》一篇论文（该文已收印入拙著《中国经济论丛》中）里面开始附带提论过的。此后所有发表的，已经集印成书的《经济科学论丛》，《中国经济论丛》以及刻下已在桂林文化供应社排印好，而尚待印行的《中国经济原论》乃至最近在写作中的《中国经济意识论丛》差不多都直接间接在把中国经济学这个命题，作为阐述的重点。就中，特别是《中国经济原论》一书（其内容如第一篇政治经济学上的中国经济现象形态，第二篇中国的商品与商品价值形态，第三篇中国的货币形态，第四篇中国的资本形态，第五篇中国的利息利润形态，第六篇中国的工资形态，第七篇中国的地租形态，第八篇中国的市场与经济恐慌形态——以上各篇大部分已分别发表于《中山文化季刊》，《广东省银行季刊》，《时代中国》等杂志），像很够资格题称为"中国经济学"，但毕竟为了科学的慎重起见，觉得仍不妨避名就实的用"原论"这个语词来代替"学"好。

近几年来，国内出版界，未明白提出，但却在直接间接讨论着我们所理解的中国经济学的内容，在这里，且不忙解说那种要求因何而产生，那是我以后要说到的。我只须指明，由那种要求所表现的正视中国经济的倾向，我个人也许独觉得最多，当我前述诸论著连续发表当中，我就曾连续接到或碰到许多有志于中国经济之科学研究者们的半是鞭策，半是质疑的信或口头论难。他们所不大释然或疑虑的地方，大体是一个新辟研究领域所应被注意到的诸种问题。如中国经济的研究，是否值得或需要创导一个学的体系，而称为中国经济学？中国经济学的提出，是否有破坏科学统一性的嫌疑？如其这些问题，可因我们设定的范围加以解释，它在构成上的方法论将如何去说明？中国经济的特点，如何去同一般经济相区别和统一？我们可能研究出的中国经济变动过程中表现出的规律，是否可用以说明中国社会诸上层建筑，如文化、政治、家族等等方面的表象？所有这些问题，有的是关于中国经济学绪论方面的，有的是关于中国经济学本论的方面的，还有的是关于中国经济学研究成果或结论之应用方面的。就我个人讲，我以往发表过的诸论著，我相信，有的问题，已就我个人能力许可范围内，予以解答了，但一定还有许多没有解答的，或解答得不够的地方。我衷心感到有找一个机会同大家从长讨论一下之必要。我下面想就中国经济学研究当中需要讨论到的诸般问题，按照一定的展开程序，分别引述下去。

把中国经济学作为研究的课题，我想大家首先就会感到："中国经济学"这个语词本身，是否有在科学上站不住脚的毛病。经济学是一种基本的社会科学。科学上研究的诸般法则，都是有一般性的，比如经济学中的价值法则，利润法则，工资法则，乃是从现代商品货币经济关系中发现出来，无论哪一个国家，只要它的商品货币经济关系确立起来，它就必然会有那种价值法则，利润法则，工资法则等在其中发生作用，而由这诸般法则综合起来构成的经济学，也就可以看作是这个国家的商品货币经济关系的"说明书"。现代最初成就商品货币经济关系的国家，大家都知道是英国，就因为这个缘故，以这种商品货币关系为研究对象而形成的现代经济学，就曾先在英国树立起来。所以现在还有人溯源的讲说"英国经济学"这种话。不过，这种原来当作英国社会之产物的经济科学，其中所研究所定立的诸般法则，虽然是把英国的商品货币经济作为考察对象，但等到继英国而起的法国，德国，美国等国家，都相继从事商品生产，都同英国一样的，是拿货币去购买商品，购买生产工具，购买劳动力，经过一定的生产程序，然后再把新生产的商品卖出去，取回比原来投下较多的货币，于是，在其中，在这经济总体运动中，同样存在着价值，利润，工资等等的法则。因为生产的方式同，生产的社会关系同，作用在那种方式，那种关系之下的运动同，于是，原来就英国经济现象研究出的经济学，一样是法国，德国，美国的商品货币经济的写照。这些国家乃至其他任何国家的经济学研究者，只要它们国家经济，采取了商品货币的形态，他们就用不着再为那种经济形态下的价值，利润，工资，地租等等，去定立法则，结局，原本是产生在英国的经济学，就成为一切商品货币经济国家共同的经济学了。经济学一般化了，不是英国可以专有的东西了。亦就因此之故，我们有时要用"英国经济学"这个名词，就需要加上一些限制，否则就颇有语病了。

由上面讲述的这段话，我想大家定会认为"中国经济学"这个语词，是不很妥当的。经济学在当作科学的限内，不允许带上"国别"的帽子，来破坏它的一般性。正犹如物理学，化学，天文学，地理学等等，不允许带上英国，美国，法国或德国的帽子一样。其实，单就这一方面讲，我们似乎还不曾从消极方面，把"中国经济学"这个语词的不妥当地方，完全道出来。为了充分发挥大家在研究上的极可宝贵的怀疑精神，我得把这个语词的另一方面的疑问指出来。

我已在前面说过，经济学是以现代商品货币经济或资本制经济为研究对象而成立的科学。一个国家，如其它已完成了它的商品货币经济关系，它就无须乎有自己的经济学，如其它不曾完成商品货币经济或资本制经济，或者它的经济大体还逗留在前资本的阶段，它又不可能有自己的经济学。在多年以前的中国社会性质论战的过程中，诚然有人公然主张中国已经资本主义化了，以后事实证明这种说法不妥，特别到了战时，一向由国内若干都市方面的买办商业所罩饰的资本主义外观，都给乘机跳梁活跃起来的封建势力揭破了。近年已再没有人倡言中国是资本主义国家了。但不论如何，如其我们是资本制国家，我们将共有各先进国家的经济学，如其我们不否认自己还大体是受封建生产方式支配的国家，我们就无法产出经济学。二者必居其一。即"中国经济学"的建立，不是无此必要，就是无此可能了。

说到这里，我需要就这两方面的疑问，分别来同大家释明，也许就在这种释明中，可以使大家知道：提出"中国经济学"这个口号，即开辟一个中国经济之科学研究的园地。不论就理论上讲，抑就实践上讲，都是有其必要的。它这种研究的必要，虽不一定就意味着它"中国经济学"——提出的可能，但却显然加大了那种可能。

先从理论上来讲"中国经济学"这个名词提出的必要罢。

从 19 世纪末叶起，经济学的研究，已由狭义的，逐渐推移到广义的了。狭义的经济学是如上面所说，以现代资本主义社会的商品货币经济为研究对象，而所谓广义经济学，则是以包括资本制社会在内的一切社会的经济形态为研究对象。经过了半世纪以上的时间，虽然广义经济学已经有了不少的研究成果，但它全部的研究成果，还只能保证广义经济学这门新兴学问或新兴科学可能成立的根基，距离它的圆满完成，其间还有一个相当长、相当曲折的历程。这是为什么呢？说来是颇不简单的。

人类社会有许多历史时期。每个历史时期都有它不同于其他历史时期的社会经济基础；或者换一个说法，不同的历史时期，是由它们各别不同的社会经济制度或经济结构来区别的。目前最为一般人所公然主张或默认的诸历史时期，不是旧历史家用古代的，中世的，近代的，那一类时间上的形容词来表现的区划，那太含糊、笼统，不合科学的绳墨了。原始社会时代，奴隶社会时代，封建社会时代，资本制社会时代，社会主义时期，这个分法，虽然还有少数的社会经济学者，对其最初那个原始时代，乃至奴隶制与表现封建实质的农奴制间的关联，还有不大释然的地方，或者还提出了异议；但其他已为一般所公认。好了，人类社会发展的诸历史时期，既然大体不出上述这五个阶段，那么，以一切历史时期之社会经济为研究对象的广义经济学，就显然是要研究这各别历史时期之社会经济变动的基本法则。现在，我在这里不是要指明那些法则是什么，而是要指明与我这里研究有关的一件基本事实，那就是：各相续历史时期发展的总动向，第一显著的，当然是我们可以诉之常识而判断的，由简单到复杂，但我们还需要从那种发展历程中，找出有助于科学说明的一个论据。即人类社会在愈早的历史时代，他们为维持生存，克服自然所表现的社会劳动生产力，愈益薄弱，这种论断如其不大远于事实，那么，说人类社会愈在早期的阶段，他们的社会活动，愈会受制于自然条件，他们的社会，哪怕是处在同一历史阶段，愈会显示出各别的特殊性。反过来说，如其社会愈发达，到现代这个历史阶段，它的社会劳动生产力，将愈来愈大，愈有力克服气候，地形，人种以及其他种种自然因素的特殊性。根据这正反两面的推论，我们就似乎可以大胆作出这样的结论，说社会劳动生产力较大的甲国资本主义社会与乙国资本主义社会间所表现的差殊性，要比社会劳动生产力较小的甲国封建社会与乙国封建社会间所表现的差殊性为小，或者说，两资本主义社会的国家间所表现的一致性或一般性，要比两封建制国家间所表现的一致性或一般性为大。更具体的说，美国的资本主义与英国的资本主义乃至与远东日本资本主义间的差殊性，是没有欧洲封建制与东方封建制间的差殊性那么样大的。在另一方面，希腊罗马社会的奴隶经济形态，依据我的推论，本质上，与东方奴隶经济形态的差殊性，是可能较之东西封建经济形态间的差殊性更大的。大家看了这段话，也许有些觉得新奇，但这并不是我的发明，我不过将现代经济史学者们关于这方面分别表示的零碎见解，加以系统的说明罢了。不过，你们如其关于这种说法，提出异议，或者还不很释然的地方，我是会负责予以解答的。

然则，上面这个像是新的意见的提出，同我们这里研究的问题，它有什么关联呢？那首先叫我们明了：广义经济学其所以不很容易完成，就因为它的研究，不仅以资本主义经济为研究对象，还以资本主义以前以后的诸种经济为研究对象。资本制以后的社会且不必说，资本制以前诸历史时代，既是愈向着过去，其各别民族国家，在同一社会史阶段所表现的差殊性愈大，则资本制以前诸社会阶段的经济事象，虽然愈来愈简单，但因为要就这些愈来愈会在各不同地理环境或自然条件下表现着极大差殊性的同一历史阶段的诸社会经济事象，研究出其一般的共同的法则，是不免愈来愈觉困难的。比方说，全世界的封建制的最包括最一般的若干基本命题基本法则，虽然大体建立起来了，但单单那几个基本命题或法则，是还不够充实广义经济学有关这一历史时代之社会经济现实的说明的。中国的封建经济型，在世界一般的封建制中，显示了极大的特点，而况，这个型的封建经济，还在这样大的领土上，经历过这样长的悠久岁月。如把中国这种封建制的原型，及其在现代掺杂进的混合物，加以较详尽的研究，那对于广义经济学的贡献和充实，是有极大的意义的。为了强调这种研究的重要性，我们不在狭义经济学的含义上，而在广义经济学的含义上，在广义经济学完成的过程中，提出"中国经济学"这个名词来，是有其必要的。

然而，上面尚是就学术或科学研究上立论，现在应当折转到实践的意义上来。

大家想想看，中国讲"维新"，讲"改革"，讲"建设"，是同西欧资本国家势力接触不久以后，就正式开始的。曾国藩李鸿章们，一把太平天国的乱事平定了，就于1862年仿造外国的方法，建立有关军需品制造厂，中经张之洞一般人的提倡，到后来亦为一般所提倡。但经历世纪四分之三的长期岁月，我们社会在外型上像是有些改变了，并且那些改变，似与"维新"、"改革"的要求无大关联，甚且是反乎那种要求的，结局，我们的社会在骨子里，还顽执的保持几千年的传统。这原因，将如何去分释呢？外力的束缚当然是大家可以不假思索而举出的答案。但我们稍读一点近代史，便知道除英法这两个国家外，一切较后发达的现代国家，如像德、美、日、俄等等，它们向着现代的路上走，都曾受到外力的压制，所以，把这种维新无效，改革无成的责任，完全诿诸外力，似乎不尽切合事实。本来，叫压迫束缚我们的外力，多担当一点责任，并也不是一件怎样说不过去的事，但最可虑的是，这样一种想法或认识，曾妨碍我们去反省去探究那种阻碍现代化进行的其他较基本的或与外力同样重要的原因。旁的我们暂且不说，从将近一个世纪以来的我们革新实践上，已不难想到我们国人无论在朝在野，在政论上，在学术论坛上，对于我们国家需要变革的途径，似乎都没有明确的把握着，自然，在这当中，我们应特别提出，中山先生的民生主义的经济改造原理，确实很正确的把那种途径指明了，并且那种原理及其政策的提出，已很明显的证示过去的维新，过去的变革，如以开设工厂，修造铁路，建造轮船为内容的维新，变革，根本就未触到我们社会需要维新变革的痛处。然则中山先生的主张，已经提出了相当长久，为什么还不曾脱却那种主张的阐扬的阶段呢？其中原因当然很多，但我这里却只须指明与我们所研究的问题有关的一点，那就是在民生主义提出以前障碍着李鸿章张之洞一流人物之革新意识的中国社会经济形态，恐怕在某种程度，也在民生主义提出以后，还障碍着我们的政论家与经济建设论者们。换句话说，就是由于中国过去封建经济，对其他国家表现了极大的特殊，即其他国家的封建基础，是建立在领主经济之上，土地不得自由买卖，与土地相联系的劳力，不得自由移动；中国的封建基础，是建立在地主经济之上，土地大体得自由买卖，劳力大体亦得自由移转，土地与劳力或劳动力的自由变卖转移，是资本制的商品经济所要求的基本前提。因为在资本制的社会，一切人的因素，物的因素，是都要被要求着商品化的，假使其中任何一种因素，不论是物的，抑是人的，其买进卖出受着制度的限制，不能自由移转，那就不但从事任何产业经营，无法积累到大量的资金或大量的劳力，那种经营的产品，也就无法计算出价值，也因此故，无法计算出真正的利润，对于地租，工资等等，都无法成就现代的形态。这一来，并不是说，难得建立起资本制经济的诸基本法则，事实上，根本就无从建立起资本制经济本身。惟其如此，每个现代国家在开始现代化的当时，殆莫不经历一种从封建解放土地，解放劳力的土地改革，并且，还依照它们各别改革土地的彻底程度，决定它们后来资本制发展的进步程度。在各国如此，其在中国，就有使人想不通的跷蹊地方了。如前面所说，中国的土地与劳力，在中国的特殊封建制度下，既然一向是自由移转的，于是在理论逻辑上，中国要走上资本主义之路，就似乎无须乎经过他国所曾分别经过的土地改革。莫说中国人不懂得科学，不懂得理论逻辑，他们，李鸿章张之洞以及其他后来大大小小的张之洞李鸿章之流，就很像敏感的，依据这种想法，企图让中国的社会制度原封不动，而在它的上面，建立起他们所期待的现代经济秩序来。尽管他们中间有些人昌言民生主义的正确性，等到考虑实践问题，却似乎在根据不动弹原有的社会经济，亦可从事现代建设的那一套"轻便而低廉"的理论，把民生主义放在脑后了。如其我们据此说他们对民生主义信念不够真实，也许他们是不大首肯的，其原因究竟安在呢？我不知道大家是怎样思考法，就我想，或许可以归咎于中国过去封建制的烟幕性太大，明明是封建的，却从土地及劳力的自由转移的外观上，显示现代资本制的姿态来；如其说客观存在的事实，不能为我们分担那种信念与实践相背离的责任，归根结底，又要由我们对民生主义的阐扬，不够深入，不够详尽，不够科学，或者说，由我们对民生主义所据以产生的中国经济本身的认识，还有些朦胧。真的科学的研究，是不能凭外观的现象来下判断的。

中国封建制上的那种土地劳力自由，是中国封建制较特殊的地方，也是它比之其他各国的封建制，较为进步的地方。可是，它从这里所表现出的自由，不仅对资本制所要求的自由，有极大的距离，在本质上，甚且可以说不是资本制所要求的那种自由，就因此故，它的进步性，至多，也只是就封建制来说的，而绝不是就资本制来说的。惟其它虽较为进步，在本质上仍是封建的，它就在那种自由的外观下，隐蔽着许多妨阻资本制发生发展的实质。那些实质究何所指，不是我在这里要详细说明的（以后还有专篇讨论的机会），我所要指明给大家的一点，就是我们以往在实践上作出了的许多徒劳的努力，其关键在于大家只感知到或直观到中国经济的外观，而不曾科学的去分析它的实质。即是说，对于中国经济本身太隔膜了。这种积习太深了。为了矫正由认识朦胧引起实践上的凌乱步骤，强调中国经济之科学的研究，而由是提出引人注意的"中国经济学"这个名词来，亦是有其必要的。

由上面理论与实践两方面提出中国经济之科学研究的必要来，即在此种涵义下，提出"中国经济学"之研究的必要来，我想大家一定是赞同的。但我已讲明过，必要并不一定就意味着可能。所以我必须再就中国经济学建立之可能方面，加一番解释。

对中国经济加以科学的研究，本来直截了当的说是中国经济论，或中国经济研究，就行了，用不着抬出"中国经济学"这个大题目。但因为中国经济之科学的研究，尽管在理论方面，在实践方面，有如此的必要，但国人乃至国内经济学界人士，却始终对中国经济，不肯下一点科学研究工夫，他们一般的都把中国经济是什么，它具有如何的性质等等根本问题，总好像当作是"先天的"或凭枝枝节节的一知半解的常识，就可理解似的。惟其如此，"中国经济学"的提出，在消极方面可以说是要矫正这种根深蒂固的太看轻了、太看容易了中国经济这个对象之研究的错误，而在积极方面则是企图由此引起大家对这个研究对象，能严肃的予以注意，并振奋起科学研究的热枕。

这种用意或者这种要求本身，已经就在无形中，把"中国经济学"的内容与性质限定了，我们研究的，强调的，既是这种内容同性质的"中国经济学"，它的建立的可能性，就正好是存于这种限制之上。它不是在现代经济学领域内，自划一个独立的特殊的研究藩篱，反之，它正好是依据或应用现代经济学及现代经济史学的基本原理原则，来发现中国经济的特质，及作用于中国经济中的基本运动法则和其必然的演变趋势。在这种意义上，依"中国经济学"的名义，所研究出的成果，那不但是于一般经济学的世界性，毫无所损，且可说是对于一般经济学的原理的发挥，对于正在形成或完成过程中的广义经济学内容之直接的正面的充实。

此外，为了补充中国经济学建立可能的上述的意见，还可从侧面对经济学国别化的事实，加以简略的释明。在经济学的研究领域内，尽管我们不允许破坏一般法则的任何尝试，但在经济学史的研究领域内，我们却不难发现，产生在某个国家内的特殊经济理论，都被经济学史家有意无意的冠上了国别的名号，如正统派经济理论，被称为英国经济学；重农学派经济理论，被称为法国经济学；历史学派经济理论，被称为德国经济学；限界效用学派经济理论，被称为奥国经济学；美国经济理论混杂着奥国经济理论，被称为美国经济学。诸如此类的称呼法，不管其内容与实质如何，都是经济学史家，根据它们各别学说系统的产源地，给它戴上国别的帽子。就中，法国重农学派经济学说，是在英国正统学派经济学稍前一点发生的，大体是反映着法国过渡阶段中的经济实相，英国的正统学说，大体还赞成了这种学说的合理部分，德国奥国的经济理论，则是在不同的立场上，对英国经济学加以批难和修正。在经济学史领域内，尽管有这么多不同的派系和学说，但并不因此妨碍英国经济学说，如实的反映着现代资本制经济运动的这一事实。因此，德奥诸国的经济理论，虽然是在对英国经济理论，或对一般经济学，提出相异的有破坏性的意见，但从整个经济学的世界性一般性上讲，它们却格外显得破碎支离，从而，把它们在对英国经济理论的对立意义上，冠以国别的，或有"德国的"，"奥国的"，"美国的"形容词，那不但对其现实的一般妥当性，无何等益助，且反而表现那都不过是资本制经济在它各发展阶段，在各别国家特殊条件下的有局限性的意见而已。

知道了这种分别，我们就可以不致因经济学史家们对经济学冠上的国别帽子，而把德国奥国或法国经济学，与英国经济学等同看待，而由此误以为经济学因国而异，并没有什么世界性。这是我们在提出中国经济学这个名词来的时候，特别要大家注意的一点。

1944 年 11 月 7 日于永安野马轩

（原载《东南日报》1944 年 11 月 14、15、18 日）

关于中国经济学之研究对象与研究方法的问题
（1944）

一

关于中国经济学建立之可能与必要，我已在其他场合①，在一定的限制下，予以科学的肯定了。这里更进一步提出中国经济学的研究对象与研究方法的问题。

我这里所提及的方法，是被限定在比较窄狭的范围内的，它不但不完全包含有一般所谓方法论那样广泛的范围，且也不包含研究中国经济学在处理问题的技术上的全面的意义，而只是在讨论研究对象的当中，附带的述及。原来一般"方法论"的涵义，包括了研究立场，出发点，以及有关技术性的方法等等。大概每部科学著作里面在本论以前所提述到的绪论，所提述到的所论学科的性质，范围，方法，以及或隐或现的附加上的著作者个人研究的观点，通可称为那部著作研究的方法论。现在我已经提出过下面将要提出的诸般问题，都不是讲的中国经济学本身，而是讲的研究中国经济学所必然要发生的问题；不是定立中国经济法则，而是研究为何并如何定立中国经济法则；换言之，不是本论，而是绪论，即方法论。因此之故，我在这里所提及的研究方法，就显然不意味着全面的方法论。至于技术意义上的方法，那是在每个论题下都需采用的，亦不宜在这里作总的说明。

然则我为什么要在研究对象的论究当中，特别提出研究方法呢？最大的理由，就因为确定研究对象，是一个颇不简单的问题，研究对象不能明白的确定，法则的探求，就成为不可能了。我们说，中国经济学的

① 1944 年 11 月 14、15、18 日《东南日报》。

研究对象，是中国经济，任谁都不能否认，事实上，我已一再讲过，中国经济学是中国经济之科学的研究了。但中国经济究何所指呢？它是意味着中国经济的哪一个阶段呢？它的时空限制怎样呢？不错，当我们提出中国经济学这个语词的时候，大家也许会理解到它的研究对象是现代的中国经济，是与西方资本势力正式接触以后的中国经济。那么，与西方资本正式接触后的这个时间很长，将近一个世纪了，这一个世纪中的中国经济变动很大，我们从纵的方面指出它的运动或变动法则，也许可能，若求指出其某一横剖面的运动法则，则我们所研究的，就不是这一个世纪间的中国经济，而是这一个世纪中的某一阶段的中国经济。而且，如其我们所研究的中国经济，它里面所包含的经济成分，从社会发展史上去看，是现代资本制的成分占着较大的比重和优势，我们就很可直截了当的看它是现代资本制的经济形态，所要研究的，不过是它对一般资本制的可能的差别性罢了。如其事实上，在我们所研究的对象中，是非资本的经济因素占着优势，或者资本的经济因素，还不曾明显的占着优势地位，那一来，我们对于所研究对象的法则的把握，就无法采行单刀直入的简捷途径了。即是说，我们需要讨论到现代这种经济形态所由演变过来的历史前身了。由是，作为中国经济学研究对象的中国经济，看似非常明白，稍经科学的分析，就知道它要求我们解答以次几个问题：

第一，研究对象的包容限度问题。科学的研究，原是要把握所研究对象的单纯因素，如其我们要涉及我们所研究对象，即中国经济的传统经济成分，则所研究的结果，就不单纯是目前的，同时是过去的，这是否要超出科学研究对象的包容限度？

第二，研究对象的叙述次第问题。如其对于前一问题能作出满意的解答，即我们关于现代中国经济的研究，不妨论述到过去经济形态，或者必须论述到过去经济形态，那么，我们在这研究对象的叙述程序上，究应先从其现代形态（这里一再表述的现代经济形态，不是意味着一般所理解的资本制的形态，而是特称的指着中国传统经济在现代受了资本制影响所形成的经济形态）起，然后再在其中解析其过去因素，抑先从过去形态说起，然后再看它在怎样逐渐为现代资本制所影响，所侵蚀，所混杂化？

第三，研究对象的时空制约问题。如其说，不论我们在叙述上，要采取怎样迂回的途径，最后的要求，总在求得对于现代的中国经济形态的特质及其诸基本运动法则的理解，然以现代资本制对中国传统经济形态所加的侵蚀和混杂化的影响，在时间上在空间上乃是逐渐延续，逐渐扩展的，我们将要研究出的特质及其诸基本运动法则或规律，究在这种经济形态扩展到中国全领域内的何种限度，才显示出它们的作用，并在何时才达到这种限度，才最能显示出它们那些作用呢？

上述这几个会发生在研究对象之把握上的问题，一向是为我们研究中国社会性质的学者或专家们所忽略的，但科学的研究，却需要我们郑重的把这些问题提出来。我下面将尝试的对这些问题分别予以解答。而对于研究对象讨论上所要运用的方法，则存于那种解答上面。

二

对于第一个问题，即研究对象的包容性问题，是早就存在着的，是在把中国社会性质问题当作问题来研究的当时，就已经存在着的。这是现代的中国社会性质论争之所以变成了中国社会史论争的症结所在。

科学要求所研究对象的单纯，是一个事实。而我们现代中国经济这个研究对象，无法过于单纯，也是一个事实。所谓单纯，是从同一性质社会基础，或同一社会生产关系出发的。一个社会的诸般经济事象，如其一元化到了最高程度，即如就资本制性质的社会基础或社会生产关系来说，如其过去封建的乃至更古旧的经济因素，都逐渐归于消灭，而未来社会主义的经济因素，尚不曾脱却胎胚的阶段，则它这个社会普遍存在着的经济事象，哪怕发展得最充分，它们相互间的联系，哪怕表现得最复杂，但作为科学研究对象来看，却是单纯的，单一的，因为它们通是属于资本制的范畴。反之，如其一个社会，像中国在现代的这个社会一样，还是处在过渡时代，尽管它全社会的经济事象，比起上面所讲的那个一元化了的社会来，真不知要简单多少，但它那种经济事象里面，就不仅包括有以前各社会史时期，特别是封建社会时期的各种不同社会性质的因素，并且，从某些方面看，像是某种社会性质的构成因素，占着较重要的地位，从另一些方面看，又像是其他种社会性质的构成因素，占着较重要的地位。我们把这样一种社会的经济事象作为研究对象，就显然要在认识上，在科学分析上，发生一些困难。

不错，我们所研究的，既是在现代的中国经济，即使它是过渡的，即使它的各种构成因素，是未经同性质化的，未经一元化的，那并没有什么妨碍。因为它的构成诸因素，究是谁占着较大的比重，谁演着主导的作用，似乎并不是我们应特别注意的。我们似乎只应注意到那些不同社会性质诸因素，在混同结合后所形成的那种不是封建的，亦不是资本的，而是第三种性质的或过渡性质的东西。把它这种性质的经济特征及其在社会中作用的动态和倾向发现出来，就似乎可以达成我们研究的任务。而且，对于这种研究对象，探究它各别构成的混杂的因素，虽然是不单纯的，不纯一的，但如其看它混合构成的结果，或把它看作第三种性质的东西，它不就表现得单纯了，便于我们作科学的研究么？

一切形式主义者，往往把极困难的问题处理得最容易，把极复杂的问题处理得最单纯。

我们诚然是把过渡经济的总体作为研究对象。但我们如其是想从它这种对象经济形态，探究出它已经在社会各方面作用着，并还会继续增大其作用的诸般倾向，那个总体是不能告诉我们什么的，而一定要看构成它这总体的诸因素，各别的，相互的，在作着怎样排斥，抗拒，乃至苟合的活动。显言之，就是要看旧来的传统的经济成分，在怎样逐渐的为资本制的经济成分所侵蚀，或者看它们对资本制经济成分，在行着怎样的限制，抗拒或适应。必须在它们这种相互制约相互适应的过程中，我们对于中国经济，始能看出它的特质和动态，中国经济对我们始不是一些混杂而无从究诘的模糊概念。

论到这里，我们已知道对于现代的中国经济的研究，必须把研究的范围，延扩到社会史方面去，至少，必须延扩到封建经济方面去。但这里又要发生新的困难。前面已经讲过，封建经济在各别社会各别国家间表现的差异性，一般是较之资本制经济在各别社会各别国家间表现的差异性为大的；而按照一般科学研究的顺序，即先由较发达的对象形态，研究到较不发达的对象形态的顺序，现代对于较发达的资本制经济的研究成果，大体又是比之对于较不发达的封建经济的研究成果为大的。换言之，即差异性较大的各别国家的封建经济，其研究成果反而较不完全，在这种理解下，我们要依据现代已经完成的经济学，来判别中国经济中之资本主义因素，就比较容易；要依据研究尚不完全，尚不充分的有关封建经济的研究成果，来判别中国经济中之封建因素，就比较困难了。而且，我们一再说明过，中国社会的封建制，是有着它极其特殊的地方，对于它这种特殊的地方，或者对于它这种具有特殊性的封建制全体的科学研究，还是留在最幼稚的阶段。我们显然不能完全依据一般封建制的研究结论，也更不能依据有关中国封建制的一些零碎而富有匆促性的论断，来确定中国经济中之封建经济因素，究在何种限度保有它的原型，或者，究在何种限度，受了资本制经济的影响。这就是说，我们在确定中国经济还不曾由资本制占着支配地位，即还有相当浓厚的封建经济成分存在着的限内，对于它的研究，就必须研究到中国传统的典型的封建制本身，这在表面上，好像是超越了科学研究对象的包容限度，而在事实上，却正好是科学研究不免要加担在我们身上的要求。

三

对于第二个问题，即对于研究对象的叙述次第问题，亦即我们的研究对象，既然需要把封建经济形态放在里面，然则我们应当怎样开始我们叙述的问题。从表面上看来，似乎最妥当的办法，就是先把我们在现代的中国经济，全般加以解述，然后再从其中辨识出何者为封建的成分，何者为非封建的成分。这是非常普通的叙述方法。但当我们指称其中所含封建经济成分的时候，不是先须对于封建制本身，有一明确认识么？这一诘问，我们马上会想到，从封建制研究起，是理论逻辑要求的程序，而且，先指证出我们典型的封建经济形态，然后再循序探究这种经济形态的崩溃过程，探究这种经济形态，在何种范围，何种限度，为现代资本制经济所代置，所左右，所改变，这无疑是非常顺理成章的。

然而，我们对于所研究的对象，若按着这个程序去探究，那除了上述的理由外，还须根据一种假定，那是说，资本主义的生产关系，还不曾在中国社会生起根来，中国社会一般的生产方法，还不是资本主义的。因为没有这一个假定，我们的研究，也将如我们对于先进诸国的经济的研究一样，只把封建的成分，看作是存在于其社会最落后角落的残余部分。事实上，在中国社会性质论争当中，主张中国已经是由资本主义经济成分占着绝对支配地位的学者或政论家们，就已经是采行这种研究方法。当然，科学的研究，是尊重假定的。我们可以如此假定，自无法禁阻他人不作另一假定，但其中有一个区别，即科学上的任何假定，不是建立在空中，而必须建立在有最大可能的坚实基础之上。

我们要了解一个社会的经济的性质，看它的表面现象是不行的，看它集中浮现于我们研究者所在场所的表象是更不行的。如其说，判定一个社会究有怎样的性质，需要看看它的根底，看看它的最一般的、最通行的生产组织，则在我们社会中，作为一个农业社会的生产结构，劳动生产关系，一般差不多没有了不起的变更，所有变更了的，或者正还在由其变更而影响着基本的生产结构的，毋宁是存在于流通方面的。即在城市方面，在生产上有了根本变革的，仍只限于极少数都市的极窄狭部门，一般的讲，还是流通上的变化，大于或多于生产上的变化。在这里，我的意见也许有两点需要斟酌：其一是，任何国家的经济现代化，大体都是先由都市工业方面的改造，渐及于农村经济的改造，资本主义生产方法对于前资本社会的生产方法的代置或征服，最初只是就其支配影响而言，并不是一下子就把农村社会的原有生产方法都从根加以破坏。我是大体同意这种说法的，但可惜我们社会在都市在工业方面的变革，迄未造出这种对全农村社会的支配的影响，而且任何一个社会的现代化，即使其发端是在都市方面，要使都市方面（本质上是工业方面）的现代化能顺利进展，环绕着都市的广大农村，是必须先对都市工业上的改革和发展，能由其自身生产关系的改变或破坏，提供现代化工业站稳脚跟的坚实基地的。这是破坏工作必须在农村方面有了端绪，即传统的土地所有形态，或传统的以土地为中心的农村社会生产关系，必先有了变革性的破坏端绪，然后在工业方面，始能顺势的从事变革性的建设程序。在近百年来的蹒跚不前的现代化过程中，我们农村的旧社会生产关系，无疑在逐渐趋于分解，但那种分解，近似大破落户的式微和衰颓，而并非经历了有创意的变革性的破坏。就因此故，在作为一个历史时期的社会体制来看的限内，中国的封建经济，诚然是在衰弱无力的苟延着，但它这种有深厚传统关系的制度的无力苟延，却是很够力量障滞着羽毛未丰的新社会关系或生产方法的建立的。不过，我在这一点的说明上，也许就会引起另一需要斟酌的地方，那就是在前一篇提论到的中国封建制的进步性。许多把中国现代经济看为是资本主义性经济的人，也许不是完全不理解：资本主义经济秩序的建立，首先就需要一个变革了的农村社会，作为它成育发展的基地。但他们的这种认识，给中国封建经济的进步性或开明性迷惑了。我不能在这里详细剖析此中迷惑的原委。我只补述前面说过的一句话，封建制的进步性，只是看作一种封建体制的限内，它才是进步的；也就是说，作为它的进步性的体现物的诸社会经济因素，并不曾、也不会否定或代替它这种制度本身。

要之，我们对于中国经济的研究，其所以必须要从封建制经济的分析开始，就因为我们假定中国现代经济中的封建成分，还占着极优势的地位，且因为我们这种假定，是建立在非常确实的经验事实上，而我们以后的研究，并还会给它以非常明确的证验的。

四

对于最后第三个问题，即研究对象的时空制约问题，我的解答是这样的。把中国经济作为对象来研究，显然是要求从那种研究中，发现中国经济内在诸因素相互作用的因果关联，其演变定律及一般倾向。申言之，即我们所着意的，与其说是中国经济之静态的理解，毋宁是其动态的把握。在现代经济学的研究上，原有所谓经济静学与经济动学的区划。实则经济学的研究，如企图在发现或暴露现实经济的演变趋势或运动法则，而由是作为实践政策上的依据，则勉强用无数假定支持的静态研究，就似乎没有多大的现实意义了。不但此也，在一个现代性经济大体一元化了的社会，或者，其经济活动大体定型化了的社会，倒也无妨让有闲的学者，埋头去作静态的定性的分析，若在我们这种过渡性的社会中，却似更应把现实经济的演变趋势和运动法则，作为我们研究的主题。在这种认识下，我们把研究对象的范围，延展到传统的封建体制方面，就比较更多一层理由了。

但我已讲明过，溯源的探究封建体制的特质，是作为更明确理解中国现代经济的一个准备性的研究步骤。我们最后的目的，仍在发现出这在现代的中国经济，这包含有太浓厚封建成分，以致无法成就资本主义发展的中国经济，究在它新旧倾轧与交替中，表现了那一些法则，那一些显明的倾向。果其如此，那些法则与倾向，就显然有时空制约的关系存乎其间。也就是说，它们只是中国经济在一定时间和一定空间内的现实表现。过此以往，即不在这一定时空内，它们就不发生作用了；过此以往，就非我们的研究成果所能范围了。然则我们能不能把我们研究成果所作用的时空范围具体指证出来，如说，它们是在多长的期间内，多广的地域内，才有效的作用着呢？尽管这是属于繁琐经济学的事，但我们对于这种疑问，却须作以次两点简单的分释：

第一，所谓法则，所谓倾向，即使再有周延性，也无法包括尽现实，现实比法则是丰富得多的。我们对中国经济作科学的研究，诚然是以探究或发现出其基本的或主要的倾向和法则为旨归，但这种意向，并不妨碍我们在这种努力范围以外，更作比较包容，比较更多方面的探讨。这正如为自然科学研究对象的自然现象，尽管其基本法则已被连续发现出来，使各种自然科学得有了成立的可能，但这各种自然科学的成立，并不意味着自然界的一切现象，全都有了因果法则的说明，同时，更不意味着已经有了的研究成果，会妨碍继续的研究，恰恰相反，许多更进步更有妥当性的说明，却正好是依据已有的研究成果。因此，我们对于中国经济的研究，只要能把握其基本变动诸法则诸倾向，就似乎无须当心它对现实的反映，究会周延包被到什么程度了。

但这一分释，很自然的会引起另一种分释的必要。如其我们对于中国经济研究的成果，只能是把握其作用在一定时空限度内的诸基本法则和倾向，这个时空的限制，就似乎需要指明出来，以明其作用的限界。它们当然不是，也不能是近一百年来在全中国经济领域内存在着作用着的。如其说，一种社会经济法则或其倾向，是由许多经济条件形成的，某一项或某些项条件不曾全备，它那种倾向就无从造出。即使全备了，其中某一项条件不曾完全成熟，它也不容易显现，不论在自然界也好，在社会方面也好，根本就难得找到百分之百的显示某种倾向或法则的完整条件。这是我们研究自然科学需要借助于各种实验器，研究社会科学需要借助于抽象分析力的一个最大原因。我们研究在现代的中国经济，尽管远溯到以前封建体制，尽管按照一般的惯例，是把鸦片战役作为现代化的起点，无论为了实践上的要求，抑是为了理论上的方便，我们总往往是比较侧重它在当代或晚近这一阶段的实况，因为从动的发展的观点来看，愈到晚近，不仅它们发生作用的条件会完备一些，它们作用着的范围亦会广阔一些。虽然它们潜在的可能的作用，也许是早在这个阶段以前就已经存在着的。在这种认识下，要枝枝节节指出某项法则某种倾向，是在某某时期某某地域，发生作用，那将变为无益的冗谈。资本主义的价值法则，利润法则，工资法则，在资本制存续的时期与空间，是会继续发生作用的。不管亚当·斯密研究的经济，与李嘉图，与晚近奥地利派诸子研究的经济怎样不同，也不管他们研究的结果怎样不同，（由亚当·斯密启其端绪，由李嘉图予以完成，由奥地利派予以歪曲的）那些法则，一直在不顾人们的志望而严肃的存在着作用着。自然，它们在初期作用着的范围，是远不及晚近的辽阔而普遍。但我们所注意的，宁是它贯彻其作用的底力和必然倾向。这是我们研究中国经济所当借鉴的地方。我们不是要明白知道我们发现的经济法则，是在怎样长的期间内，是在怎样大的范围内，才发生作用，而是要注意它们在以如何大的底力或必然的力量，即使通过种种限制，还能贯彻，延续，并扩大其作用。

<h1 style="text-align:center">五</h1>

当作一个结论，我需要予前面比较抽象述及的诸论点，以一个较具体的例证，把它们连贯综合的解说出来。比如，在抗战过程中，我们的商业资本活动，总算是我们经济上最突出的现象了。商业资本自我扩大的倾向，似在以万钧之力，压缩了社会各方面对它所加的责难与限制，并反过来以"触手成金"的魔术，使一切接近它的其他社会活动，都部分的或全体的转变为它的活动，生产事业商业化了，银行事业商业化了，合作救济事业商业化了，一切官业，许多官厅，都在直接间接当作商业自我扩大倾向或定律的体现物；四方八面呼出的制裁打击商业，甚至激烈喊叫诛戮非法商人的号召，都变成了带有讥嘲性的绝望无力的尾声。学者专家们同一般无经济知识的常人一样，对于中国商业的这种魔力，表示毫无理解；他们与那般无经济知识的常人唯一不同的地方，也许就在装着像是知道罢了。要研究他们对这种经济现实无理解的第一个原因，或许就在他们把中国当前商业，与它存在的社会基础，与它以往历史传统的关联，割裂开来研究，而不知道我们这种不受生产过程羁勒约束，不服务于生产的商业形态，在战前，就已经用"搜集国内土产，统办全球制品"的买办性能，在社会各方面发生阻止现代化，阻止工业化的影响。而它对于官厅，对于公私信用机构，对于土地等等政治、经济诸方面发生的"同化"或腐蚀作用，正是其过去传统精神的扩大和延续。因此，单就当前商业现象本身作格物致知工夫，是愈格愈不能通的。亦就因此之故，把中国在封建体制下的特殊商业形态弄个明白，再看其带上买办标记以后的变化程度，它当前所以能显出如此大的魔力的真相，就不难理解了。在这种认识下，要指出这种商业变态扩大倾向，真正是在何时何地发生，显然没有何等意义。不过，关于中国商业资本运动法则，以后还有详述机会，这里只是简略提起，以示上述研究对象诸问题的解答，并非抽象的泛论罢了。

1944 年 11 月 26 日于永安野马轩

（原载《改进》1944 年第 10 卷第 4 期）

中国经济研究总论
（1946）

一 中国经济研究的三个阶段

正式把中国经济研究的问题提出来，正式以中国经济为研究对象，直到现在为止，还没有二十年的历史。我们今日来检讨这方面研究的成果，虽仍觉得很是有限，但如衡以这短促的时间，却就毋宁说是特别值得称许的。这方面研究工作的开展，从客观条件方面讲，大体可以说是得力于以次两点：即我们实践上的紧迫要求，和当代世界现实明确呈显了一部社会发展史的图样。而后一方面世界发展的总倾向，又显然是直接间接会在前一方面发生敦促作用的。

这里且就此种关键，来说明中国经济研究上的几个阶段。大体上，在九一八事变发生前后几年，是中国经济研究的第一个阶段；七七事变发生以前数年，是中国经济研究的第二个阶段；而由抗战至现在，则可算作是中国经济研究的第三个阶段，亦即在这里提称的中国经济研究的现阶段。

我现在来分别简述这各阶段研究的特征及其全般动态。

第一个阶段所说的九一八事变前后数年间，那大体是指着由民国十六七年到民国二十一年。这个期间何以特别会引起对于中国经济研究的要求呢？大家试回想到当时的社会政治上的变动情形，就很容易明了此点。

在民国十五年北伐以前，中国论坛上间或也有关于中国经济论述的文字，但无疑都是零碎片断的，而比较触到了中国经济之全般特质的作品，倒毋宁要数到《国民党第一次代表大会宣言》，而作为这次《宣言》

之理论依据张本的民生主义，其重要点主要是放在积极的创建的方面，至关于非采行民生主义经济不可的现实经济基础的详细分析，则殊少说及。国民革命势力伸展到武汉、南京以后，由局势的大变，必然导来从理论上检讨实践归宿的要求，而在前此北伐过程中，在五四运动展开过程中，依学术思想解放所接触到的虽然是有限得很的新兴社会科学知识，却显然大有助于那种要求的实现，于是，中国社会性质的问题提出了，中国经济研究的问题提出了；集中在《新思潮》《读书杂志》等刊物上的许多有关中国经济的论文，如王学文先生的《中国资本主义在中国经济中的地位、其发展及其将来》，潘东周先生的《中国经济的性质》，以及主要由批判王、潘而引出的严灵峰先生的《中国经济问题研究》，任曙先生的《中国经济研究绪论》，乃至主要由批判严、任而发表的刘梦云先生的《中国经济之性质问题的研究》，伯虎先生的《中国经济的性质》，刘镜园先生的《评两本中国经济的著作》和《中国经济的分析及其前途之预测》，……差不多都是民国十八九年到二十一年这几年中发刊的。它们的中心论点在探讨中国经济具有何种性质。王、潘两先生都主张"中国经济是帝国主义侵略下的半殖民地的封建经济"，认定"在中国经济中占优势的，占主要地位的，是半封建经济"，而"所谓中国资本主义，所谓中国民族工业，仍处在资本主义初期轻工业的阶段"。反之，恰好与他们站在相反立场的严、任两先生，又认定中国经济是资本主义的，作为其理论前提的论点，是把小商品生产与资本主义的商品生产一同看待，是把外人在华资本与中国民族资本一同看待；既然中国人的小企业，外国人的大企业，"仅仅存在数量的差别，而没有质量上的差别，两者都是代表资本主义的势力……"（严）；"既然在中国境内的华洋两种资本主义，是当作统一中国经济看待的，那么，帝国主义在华的银行、工厂、商店、矿山、轮船及铁道资本等，再加上土著资本主义的银行、工厂、商店、矿山、轮船、铁道等，就足以压倒封建经济，而支配全国生活"（任），所以，"中国已达到了革命前俄国的经济基础"。刘镜园先生尽管大体上站在严、任同一的立场，但却觉得把中国经济遽以资本主义经济目之，似乎过火了一点，于是打一折扣，提出"落后资本主义"的名目来。中国经济性质的论争，虽不曾到此终结，但显然在这里告了一段落，即结束了我之所谓第一个研究阶段。

在这一个阶段研究的最大收获，与其说是解决问题，毋宁说是提出问题，探究中国经济的性质，这已经可以说是科学研究的起点。我们今日把那时有关中国经济的论文翻读一遍，无疑会发现出许多幼稚而肤浅的议论；即使某一方面明白提出了迄今还视为相当健全的命题，比如所谓新思潮派（何干之先生在《中国社会性质问题论战》一书中称王学文先生等为新思潮派）提出的"中国经济是帝国主义侵略下的半殖民地的封建经济"云云，那同我们今日大家大体一致首肯的"半殖民地的半封建的经济"，只不过是文字表现上略有区别，可是，站在理论研究的立场上，我在此着意的，毋宁是他们研究出他们那种命题，或支持他们的论点，所采取的方法。不论是他们抑是他们的反对者，都似乎只在"资本主义"、"民族资本"、"半殖民地"及"封建经济"一类名词上反复作注脚式的说明，分别撮拾一些中国经济上的表象，拿来与名词相比合。结局，他们彼此虽在要求研究中国经济的本质，而从他们的种种论断中显出来的，却不过是那种本质的极暧昧，极闪烁不定的片断；并且，他们的考察，还大体是局限在都市产业方面，或从消极观点，断定其尚是封建经济占优势的资本主义初期阶段，或从积极观点，断定其已发展扩大到支配全经济生活的资本主义阶段，至若作为都市产业依存基础的广大农村经济，是不大为他们注意到的，因为他们用以诠释中国经济性质的方法，还不允许他们把研究拓展深入到这个视野。

第二个研究阶段是指着由民国二十二年到二十六年这个期间。

这个研究阶段紧接着前一阶段，把前一阶段提出的问题，或在前一阶段研究的基础上，作更进一步的探讨。如其说，前一阶段研究的视野，大体局限在都市经济方面，这一阶段研究的重点，就大体移到了农村经济方面；但还不止此，前一阶段的研究，所着意的，无非是中国经济上比较突出的一些表象，和为了说明那些表象所需提论到的社会科学上的一些术语；而这一阶段的研究，就比较更接近中国经济的本质，同时也更接近了中国经济本质研究的方法论。

为什么时间相隔不久，研究上就有这种进步呢？我们原不忽视"九一八"事变前后这些年间，正是新兴社会科学在中国学术界以快速步调传扬的时期，而苏联及日本社会科学者对于中国经济中国社会性质的研究，更益以中外学术研究机关，和社会事业机关，如中央研究院、北平社会调查所、金陵大学、华洋义赈会等所作的种种农村经济调查，显然皆有助于我们在研究上采行更深入的步骤。较早的广东省农业调查报告，至一九二九年才全部出版；马杰尔（L. Madjar）的《中国农村经济研究大纲》亦是同年草成，于一九三一年译成中文；中央研究院和北平社会调查所的调查工作，系开始于一九三○年，而于此后数年中，连续发表其调查研究结果；布克（J. I. Buck）的《中国农家经济》亦系一九三○年出版。所有这些调查研究，以及社会科学理论研究著作的翻译介绍，都只能说是我们这一研究阶段的主观条件方面的准备工作，我这里还需要进一步说明当时的客观情势。

一九二九年以后的战后世界大恐慌爆发以后，中国在事实上已变成了世界各资本主义国家采用倾销政策的理想园地，益以国内政治的动荡，战祸与天灾的频仍，致使前此在第一次大战过程中，因利乘便发展起来的一点民族工业，如纺织业、面粉业、火柴业等，相继陷于绝境；而当时由农村动乱，由金融集中到若干特殊大都市，所变态兴盛起来的银行资本，遂相率把它们的活动对象，由都市移到农村。"复兴农村"的口号是由此提出来的。由原始蓄积方法从农村注集到都市的资金，俨然要由农村贷款的方式，回流到农村去，此即所谓"资金下乡"。这种"下乡运动"是一九三三年即民国二十二年开始的。农村在实践上被人们特别垂顾的时候，它在理论上也是必然会成为人们考察的对象的。

在当时，对于农村经济的研究，主要是集中在两个定期刊物上，其一是由邓飞黄先生主编的《中国经济》，其一是中国农村经济研究会发行的《中国农村》。集中在前一刊物中讨论农村经济问题的是王宜昌、王疑今、王景波、张志澄诸先生，集中在后一刊物上讨论同一问题的是孙冶方、钱俊瑞、薛暮桥、陶直夫诸先生。而在农村经济研究上表现了优越见解的陈翰笙先生，以及后来参加论争的千家驹先生都可算在他们一起。我们这里没有充分篇幅指出他们各别的题目与论点，在大体上，他们这两个壁垒，分别与前一研究阶段上呈现的两个壁垒，保有相当渊源上的联系，前一个壁垒中的研究者，如王宜昌诸先生，与上述严、任诸先生是采取同一立场，即认定中国农村经济商品化的程度颇高，不但农产物，就连农村劳动力，也商品化得可观了，中国农村经济已大体是资本主义的了；后一个壁垒中的研究者如孙冶方诸先生，却又在相当修正的立场上，接受了王、潘诸先生强调中国尚是封建主义占着优势的说法。他们相互的辩驳，不仅把理论拓展到了研究的方法论上，拓展到了规定一个社会性质的生产力与生产关系的研究上，并且就小农、就商品、就雇佣劳动、就原始市场等特定经济范畴，予以深入的探究。

如把这一次论争的是非存而不论，论争的内容与方法，显然是进步多了。但美中不足的是，他们对于方法论的论难，仿佛是在所研究的对象的中国经济、中国农村经济以外来进行，而所论难的有关农业上的诸经济范畴，又仿佛各自孤立着，而没有全部系统的联贯起来。

我们对于中国经济的研究，需要再进一步，通过一种严密的方法论，把由都市到农村的全般经济事象，统合在一个体系之下，显示出其基本诸运动规律及发展倾向。

这是留待我们在中国经济研究第三个阶段应做的事。

第三个研究阶段，即由七七抗战起到现在这个阶段，已经经历了七八年的岁月，与前两个阶段的时期比较起来，宁是相当的长了。到刻下为止，主观上客观上便利我们这种研究的条件，确不算少了。如在主观条件方面，前两个阶段的研究成果，都可供我们进一步研究的参证。在客观条件方面，战争愈向前发展，我们原有的一点新式产业基础，愈无法保持；同时，一向被我们沿海都市方面的作者专家视为已经资本主义化了的大后方，又无所掩遮的暴露出了它的实相。而万分苦恼着我们的落后诸经济活动，如商业资本、高利贷资本及土地资本的活动，更逼着我们不再能获有否认封建传统经济成分占着优势的口实。现实把认识变单纯了。我们在战时没有在中国经济研究的论坛上，发现前两研究阶段那样的论争。

但是，战时不利于中国经济研究的诸种因素，亦显然在极有力的作用着。

比如，战时的研究工作，因为受人力物力及其他种种限制的关系，一般是难得展开的。我们知道，战前许多关于中国经济研究有相当历史的刊物，如《中国农村》、《中国经济》、《食货》等等，都相继停刊了。然而，中国的事，毕竟有许多是不能一概而论的。一般有研究价值的刊物或出版物，尽管因了战时的限制，无法继续支持，但在另一方面，却又像有丝毫不受战时人力物力限制的出版情形存在着：战时有关经济研究的刊物，直如雨后春笋般丛生起来。每个有关经济的机关，如银行、财政、合作、税务、专卖、工矿、水利、农林、商业，殆莫不有它们的代表刊物，那些刊物除极少数外，其余包括较有权威性的《财政评论》、《经济汇报》、《金融知识》等在内，都有一个显而易见的共同特征，就是其中的有关中国财政经济的文字，不论是论述的，抑是提案的，一律在行所无事的把中国经济和现代其他先进国经济一视同仁的处理。有时，某个作者在某种场合，也强调着中国社会技术条件太差太落后，但在其他场合，又满不在乎把它忘记了。他们这种研究作风，根本未触到中国经济的本质，可是，我们不应忽视一点，就是，他们虽不曾明白论及中国经济的性质问题，在无形中，在他们的潜在意识中，已经在把中国经济看作资本主义的商品经济。这种超现实的研究作风，并不是始于战时，不过在战时更活跃，正如中国商业资本的破坏作用，并不是始于战时，不过到战时更形猖獗罢了。探究他们这种作风形成的过程，不是这里所要作的，但亦不妨指出以次两个关键：其一是，他们所据以研究讨论中国经济的经济学，百分之九十是渊源于全无历史观念，对各种社会的经济形态都一律看待的奥地利学派的经济学；又其一是，以前两个研究阶段对于中国经济性质论争的任何一方面，仿佛都不大注意到以中国经济学社为中心的那些英美派学者（晚近的奥地利学派经济学在英美的变种）的议论，这原因，一部分虽是由于那些学者除了谈谈货币金融一类问题而外，根本就不明白提到中国经济究有如何的性质（如马寅初先生题名为《中国经济改造》的那部大著，就是一个标本），另一部分则是由于那些谈论中国经济性质的人，又仿佛对于所谓英美派经济学者所据以立论的经济，多少有些隔膜，于是几次中国经济性质问题的论争，都没有关涉到他们。他们在今日经济论坛上，在今日经济实践上，其所以取得了指导的立案者的地位，那除了基本上要从现实政治中去求得理解外，至少在几次论争上，把他们那种研究作风，那种对于中国经济的表象论的认识，轻轻放过了，也是一个相当重要的原因。我们一方面在倡言把民生主义当作范围我们国民经济活动的南针与国策，同时却让这种没有历史性格，没有革命气习（其实，作为资本主义末期之代表意识的奥地利学派经济学，对于一切需要革新社会经济组织的国家，都只有反动作用）的经济意识形态，发生支配的领导的作用，"这已够令人稀罕，但最稀罕的，却是这种存在已久的事实，还不曾有人把它指明出来"（《中国经济学界的奥地利学派经济学》一文中，有一节专论奥地利学派经济学对于民生主义经济由理论到实践的背离，可以参照）。

由上面的说明，我们已经知道：在中国经济研究的现阶段，有以次两大任务须得完成：

在消极方面，需要对障碍着中国经济认识的诸般理论，特别是在目前同商业资本一样猖獗的那些商人意识，加以无情的批判。在积极方面，需要依据正确的经济理论，就中国经济过渡的转形的性质，采用发展的，全面的及比较的方法，以发现出中国经济的若干基本运动的倾向与规则。

这两个任务显然不是很容易完成的。为了唤起大家共同向这方面努力的注意，我曾提出"中国经济学"这个名词来。我无意像一般庸俗者一样，要建一个什么学派，而且学派也不是用名词建立起来的。不过说到这里，我倒想顺便提到以次有关的一件事体：即我提出这个需要加一些限制才能成立的名词"中国经济学"，其企望达成的内容，与目前有人所强调的"中国国家经济学"是大有出入的，站在科学的研究立场上，在"中国经济学"中插入"国家"两个字，其意义是极其含混的，也是不易明确把握"中国国家经济"这个研究对象的。其目的不在讲"学"，而在讲"术"，讲"政策"，讲"经济指导原理"，那与我所提倡的中国经济本身的科学研究的起点与程序，是两样的。

二　中国经济科学研究在理论与实践上的二重必要

从上面的说明，我们很容易明了：中国经济的研究，愈来愈使我们对它有进一步的认识，但在研究的过程中，正面的认识，固然在逐渐明朗化，而反对方面的意见，亦相伴着实践上的诸般错综复杂关系，在有意无意的向着更深一层或更有烟幕性的境地展拓。这就是说，随着认识的增进，随着研究视野的开展，与研究水准的加高，我们对于中国经济研究的历史任务，也仿佛相应加大和加重起来。在这里，我想从理论与实践两方面，来说明我们对中国经济需要进一步作系统的科学研究的究竟。

首先从理论方面来讲罢。

从十九世纪末叶起，经济学的研究，已由狭义的，逐渐推移到广义的了，狭义的经济学是如上面所说，以现代资本主义社会的商品货币经济为研究对象，而所谓广义经济学，则是以包括资本制社会在内的一切社会的经济形态为研究对象。经过了半世纪以上的时间，虽然广义经济学已经有了不少的研究成果，但它全部的研究成果，还只能保证广义经济学这门新兴学问或新兴科学可能成立的根基，距离它的圆满完成，其间还有一个相当长、相当曲折的历程。这是为什么呢？说来是颇不简单的。

人类社会有许多历史时期。每个历史时期都有它不同于其他历史时期的社会经济基础；或者换一个说法，不同的历史时期，是由它们各别不同的社会经济制度或经济结构来区别的。目前最为一般人所公然主张或默认的诸历史时期，不是旧历史家用古代的、中世的、近代的，那一类时间上的形容词来表现的区划，那太含糊、笼统，不合科学的绳墨了。原始社会时代、奴隶社会时代、封建社会时代、资本制社会时代、社会主义时代，这个分法，虽然还有少数的社会经济学者，对其最初那个原始时代，乃至奴隶制与表现封建实质的农奴制间的关联，还有不大释然的地方，或者还提出了异议；但其他已为一般所公认。好了，人类社会发展的诸历史时期，既然大体不出上述这五个阶段，那么，以一切历史时期之社会经济为研究对象的广义经济学，就显然是要研究这各别历史时期之社会经济变动的基本法则，现在，我在这里不是要指明那些法则是什么，而是要指明与我这里研究有关的一件基本事实，那就是：各相续历史时期发展的总动向。第一显著的，当然是我们可以诉之常识而判断的，由简单到复杂；但我们还需要从那种发展历程中，找出有助于科学说明的一个论据，即人类社会在愈早的历史时代，他们为维持生存，克服自然所表现的社会劳动生产力，愈益薄弱。这种论断如其不太远于事实，那么，说人类社会愈在早期的阶段，他们的社会活动，愈会受制于自然条件，他们的社会，那怕是处在同一历史阶段，愈会显示出各别的特殊性。反过来说，如其社会愈发达到现代这个历史阶段，它的社会劳动生产力，将愈来愈大，愈有力克服气候、地形、人种、以及其他种种自然因素的特殊性。根据这正反两面的推论，我们就似乎可以大胆作出这样的结论，说社会劳动生产力较大的甲国资本主义社会与乙国资本主义社会间所表现的差殊性，要比社会劳动生产力较小的甲国封建社会与乙国封建社会间所表现的差殊性为小，或者说，两资本主义社会的国家间所表现的一致性或一般性，要比两封建制国家间所表现的一致性或一般性为大。更具体的说，美国的资本主义与英国的资本主义，乃至与远东日本资本主义间的差殊性，是没有欧洲封建制与东方封建制间的差殊性那么大的。在另一方面，希腊、罗马社会的奴隶经济形态，依据我的推论，本质上，与东方奴隶经济形态的差殊性，是可能较之东西封建经济形态间的差殊性更大的。这就是说，进步的生产力，缩小了诸社会或诸国家间的距离。诸社会或诸国家间的相反影响，因生产力进步之故，已经无比的增大了。资本主义的进步的生产力，曾经使世界的一致性增大。大家看了这段话，也许有些觉得新奇，但这并不是我个人的发明，我不过将现代经济史学者们关于这方面分别表示的零碎见解，加以系统的说明罢了（著者正在撰述中的《自然力与社会生产力》一书，将对此有详细的辨释）。

然则，上面这个像是新的意见的提出，同我们这里研究的问题，究有什么关联呢？那首先叫我们明证：广义经济学，其所以不很容易完成，就因为它的研究，不仅以资本主义经济为研究对象，还以资本主义以前以后的诸种经济为研究对象。资本制以后的社会且不必说，资本制以前诸历史时代，既是愈向着过去，其各别民族国家，在同一社会史阶段所表现的差殊性愈大，则资本制以前诸社会阶段的经济事象，虽然愈来愈简单，但因为要就这些愈来愈会在各不同地理环境或自然条件下表现着极大差殊性的同一历史阶段的诸社会经济事象，研究出其一般的共同的法则，是不免愈来愈觉困难的。比方说，全世界的封建制的最包括最一般的若干基本命题、基本法则，虽然大体建立起来了；但单单那几个基本命题或法则，是还不够充实广义经济学有关这一历史时代之社会经济现实的说明的。中国的封建经济型，在世界一般的封建制中，显出了极大的特点，而况，这个型的封建经济，还在这样大的领土上，经历过这样长的悠久岁月。如把中国这种封建制的原型，及其在现代掺杂进的混合物，加以较详尽的研究，那对于广义经济学的贡献和充实，是有极大的意义的。"在落后的农业的半封建的中国，其客观条件是怎样呢？……封建制，一般都是以农业生活与自然经济为基础的。但中国农民之受封建榨取之源泉，却是一种复杂的形态"（《伊里奇全集》卷二十，参见吕著《中国原始社会史》第八六页）。对于这"复杂形态"的理解，我们可以从下面这一段话中，得到一些启示性的说明：

"由于历史条件不同，在商品经济不发达的国家中，发展的地方也颇不一致。这些未崩溃的封地，一旦与先进资本主义国家接触以后，立刻发生了市场的关系。于是以市场为目标的生产，就在力役劳动的复活中，在农奴制的再版中，生长起来。采用农奴制的封地，与早期资本主义关系相结合，并不是进步的表现。这种结合，只是证明了资本主义落后和农奴制再版的国家的经济生产的停滞性和落后性而已（例如俄、德、波、罗）。"这是苏联学者莱哈尔德在其所著《前资本主义社会史》中关于俄、德、波、罗诸国在十八、十九世纪开始接触资本主义以后所发生的复杂经济状态的说明，但这种说明，虽可帮助我们理解中国经济的实质，却颇不够；虽可能大有助于所谓广义经济学的建立，但如其对中国经济作了系统的科学的研究，那就不但广义经济学，就是经济史学，亦将展开一个新的篇章。

本来，理论上每一度新的成果，都将大有适于整个世界经济的新的实践，但我们在这里却得鞭辟近里的看中国经济的科学研究，该是如何为我们经济改造实践上所期待。

大家试想：中国讲"维新"，讲"改革"，讲"建设"，是同西欧资本国家势力接触不久以后就正式开始的。曾国藩、李鸿章们，一把太平天国的乱事平定了，就于一八六二年仿照外国的方法，建立有关军需品的制造厂，中经张之洞一般人的提倡，到后来亦为一般所提倡。但经历世纪四分之三的长期岁月，我们社会在外形上像是有些改变了，并且那些改变，似与"维新"、"改革"的要求无大关联，甚且是反乎那种要求的，结局，我们的社会在骨子里，还顽固的保持几千年的传统。这原因，将如何去分释呢？外力的束缚当然是大家可以不假思索而举出的答案。但我们稍读一点近代史，便知道除英、法这两个国家外，一切较后发达的近代国家，如像德、美、日、俄等等，它们向着现代的路上走，都曾受到外力的压制，所以，把这种维新无效，改革无成的责任，完全诿诸外力，似乎不尽切合事实。本来，叫压迫束缚我们的外力，多担当一点责任，并也不是一件怎样说不过去的事，但最可虑的是，这样一种想法或认识，会妨碍我们去反省去探究那种阻碍现代化进行的其他较基本的或与外力同样重要的原因。旁的我们暂且不说，从将近一个世纪以来的我们革新实践上，已不难想到我们国人无论在朝在野、在政论上、在学术论坛上，对于我们国家需要变革的途径，似乎都没有明确的把握着。自然，在这当中，我们应特别提出孙中山先生的民生主义的经济改造原理，确实很正确的把那种途径指明了，并且那种原理及其政策的提出，已很明显的证示过去的维新，过去的变革，如以开设工厂、修造铁路、建造轮船为内容的维新和变革，根本就未触到我们社会需要维新变革的痛处。然则孙中山先生的主张，已经提出了相当长久，为什么还不曾脱却那种主张的阐扬的阶段呢？其中原因当然很多，但我这里却只须指明与我们所研究的问题有关的一点，那就是在民生主义提出以前障碍着李鸿章、张之洞一流人物之革新意识的中国社会经济形态，恐怕在某种程度，也在民生主义提出以后，还障碍着我们的政论家与经济建设论者们。换句话说，就是由于中国过去封建经济，对其他国家表现了极大的特殊，即其他国家的封建基础，是建立在领主经济之上，土地不得自由买卖，与土地相联系的劳力，不得自由移动；中国的封建基础，是建立在地主经济之上，土地大体得自由买卖，劳力大体亦得自由移转，土地与劳力或劳动力的自由变卖移转，是资本制的商品经济所要求的基本前提。因为在资本制的社会，一切人的因素，物的因素，是都要被要求着商品化的，假使其中任何一种因素，不论是物的，抑是人的，其买进卖出受着制度的限制，不能自由移转，那就不但从事任何产业经营，无法积累到大量的资金或大量的劳力，那种经营的产品，也就无法计算出价值，也因此故，无法计算出真正的利润，对于地租、工资等等，都无法成就现代的形态。这一来，并不是说，难得建立起资本制经济的诸基本法则，事实上，根本就无从建立起资本制经济本身。惟其如此，每个现代国家在开始现代化的当时，殆莫不经历一种从封建解放土地，解放劳力的土地改革，并且，还依照它们各别改革土地的彻底程度，决定它们后来资本制发展的进步程度。在各国如此，其在中国，就有点使人想不通的蹊跷地方了。如前面所说，中国的土地与劳力，在中国的特殊封建制度下，既然一向是自由移转的，于是在理论逻辑上，中国要走上资本主义之路，就似乎无须乎经过他国所曾分别经过的土地改革。莫说中国人不懂得科学，不懂得理论逻辑，他们，李鸿章、张之洞以及其他后来大大小小的李鸿章、张之洞之流，就像很敏感的，依据这种想法，企图让中国旧社会制度原封不动，而在它的上面，建立起他们所期待的现代经济秩序来。尽管他们中间有些人倡言民生主义的正确性，等到考虑实践问题，却似乎在根据不动弹原有的社会经济，亦可从事现代建设的那一套"轻便而低廉"的理论，把民生主义放在脑后了。如其我们据此说他们对民生主义信念不够真实，也许他们是不大首肯的，其原因究竟安在呢？我不知道大家是怎样思考法：就我想，或许可以归咎于中国过去封建制的烟幕性太大，明明是封建的，却从土地及劳力的自由移转的外观上，显出现代资本制的姿态来，如其说客观存在的事实，不能为我们分担那种信念与实践相背离的责任，归根结底又要由我们对民生主义的阐扬，不够深入，不够详尽，不够科学，或者说，由我们对民生主义所据以产生的中国经济本身的认识，还有些朦胧。真正科学的研究，是不能凭外观的现象来下判断的。

中国封建制上的那种土地劳力自由，是中国封建制较特殊的地方，也是它比之其他各国的封建制，较为进步的地方。可是，它从这里所表现出的自由，不仅对资本制所要求的自由，有极大的距离，在本质上，甚且可以说不是资本制所要求的那种自由，就因此故，它的进步性，至多，也只是就封建制来说的，而绝不是就资本制来说的。惟其它虽较为进步，在本质上仍是封建的，它就在那种自由的外观下，隐蔽着许多妨阻资本制发生发展的实质。那些实质究何所指，我在这里暂不作详细说明，我所要指明给大家的一点，就是我们以往在实践上作出了的许多徒劳的努力，其关键在于大家只感知到或直观到中国经济的外观，而不曾科学的去分析它的实质。即是说，对于中国经济本身太隔膜了。这种积习太深了。为了矫正由认识朦胧引起实践上的凌乱步骤，加强中国经济之科学的研究，是更有其必要的。

三　研究中国经济应依据的几种科学及其应采用的几种方法

(一) 依据的几种科学

我在前面的说明，似乎已经暗示出对于中国经济的研究，所应依据的那些科学了。本来，无论从事那一方面的科学研究，都不免要直接间接涉及许许多多的科学知识的领域，可是我提出这个问题来研讨的意旨，如其仅只如此，那又变成了不十分必要的冗谈。

中国经济研究到了现阶段，按照晚近新兴科学给予我们的宝贵启示，按照我们社会实践上的紧迫要求，它是可能应该有较大的成就的。对于以往一切阻碍我们对于中国经济性质明确认识的诸般观念上的尘雾的清除，亦应该是有较大效果的。而现在我们的研究，其所以还在许多方面，许多场合，落在进步的实践之后，那在肯定物质利害关系作祟之外，还得归因于一般人看轻了中国经济研究的准备工作。我现在且不忙解说研究中国经济，应有如何的准备，并如何去准备，姑先就我个人认为研究中国经济，至少应相当透彻了解的以次三种科学，分别来述说其究竟。

(1) 经济学。我们研究中国经济，应依据经济学，依据一般经济原则及其诸般研究结论，那差不多是不言而喻的事。在实际上，研究经济学，也就是通过经济学，来间接求得经济学上所体现着经济事象的理解。比如，我们研究亚丹·斯密 (Adam Smith) 或里嘉图 (D. Ricardo) 的经济理论，同时正好是在研究他们那些理论所依以展开英国十八九世纪之交的经济现实。不过，经济理论毕竟是由诸般具体经济事象抽象了的一般的概括，它尽管在如何贴切的反映着经济现实，我们主要还是拿它的研究结论或基本概念，去认识，或者去辨识有关的经济事象。

但这里会发生一个问题，即英国资本主义的法则或经济学，拿它去解说或证验一般资本主义经济，它是有它的妥当性的。如像中国这样尚未完全资本主义化，或者尚保存着浓厚的前资本主义因素的过渡经济形态，如其依上述资本主义的经济法则来说明，那不是凿枘不入么？是的，假如用资本主义经济学或经济法则来研究中国经济，即使不能全部适用，至少总有一部分或者资本主义化了的那一部分适用；即使不能完全从正面来确证其是些什么，至少总可从反面来说明其不是些什么。这即是说，资本主义经济学，至少总在某种限度，有助于我们对于中国经济的理解。

然而问题是不能这样机械的来求解决的。

资本主义的经济学，亦并不是同一的内容。所谓至少一部分有助于中国经济理解的经济学，只能限于前期的资本意识形态。那时资本阶级还是站在生产者的立场，还是站在对传统封建求解放求自由的革新者的立场的；照应着这种事实，当时的经济理论，可能充分反映着资本主义的基本动态，并且也可能部分的用以说明我们中国这种，处在资本发生期中的经济实质。然而过此以往的所谓流俗的资本主义经济学，它就不但不能拿来证验或解析我们这种社会的复杂的经济形态，甚且不能成为它所因以产生的社会的经济事象的反映，而反为其实质，其基本动态横被掩罩的烟幕。因为把资本社会的根本危机如实暴露出来，那不是现阶段的资本家所期待于他们经济学家的。

流俗经济学的集大成，是所谓奥地利学派的经济理论；而在晚近盛极一时的，在世界经济愈陷于困厄，陷于衰落，反而愈显得活跃而繁昌的，也是这奥地利学派的经济理论。资本家世界，在本国需要利用这所谓有闲的消费的金利生活者的经济学，以掩饰其现实，其所寄生托命的落后地带，尤需要利用这种经济学，一方面不让落后地带拆穿了它的西洋景，同时更不让落后地带看出自己困厄的症结。如其说，启蒙的古典的社会经济意识的输出，是先进资本社会在商品输出时代的"天真"，则反动的极端保守的社会的经济的意识的输出，就是它在资本输出时代的"矫饰"。而在另一方面，我们"买办的"经济学，也愈来愈失去了前几十年的图变法图富强的"火气"，而像炉火纯青似的安于现状，不时仅嚷出一些不着边际的建设语辞以敷衍场面了。这说明我们已深深的中了这所谓消费经济理论的毒，它在我们对于自己的经济认识上，仍在施放着浓密的烟务。

但尽管如此，如前面所说，我们社会或经济界的另一视野，却又在不绝扫除那种烟雾，而增加对于中国经济的认识。这原因，单就经济学方面讲，就是我们研究中国经济，已经逐渐知道需要把带有进步性的批判性的经济学，去代替那种保守的缺乏历史性格的有关阶级经济学了。

然则前面这种批判性的经济学，为什么特别有助于中国经济的研究呢？那有以次几种原由：第一、我们知道，批判经济学本身，就在某种限度，继承有古典经济理论的传统，古典经济理论不但包含有资本主义的基本经济法则，可以帮助我们理解资本主义经济本身，并还因其是建立在资本主义前期，又可以帮助我们理解资本主义所由成长的历程及其遭遇；第二、批判经济学是把资本主义全历史及其反映的经济学说，作为研究批判对象；资本主义临到转形期必然加强帝国主义政策，且必然以落后地带人民为牺牲的诸般经济定律，是批判经济学最生动最富有警惕性的内容，应用它来究明我们中国经济的实质，那是决不会陷在文化侵略意识所设的迷阵中的；最后第三，批判经济学彻头彻尾贯透着新论理学的神髓，新论理学对于社会事象的发展演变，特别强调质变，强调否定的契机。即是说，有了这种哲学精神的批判经济学，它随时会指点我们：一个社会的旧的基本生产诸关系未经过质变，未被否定，任何革新的或者有进步意义的经济技术条件的"输入"，都不易生起根来。

不过，批判经济学对于中国经济的研究，虽有上述这种种启迪作用，但并不是如一般人所想象的，我们知道了若干批判经济学的概括公式或术语就行的。机械的公式主义者对于中国经济认识的隔膜，并不比流俗经济学者有很大的距离。所以，后者尚是行所无事的把中国经济当作资本主义商品经济来处理，前者却引经据典的来说明我们已经是资本的商品经济社会。

批判经济学是比之资本家经济学更高一级的东西，对于它的理解，特别是对于它在实际上的应用，是非经过更洗练的消化不行的。

（2）经济史学。现代经济史学是在经济学成立之后许久才逐渐形成的，严格的讲，是由批判经济学所引出或导来的。经济学研究对象的资本主义经济，是比较发达的经济形态，我们是在这种经济方面研究出了许多法则，才探知以前社会的经济形态，亦有其法则；并还探知由前一社会经济形态过渡到其次一社会经济形态，亦有其法则。现在许多人尚不曾意识到，或者至少是尚不曾解说到，经济史学与广义经济学的区别，假使我不妨在这里顺便作一解释，则广义经济学所着重的是原理，是各别历史社会的经济法则，而经济史学所着重的则宁是史实及各别历史社会相续转变的经济法则，但在经济史学甫经成立，而广义经济学更还在研究的初期阶段的当中，我们只认定两者有密切的关系，而在这里，只认定它们都有助于落后社会的经济形态之研究就行了，至于单提经济史学，乃是因为它是已经成功为一种较完整科学的缘故。

本来，批判经济学就是根据经济的历史观来暴露资本主义经济的运动法则的。其着重点在说明资本主义往何处去，而并不在究明其从何处来；我们对于过渡期的中国经济的研究，却又似乎特别要注意后者，并要注意其前一社会即封建社会的往何处去。在这种要求下，我们的研究一开始，似不能不借鉴或借助于经济史学：第一、经济史学由其历史必然发展阶段的提示，使我们得认知中国经济是处在何种历史发展过程中，它必然具有那些根性；第二、它由其所论证了的一般历史法则，使我们得认知，处在我们这种发展状态或过程中的经济，该会受那些法则所支配，即它该会向着怎样的必然途径开展；第三、它并还为我们说明：历史法则是如何没有历史现实表现得错杂而丰富，它向我们提供出了在同一经济基础上，在同一社会发达阶段上呈现着无限参差不同的经验事象的确证，它指点我们：任何一个社会经历由封建推移到资本的过渡阶段，都可因其当前所遭值的不同的社会条件，而不必有划一的按图索骥的方式，但它对于我们主观努力的最大"善意"，也只表示经历历史必然发展阶段的时期和苦痛可以缩减，却不允许超越，不承认旧社会未经否定或扬弃，就可以轻易的让新社会实现出来。

这诸种提示，显然是研究中国经济的人，最先就得从一般经济史学中，体验出来的；而他至少也必须先有了这诸般的体验，才不致把中国经济看成完全可以由自己的意向去矫造，去化装的东西。

（3）中国经济史。中国经济史无疑是由现代新兴经济史学所引出或导来的。它的研究历史还在幼稚期，但即使如此，近一二十年来国内外学者努力的结果，却已使我们对中国经济的认识，得到了不知多少便利。本来，我们晚近对于中国社会经济史的研究，最初很可以说是为了满足确定现代中国社会性质的要求，我已在前面讲过，中国社会性质问题的论争，曾导来了中国社会史性质的论争。而在中国社会史性质论争的过程中，就藉着一般经济史学之助，逐渐萌芽发育起来了中国经济史。

由中国社会经济史实与史的发展法则的研究，我们以前对于中国经济上许多想不到或者想不透的事象，现在都可以说明了。比如，有了资本社会外观的地主经济形态，雇佣劳动形态，商业资本形态，有了统制经济外观的各种国家事业、官僚事业。公经济形态，那对于中国经济的认识，曾引起了不少的误解和障碍，自经我们在中国经济史研究过程中，依据一般经济史学所提示的诸种基本法则与概念，而确定那些在本质上都是中国封建经济的特殊性格的具体表现，或在现代资本主义经济影响或作用下的加强表现之后，以往中国经济本身所显示的一些叫人不易捉摸把握的幻象，都逐渐呈现出了本来面目。亦就因此之故，我们研究中国经济，决不能忽视这尚在萌芽成长过程中的中国经济史，所可能给予我们的直接间接的帮助。

(二) 采用的几种方法

说中国经济研究所应依据的几种科学，事实上，已暗示了，或者已限定了我们从事那种研究所应采用的几种方法。但为了表现的明确具体起见，且就以次三种方法来简括予以说明。

(1) 比较的研究法。这是普通一般在任何场合研究所采用的方法，但这里在运用上，却赋予有比普通一般更深的意义。

对于中国经济的研究，或者，对于包含在中国经济中的各别形态的研究，我们为什么不直截了当的径行对它加以鉴定，加以说明，而必须绕一些圈子，先提出它的对极或反面或较进步的经济形态，释明之后，再论到它本身呢？对于这个问题简单的答复，当然说是为了说明的便利，但仔细考察起来，却又可以说是为了我们尚没有直截了当的来说明的便利。

为什么呢？

我们知道：研究现实经济一般是要利用已有的经济原理或基本观念的，如其我们对于某种经济现实，尚没有确立起基本法则，或没有大家共认的基本原则可资依据，那只好自行另起炉灶，用借喻或比照的方法，来确立其本身的法则。从那些与它同时并存着或先行存在着的其他已有共认法则可循的经济形态讲起，把那看作是统计上资以比较的基期，比如说，苏联的经济形态，是一种反乎资本主义性质的东西。我们如拿资本主义经济学上的任一基本概念或法则，如像货币、工资……的概念或其法则，去说明或范围苏联经济中的，使用同一名词所代表的具体形态，那是极其谬误的，但虽如此，我们要说明或确立苏联经济形态的基本概念或法则，却又必须，或者至少是最便于拿资本主义经济的类似概念或法则来比较其差异，也许就因此故，晚近关于苏联的货币、信用、工资等等方面的研究，殆莫不是采用这种比较的方法。

如其说苏联经济是因为走在资本主义经济前面了，不能拿资本主义经济的原理法则说明它，中国经济倒是落在资本主义经济后面了，亦同样不能拿资本主义的原理法则说明它。苏联经济因为自身的原理法则，尚在发现与阐明过程中，需要藉助于资本主义经济原理法则来作比较的考察，中国经济亦因为广义经济学、经济史学尚未达到成熟境地，其可资证验的原理法则，尚须自行摸索，亦同样需要就资本主义的原理法则来作比较的观察。不但如此，苏联经济中的资本主义因素，在逐渐被否定被扬弃，而且尚未完全清除；中国经济中的资本主义因素，在逐渐扩大其作用和影响，但同时却又在不绝变质，把这两方面的情形加入考虑，似乎把资本主义经济当作照观的比较的考察对象，又同样有其必要了。

（2）全面的研究法。全面的研究法，也如同上面述及的比较的研究法一样，它的运用，并不是停止在普通一般所直观理解那样，从全面来考察所研究的对象，即单纯打破孤立的看法。果其意义如此，那是用不着多所说明的。在整个世界经济中来考察中国经济，并在整个中国经济中来分析各部门或各种形态的经济，仿佛我们经济论坛上的许多学者专家，也优为之，并且他们在讨论中国经济问题时，确也在如此去做，但其研究讨论的结果，为什么总像是隔靴搔痒，摸不着中国经济的本质呢？比较主要的原因，也许就在他们只知道需要从全面的表象去理解局部的表象，而不知道表象后面的实质，还得同时采用上面所述的比较研究法，及后面待述及的发展研究法，去加以比证说明的。

中国经济是随时在受着整个世界经济动态，特别是资本主义世界的经济动态的影响，这一表现的命题，谁都无法反对，就是反过来说，世界经济同时也在直接间接受着中国经济变动的影响那同样也无法反对，但要使这种表现方式，免除笼统、含糊和不着边际的毛病，或能切近的体现着实际的经济交互关系，那么，全面的研究方法，就不是叫我们去平面的考察事物，而是要我们深入那整个交互关系里面，去发现其各别发生差别影响的具体事象来。比如，就影响着中国经济的世界资本主义经济这一方面来说罢，我们把它当作整个来看，一定要对它的周期恐慌律，不平衡发展律，自由到独占的必然趋势，商品输出到资本输出的转化历程，开发殖民政策到封锁殖民政策的演变关节，有了明确的认识，才能理解其如何对我们的整个国民经济发生作用；同时，就我们遭受其影响或作用的中国经济本身来说，当作一个整体，它所由构成的各个部门或各种经济领域，会依其对国际资本的依赖程度不同，依其转入国际资本商品金融市场的范围不同，或者从另一个视野来看，依其所具传统社会基本组织的强固程度不同，它们资本化现代化的范围和程度，就颇不一样。显言之，同是在国际资本影响之下，流通部门所受的改变影响，就比生产部门来得厉害，而生产部门中工业领域所受的改变影响，就比农业领域来得厉害，而农业领域中的农业市场农业金融诸方面所受的改变影响，又比同一领域的土地所有使用诸方面来得厉害。

全面研究法不能把这些关键指明出来，则所讨论的"整个"世界经济，"整个"中国经济，它们之间的"整个"交互关系云云，就不过是一些朦糊空洞的概念而已。

（3）发展的研究法。发展的研究法的采用，特别是依据上述诸种科学来研究中国经济的必然要求。我们在前面批判经济学，在经济史学，在中国经济史项下所讲明的一切，似乎都可用作我们采用这种研究法的说明，不过我在这里还得加述两点：

第一，研究现代中国经济，在科学系统的说明上，往往要求涉及过去传统封建经济因素，自难免有人会觉得那是超出了研究的范围，或者觉得那是研究中国经济史。不错，我们一再讲过，过去传统的经济因素，如其像欧洲的封建经济一样，已经明白的得到一个大家公认的结论，我们在论究最近阶段的经济情形时，就无需在这些方面多费唇舌了；又，如其在我们的现代经济形态中，传统的封建成分，已只占有一个不重要的残余的地位，那末，就是我们对于传统经济过于没有理解，亦不会怎样妨碍我们的研究。然而在事实上，我们传统经济不但在我们所研究的对象中，占着一个非常重要的地位，而且它本身的历史特质，还在大家断断争辩中。这在转形期的中国讲，正是中国社会性质论争，其所以不得不转化为中国社会史论争的关键，而就另一转形期的世界讲，也就是一般经济学其所以必然要与经济史学结合起来研究的症结。

第二，科学要求研究对象的单纯，是一个事实。而我们现在中国经济这个研究对象，无法过于单纯，也是一个事实。所谓单纯，是从同一性质社会基础，或同一社会生产关系出发的。一个社会的诸般经济事象，如其一元化到了最高程度，即如就资本制性质的社会基础或社会生产关系来说，如其过去封建的乃至更古旧的经济因素，都逐渐归于消灭，而未来社会主义的经济因素，尚不曾脱却胚胎的阶段，则它这个社会普遍存在着的经济事象，那怕发展得最充分，它们相互间的联系，那怕表现得最复杂，但作为科学研究对象来看，却是单纯的，单一的，因为它们通是属于资本制的范畴。反之，如其一个社会，像中国在现代的这个社会一样，还是处在过渡时代，尽管它全社会的经济事象，比起上面所讲的那个一元化了的社会来，真不要简单多少，但它那种经济事象里面，就不仅包括有以前各社会史时期，特别是封建社会时期的各种不同社会性质的因素，并且这诸种因素，还一直各别的，相互的，在作着排斥、抗拒、乃至苟合的活动。显言之，就是旧来的传统的经济成分，在逐渐的为资本制的经济成分所侵蚀，同时，它们对资本制经济成分，又一直在行着种种的限制，抗拒或适应。我们必须在它们这种相互制约相互适应的过程中，去看出它的特质和动态。因此我们在必要的场合，溯源的探究到封建体制的特质，并且不仅是作为更明确理解中国现代经济的一个准备性的研究步骤。实因它本身，就是我们所研究对象的一个重要构成部分，我们是要在这包含有浓厚封建成分，以致无法成就资本主义发展的现代中国经济的演变过程中，在其新旧倾轧与交互消长的当中，去发现其究竟表现了那一些法则，那一些显明的倾向。自鸦片战后以来。中国经济现代化的历程，是充满了坎坷、曲折与波动的，但虽如此，从全演变历程上去看，仍不能发现它其所以形成今日这般景象，与最近将来会往何处去的诸基本历史动向。

　　如其需要把上面抽象述及的论点，以一个较具体的例证，联贯综合解说出来，抗战过程中，最惹人注意的商业资本，是可供参证的。商业资本自我扩大的倾向，似在以万钧之力，压缩了社会各方面对它所加的责难与限制，并反过来以"触手成金"的魔术，使一切接近它的其他社会经济活动，都部分的或全体的转变为它的活动。生产事业商业化了，银行事业商业化了，合作救济事业商业化了，一切官业，许多官厅，都在直接间接当作商业自我扩大倾向或定律的体现物；四方八面呼出的制裁打击商业，甚至激烈喊叫诛戮非法商人的号召，都变成了带有讥嘲性的绝望无力的尾声。学者专家们同一般无经济知识的常人一样，对于中国商业的这种魔力，表示毫无理解；他们与那般无经济知识的常人唯一不同的地方，也许就在装着像是知道罢了。要研究他们对这种经济现实无理解的第一个原因，或许就在他们把中国当前商业，与它存在的社会基础，与它以往的历史传统关联，割裂开来研究，而不知道我们这种不受生产过程羁勒约束，不服务于生产商业形态，在战前，就已经用"搜集国内土产，统办全球制品"的买办性能，在社会各方面发生阻止现代化，阻止工业化的影响。而它对于官厅，对于公私信用机构，对于土地等等政治、经济诸方面发生的"同化"或腐蚀作用，正是其过去传统精神的扩大和延续。因此，单就当前商业现象本身作格物致知工夫，是愈格愈不能通的。亦就因此之故，把中国在封建体制下的特殊商业形态弄个明白，再看其带上买办标记以后的变化程度，它当前所以能显出如此大的魔力的真相，就不难理解了。由此我们知道，要彻底明确理解中国商业资本的性质及其作用，不但需要把它同资本社会的商业比照来看，还需要从它对全社会经济的关系，对以往历史传统的联系来看，这就是说，上述的三种研究方法，是需要联合采用的，研究商业资本如此，研究全中国经济，尤其是如此的。

（摘自《中国经济原论》，经济科学出版社
1946 年初版）

中国地主经济封建形态的形成与演变

封建制度论
（1931）

一　引　论

在数年以前，中国学术界，曾轩然大波的，掀起玄科之战。战争下来的结果，科学家固然说他胜了，但玄学家，也像在说他胜了，至少是没有败。不过，自经过那次战争之后，玄学鬼确没有以前那样猖獗。固然革命势力北张，他们不由得不销声敛迹，但那次玄科之战，多少总不免给他们一点惩创吧。

近年来，学术界又提起了一个争论的问题，那就是：中国现在的社会，究系什么性质。是封建社会呢？资本主义社会呢？抑是既封建化了，又资本主义化了的一种复合性质的社会呢？在过去一两年间，国内许多历史学家社会学家，对于这个问题，很有一些争论。不过，这时，参加论战的人数还不多，而参战者，也还未正式短兵相接，一种前哨的引战罢了。到最近，据说，这论战，将扩大范围，并且，参战学者诸君，将把《读书杂志》做战场，各各大显身手。论战看看要白热化了，我们观战者也感到有几分紧张。

玄科之战，是五四运动后，科学精神逐渐伸张起来必然的结果；中国社会性质问题的论战，是近年来革命碰壁，致一般人怀疑革命，因而回头探究革命对象之必然的结果。这两种论战，各有其时代背景，各有其独特意义。不过，前者专属于学术的范围。而后者则不免因学理的论争，而牵涉到实际政治方面，这是两者性质上显著不同的地方。再，玄科之战，学者们虽各擎旗帜，号于有众，但在一般青年学子，究不甚关心，况玄学者离奇吊诡之谈，所引愈博，所穷愈晦，而对于青年学子迷醉的力量却愈弱。若这次中国社会性质的论战，其影响就两样了。目前政治上的纷扰，一般直接感到切肤之痛的学生，已在苦闷的摸索了，他们正切望有一种清新的理论出来，作他们思想的向导，作他们将来从事实际活动的指标。所以，在这次作战当中，参战者应特别小心慎重；为了攻击而攻击，为了作战而作战，那不独没有意义，且恐给予青年以不好的影响。

在我，一向对于中国社会性质这个问题，是颇为隔膜的，至少，是没有一种清晰的观念，或正确的认识。我也和其他的青年学子一样，正渴切等待着国内历史学家社会学家的指示。所以，论到参战，我是没有资格的。我写这篇论文，目的在泛论封建制度的性质。其中也许不免涉及中国社会的性质问题吧，但，那是附带提到，顶多，是当作观战者的感言提到。我自信不是怯战，但自信非斗士，且无战斗力也。

二　封建制度之理论与实际

不拘什么问题，在实际，尽管是非常明白的吧，一导入理论领域，就异说纷拏，似乎不可究诘了。并且，实际上，彼此的意见，虽漠然无大出入，到了理论起来，却便硬像是尖锐的对立。名辞之眩惑学者，抑学者之捉弄名辞，姑且不问。在讨论中国社会性质问题的时候，我觉得对于封建制度这个用语，是应当费一番研究的。

《大英百科全书》中解释封建制度说："封建制度之关系，以封土（fief）为基础。所谓封土，通常皆属土地，然亦有以他物为分封之资者，如职位也，金钱货物之收入也，征税之权利也，开设磨坊之权利也等是。受封土者，隶身于其主人，而为其附庸。……附庸之能保有其封土而享其权利者，即在诚实履行其称臣时所允负之义务。彼果能尽其义务，则彼及其子孙，永得以封土为其财产；而同时对于其所属佃户，又不啻为实际上之地主。称臣受职之仪节，为封建制度契约之起点，两方所负之义务，普通无特别规定，但就当地之惯例决定之"（参照《世界史纲》译本下册五三九面）。

由上面这段文字里，我们可以看得出封建制度的几个特征。

第一，封建制度主要是以封土为基础。

第二，受封者对于其主人，保有一种从属关系，且负有一种必须履行的义务：如为主人谋利益，为主人守秘密，为主人防卫堡垒等。

第三，领受封土时，须经过一种称臣受职的仪式。这种仪式，乃受封者对于其主人之服从关系的开始，同时也正是对于其领有关系的开始。

第四，受封者得以封土为财产，永远传授于其子孙。

第五，封建制度最注重等级。首长之下有附庸，附庸之下又有从者。从者对于附庸的从属关系，一如附庸对于其首长的从属关系，其发展形式，如金字塔然。

以上这五个特征，虽就欧洲封建制度之体制而言，但推之于中国所谓封建制度，表面上亦似无大出入。不过封建制度一辞，原系对于一列事实所加之概括称谓。换言之，不过理论上之方便说法耳。如必谓封建制度为一种实际有秩序有系统之制度，却未免远于事实。所以《大英百科全书》上说："吾人之用'封建制度'一语，为便利计耳，若谓其含有系统之意味，即为失当。封建制度虽在极发达之时期，亦绝无系统之可言。其为物也，实一种略具组织之混乱耳。各地所流行者，颇不相同，故无怪各封土间各有其特异之习惯"（同上）。

单就欧洲而言，各地所流行者既颇不相同，各封土间既各有其特异之习惯，则封建制度一辞的实际含义，就颇费解释了。在欧洲如此，在日本如此，在中国亦如此。吾人如欲执此因时因地而异其含义之抽象术语，以绳墨中国社会，自无怪主张中国社会尚为封建社会者，振振有词，而力说中国社会为非封建社会者，亦言之凿凿也。因此，吾人讨论封建制度，不能单在字面上解释，必进一步考察该制度在各该社会所形成的实况。欧洲封建社会之实况知道了，日本封建社会之实况知道了，然后返观中国古代之封建制度，比较其异同，参验其变迁演遭之迹象，庶可瞭然于封建制度之本质，而尚论中国现代社会。

三　欧洲封建制度之发生及其崩溃

欧洲之封建制度，系发生于西罗马帝国之废墟上，而以两种不同的形式呈现出来。第一，当西罗马帝国崩溃时，时局混乱，匪盗横行。个人之生命财产，无保障。由是人皆迫而依附较己为强之人以自保。蛮夷之酋长，强大之主教，罗马旧时之官吏，窃位揽权之奸人，拥有土地之地主及世家望族等，皆成为时人依附之中心。其他若自由民或攘地偏小之贵族，则选择较若辈为强大者而附属之。诸侯之附庸益众，则其保护之能力益强。保护者与隶属者之自然结合，发达极速而成为一种制度，是即所谓封建制度（Feudal System）。在蛮族侵入西罗马帝国以前，此种制度已在高卢境内，颇有进步。不过，一种体制完备之封建制度，则是见于法兰克人侵入高卢以后。

第二，当九世纪时代法兰克人已成为高卢的征服者，其王乃以征服地大部分划归自领，而将残余部分分给有功诸臣。其后阿刺伯人来侵，王权日趋衰落。时有执政大臣加尔·马丁，鉴于阿刺伯人之侵扰不已，乃改革王国之政治组织及军事组织，以王畿领地大部，分封功臣。受封者的义务，于平时则练兵养马，战时则为王效忠。在当初裂地分封时，封土原非世袭，迨王权侵削，世袭遂由僭领而演为惯例。王以国土分封国内大诸侯，结为君臣关系，大诸侯又以封土分给其下级者，结为隶属关系，推而至于僧侣，亦依样画芦分割其寺领。于是封建制之范围扩张，而其体制乃渐臻完备。

不过，在这里，我们应知道：封建的体制，虽然是这样秩然不乱的，组成了一个体系，但实际的情况，殊不如此。各诸侯间，各领主间，各僧侣间，排挤离合之状，实司空见惯。小侯不能自存，以领土贡献君主或大诸侯，而结为君臣关系者有之。僧侣不能自存，以寺领拱奉贵族，而结为隶属关系者有之。加之，畜牧部落一经进入了原始封建国家，经济的分化，便因领土的定住和私有制度的成立，而益加显著。这时，因为地广人稀，每个人尚不难由广漠的未垦土地中，尽量取得他所必要，所愿得，所能耕的数量。唯其如此，所以当时斗争也，分让也，攘夺也，虽说是为了土地，同时还更是为了农民。农民粘附于土地之上，从事劳作，有了农民，领有者争夺的目标即地租，才可由土地生长出来。不过这所谓农民，不是自由取得土地，自耕而食的自由人，而是一般不能取得土地所有权的仆役奴隶，和掳掠回国来的无土地的农民。所以奥本海末尔说："公侯带领有仆役及奴隶……但是仆役奴隶们是没有法律地位的……他们不能够取得土地所有权。但因他们必需土地以为生，他们的主人便替他们取得土地所有权，使他们定居于其上。其结果，游牧部落的公侯愈富，则他所变成的土地领土愈有权力。"又说："从此以后，封建国家的对外政策，不复趋向于取得土地与农民，宁趋向于取得无土地的农民，掳掠回国以为农奴而重新移植之"（见陶译《国家论》一三八——九）。农奴愈多，则所收地租愈多。地租愈多，则愈能畜养战斗的扈从，而增大其势力，而兼并其他的封领。总之，封建制度就是在推行甚广，形式上极称完备的时候，大役小，强凌弱，割让兼并之事，犹层出不穷。无怪《大英百科全书》上说："封建制度虽在极发达之时期，亦绝无系统之可言。"

这制度在欧洲，以第十世纪为其极盛时代。法兰克国开端于前，继而行之者，有德意志，意大利，西班牙等大陆诸国。此后还推行于英吉利。然自十字军兴，社会经济方面发生根本变动，而各国封建制度，亦遂因而崩溃。吾人夷考当时封建制度崩溃之原因，盖不外下列各端。

第一，封建诸侯领主，跋扈专横，人民不堪其剥削侵扰，正待乘机起而反抗。

第二，诸侯领主势力日盛，国王时时感到威胁。为要抑制领主，恢复王权计，国王遂利用当时国人嫉恶领主之心理，竭力扶植其势力，使与领主对抗。凡以前给与领主们的种种特权利益，现在转以给与有组织有力量的人民体国——特别是市民团体——由是领主之势日蹙。

第三，十字军兴，一般流氓无赖，不重朝而变为骑士，品类不齐，骑士之声誉乃大减。加之，军兴不已，领有封土之诸侯骑士，乃不得不迫而出卖其封土于普通人民，结果，封建之基础，遂发生根本动摇。

第四，封建之支柱，为具有战斗力。能捍卫封圈之骑士。自第十四世纪火药铳炮发明，骑士遂顿失其在社会上之地位。从而封建制度就不免因骑士失势，而益形薄弱其存在之基础。

第五，十字军就一方面言，虽为破坏的，而在另一方面，却又为建设的。因为大规模的远征军，由西方一再运往东方，东西的交通，从而，东西的商业，乃际遇时会，而有捷足进步。富之蓄积增进，交通贸易发展，于是工商阶级之势力抬头，而封建制度之丧钟响矣。

欧洲封建制度发生发展及其崩溃之情形如此。现在且进而考察日本封建社会之实况。

四 日本封建制度之始末

日本之封建局面，始于源赖朝之开镰仓幕府，而终于德川幕府之倒坏。前后盖经历七百余年。不过，在德川时代以前，史家称为分权的封建制度时代，而称德川时代，为集权的封建制度时代。

日本封建制度之确立，表面虽说起于源平二氏之政权争夺，究其实，要不外由于社会经济状况，已发生了根本变化；政治方面之动乱，不过指示经济进路上又碰着障碍罢了。

日本古代施行氏族制度。皇族为一最大而最尊贵之氏族，以天皇为之长。全国占有相当土地，拥有相当奴隶，而为史家称为部落之大氏小氏，则均受治于天皇。往后，因时势推移，各氏族利用奴隶，开拓新境，同时，大氏又兼并小氏，其势益张。为挽救此混乱局面，遂有大化新制之颁布。新制禁止土地私有，解放技术奴隶，并将身分与官职区别，简派国司郡司治理地方政务，是即所谓郡县制度。郡县制度实行的结果，国司郡司因远离朝廷，且乘国家多事，乃私自豢养奴隶，私自垦殖土地，一时地方豪强及中央权贵，尤而效之，卒乃开庄园之风气。庄园有大有小，大者兼并小者，小者依附大者，私相割让吞并，无有宁日。结局，朝中最有身分最有势力之贵族藤原氏，乃得从容统一宫廷诸贵族之庄园。并凭其守卫武士，对于地方豪族大张挞伐，于是强者被锄，弱者请附，天下庄园，俨然由藤原氏造成了一统一局面。而同时国司郡司辈在各地方无情的榨取，人民生活不得，乃相率弃离乡井，流归那些以藤原氏为中心之权门的庄园。就这样，他们成为自由劳动者了。一方面开垦荒地，一方面耕作熟田，较之屈伏于国司或地方官吏之下，不知道要自由好多，舒服好多。这样一来，国司支配的户口，既日益减少，公田也就一天一天疲敝起来，由是，以奴隶为中心的经济组织，完全解体，而以土地为中心的经济组织，乃逐渐形成。不论是中央权贵，或地方豪族，他们再也不担心没有劳动者可用了，所虑的，是土地抢不到手。所以，从经济的观点说，氏族制度郡县制度的基础，是奴隶资本制度，而封建制度的基础，则是土地资本制度。土地资本制度的生产形式，既徐徐起而代替了奴隶资本制度的生产形式，而孕育于氏族制度郡县制度母胎内的封建制度，也就必然要应时脱颖而出了。

不过，在土地资本制度发达的初期，封建制度的实体，也不见完固。所谓分权的封建制度时期，严格说来，不过郡县制度转到德川集权封建制度中的一个过渡时期耳。日本封建制度之完成，实始于德川时代。

德川氏封建制度下之支配阶级，全为武家。就中如幕府，如大名，如旗本，御家人等，要皆为支配阶级之中轴。此外，相当于欧洲骑士地位的，还有一般武士，或即所谓藩士。

德川幕府，实为此等支配者中之支配者。从社会的立场说，这幕府就算是日本邦土中的大国家，大盟主或霸者。从经济的立场说，它又是大地主，大产业管理者。至若相当于诸侯地位的大名，它亦有其特异的支配权，它是次于幕府的国家，大地主或产业管理者。

就法律的观点言，德川氏不过一官吏耳，其上尚戴有天皇。但考其实际，德川氏实全国唯一的支配者。关原大胜而后，全国大名，皆俯首唯命是听。以前一万石以上之大名二百一十四人，总石额为一千八百七十二万三千二百石，德川家康乘战胜余威，削去大名二十六人，并减少总石额一百四十五万一千一百石，而幕府所领，则由二百五十五万七千石，增加至五百万石。幕府之势益大，而诸侯浸削矣。计德川氏掌幕仅二百六十余年，大名（旧有者及新封者）因种种口实失脚者，已有二百八十九家之多。可是，德川氏一方面虽发挥威力，使集权封建制度有很好的成就，无奈封建制度崩颓的征候，却正在这"很好的成就"中，呈现出来了。这种征候可得而言的，约有下述各点。

第一，在封建制度下，以土地为唯一生产资本，以农业者为唯一生产阶级。农业者的运命如何，封建制度便直接蒙其影响。德川氏柄政以后，对于农事所采的是一种农业本位政策，而非农民本位政策。农民的大业，只在耕田出赋。国家财源既完全取自农业方面，所以使农家为尽此义务计，举凡农事以外的一切知识，农民素朴生活以外之一切享受，皆非严厉禁绝不可。农民陷在这困苦压制的境地，又益以不时的兵灾水旱和过重的剥削，所以，不得不离乡别井，或流为浪人，或成为城市的小工业者，结局，农村荒废，封建制度乃受到致命打击。

第二，在庄园发达期内，各庄园领有者，皆于适当地方，建筑堡垒，以备敌侵攻。嗣后强吞弱，大兼小，领有之范围愈扩，而领有者驻节所在，不独为其势力集中之地，且为一般经营小商业小工业者辐辏之所。积之以渐，而都市兴焉。又，前述备受压迫，以致离弃农村之农民，大都皆麕集于市镇。市镇人口增加，从而，小商业者小工业者需要的增加，一方面乡村弃业者，固可得到出路，而同时商业资本，高利贷资本亦渐有发达机运矣。

第三，各城镇各市集之商业增进，结局，势必要扩大商业范围，使各城市间交互进行贸易。特交通不便，和对于金钱刮夺的障碍，往往不免令一般商人裹足。为解除此困难，适应此需要计，于是国内金融汇兑制度发生。此汇兑资本制度，合前述商业资本制度，高利贷资本制度，而概称为货币经济制度。货币经济制度兴，土地资本制度，乃不得不由变动而趋于崩溃。加之，

第四，封建制度之支柱，实为武士阶级。武士以义勇精神，为幕府

诸藩效力，幕府诸藩则赡给其生活，以资酬报。德川氏中世以后，藩府之财政，异常穷乏，益以农村凋敝，赋税无着。于是武士辈之生计，乃因而发生问题。这时，农民穷，藩府穷，告贷无门，势不得不低头于他们素所贱视的町人阶级之前。町人阶级不独是武士的债权者，且为农民乃至藩府的债权者。他们生活阔绰，趾高气扬，而一向尊贵，荣誉，庄严的武士豪贵，却反而相形见绌，暗然无光了。社会的视听，都集注到了町人身上，从而，社会一般的倾向，也就无形离开了古旧的达官贵人，而竭力把自己变做此新兴资产阶级之一员了。

第五，到了德川幕府末期，内患外忧纷至沓来了。为要安辑国内的灾黎，为要巩固边防的军备，财政遂愈加不可收拾，而一般武士的生活，乃愈益陷于绝境了。要打开这当前的难局，一部分下级武士们已觉到非别图发展不可。所以在勤王倒幕运动当中，他们一方面顺应当时的大势，一方面依着町人阶级的支援，居然成就了那回天伟业了。

综上五点，要不过说明了一件事实，即，在土地资本制度母腹里，既逐渐孕育好了货币经济制度——商业资本，高利贷资本及汇兑资本制度之总称——所以时机一到，建立在土地资本制度上的封建制度，就不免随其下层建筑——土地资本制度——的崩溃而倒塌下来。因为伴随封建制度而发达起来的生产力，已与这种生产关系发生矛盾冲突了，换言之，原来促进此生产力的生产关系，现在已反过来成为其发展的桎梏了。当着这种关头，要想生产力横受桎梏是行不通的，唯一的出路，只有让那能够容纳而且促进此生产力的新生产关系——资本主义制度——来代替这旧生产关系——封建制度。

日本的封建制度，就是这样依着必然的经济法则而崩坏了的。

五　中国封建制度之分解

中国的封建制度，自何时始，至何时终，这个界线不划分清楚，必无从把捉住中国封建制度的真相。但要划分这个界线，又不免惹起许多争论。因为有的人说，中国封建制，起于黄帝时代，周之封建，不过折衷夏殷诸代而定妥的罢了。日本高桑驹吉云："中国之封建制，据云起于黄帝之时。黄帝之为天子也，大约一面令那些归服了的各部君长使各安于其旧领土；一面对于那些有功劳的，各各分给以征服地。于此，我们才认出了封建制度来。世言舜定群后朝觐之制，又言夏禹王为涂山之会时，执玉帛者万国，又言武王伐纣时，诸侯之来会者八百，那么，我们便可知道唐虞夏殷之世，也是在行封建制，所以中国的上世，封建制已行得很久。周之封建，是折衷夏殷遗制而定妥的"（见李译《中国文化史》第三五——六面）。此说当否，容后再行论及。而在另一方面，现在又有人说，中国迄今还是行着封建制度。若是，中国自古至今，就彻头彻尾是一个封建的国家了。为避免理论的混淆，我关于这点，也暂不欲置辩。言中国封建制度，以见于周室者为代表，更进，以周室施行的封建制为标准，来衡定周以前是否有封建制存在，周以后是否尚为封建社会，我想，这总该是可以的吧。而且，要把中国的封建制度，与欧洲和日本的封建制度比较，也非先提出一个标准的中国封建制度不可，换言之，说是非对于周之封建制度，加以检讨不可。

周武王伐纣成功，即位天子后，乃采用封建制，大封宗室功臣及前代帝王之后。其制，系将诸侯分为公，侯，伯，子，男五等的爵位。公侯与以方百里之地，称大国，伯与以方七十里之地，称中国，子男与以方五十里之地，称小国，不满五十里者称附庸，使隶属于大国。大国置三军（每军一万二千五百人），中国置二军，小国置一军。又中央地方千里，是为五畿，以充王官之采邑。计大国九，中国二十一，小国六十三，凡九十三国，而畿外五国为属，二属为连，三连为卒，七卒为州，天下共分九州，州有伯，卒有正，连有帅，属有长，使之制驭地方，故周之初期，有谓诸侯之数，凡千八百国云。

周室把全国土地，依着这个制度分给大小诸侯。但各诸侯对于其所辖境内的人民，保有怎样一种关系呢？申言之，人民是在那种形式上对于诸侯曲尽其课加的义务呢？关于这一点，我们可以由周之田制及其税法，窥知一个大概。

田制在夏殷以前，无可稽考。太古时，田野未辟，人民各自开拓其土地，故土地或系私有。此后不知在何年代，土地悉收入官，然后再转贷与人民，于是纳贡赋而班田收授之制以起。夏行贡法，以田五十亩为一间，以十间为一组而授之十家，使各各上纳其五亩之收获。殷采井田制，行助法，将一区七十亩之田九区即六百三十亩，区划成井字，以中央的一区为公田，其余皆作私田。凡八家，则与以一井之田，使共耕公田，而以其收获上纳。至周，乃折衷夏殷之制，而行彻法。其法与殷大概相同，不过周之井田，每区为百亩，每井为九百亩。人民年二十，则受田百亩，至六十乃归还其田，次子称余夫，年十六即受田二十五亩。

田制之崖略如此，再看其税法。

周之税法，有种种名色。其由公田收获纳入的，称为粟米之征；别有令纳绢布若干的，称为布缕之征；又每年使用人民为夫役，则是力役之征。此外又有所谓山泽之征，漆林之征等等。这一切税收，都是人民照例贡献诸侯的。

中国历代法制，以周为最完备。其关于封建设施，若网在纲，秩然有序。吾人今日看来，犹不能不承认其严密而整秩。但制度之体制虽如此，实行起来究是怎样呢？

西周盛时，王权入张，所谓封建制度，一时或曾如实施行。然武王封分之后不久，其亲弟管叔蔡叔即辅纣子武庚以叛，弄得周公居东三年，方始荡平。这是成王时事。成王之后为康王，康王之世，海内尚称又安。可是一到昭王穆王，周室就开始衰微了。厉王为国人所逐，幽王为犬戎所弑，王权之失坠，已可见一斑。陵夷至于平王，竟因戎狄的威逼，而东迁洛阳了。不过，王室虽然一天微弱一天，有些诸侯，却正乘着王室日微的机遇，一天一天的强大起来了。周之初期，诸侯差不多有一千八百之数，到了春秋时代，大并小，强兼弱，看看只剩下一百六十余国了。往后，周室益加不振，诸侯就益加攘夺兼并得厉害。以子爵僭称王者有之，以侯爵降为男者有之，降及战国之世，所余者仅七强国及二三小诸侯而已。前此谨严之封建制度，早已完全破坏无余了。

不过，周室之衰，虽不免予众诸侯以兼并攘夺之机，致封建制度趋于崩坏，但周初千八百诸侯，至春秋时只剩百六十余国，至战国时更只剩七国的这个迅速递减过程，就王室集权的封建制度说，虽在日益崩毁，可是就诸侯分权的封建制度说，却又无妨说是在长足的发展。由千八百国并合而为七国，其势力膨胀，该是何等雄厚。然而这种"成也毁也"的经过，都是表面的，限于政治方面的现象。若一根究当时社会经济变迁之实况，我们就知道封建制度之不能维持，那是有它必然的命运的。现在且就下列诸点，加以说明：

第一，周之封建制度，是以一种特殊的土地制即所谓井田制度为基础。井田制对于封建制度有几种作用：一，土地公有，按人分配，农民乃不致因过富过贫，离去乡井，使诸侯赖以生存享乐之税收无着；二，获取公田收获，作为粟米之征，乃最省事之税法；三，周之兵制，即以井田为准。比如王畿地方千里，约可得井田六十四万，即一万甸（六十四井为一甸）。而方里为井（八家），四井为邑（三十二家），四邑为丘

（一百二十八家），四丘为甸（五百十三家）。当征集时，以丘与甸为基础，则丘出戎马一匹，牛三头；甸出兵车一乘，戎马四匹，牛十二头，甲兵三人，步卒七十二人，人夫二十五人，总计凡百人，故天子有兵车万乘，号称万乘之君。所谓千乘之国，百乘之家云云，要皆依此计算。总之，井田不独为封建诸侯所托命，且能在征兵取税上，给予封建诸侯以极大的便利。然自兼并攘夺之局面成，井田乃日趋破坏。下逮战国，魏李悝昌言尽地之力，秦商鞅更干脆的废井田，开阡陌，各国尤而效之，于是井田之制荡然，而封建之步调乱，封建之根基动矣。

第二，不过，井田制度对于封建诸侯之征兵纳税，虽有不少的便利，但同时对于封建诸侯任意征兵，任意收税，却又似乎成了一个妨碍，所以他们也乐得把这种制度破坏完事。可是，井田制破坏之究竟的结果怎样呢？其一是封建诸侯对于其被剥削者农民的直接榨取关系，开始隔离，在他们两者中间，插入一个专以聚敛为事的中间层，有如陪臣宰官之类，往后，封建诸侯的兵力财力，就完全操在这般人手里了。他们一有机会，立刻就能够把封建诸侯推翻。三家分晋，田氏篡齐，都是基于这种事实。此外，还有一种结果是：诸侯间无有止息的战争，固然怪不得他们对于布粟之征，力役之征，分外强制的苛求，但井田制既坏，那些陪臣宰官对于农民的苛求，就加倍厉害了。因为，他们一方面要多征多收，以取悦于其主人——封建诸侯——同时又要多征多收，以为自己中饱。这样下来，农民除了死，就只好跑了。所以"壮者散之四方，老弱转乎沟壑"。到后来，诸侯辈的钱粮兵马，也无出处，秦之得以兼吞六国，这当然是一部分原因。

第三，封建诸侯们的相互构怨，相互混战，为了什么呢？很显明的，"辟土地"，或者"争地以战"，"争城以战"。"有土此有财"，这是他们的口号。不过，依我想，春秋时代的战争，主要虽是为了土地，到了战国之世，小国变成了大国，对于土地一层，似乎不甚急切。要紧的还是耕植土地的农民。当时载籍，虽不见"争民以战"之文字，但各国诸侯对于"民"的要求，却是非常紧迫。梁惠王问孟子说："寡人之于国也，尽心焉耳矣，河内凶，则移其民于河东，河东凶亦然。察邻国之政，无如寡人之用心者，邻国之民不加少，寡人之民不加多，何也？"由这一问，我们就知道他是在如何努力"争取人民"。孟子是一个顶会观风讲话的人，他很了解各国国情和时君心理。他不论见了梁惠王，齐宣王或滕文公，总是大讲其保民的仁政。并且鼓励时君说，王欲行仁政，则"民之归之也，如水之就下"，或者："耕者皆欲耕于王之野，商贾皆欲立于王之市，行旅皆欲出于王之途，天下之欲疾其君者，皆欲赴愬于王"（大意如此，记不清原文——南）。总之，当时诸侯，已十分感到无民之痛了。但他们欲固其封圉，或欲辟土地，又只有尽量搜括现在的农民。农民日益减少了，他们的搜括却并未减少，甚且要增加。结局，民益穷，财益匮，待到变法图强，休养有年的秦兵一来，封建诸侯的命运，就于是乎终焉。

第四，封建诸侯们无止息的争夺战，对于农村虽破毁备至，但对于商业，却有不少的贡献。这可以从几方面来说。一，封建制度的社会，最重等级。《左传》昭公十年，芊尹无宇说："天子经略，诸侯正封，古之制也。……天有十日，人有十等，下所以事上，上所以共神也。故王臣公，公臣大夫，大夫臣士，士臣皂，皂臣舆，舆臣隶，隶臣僚，僚臣仆，仆臣台，马有圉，牛有牧，以待百事。"又《管子》云："士之子恒为士，农之子恒为农，工商之子恒为工商。"这种阶级制度，不仅决定了一个人本身的命运，并且连其子孙的命运也决定了。我们知道：封建社会是重农轻商的。商人的地位，当可想见。但自诸侯辈争夺起来之后，存亡兴替，就没有定准了。昨日的公侯，今日说不定变成了穷光蛋，今日的穷光蛋，明日说不定要成为大人物，饭牛的甯戚，卖作奴隶的百里奚，郑国商人弦高，不都跳上了政治舞台么？总之封建的阶级，是渐渐打破了，一向被人轻视的商人，这才抬起头来。不过，徒是这种心理的改变，还不够促进商业。二，古代商业，都为现物交换性质。迨封建之局面成，百里一大国，五十里一小国，国境的限制，又加以交通的障碍，所以商业只限于小的范围内，颇难发达。自各国兼并起来，国境既经扩张，商业范围，亦随之拓展。而且军事对于促进交通，甚有效力。交通便，范围广，商业游刃有余地了。加之，三，当时农民被迫离乡者，一部分死于沟壑，一部分变为匪盗乞丐，还有一部分则麕集城市，借点小资本，经营小工业小商业。城市人口集多了，且为浪费的统治者驻节之所，无怪商业很快的发达起来。商业资本的膨胀和高利贷资本的流通，那已经表示封建制度所由建立的土地资本，失其原来的作用了。结局，封建社会的解体，就成了一种必然的现象。

上述四点，我看，已够解说周代封建制度崩溃的原因了。在根究中国资本主义，为何不随封建制度崩溃而发达起来，并确认中国现代社会，是否仍为封建社会之前，我想先把中国的封建制度和欧洲日本的封建制度，一加比较。

六　中国封建制度与欧洲日本封建制度之比较

欧洲的封建制度，日本的封建制度，中国的封建制度，其成立，发展乃至崩溃的轨迹，我们已在前面分述其梗概了。现在要大略加以比较。怎样比较呢？先抽出这三种封建制度的共同点，然后再看中国封建制与日本封建制，有什么不同，又，中国封建制，与欧洲封建制有什么不同。比较的结果决定了，再进而论中国资本主义制度，为何不随封建制度崩溃而发达起来的原因，这样，我觉得是一个必应遵循的顺序。

（1）三种封建制度成立，发展及其崩溃之共同点。

A. 在体制上虽然完整，在实行上则非常混乱，这是三种封建制度大体相同的。

B. 三种封建制度，均建立于土地资本制度之上，而以土地资本为其经济的基础。

C. 领有土地者，均图扩张领地，增加收入。所以相互侵攻，演成混乱局面。（不过，德川柄政以后的日本封建局面，略有不同。）弱者受并于强者，强者又受并于最强者。

D. 战乱不已，剥削榨取益甚，农民或农奴不堪其苦，乃相率离弃乡井，结局，农村荒废，剥削者亦惨遭打击。

E. 封建制度成立之始，最重等级，以后战乱相寻，兴替日有，于是等级之制荡然，而封建制之支柱又折了一个。

F. 在社会多事之秋，农业虽然破产，商业却缘以崛兴，（原因均见前，兹不复赘）。默化潜移，货币资本制，已暗中代替了一向土地资本制的重要地位。封建制度于是乎告终。

（2）中国封建制度与日本制度之相异点。

A. 中国周代以前，如夏如殷的牧伯群后，略与日本氏族制度下之氏族相当。但中国至秦废封建而为郡县，日本则是由郡县制改为封建制，往后又废藩置县。

B. 日本封建制之发展，是由分权的，趋于集权的，反之，中国则是由集权的趋于分权的。所以日本封建诸侯，渐为幕府所削弱；中国封建诸侯，则因兼并而益大。

C. 日本保卫封建诸侯的，有分地食禄的武士阶级；中国封建诸侯之武力，则是由征集而来的民兵。

D. 日本封建制度下剥削农民的，是称为大名，旗本等的武家，他们直接与农民发生关系；中国封建制度下剥削农民的，在前也是封建诸侯自己，往后井田制破坏，他们就不能不把这麻烦的职务，委托其代理人了。大约所谓"宰"，所谓"陪臣"，就是指着这些家伙。

E. 日本封建制破坏，外人势力侵入，加了一番刺激或力量，中国封建制之崩溃，则纯由于内战变动的结果。

F. 日本在封建制度发展中，不但高利贷资本商业资本发达，汇业资本亦颇发达。但中国当时因货币尚极幼稚，故不闻有汇业资本存在，同时高利贷资本商业资本，亦因此大受限制。

（3）中国封建制度与欧洲封建制度之相异点。

A. 中国的封建诸侯，欧洲的封建领主，同样是依存于土地，而吸取农人的劳动剩余价值。但中国这般劳动者，是计口受田的自由农民，在欧洲，却是原来的奴隶，和掳掠得来的敌人。因此，欧洲封建制度之经济的基础，就是土地制和农奴制。领主的收入，不是取决于其所领地的面积，而是取决于其农奴数。这与中国井田的封建制度，是绝不相类的。

B. 欧洲封建制度下，有一个和日本武士地位相当的骑士阶级；也同日本武士一样，他们食禄受土，驾凌于农民之上，而为其寄生剥削者之又一个特殊群。若中国，则没有这个阶级存在。诸侯们有必要时则征农入伍为兵；公事毕，兵又返乡为农。

C. 欧洲封建制度之发生，是由于西罗马崩溃，人民无法律保障，乃群相依附豪强世家望族以自保，依附者多，保护之力益大，于是形成了一种新的局面，新的秩序，即所谓封建制。若中国之封建制，则是起于天下大定后之一种政治设施，所以欧洲初期的封建制，是分权的，中国周初的封建制是集权的。

D. 十字军战争的结果，欧洲的商业范围扩张到亚洲了。中国封建诸侯不断内争的结果，如前所述，商业是有了发展。但在大体上，却仍不免是锁国的。

在上面，我已把中国，日本，欧洲之封建制度的相同相异点，大略比较过了。现在，我要进而根究：中国封建制度崩坏了，中国的资本主义经济何以不能接着发达起来？

七　妨碍中国资本主义经济发达之原因

欧洲封建制度崩溃后，接着就是重商主义的天下，商业资本之发达，那是无待细说的。往后重商主义之恶影响，虽曾引起重农学派的反对，但近代式的工业资本主义，却就在重商主义发展的基础上发达起来了。

其在日本，那种发达是更为迅速的。日本封建制度随着废藩置县而宣告终局以后，她那孕育乃至成就于封建制度下的货币经济制度，不久，就让渡其支配的地位于工业资本主义制度了。

欧洲由商业资本高利贷资本，过渡到工业资本，约计起来，不过一两百年间事，在日本，这个转变，竟在几十年内完全成就了。中国怎样呢？

如前面所讲的，秦并六国，变封建而为郡县以前，中国的高利贷资本商业资本，不是已有相当的发达么？固然，"由高利贷资本商业资本所形成的货币资本，要转化为工业资本，在乡村，会受封建制度的妨阻，在城市，会受基尔特制度的妨阻"（英译《资本论》第一卷八二三面）。但中国封建制度既经破坏，基尔特组织又无何等势力，宜可早速转化为工业资本国家。然秦后至中英鸦片战争以前，历二千年，仍沉滞淹留于商业资本状况下，而莫有起色。这原因，国内历史学家社会学家，曾有种种说明。但我觉得，以次诸点，确是妨阻中国工业资本主义经济发达的要因。

第一，缺乏外来有力的刺激。欧洲姑不具论，日本之迅速成为工业国家，主要是由于"黑船"之汽笛，惊醒了她的昏梦。她一方面受欧美物质势力之威胁，一方面又为欧美物质文明所迷醉。所以，一经由冲动而企图维新，欧美成法俱在，模仿就得了。封建破坏了几十年，就有这样的成果，她不能不归功于西人。中国四境，向为一些游牧部落的民族。他们动不动侵扰进来，抢夺什物财宝。他们是野蛮的，与他们接触一次，除了一些恶印象外，就是增大自己的傲慢，或者说，助长我们自己不求进步的暮气。元代马哥孛罗东来以后，至明时复有利玛窦艾儒略等踵至，而中国东南海岸，且有葡萄牙人之经商。不过，那时西洋的物质文明，尚未十分发达，雕虫小技，实不够折服我们。总之，中国所以长久停滞于商业资本，高利贷资本的状态的，没有外来有效的刺激，也算一个要因。

第二，传统思想妨害自然科学发达。自汉武帝崇尚儒术，罢黜百家以后，中国学术界全以孔子之思想为思想，以孔子之是非为是非。固然，推崇孔道，既已是由于当时的客观趋势使然，但孔道推崇的结果，却把那种趋势变得更僵了。孔子不言利，不讲力，更瞧不起形下之器，尊孔者遂变本加厉，排斥一切物质文明了。谬种相传，演为故智。直到明时，大儒纪晓岚对于利玛窦之《二十五言》犹说："西方之教，惟有佛书，欧罗巴人取其意而幻变之，犹未能甚离其本。厥后习见儒书，则因缘假借，以文其说，乃渐至曼衍支离，不可究诘。"又对于艾儒略之《西学凡》说："其致力亦以格物穷理为本，以明体达用为功，与儒学次第略似。特所格之物，皆器数之末；而所穷之理，又支离神怪，不可究诘：是所以为异说耳。"对于这异说，这位先生又有几句案语曰："欧罗巴人天文推算之密，工匠制作之巧，实逾前古。其议论夸诈迂怪，亦为异端之尤。朝廷节取其技能，而禁传其学术，具有深意。……"曰"异端"曰"异说"曰"器数之末"曰"支离神怪"，所以"禁传其学术"。不过，我们应知道，这并不是纪先生个人的意思，中国的圣人之徒，全是如此想法。他们对于技术科学，既具有这样的成见，谁个还肯冒大不韪去研究它呢？科学技术不发达，工业方面当然难得有何等改进。

第三，没有奖励工业的政策。这一点，与前两者是密切相关联的。中国统治者的统治术，一向是请教儒者，儒者又老是那一套意见。加之，锁国几千年，从没有一个有力刺激，使其向工业方面注意，所以工业政策这类字样，从不曾在统治者的治国大经中出现过，但发展实业，又非有政府的协助奖励不可。日本工业发展之迅速，虽说有西洋为其仿效的榜样，但政府督励之功，实关重要。奖励金补助金之设置，实业公债之发行，实业专门人材之造就，保护关税之实施，银行制度之改善，举凡一切便利工商促进工商之事项，无不努力推行。日本之有今日，固非偶然也。

第四，土地投资之普遍化。井田制破坏后，土地之流动性异常之大。经商发财的，做官发财的，苦于钱无用处，只好买土地；农民因兵灾水旱弄穷了的，贵族官僚因政变或浪费陷于困境的，若有了土地，就只好卖土地。土地买卖之风盛行，对于实业发展，为一个致命的打击，因为资本都向土地上了，实业方面，就没有发达的可能。可是一般人为什么不肯向工业上投资，却把资本购置土地呢？这因为是：一，中国社会是常常发生动乱的，而中国战争的目标，又多半是在"取城"或"占领城市"，至若城市以外的地方，那不过经过一下罢了，攻者守者，都不在乎。小工业商业都在城市方面，而且工商业的财产，又没有土地那样稳妥确实，所以中国商人一发了财，他除了用以放债取息之外，就把大部分资本拿去购买土地，甚至连商业也不干了。至若利得微薄的粗制造业，儒者固然耻之，商人亦不屑就也。二，土地可以装饰门面，抬高自己的社会地位。缙绅先生是要土地的，因为未达时，他可藉此过隐士生活，且可藉此武断乡曲。在朝的达官贵人也是要土地的，因为一旦"致士"或下野，便非有庄田别墅无以保持身分。商人的地位，本不大高明，有了土地，他就可伍于儒林，威加有众。三，中国土地的产出量非常之大，多半的土地，每年可以收获两度乃至三度。加之中国统治者对于农田水利，向颇注意。产额加大，地租必多。有利可图，无怪人皆乐于投资土地。四，在中国，高利贷的风习，与购买土地的风习，同样普遍。究其原因，这两者实有相辅相成的关系。因为购地收租，即可抽出高利贷的资本，高利贷的结果，借方——一般农民及少数穷贵族——愈益贫困，卒至其土地作为抵偿。达官贵人——中国达官贵人放债的事例颇多——商人，都是有钱出借的，所以他们结果都成了大小地主。商业资本高利贷资本与土地投资资本纽结一团，对于工业发展遂成了一个有力的阻碍。

妨碍中国资本主义经济发展的原因，或不止此，但主要原因，总不外这几点。

八　论证今日中国尚为封建社会之无根据

要论证今日中国尚为封建社会，论证者一定有所根据，申言之，他一定是把过去中国欧洲或日本实行封建制度时代的社会实况，来与今日中国社会的实况比较，比较的结果，他发现了：今日中国社会的实况，简直与那时一般无二，至少是大同小异。于是他断定，中国今日，尚有封建制度存在；今日中国的社会，尚是一个封建社会。

我很盼望他的结论是这样推论出来的，因为要这样，我们才有话可说。如其他离开事实，于上述三种封建制度以外，拟想一种与中国今日现状相类的体制，而称之曰封建制度，然后再用以确定今日中国为一实行封建制度的封建社会：那方法，对于他当然是很有效果的，但对于学理没有帮助。不幸得很，今日中国竟有许多历史学家社会学家在采用这种方法，所以论来论去，总没有抓住要领。

欧洲有欧洲特殊的封建制度，日本有日本特殊的封建制度，中国亦有中国特殊的封建制度，这，我在前面已比较过它们的同异了。欧洲人日本人以他们各别的封建特型为根据，来考察今日中国的社会，并指证今日中国尚有封建制度存在，那也许有他的理由，或者有他的必要，用不着管。但生而为中国人，照理，总得把中国古代的封建制度来做根据吧。况且，即使抽扯东洋西洋所有封建制度的特征，来比附中国现代社会的实况，那除了张冠李戴之外，也是一样枘凿不入的啊！

现在，姑且假定一切中国社会之尚论者（无论中国人或外国人），都于中国古代封建制度有相当认识，都是以中国古代封建制度为根据。但推论下来的结果怎样呢？在我想，他们总该承认：今日中国实没有封建制度存在，今日中国的社会，并非封建社会。如其他们硬抽出了相反的结论，那，我就只有惊怪，只有说他们没有根据。

中国古代的封建制度，我在前面已论述其大概了。此刻，我还想就其主要特征补述几句。

孔子删书。断自唐虞，唐虞以前，是无可征考的。但由唐虞以后至西周之初，那又是完全靠得住的么？关于这点，现在正有许多学者在怀疑；从而，周初那个秩然有序的封建制度本身，究否存在过，实施过，也就发生问题了。不过，为避免理论支离起见，这里无须谈到此点，还是依着史籍，把那当作实有其事的好了。

前面讲过，所谓封建制度，就是以土地资本制为基础，申言之，就是以土地领有者对于其所隶属之土地耕作者的榨取关系为基础，而形成的一种政治组织。在这种意义下，无论是中国的，欧洲的，乃至日本的封建制度，都说得通。不过，中国封建制度，不同于其他封建制，特别是欧洲式的封建制的地方，却也正可从这里看出。欧洲的封建制，是完全建立在土地制及附着于土地制之农奴制上面。农奴没有自由，不能享有土地所有权，更不能离开土地：他简直是定着于土地的一个特殊机能，而不像是人。农奴由土地收获多少，都是属于领主的。除了领主许与他的最低生活费之外，他不能取得一点。所以，领主对于土地支配权的大小，不决于土地的面积，而决于农奴的头数。像这样一种制度，自始就是不人道的，不合理的，那能谈到什么均平。

反观中国的封建制度，那却比较进步多了，合理多了。中国周代封建制有一种特色，就是：它的基础，乃建立在一种颇有理想颇有组织的井田制度上面。如前所述，井田制的神髓，虽然一方面在禁止人民私有土地，同时，并使统治者易收统治之效，但就在这当中，人民也不是全无利益。他们对于其统治者或地主应尽的义务，一是上租，一是当兵。依着井田制，人人对于这两种义务，就会不偏不倚的平均分担，而统治者对于享有这两种权利，也就有所限制，而不能任意加租，任意拉差了。因为粟米之征，只限于公田，而征集兵夫车马，亦是按着井田摊派。这样一来，我们虽不能否认统治者对于农民的剥削，但比较上，总算剥削得合理一点，公平一点。这是中国封建制度的一个大特色，抹视了这个特色，即无从认识中国的封建制度。简单一句话：中国周代的封建制，是与当时的井田制相为始终的。当时那种封建制实施的范围如何，实际究竟维持了多久，我们无从稽考，但有一点可以断言的是：中国井田制开始破坏的那天，即是中国封建制开始崩溃的那天。井田制破坏完事了，封建制也就随之告终。至若对于此后汉之分封同姓诸侯，唐之分封藩镇等等，亦抓住字面形式，称为封建制度，那就牛头不对马嘴了。历史上一切所谓制度，都有其特殊的经济基础。若不问经济发展变迁之次第如何，只一味罗列比附表面相类似的政治形态，或政治用语，结果，必大远于事实。固然，在另一方面，经济条件或社会的经济关系无大改变，亦不容以某种政治形态表面的更动而遽认其实际情况之变迁，但一种政治形态，如果完全建立在某种特殊经济组织上，那种组织崩溃了，我们就无从断定其上层建筑的政治形态之依然健在。是的，周室分封诸侯，致酿起春秋战国割据，兼并，混乱的局面，此后西汉分封诸侯，西晋分封宗室，唐代分封藩镇，都曾或大或小的演成颇相类似的混乱，迨至民国，因开国时各省置有都督，卒乃有今日这个场面，这分明是一贯的封建制度的作祟。不过，我们对于周以后这历代的政治花样，如果硬要称它是封建制度，那也不妨，因为人各有运用名辞的自由。可是在运用这名辞时，应当表明那是与周代封建制度截然两样的东西。周之封建制度有井田制做它的经济基础，而周后历代的分封，则只限于一种政治设施。周初受封的公侯伯子男，对于其领地的农民，是统治者，亦是地主；若此后由历代分封的王公藩属，不独没有地主资格，有的且连政治统治者亦说不上。这原因，这区别，就是由于封建制度，是以土地制为基础的。徒徒君临于一定面积土地和一定数人口之上，而于土地人民不发生直接的紧密关系，换言之，他的生活，不是由其所领土地直接上租供给；他的兵力，不是由其所辖人民直接抽丁充当，那很显明的，他顶多不过是统治人民的大官吏罢了。为了扩大统治的范围，为了增进实际的支配，他也战争，掠夺，倾轧，但他胜利了，掠得的土地，却非他的私产，土地仍是人民的。他也向人民榨取，剥削，乃至压迫，但人民对于他的孝敬，早变却方式了。不是上租，而是纳税。总之，我们讨论封建制度时，当特别留意其经济基础；经济的观点拿准了，就知道周之封建制度，早随井田制破坏无余了。至迟，秦以后就全没有封建制度存在。然而现在竟有人说，今日中国，尚是一种封建社会，并且，他们的根据，都是实际经济问题上的事实。这是颇值得注意的。

原来这种意见之发生，并不始自今日。所谓"封建军阀""封建思想"一类术语，早就颇流行于一般文人学士口耳之间。不过，进一步根本的论证今日中国尚为封建社会，那却是近年来由苏俄干部派发端的。干部派这种意见，颇为反对派即托洛斯基派所反对，迄今两派论争犹烈。中国思想界受此影响，故对于中国今日社会性质的问题，亦有两种正相反对的意见。赞成今日中国尚为封建社会者，所提出的论据，大抵得自外人，忘却了中国封建制度的特质。而且，即使依日本的或欧洲的封建制度来权衡，亦不免有冒为比附之嫌。兹先将他们指称今日中国为封建社会之论据，分述于后。

一，就农业问题考察，现今中国农民中，有五成是租借土地。有一亩至二十亩土地之小自耕农，占全体农民四成九五，总其所有土地，不过全体耕地一成五九。有二十亩至四十亩土地之小自耕农，居全体农户之二成二七，有全体耕地之二成二八。合而言之，则此两者占全体农户之七成三，而其所有地，却只三成八。

二，中国地主，系由比较富裕之农民，官吏，商人，及土豪所构成，他们不独持有经济的权力，且掌握有行政上法律上的权力，许多省份的农民收入，有百分之七十是属于他们的。

三，中国通行的地租形式，是现物支付，是佃租制。此种形式，是半封建的社会制度的遗制，与农村资本主义一定的发展（抵押资本，高利贷资本及商业资本）相织而成。这在中世的欧洲也是特征。

四，中国现在之军阀，即属一般封建诸侯。他们君临于其所统辖的省份，常为大规模的大地主。为了征收租税，他们利用国家机关，及自己的一切权力，强征豪夺，诛求无厌。他们对于土地虽没有合法的领有权，土地不是他们祖宗的遗产，也不是他们的财产，但在实际，他们却在不断把那从土地征收的税款，作为私财。

五，帝国主义商品侵入农村，使中国农村的半自然经济渐渐破坏，广大的农民群众急剧破产，其结果，一方面促进中国农村中阶级之分化，极大多数之农民陷于贫苦深渊，同时发生极少数之富农分子。在另一方面，帝国主义维持中国之封建势力，阻碍中国资本主义之发展，因之，使中国农村经济停滞于半封建关系之下，致资本主义之发展，极感困难。

上述这诸点，大体上虽属苏俄干部派之主张（参照《新生命》第三卷第五号方峻峰先生所著：《托洛斯基派之中国社会论》），但中国主张此说之历史社会学家，亦多恃此为拥护其意见之有力根据。兹特依次逐一批难，以明究竟。

就第一点说，中国佃农对全体农民的比例；中国小自耕农所有地，对全体耕地的比例，实际是否如此，还大是疑问。现在我们就退一步认定这个统计数字是正确的吧，这于论证今日中国为封建社会有什么帮助呢？封建制度下没有"自耕农""佃农"这些名色，耕地者在欧洲是全没有自由的农奴，在中国却是计口受田的农夫，他们的统治者，同时就是他们的地主。即使更退一步漫然的说，封建制度系以土地制度，即领主对于其所属农耕劳动者之榨取关系为基础，一国土地既有百分之五十为地主所占有，即全土地面积之一半，已结有这种地主对佃农的榨取关系，那末，这个国家就分明是一个封建国家，至少是一个半封建国家。然而要证实这似是而非之理论的不当，我们顶好看看大家公认的资本主义国家的农村实况，就以日本为例吧。根据一九二七年的农业调查统计，日本全国干田水田总计起来，自耕地为五成四二，租借地为四成五八；又自耕农，佃农及自耕兼佃农对农家总户数的比例，自耕农为三成一二，佃农为二成六九，自耕兼佃农为四成一九。就日本这个农民农地的统计数字看来，比之前面那个对于中国农民农地任意作成的（也许可以这样说吧？）统计数字，相去也就有限了。然而我们仍不妨称日本为资本主义国家。况且，其性质，其经济基础与领主或封建诸侯绝不相同的地主，就是再多一点，其土地就是再广一点，我们也不能即此确定一个社会的封建性质。

就第二点说，中国的地主，确系由比较富裕之农民，官吏，商人及土豪所构成，但正惟其如此，就可证明中国土地的流动性；所谓"千年田地八百主"，那正是中国社会土地流动状况的写实。地主持有经济权，那是十分明显的，地主掌握有行政上法律上的权力，也有一部分是真实的，但即此就能与那既领有其土地，复统治或奴役其人民的封建领主混为一谈么？

就第三点说，中国通行的地租形式，是现物支付，是佃租制。但资本主义国家日本，现今也还是行着"米纳"的佃租制。况且中国的佃租制，实具有投资的性质。苏俄反干征派拉狄克氏说："中国农民之半数是佃农或半佃农。此种佃租制，不是半封建的佃租制，而是新的资本家的佃租制。大地主是投资农村之商业资本家，商人或官僚。他们以自己的钱，借贷于农村。……在中国投资于工业是很危险的，而投资于农村的事情却很简单。政府在四年前预征农民的赋税，然而农民无处可逃。穷极之农民，不得不向商人借钱。这商人做了地主，以地租的形式，从农民收取五分六分的利息"（见前《托洛斯基派之中国社会论》）。由这段话，我们可以知道：中国的地租形式，已经不是什么封建社会的遗制，而是结合高利贷资本商业资本而形成的一种投资形态。

就第四点说，君临于各省的军阀，有的确是大规模的大地主，但同时我们应知道，他们不但是大地主，且是大商人，大实业家呢？中国大点的新式公司，规模像样的工厂，殆莫不有军阀乃至他们御用属僚的股份。他们投资土地的动机，与投资实业的动机一样，牟利而已。他们已经不靠土地来维持他们的身份了。土地到现在也实在不能抬高其身份。况且，他们的土地，也还是购买得的，不是谁个分封给他的。其亩数虽再多，比起他所统治的面积来，那真是九牛之一毛呵！他战争，他企图兼并，但他的目的，与其说是辟土地，倒无宁说是夺城市。是的，他对于统治地方的土地，虽没有合法的领有权，但在实际，他却在不断把那从土地征收的税款，作为私财。不过，对自己购得的土地是收租，对人民自己的土地，毕竟只能征税，收租征税在充实军阀官吏腰包的作用上，虽没有区别，然而一根究其来源，那却是一个社会是否尚有封建制度存在的指标咧！

就第五点说，帝国主义侵入中国后，中国社会确有了根本的变化。其一，以前商人投向农村购置土地的资本，现在转而用在城市新式的工商业方面了，资本既由农村流向城市，于是旧式的商业资本高利贷资本周转的形式破坏了，农村由经济停滞紧缩而陷于困境，农村失业者乃因以加多；其次，因帝国主义者在中国大开工厂，大投资发展中国工业，所以旧农村经济关系破坏下形成的农村失业者，都有了出路，农村过剩的劳动，亦遂随着资本向城市移动；再，都市工业发达的结果，农村一方面变成了都市工业品消费的场所，同时又是都市所需原料供给的场所。农村对于都市的关系，已经是被动的附属的了，换言之，中国经济的重心，已经置重在工商业发达的城市了，土地这种商品，再已没有前此商业资本主义时代那样令人垂青；最后，随着都市工商业的发达，银行资本势力，也渐渐扶植起来，金融圆滑的活动，更使帝国主义资本容易向中国排泄，并与中国资产阶级的资本，发生密切联络。在这种种情形下，我们并不否认帝国主义之侵略，造出了中国农村不少的失业群，但同时我们也难否认农村失业者，由工业发展所得的救济。帝国主义者延长中国军阀的生命，致阻碍中国工业资本之发达，那是事实；但它破坏中国旧式商业资本，促进中国工业资本之发展，那也是事实。这诚然是一个矛盾现象，无奈帝国主义本身发展，就是一列矛盾现象的展开呵！

由上面讨论的结果，我敢说：论证今日中国尚有封建制度存在，尚为封建社会，那实在没有根据。中国近世工业资本主义的发展，虽然是被动的，殖民地的，但总不能不说是变相的资本主义；也许说，中国资本主义发展，是颇不普遍的，畸形的，但大体上，全国确是为资本主义势力所支配，这，我们可以由种种事实，种种可靠的统计材料来解说，不过这里是讨论封建制度，不能多讲了。

论证今日中国尚为封建社会的中外学者，每喜欢把"封建社会的遗制"，"封建制度之残余"，以及"半封建制度"等话头，来撑持其意见，但，这已表示他们的自信不坚了。此外，有的学者主张：中国封建制度早崩坏了，但中国封建势力还存在着。比起所谓"遗制"，所谓"残余"，所谓"半"来，"势力"二字，当然更有躲闪余地，但同时也就更有斟酌余地。因为，如果有人诘问"封建势力"是什么，那恐怕比"遗制""残余"还要难得答复些。而且严格的说，如果承认"封建势力"的存在，同时也就不得不承认维持此"势力"之封建社会的"遗制"或"残余"的存在。这一来，反对封建制度存在的学者，便和主张封建制度存在的学者，一鼻孔出气了。

我不承认中国今日还存有封建制度，我同样不承认中国今日还存有封建势力。

1931 年 6 月 1 日于东京

（原载《读书杂志》1931 年第 1 卷第 4、5 期）

由封建的领主经济和地主经济引论到中国社会发展史上的诸问题
（1953，1954）

一、当作封建制基础来看的领主经济和地主经济

当作历史上的一个重要的社会经济形态来看，封建制度的基本特点，虽经列宁明确指示出来，是由自然经济所统治；是在这种制度下的直接生产者被"分与"土地并被束缚于土地；是直接生产者对土地所有者的人格隶属；还有是由这种制度的条件和结果所引起的墨守成规和极端低下的技术状态。[①] 但不论在上述这几点的那一方面，都会因各个民族的具体历史条件和自然条件不同，而有不同程度的不同表现。那正如马克思所说的："同一的——就主要的经济条件说是同一的——经济基础，仍可由无数种经验上的事情，例如自然条件，种族条件，外来的历史影响等等，而在现象上，显示出无穷无尽的变异和差别来。"[②]

不过，统一在一种社会经济形态里面的各种特点所表现的"变异和差别"，仍旧是不难找出它们的内在的因果关联的。比如，封建制建立在自然经济基础上的这一特点，各不同民族或国家在同一制度的各不同发展阶段，都显示出了极不一样的差别程度，用马克思的话说：就"在严格的自然经济内，农业生产物或全然不加入流通过程，或仅以极小部分加入流通过程，甚至在代表土地所有者的所得的那一部分生产物内，也只有比较小的部分加入流通过程……"[③] 这里不打算探究为什么同一封建制度的自然经济统治情况，表现了那样不同的程度，而只想说明：

---

① 见《俄国资本主义底发展》，解放版，第一六一——二页。
② 见《资本论》，三联版，第三卷，第六七六页。
③ 同上，第六七二页。

封建制度的自然经济统治这个特点，是和前面讲到的其他几个特点相适应的或者紧密联系着的。异常严格的自然经济统治，乃反映着直接生产者更受束缚于土地上，更对土地所有者的人身的隶属，从而也更显得生产技术的停滞和落后，反过来看，也许还更明显：土地生产物（连带家庭手工业产品）有较大比重加入了流通过程，那就表明：直接生产者——农奴或农民，比较松弛了他们束缚于土地的锁链，比较减轻了他们对于土地所有者的隶属，在这种"自由"的限内，他们生产的兴趣和可能性增大了，生产技术改善的现实性也增大了。

从封建生产关系发展的过程来看，在自然经济比较严格统治着的阶段，直接生产者因被"分与"土地，而向土地所有者提供的报酬，是采取自然形态的劳动地租；而在流通经济比较活跃的阶段，直接生产者向土地所有者提供的剩余劳动，就被要求采取实物地租形态；更进一步，则采取变相的货币地租形态。这种地租形态的转变过程，不仅显示了土地所有者和使用土地的直接生产者相互结成的生产关系有了变化，还表明土地所有者和直接生产者各别在社会身分和地位上起了变化。当土地所有者向直接生产者勒索剩余劳动，采取劳动地租形态的时候——不论是基于血统关系——还是基于征服关系，更还是基于宗教关系，他的贵族架子是摆得十足的，他是以领主对于领民或农奴的身分出现的；但当那种榨取方式、改而采取实物地租形态，特别是需要采取变相的货币地租形态的时候，为了血统，为了祈祷[①]，都不大能成为有力的理由，经济上的所有权，变得更加重要了；谁占有土地，谁就有权要求勒索土地使用者的剩余劳动生产物。他是被分封的真正贵族也好，是用金钱，用巧取豪夺手段取得土地所有权的商人，高利贷者或其他无论什么人也好，在这种场合，他都是以地主对于佃农的身分出现。如其说，前一形态的封建剥削是建立在所谓领主经济基础上，后一形态的封建剥削就是建立在所谓地主经济基础上。不过，马克思曾这样指示过我们说："在实物地租成为地租的支配形态和最发展的形态的限内，前一种地租形态（即劳动地租形态）的残余，多少会伴在一起，不论土地所有者为私人，抑为国家"[②]，这也就是说，实物地租形态并不能完全排斥劳动地租形态，在土地成为生死攸关的生产资料的时候，土地所有者总会在勒索了

---

① 法国大革命前，统治阶级宣扬贵族以血统报国，僧侣以祈祷报国，农民则以其血汗生产的贡献报国。参见拙著《政治经济学史》，第一八六页。

② 见《资本论》，三联版，第三卷，第六七九页。

最大可能的实物地租之余，还用各种藉口和理由，强求直接生产者提供一定的义务劳动。事实上，不仅实物地租不能完全排斥劳动地租，即不仅实物地租形态，不能不参杂或保留一些劳动地租成分，这两者在许多封建的国家，并还屡进屡退的由劳动地租进到实物地租，或者由领主经济过渡到地主经济，后来又因战乱或其他原因，由后者倒退到前者。但虽如此，从封建生产关系发展的全过程来看，我们仍不能不承认实物地租或变相的货币地租，对劳动地租，或者地主经济对领主经济，是一个较发展的进步形态。而且由后者转变到前者，还包含着一序列的社会变革及其上层诸建筑的相适应的改变。假使把说明折回到我们前面的出发点，就是在采行实物地租或变相货币地租的地主经济条件下，直接生产者被束缚于土地和他人格隶属于土地所有者的程度，是要和缓得多的，技术改进的可能性也增大了，政治形态、文化水平，乃至社会民族意识，都会相应有较多发展的余地。

这一切，我们需要就中国社会发展史的情况来加以说明。

二、中国地主经济封建形态的形成及其演变

中国的封建制，从西周时代算起，经历了三千多年的长期岁月。和世界各国社会发展过程比较，我们仿佛留在这一阶段的时间太长了一点，但这是事实，不能依据任何原则或理由改变它缩短它，只能从它发展过程中找出道理来说明它。

和其他国家一样，我国的封建制，也经历了几个不同的发展阶段：最显著的是领主经济阶段，地主经济阶段。但和其他国家也有颇不一样的地方，就是其他国家的封建制留在领主经济阶段的时间比较长，而我国的封建制则是留在地主经济阶段的时间特别长。我国社会长期停滞的道理在这里，后面要比较详细地说明它。这里只是要指明一点，即，如其说，西欧各国社会的封建制是以领主经济为它的特点，中国的封建制则是以地主经济为它的特点，中国与西欧各国在社会、政治、文化各方面演变出的显著差别，有很大一部分要从这里得到解释。

现在且来简单说明一下以地主经济为特点的中国封建制的形成过程。

一般来讲，地主经济是由领主经济转化过来的，正如同与其相照应的实物地租乃至变相的货币地租，是由劳动地租转化过来的一样。从西

周时代起，我们的社会就进入了封建阶段。西周开国的征服者们，率其族类自西征东地侵入到当时奴隶制度发展得不很成熟的商殷王朝的领域来，那同日耳曼人在五世纪左右南向侵入当时奴隶制度正迅速趋于崩解的罗马王朝的领域，有不少相类似的地方。"在把一国征服之后，征服者接着要做的，是把人占有"①，是要看把被征服者安置在怎样的生产关系中，才对他们自己有利。这样的决择，显然不能不考虑到征服者自己的原来的生产方式和被征服者原来的生产方式，一种半由迁就半由选择的统治榨取形式被采行了，那就是对征服者或有功者分别颁田制禄，授土授民，而对被征服者则依其族属，分等配田的所谓封建制：一极是大小领主，其对极是毫无权力的农奴。"看看欧洲的黑暗的中世纪罢，在那里，我们看不见独立的人，却看见每个人都是相互依赖的——农奴与领主，家臣与封建诸侯，俗人与僧侣。"② 但不论是领主诸侯，僧侣乃至家臣，通是靠着农奴为他们提供剩余劳动所生产出来的物品养活，那正和中国"王臣公，公臣大夫，大夫臣士"这一阶级序列的人物，最后通是由那些称为庶人的农奴在自然形态上提供劳动地租来养活他们一样。所不同的，是欧洲中世农奴为领主提供劳动，一般是在所谓庄园制的编制下进行，而中国周代农奴提供劳动，则是在多少被理想化了的井田制的组织下进行。这里且不讲征服者日耳曼民族或周民族原有的自由农民，如何也逐渐不自由化了，奴隶到那种编制组织中去了的全过程、也不讲那种庄园制度或农奴为领主耕作公田的井田制度，究竟在实际上普遍推行到了怎样的程度，但土地不许买卖（在中国是所谓"田里不粥"）、农奴不许迁移转业（在中国是所谓"农之子恒为农"，"农不移"），则是大体相同的。农奴世世被束缚在土地上、被隶属在领主的管制下，那就是世卿、世禄、世业的固定化的封建领主经济制度的基础和保障。然而，矛盾就存在这里。封建领主的势力，既不仅是建立在占有土地范围的大小上面，同时更要紧的，还是建立在束缚起来，为他们提供无偿劳动的农奴的多少上面，于是，争地以战，争民以战的动乱情况，就恰好成了那个固定化的制度的致命伤。在战争过程中产生成长的东西，又在动乱局面下崩解下去。

中国西周的领主经济封建局面，到了春秋战国之世，已经在从多方

---

① 见《资本论》，三联版，第三卷，第六七五页。
② 同上，第一卷，第三八页。

面受到动摇。"兼弱攻昧取乱侮止"和"暴君污吏漫其经界",早说明"世禄"不复能够维持,而由战争及商业引起的诸侯及领主们的更大的贪欲,对于农奴因铁器使用,农业生产力提高所提供的一定劳动地租,已表示不能满足了;史载"鲁宣公初税亩","履亩而税",以至"郑子产作丘赋",都是"秦孝公十二年初为赋"的先声。在大鱼吞小鱼,大领主兼并小领主过程中,旧来的世禄世官世业秩序,很显然是野心诸侯的一个障碍,所以,僻在西陲,受旧传统束缚较少的秦国,就由商鞅变法来一次比较彻底的改革:

(一)"宗室非有功论,不得为属籍",即无功不及爵秩。

(二)"有军功者各以率受上爵",即有功者可以获得爵位与土地。

(三)"耕织致粟帛多者复其身",又"……三晋地狭人贫,秦地寡人稀,故草不尽垦,地利不尽出,于是诱三晋之人,利其田宅",即不论什么人,努力耕作,便可获得私有土地或更多土地。

(四)"訾粟而税,上一而民平",土地统以实物向国家纳税。

只须这几项简单的变动,把世禄世官世业的领主经济基础破坏无余了。没有功绩,就莫想"分土子民";有了战功,有了耕作能力,就可免除奴役,取得私有土地;土地不管落到谁手上,也不管他占有土地是自己耕种,还是佃给农民耕种,只要照规定向国库缴纳一定实物税就行了。土地所有的门,本来是向着包括农民在内的一切人开的,可是"废井田,开阡陌"的结果,很快就出现了"富者田连阡陌,贫者无立锥之地"的新局面。在土地还是最基本的生产资料的限内,"无立锥之地"的直接生产者,要取得土地,就不能不听凭地主取予求,地主诚然主要的不再是要他提供劳动地租,但却尽可能的要索他提供剩余劳动所生产的剩余劳动物;他除了在某些场合以外,不再被束缚于某一个地主的某一块地段上,也比较没有怎样严格地要人身隶属于某一位地主老爷,他对以前的农奴制,像是有了一些"自由",可是从阶级的立场来说,他不能拥有一块生存的立脚地,他不被这个地主勒索,就要被那个地主勒索;他不被束缚在这块土地上,就要被束缚在那一块土地上,不但如此,他在以前领主经济阶段,还多少能从一个顶头上司的领主,得到一些"保护",现在,凡属地主阶级的人,乃至他们上面的官吏,下面的爪牙——流氓地痞,都可任意侵凌侮辱他。形式上的"自由"挨得了多方面的压制,较能刺激生产的生产关系招来了无法预计的榨取和勒索。这就是中国农民在地主经济封建制度下的新命运。

由于这种形态的封建生产关系本身，包含有不少钝化或缓和内部矛盾的弹性，以致由秦到清这两千多年间，除了在晋魏六朝那一段时间，曾因战乱及外族侵入关系，呈现过倒退到自然经济及以后还局部出现了庄园组织的形态以外，一直是地主经济支配着。这同西欧在九世纪才比较广泛形成的庄园经济，到了十三世纪就趋于崩解，此后直到十九世纪，像德俄等个别国家，又还出现了赋役农奴制的情况，恰好是一个对照。

中国社会发展史上一直还聚讼纷纭的几个问题，如亚细亚生产方式问题，西周社会性质问题，中央集权官僚政权问题，天道观念的政治思想问题，民族发生问题以及社会长期停滞问题等等，殆皆可以围绕着地主经济体制提出一些比较接近事实的解答，不过，像亚细亚生产方式问题及西周社会性质问题，那不是在地主经济基础上来说明，而是就地主经济所由形成的成因来说明。

三、地主经济与中央集权官僚政治

中国中央集权的官僚政治形态，远在两千余年前的秦王朝就出现了。政治由贵族的转形到官僚的，由分立的局面转变到集中的局面，那能照中国旧史家所说的，只是由于像秦始皇那样的"雄才大略"的君主，为了加强统治就创意出来的么？或者是如所谓秦惩周室大封诸侯，致肇分裂，而为"深虑"的结果呢？这种大改变的实行者，确是秦始皇，但是秦始皇其所以能采取或必要采取这种措施，却有更基本的原因在。也就是说，我们必须从当时的社会经济基础去求得解释。

现在且来看看秦始皇对政治制度作了怎样的改变。

秦始皇吞灭六国统一宇内后，就在政治上采取大刀阔斧的改造：于"古人之遗法，无不革除；后世之治术，悉已创导"，如史家所指出者，其革古创今共十大端：①并天下；②号皇帝；③自称曰朕；④命为制，令为诏；⑤尊父为太上皇；⑥天下皆为郡县，子弟无尺土之封；⑦夷三族之刑；⑧相国，承相，太尉，御史大夫……郡守，郡尉，县令皆为秦官；⑨朝仪；⑩律。①

综上十条"创作"，皆为专制官僚政体的注脚，而其中最关重要的，

---

① 夏曾佑著《中国古代史》，第二一二页。

倒不是"并天下""号皇帝",而是"天下皆为郡县,子弟无尺土之封",以及"相国,承相,太尉,御史大夫……郡守,郡尉,县令皆秦官"。前一项乃表示不以子弟分王诸国,以前分国而治,分土而食的贵族政治,就根本失其存在依据;后一项则系表示废封建王国而为郡县,对于郡县设官而治,给俸而食,就是以官吏代替贵族,以官僚政治代替贵族政治。这样,不但天下的政治大权集中于天子,经济大权也集中于天子;天子有无上的贵,无上的富,无上的尊严,所以他就把自己看为是一切,称"朕即国家";他的命令,就是制,就是诏。分受其治权的大小官僚,一切仰承鼻息,用命受上赏,不用命受显戮,至于等而下之的齐民众庶,自然是生杀予夺,一凭好恶。所谓中央集权的官僚专制主义,就是这样的一些具体内容。

秦始皇开始把中国政治改变成这样的形态,他的"雄才大略",他的"深虑",并不是全无关系,但"大略"与"深虑",只有在一定的物质生产基础上才有可能。我们如其把前面谈到的地主经济形成的过程加以考虑,就立即会联想到,秦始皇在政治上的变革创举,是沿着他的"贵祖先"秦孝公用商鞅在经济上作了划时代的大变革的线索而来的。事实上商鞅变法的几个重要项目,如前面提到的,"宗室非有军论,不得为属籍","有军功者各以率受上爵","耕织帛致粟帛多者复其身",以及"訾粟而税",已经根本把贵族政治的物质基础和特权根据全拔除了。我们知道:贵族就是靠着血统取得爵秩,无功不及爵秩,有功者可获得爵位与土地,特权的身分制,即荡然无存。而况由贵族"分土子民"所束缚的农奴,肯努力耕织,开垦荒田,便可"自由",便可私有土地;而他们耕作所得,直接以实物的形式向国家输纳,那就无异进一步把贵族存在的可能性给取消了。一个国家不让贵族分而治之,政权交给谁呢?选贤与能,使贤者在位能者在职,那就是设官分职,那就需要把大小国家变成郡县,也需要把郡县向小民以赋税形式征得的实物,再以俸禄的形式支给于官吏。这说明,天子之所以有如此大的政治权力,乃因为他有如此大的经济权力。也就是说,没有秦孝公商鞅的变法,就不可能有秦始皇的改制;没有领主经济向着地主经济转化这一基础变革,就不可能有分权政制向着集权政制这一上层建筑的变革。如其说,秦始皇的"雄才大略",他的"深虑",只限定在这一点上,即他看准了当时经过改革后的社会经济状况,非采取这种政治措施不可,而没有违反那种前进趋势,在统一宇内后,又倒行逆施西周那一套"封建诸侯,以屏藩王室"的办法，那是可以被接受的。过此以往，就是唯心论的说法。

可是有一点必须交代清楚：在地主经济基础上建立的中央集权官僚专制政治，一经当作一个制度，被确立固定下来，它就要在地主经济上发生反作用；它就要因为中央乃至地方的庞大官僚机构的维持，以及在官僚专制局面下必然要引起的各种开支与浪费而进一步要求把经济大权即征收各种赋税的大权，集中到专制君主及大官僚手里，不让任何亲疏的贵族染指。所以，到了汉代，虽然"惩秦之孤立而亡"，又大分封起诸侯来，但很快就把他们已经颇多限制的政治权和经济权逐渐剥削殆尽，变成为"就食长安而不至国"的遥领的领主。到了东汉，已经是所谓"尺土一民，皆自上制之"（《文献通考》）的局面。东汉以后的诸王朝，虽亦多少赐予其诸子功臣以爵赏及土地，然数量极为有限，且任何王朝，都不曾明确赋予被爵封者以法律上的不输不纳特权。

将经济权集中到了中央，抵御外侮的国防经费，当然要由国库开支；为保证农业税收所不时进行的治水工程，也当然要由国库开支；而为了充实官僚机构，定期举办的养士取士或所谓选贤与能的措施，也自非从国库开支不可。所有国家在这些方面的活动，显然是政治权经济权集中于中央的结果，而不应该理解为是促使中央集权专制政治形成的原因。但中外的历史家们，完全把这种因果关系倒转过来了。

把治水或讲求水利的要求，作为中国集权的官僚专制政治形态产生的原因的，最早也许可以说是见诸黑格尔的《历史哲学》，此后亚细亚国家形态与水的关系，不时有人谈到，但当作一个水的理论派系来强调着的，却是在一些在国外研究中国的学者，如瓦尔加（Varga），马扎尔（Madjar）及威特福格（Wittvogel）等等，他们都以为由亚洲的一些古旧国家，如巴比仑、印度，都有治水的故事，中国大禹治水的传说，更是普遍到了凡属知道一点中国历史的人，就例能津津乐道的程度；结局，当他们对中国很早出现集权专制政治形态感到有些茫然，就不期然而把他的解释寄托在治水要求上。威特福格恰好就是这样说明的："黄河与扬子江，……自古即促成河道工程官僚政治……支配中国的自然力，是大河巨川，所以，随着农业的发达，河道工程官吏的势力，不能不随着增加起来。名声喷喷的禹，其最大功绩，即在于调剂河流，整顿山川"[1] 这显然是牵强附会的，在秦代官僚政治形成过程中，我们实在

----

[1] 转引自钱亦石著《中国政治史讲话》，第九十八页。

很难发现治水要求从中起了多大的作用。不错，他们指的，也许仅是所谓"促成河道工程官僚政治"，而不是官僚政治一般罢？马扎尔似乎也认为理由太单薄了，于是他在治水要求以外，又提出抗御外敌的要求，他说："这个官僚制度，是因为实行系统灌溉经济和指导这种经济的必要而产生的，同时，又是因为组织抵抗游牧人的侵入，并把游牧人化为农夫的必要而产生的。"① 开官僚政治之局的秦代，确曾在未统一以前，有过"用注填阏之水，灌溉泽南之地""四万顷"的郑国渠，既统一之后，又曾"使将军蒙恬发兵三十万人，北击胡，筑长城"。把事实对照起来，仿佛真像可以说得过去，然而如我在拙著《中国官僚政治研究》中所指出的：中国历代王朝的史实，都说明它们通是到了那种政治支配形态已经成立起来以后，才有余力讲求水利，讲求"四征弗庭"，而且在另一方面，专制官僚的统治，到了每一王朝的后期，差不多都成了招致水患和招致外患的直接诱因，那将如何解释呢？威特福格也好，马扎尔也好，都自命为是马克思主义学者，他们用自然势力和外力的理由来说明中国官僚专制政治的产生，显然都违反了马克思主义的方法论。

外国学者对于中国问题的看法，本来隔了一层，很难"鞭辟入里"，但我们自己的说明怎样呢？除了"治安策""深虑论"一类旧说法以外，吴景超先生在解放以前，曾在《新经济》第七期推荐一种像是很新颖的见解，以为"士对于创造君主集权国家及打破封建社会的贡献，实无可怀疑"。从逻辑上讲来，君主集权国家，不分封贵族，而位置官吏，当然要有一批候补的士才行；恰好春秋战国之际，"竹帛下庶人"，由是"九流自此作，世卿自此堕"（见章太炎《检论定孔》上），说是贵族政治因此受到打击，官僚政治因此得以形成，像不是没有一点理由，但我们只能说，士是由贵族政治向着官僚政治转化过程中的副产物，或官僚政治的派生物，它并不能对那种制度的产生，发生决定的作用。

要之，讲求水利也好，抵御外侮也好，乃至选贤与能也好，都是维持一个专制王朝所必要的措施，我们不能倒转过来，说专制官僚政治的产生，基本上乃是由于有在这任一方面采取措施之必要。没有封建的地主经济作为基础，中央集权的专制官僚政体，是不可能因为任何其他理由而发生发展的。

---

① 《中国农村经济研究》，陈彭合译本，第七〇页。

四、地主经济与天道观念的政治思想

社会意识形态是经济关系或生产关系在观念上的反映。领主经济基础上的封建统治，一般的显出了金字塔型的等级身分制的特点，没有多少流动融通性的固定秩序的特点，以及狭窄的地域范围和落后的锢蔽乡土关系的特点。这一切，提供了神道设教或"诞敷神教"的温床。当领主经济推移到了地主经济，社会的等级固定秩序以及偏狭地域观念，都受到动摇不定的影响，在这种条件下，神的说服力有些不够了。于是在掌握了物质生产手段，同时也迫切要求掌握精神生产手段的统治阶级或专制君主及其官僚们，就苦心孤诣地要设法找一个代替的精神工具，但是，正如同配合地主经济的专制官僚政治形态，并不是一下子就想得出来，而且一想到就能做到的那样，配合这种政治经济的天道观念的政治思想，尽管在旧封建秩序崩溃过程中就出现了，但选定它作为代表的领导思想，却还经过了一段痛苦的或尝试错误的摸索过程。被后世儒者责骂得异常厉害的"暴"秦，就是因为始皇在统一六国，进行上面所讲到的大改制的当时，毕竟由于还是第一次采取这种统治方式，没有经验，就做出了一件于他的统制大不利的事，那就是史家所谓焚书坑儒。秦始皇没有经验到儒家及其学说，最有益于他的统治，恰像罗马帝国在纪元初期还不曾好好体会到基督教大有益于奴隶帝国的统治，而多方予以禁压和迫害一样。然而"利益终会使人知慧"；罗马到了第四世纪，就把它向来认为谣言惑众诽谤当道的基督教作为国教，中国专制君主到了汉朝武帝时期，就"罢黜百家，崇尚儒术"。

儒家或孔子学说的出发点，就是所谓天道观念的政治思想。在社会意识形态发展史上，天道观念比神道观念前进了一步，不过就近代欧洲的天道观念或自然主义或所谓玄学说来，对神道或神学是跨进了一大步，而我们中国在古代出现的天道观念或玄学，毕竟只是向前跨进了一小步，这原因，乃是由于作为它的基础的地主经济究还不是资本主义的，而是封建的，对于原来的领主经济，也不过只跨进了一小步或"半边左转弯"的缘故。

儒家学说有益于治道或有益于专制官僚统治的地方，大家很知道是它的集大成者孔子所极力强调的大一统主义，但与大一统主义密切关联着的纲常教义，已由几千年的历史经验证明，更为专制官僚治化所不可缺乏的法宝。不过，大一统主义也好，纲常教义也好，都是靠着天道观念作为支柱，由天道观念"一以贯之"。所以，我认定①孔子学说包含三部分，一是天道观念的政治思想，一是大一统主义，一是纲常之教。前者是出发点，后两者可以理解为是其应用或发挥。

我们知道：孔子是不大讲"神"，也不肯说"鬼"的，他最喜欢谈"天"。不过，"天"在儒家或孔子教义中，比近代欧洲启蒙学者所宣扬自然主义，更带有神性：所谓"天道福善祸淫"（书经汤诰）；所谓"皇矣上帝，降临有赫，监视四方，求民之莫"（诗经小雅）……通像表明冥冥之中有一个司吉凶祸福的人格神在那里主宰，但同时却又有极浓厚的政治意味；如所谓"天生民而树之君，以利之也"（左传，文公）；所谓"天佑下民，作之君，作之师，惟其克相上帝，笼之四方"（书经秦誓）；所谓"天子为民父母，以为天下王"（书经洪范），通像表明"天"或"上帝"虽是冥冥中的主宰，并不能自行其意志，而必假手于天子或帝王以行之，于是帝王或天子的所作所为，就是所谓"天功人其代之"，换句通俗的话，就是"替天行道"。替天行道的事，过于繁重，天子一人不能胜任，当然要大大小小的官吏的辅佐，而这辅佐的地位，也要同天子一样神秘化，一样需要取得"玄之又玄"的先天存在的依据。但关于这一层，儒家的创建者祖述者孔子孟子都不曾讲得明白，直到汉武帝时代，主张罢黜百家，崇尚儒术的董仲舒，才在他的大著《春秋繁露》中谈到"官制象天"的场合，大做起文章来，他的"妙论"归结到"天以四时之选与十二节相和而成岁，王以四位之选与十二臣相砥砺而致极"。尽管在周官中，天地春夏秋冬已经配列得妥妥当当，叫人一听到什么大官的官名，就联想到做官在位的人，都是出于先天的安排，但经董仲舒像煞有介事地一发挥，王者及大臣们的政治措施，"庆赏刑罚"，就算是体会"春夏秋冬的灵气"，而"副天之所行以为政"。

从这个天定秩序的政治观点出发，就很显然地要引起一个大一统的教义。因为照董仲舒所说的"王者配天"，"天无二日，民无二王"。王者或天子就是天下的最高主权者。孔子的大一统主义和他根据那个大一统主义所提出的"尊王"的实践主张，在中央集权的专制君主及其官僚看来，当然是"正中下怀"的高见。但是，这里毕竟存在这样一个缺点，就是统治者强调天意天命，说他自己在位在职，是天予民归，而在

---

① 参看拙著《中国官僚政治研究》中"官僚政治与儒家学说"篇。

反对他们的统治的人，却也会应用这个不可捉摸的玄理，说他们也是由天所授命，要起来反叛既成的统治。并也会强调："天命不取，反受其殃"。事实上，历代王朝的开国者，大抵都曾把自己描绘成"真命天子"，都像不约而同地表示是迫不得已，才"应乎天而顺乎人"，登上大宝。到了这种场合，才把他们从事叛逆时的大议论抛在一边，而高谈起"春秋大一统者，天地之常经，古今之通谊"。可是，以夫子之道，还治夫子的缺点，仍不能因此得到补救，幸而儒家学说中有第三件法宝，那就是同大一统主义互为作用的纲常教义。

君为臣纲是天定秩序，父为子纲，夫为妻纲，也是天定秩序。这一来，自然大法就真像是天网恢恢，自天子以至庶人，皆莫能外！其实，在这当中，存在着这样一个有关"治道"的关键。君为臣纲，父为子纲，夫为妻纲，已经把君权，父权，夫权明白确定了。而父权夫权是从属于君权。我们一向就强调"国之本在家"，"家齐而后国治"。从积极一方面讲，君子之事亲孝，故忠可移于君；事兄弟，故顺可移于长；居家理，故治可移于君（孝经广扬名），而从消极一方面讲，又有这样的效果："其为人也孝弟，而好犯上者鲜矣；不好犯上而好作乱者，未之有也"（论语学而）。由此可见儒家所讲的"家齐"就是为了"国治"；所讲的父权夫权就是为了君权。家族的关系完全被当做政治关系来处理。所以，在孔夫子看来，把家里弄得妥当了，没有逆子、悍妻以及不法的兄弟，就算是为国家完成了一定的政治任务。所谓"惟孝友于兄弟，施于有政，是亦为政，奚其为政"（论语为政）。意思就是说，如果在家里孝顺父母，友爱兄弟，就有政治作用，就等于从政，不一定要站在政治舞台上。一方面把家族政治化，另一方面又使政治家族化，这是伦理政治的神髓，把国与家打成一片。但儒家学说的这种伦理政治主张，在贵族"分土子民"的局面下，靠着金字塔的等级制，小国寡民，层层管制，并不是怎么需要；一旦官僚政治出现了，王者或天子高高在上，对于领内广土众民，单依靠郡守县令的管制，实在是难期周密。最妥当的莫如通过家族宗族，即把防止"犯上作乱"的责任，通过家庭，通过族姓关系，叫为人父的，为人夫的，为人族长家长的，去分别承担，以建立起家族政治的联带责任。在所有"劝"的场合，就是"一人成佛，鸡犬皆仙"；在所有"惩"的场合，就是"一人犯法，九族株连"。其结果，父劝其子，妻励其夫，兄弟朋友相互规诫，无非是要大家安于现状，在现状下求"长进"，求安富尊荣，而天下因此就太平了。

太平的大一统局面，就是"天地生君子，君子理天地"（荀子王制篇）的结果，这个学说其所以出现在领主的贵族政治分解，地主的官僚政治逐渐形成的过程中，那并不是一件偶然的事。自从天道政治观念，大一统主义和纲常之教，当做儒家学说的三个支柱，而开始为汉代专制君主及其官僚们所赏识和重视，并确定为其文教政策的指导原则以后，历代的专制王朝都把"崇儒尊孔，谨庠序之教，申之以孝弟之义"，当做维系它们封建专制官僚统治的国策。孔子思想统治的贯彻和延续，真是达到了令人难以置信的程度，明代李卓吾曾这样慨乎言之："中国二千年无思想，非无思想也，以孔子的思想为思想；二千年无是非，非无是非也，以孔子的是非为是非。"

显然的，孔子学说在长期成为中国统治思想的过程中，确曾经历了一些不同的变化，那正如同作为其基础的地主经济形态，以及与那种经济形态相适应的中央专制官僚政治，也曾有过不少的改变一样。但万变不离宗，在地主经济，专制官僚统治基本存在的限内，从天道观念出发而强调大一统，而强调纲常之教，就几乎成了逻辑上的不可抗拒的要求。并且正如同我在前面讲过的，建立在地主经济基础上的专制官僚政治曾反过来，大有助于地主经济的维系一样，孔子学说，对于专制官僚政治，从而对于地主经济，也确曾曲尽了不小的促使其巩固和延续的作用。这一点，我打算留待讨论有关中国社会长期停滞问题时再讲，现在要进而论到的就是，在这样的政治经济和思想的条件之下，我们将怎样处理中国的民族产生问题呢？

五、地主经济与民族产生问题

在中国史学界，民族产生问题，其所以成为问题，我以为那是在以下两种情况下发生的：第一种情况是，由于我们据以讨论的理论，和我们所要考察的现实，看来像是有些抵触。因为照斯大林的经典指示："封建制度消减和资本主义发展的过程，同时就是人们结合而为民族的过程"[1]；中国封建制度直到解放前还不曾消灭，或者还在消灭过程中，我们能设想在近代以前，在鸦片战争以前，我们的民族就产生了么？可是，在另一方面，斯大林对民族所下的定义，或者依那个定义所指出的

---

[1] 《马克思主义与民族问题》，大连新华书店版，第二九页。

几个特征，仿佛在很久以前的中国人民生活中就已经显出了不少的迹象。但还有第二种情况，就是斯大林所指示的民族形成的过程，是指着他所作过严格科学定义的"民族"，即是"历史上形成的一个有共同语言，有共同地域，有共同经济生活以及有表现于共同文化上的共同心理状态的稳定的人们共同体"①。如其我们要根据他的民族定义，就有必要承认他的民族形成的时代历史限制。如其我们采取比较广泛一些的说法，像我们经常在许多历史书上见到的，把古日耳曼人罗马人也称为日耳曼"民族"罗马"民族"那样，那末，我们讲那种意义上的民族的产生或出现，就是另一回事，那自然不一定要依据斯大林所严格限定的历史时期；就是斯大林自己，也曾在《俄国社会民主党怎样理解民族问题》中，应用"封建君主制的民族主义"② 的字句。列宁曾称"拿破仑的帝国主义"③，那也显然是在极广泛的意义上说的；自他对现代帝国主义作了严格的科学定义之后，我们如根据列宁那个定义来讨论帝国主义的形成过程，就只能依据他所明确规定的帝国主义是在资本主义发展基础上出现的历史限制。否则就难得讲通了。

把上述两种情况结合起来加以考察，我觉得问题的症结，仍就在中国地主经济本身以及基于那种经济而产生的社会政治文化思想，有足够引起我们不同观感的不鲜明迹象。那从一方面看来，像是有些符合于斯大林所指示的民族的诸特征，从另一方面看来，又不可能是属于同一的范畴。

我将在下面分别予以说明。

首先，同领主经济较量起来，地主经济有这样一个特点，就是它不仅能容许较大的劳动生产力的发展，并还容许把较多的劳动生产物投到流通过程，因而使人民能在经济生活和文化生活上发生较密切较频繁也较为广泛的交往接触。在地主经济制度下，土地是能够自由买卖，农民也是比较不要死死地束缚在特定一块土地上，像中国西周时代或欧洲中世纪农奴那样，只有随着土地才能转移。佃种土地的农民，要把他的土地生产物的很可观的一部分，当作地租，缴纳给地主或土地所有者，土

---

① 《马克思主义与民族问题》，大连新华书店版，第五七页。
② 《斯大林全集》，第一卷，译本，第二七——八页。
③ 列宁曾在《帝国主义论》刊行前一年（一九一六年）发表 *On the Jurious Pamphet* 中，这样说过："当拿破仑征服了欧洲不少的强大的建立很久的国家，创造了法兰西帝国以后，法国民族战争，就变成了帝国主义战争，现在轮到这个战争孕育了民族解放战争，来反对拿破仑的帝国主义了"。转引自 A. 伦第著《现在世界民主运动史》，章译本，第七一页。

地所有者和自耕农，又得分别把他收取的地租或收获的产品，以赋税的名义，上缴给地方政府，地方政府对于那种贡纳物，或在当地划拨变卖，或转运国库，再分别拨充政府各部门各地方的经费。这一个巡回不断的大转折，就把社会农业劳动剩余生产物的颇大一部分商品化了。农业劳动生产力，固然随着专制官僚政府劝工务农兴水利提高起来，但同时，专制君主，他的大小官吏以及其底层的大小地主，也把他们的消费胃口和食欲，随着商品流通而增大起来，结局，更多更大比例的劳动剩余生产物商品化了。于是在各个不同的王朝，都有不少很像样的消费都市出现。商业资本和高利贷资本，本就不大甘愿受地域拘束，而和他们有"相通之雅"的地主官僚政权，再帮同打开场面，拓展交通；更加上一统天下，例须在"柔远人，怀诸侯"以及"四征弗庭"方面所作的种种努力，对于各地人民生活方式生产方式以至于习惯风尚语文和社会意识，也实在起了不少的传播交流的作用，所谓"天下车同轨，书同文，行同伦"；所谓"声教所暨，罔无朔南"，所谓"文明华胄"，"上国衣冠"，都说明中国人民长期生活在地主经济基础上，在专制官僚统治下，在儒教薰陶化育中，好像老早就已表现出了这样一些共同特征：他们是居住在黄河及扬子江南北这个共同地域上，应用一般都行得通的共同的语言，经营着大体相同的小农经济生活，而又依着伦理政治的"政化"，养成了安分守己，听天由命和相当保守的共同心理。他们是不是已形成为一个"稳定的人们共同体"呢？乍然一看，也好像是的，因为他们一般都安土重迁，如其可能的话，宁愿"世守其业"，"效死勿去"。就其对外关系而言，即不说秦汉，至少在唐宋时代，汉族人民应已形成了对于四周落后部族或所谓异族的优越感。就令在被异族奴役压制的场合，仍自许是"礼义之邦"，"文明上国"的人；愈接近近代，如在明季清初，似乎汉民族的思想，越发显得浓厚显明些。从这种种方面考虑，如其说中华民族直到鸦片战争当时才开始形成或出现，似乎有些不合事实。

然而，进一步分析考察起来，那些征候或迹象，确实只能说是在较广泛的意义上粗略地具备了一些民族的因素。依照斯大林的民族定义加以绳墨，就另是一回事了。我们汉族几千年差不多是定居在以中原为基地的这个地域上，更自西自东自南自北的拓展开，语言虽不尽一致，但也大体可以通行。而最不合近代民族概念的，倒反而是最关重要的共同经济和共同心理因素。这样讲来，不是同我们上面所讲的恰好相反么？

不是的。地主经济确曾把我们古代以后的社会经济生活，弄得更活跃而开阔一些，可是，我们地主经济的性质，毕竟是封建的，同近代发生的资本主义的地主经济，颇不一样；它容许或要求我们成长起来一些消费性的政治性的商业都市，但与官僚地主有勾搭的巨商大贾，自始就支配着侵蚀着农工生产事业或产业，不让它们生产的物品，获得某种合理程度的利润的价格；而盛行于封建社会的各种超经济的榨取，更把那种情形变得严重了。我们那种经济基础，只合产生原始资本（商业资本高利贷资本）所有者那样的"资产阶级"，近代型的资产阶级或市民阶级，是它在本质上所不能容许的。因此，对于统一国家的要求，对于异族的反抗，虽不能说是没有爱国家爱民族的因素，在其中生热发酵，但那同近代市民阶级为了保护市场，稳定市场，开拓市场而作的反封建割据和争取民族解放的斗争，毕竟是在不同历史情况下提出的不同性质不同内容的东西。也就是说，依据斯大林的民族定义所提出共同经济共同心理因素，那并不是任何一种共同经济和心理，而是与市民阶级实质相符合的共同经济共同心理；也不是"住在一乡，打在一帮"；历代政治上的暴风雨，都不曾震撼到它的经济基础——工农结合化那样的"稳定的人们结合体"，而是在共同地域，用共同语言，在一定历史时期，由市民阶级代表表达出来的被统治人民大家一致愿望的那种确定的社会集团。

因此，我对于中华民族产生的问题的看法是：

（一）我们是可以在较广泛的意义上，来表明中华民族远在近代鸦片战役以前很久，在欧洲资本主义侵入以前很久，就已经由反复征服统治异族和被异族所征服统治，而形成"华夏神明之胄"或华夷之辨；尽管它的内部构成分子在不断增减变化，而当做一个具有这样悠久文化历史，而且拥有这样多勤劳智慧并过着大体相同经济思想生活的人群，说它在封建时代，就存在着一种前资本主义的在不断发展着的"民族意识"那也许没有什么讲不通。① 但

（二）难得讲得通的，就是把斯大林明确加以限界了的近代民族概念，应用到我们前资本主义的民族形态上去，因为在事实上，我们社会的地主经济以及建立在它上面的政治文化诸方面的设施，毕竟都是封建的，没有可能培育出近代市民阶级的民族主义意识来。在一个社会胎内

① 马恩在《资本论》《家族私有财产及国家之起源》及其他著述中讲到前资本主义社会的各国民或大氏族的结合，也常使用"民族"或"诸民族"的字样。

孕育着新生产方式的其他条件具备了的时候，同近代民族意识有关的自然哲学或所谓天道观念，可以和自然科学联系起来，成为科学的自然主义，如像在欧洲十六七世纪一样，新生产方式的其他条件不曾具备的时候，低级的或带有神性的天道观念，就只能和预示灾变吉凶祸福的谶纬学联系，而成为更近于迷信和宿命的东西，如像儒家的天道观念就是如此。近代的民族意识中的其他因素，是一样非有其他与资本主义生产方式有关的社会历史条件来配合不可的。

六、地主经济与中国社会长期停滞问题

中国社会长期停滞问题，在抗战期间，曾因日本军阀豢养学者秋泽修二在所著《东洋哲学史》及《中国社会结构》二书中，反复论证"中国社会之亚细亚的停滞"，而引起中国论坛上各方面的反驳与论争。我在拙著《中国官僚政治研究》中，曾在"官僚政治对于中国社会长期停滞的影响"这个篇名下，加以全面综合的论列。那虽然是从官僚政治的角度去看中国社会长期停滞问题，但在我的论点上，中国的专制官僚政治是作为地主经济的上层建筑而出现的，那对于我现在要从地主经济角度来考察中国社会长期停滞问题，当然保存密切的内在的联系。

中国社会长期停滞问题，是比照西欧各国社会发展情况，而相对地提出的。从西周建国之初（纪元前一一二二年）起，直到解放前止，我们在封建这一阶段，逗留了三千年以上。西欧的封建制，始于五世纪，终于十七八世纪，前后不到一千五百年，也就是说我们在封建制阶段足足延长了一倍多的时间（自然有的学者认定中国封建制始于春秋战国，有的甚至说汉代还是奴隶制，那一来，长期停滞的问题就干脆不存在了。但我还不相信问题会这么轻易的解决）。但按照我们前面的说明，中国领主经济封建制，到秦代就消灭了，代起的是地主经济封建制。由西周历春秋战国也只八百年，而西欧诸国自五世纪开始的领主经济封建制，直到十五世纪才开始崩解，以时计之，它们前后竟达一千年，比中国逗留在这一阶段的时间，还要长二百年。由是可知我们社会的长期停滞，就是停滞在地主经济封建制阶段。如其说地主经济形态比领主经济形态，还要进步得多，还要更接近近代资本主义制度，为什么我们很快的前进到这个阶段，反而停滞下来了呢？关于这个问题的不同答案及其批评，我已在前述拙著《中国官僚政治研究》中，比较详明地解述过了，这里只想单从封建的地主经济的本质，来论证它必然会引起停滞的种种原因。

首先，在封建性的地主经济制下，土地不能不是最重要的生产手段，土地所有者不能不是社会的权势者；"有土斯有财"，任谁有钱又可以购得土地，变成超经济的榨取者，变成有权有势者，于是，由土地生产物地租化赋税化商品化，所累积的资金或社会资财，不是用以胡乱消费，就是用以购买土地，就是用以从事和购买土地一样有利或更有利的商业和高利贷业；商业者，高利贷业者，土地所有者在这里变成了"通家"。商业本来是应该发生分解旧生产方式的革命作用的，它在中国历代王朝，曾在开拓市场，扩大生产物交换范围的场合，对于原有的小农业和家庭工业结合的经济形态，对原有村社共同体经济形态，发生过分解作用，但马克思教导我们，"那种分解究会引起什么，会引起何种新生产方式代替旧生产方式，非由商业而定，却是由旧生产方式自身的性质而定"①；高利贷业本来也是应该对于封建财富，对于封建所有权发生覆灭和破坏分裂的，它在生产手段分散的地方，把货币财产集中起来，可是它作着这样的"革命工作""只有在资本主义生产方式的别的条件已经具备了的地方和时候，才表现为新生产方式形成手段之一"②。若在我们中国，在马克思所说的，"在亚细亚的形态上……不致在经济崩溃和政治腐败以外，再引起别的结果"③；因为我们的资本主义生产方式的其他条件没有具备，它就"不改变原有生产方式，却作为一个寄生虫，紧紧地寄生在生产方式上，使生产方式变为悲惨的"④。然则，阻碍我们商业发生革命作用的"旧生产方式的性质自身"是什么呢？使我们的高利贷不能发生革命作用所不曾具备的资本主义生产方式的其他条件是什么呢？

其次，在我们的地主经济基础上，社会的最高主宰者专制君主，他同时就是大地主，同时又是国内比较有利可图的商工业，如铁、盐、茶、米、纸……等加工企业的垄断者。且不讲这些垄断者一般是如此不会经营，如何会把独占赢利所得，胡乱浪费，单就他们在垄断过程中对一般商工业发展所造成的阻碍，已够严重了。而况在另一方面，都市的手工业，在作着商业的附庸，结局，工业生产在前面没有去路，在后面

---

① 《资本论》中译本，第三卷，第二六〇页。
②③④ 同上，第四九九页。

没有支援，而土地所有权，商业，高利贷业，又以高利及其相伴的权势，向一切可能累积或榨取者招手，那就自然使得工业生产没有发展的展望，而在直接受着超经济榨取的农业生产，当然比工业还要没有前途。封建的地主经济本身，既不能为任何新生产方式提供有利的发展条件，商业高利贷业诚然也破坏了原来所有权关系，诚然也把分散的货币财产集中起来了，但却没有形成为新生产方式的手段，只会使旧生产方式更加悲惨。其实还不止此。

再其次，近代的资产阶级革命，是从这样的历史事实出发的，就是封建的土地所有者贵族，掌握着政权，以各种封建规定，把农奴死死地束缚在土地上，都市商工业者要发展生产，有必要从农村争取劳动力，有必要打破束缚农奴的各种封建规定，即是有必要推翻制定并执行那些规定的封建贵族政权；市民阶级与贵族的你死我活正面冲突，无非是为了要获有为他们生产剩余劳动生产物或剩余价值的劳动力。而在这种斗争当中，商工业者——市民阶级是要从贵族奴役下解放农奴，所以他们极容易争取得农奴或农民的协助；而同时，都市里面被束缚在基尔特组织里面的手工业者，也要求从那种压制下解脱出来，所以，市民阶级的革命，能取得广大农工劳动者乃至知识阶层自由职业者的参加。中国地主经济的生产方式本身，首先就把地权和商业资本纠结在一起，商人可以成为土地所有者，土地所有者也兼作商人或各种作坊经营的老板，他们之间没有严格的身分制加以限制，就没有可能形成尖锐的阶级对立。不仅如此，每当封建土地所有者专制君主及其官僚们，因消费贪欲增大，超经济的剥削榨取加强的时候，那同时也是为商业高利贷者制造暴利的机会，他们在压制农民，横征暴敛上造成了"统一战线"，所以，每到王朝末期，不能不起来挺而走险的农民大众，就不仅把他们的反抗对象，限于贪官污吏恶霸地主，商业者高利贷业者也在被打杀破坏之列。历代王朝末期的农民暴动，不仅推翻了王朝，也连带破坏了商业手工业，造成了牛死虱死的悲惨局面。从这里，我们又看出了另一形成中国社会停滞的原因，即

最后，我要谈到中国几千年的变乱，总是走的改朝换帝的老路而不曾出现新生产方式的情形。一个旧的王朝被推翻下去了，新王朝好像只是重整旧乾坤，不复能从事任何新变革。这是有其内在的必然理由，而不可能勉强的。一个新的社会，只有它的新生产关系已在旧社会孕育好了，才能经过脱胎换骨的变革而呈现出来。中国地主经济和官僚政治既

如前面所说，用它本身的种种限制，使新生产方式的各种必需条件不能成育起来，一个因利乘便起自草泽或什么场所的新统治者，就不但因为没有何等商工业的现实，引导他去设想什么新的生产方式，即使他有什么翻新立异的"雄才大略"，也不易平地起楼台似的创造出一个新局面。不错，我们是经历过不少次的异族统治的，但它们在生产方式上，比我们固有的，还要落后得多，结局，朝代尽管变了很多，社会就像是处在"静止的状态"中，不断再生产其原来的形态，这也就是马克思所指示的，变更朝代的政治上的暴风雨，并不曾怎样惊动它的社会基础。连资产阶级的经济学者亚丹·斯密也看得极不顺眼，以为"中国老早就停滞于静止状态了"①。

要之，中国社会其所以长期停滞在地主经济的封建阶段，就因为在这种经济形态本身，已经存在着一些使它不易在胎内好好孕育出新生产方式的条件，而基于这种经济形态所采行的官僚政治组织和儒家学说，更从中作了许多缓和矛盾对立的措施。然而，我们在讨论中国社会停滞问题的时候，绝不应把那个命题绝对化；讲中国社会停滞，那是就它没有很痛快地改换一个新生产方式的相对的说法，并不能认定我们到了清代，还是维持着秦汉之世的生产技术和文化水平。实则在这一段长时期内，我们在农耕技术方面，在商工业组织规模及经营方面，在文化交通社会生活各方面，都有不少的进步，只有由于前述种种条件的限制，使其在进步方面的量的累积，不够引出质的大变革罢了。

七、亚细亚生产方式及其在地主经济形态中的历史线索

前面讲到的三、四、五、六各节，是说明在地主经济基础上，产生了中国封建政治的中央集权形态，发展了儒家的思想意识，形成了非现代意义的大民族集团思想，并由这些内在因素的作用，招致了中国社会长期停滞的现象。在这一节以及下面关于西周社会性质的一节，却是要分别研究亚细亚生产方式和西周封建社会，究竟对中国封建地主经济的形成，发生了那些直接间接的影响。

直到现在，关于亚细亚生产方式和西周社会的性质，我们史学界还存在着极其分歧的意见；因此，我在本文讨论范围内，虽然只是要指

---

① 见《国富论》郭王译本，上卷，第八五页。

出，亚细亚生产方式怎样由它的构成和演变，对西周领主封建制度乃至由领主封建制过渡到地主封建制，发生了那些制约作用就行了，但不分别把有关这两个生产方式的性质问题，在我们目前认识的基础上加以再说明，那就显得要缺乏前提的依据。

关于亚细亚生产方式的问题，在中国大革命以后不久的一段时期内，曾经在苏联史学界发生了意见极其分歧的论争，此后还陆续有不同的见解发表。其中有两个关系方法论的正相对立的意见。在一方面，如像柯金、马扎尔、柯塔斯等，把亚细亚生产方式，看作是特殊的东方形态，是脱离了世界史范畴的特殊发展，那显然都是在普列汉诺夫的地理唯物论影响下的产物。因为照普列汉诺夫的看法，属于东方的亚细亚生产方式，属于希腊罗马的古代生产方式和属于日耳曼的封建生产方式，是因有关各民族的地理条件不同而相并存在的，他把马克思提出的"亚细亚的，古代的，封建的以及近代有产阶级的生产方式"的纵的发展顺序，当作横的关联来理解；柯金讲法不同，他以为亚细亚生产方式，只是指着氏族社会崩溃以后，封建社会形成以前的那一阶段；马扎尔更把东方的封建制度也包括在这个特殊阶段里面，他们的共同点，就是认定这个特殊阶段，是属于原始共产社会崩溃以后才出现的。

在另一方面，如像柯瓦列夫，莱伊哈尔德以及拉莫耶夫等，则肯定亚细亚生产方式并不是什么特殊的，不同于一般社会发展行程的例外形态，至多也不过是在一般过程上表现的特殊。就他们大体都把亚细亚生产方式看为是未发达起来的奴隶制这一点说来，所谓亚细亚的特殊涵义，无非像一个没有发育好的人，对于正常人所显示的区别罢了。

这两个对立的见解，毕竟有一点是共同的，就是他们彼此都认定马克思所说的亚细亚生产方式，是原始共产社会崩溃以后的产物。直到最近不久以前，我还是抱着不同的见解。

在一九三五年出版的拙编《中国社会经济史纲》[①] 中，我在"中国社会经济史上的方法论问题"那一章，特别就"亚细亚生产方法论争"作过概括的说明，其结论是："在承认这四者——按即指上文的'亚细亚的，古代的，封建的以及现代资产阶级的生产方式'——之继起性的前提认识下，所谓亚细亚生产方式，无疑是一般指着原始共产社会的生产方式。至同一著者在其著述中所具体论及的亚洲或中国印度诸邦之社

---

① 那是以王渔邨的笔名，在生活书店发行的。

会经济状况，那当与这里所说的'亚细亚的'云云，不能相提并论了。"① 到了一九五二年，我曾在山东大学就"政治经济学与一般科学的关系"这个题目，作过一次报告，其中讲到历史科学的产生，讲到马克思把历史划分为亚细亚的，古代的，封建的，现代资产阶级的四个阶段，表示"对于原始共产社会，马克思在当时还只发现它末期的印度型的'共同社会'，所以仅提出亚细亚生产方式这个语辞，而不曾全面地明确地作为一个世界性的形态提出来。他根据已有的材料找寻规律，得出结论，是非常精审、非常科学的。恩格斯比马克思年代略晚，在马克思发表《政治经济学批判序言》前后不久，俄国，德国，美国都分别发现了有关原始世界现象。所以恩格斯才在他的《家族的起源》中表示：自从一八七七年莫尔根的《古代社会》问世以后，古代社会的谜，即古代社会前身的谜，就得到一个解明的锁钥了，简言之，就是奴隶社会以前，还有一个原始共产社会。"②

我一直把亚细亚生产方式理解为原始共产社会，是基于以次三种认识：

第一，马克思恩格斯是原始共产社会的积极主张者，在一八五九年写作《政治经济学批判序言》，划分历史阶段时，理应会概括当时可能找到的材料，把这个对于革命实践和理论具有极重要意义的阶段列举出来。

第二，"序言"有关之句是："就一般的轮廓说来，亚细亚的，古代的，封建的及现代资产阶级的诸生产方式，可以作为经济的社会形式的几个递进阶段"；把"亚细亚的"放在"古代的"之前，而又概括地说是"作为经济的社会形式的几个递进阶段"，那不已更清楚说明亚细亚的生产方式是指着原始社会么？

第三，所有把亚细亚生产方式看成是原始社会崩解以后的奴隶制的各家说明，都不曾对马克思在其他文献中广泛涉及近代以前的亚细亚形态，作过合理的不自相矛盾的解析，因而，把马克思关于生产方式的一般历史区划，和他就商业，货币以及土地所有等具体历史形态，区别来看，就似乎比较讲得通些。

① 见生活版，第三版本，第一三页。
② 见《文史哲》一九五二年第六期第一七页——恩格斯在《家族的起源》中表述的这个意见，在《共产党宣言》有关"有产者与无产者"那一节的说明中，曾更详细地注释无阶级社会发现的经过。

　　然而直到去年从《文史哲》见到日知和童书业两先生关于亚细亚生产方式的论争以后（我还没有见到童先生在《文史哲》一卷四期"论亚细亚生产方式"一文），特别是在我买到一批柏林新版马、恩文献，把有关文句再加比照研讨之后，始觉得我以往的推论，完全是对于作者原意的误解，那是值得提出来自行检讨的。

　　"亚细亚的"（Asiatische）生产方式，不是指着原始社会，也不是指着封建社会，而是指着奴隶阶段，在恩格斯晚期的论著①中，还这样明白地告知我们："在亚细亚的和古典的古代，阶级压迫的支配形态，就是那不只剥夺大众的土地，并还占有他们的人身的奴隶制（Im asi-atishen nnd klassrschen Atlertum war die vorherrschende Form der Klassenunterdrü ckung die Sklauerei, d. h. nicht so sehr die Enteignung der massen vom Grund nnd Bodep als die Aneigenung ihrer Per-sonen)"② 当我依据恩格斯的这个指示，再回头来仔细体会马克思自己在其他场合讲到的有关文句，才确实认知我自己原来的想法是错了。马克思在一八五七——八年度写成，作为《政治经济学批判》草稿的"前资本主义生产形态"中，就已经把他所提示的三种财产形态的第一形态，看作亚细亚生产方式的基础。在《资本论》第三卷中，他还把他在《政治经济学批判序言》中谈到的亚细亚的生产方式作了这样的性质的规定："从前人们往往把亚细亚的，古代的，中世纪的商业的范围和意义看得太小，现在却惯常把它看得过大"③。这里讲到的"亚细亚的"的范围和意义，显然不能理解为是阶级分裂以前的状况，而依他在"批判"序言中的顺序，把"亚细亚的"放在"古代的"，"中世纪的"或"封建的"以前，也显然不能把"亚细亚的"生产方式，理解为奴隶社会以后的阶段。不仅如此，马克思还曾在其他场合，在"亚细亚的"这个语辞前面附上一个"古代"的帽子，如说："在古代亚细亚的（Al-lasiatishe），古代的以及其他种种生产方法之下，生产品之变为商品，亦即人们变为商品生产者过着商品生产者的生活，只有附属的作用"④云云，那又不只明白表示"古代亚细亚的"和"古代的"，通是就奴隶社会主论，并还暗示"亚细亚的古代"，和希腊罗马的"古典的古代"，

---

　　① 　见《英国工人阶级状况》，一八八七年，美国版，序文。
　　② 　一九五二年柏林版《英国工人阶级状况》，第三七七页。
　　③ 　《资本论》，三联版，三卷，二六一页。
　　④ 　《资本论》，人民版，第一卷，第六二页。

是同一社会阶段的不同发展时期，也就是说，亚细亚的古代，只是代表奴隶社会的未发达的未成熟的状态，这就不但和恩格斯的前述文句完全符合，也可以解析"批判"序言的"经济的社会形式的几个递进阶段"的疑团，至于马克思在当时（写作"批判"序言的一八五九年）没有提到奴隶社会以前的原始共产生产方式，那用恩格斯在《家族的起源》中的有关文句以及前引《共产党宣言》中的附注，就益加证明他对于当时未曾完全用史实证实的那个生产方式，是仍极慎重地采取保留的态度的。

要之，马克思把亚细亚的生产方式，当作未发达的奴隶制提出来，是由他自己的特别是恩格斯晚期的文献，证示得非常确凿的。就这一点讲，我觉得与我原先极有同一见解的童书业先生，值得重新考虑自己误解了作者原意的看法。

不过，确实断定"亚细亚生产方式"是指着未发达的奴隶制度，只算是做了讨论亚细亚生产方式问题的第一步。而我们在本文所应注意的，却在确定这种生产方式，究竟包含了那些特点，为什么不曾进一步发展到古典的奴隶制，它对西周的社会性质有怎样的影响？它有那些因素有助于地主经济的封建制的形成？马、恩在其他场合讲到的不是指着奴隶阶段的亚细亚的社会基础以及货币商业高利贷形态等等，该怎样结合中国史实加以说明？诸凡这些问题，都是正确断定了亚细亚生产方式为未发达奴隶制的中外史学专家，迄今也尚不曾给予我们以满意解答的。然而这确是研究中国社会史上的一大课题。无疑地，我没有解答这些问题的能力，但却愿意从考察地主经济封建制的角度，提出一些不成熟的看法。

总的说来，由于亚细亚的，或缩小范围说，由于中国奴隶制的未发达形态本身的所具的特点，就限制了它向着古典形态的发展，而这又影响到周代的初期封建制及其后来向着地主形态的转化，并由是形成了中国社会长期停滞的症结。以下，我想结合中国史实，结合马、恩有关文献及其历史唯物论原理加以说明。

现在先来考察一下亚细亚生产方式的基本特点，马克思主义教导我们：任何社会的生产方式，是以它的财产所有形态作为基础。而在资本主义以前的社会，则是以土地这种生产资料的不同占有形式，决定其不同性质的生产方式。"亚细亚的古典的古代"，虽如恩格斯所指示的那样，同是属于"不仅剥夺民众的土地并占有其人身的奴隶制"，但在亚细亚的古代的土地占有，却是通过集体的形式，通过公社，通过氏族大氏族部落，而将构成此等集团的成员，劳动剩余以贡纳形式献给作为最高统一体的首长或专制君主，于是，就显示出了此种生产方式的以次诸特点①：

（一）把自然发生和成长的，在不同程度上，以家族为纽带的集团，如氏族部落或其联合体为集体土地所有制的首要前提；

（二）部落的或公社的财产实际上是存在的，但它们的一部分或大部土地剩余劳动生产物，要贡献给作为统一体的首脑或君主，这使得土地财产权对于它们，只是具有占有的或使用的权利的实质；

（三）单个的人是作为部落或公社的成员而存在，对于作为其劳动条件的自然或土地，只是通过部落或公社，获得占有或占用的权利，即形式上的土地财产权，对于他们还是间接的；

（四）由手工业与农业结合所形成的公社或部落，由于它本身包含有再生产的和扩大生产的条件，它就能够完全独立地存在并延续下去，而构成作为其统一体的君主或王的专制主义的现实基础；

（五）在由一个君主或王作为其统一体的各种集团如部落或大氏族等等，大体都有替它们和君主或王发生直接联系的代表人物或首长，那些组织有的是比较专制的，有的是比较民主的，那要看它们内部的构成分子如何，或者看它们对原始社会的民主形式破坏到了什么程度。

马克思在他《前资本主义生产形态》的经典论著中所提示的上述亚细亚生产方式的诸特点，马扎尔曾用以次四项来概括，即"土地国有——非私有，农村共同体，在国家形态上表示的专制政治，再加上人工灌溉及因此而引起的大规模公共事业组织之必要"②，那是非常不妥当的。那不但把亚细亚的古代和古代亚细亚生产方式的残余混杂在一起，并把亚细亚生产方式的本身和他看为亚细亚生产方式所由形成的原因，也混杂在一起。我们能够说当时的土地所有形态是"国有"么？我们能把治水及其相应的公共事业的"必要"，也算为生产方式的一个特征么？实则亚细亚生产方式的特征或如我在上面举述的诸特点，乃表示它在一方面已经不能维持原始社会的共有形态，产生了剥削者被剥削者，同时又不曾发展到古典奴隶社会那种阶级尖锐对立的程度。血族的

---

① 参考马克思：《前资本主义生产形态》，一九五二年柏林版，第六页。

② 见王渔邨编：《中国社会经济史纲》，生活版，第一六页。

纽带还成为社会组织和隶属关系的有力依据，社会组织内部乃至其对统一体的君主，还保有一定程度的民主和自由，私有土地财产权是不存在的，集体占有是承袭的或习惯上的，国王所有形式，也不过由贡纳一部分土地剩余生产物的事实体现出来；土地剩余生产物的提供，并不全是由于利用了土地，还带有对集团统一体表示臣服和虔诚忠顺的意图。"普天之下莫非王土，率土之滨莫非王臣"的关联文句，恰好把这种含义表达出来。而我们说这个阶级的直接生产者，农民或畜牧者是被奴役的，就因为少数人或政治支配者是寄生在他们的剩余劳动上面；我们说，那些农民和畜牧者在集团内部还保有一定程度的民主，对于支配者还保有一定程度的自由，就因为那种奴役制度还不曾发展到使全社会绝大多数的农场，牧场，手工作坊，矿山以至买卖场所都有主人拿着鞭子和锁链迫使一大些劳动者从事非人的劳动。中国有关伏羲神农黄帝尧舜乃至夏禹之世，系属传说的文化阶段，所记史实，和社会史上由蒙昧下期至野蛮阶段可能发生发明者，就按照顺序讲来，亦大抵符合，到了夏代特别是商代，已显然跨进了文明领域，严格意义的（和此后演变了形态相区别的）亚细亚生产方式的出现，就是指着这个时期。由虞书夏书商书记载中暗示的当时的生产关系，特别是直接生产者的社会地位，尽管明白表示他们是剩余劳动生产物的提供者，是被剥削者，但不曾发现个别奴隶主和其奴隶关系的迹象。却至多只由反复讲到的"九族""百姓"所暗示的族姓奴隶的迹象。在提到"民"，"非民"，"蒸民"，"黎民"……的场合，都把民和邦和君主对称起来，如所谓"天聪明自我民聪明，天明畏自我民明威"（虞书）"皇祖有训，民可近不可下，民为邦本，本固邦宁"，（夏书）"后非民罔使，民非后罔事"（商书）……当然，对于"民"的重视，在他们"服田力稼"（商书），设不由后由王加以教督强制，"惰农自安，不昏作劳，不服出亩，越其罔有黍稷"（商书）那在一方面，是"后非民罔使"，在另一方面，就是"民非后罔事"了。在部落或农村共同体基础上建立起专制主义，在其最初的形态上，显然还可能允许保留前期社会的原始自由民主因素，这就是为什么在未发达的奴隶阶段的直接生产者，还被视为具有"自由民"面貌的基本原因。

显然的，我在这里，不是要为这种生产方式，涂上玫瑰的颜色，认为它是"可爱的"，而只是表明它还未从原始社会形态完全解脱分化出来，所以保留了这样一些特点。

现在应该谈到这种生产方式其所以形成，和它为什么不曾发展到古典奴隶制的原因。

社会史上的文明阶段，一般都是以奴隶的剥削形态开始的。但因各别社会作着这种历史转变的具体条件不同，奴隶的剥削形态也显示了许多差别，被看作未发达的奴役形态的所谓亚细亚的生产方式，是在这种意义上提出来的。不过，当作一个社会生产方式来看，总归是通过基本生产资料——土地的占有，不论这种占有是采取怎样的形式，而剥削直接生产者的剩余劳动。亚细亚的专制主义的基础，我们已知道是孤立的自给的，保持有一定血统联系的农村公社组织，这些组织对于土地财产的集体所有权，表现为"普天之下莫非王土"的代管权。然则这些集体组织为什么要奉戴专制君主呢？马克思在他的《前资本主义生产形态》论著中，是这样说的："那些属于全体的以劳动实际占用的条件，如在亚细亚各民族中起着非常重要作用的灌溉河渠，如交通工具等等，通是由最高统一体亦即君临于各小公社之上的专制政府处理。"① 恩格斯却明确强调那"主要原因，是在于气候，且与土壤的性质有关，尤其是与广阔的沙漠地带有关。这些沙漠，从非洲撒哈拉起，经过阿拉伯，波斯，印度及蒙古，延到亚洲最高的高原。这里的农业，主要是建立在人工灌溉的基础之上，而这种灌溉却已经是村社地方当局或中央政府的事情"②。专制主义国家的物质基础之一，显然是所谓给水调节的灌溉工事；个人乃至小集团不能解决旱灾水患，有必要依赖集中的权力。中国古代文化发迹在黄河流域的黄土沙漠地带，传说"尧有九年之水患，汤有七年之旱灾"；大禹治水定贡，以及商代时常为避水旱灾难而"不常宁""不常厥居"而迁都移民，皆可证言这是专制君主的重大事件。但如我在前面关于中国中央集权专制官僚形成的原因时所指出的，治水交通以及其他公共事业的必要与可能，往往是发生在集中的专制政体已经形成以后，而在嬴秦时代的那种形态的中央集权的专制政治，又必然是发生在"訾一而税"的地主经济基础已经大体形成以后，单从治水灌溉的要求，是不够说明的。在生产力极度低下的太古时代，地理上的自然条件，对于一个社会的生产方式的形成，当然相对的具有较大的作用，恩格斯所提示的气候，土壤特别是广阔的沙漠的地带，无疑要引起集中

---

① 一九五二年柏林版，第八——九页。

② 恩格斯给马克思的信，一八五三年六月六日——参见《马克思恩格斯论中国》，解放版，第二一页。

力量来推行治水灌溉的要求，可是，同是这些自然条件或自然环境，还更要引起统一集中力量来进行争夺或保障较优良的土地或猎场牧场乃至农地的要求。所谓"视民利用迁"，所谓"逐水草而居"，所谓"敌人之所欲者吾土地也"，皆说明这是各部落大氏族氏族不能不奉戴一个大首脑来解决他们生死攸关的土地问题的原由，恩格斯就曾这样教导我们："人口增多之后，遂有对付内敌与外敌，大家更结成密切关系的必要。于是近亲部落联盟，就成为不可避免之事。不久，它们的合并乃至各别的部落领土之向一个民族全领土之合并，就跟着发生。军事的领袖成为不缺少的常设之官。……以前仅仅为对侵略的报复或扩大狭小领土之手段的战争，如今只为了掠夺而行，且成为正常的事业……掠夺战争增大了最高军事长官及下级指挥官的权力。由同一家族选出后继者的习惯，逐渐转入世袭制。这种世袭，最后由于默许，其后由于要求，最后由于篡夺。于是，世袭的王位，世袭的贵族之基础安固下来，氏族制度之机关也渐从氏族部落大氏族氏族中绝了根源。"①

这是一切社会由无阶级剥削转变到阶级剥削的一大关键，它在中国社会形成亚细亚生产方式的过程中，决不能说没有发生极大的作用。相当于这个历史阶段的夏商诸王朝的记载，如各级军事首长的称谓，如由所谓揖让传贤到世袭传子传弟，如受到侵袭，率其族类，抛弃原来土地他迁等等，殆无一不可印证攘夺或保护土地，对于促成专制王权所发生的影响。

自然，在上述的转变过程中，还可能有其他的因素，不是的么？我们的史学论坛上，已经有人考虑到了生产工具。吴大琨先生在《论前资本主义地租的三种基本形态》一文中，就明确表示："当统治者们占有了作为工具或作为武器的青铜器的时候，专制统治的形式，也就必然产生了。"② 这里且不忙分析这种说法的可靠程度，但有一点是可以肯定的，即生产工具的发展水平，即使不足用以说明亚细亚生产方式上的土地"王有"形态之所由形成，却可用以说明亚细亚生产方式这种初期的奴役制度为什么不曾发展到古典奴隶制，反由是推移到初期封建制。

亚细亚生产方式既经依着上述的以及其他的种种原因出现了，它为什么就不能发展到希腊罗马那种古典奴隶形态呢？事实上，不曾发展到

---

① 《家族私有财产及国家之起源》，新华社中译本，第二二九——二三○页。
② 见《文史哲》，总十一期，第三○页。

古典奴隶形态的社会实在很多，原因不一，单就原始亚细亚生产方式的古代中国讲，如提出当时所处地理条件和生产工具发展水平这两个原素来，再加上这种方式本身的限制，也许大体可以说明其中的究竟。

奴隶生产形态的发展，意味着分工交换的发达，意味着商品生产的发达，意味着私有财产关系的发达，意味着氏族关系的根本解体。恩格斯关于雅典奴隶国家的发生过程，曾这样指示我们："在成文历史上我们所得追溯的限度内，我们发现土地已被分配，为各个私人所占有，这是当着野蛮上期之终，商品生产及由此引致的贸易已很发达。谷物，葡萄酒与油都是重要的物品。在爱琴海的海上贸易，益把腓尼基人的势力排除，而落在雅典人之手。因土地的买卖，农业手工业，商业与航海业间的分业的进行，氏族，大氏族及部落的属员，忽然发生混乱。"[1] "各种生产部门间的分业——农业手工业，在手工业内的无数专业，商业，航海业等——跟着产业及交通的进步，愈益完全发达，住民现在依职业分成十分确定的集团，各个集团有各别的利害关系，因不受氏族大氏族保护，故有创设新的官职的必要。奴隶的数量大大增加，且确乎超过当时的雅典人数。"[2]

从上面引述"古典的古代"奴隶制发达的史实，可以反证出我们在亚细亚生产方式的社会奴隶生产关系其所以不曾发达起来的根本原因。我们的周代以前的比较可靠文献乃至传说，极少谈到商业，就是出土物也很少把商业依以进行的交换手段或货币商品提供我们；降及西周，始由《诗经》所载"抱布贸丝"（卫风氓篇）"贾用不售"（谷风篇）"既见君子，锡我百朋"（小雅菁菁者莪篇），暗示我们以当时较原始性的交易关系的存在。商品货币关系这样不发达的理由，首先应当从社会劳动生产力非常低下这一点去说明。在广阔的沙漠地带黄土地区，在极端幼稚的技术条件下，虽适于作为农业文化的出发点，但显然不能不使劳动生产力的提高受到极大的限制。这和生产工具水平也是有密切联系的。我们当时的生产工具，依出土物所提供的材料，至多只限于青铜，而是否以青铜制作农具，仍大有疑问，土地条件既如此，生产工具水平又如彼，要保证当时的社会分工，当时的农业劳动生产力，能提供多少剩余生产物，使其变成商品，发展流通关系，就没有多大的可能了；设再把

---

[1]　见前引《家族私有财产及国家之起源》，中译本，第一四八——九页。

[2]　同上，第一五四页。

当时夏商诸代政治势力范围所及的山西，河南，河北诸省的自然地理环境加以考虑，那比古代希腊罗马所在的地中海东部即欧亚非三洲切角地带，就显然太不利于商业和海运业的发展。商业是在生产基础上发生的，但便于商品流通的自然环境和外部的交换关系，又往往能诱发促进生产，从而发展商业。我们在这两方面的缺憾，再加上体现在亚细亚生产方式中的工农结合体的自给的特点，以及族姓关系的拘束，就使这种比较不怎么严格的低级的生产方式不容易发展到古典的奴隶制形态。

然则亚细亚生产方式是不是就一直停滞固定在那里呢？事实已早证明不是如此的，一个社会是不可能照原样停留着不变的。比方说，经常发生于部族间的战争，一定要影响部落首长或诸部族共同受其保护的专制君主对于其所属集团的以及对于集团成员的关系，或者说，君主对于其所属部落大氏族或部落大氏族家族首长对于其成员的权力和要求，愈来愈大，即剥削关系愈来愈确定也愈严峻了，父家长制就在这种演变过程中，逐渐采取了家内奴隶的形态，而且，一有战争，就不能没有俘获的情况发生，对被征服被俘虏的异族成员，当然不可能把他们和族内成员一同看待，这在商业，高利贷业不曾好好发达起来，从而，个人土地财产权没有发生的原初社会条件下，虽然只是种族性的奴隶产生的重要原因，但却显然要因此引起部族氏族内部阶级分化的可能性。不过，由单纯掠夺战争引起的社会生产关系的变化，比之于参杂着分工发达，生产技术改进，商品交换关系发展所引起的变化，有一极大的不同点，就是前者对于氏族纽带，不但不曾发生分解松弛的作用，往往为了团结起来战斗，为了在遭受掠夺场合得到保护，也为了便于专制君主的统率，反而在一定程度上被加固起来。当然，父家长制的形成，氏族大氏族中的上层分子的特殊化或贵族化现象的发生，以及被俘获的异族分子之被奴役，不可能不在原来的族姓关系中引起一些变化，但只要社会劳动生产力没有显著的发展，那种变化毕竟是有限的。而且在血统纽带还大体被维系住的情况下，以农工结合成一体为特征的村社组织，就不能不把族姓关系作为它的支柱。农工结合的村社组织和族姓关系是有着一定的相互维系的作用的，而他们都显示为专制主义的基础。

概括地说来，直到殷商末期，社会劳动生产率，仍是很低的，农工结合的自给性的生产，仍不曾引起个人私有财产制的产生；家族氏族大氏族部落不但是土地财产的领有者，且还是把异族俘虏变成奴隶的主宰者。不过，经济上缓慢的进步，终归要使原来的自然性的集团，成为经济活动的束缚，这是一方面；同时，建立在农工结合体的基础上的专制主义的不断再生产，再加上战斗频繁的任务，也足以引起专制君主所属集体组织对于他的政治隶属关系的加强，或者他对于它们的经济要求的加大；这种政治经济关系的变化，显然要把君主权势所由集中表现的国家形式向前推进一步，而成为马克思所提示的那样的机构，即"亚细亚的古代起，作为政府机构而存在，只有三个部门：财政，对内掠夺机关；战争，对外掠夺机关以及公共事业机关"[1]。最后一种机关除了为君主营建宫室城池外，就是兴修与那些和他的收入发生直接关系的水利。君主的国家有了这种规模，作为其臣属的"百姓"或部族氏族的代表者或家族的家长，也就相应对于其集团的组成员增大了权力，家内奴隶制已在萌芽着，益以异族奴隶的产生，遂使原始社会遗留下的"民主"和"自由"，进一步受到限制。即所谓"当氏族社会内部的分化发展到最高度时，氏族社会的原始民主制，乃为军事独裁所代替"[2]。"尚书""汤诰"及此后"盘庚"发布"百姓"的告示，充分暗示了商代社会的统治，已经有了不小的场面和威风。

如我们前面所论到的，我国的地主经济封建制，在政治上表现为中央集权的专制主义，在经济上表现为土地得在一定限度内自由买卖，直接生产者——农奴得在一定限度内自由移动，但农工结合的村社组织和族姓关系仍成为经济的社会的基础。这些形式和构成因素，不显然和亚细亚生产方式的诸特征，保持有一定程度的关联么？也许这就是马克思、恩格斯不时也把亚细亚的形态，用来指称中国封建社会阶段的政权经济基础以及商业高利贷货币等等的原因，但我们应当留意，当他们这样立论的时候，却是作为真正的亚细亚生产方式的转变形态或残余来理解的。

现在应先进而考察这种生产方式是怎样向着西周封建社会推移。然后再来研究它在由领主经济封建制转变到地主经济封建制过程中发生着怎样决定性的作用。

八、西周领主制封建社会的形成及亚细亚生产方式诸特点在地主经济封建制社会的残留

殷商社会末期所呈现的社会政治情况，诸如军事的专制君主权力的

---

[1] 《马克思论印度》，人民版中译本，第七页。
[2] 库斯聂著《社会形式发展史大纲》，高素明译本，第二二三页。

加强，部族氏族内部的阶级分化倾向的进展，特别是奴役异族现象的日趋显著，都为西周采取领主封建制度作了准备条件。

在由低级奴隶形态推移到封建制的过程中，我们一定要求说明那种推移如何成为可能的问题，即是，不经过发达了的古典奴隶制，封建制是否有可能建立的问题。在考察这个问题的时候，应当把我在本文开始时引论到的列宁关于封建生产方式的几个特征，回顾一下，那是自然经济的支配，是直接生产者被"分与"土地和被附着于土地，是农民对土地所有者的人格依存，是技术的极度低下状态。我们殷商社会末期的农业手工业的技术条件，从农工结合体的形态，就反映得非常明白，农工结合体同时也就是自然经济的最好表现形式；农民之附着于土地，或直接生产者对于土地所有者的依存或政治隶属，那在以土地为基本财产或基本生产资料的一切前资本主义社会，差不多是大体皆然的，所不同的，是土地所有者为"普天之下莫非王土"的君主，为部族氏族集团或为个人或个人的家族，有种种不同形态罢了。这并不是说，封建制度和它的前身的奴隶制没有什么分别，如我们即将论到的，那种差别是很大的，而且是关系到社会本质的。但这里有一点特别值得提起，就是，在封建社会的直接生产者是"半自由的"农奴，他对于发达了的奴隶社会的全不自由的奴隶，是一个进步，而且是用革命手段要求实现的进步；像在亚细亚生产方式下的直接生产者，根据我们前面的说明，他们无论是间接对于最后的土地所有者君主，抑是对于形式上的土地占有者集团或其首长，都是不曾完全失去自由的。从盘庚迁殷的布告，或周之先祖太王去邠的号召，都说明他们多少还保留了不少原初社会的民主形式。当然，这种原始性质的自由，和封建社会所要求的从奴隶解放出来的农奴所享有的"自由"，不是一个范畴，但单就这点讲来，由不十分严峻的低级奴役形态转变到封建制，至少应当不比由发达的古典奴隶形态转变到封建制更为困难；世界史上许多国家都不曾经历过古典奴隶制，但却同样转变到了封建制，也许不难从这里找到一些线索，但我在这里是不能深入说明的。

且看看我们殷周之际的社会转变。

从史籍所载，周原是隶属于殷商王朝的一个部落。殷商的"不常宁""不常厥居"的播迁现象，周之先祖也经历过。诗大雅"公刘"，"绵绵"诸篇所载"幽居久荒"，"陶复陶穴，未有家室"，以至"筑室于兹"，和《尚书》"盘庚"篇所载"建乃家于新邑"恰好是一个有趣的比照；它们大体都是由畜牧业重心移到了农业重心的农耕民族，生产力水平也许不相上下。但如《史记》"货殖列传"所载，"关中自汧雍以至河华，膏壤沃野千里。自虞夏之贡，以为上田。而公刘适邠，太王王季在岐，文王作丰，武王治镐，故其民犹有先王之遗风，好稼穑，植五谷"云云，不仅说明周代占有地区的土壤便于农业，它的历代统治者君主，也颇重视农业。所以它在伐纣当时的劳动生产力究比殷商高了许多，虽然还不能从生产工具方面得到证验，但也许由于它这个部族君主，逼处戎狄之间，发奋图强，特别注意农业技术改进；如《诗经》所谓"度其隰原，彻田为粮"（"大雅""公刘"），所谓"畇畇原隰，曾孙用之，我疆我理，南东其亩"（"小雅""信南山"），以及"乃疆乃理"，"乃宣乃亩"等诗句的反映，至少可以认定周初的农业生产状况，比之当时"不知稼穑之艰难"，耽于淫乐浪费的殷纣王治下，要进步得多，有希望得多。周之先祖因毗邻部落的威胁，一再东迁，到了文王的时候，就把四周的犬戎，密须，耆国，蒙侵虎先后加以征服。经济力量加强了，军事政治力量也雄厚起来，武王伐纣的阵营，《尚书》"牧誓"是这样告诉我们的："王曰：嗟我友邦冢君，御事，司徒，司马，司空，亚族，师氏，千夫长，百夫长及庸，蜀，羌，髳，微，卢，彭，濮人……"；单就这个场面加以分析，就知道当时周王朝的统治机构，已颇不简单，为给养这些文武官员士卒所采行的剥削制度，亦必粗具规模。作为殷商王朝的一个部族或属国，它的奴役的生产方式是不是更发展一些？且不忙遽下断语，但有一点是可以肯定的，我们根据一切可资典据的史料，既不能说周初的生产方式，曾发展到古典的奴隶形态，也不能说，它在伐纣灭殷以前，已经在实行封建的统治，一句话，就是在牧野誓师灭纣以前，它还是和殷王朝采行的大体相同的生产方式。

既然如此，周代在覆灭殷商以后，为什么不依照原来的方式统治下去呢？那是不可能的。因为第一，我们前面讲过，在殷商的末期，无论在部落氏族的内部外部，阶级分化的倾向，已经由经济活动，战争要求和异族俘虏奴隶的增加，而变得非常显著，原来残留着原始自由民主因素的低级的不十分严格的奴役方式，已和它不相适应了；第二，领土的扩大和部落氏族内部的分化，各种夷狄异族的渗入，再加上征服种族和被征服种族的相互关系，都不允许沿用原来的方式加以统治；第三，领土扩大的结果，土地生产物的复杂性增加了，即使在原有生产工具水平和技术基础上，地域间的分工的可能性也要因而增大起来。基于这种种原因，武王伐纣的进步历史意义，就在它因此导来了新的生产方式——即封建的生产方式。

现在要进而考察周初的封建生产方式，究竟对于原来的亚细亚生产方式，作了那些变革，加进了那些新的因素。

生产方式并不是可以任意选择，任意创造的。作为它的一个方面的生产力，总是把前一社会遗留下的劳动条件，作为原料，加以再组织，而作为它的另一个方面的生产关系，则在基本上要求适合于生产力的性质。可是生产方式，不能任意选择，毕竟是可以有条件的或在条件许可范围内加以选择创制的。在经常需要藉战争来解决社会矛盾的阶级社会，战争的胜利者经常总是依据他们的利害打算，作着这种选择和创制的。当日耳曼人征服了罗马帝国的时候，他们就把自己正从原始共同体瓦解过程中产生出的军事组织，和那正从罗马帝国奴隶制胎内育成的半奴隶的或农奴的倾向结合起来，成功为封建的生产方式，因为采取这种方式，是对他们有利的。他们既不能强罗马人倒转历史来过日耳曼式的生活，也不能忽视帮助他们征服罗马帝国的奴隶叛乱事实，还继续维持罗马的生产方式和生活方式。周代的征服者，也是在这种因势利导，因时制宜的利害打算中，作着他们的选择和创制的。他们首先要算计好的，就是如何巩固并加强他们的统治，这不能不使他们考虑到，如何把征服者部族和被征服者部族，"诸夏"之族和"戎狄之邦"，大部落和小集团，分化了的集团内部的首长和成员，分别加以部署和处理；而在这种考虑当中，自然要涉及最基本的，维系那种统治和一切部署的经济问题，也就是生产问题。不管它们在当时自觉地意识到了什么程度，政治和经济的内在关联性，总会逼着他们连带加以考虑。结局，"封建诸侯，以屏藩周室"，和分别等第，以"颁田制禄"的一整套办法，就被逐渐选择创制出来，而我们就把它们概括地称为封建制度。

当然，由不详尽的不够明确的断片载籍及其他材料所暗示给我们的周代封建制的轮廓，也并不是在它建国之始，就一下子创设起来的，但"封建诸侯，以屏藩周室"，却是在推翻殷商统治，扩大领土，要对付各种不同的属国或部落氏族的当时，所不能不采取的措施。传说武王伐纣建国时计有二千八百国，其中，武王兄弟之国十五，支配者氏族即称为姬姓的同姓之国四十，其余则为异姓国。这些国家爵有五等，位有三级，公侯百里，伯七十里，子男五十里，未满五十里者为附庸。在这个记载中，是否真有大小二千八百国？那些国是否分为五等三级？或者公侯伯子男属土面积是否各别为百里，七十里，五十里？那没有什么关系，问题在于这个王朝的专制君主。

（一）把"普天之下莫非王土，率土之滨莫非王臣"的这个泛泛的表现，开始认真起来，按照自己的统治意思，加以宰割，加以法制的规定，如所谓"天子建国，诸侯立家"，如所谓"乃命鲁公，俾使于东，锡之山川，土田附庸"（《诗经》"鲁颂""閟宫"篇），就和过去一听部落自发地成长演变不同；

（二）把原先基本上没有割断血统脐带的部落或农村公社，开始编组区划在一定面积的封疆里面，加以较确定的节制和统率，这样一来，如所谓"天子经界，诸侯正封"，就使原来自然的依血族结合的单位，转变为人为的地域单位，即如恩格斯所说的："现在所要区分的，不是氏族，而是领土，住民仅成为政治的附属物"[①]；

（三）把由亲及疏，由近到远，由征服者到被征服者部落大氏族氏族，按照一定的便于统治的原则，分别给予不同的政治和经济的地位，如《左传》定公四年子鱼氏之："昔武王克商，成王定之，选建明德，以屏藩周……分鲁公以殷民六族……分康叔以……殷民七族……。"就是很好的例子。

单就这几方面的部署安排看来，对于前一历史阶段，已经是非常不同的变革和创制了，但还不止此，周代的封建统治者，在阶级组织上，在剥削制度上，特别是在血族系统上，都创制了一套办法。就阶级组织来讲，《左传》桓公二年的记载是：

"天子建国，诸侯立家，卿置侧室，大夫有二家，士有隶子弟，庶人工商，各有分亲，皆有等衰"，而《左传》昭公七年的记载，是：

"天子经界，古之制也……天有十日，人有十等，下所以事上，上所以共神也。故王臣公，公臣大夫，大夫臣士，士臣皂，皂臣舆，舆臣隶，隶臣僚，僚臣仆，仆臣臺，马有圉，牛有牧，以待百事。"

士庶人以上的等第是非常明白的，士以下的皂隶僚仆，也分得那样严格，就不是我们今日可以悬揣的；他们理应是专供驱使召唤的形形色色的奴隶，是农奴劳动的寄生者。大概由士以上的一切阶层的人物，都

---

① 《家族私有财产及国家的起源》，前揭中译本，第一五九——一六〇页。

是"治人者食于人",而担任农奴劳动的庶人,则都是"治于人者食人";《国语》所谓"公食贡,大夫食邑,士食田,庶人食力",就把这种剥削关系讲得再明白不过了。

至于周代"食力"的"庶人",是怎样对各级"食于人者"贡献其剩余劳动呢?从战国时代孟轲口里传出的,多少参加了他自己主观臆断的井田助法,曾引起了历史上长期未决的论争。但以今日新史学的观点考察起来,所谓"方田而井,井九百亩,其中为公田,八家皆私百亩",虽然太理想化了一些,非当时技术条件社会条件所许可,但紧接着说到的"同养公田,公事毕,然后敢治私事",却是讲的世界各国封建力役制的通例形态,所不同的,不过是我们未经过高度发达的奴隶制,以及氏族脐带还未完全割断,还可能是由若干家族共同取得"私田",或者至少是由若干家族共同耕种"公田";据散在《诗经》中的记载,那些"私田"领受者或"公田"耕作者,不但有自己的家,自己的室,还有自备的简单农具("周颂""载芟"篇);不但要耕种公田,还要以农女绩布染色的制成的衣裳,献纳于公子(见"豳风""七月"篇);还要猎取狐狸制裘献公子(同篇);还要当天子祭神的时候,贡上羔菲之类(同篇);一经收获完了,又得马上制好旨酒,以旨酒三罇,再加羔羊,"跻彼公堂"(同篇)。还不止此,往往要被征发为君主或诸侯从事土木营建工事或修理宫殿("大雅""文王"篇,"小雅""出车"篇,"豳风""七月"篇);此外,参加练习战斗的大规模狩猎("豳风""七月"篇),甚至于必要时实际参加战争("邶风""击鼓"篇,"唐风""鸨羽"篇,"豳风""破斧"篇,"豳风""东山"篇)……所有这些比较可靠的记载,不已十分明显地证示了周代直接生产者的劳动条件及其对封建主所担负的封建义务和欧洲中世纪的农奴,几乎很少差别么?而农奴通过"魏风""伐檀"篇所表示的阶级怨忿,通过"魏风""硕鼠"篇所表示的逃亡企图,尽管有的历史学家可以把它孤立起来,说成是奴隶对于奴隶主的不满情绪,但社会史上毕竟没有住在自己家里,用自备的工具劳动,并制好裘,做好酒,牵着羔羊,去做贡奉的奇怪奴隶。奴隶是有的,大概都是在从打杂服役,供召唤摆排场的皂隶僚仆;当然,不论就村社讲,抑就个别家族讲,也有帮同从事农业牧业劳动的,但都不是主要的基本的生产者。

其实,周代为加强并顺利延续其统治,曾为王族定出了一套称为宗法组织的系统,那在以前是没有的。在商代虽已确立父系氏族制,却不曾建立父系家族制，所谓"嫡庶长幼贵贱之别，商无有也"①，这原因，乃由于氏族分化为独立家族，至殷商后期始趋于显著，同时周代的封建体制，也要求结合实际情况，而有较明确的规定。"当氏族过渡到家族而分封子弟的时候，被分封的子弟，获得了财产私有权，于是他就成为别子，而对后世为始祖了。他的身分和财产，以他的嫡长子承继，遂成为所谓继别为家的大宗，由是继祢则为小宗。小宗的宗族，如以同高祖的为范围，则同高祖的以高祖的嫡长子孙为长，同曾祖的以曾祖的嫡长子孙为长，同祖的以祖的嫡长子孙为长，同父的以弟而长兄，就成为宗法的基本体系了"②。不过，在这里有两点须加以说明，其一是：封建社会的财产，基本上是土地，在颁田制禄的周代，土地最后仍属于君主，是不得买卖的，即所谓"田里不粥"，终西周之世，土地私有权还是缺如的，这所谓"被分封的子弟，获得了财产的私有权"云云，就土地而论，还只算是领有权，不过可以承袭罢了；其二是：这个宗法系统，原来只是在王族间推行，后来慢慢为一般贵族所效法，而"礼不下庶人"（"礼记""曲礼"），但统治阶级间通行的习尚与思想意识，终会传流或灌输到被统治者方面，而为此后的宗法礼教开辟道路。

论到这里，我们已不难了解：如其说西周封建制有它和欧洲中世纪封建制不同的特点，那不是表现在阶级构成上，也不是表现在剥削制度上，而是表现在巩固专制主义的宗法组织上。我们前面已把亚细亚生产方式的诸特征分别指出了，把那些特征连贯起来加以概括，就是在以血族为纽带的，以农工结合为内容的农村公社或农村共同体基础上，建立起"普天之下莫非王土，率土之滨莫非王臣"的专制主义的奴役制度。每个朝代的统治者，都最易接受或最易学会有效的剥削措施和有效的统治措施。不待说，专制主义是他们特别感到兴趣的，为了专制主义统治这个目的，只要传袭的任何法度，任何办法可以局部地或变相地采行或沿用，他们是不会错过机会的。后儒所强调的"惩前毖后"的"深虑论"，以及所谓"考之古以为得失之鉴，验之今以为因革之宜"（吕祖谦语），无非是指着这一思想工作。西周开国君主对于如何始能把广土众民掌握在自己手里，当然是"深虑"过一番的，他们显然意识不到农工结合共同体对于维系专制主义的好处，但通过族姓关系，通过家族血族

① 王静安《古史新证》《殷周制度考》。
② 曾謇：《殷周之际的农业的发达与宗法社会的产生》，《食货》第二卷第二期，转引自王渔邨编《中国社会经济史纲》（生活第三版，第八二——三页）。

组织来维持统治，他们不独认识到了，并且已如前述"分鲁公以殷民六族，分康叔以殷民七族"，而见之于具体措施中。宗法组织加强了统治者这一方面的认识。以后作为增强中国集权专制主义封建制度之一重要工具的纲常教义，孔子学说，是由这里开其端绪的。家族伦常关系是社会经济分工不发达的结果，但当它一为社会一般所确认，而变成社会生活中的重要因素，就要反过来影响社会经济，妨碍分工的发展。就因为这个缘故，专制主义，作为专制主义的基础的工农结合体这种自然经济组织，以及父家长制的家族宗族制度，就始终在中国历史演变过程中，像是根深蒂固地顽强地存在着作用着，但我们不应忘记，它们是在不同的历史条件或社会环境下存在着和作用着的。那不能理解为亚细亚生产方式包括了封建生产方式，而只是亚细亚生产方式的某些因素，在封建生产方式下，被变相地保留下来，而以不同的姿态发生着作用。

这就是马克思、恩格斯不时以"亚细亚的形态"来称述中国封建阶段的一些社会经济范畴的基本原因。

然而，在最后，我还需要就那些因素在中国封建制由领主形态过渡到地主形态的过程中，究是发生怎样的作用，以及它们究是怎样在地主经济阶段被变相保留下来的道理，加以概括的说明。

先讲前一点。

一个没有经历过成熟的奴隶发展阶段的封建制，也就是说，没有通过相当程度的分工交换诱发出个人私有财产权关系的那种封建制，那在其向着次一历史阶段推移的过程中，一定要经历着极其不同的途径。为什么呢？由封建制向着资本主义推移，一定要在封建胎内育成以个人私有财产为特征的资本主义的生产条件和生产关系，如其个人私有财产关系没有发展起来，那在一方面就不能累积起可以投到商品生产上的巨量资财，同时也不可能促使农业上的直接生产者，从他们所附着的土地上游离出来。中国在西周封建生产方式下，由于家族逐渐从氏族大氏族的束缚解放出来，也由于各藩属间的交往关系日趋密切，生产技术已大有改进；特别是铁制武器和劳动工具出现以后，社会各方面都发生了深刻的变化。经济的活跃，随即影响到专制帝王的"尊严"，春秋战国之际的称霸称王和争城争地的变乱现象，不仅说明世禄世卿的等级秩序无法维持，也表示世守其业的固定状态，不能继续。土地和身分已有些脱节了。在动乱局面下，在商业高利贷业加紧活动过程中，贵族领主阶级对于物质的生产手段既然把牢不住，他们对于精神的生产手段，也就难得控制了；"竹帛下庶人"一成为事实，不利于封建统治的"邪说横议"，就以九流百家的名色，"樊然杂出"地争鸣起来。"天下乌乎定"？社会往何处去？我们史学界曾有人以当时的"百家争鸣"，窃比于欧洲十五世纪的文艺复兴，而叹惜痛恨于领导非人，否则中国在秦汉之际，已可"废封建"而为资本主义了。这当然是非常皮相的说法。个人附着于氏族集团，附着于家族，虽不妨产生低级的未发展的奴役制，乃至初期的封建制，但如其个人没有从氏族集团或家长制的家内奴隶状况下解脱出来，那就说明这个社会还没有出现相当程度的分工交换局面，还没有具备商品生产的可能条件，资本主义在本质上所需要的以个人财产权为前提的资本积累，就根本无法产生。在实际上，中国到了春秋战国之世，社会的动乱转变，和生产力的发展，只不过把难产的个人私有权，从顽固的氏族集体和家长制的束缚中，从比较严格的人身附着于土地的身分制中，引出了一些不可抗拒的倾向罢了。后来秦国的商鞅变法，也只不过把当时存在的可能倾向，使其实现出来罢了。这在奴隶制发达的国家，差不多是在奴隶社会阶段所要完成的一些任务，而我们却是延到初期封建的末了，才慢慢实现出来。不过主张西周为奴隶制度的史学者，却不能从这里得到一点支持其论点的好处。在社会发展史上，有许多国家，有不少要在资本主义制度下成就的工作，却因为它的资本主义不曾好好发展起来，要留到社会主义发展阶段去作。在苏联，特别在一些人民民主国家，不是把它们的革命分做两个步骤，要以或长或短的时间，去从事资产阶级性的民主改革么？其最大的不同点，只不过是在马克思主义的历史观出现以后，苏联及人民民主国家是自觉地科学预见性地成就资产阶级性的民主革命的任务，而我们在战国之世，却不过是不自觉地客观强制性地做着从氏族集团解放家族解放个人的历史工作罢了，还谈不到个人私有财产观点的确立，更谈不到私人资本的积累，而当时的"百家争鸣"中的进步思想，也只是照应着那种现实，提出了一些素朴的个人自利或私有法权观念而已。所以，嬴秦的改制，只能"废封建而为郡县"，而为适应地主经济基础上的新型的封建制度，而绝不可能转变到资本主义。

这也就是说，中国封建制度其所以显然分成这两阶段，只因为我们在开始踏上封建旅程时，一直就背负着亚细亚生产方式遗留给我们的历史包袱，就是到了地主经济的封建阶段，它对我们的负累，还是颇不轻松呢！

次讲第二点，即亚细亚生产方式诸因素怎样被保留在地主经济封建阶段这一点。

我在前面第三节已经讲到，秦代完成的政治法律的改制，是在商鞅的社会经济变革的基础上进行的。这样性质的政治经济的"革新"，显然是由君主及其官僚，为了扩大领土巩固政权而结合当时实际情况创制出来的，专制主义就是他们的"生命"。体现在亚细亚生产方式中的政治隶属关系或专制君主的权势，本来还是非常"粗放的"或并非十分严格和明确的。领民对于君主的崇敬，还带有原始的自然崇拜或神明崇拜的性质。周代就不那么"自然"了，"礼仪三百"，"五刑之属三千"，"导之以政"，"齐之以刑"，官制繁多，法网严密，颇不像前一历史阶段那样素朴简易，但揆之当时实隶属状况，有关文献所载周代统治机构及其政治措施，究竟实行到了什么程度，却大可怀疑；至少，周之专制政体，首先就被它那"王畿之地千里，公侯百里，伯七十里，子男五十里"的封土体制，设定了一个限制，所谓"礼乐征伐自天子出"，不过说得堂皇罢了。等到东迁以后，王室益形衰微；诸侯称霸称雄，专制者已不是周之天子，驯至不是诸侯大夫，后来竟由"陪臣执国命"了。因之，周之专制君主，实不比中世纪欧洲各封建国家共同拥戴的皇帝，有更大的权力。然而，到了秦代汉代，就由统治的社会条件和统治的技术条件的改进，把原来的专制主义的传统精神，作了非常透彻的发挥。为了达到便于统治的目的，凡属有利于提高君权的制度和学说，都被分途采行起来。秦制的十大项目（见前第三节），已够威风严厉了，但它还没有体会到儒家纲常学说对于其统治的效力，直到汉武帝"罢黜百家，崇尚儒术"，这个法宝才成为中国封建的专制主义的一个不可缺少的构成分。这是我在前面讲地主经济与天道观念的政治思想已经讲到了的。这里需要补充说明的就是，由于儒家学说以天道观念为出发点，以大一统和纲常教义为主体，父家长制，宗法组织乃至族姓关系，又在新的历史条件下，"借尸还魂"了；这些因素，同地租赋税结合起来的残酷榨取形式，连同作用，不但由土地体现着社会经济权势这一方面妨碍商工业的发展，并还由直接生产者不得不靠副业来应付残酷剥削这一方面来加强农工结合体的自然经济形态，结局，农工结合体的自然经济形态，就表演着地主经济的基础的作用，表演着专制主义的基础的作用。而使亚细亚生产方式的旧因素，在封建的地主经济条件下，以不同的姿态和作用，拖累着我们的社会不能够痛快地前进。其中的道理，在本文"地主经济和中国社会长期停滞"的那一节中，是比较详细地交代过了的。在这种社会经济状态下的商业，高利贷，货币窖藏，家内工业，土地形态以及政治风波①，显然都要被那些改形变质了的亚细亚生产方式的因素所影响和歪曲，而马克思、恩格斯在论及它们的时候，就分别在上面冠以"亚细亚的"字样，以和其他社会没有这样一些因素在其中作用的商业，高利贷业等等相区别。

但虽如此，在中国和在亚洲其他各国，乃至在其他非亚洲的国家，却并不曾因为这种亚细亚生产方式的存在及其因素的残留作用，而在世界发展史过程中，别开生面地另走一个道路。

（原载《文史哲》1953 年第 3 期，1954 年第 2、7 期）

---

① 散见在《资本论》及《剩余价值学说史》中的有关文句——不及一一引述。

中国半封建半殖民地经济研究

中国经济恐慌形态总论

（1944）

一、在两种典型的恐慌形态之间

当作历史的社会经济范畴来看，不论是封建制的抑是资本制的经济，都不免要在其全运动过程中或当作那种运动之必然结果，而发生危机或恐慌。这危机或恐慌，能被克服下来，就是那种社会形态的继续或扩展，否则就是那种社会形态的历史交代。

封建制经济是被它不能克服的内在恐慌所压倒的，那恐慌形态，虽在自然历史条件不尽相同的国家，并不表现出一样的内容，一样的颠覆那种经济制度的历程，但却有它当作一个范畴来看的共同特质。资本制经济下的恐慌亦是如此。

资本主义社会是蓄积了巨大财富的。这巨大财富的蓄积，虽然满含有原始累积的成分在里面，但愈到后来，它便愈不是以土地为主要的累积手段，而是以资本为主要的累积手段；而在资本中，它便愈是由机械设备构成其核心部分的不变资本的尽量扩张，即由劳动生产力的尽量增强，使购买劳动力的可变资本相对减缩。其结果，当作一个社会阶层劳动者虽因不变资本的不断增加，他以生产者的资格，为资本家创造出了更多量的商品，更多量的剩余价值，同时却因可变资本对不变资本比例的相对减缩，他对资本家提供到市场的商品，就不克以消费者的资格来购置，因而就不克为资本家实现其剩余价值了。这在劳动者一方面，是以他们对产业的人口过剩、失业、贫困、饥饿表现出来，而在资本家一方面，则是以他们商品的生产过剩，工厂停闭，信用破产，金融呆滞的险象表现出来。在资本主义社会，这方面的脱节现象，就在最繁荣时期，亦是个别的局部潜在着的，并且是当作繁荣与资本迅速集中的条件而潜在着的，但这种恐慌状态，一旦由个别的局部的变为普遍的显著现象，整个社会秩序，将更陷于混乱，并由是引起政治的社会的危机。那种政治的社会的危机，是否能演到倾覆资本制的程度，主要是取决于各该社会的资本生产关系，是否还有允许其劳动生产力发展的可能或弹性。在这种可能性或弹性还相当存在着的限内，生产停滞，信用破产，劳动者的失业、饥饿，便被当作经济赖以好转，再度繁荣赖以恢复的准备条件，由是资本制的经济恐慌，就一般的具有以次几个特点。

一、它主要是发因于社会的经济制度本身，而非发因于自然的或政治的诸关系。虽然偶然的天灾成不愉快的政治搅扰，有时也有诱发或促成那种恐慌的可能，但资本主义经济本身，就比较是更不依赖自然的，资本主义社会的政治，早被当作资本制生产关系的一个有机关节，其安定或混乱，不过是把经济状态加以政治的表现罢了。

二、它一般是通过市场，而显示为供给对有效需要过剩，显示为生产对有效消费过剩。资本制的商品生产，虽然在获取利润，获取更多利润的要求下，是预想到了需要成消费的一定限度而进行的。但某一商品生产者的预想贩卖对象，同时也是其他商品生产者的预想贩卖对象，如何在产品上减低成本并压低价格，争取购买者，他们是打算得清楚的，但由减低成本，扩大生产量，扩大不变资本，由是相对减少了可变资本，减少了社会购买力，他们却是计算不来的。所以，资本制愈向前发展，这种生产过剩现象，就愈成为非他们意志所能支配的必然无可避免的现象。

三、它大体是很有规律的表现为周期的病态。在把经济恐慌当作资本主义经济诸法则连同作用之必然归趋的限内，资本制经济愈达到了成熟发展的境界，那些作用所蒙到的偶然的非经济的搅扰，也愈形减少。而其本身内在发生的病症的规律性，就更可显露出来。

但在封建制下的经济恐慌，却是另一个姿态。

典型的封建经济，本来就是以交通不发达，货币信用关系不发达的自然的自足的形态表现着的，农业生产差不多是这种社会最一般的生产形态，惟其如此，"靠天吃饭"就变成了他们共同晓喻的生活格言。自然条件在生产上始具有如此的决定性，而低下的社会生产力又如此的无法控制天灾水旱的灾难，所以这种社会的经济恐慌，就不但比较资本制经济恐慌，表现了更大的自然性，还必然表现了更大的偶然性，而这所谓偶然性，还不只是从无力控制自然的观点上说，且待从这种社会的政治权势，具有较大的左右经济的力量上说，比如，封君们的任意浪费，和任意因黩武掠地建功所造成的"杀人盈野"，"杀人盈城"的战争，随即就会由劳动力的缺乏，引起像天灾一样的经济危机。而其危机的症结，几乎全是表现在生产不足，许多人得不到衣食的事实上。

在直接生产者挨饿一点上，封建制经济恐慌与资本制经济恐慌，原是相同的。封君们的"庖有肥肉"，"厩有肥马"，和资本家们无法脱售而不得不囤在仓库发霉腐烂的大量生产品，也不无近似之点，但一般的讲，封建性的经济恐慌，终是由于一般农奴的食粮生产不足；平素是自给自足，一遇荒乱，就无以为生了，而且，他们平素所生产的物品，并不是要拿去交换，至少，最大一部分不是拿去交换，所以，这种性质的恐慌，就不是通过市场表现出来。不仅此也，在自然的自足的经济状况下，社会全般经济，决没有密切的有机关联，亦就因此之故，某一地方的天灾人祸，并不一定会在全盘上发生严重的影响，全面性的大恐慌，一般是不存在的。这是许多封建社会能不时遭受恐慌侵袭的，却仍能维持得相当长久的原因之一。此外，还得指明一点，即封建社会的恐慌，尽管不时猝发，但因其形成过程中的外在偶发的原因在发生莫大作用，以致其表现的时期间隔，亦无法显示出确定的周期的规律性来。

以上是分别就典型的封建制恐慌与资本制恐慌立论，而我们这里所注意的，宁是由封建制过渡到资本制的经济状况下所发生的恐慌形态及其特质。那两种典型恐慌形态的论述，正好是为了说明这第三种性质的恐慌的便利准备。

自然，一个过渡社会的恐慌，无疑具有封建的与资本制的两重性质，但它那种二重性的源源本本的说明，却并不是机械的，一方面指出其封建性的恐慌因素，另一方面指出其资本制的恐慌因素，就能了事的。

我们如其不妨把中国现代的经济恐慌当作这种恐慌形态的标本来分析，则有关我们前面所论述的一切经济形态，乃至它们所由形成的前在历史因缘的说明，都将变为这里立论的张本。因为需要这样，我们所论及的中国恐慌，才能当作中国全般经济运动的总归趋而表现出来，我们的恐慌论，才能当作中国经济全般理论的结论而表现出来。

二、中国传统的经济恐慌的特点

把中国传统的经济恐慌，当作封建制下的恐慌形态来理解，那是会显示出一些异乎寻常的特点的，这原因须得就中国封建制本身所具有的特质来加以说明。

首先，在地主经济基础之上，中国在秦汉以后，便形成了中央集权的封建体制。而规定着这种封建体制的基本事实，就是在最高主权者以下的全国地方首脑者，不论是封君抑是疆吏，都被剥夺去了"食矛胙土"的权利，他们所管辖范围内的土地，并不直接对他们贡纳租税，租税是输供最高主权者，然后再由最高主权者以俸禄的名义给养他们。地方的经济独立性被禁阻了，分权的离心的封建形态，便比较不容易建立起来。然而我们在这里所注意的，宁是当作落后社会劳动生产物一般的农产品，既须有一部分要贡纳于中枢，即使这所贡纳的，是采取实物形态，或者这所贡纳的，往往还可就地转作俸禄，但其中离开了直接生产者手中，而又不直接给养当地封君疆吏的一部分，即构成中央财政支出之基础那一部分，就不免要通过市场，转化为货币。以前许多朝代，曾藉着均输市易诸措施，来处理这方面的农产物，但愈到后来，农民的输纳固然逐渐货币化，其实物征收所得，亦多半委之于市场。在统一政权下的广大的农产物市场，是中国商业所由发达的基本原因之一。

其次，藉着集权的封建政治，不仅全国交通条件允许下的广大领域，都变成了商业活动范围，而统一政权的诸种直接间接有关经济的全国性或全面性的设施，可在货币，度量衡及税制诸方面所采行的比较划一的标准，实不啻对那种落后经济，赋予了一些可资贯通联系的脉络。

不仅如此。地主经济之特征之一，即是土地的所有，并不与一定社会身分发生关联。不论是那种人，只要他拥有取得土地的货币，他就能为土地的所有者。尽管在若干王朝的极短期内，曾禁止商人取得土地，而在所谓均田制度之下，还有一个相当长的期间，只允许在极窄狭的范围内自由买卖土地，而且这在法律上，得自由买卖土地的场合，又还不免遭受传统的习惯的限制，更不免有封建特权的强制作用存乎其间，但全般看去，中国土地的转移，究是比较自由的。最有固着性的土地，最普遍存在的土地，能在社会各阶层内，个人间当作买卖对象而相当自由的移转，已不但把这种封建社会的阶级硬性与凝固性松弛了，且使它的全般经济细胞具有较大较多的有机活力。而伴随着土地自由移转所发生的劳动自由移动情形，更使我们封建经济的这种较大广袤性，较大流动性，较大有机性的特点，益发表现得明白。

也许正因为如此，中国封建社会的盛极而衰，有剥斯复的历史旋律，就像有节奏有规律的，从它历代王朝之兴亡继绝的交替关系上，一次复一次的表演出来。就在这当中，经济的循环性，依然被当作了这种政治上的王朝兴亡继绝的现实基础。一切王朝，都是在经济上达到了无可挽回的危局中，颠覆下去的。

每个王朝在大丧乱之余的兴起，其开国的君主，殆莫不为了巩固其王朝赖以依存的现实经济基础，极力讲求节约，并把它全部的注意，集中在奖励农业上。水利的推广，农业技术的改进，乃至省刑罚，薄税敛，努力使耕者都能有就耕的机会，差不多是新王朝有为君主的最必要课题。在这诸般努力下，农业生产物的增加，就意味着国家租税的增加，同时也就是商业活动对象物的增加。消费的种类租税范围在不断增扩着，朝廷开始"由俭入奢"了。大兴土木，观兵耀武，四征弗庭，都可从讲排场的消费欲望上加以理解，对消费上的讲求多增加一分，对生产上的注意，就减少一分。在以前，还是因倾重消费，减少了分散了对于生产的努力，到后来，竟逐渐由沉于消费，无暇顾及生产，以至演成为了继续维持消费规模，不得不牺牲生产了。结局，薄税敛的俭法，一变而为繁其聚敛的苛政。在这种朝政演变过程中，商人阶级受到多重利益了，他们利用朝廷扩大消费的机会，增加了一切适用品，享乐品，奢侈品的交易，他们还利用朝廷繁其聚敛的机会，增加了农民当作租税提供出来的农产物的交易。而且，除此经济利益之外，他们并还由其获致经济利益过程中，与朝廷与官场发生了较密切的联系，取得了不少的政治权利；原来用以抑制商人的国家专卖，反而叫他们出面来包办了，在都市方面的商业基尔特对工业基尔特的支配，亦渐由此确立起来，使都市变成了官商合组的消费场所了，"吏道益杂不选，而多贾人"，很快就要招致"国家之败，由官邪也"的结局。农事不修，赋敛不时所造成的农民穷困，正是高利贷业者活动的好机会，他们自己可以是商人，可以是官人，可以是士人，但最后殊致同归的是兼并土地。这种颓势一经形成，尽管有抑商重农及阻止土地兼并的政令，都将变成具文，而由吏治不修，水利废弛的必然招致的自然灾患，在事先无所备，事后无从救的情势下，一定会以万钧的压力，加重原来的倾向。"老弱转乎沟壑，壮者散之四方"，以至盗贼蠭起，枭雄乘之，而造成四分五裂的混乱局面，社会生产力被无情的破坏，朝廷租税无着，货币失效，交易全般停滞，整个经济麻痹支离到自然状态的程度，王朝乃在此种危局下颠覆下去，商人高利贷资本亦大体同归于尽。由有人无土地耕种，弄到有土地无人耕种的境地，土地才又在丧乱之余，经过一度编配，然而这是新王朝的第一要政。经济的恢复，正是从此开始的。

中国历史上每个王朝的兴废，殆无一不是依照着这种经济循环变动关系产生的，在这里，对于这种经济循环，究是不变的，抑是不绝发展的，我们且不忙解释，姑先考察它所表现的诸特征。

第一个明显的特征，就是与任何其他封建社会所发生的经济危机比较起来，它具有较大的全面性，这一点，当然与中国封建经济在中央集权体制下，被形成为一个大单元的条例，有密切关系，但仔细分析起来，单是在名义上统于一尊，还是不够的，我们前面讲过的，它的内部的较大流动性和有机性，才是它在极广大范围内，能爆发出较有全面性恐慌的更根本原因。

第二个明显的特征，就是与任何其他封建社会所发生的经济危机比较起来，它具有较大的社会性，这所谓社会性，是和自然性相对待而言的。亦即是说，恐慌的形成，与其说是由于自然的灾难——旱灾、水灾、虫灾、疫疠——就毋宁说是由于人事，由于社会对于那些灾难的事前预防和事后救治是否努力，能否努力。中国历史家惯把天灾变异看为德业不修所遭的天谴，事实上，天灾是并不选择什么朝代的。"明朝盛世"的水旱灾厄，并不一定就比浊乱之世，更见轻微。不过，所谓"明朝盛世"的最明确内容，往往是由"讲求水利"，"省刑罚，薄税敛"，以及"先天下之忧而忧"的各种"仁政"表现出来，而这种种仁政，就是减轻灾难，"化险为夷"的"仁术"。有时局部的特定地方的极可怕天灾，还能由其他地区的农作好况，予以补救，移民实边，移民就食，是中国传统的救灾办法，这一点，就与前述中国恐慌的广袤性有关，大封建国内部经济组织的流动性与弹性，使它非因政治上的倒行逆施，以致造出了不可挽救的危局，它对于一个广大疆域内，必然会因气候，土壤及其他自然条件，限制住了为害范围的自然灾难，总不难想到办法应付。就因此故，中国过去经济上发生的危机，就相对的减少了自然性质。虽然封建经济恐慌一般总是带有自然性质的。

第三个明显的特征，就是与其他封建社会所发生的经济危机比较起来，它具有较大的必然性。这是紧随着它的较大的社会性来的。在经济危机中，如其天灾或突发的战乱，起着决定的作用，那就主要会是偶发的，是从外面偶然附加上的。但中国旧时经济恐慌中的自然作用，既如前面所说，比较不怎么严重，而同时一切有危险性的有决定破坏性的战争，又与其说是"国家承平日久，武备不修"的结果，而宁是国家已臻富庶，因而扩大消费，因而"农事不修"，因而繁其聚敛，土地集中，农民大批变为社会秩序扰乱者的结果。不错，战争在耀武扬威，"四征弗庭"的场合，是往往成为经济支出的原因的，但那种战争，通例是在"太仓廪满，御厩肥"的情形下诱发起来，它可能成为盛世封建经济走向下坡的一个诱因，但王朝末期的战乱，却一般是当作经济恐慌无法收拾的结局而表现着的。战乱和天灾，都从社会意义上去解释，都被包摄在社会经济必然发展的历程中，那同样是把我们封建经济组织内涵的广袤性及其比较缺乏定着性的特点，作为前提的。

中国传统的经济恐慌，是把中国典型的集权封建经济作为现实基础。而此集权封建经济又是把特殊的地主经济形态作为其本质的规定者。

三、传统经济恐慌与经济现代化

可是，从地主经济出发，我们历史上的经济变动，尽管在其较大的全面性，较大的社会性，较大的必然性上，显出了任何其他封建社会所无法表现的旋律或节奏，但毕竟因为它是当作封建的经济范畴，是为更有综合性的封建经济法则所范围着，一使其比照着现代型的经济恐慌，立即就会发现出它那地方的，局部的，自然的，偶发的诸性格。而它依王朝兴废所显现的周期变动迹象，也在时间的久暂与变动的轮廓上显得颇不明确，颇不规则。

然而我们所当特别留意的，还不是上述这诸方面表象上的参差，而宁是它最后的最本质的产生原因以及其一次一次循环可能演变转化的结果。封建经济的全结构，是建立在土地上，以土地为基键所结成的社会生产关系，是否允许土地发挥其自然生产力，或在土地上耕作的直接生产者，是否被允许发挥其社会生产力，那是封建社会，能否自给，或荣枯所系的大问题。所以，封建社会经济恐慌的表象，总是以土地生产物不够消费，直接生产者不能得到最不可少的生活资料的事实体现出来。

自然，个别直接生产者或农民，有时是会因税租苛重，高利贷商业过分榨取，致使他们自己最低生活所需的消费资料，无法保留。但就全体来说，生产不够消费，却是那恐慌的核心问题，恐慌的严重程度，差不多是由此来测定的。在交换关系不发达的社会，并不曾显出本质的何等差异。我们如其要此分辨出其真正差异所在，也许可以说，西欧封建制下的恐慌，就范围讲，固然不会表现出中国社会的那样大的规模，就程度讲，也不会表现得像中国社会的那样的深刻，或其破坏的那样彻底。这原因，仍当由中国封建的特质去说明。

我们已讲到，中国社会的工业，是从多方面受到了地主经济基础上的专制政治的阻害的。与工业密切关联的对外贸易，一向在遭受国家的统制，一切当作手工业发展进路的协业或较大规模的企业，大都采取了官业形态，而商业基尔特在都市方面依种种特权所造成的对于工业基尔特的支配，更加使工业的发展，工业上的资本累积，陷在极其式微的程度。而在商业方面，它无疑是不只一次表现了繁荣，表现了庞大蓄积规模的。但它的发展，不仅受到了工业式微的限制，受到了向土地上转化的倾向的限制，并还因为它在本质上与王朝的兴废结了不解之缘，在每度王朝颠覆的过程中，所有商业上的全部蓄积，都将遭遇到"牛死虱死"的"同归于尽"的命运。这和欧洲社会是大不相同的。欧洲封建社会的商业，一般是与封建领主权立在相反的地位。僧侣贵族们争权夺利的交讧与混战，一方面虽亦使商工业受到摧毁，但商工业却同时正好是利用它们原有蓄积，在这些贵族领主们的崩溃过程中或其灭亡废墟上发展起来。而在商工业本身来说，由于欧洲封建社会的商业，一般没有取得像在中国社会那样的地位和特权，所以，除了当作例外的二三都市像威尼斯，曾经建立起过商人政权外，其余所有都市上的工人基尔特的势力，都不但不可轻侮，甚且有驾乎商人基尔特以上的。这一来，它们都市的性质，就不是偏于消费性的政治性的，而宁是生产性的了。

中国封建社会的商工业，与欧洲封建局面下的商工业，有了这些本质上的差异，那就不但要影响到它们各别经济恐慌的性质，而尤其要影响到我们这里所须提论到的，在恐慌中在旧社会崩溃过程中的新经济力量的成育。欧洲经济能先中国而现代化，或先走上资本主义的旅程，我们不难从这里得到最确切的解答。

中国在汉末，在唐末、宋末乃至明末，都曾在极度的经济恐慌中，引起广泛的彻底破坏的战乱。王朝没落，商人阶级也随着没落，农业摧毁，商工业及其蓄积，也随着摧毁，这种演变方式，显然不曾或不易在旧的社会生产关系破坏过程中，孕育起可以促使那种生产关系得到代替的新生产力量。结局，破坏到疲弱不堪的旧生产力，只好让适应它的旧生产关系，慢慢自发的恢复过来，慢慢再给予它以再生的机会。所谓永劫不变的中国社会（许多有名的欧洲学者，如亚丹·斯密，黑格尔等，都曾如此强调过），或即中国封建王朝的不绝再生产，差不多都是从新的生产力，不能在旧生产关系破坏下得到保育成长的关键上，取得其存在依据的。

然而，我们在这里不应忽视一件事实，就是，不管上述诸朝代末期的经济恐慌程度，是否一个比一个严重，也不管它们分别由恐慌引起的战乱与破坏程度，是否一个比一个彻底，但从较长期的历史演变过程看去，终不能不承认，作为资本主义生产方法的诸前提条件或其诸潜在因素，一般是在发展着的，如国内市场的推广，商业组织，商业累积的加多，具有制造业雏型的手工业作坊的增设，以及土地买卖之更减少传统束缚等等。这可以说是不变中的变动，停滞中的发展。

我们要理解这正反两方面的症结，才能明了我们现代的经济及其恐慌，不是纯粹自发的自己成育起来的，也不是突然从外国搬家进来的，传统的特定的社会因缘关系，一直在从中作用着。

四、市场关系的扩大与现代经济恐慌的诸表现

与现代资本主义接触后，中国传统的经济形态，或急或徐的发生了变化，相应着，传统的经济恐慌形态，亦改变了原有的内容和姿态。但依照着我们现代经济的全面分析，资本主义恐慌的必然性规律性及其一般性，仍不可能从中国经济组织内部发展呈现出来，同时，以前当作封建经济恐慌范畴，在中国特殊表现的较大的广袤性，较有节奏的必然性和循环性，却反而在市场关系日形扩大的情形下，被支离歪曲或痉挛起来了。市场关系的扩大，不但不能使它这诸般特有的性格更进一步发挥，竟引起相反的结果，那是需要从长讨论的。先且把中国现代经济恐慌的诸表象，画出一个轮廓。

首先，要指出的现象，就是在整个现代化过程中，依天灾、战乱、农民大批离村以及失业、破坏、饥饿等事态来表现的经济恐慌，似乎就不曾离开过我们。一种慢性的经常化了的病症，使我们习惯了，好像那

不是生理的反常，而是原本就不健全的孱弱体态。尽管我们是所谓"以农立国"，但作为这种"立国"基地看的耕地，由一八七三年到一九三四年的六十年间，中央农业实验所曾在一九三五年的申报上，发表其所增面积仅及百分之一。而在此六十年间的后半期（由一九〇三年到一九三四年），且没有增加。可是在另一方面，耕地变为荒地的面积增加率，以一九一四年为一〇〇、一九三〇年就已达到了三二三的境地。"垦荒与保熟"，实已不是在战时才应提出的口号。也许仅从耕地面积的增减上，还不一定能看出慢性恐慌的真面目。我们前面提论到的，农业经营的逐渐零碎化，一般农民所使用简单农具，亦不易更新补充，以及愈到晚近，尽管天灾战乱在大量减缩人口，而米、麦面粉等食料品，却在大量进口的事实，说明了我们农业社会生产力，是在如何经常化的减退。然而，这种带有原始性的恐慌现象，很容易为其他更明确表现在市场的现代型恐慌所掩蔽。许多人甚且以为后面这一种恐慌，一旦被阻止了、解救了，经济就在好转，就在复兴。这显然是一种错觉。

其次要指出的现象，就是愈到晚近，我们的经济恐慌，就愈表现出一种二重性，它一方面尽管像在不顾资本主义世界的经济变动而一直在为它自己内在的灾难所困厄着，同时，却又愈把它的恐慌，当作国际市场或资本主义世界的经济大恐慌中的一个部分，而有机的发生成长起来。显然的，资本主义世界的繁荣或所谓产业复兴，不仅对中国经济的健康发展，无所益助，往往且是以牺牲中国经济来作为其营养，可是，它们的经济恐慌，却又曾在转嫁意义上，加重中国已有的经济危机和困厄。本来当作原料生产地及商品和资本销纳地的中国，由于国际资本作用下商业活动的结果，某些部门或区域的农产物，特别是那些已经作为输出对象而专业化了，或单一栽培了的农产物，愈加对于国际市场，对于需用它的国外产业，发生了密切的依属关系。一旦国外产业不况，由是引起了作为其原料品市场的疲滞现象，在这些从事专业化、单一栽培化了的农产物，特别是丝、茶、桐、大豆、落花生、棉花、烟叶等等种植的农民大众间，立即就会由输出的激减，而诱发出广泛的失业破产危机。而同时，在货币与关税白热战的场面下，我们几乎要从多方面忍受牺牲。我们原来可输出的，受到妨阻了，而国外大量堆积着霉烂损耗的过剩品，却很轻易的从中国无力保护的沿海关口泛滥进来了。不但如此，它们在国内找不到用途的过剩资本，更趁着商品泛滥进来的机会，把投货同时转形为投资，藉以利用中国更多失业者的低廉劳动，更可能压下价格的低廉原料品，乃至在政府财政日益困厄下，更便利取得的种种商工业特权了。就因此故，在中国大都市方面表现得颇为深刻的经济恐慌中，同时并不难发现一些像是反常的繁荣景象。我们可以由是联想到中国经济恐慌的另一种性格了。

最后要指出的现象，就是我们的经济恐慌，因为有上述那二重性在交互作用着，它的表象，就格外显得是参差的，多面的，颇不明确的。在依存于国际市场的情形下，依然表现了极浓厚的地方色彩，依然不能忽视自然因素的重要性，特别是表识着过去社会经济恐慌的生产不足，和表识着现代恐慌的生产过剩现象，居然同时在我们同一国度的同一生产部门经常的存在着。比如，在战前的数年间，"长江一带的农民，因谷物下落，弄得非常贫困：就在一九三二年各省米价下跌百分之三十，一般都称说这是'丰作饥馑'，但在广东方面，因年年食粮缺乏，每年由九龙汕头等地输进外米达一千四百四十万担。又华北小麦的囤积很多，那里各铁道沿线所堆积着，就不下一千万担，而上海方面的，每年都输进大量的外麦"（见《中国经济》三卷十一期"中国农恐慌及农村状况"一文中的引句），还有，我们的茶已因世界市场的不况，生产过剩了，市面甚至输入有锡兰、印度、爪哇的货色。生丝生产过剩了，日本印度的丝及丝织品，却源源大量的进口。广东江西各地已苦于蔗糖生产过剩了，南洋、日本等地的同一产品，却在全中国泛滥着。这许多生产的不断输入，应该理解为国内生产的不足，却竟因此造出了国内生产过剩的结果，设把视线集注到工业品领域，此种光景，还显得错综而离奇，中国人的产业在停闭破产，外人同部门产业，却不得其扩大而繁荣。恐慌的多面性，使它在时间的间隔上，在表现的内容上，几乎不易给予吾人以明确的"究竟是怎么一回事"的印象。

上面所述及的这几种恐慌表象，以及可以由此引起，但却为我们所不曾触到的其他诸般事体，从表面看来，似把我们传统的恐慌形态，改变得非常彻底了。但试一探询这种改变所由造成的原因，大家很容易把市场的扩大和变革，提供我们以很有力的说明。事实上，我们上面述及的恐慌诸表象，处处都关联到了市场关系，无怪许多人从这种流通过程着眼，说中国的恐慌，主要是资本主义的商业的技术性的了。

我们诚然不能忽视这一观察方法的重要性，但同时也可藉此究明这种观察方法，究竟能否探索出中国经济恐慌的基因来。

主要从技术的商业的观点来看中国经济恐慌的人，当然是把他们立论之键，放在有关流通过程的一列事实上。不能统一调节市场，是他们的出发点，他们并还在这种前提认识下，把不能执行保护关税，不能展拓合理交通乃至不能统一货币，也算作诱发经济恐慌的有力原因。我们原不否认这些都是中国经济恐慌所由形成的直接间接因素，但问题是看我们在怎样的关系上，去理解去辨认它们可能作用的范围及其限界。

从流通的观点出发，我们的市场关系，确是显出了一种异样的无政府状态。前面述到的中国恐慌中表现的多面性，一面供应国际市场的单一栽培化的农产品，发生过剩，一面作为国内主要必需品的食粮产量不足，已经是够支离了，但就在食粮上，其一地域的过剩产品，竟不能供应国内其他地域的不足，而使其由国外得到供应，这看起来是非常滑稽的。设仔细分析一下中国的市场关系，却又应当视为是极其自然。

严格的现代型的国内市场，根本就不曾在中国存在过。事实上，中国邻接外人的边区地带，它们各别与邻接国所结成的市场关系，就比较它们与内地乃至与彼此相互间所结成的市场关系，真不知密切多少。比如，东北及山东福建等省之对于日本，外蒙新疆之对于俄国，西藏广东之对于英国，云南广西之对于法国，或者东南沿海各省区之对于南洋，荷属东印度，美属菲律滨，日属台湾，英属香港马来亚其来往交易之频繁而容易，却非它们对内的市场关系所可企及。慢说边区边省，就是内地各省间的相互联系，亦无法构成一个可以作为物品集散流通的中心市场。原来市场集中关系所由形成的脉络，最关重要的交通，其次可以数列货币。中国陆上水上的新式交通，差不多都是外国资本建筑的，自然都不免是为外国资本服务的。上述诸边省，几乎各别建筑有与邻接国相连的铁路，由滇缅铁路，而滇越铁路，而广九铁道，而安奉铁路及以前的中东铁路，都是这样建筑起来，也都在这样作用着。其他内地仅有的几条铁路，殆无一不是作为那些在中国境内的外国铁路的延长，而沿海及内河的轮运，则又大体可视为它们陆路交通的联系或补充。因此，我们的这种性质的交通愈发展，我们的市场关系就愈支离。但国际资本分别控制中国市场，支解中国市场，除了交通工具以外，还使用货币这个手段。在它们控制下的铁道沿线地带，都各别在行使它们的货币。但关于这点，我们只要回顾一下前面述及的中国货币的诸表象，就行了。货币权及交通权被把握在它们手中，它们自然很方便依照它们的需要，来调节进出口贸易，而不能依我们的需要来调节进出口贸易了。这是长江各省过剩的米，不能用以阻止安南暹罗台湾各地之米的输入，华北各省过剩的麦，不能阻止美国小麦面粉输入的原因。至若国际资本除了在中国各边境地区分别控制中国各地市场之外，它们还在上海、广州、天津、汉口等同一大都市中，用它们各别攫取的种种经济权，按照它们各别对于制造品及原料品的需给程度，在贸易上，乃至在其他如金融汇票等市场上，尽量发挥其操纵的能事。这一来，中国就不但无法调节自己国内的需要供给，且也不能由任何一个资本主义国家单独依照它的需求，来予以调节。市场关系愈错杂愈分歧，而由是导来的恐慌，当然也会显出极其参差的多面性。

不过，交通货币以及其他经营手段的被控制，是要关税权被控制，才能有效的发挥其对于商品运动，从而，对于市场关系的操纵作用的。中国的关税权，一直就不曾完全自主过，极低的最高关税率的限制是被取消了，但国际资本在中国的债权，主要是把关税及交通作为担保，而同时关税收入，又差不多是中国战前财政支出的最重要来源。这种错杂的财政资本关系，就使国际资本对中国关税政策，保有极大的发言权。亦就因此之故，它们相互从事关税战，因而相互无法推销的过剩制品乃至原料品，就行所无事的向中国市场泛滥了。许多人认定：产业没有保护，是中国经济恐慌所由造成的最明显原因，在这一理论逻辑上，是不为无见的。

但如其反问，外国有了关税壁垒，为何也发生恐慌？（事实上，资本主义各国的关税壁垒，已经是当作恐慌的结果表现着，虽然那同时又被看作是恐慌促进的原因之一。）那不是说明：关税能否切实采行保护政策，与恐慌能否根本妨止，并无重大联系。不错，这样追问，是还有极大的躲闪余地的，而最科学的论辩，也许就是中国型的恐慌，原本就和现代型的外国恐慌，是不同的种类，具有不同的性质，所以不能一概而论。

这正好是我们所期望引出的论点。

五、从全般经济法则联同作用下体现出的恐慌基因及其后果

在上面，我已郑重的提论到了中国当代恐慌的二重性，即它一方面在不管环境绕着它的世界经济如何变动，一直在为一种慢性经常化了的痼疾所困厄着，同时，也许因为是被长期困厄磨折了的孱弱病体，格外经不起外感，一遇到资本主义世界市场动摇，立即就像很有感应性似

的，把它的老病加重起来。如其说，这种恐慌的二重性，不能"彼疆此理"的二元的来解释；同时，我们前面那种从流通过程看出的症结，虽然很像能说明我们恐慌为世界经济危机所影响，但用以说明经常化了的慢性危机的那一面，却是颇嫌不够的。

我们实在需要把考察的视野，由流通过程移到生产过程。那里将使我们把恐慌的二重性，归结为一元的理解。

对于中国经济恐慌之基因的问题的探究，第一步应不忙问到什么是我们恐慌的基因，而应问到什么是我们恐慌的正体。它是由其二重性展示了诸种正相背离的表象的。即一方面是都市的，同时又是农村的，一面是生产过剩的，同时又是生产不足的；一面关联着国际经济变动，像是有周期性的，同时又是经常的持续的。这诸般正相对立的表象，如须从中国经济内部，从中国全经济运动过程中，了解其统一的关联，我们将有理由相信，我们的恐慌，确实可由农村的，生产不足的，经常的持续的诸实质，来涵盖它的全内容，如果这个论点能够成立，则有其他一极的都市的，生产过剩的，周期间发的现象，就很可看为是在我们那种"本格"恐慌的基础上发生着作用着的。我们显然不能把命题反过来，说后者是由前者派生的结果。

在拙著《中国经济原论》其他各文中，我已把中国经济的正体，分别从其各个构成的形态，加以较详细的剖析，在把经济恐慌看作是整个经济运动之必然归结的限内，这里是需要将那些个别的经济构成形态，放在全体中来予以全面考察的。

商品的价值形态，是全体经济的机轴。我原是从那个机轴开始，现在，我亦不妨从那个机轴开始，看中国全体经济，是怎样在它的总再生产过程上运动。

我曾讲到，中国经济已大体脱出了自然经济的范畴。它的生产物，尽管有最大一部分是当作使用价值而生产，非当作交换价值而生产，但一般的趋势，已经在以极大的压力，推动生产物商品化的运动向前拓展。

特生产物的商品化，是需要具备许多客观的前提条件的，我们很容易想到市场，货币，交通诸方面。事实上，我们已就这些方面，说明过了中国生产物商品化的障碍，但生产物能否变为商品，能在何种程度变为商品，能变为何种性质的商品，并不是在它已经生产出来之后，才在移向交换过程中，碰到这些障碍的，而是它在生产过程中，就被生产它的条件或生产方式所规定了的。我们的商品化的生产物，一般是在小商品生产条件下生产的。这在本质上，已不仅限定了它的市场范围，还限定了它本身的属性和种类。小商品生产，是只允许农产品和手工业制品作为其生产对象的。

在小商品生产成为一般商品生产形态的社会，作为其再生产基础或社会蓄积来源的剩余价值，一般是出自土地方面，因为在这种社会，农业与包括有手工业乃至制造业的工业比较，因其更能利用自然，所以更有生产性，而且，在大多数场合，工业还是当作副业，依属于农业的，也许正因此故，作为农业上剩余价值而体现着的一般形态，就不可能是利润，而必须是地租（虽然地租并不产生在非租耕地上，但非租耕地上的劳动剩余，亦不妨如此理解）——我们社会正是把土地上的地租蓄积，当作一般社会蓄积的最后来源，再生产扩大的可能性，亦是存在这里。

不过，这只是大体如此的看法。其实，每年从土地上产生的生产物，究竟在量上，是否一年多过一年，即是否真正有剩余可资蓄积，那不能单从转化为地租的农产物数量来看，却须同时从农民生活条件与生产条件来看。尽管地租能维持原状或者有所增加，如其农民生活条件更苦，生产条件更坏，社会蓄积不但不曾增加，甚且可能是减少了；反之，地租即使因某种理由被减低下去，如其农民的生活条件变好了，那不但不能遽认为是社会蓄积的减少，却竟可能是在增加。在市场关系没有健全确立，农业生产物没有一般商品化的我们的社会，农业劳动剩余生产物，宁是一个不定数，一定的劳动生产物量，可因直接生产者的生活条件压低而加多，亦可因他们的条件的提高而减少，但不论如何，社会一般蓄积是否真正增加，所增加的蓄积，是否用以扩大农业再生产，大体是可因农业直接生产者的生活条件与生产条件而测知的。现在且不忙回顾前面述及的我们农民大众在以如何条件而生活，特别是以如何的条件而生产。最好是先看我们社会的一般经济运动情形，能允许他们以如何条件而生活，特别是以如何的条件而生产。

我们曾讲过，资本的分散或使用的方式，是为它的累积与集中的方式所决定；又讲过：这法则同样可以应用地租的蓄积及其使用上。换一个说法，即作为我们社会蓄积之基础的地租，一般是使用在或分散在地租收得与所由取得土地的诸种原始蓄积活动上，这正如作为资本主义社会蓄积基础的利润，一般是使用在或分散在资本家所由取得资本的诸种蓄积因素的购买上一样。

商业是这些原始蓄积活动中最凸出的一个部门。在商品生产形态下，一切当作生产条件的诸物，都要通过买卖，商业就是把这些通过买卖的商品的运动，作为它的内容，作为它的化身，它被规定在生产过程中了。小商品生产下的商业，却是立在生产过程外部，主动的促使生产物成为商品，结局，就造成了商业支配产业，商业利润规制产业或农业利润的趋势，产业或农业利润既遭受商业利润规制。它同时就无法建立起对利息的支配，却反而被利息所规制了。恰好在这场合，高利贷者的债权乃至国家的赋税，不但在农业剩余生产物的分割上，与商业采取了一致的行动，它们并且在要索赋税及债务的支付上，为商业使促更多的生产物变为商品。在对外贸易日益扩展的过程中，那生产物不但变为国内市场的商品，且变为国际市场的商品，而且由国家及个人消费扩大所输入的外货愈多，我们由这种生产物变作商品，去平衡对外支付的数量，也相应增多了，不等价交换的条件，就在用农产物输出去抵偿工业制造品输入的过程中形成起来。而这不等价交换的条件本身，便成了永续入超的一个重大原因。结局，当作我们社会逐年蓄积之基础的剩余劳动农产物或其价值，就有可观的部分，这样的通过买办商业，被集中到外国去了，或者作为国际资本，被投用到中国沿海大都市的各种偏于商业性的企业上了。

由输入加繁加多所造成的都市荣华，以及相应要求的现代国家场面，都直接间接在依各种原始累积方式，如商业，高利贷及赋税乃至地租等等，不绝加重社会主要的最后的蓄积来源的农村的负担，把农村可能挤出的资财，吸进都市，再注到国际资本的大蓄水池中，而与上面那种集中运动衔接起来。

不错，这样一种社会资财集中运动，并不是，且不能是"一次过"就完事的，它一直再赓续着。正因此故，农村终不能不有下一些继续原始蓄积活动的资本，在这里，与买办商业相区别的国粹商业，与都市银行钱业相区别的高利贷业，便像在分工的意义上，承担起了最基层的累积活动。又因为它们这种活动是在最落后的，最可予取予求的，最便于各种特权行使的农村社会进行，其利润率或利息率之高，就是最足以影响直接由土地上取得的地租的蓄积程度及其使用方式，而这又反过来，在商业者眼光中，把土地看为特别有利的商品，在高利贷者眼光中，把地租看为变相的高率利息了。由是，农村可能或者必须截留下的农业剩余生产物或其价值，就必然是在这三种用途上浮荡着流通着。

这一来，土地上可能积得的资财，即使经常有一部分，留在农村，甚至是使用在土地上，但因那不是用以充作资本，而是用以购买土地，农民由高率商业利润高率利息以及其他非经济强制活动连同影响所须为土地费去的代价愈大，他们在总收入中，能挣下来当作改良生产维持生活用的部分就愈少。他们愈贫困，愈需要依靠土地，土地所需支付的代价就愈大，无资力无机会取得土地的贫农，就愈能以最低生活条件以下的报酬工作，劳动驱逐机具的形势便被形成了。土地劳动生产力便逐渐减退了。以食粮为主的农产物产量，便逐渐缩减了。

因此，我们的农业的，生产不足的，慢性的经常化的经常恐慌，便是在上述这一列经济运动——小商品生产，商业使生产物变为商品，商业支配产业，商业利润高过产业利润，利润受规制于利息，各种不等价交换，资本向都市，向外国集中，农村各种原始资本形态的相互作用为资本在它们之间的流通，劳动驱逐机具，甚至驱逐畜力——所联同体现出的诸种法则作用下产生的。在这种恐慌单体中，当然还能看出一些古典形态的阴影。但我们却很容易把世界经济大恐慌在国内诱发的更恶劣的经济危机，看作我们真正的经济恐慌形态。所以，一旦世界恐慌在周期圈上走到了好转或复兴的上环，我们也就安然的觉得自己经济也步入好境了。这种错觉，很容易被这种认定租与税的保持原状或增加，就是社会蓄积，就是农业剩余劳动生产物能保持原额或有所增加的皮相观察所加强了。其实，特别像在我们这种社会，租与税的增加，不但与社会劳动生产力的减退，是可以相并存在的现象，甚且是可以直接当作因果关系而必然同时呈现的现象。

我们把恐慌的基因的问题交代了，现在要论到它的后果了。这，在把恐慌看作中国全经济运动之必然归趋的限内，差不多就等于说是中国经济往何处去的问题了。一种慢性的经常的恐慌，即使不遭遇到世界大恐慌的震荡，其后果亦是谁都会想到的。照着它的趋势下去，只有日益沉重到不易支持。但我们研究中国经济的主旨，不在由此推论出什么动人听闻的预言，而宁在希望由此指出或分辨出中国全经济运动的症结及其必然趋势，庶几期于我们经济改造的措施，能获有较健全的理论的事实的依据。而在当前，在国际经济关系暂时被割断了的抗战过程中，表演在我们眼前诸般经济现状，是在在足以发人深省，且是大有助于我们上述意见的理解的。

中国半封建半殖民地经济的形成发展过程及其研究上的两条战线

（1957）

一 中国半封建半殖民地经济的形成与发展

（一）半封建半殖民地社会的特殊经济构成

从 19 世纪 40 年代的鸦片战争起，到 20 世纪 40 年代末的解放战争胜利结束止，这一百多年的历史过程，在一方面是帝国主义和封建买办官僚奴役压迫中国人民，把中国社会变成半封建半殖民地乃至殖民地的悲惨苦痛过程，同时，也是中国人民前仆后继地反帝国主义反封建主义反官僚资本主义的英勇斗争过程。中国的大地主阶级和买办官僚资产阶级靠着帝国主义的势力来延续和增强它们对于中国人民的血腥统治；帝国主义者则通过那些买办官僚阶级和大地主阶级把它们的侵略魔手伸展到中国社会的各个方面各个角落；帝国主义者和中国大地主阶级买办官僚阶级尽管各别的社会经济利益和他们侵渔掠夺的对象不尽相同，甚至相互抵触冲突，但毕竟在奴役剥削中国人民并防阻或镇压中国人民的反抗斗争上结成了一个阵线；事实上，中国的大地主阶级大买办官僚资产阶级的经济力量正好是在依靠帝国主义支援来不断发动内战的过程中开始壮大起来的。中国人民的反抗愈坚决，对它们的威胁愈大，国内敌人对国外敌人的勾结，就愈益采取了无所忌惮的公开卖国姿态，而对于人民的榨取和镇压，就愈益施行了灭绝人性的法西斯野蛮统治形式。在腐败的清王朝，在冥顽无知的北洋军阀，还有所惮而不为的卖国的吃人的罪行，蒋介石王朝及其四大家族，却坦然为之而不以为意。这并不能单就所谓"世道衰微"来解释。在我们的社会逐渐沦落为半封建半殖民地乃至殖民地的过程中，作为这个社会的统治阶级，自始就只能把他们的政治经济利益寄托在出卖国家主权和劫夺奴役人民的两大"事业"方面。不过，当这样性质的社会，还没有发展到相当成熟的阶段，当建立在封建的原始积累基础上的买办官僚资本统治还没有达到全面支配的阶段，他们作恶的本钱或权力，还有所限制，正如像资本主义尚留在自由竞争阶段，平等自由博爱乃至功利主义，还有必要被利用来作为骗人的宣传号召工具，等到经济上的独占高度集中表现为法西斯的野蛮统治，就再也不需要表示软弱的道德符咒了，伊壁鸠鲁神蜕变为尼采神，功利主义发展为实用主义，他们的权力，像是无限的，他们的作恶与犯罪也就没有限制了。中国最后一个王朝——蒋介石王朝，为什么能作出并敢于作出那样大那样多的罪恶，那显然是不能从他们个人或家族的特点去解释，而必须从他们所支配的社会，所具备的经济条件去解释的。

从社会正常发展的历史条件看来，一个半封建半殖民地社会的经济构成是非常特殊的，但在一切为帝国主义势力侵入的落后国家，假使不是变成完全殖民地的话，就只能有这样的前途：原来的封建体制，在帝国主义国家的商品资本逐渐渗透进来的情形下，不可能不陷在动摇解体过程中，但同是帝国主义的商品和资本的侵入，又不允许它好好地向着资本主义制度转化。结局，一般地讲来，这个社会，就只能看它所受帝国主义势力的支配与影响的程度如何，把不利于那种势力扩展的封建因素破坏，把有利于它的封建因素保留下来；把妨碍它扩展的资本主义成分（民族资本主义成分）压倒，把依附它的资本主义成分（买办资本主义成分）扶植起来。因此，帝国主义对于落后社会的这种半封建半殖民地化运动，与其说是由他们直接进行的，毋宁是由他们依靠落后社会的统治阶级，封建官僚阶级，按照他们的意旨来进行的。结局，大地主阶级、买办资产阶级、官僚资产阶级就在帝国主义利益的统一要求下，变成了相互依存和三位一体的"通家"。而这种社会的经济，也只能采取一种把封建剥削做基础，而在这上面建立起买办官僚资本的特殊支配形态。

应该说，对于社会正常发展显得非常特殊的这种经济形态，在一切受着帝国主义间接统治的落后社会，毋宁是非常一般的，虽然其发展的程度和表现的形式，因各别社会的不同历史条件而不尽相同。

我们确有理由把中国这个半封建半殖民地社会的封建买办官僚经济，当作这种社会的一个发展得较为充分的典型，当作今日尚处在这种不死不活状态下的一切半封建半殖民地社会的未来形相而加以分析。但在进行分析以前，是需要就这种经济形态的形成和发展过程指出一个轮廓的。

(二) 中国的传统封建制及其关系近代买办官僚资本形成的若干特点

在世界史上中国是一个相当长期停留在封建制度上的国家。

虽然有不少的中外历史学家，正在从各方面考证中国在西周时期，在东周时期，乃至在秦汉时期，甚而至于在比秦汉更晚的时期，还是处在奴隶制度阶段，而由此证示中国并不曾自外于世界史发展的轨迹；它由奴隶制转化到封建制，也不过是在耶稣纪元前后。但是，如果单因中国封建制经历时间不应太长了，企图找出各种理由将它缩短，那并不是唯物史观地处理历史问题的正确方法。我们不要以为近代资本主义制度在世界各地域各国家内，差不多是在同一世纪中前后出现，便认定古代中古各国的社会制度，不应有太大的悬殊，那显然是把唯物史观上的一个重要原则忽视了：愈往过去，社会生产力愈不发展，它克服自然障碍，打破地域限制，使各国道一风同，比肩前进的可能性也就相对愈小了。当然，我们的许多历史学家并不是为了满足这种时间距离长短适度的要求来进行考证的，但直到现在为止，由西周以至魏晋六朝五代乃至在元朝统治下，确曾分别考证出了不少数量的奴隶，这种考证对于那些朝代的社会生活的认识是有用的，但全面考察起来，被考证出来的奴隶，究竟是不是当时社会的主要生产者？他们在当时又是在怎样的劳动条件下，生产剥削阶级所占有的剩余生产物？似都没有明确的解答。要知道，作为主要生产者的奴隶，他们就必须像在希腊罗马那样，被集中在大农庄里，在果园里，在牧场里，在矿山里，在作坊里，用鞭棍和锁链强制他们劳动；若把他们分散在自己家屋里，用自己的简单生产工具，在奴隶主的田园里为他们劳作或耕作，那样"自觉""自动""自由"的奴隶，就有些匪夷所思了。但我在这里不能作更深入的说明，而顺便在这里提论到这个问题，也只是表示："封建诸侯以屏藩王室"的西周，还不妨看为是中国封建制的起点；并且那种初期封建制由于是从不发达的奴隶制转变过来的，那就不但在它的社会构成里面包含有农村公社剩余下来的自由民，家族奴隶和种族奴隶，同时还因此限制了它向着欧洲中世纪那样的严峻的农奴制的发展，以致经历春秋战国兼弱攻昧的大动乱过程而转化为由秦汉开始的租佃制；结局，颁田制禄的领主封建制，就转变为佃田纳租纳税的地主封建制；适应着这种经济剥削形式的改变，分立的封建局面，也为中央集权的封建官僚统治所代替。由是作为中国的典型的地主封建制，就表现出以次这样一些影响到我们近代封建买办官僚制形成的特点：

1. 作为封建制度，基本当然是以自然经济为基础，以农业与手工业结合为基础。农民不仅自耕自食，并还在较大程度上使用自己所生产的手工业品，他们对地主贵族官僚阶级基本上也是提供布帛菽粟。但由于农民要把这些剩余劳动生产物，以租、税以及赋的名义，累献给官府，官府还要以薪俸或俸禄的名义分授各级官吏，由是就引起了农业剩余生产物商品化的要求，而愈到后来，为了避免漕运转移的繁累与损耗，这种要求就愈加迫切。而且随着农业生产力在较稳定局面下的发展，剥削阶级消费的胃口也逐渐不以农民所直接提供的实物为满足，致使商业的范围，商品的种类，从而，商业手工业都市，都不得不在封建自然经济的孔隙里扩大增多起来。事实上中央集权的封建统治局面，也确实比较其他封建社会或分立的领主型的封建社会，更有助于流通经济成分的发展。

2. 土地是社会权势与财富的标帜，这是一切封建社会的共同特征，但中国封建地主制度，允许土地在一定限制下的自由买卖，相应着，租耕土地的农民不被严格地束缚于特定土地上，他的劳动力得在一定限制下自由移转，那正是租佃制根本不同于严格农奴制的地方。可是我国土地占有上的这种融通性和流动性，并不曾改变以次两个基本事实：第一，在任何一个封建王朝统治下的直接生产者都只占有较少的并还是极坏的一点点土地，其余都是属于剥削阶级。第二，直接生产者所辛苦取得的一点点收获，绝大部分都当作贡物送给了剥削阶级。

3. 土地所有者不限于有身份的贵族、官僚，大贾和高利贷者都成；相应着，土地使用或租用者也不限定隶属于特定身分的地主。谁取得了致人死命的土地，谁就是他的主人，结局，土地变成了贵族、官僚、地主、大贾和高利贷者争相掠夺占取的目标，农民就变成了他们任何一种身分的人物都可榨取欺凌的对象。这样，尽管农民也有挣得土地的可能，那正好类似特定的个别工人在资本主义社会也有挣取得千万资财的可能一样，丝毫也不曾因此改变社会阶级压迫的本质。在我们的这种封建制度下，贵族、官僚、地主、商人和高利贷业者虽然彼此相互间也有矛盾，但在压迫剥削农民的立场上，他们却是站在一边，并且同一个人还不妨兼有其中若干身分，而成为通家。

4. 皇帝是最高最大的地主，大官僚、大贵族都是大地主，他们表面上像不与民争利，从事商业高利贷活动，但在实际，贵族官僚们不仅偷偷摸摸地做这种勾当，历代王朝差不多都通过他们的专制官僚统治机构来大规模地进行商业高利贷活动。从西汉起，各种最有利可图的经济垄断组织就建立起来了，许多大商人钻进了国家机构，窃踞较高的政治地位。此后历代的垄断性的官业，不论是属于工矿业的，还是属于商业的，差不多都是由贵族官僚地主以个人的或国家的名义，独占地经营着。这都是在贵族僧侣和商业高利贷业者间维持了严格的阶级身分距离的西欧封建制度所不容许的。

由秦汉以至近代鸦片战争以前，我们的社会就是这样一种封建社会。单从上面指出的这些封建制度的特点来说，已不仅足够指明我们较长期停留在封建阶段的原因，同时还可约略窥出我们在近代封建买办官僚经济体制形成过程中所受传统封建因素的影响。本来，农业剩余生产物的租税化，商品化，土地在一定限制下的自由买卖，劳动力不被严格束缚于土地上，中央集权统治在货币交通市场方面所造出的便于农工业品流转的有利条件以及庞大官僚机构的巨大开支和贵族官僚的奢侈生活……似都有助于流动经济或商品货币经济的发展，事实上，这在唐宋诸王朝的中古时代，就表现了像是近代资本主义的一些萌芽。特别是土地和劳动力的有限制的自由转移以及相伴而产生的，严格封建身分制的比较欠缺，和相当大的城市的出现，格外容易给予我们这样的印象：即中国封建制的某些进步性，应当使它更快地走上资本主义的道路。然而这是一方面，它同时还有阻止它转变到资本主义制度的另一面。那就是，在土地及劳动力转移上的封建性的有限制的自由，已经造成了一种不需要近代初期欧洲各国解放农奴推翻封建制那种革命的错觉；加之，那样的资产阶级性质的革命，一般是由商工业者或市民阶级领导农民工人来和贵族僧侣阶级斗争，可是我们的市民阶级由于可以接近土地，热衷于土地，和贵族地主搞得怪有交情，变成了通家，这就在那种不需要什么革命的错觉上增加了一层社会的翳障；况且有利的商业，工矿业被把握垄断在官僚，贵族，地主手中的这一事实，也确实造成了一种局面，叫一般所谓市民阶级，没有足够的经济力量和劲头来发动反封建的斗争。

所有上述这几项阻碍着中国社会顺利转变到资本主义道路的历史事实，全都在我们近代封建买办官僚经济体制的形成中，不仅当作传统的惰性因素被利用着被包下来，并还从中发出了极大的助长作用。这是我紧接着要在下面提论到的。

（三）资本主义势力的侵入和在逐渐解体过程中的封建经济基础上形成的买办官僚资本形态

在 18 世纪乃至 19 世纪初期，中国社会的资本主义的萌芽，已因在比较长期安定局面下逐渐扩大的流通范围和逐渐增多的工场手工业，而显得比以前任何时期都更有生机。但中国地主型封建社会经济的运动规律照例是到了农业生产力有了一定的恢复和发展，流通经济显得有些活跃，就要因贵族官僚地主阶级的豪华浪费，加强聚敛榨取，再配合高利贷活动，土地吞并活动，而使黎民穷困，生产破坏，造成天下大乱的后果。在 19 世纪 40 年代前后，中国那个暴虐而顽固腐败的大清帝国统治，正好在从各方面加速制造它的没落的结局，但资本主义的侵入，把它的覆亡过程弄得十分复杂了。

19 世纪上半期，是资本主义在西欧各国迅速发展的时期。当时以英国为首的资本主义国家正好在向世界一切落后地域遂行它们的输出资本主义"文明"的使命。"由于一切生产工具的迅速改良，交通工具的飞跃进步，资产阶级终于将所有一切以至最野蛮的民族都卷入文明的漩涡了，它那种商品的低廉价格，便是它用以摧毁一切万里长城，并使极端排外的顽固野蛮人驯服的重炮。它强迫所有的民族在灭亡的恐怖下采取资产阶级的生产方式，它强迫所有的民族都施行所谓文明制度。"① 远在 18 世纪末期，对于中国这个封建帝国的大城堡，英国就曾带头用它的廉价商品，特别是纺织品作为大炮来做那种摧毁工作，但由于清帝国在政治上采取了严格限制的对外贸易政策，把贸易地点限定在广州，使贸易经营业务，假手于当时设在广州的十三行，禁止自由通商，禁止"夷商来至内地"，禁止"夷人与汉人交通"，这一切做法，已经使廉价商品不大能发生重炮作用，加以中国工农结合的自给自足的并且非常节约的经济状态，更使"夷商"没有活动的余地，因此，英国试图用棉织品突破封锁的长期努力，都证明是得不偿失的。② 英国资产阶级对于遂行他们的历史的文明使命，是抱有极大决心的。当他们发现规规矩矩地贩运棉织品不能得手的时候，在 19 世纪 20 年代前后，就大力加强他们偷偷摸摸地非法贩运鸦片烟的活动，结果很快就证明那是一举数得的大好买卖。无论什么严密的关卡，用贿赂就可保护通行；无论怎样顽固排

---

① 马克思，恩格斯：《共产党宣言》，人民出版社版中译本，第 37 页。
② 英国东印度贸易公司于 1786 年起，即尝试将英国各地棉织品运往中国销售，没有那一次不受到损失，直到 1827 年才算找到一些门路，打下基础，有利可图。

外的达官贵人，一接触到鸦片，便从他们思想上撤除了"夷夏之防"，尤其是无论怎样勤俭的老百姓，一旦变成了瘾君子，连倾家荡产也无所顾惜。鸦片在通都大邑穷乡僻壤不胫而走，结果就是"黑的进"，"白的出"，造成白银滚滚外流，招致财政金融的窘迫与混乱，造成人民生产与生活的威胁。这使清帝国的基础发生根本动摇，以致如马克思所说的"……这个帝国终究为时势所迫，不得不进行拼死的决斗，在这个决斗中，旧世界的代表以道德思想来鼓舞勉励自己，而最新社会的代表，却争取那种以最贱的价格购买和以最贵的价格出卖的权利[①]，这是一场多么悲惨的情景啊！"[②] 1840 年的鸦片战争，是所谓欧洲资本主义的文明和中国封建的野蛮第一次的搏斗。这次搏斗不仅证明了资本主义的重炮的作用，同时也证明了资本主义的鸦片的效果。中国在这次战役中的失败，宁当看为是欧洲资本主义对中国封建主义的开始胜利，同时也正是中国半封建半殖民地化的开端。

1842 年《南京条约》所规定的割地，赔款，开辟通商口岸……等等条款，为此后一序列的丧权辱国条约提供了一个先例。到了由中日战争导来的《马关条约》（1895 年），由庚子之役导来的《辛丑和约》（1901 年）的签订和实行，中国已差不多大体完成了它的半殖民地化的过程，而其具体事实则表现在以次诸方面：

1. 由一序列的侵略中国的战役，帝国主义各国抢夺去了中国许多属国和领土，勒索去了大宗赔款；依种种借口和种种不平等条约，取得了在中国驻扎海陆军军权，并把全中国割分为它们的势力范围。

2. 帝国主义者根据条约控制了中国一切重要的通商口岸，并把许多通商口岸划出一部分土地作为它们直接管辖的租界。它们控制了中国的海关与对外贸易，控制了中国（海上、陆上、空中、内河）的交通事业，因此，它们便能使中国的农业生产服从于其需要。

3. 帝国主义者还在中国经营了许多轻工业和一些重工业的企业，以便直接利用中国的原料与廉价劳动力，并以此与中国的民族工业进行直接的竞争。

---

① 这里所谓以"最贱的价格购买和以最贵的价格出卖的权利"云云，乃指烟土产在印度，"每箱值银 250 元，至广东则值银 600 元，为利一倍"（参见三联版《中国近代史资料选辑》，第 5 页）。在鸦片战争发生前的 1837 年，英人由印度输入广东的鸦片，竟达四五万箱之巨（同上，第 4 页）。

② 《马克思恩格斯论中国》，人民出版社版中译本，第 95 页。

4. 帝国主义者通过借款给中国政府，和在中国开设的银行，垄断了中国的金融财政，扼住了中国经济的命脉和咽喉。

5. 帝国主义者由中国的通商都市直到穷乡僻壤，造成了一个买办和商业高利贷的剥削网，造成了为帝国主义服务的买办阶级和商业高利贷阶级，以便利其剥削广大的中国农民。

6. 为了帮助中国卖身投靠的统治者来镇压中国人民，帝国主义者曾经供给中国政府以大量的军火与大批的军事顾问，为了麻醉中国人民并使中国知识分子对它服务，帝国主义者便以传教，办学校，办报纸和通讯社以及吸引留学生等方式来实行其文化侵略政策。[1]

就在上面述及的这个大变化过程中，我们农村原来的面貌，显然是要改观的。为了服务于帝国主义，许多单纯提供到市场的经济作物，如棉花，烟草，甘蔗，大麻，茶叶等等相率成为耕作对象了，粮食也因都市人口的不断增加和商业高利贷业的深入活动，而有更多更大的比重，参加到流通过程中去；同时，原来和农业紧密结合着的家庭工业手工业，则在帝国主义商品的侵袭下，或者完全解体破产或者游离汇集到都市附近地区，成为附属于现代资本主义工业的厂外组成部分。这一切说明了农村自然经济的深刻变动，它的封建生产关系当然是无法维持原状的。

但在另一方面，帝国主义列强的侵入，决不是要把中国变成资本主义的中国，恰好相反，它是要把中国变成半殖民地乃至殖民地。所以，它虽然在把中国变成原料和劳动力供给地，变成制品推销场所当中，连带把新的交通工具，新的金融机构，新的资本主义经营企业的方法输进来了，对中国民族资本主义的发生和促进提供了一定的刺激诱导作用；可是，中国民族资本的发展，就是意味着它们在中国的制造品市场的丧失，就是意味着它们取得中国廉价劳动力和原料的特殊权益的丧失，这是和它们作为帝国主义国家，需要输出商品，更需要输出资本的要求相抵触的，也是和它们要在中国取得交通金融控制权及工矿经营采掘权的目的相抵触的。因此，在帝国主义势力支配下的中国工业就在发展过程上采行了一个非常不正常的途径。由太平天国战争结束到中日战争结束的几十年间，由官僚买办借用外资外力兴办了一些便于血腥镇压人民反抗的军需工业，如1862年由李鸿章设立的"上海制炮局"，1865年将

① 上述各项，参见《中国革命与中国共产党》，《毛泽东选集》，第2卷，第598—600页。

"上海制炮局"扩建为制造枪炮火药子弹的"江南制造总局"，1866 年左宗棠在福州马尾设立制造军舰的"船政局"，翌年李鸿章又在南京设立"金陵机器局"等等。由于制造军火需要煤炭，1876 年李鸿章就在开平试办煤矿，设立"开平矿务局"；就是在 1872 年成立的有关航运的"招商局"，原来无非是为了运煤，为了军运和漕运；至若 1881 年在天津成立的"电信总局"，其用途显然不在便利商工业而在适应对内对外的军事需要。① 而号称中国新式纺织业开山祖的"甘肃织呢总局"，那是左宗棠于 1876 年设立的，所有在这个时期由官僚创办的各种工矿交通事业，无论是用"图强"的名义，还是"挽回利权"的名义，都显然是为帝国主义所容许和支持的；也不论是失败了，还是成功了，都显然大有助于买办官僚资本的积累。一笔借款的成功，一种事业的创办，对经理其事的买办官僚来说，都是发财致富的大好机会；应该说，那个时期的各种洋务的创办和经营过程，就是中国买办官僚资本的形成过程，也就是那种形态的资本结托依附帝国主义的过程。

但中国的民族资本经营，却都是在和帝国主义竞争并利用帝国主义列强相互火并的场合成长起来的。由签订《马关条约》的 1895 年到世界大战结束的 1918 年，可以说是中国民族资本相当活跃的一个时期。《马关条约》的丧权辱国条款，不仅包括割地偿金，断送内河航行权，并允许"日本臣民得在中国通商口岸城邑，任便从事各项工艺制造"，结局在有例可援和利益均沾的口实下，日人以外的其他外国商人，再也用不着冒用华商名义，而径自在中国开设工厂，并进而开采矿藏了。由是外资像洪水似地流入中国，继日本之后，英法美各国都分别在中国开纺织、面粉、火柴⋯⋯等工厂，它们的高额利润，和利权外溢的刺激，激发了民族商工业者集资创办纺织工厂及其他各种轻工业的热望，而由"图强"蒙受到中日战争及八国联军之役的惨败教训的清政府，也回过头来讲求"致富"了，对于所营事业采取种种奖励措施了，所以，当第一次世界大战促使许多帝国主义国家松弛了对于中国民族资本的压力的时候，以纺织业为主的中国民营工业就迅速成长起来。可是，世界大战甫告结束，帝国主义列强就竞相把中国当作它们恢复元气，取得滋养的

---

① 1880 年李鸿章在"请设南北洋电报片"中，把他们这一伙人物从事洋务运动的真正目的透露出来了，他说："用兵之道，必以神速为贵；是以泰西各国于讲求枪炮之外，水路则有快轮船，陆路则有火轮车，以此用兵，飞行绝迹，而数万里海洋颁军信，则又有电报之法"（见《李文忠公奏稿》卷 38）。

角逐场所，它们享受各种特权和拥有雄厚资力的竞争力量，是中国新生而脆弱的民族资本所斗争不过的。而在中日战后通过买空卖空的金融活动（1897 年中国第一个银行即中国通商银行开始设立），通过借用外资修筑铁道等假公济私勾当所增大的买办官僚资本，都在直接间接造成不利于民族资本发展的影响。至若帝国主义列强在其所属势力范围内勾结并扶植地方封建势力，导演军阀混战，对于新兴民族资本所发生的妨碍和破坏作用，那又是带有根本性质的。

然而，中国大买办官僚封建势力结托帝国主义，毒害民生，阻碍民族资本发展，是到了下一历史阶段才做到无所不为的穷凶极恶田地的。

（四）中国四大家族的买办官僚资本是在内战及抗日战争过程中迅速增长起来的

从第一次世界大战终了的 1918 年到解放战争大体结束的 1949 年，中国社会在经历着生育前的阵痛。三十多年间几乎无日无时没有战争。北伐以前，是军阀长期混战；宁汉分裂以后，是革命与反革命的战争，同时在反革命地区还未停止大小军阀间的混战；在抗日战争期间，蒋介石早已在准备并不时发动内战，抗日战争甫告结束，蒋介石所期待的大打出手的场面就开始了。

这一序列的战争，无论表现得如何千头万绪，千变万化，不可究诘，但都和帝国主义列强瓜分共管或独占中国并假手各色的军阀买办官僚来消灭中国人民反抗力量的阴谋紧密联系着；就因为这个缘故，这一序列的战争，无论如何残酷，如何彻底破坏了社会生产力并迫使广大人民倾家荡产，流血牺牲，但依托帝国主义势力的中国军阀官僚买办以及封建大地主，依旧不妨在这样的死亡与毁灭的大破局中积累起巨量的财富，这从中国历史上找不到前例，也从近代资产者社会中找不到类似的情形。这是亚细亚横暴专制君主的野蛮洗劫，加上晚近反动法西斯主义者们的毫无怜惜毫不知羞耻的欺瞒强夺，双管齐下的结果。蒋介石及其裙带关联的四大家族，就正是运用这两重手段积累起他们那样惊人数量的买办官僚资本的。下面我想就他们欺骗敲诈掠夺的重要过程，指出一个轮廓。

第一次帝国主义列强瓜分世界的战争，产生了两个大大影响中国政治经济生活的结果：其一是各帝国主义国家原来在华的势力，发生了变化，战败的德国暂时退出了，被战争大大削弱了的英国，失去了它过去侵略先锋的地位，暴发户日本开始代替它了，大发其战争财的美国，也在准备大显身手；同时，俄国由帝国主义国家一变而为社会主义国家，把马克思列宁主义传到了中国，鼓励教导中国人民进行反帝国主义反封建的斗争。1926 年到 1927 年的反帝反封建的北伐战争，使一切帝国主义国家感到惊慌失措，使它们觉悟到分别诱致军阀混战的局面，适足以助长革命势力的抬头，除日本帝国主义另有打算外，英美帝国主义者都认定扶植一个大军阀来团结统一一切军阀的力量，是对付革命势力的最有效方法，蒋介石这个利用革命幌子发迹起来的反动头子，就被帝国主义看上了，江浙的买办官僚集团，也就由帝国主义者的授意和策动，竭力从财政金融上协助蒋介石来完成帝国主义在中国的统一大业了。尽管日本帝国抱着"独占"的野心，打乱了英美帝国主义者们策划共管的步伐，但在"九一八"事变以后，蒋介石终于利用江浙买办资本和英美帝国主义的支持，几乎把全国大小阀军都收买征服了，他差不多完成了统率一切军阀武力来对付革命势力的帝国主义使命。

在十年内战期中，帝国主义列强，特别是英美帝国主义者，多方协助以蒋介石为首的四大家族，在财政金融的全面控制上打下了基础，那同时当然也是为他们自己通过四大家族来对中国进行全面控制打下了基础。加强聚敛，增发纸币，发行公债，举借外债，原来是这个卖国殃民政权，维持军事财政最直截了当的方式方法，但混乱的币制，势将限制在这一切方面努力的效果；1933 年的废两改元，特别是 1935 年的新币制的实施，其目的并非为了便利一般商品货币经济的流通周转，而是为了货币的集中发行和统一管理，这一来便可以无限制增加纸币的发行，便可以把白银尽量向美国输送，便可以大量发行一本万利的公债，便可以通过在国家银行增加商股和在私人银行参加官股的偷天换日的办法，使全国大小私立银行隶属于中、中、交、农四家银行变成四大家族的内府。由是，全国整个买办官僚的金融系统，不管是所谓南四行系统还是北四行系统，都被卷入四大家族的金融财政组织中，而和四大家族共同命运——虽然那同时又还是忍受四大家族支配和折磨的命运。因此，内战打得愈起劲，军火购买得愈多，白银输出得愈多，公债发行得愈多，纸币印刷得愈多，他们的财富就积累得愈快，他们的经济权力也愈加相应增大起来。他们为什么不对战争感到兴趣啊！

迨由内战转到抗日战争的时候，这个靠内战起家的大买办官僚资本家阶级，就掌握运用他们金融财政上的这张王牌，把中、中、交、农再组织为最高的寡头的四联总处，而由蒋介石自己担任主席，这样，政治，军事，金融的全面统制，就造成了完备的无所不能无所不为的法西斯的独裁条件了。不过，在这里得指明一点，现代的法西斯的独裁，虽然是金融寡头在政治上的反映，但那种金融寡头毕竟是工业技术高度发展，资本有机构成不断提高，因而更需要依靠银行投资，结果就形成了工业与银行结合或者工业受制于银行的那种特殊表现。正惟其如此，体现着金融寡头的政治军事权力的法西斯统治，对于工业乃至对于其他依靠银行支持的企业，就不能毫无顾惜地摧残，反之，为了更好服务于金融寡头，甚且要好好扶植帮助那些成为金融生命线的各种产业。在这一点上，我们的金融寡头，是显得非常特殊的，它一开始，就和中国的工业乃至其他生产事业或正当的流通业务，没有什么联系；反之，它一开始，就宁可说是在牺牲这一切的基础上，靠了帝国主义的支持建立起来的，就因为它有这种脱离生产，脱离一切正当社会事业的特性，它的权威的发挥，就无妨按照中国横暴野蛮的专制帝王的作风行事，就无妨按照帝国主义者对待落后民族的贪残掠夺的方式行事，四大家族在抗战期间乃至在抗战结束后再发动内战的短暂期内，确实是依照一序列的专横管制与无情剥夺的措施，把他们的财富膨大起来的。

是的，抗战一开始，就有很大一部分国土被日寇占领了；四大家族发迹的根据地江浙地区，特别是金融中心的上海，也很快沦陷了，接着那一带的傀儡政权也被建立起来了，但尽管如此，蒋王朝一离开了买办官僚资本集结的江浙一带，就在封建势力最浓厚的内地重建它的血腥统治；有一个短暂的期间，它的买办的性格，像为它的封建的性格所掩蔽了，但由于以蒋介石为首的四大家族是被迫同意抗战的，因而他们并不情愿同时也不敢动员全国人力物力来支持战争，却相反地是要在抗战的名义下，利用全国的人力物力来为他们增加财富。所以，到了大后方的西南不久，就很快在那里依靠军事的统制，建立起金融的统制，更进而把全国的商业，工矿业，农业都强制地纳入四大家族的魔掌。他们的做法，是利用滥发钞票引起的物价波动，引起的汇价变动，而在物价和外汇价格的官价与黑市之间，大做其假公济私投机操纵的勾当。对于黄金，时而禁止买卖，不久又可以买卖；对于外汇，一会严格管制，不久又予以开放，所有这些措施，无在不是为了他们那些大买办官僚资本家制造发财的机会。当物价激烈波动，商业资本异常活跃的时候，由四联总处所属的银行系统，不仅用它们各种附属机构的名义，实行囤积居奇，并还以高利贷的贷款形式，对一般商业加以控制。军事委员会所属的贸易调整委员会，在 1938 年改为贸易委员会，改隶在孔祥熙的财政部下面，把出口的丝，茶，桐油，猪鬃等土产品，全部用低价统购起来；从1942年起又用花纱布管制的名义，通过农本局的福生庄，对棉花，棉纱，棉布的采购与销售，全面加以控制；就在同一时期，盐，糖，纸烟，火柴实行专卖了。通过这几项措施，同时并通过四大家族系统在各省分别设立的半官半商的企业公司所属的商业组织，就把对内对外的全部商业归其垄断了。

商业的垄断，在规定产品产、运、销的过程上，一定要导向对于工矿交通事业的垄断。早在1937年无所不包的军事委员会下面就设有工矿调整委员会，一方面资助资本不足的所谓国营厂矿，一方面，采用合并银行的同一手法，在新旧厂矿中加入官股，不过，这个买办官僚资本家阶级，毕竟对于太多麻烦的生产事业，没有多大的兴趣。可是到了大后方，物价朝夕百变，不控制生产，就无法控制商业；加以军需工业的迫切需求和对帝国主义贡献稀有金属的特殊任务，就使得四大家族所属的资源委员会和兵工署两个机构，几乎把大后方的重要工矿业，全部纳入它们控制中了，而它们所用的方式方法，无非是借口加强管制和增资援助，这对于当时朝不保夕的厂矿，除了忍痛接受外，是没有其他道路可走的。在抗战快要结束的1944年，单是资源委员会所属的厂矿，就达到了105个单位，全部职工达18.2万人。

当时垄断商业必须连带垄断之矿业的同一理由，使四大家族有必要把它们的触角伸到了农业方面，虽然这方面的任务，已内部分工给封建性较为浓厚的两陈兄弟了。四行中的农民银行早就被认定是他们兄弟的"私产"。不过，小农经营是分散的，显然不能像厂矿或商业机构那样集中地加以控制。然则他们在这方面是怎样进行劫夺呢？除了举办蓄奴型的所谓垦殖公司外，就是通过田赋征实征借方式，加重地租的剥削，而由抢购物资，进而抢购土地的高潮，更把那种剥削提高到了可怕的程度。战时大后方各大都市周围的土地，都被大小官僚军阀抢购一空了，所有这些封建的王爷，殆莫不是同时兼营商业高利贷业或银行业的老板，四大家族就是通过这些人物以及他们的走狗，来对农民进行野蛮的掠夺诈取的。

日本帝国主义投降后，美帝国主义很快就代替了日本帝国主义奴役中国人民的地位。蒋管区到处都变成美国军事基地，通过所谓中美合作的中国航空公司，航空权全部断送了，通过所谓"平等"的中美通商条约，中国的内河航行权，全部断送了，因而在抗战结束后的较短期间内，由通都大邑到穷乡僻壤，都充斥了美国剩余物资；美国的顾问专家，美国的冒险家，流氓特务所在皆是，乌烟瘴气，和日伪统治时期，并没有什么多大的区别。所不同的，也许是一味依托美帝国主义的中国四大家族，一回到他们江浙一带的老巢以后，由于很快恢复旧有的财产，胡乱劫收敌伪的财产，再加以向美帝国主义出卖国家主权所源源借人的军需品和外汇，再加以把美国奢侈品，美国各种剩余物资充斥市场所赚取的高额商业利润，再加以贿赂公行的所得，财富像潮水般的膨胀着，但并没有填满他们的欲壑，反之，却正好为了使得既得的巨量财富受到极安全的保障和那些财富本身表现的不断增大再增大的要求，就使这个靠战争发迹的封建军事的买办官僚统治阶级，在它的主子美帝国主义策动之下，不惜更张大血口发动消灭人民革命势力的战争。当他们看到来势不佳，灭亡可待，最后还来一次法币变金元券的大骗局，来掠夺人民的黄金外汇，以为卷款潜逃做准备。社会全面破产，人民群众在死亡线上挣扎，而少数买办官僚大封建地主却靠着拍卖国家主权，靠着各种无廉耻的欺骗和聚敛的手段，大发其财，把他们的资产膨大到几百亿美元的巨额。这就是半封建半殖民地的经济发展到烂熟田地的最丑恶形象。

到了灭亡的前夜，临到达官贵人窃富而逃，只剩下田野空、府库资财空的惨酷景象供人凭吊的时候，一向不肯正视这种经济本质的人，开始感到惊讶了："怎样糟到这个田地呢?!"他们不知道一个社会经济制度的内在发展，不但不征求我们一般人的同意，甚至也不服从那个制度的主宰者或支配阶级的调度。"行乎其所不行"，正好说明了那是和人们的意志相独立的。事实上，这个半封建半殖民地经济由形成发展以至灭亡的过程，始终贯彻着辩证的运动规律，那是需要我们从它的内部联系去揭露和分析的。

二 中国半封建半殖民地经济研究的三个阶段

(一) 经济理论研究上的两条阵线

中国的半封建半殖民地经济，虽然在鸦片战役结束以后，或者在资本主义势力正式侵入以后就开始发生了，但把这种经济作为对象，在理论上加以研究，那却是 20 世纪 20 年代的事。这有两个原因：其一是非常容易明白的，一种经济形态没有发展到相当成熟的程度，即没有发展到具有足够条件表现其内在运动规律的程度,是无从进行科学分析的;但还有一个较重要的原因,那就是,在马克思主义学说未被介绍到中国以前,谁也没有想到研究中国原有的经济形态有什么必要。不论是以前的洋务派,以后的维新派,乃至旧三民主义阶段的孙中山先生及其党人,都没有意想到改革也好,建设也好,都需要把原有的社会基础,社会经济关系弄个清楚,然后始能定出改革的方针,建设的途径。洋务派企图在旧有的政治制度和社会生产关系原封不动的基础上变法图强,事实上,他们的变法图强的如意算盘,就在维持既成的一切社会政治组织;维新派有些前进了,但也只是感到保守的顽固人物不从政治上清除,或者至多认为不实行开明一点的君主立宪制,就难得采取新的改革措施,至若作为那种政治形态的基础的社会生产关系或经济关系,他们根本就没有设想到那有什么关系。1905 年,孙中山先生在《民报发刊词》中,首先提出民族、民权、民生三大主义;他不仅反对封建清王朝专制,反对帝国主义列强的侵略,并还高瞻远瞩地认为效法欧美资本主义,不能解决民生问题,所谓"欧美强矣,其民实困,……社会革命其将不远"[①],云云。已表示他对社会经济问题,有了进一步的认识。然则他对于社会经济问题,对于民生问题,考虑了怎样解决的方案呢?在中国国民党前身的同盟会于 1906 年发布的"军政府宣言"文告中,揭橥了"驱除鞑虏,恢复中华,建立民国,平均地权"四大纲领。他企图用"平均地权"来解决民生问题,而平均地权的办法,则是核定天下地价,现有地价,仍归原主,而因社会改良进步所增之地价,则归国家,为国民所共享。[②] 他企图以此实现根本解决民生问题的社会主义理想。他不但没有意识到这还是资产阶级的改良主义方案,更没有设想到封建社会的土地问题和资本主义社会的土地问题,有什么本质的差别。至于我们社会的封建土地关系,和帝国主义之间结成的联系,更是没有被意想到的。他的意图是善良的,想法则是完全主观的。从我们这里涉及的问题立论,就是孙中山先生及其党人,在当时对于中国社会经济性质的问题并没有什么理解。这是难怪的,依据社会经济性质来确定改革方案和步骤,是马克思主义的做法,而马克思主义则是在俄国十月革命以后方输入中国的。

因此,尽管中国的半封建半殖民地经济,在中日战争前后,就已显

---

① ② 《中国近代史资料选辑》,三联书店版,第 565—568 页。

出了它大体确定的形象，可是直到十月革命送来了马克思主义，我们方开始来正视它。

可是，用马克思主义的科学方法，来研究中国经济，来揭露中国半封建半殖民地经济的本质，那就显然要碰触到帝国主义者、买办官僚资本家和封建军阀大地主的痛处，以致引起他们的利益的拥护者的反驳；特别是当着理论的斗争紧密地和实践斗争相联系，并成为实践斗争的前哨战的时候，这个科学的反科学的或者革命的反革命的思想战线，就会格外显得壁垒分明。当马克思列宁主义传入中国以后，中国人民的反帝国主义反封建的斗争，就逐渐改变了原来的自发的性质。1921年中国共产党正式成立，马克思列宁主义就和中国人民的反帝反封建运动慢慢结合起来。而科学地研究我们社会经济性质，就是那种结合的一种具体表现形式。革命运动不断地成曲线地向前进展，理论的斗争也相应或隐或显地展开来。由大革命前后到抗日战争结束前后二十余年间，围绕着中国现代社会经济性质问题而展开的理论斗争，约略可以区分为三个阶段，即由大革命之前到"九一八"事变之后那段时间，抗日战争期间，以及抗日战争结束前后若干年内。这三个阶段对于中国现代社会经济的研究，都明确地分出两个阵线，并且，这两个阵线在三个不同研究阶段所采取的立场观点方法，彼此分别是一脉相承的。即在三个不同研究阶段都表现为是反帝国主义反封建买办官僚资本和拥护这些恶势力的斗争，都表现为是马克思主义和反马克思主义的斗争。

（二）第一个研究阶段的两种基本对立的见解

第一个研究阶段所指的是由大革命之前到"九一八"事变之后数年间，即由1924年至1932年。

这个期间何以特别会引起对于中国社会经济性质研究的要求呢？回顾一下大革命前后中国政治上的激剧变动和社会各阶级势力的消长变化，就不难想见当时思想界自五四运动以来完全失去了传统平衡的震荡情况。在民主与科学运动的高潮中，在反帝国主义，反卖国的买办官僚，反封建礼教道德的革新气氛中，以马克思主义武装的中国共产党成立了。接着，在中国共产党领导下，随着中国民族资本一度发展而增大起来的工人阶级队伍，很快就在京汉铁道大罢工等运动中，表现了他们的组织力量；接着，1924年在有共产党人参加的中国国民党第一次全国代表大会中，决定了联俄、联共、扶助工农三大政策，确定了打倒帝国主义，打倒军阀，耕者有其田等政纲，并还通过了全面触及中国社会本质的宣言，改组了中国国民党。这些革命措施及其在宣言中表现的理论根据，很快就受到了国民党右派及最下流无耻的国家主义派的猛烈攻击。所以，毛主席在北伐那年，即 1926 年写的《中国社会各阶级的分析》中，就把中国的反革命派及其代言人的阶级本质和面貌，作了非常确切的描述："在经济落后的半殖民地的中国，地主阶级和买办阶级完全是国际资产阶级的附庸，其生存和发展，是附属于帝国主义的。这些阶级代表中国最落后和最反动的生产关系，阻碍中国生产力的发展。他们和中国革命的目的完全不相容。特别是大地主阶级和大买办阶级，他们始终站在帝国主义一边，是极端的反革命派。其政治代表是国家主义派和国民党右派。"① 毛主席在这篇论著中，还正确地分析了中国社会的其他各阶级及其政治倾向，中国社会的构成及其本质。1927 年毛主席又对党中央提出《湖南农民运动考察报告》，进一步对他前一年度那篇科学分析，从实践上作了光辉的检证。这两篇论著在当时是没有传开的，但通过党的教育，通过党的政策的宣传，一直在作为此后对抗反革命的思想斗争的有力的指导原则。

国民革命势力伸展到武汉南京以后，由于蒋介石叛变，宁汉分裂，局势大变；革命遭受挫折，必然导来从理论检讨实践归宿的要求，这个要求，无疑是由中国共产党检讨总结革命失败的经验教训提出来的，但在前此北伐过程中，在五四运动展开过程中，依学术思想解放所接触到的虽然是有限得很的新兴社会科学知识，却显然大有助于那种要求的实现。于是，中国社会性质的问题被提出了，中国经济研究的问题被提出了；集中在《新思想》、《读书杂志》等刊物上的许多有关中国经济的论文，如王学文的《中国资本主义在中国经济中的地位其发展及其将来》，潘东周的《中国经济的性质》，以及主要由批判王、潘而引出的严灵峰的《中国经济问题研究》，任曙的《中国经济研究绪论》，乃至主要由批判严、任而发表的刘梦云的《中国经济之性质问题的研究》，伯虎的《中国经济的性质》，刘镜园的《评两本中国经济的著作》和《中国经济的分析及其前途之预测》，……差不多都是 1929 年到 1932 年这几年中发刊的。它们的中心论点在探讨中国经济具有何种性质。王、潘都主张"中国经济是帝国主义侵略下的半殖民地的封建经济"，认定"在中国经济中占优势的，占主要地位的，是半封建经济"而"所谓中国资本主

① 《毛泽东选集》，第 1 卷，第 3 页。

义，所谓中国民族工业，仍处在资本主义初期轻工业的阶段"。这个讲法，当然对帝国主义及他们的附庸：大地主阶级大买办资产阶级没有光彩，或者很为不利，而前述国家主义派和国民党右派那一套辩护的理论，又太落后庸俗下流，不足以在进步的论坛上发生淆惑视听的作用，于是，中国的托派分子就起而援引马克思的个别辞句，以代替马克思主义的基本观点，硬说中国已经是资本主义社会，要对资本家革命。这一来，帝国主义也好，大地主阶级、买办资产阶级也好，就不是我们的革命对象了。这是王、潘的意见很快就引起托派分子严、任等反对的根本原因。严、任认定中国经济是资本主义的，作为其理论前提的论点，是把小商品生产与资本主义的商品生产一同看待，是把外人在华资本与中国民族资本一同看待；既然中国人的小企业，外国人的大企业，"仅仅存在数量的差别，而没有质量上的差别，两者都是代表资本主义的势力……"（严）；"既然在中国境内的华洋两种资本主义，是当作统一中国经济看待的，那么，帝国主义在华的银行、工厂、商店、矿山、轮船及铁道资本等，再加上土著资本主义银行、工厂、商店、矿山、轮船、铁道等，就足以压倒封建经济，而支配全国生活"（任），所以，"中国已达到了革命前俄国的经济基础"。刘镜园尽管大体上站在严、任同一的立场，但却觉得把中国经济遽以资本主义经济目之，似乎过火了一点，于是打一折扣，提出"落后资本主义"的名目来。中国经济性质的论争，虽不曾到此终结，但显然在这里告一段落，即结束了我所谓的第一个研究阶段。

在这一个阶段研究的最大收获，就社会实践上讲，已把革命的与反革命的政治目的，明白显露出来了，而在理论上讲，则与其说是解决了问题，毋宁说是提出了问题。探究中国经济的性质，这已经可以说是科学研究的起点。我们今日把那时有关中国经济的论文翻读一遍，无疑会发现出许多肤浅而不着边际的议论，就是当时提出了迄今还视为相当健全的命题的所谓新思潮派（何干之在《中国社会性质问题论战》一书中称王学文等为新思潮派）所强调的"中国经济是帝国主义侵略下的半殖民地的封建经济"等等，那同我们今日大家大体一致首肯的"半殖民地的半封建的经济"，虽只不过是文字表现上略有区别，可是，站在理论研究的立场上，我在此着意的，毋宁是他们研究出他们那种命题，或支持他们的论点，所采取的方法。不论是他们抑是他们的反对者，都似乎只在"资本主义"、"民族资本"、"半殖民地"及"封建经济"一类名词上反复作注脚式的说明，分别撷拾一些中国经济上的表象，拿来与名词相比合。结局，大家彼此虽在要求研究中国经济的本质，而从他们的种种论断中显出来的，却不过是那种本质的极暧昧，极闪烁不定的片断；并且，他们的考察，还大体是局限在都市产业方面：或从消极观点，断定其尚是封建经济占优势的资本主义初期阶段；或从积极观点，断定其已发展扩大到支配全经济生活的资本主义阶段，至若作为都市产业依存基础的广大农村经济，是不大为他们所注意的，因为他们用以诠释中国经济性质的方法，还不允许他们把研究拓展深入到这个视野。

（三）第二个研究阶段的两种基本对立的见解

第二个研究阶段是指抗日战争发生前数年，即1933年到1937年这个期间。

这个研究阶段紧接着前一阶段把前一阶段提出的问题，在前一阶段研究的基础上，作更进一步的探讨。如其说，前一阶段研究的视野，大体局限在都市经济方面，这一阶段研究的重点，就大体移到了农村经济方面。和前一阶段比较，这一阶段的研究，应当说是更接近了中国经济的本质，同时也更接近了中国经济本质研究的方法论。

为什么时间相隔不久，研究上就有这种进步呢？我们原不忽视"九一八"事变前后这些年间，正是新兴社会科学在中国学术界以快速步调传扬的期间，而苏联及日本社会科学者对于中国经济，中国社会性质的研究，更益以中外学术研究机关，和社会事业机关，如中央研究院、北平社会调查所、金陵大学、华洋义赈会等所作的种种农村经济调查，显然皆有助于我们在研究上采行更深入的步骤。较早的广东省农业调查报告，至1929年才全部出版；马扎尔（L. Madjar）的《中国农村经济研究大纲》亦是同年草成，于1931年译成中文；中央研究院和北平社会调查所的调查工作，系开始于1930年，而于此后数年中，连续发表其调查研究结果；布克（J. L. Buck）的《中国农业经济》亦系1930年出版。所有这些调查研究，以及社会科学理论研究著作的翻译介绍，都只能说是我们这一研究阶段的主观条件方面的准备工作，我这里还需要进一步说明当时的客观情势。

1929年以后的战后世界大恐慌爆发以后，中国在事实上已变成了世界各资本主义国家采用倾销政策的理想园地，益以国内政情的动荡，战祸与天灾的频仍以及日本帝国主义侵略的一步一步地加紧，殖民地化范围的扩大，致使前此在第一次大战过程中因利乘便发展起来的一点民族工业，如纺织业、面粉业、火柴业等，相继陷于绝境；而当时由农村动乱，由金融集中到若干特殊大都市，所变态兴盛起来的银行资本，遂相率把它们的活动对象，由都市移到农村。"复兴农村"的口号是由此提出来的。由原始积累方法从农村汇集到都市的资金，俨然要由农村贷款的方式，回流到农村去。此即所谓"资金下乡"。这种"下乡运动"是 1933 年开始的。我们试一回忆当时正是处在十年内战过程中的情况，自然容易理解到资金下乡运动，还包含有借此缓和或阻遏农民全面起义的政治目的。农村在实践上被人们特别垂顾的时候，它在理论上也是必然会成为人们考察的对象的。

在当时，对农村经济的研究，主要是集中在两个定期刊物上，其一是由邓飞黄主编的《中国经济》，其一是中国农村经济研究会发行的《中国农村》。集中在前一刊物中讨论农村经济问题的是王宜昌、王疑今、王景波、张志澄等，集中在后一刊物上讨论同一问题的是孙冶方、钱俊瑞、薛暮桥、陶直夫等。而在农村经济研究上表现了正确见解的陈翰笙，以及后来参加争论的千家驹都可算在他们一起。我们这里没有充分篇幅指出他们各别的题目与论点，在大体上，他们这两个壁垒，分别与前一研究阶段上呈现的两个壁垒，保有相当渊源上的联系，前一个壁垒中的研究者，如王宜昌等，与上述严、任等是采取同一立场，即认定中国农村经济商品化的程度颇高，不但农产物，就连农村劳动力，也商品化得可观了，中国农村经济已大体是资本主义的了；后一个壁垒中的研究者如孙冶方等，却又在相当修正的立场上，接受了王、潘强调中国尚是封建主义占着优势的说法。他们相互的辩驳，不仅把理论拓展到了研究的方法论上，拓展到了规定一个社会性质的生产力与生产关系的研究上，并且就小农、就商品、就雇佣劳动、就原始市场等特定经济范畴，予以较深入的探究。应当说，这阶段的研究，仍是由站在反帝反封建立场的方面，在前一阶段研究基础上，引到较深入境地的。反对派方面的意见，为了反革命的实践，也就不能不亦步亦趋了。

所以，这一次论争的内容与方法，显然是进步多了。但美中不足的是，他们对于方法论的论难，仿佛是在所研究的对象的中国经济、中国农村经济以外来进行，而所论难的有关农业上的诸经济范畴，又仿佛各自孤立着，而没有全部系统的连贯起来。

我们对于中国经济的研究，需要再进一步，通过一种严密的方法论把由都市到农村的全般经济现象统合在一个体系之下，显示出其基本诸运动规律及发展倾向。

这是留待我们在中国经济研究第三个阶段应做的事。

(四) 第三个研究阶段的两种基本对立的见解

第三个研究阶段，即由 1937 年"七七"抗战起到抗战结束后的若干年间，与前两个阶段的时期比较起来，宁是相当的长了。到眼下为止，主观上客观上便利我们这种研究的条件，确不算少了。如在主观条件方面，前两个阶段的研究成果，都可供我们进一步研究的参证。在客观条件方面，战争愈向前发展，我们原有的一点新式产业基础，愈无法保持；同时，一向被我们沿海都市方面的作者专家视为已经资本主义化了的大后方，又无所掩遮的暴露出了它的实相。而万分苦恼着我们的落后诸经济活动，如商业资本、高利贷资本及土地资本的活动，更逼着我们不再能获有否认封建传统经济成分占着优势的口实。尤其不再能获有帝国主义不是中国人民的死敌的口实，现实把认识变单纯了。我们在战时没有在中国经济研究的论坛上，发现前两研究阶段那样全面针锋相对的论争，但论争还是继续着，只是论争的方式和人物有些不一样了。是的，战时不利于中国经济研究的诸种因素，显然在极有力的作用着。比如，战时的研究工作因为受人力物力及其他种种限制的关系，一般是难得展开的。我们知道，战前许多关于中国经济研究有相当历史的刊物，如《中国农村》、《中国经济》、《食货》等等，都相继停刊了。然而，中国的事，毕竟有许多是不能一概而论的。一般有研究价值的刊物或出版物，尽管因了战时的限制，无法继续支持，但在另一方面，却又像有丝毫不受战时人力物力限制的出版情形存在着：战时有关经济研究的刊物，直如雨后春笋般丛生起来。每个有关经济的机关，如银行、财政、合作、税务、专卖、工矿、水利、农林、商业，殆莫不有它们的代表刊物，那些刊物包括《财政评论》、《经济汇报》、《金融知识》等在内，都有一个显而易见的共同特征，就是其中的有关中国财政经济的文字，不论是论述的，抑是提案的，一律在行所无事地把中国经济和现代其他先进国经济一视同仁加以处理。在这一点上，他们比之前两研究阶段的那些托派分子，还要显得坚决而彻底，因为托派分子还只是断断争辩着说中国是资本主义社会，他们这些资产阶级的经济学者，却干脆认为是不容置辩的事实了。是的，在前两个阶段，他们已经是这样作的，但当时的进步论坛没有触到他们，正如同他们没有触到进步论坛一样，彼此都有些隔膜。他们对于马克思主义学说完全无知，而马克思主义学说的研究者，也不习惯去理会他们所宗师的那一套没有一点历史观念的庸俗而反动的奥地利学派的经济学说。不过，到了我们这里所指称的第三个研究阶段的抗战期间，情形有些异样了：一方面，日本帝国主义乃至后来美帝国主义把中国变为殖民地的露骨表现，和我们抗战期间愈到后方，愈益显得无可掩饰的大地主阶级和买办阶级的狼狈为奸的丑恶统治形态，已经使得论争中国社会是否半封建半殖民地经济支配的社会的问题，变得没有意义了；另一方面，前此把马克思主义作为幌子来为中国大地主阶级买办资产阶级乃至为帝国主义服务的托派分子，在革命与反革命的火热的实践斗争过程中，有的人已经由公开论坛取得了"政治资本"，相率到黑暗角落里去做文化特务了。在这样的情况下，在帝国主义和买办资产阶级为了对抗日益壮大的革命势力，为了防止危险思想蔓延渗透和弥缝政治漏洞，急需加强思想斗争的情况下，资产阶级经济学者只好自告奋勇了。但是，他们既没有托派分子那一套以马克思的词句来反对马克思主义论点的本领，而当前破碎支离百孔千疮的政治经济局面，也确实叫他们找不出多少理由多少证据来为这样的"资本主义经济形态"辩护了。资产阶级的经济学者毕竟是有"教养"的，他们由"急需产出知慧"，大家不约而同地在前述那些官方刊物上，不从正面来宣扬中国资本主义经济的"美点"，却从反面来论证中国资本主义经济的弱点，这一来，就不但可以遮羞和掩盖破绽百出的丑态，同时还可以借此抵制反帝反封建的立论依据。他们分别举述中国资本主义经济没有好好痛快发展起来的理由，我从那些官方半官方刊物上搜集归纳一下，有以下半打：

1. 从自然观点来说明我国经济的先天缺憾，那就是一反一向"地大物博"的宣传，转到"地大而物不博"的谬论，说是现代经济所需要的铁，煤，石油等矿藏，我们都付缺如，这就不但是受了当时日本帝国主义占领去了我们东北华北矿藏资源产地的影响，还中了"日本工业中国农业"宣传的毒，并还受了美帝国主义不乐意开发中国矿藏的骗。

2. 从技术观点来说明我国经济发展的方向，那就是强调中国技术条件差，技术条件不够，以为非从这方面努力，就不足以克服重重的经济难关。这是李鸿章张之洞那些洋务派的传统见解，但到了抗战前后期间，尽管当权的丑恶统治阶级在用各种对内对外的政策措施来妨阻技术改进，工业发展，他们却行所无事地大搞其国民经济建设运动，并从美帝国主义那里请来各种技术考察团，表示中国所需的就是技术革新，并不是什么社会生产关系改革。不少的学者政客这样高谈阔论着。

3. 从资本观点来说明我国经济没有好好发展的原因，那是沿着技术观点考虑必然要引出来的结论。如其技术被理解为机器，机器就要被理解为资本，更进一步，资本再被理解为赋税，公债，外债，结果，说资本不够或缺乏，就是意味着更多的聚敛勒索，更多的出卖国家权益的对外借款。所以，各种国民收入理论，用之于民就无妨取之于民的赋税理论，外债能亡国亦能救国的理论……就或隐或显地在表示四大家族的欲壑该是如何没有限制！他们的利益的代言者，该是如何没有一点经济常识或者没有起码的一点羞恶心。

4. 从人口观点来说明我国社会贫困和动乱的必然，这比前三说是还要动听，还要投合眼前对外对内战争频发的时景的。许多经济学者社会学者历史学者乃至自然科学者都对此发表了不少高论，但他们有一个共同点，就是根据马尔萨斯的原理，表示当前的抗战内战以及由战争引起的饥饿死亡，正好是为了要借此消灭去多余或过剩的人口，有的学者甚至还从此发现了积极意义，即是人口如死一半，剩下的人口的生活就要提高一倍，多么"精确"的统计啊![①]

5. 从土地观点来说明我国经济必须改革的途径，这是抗战快要结束，特别是蒋王朝的统治快要结束的时候，从统治阶级内部发出的挽救危亡的呼声。自中山先生死后，他的平均地权，他的使耕者有其田的主张，就被视为具文，有谁要强调这方面的问题，便认为是替共产党宣传，等到各种好话讲尽了，依上面那些买办资产阶级学者的观点提出的药方和口实，都在铁的事实前面证明是无补时艰的谰言了，一部分国民党人乃至附庸国民党的民社党徒，最后甚至青年党徒，也侃侃而谈土地问题，他们共同的目的，由民社党的机关刊物《再生周刊》和盘托出了："今天反抗者手头下的那张底牌，最大的点子，不过是'土地革命'而已；予反抗者以反抗，发行土地债券；实行累进地价税，没收超额土地，使之'国营或公营'，'忍受小牺牲，偷对手的拳头'，'失了一些，总比统统失尽好'。"这是三位一体的政党的如意算盘，只可惜打得太迟了一点，"对手的拳头"没有"偷"着，还是"统统失尽"了。

6. 从"社会主义"的观点，来说明我国经济的革新之路，就在在

---

① 直到解放战争快在大陆全部结束的 1950 年，有的学者还高兴地引为骄傲地发现了中国也有马尔萨斯，并且中国马尔萨斯——清代的洪亮吉的有关人口理论的著作的发表，还比马尔萨斯的《人口论》（1798 年）早了 5 年，该是多么光荣啊！见罗尔纲撰《太平天国革命前的人口压迫问题》，见中央研究院社会科学研究所《中国社会经济史集刊》。

朝诸政党也动员它们的代言者或机关刊物侈谈土地问题的当时，带几分天真傻气又还夹杂一些狡诈成分的学者政客们，更进一步，要"来一个社会主义竞赛"了。一时提出了各种社会主义名色："和平社会主义"，"自由社会主义"，"改良社会主义"，"中庸社会主义"，"和平民主社会主义"，"自由民主社会主义"，……到了1948年初，已经达到了社会主义声浪的最高潮，倡议的人，种种色色，记者，政论家，官僚，政客，军人，特别是大学教授。继中央政治大学的99教授的时局宣言之后，又是南京47教授的改革宣言，又是100教授的策进号召。究竟是时代进步"大家有些左倾了"，还是"鸟之将死其鸣也哀"呢!？

仔细剖析上面这半打高见，是今后社会经济思想史家要做的工作，我这里只须指出一点，就是它们都不过是在这一研究阶段，依不同具体情况，为维护封建买办官僚权益，为维护帝国主义权益，所作的一些辩解或自我嘲弄的谬论罢了。事实上，在这同一阶段，以蒋介石的名义发表的《中国之命运》和《中国国家经济学》，也无非就是糅杂着这样一些观点写成的货色。然而谁都知道那都是有的放矢的。

1939年冬毛主席在延安发表了《中国革命与中国共产党》；其中在"中国社会"部分，概括扼要地叙述了中国几千年来的社会性质以及现代殖民地半殖民地半封建的社会性质，而接着在"中国革命"部分，把百年来的革命运动过程，中国革命的对象、任务，及其动力，全面作了分析，中国革命的性质，是在革命对象、任务和动力都明确了之后，才科学地确定了的；那是要"完成中国资产阶级民主主义革命（新民主主义革命）并准备在一切必要条件具备的时候把它转变到社会主义革命阶段上去! 这就是中国共产党光荣的伟大的全部革命任务。"[①] 而在这里明确提出的中国革命性质及其双重任务的观点，到了1941年1月写作的《新民主主义论》中更加全面透辟地发展了。这两部经典性的论著，大大地教育鼓舞了革命干部和全国人民，祛除了大家对于革命前途，革命往何处去的疑难瞻顾的情绪，明确了方向，增加了信心。特别是叫那些憎恨蒋王朝统治，有些向往革命，但却又惧怕自己没有前途的民族工商业者，在思想上找到了出路。和这种正面的宣传教育相配合，给统治阶级假面目全面彻底揭露的《中国四大家族》的一类论著的出现，就使得蒋介石的四大家族的王朝，有从各方面动员思想界来掩饰缺点破绽，

---

① 《毛泽东选集》，第2卷，第622页。

转移视线，淆惑听闻的必要。什么讲法都可以，甚至强调土地问题，直至强调"社会主义"也在所不惜，只要箭头不针对着半封建半殖民地的大封建地主买办官僚和他们的主子美帝国主义。——这就是上面那半打中国社会经济观被先后提出的内情。

这个研究阶段的两条战线，不是像前两阶段那样，针锋相对地，集中地出现在一个论坛上；革命与反革命斗争的尖锐化，特别是革命势力的发展，已不容许过于露骨的反对的理论在官方统治的论坛上自由发表，但尽管如此，在全国范围内，两条战线的斗争，却是非常激越，壁垒非常分明，并和前两阶段的论争紧密联接着的。

三　中国半封建半殖民地经济之科学研究的重大历史意义及其研究方法

从上面的说明，我们很容易明了：中国半封建半殖民地经济的研究，愈来愈使我们对它有进一步的认识，但在研究的过程中，正面的认识，固然在逐渐明朗化，而反对方面的意见，亦相伴着实践上的诸般错综复杂关系，在有意无意的向着更深一层或更有烟幕性的境地展拓。这就是说，随着认识的增进，随着研究视野的开展，我们对于这种经济形态研究的意义，也仿佛觉得更加重要起来，因而就有必要好好明确一下它的研究方法。下面将从这两方面来分别说明。

(一) 这种科学研究在理论和实践上的重大意义[①]

首先从理论方面来讲罢。

从 19 世纪末叶起，经济学的研究，已由狭义的，逐渐推移到广义的了，狭义的经济学是以现代资本主义社会的商品货币经济为研究对象，而所谓广义经济学，则是以包括资本制社会在内的一切社会的经济形态为研究对象。经过了半世纪以上的时间，虽然广义经济学已经有了不少的研究成果，但它全部的研究成果，还只能保证广义经济学这门新兴学问或新兴科学可能成立的根基，距离它的圆满完成，其间还有一个相当长、相当曲折的历程。这是为什么呢？说来是颇不简单的。

人类社会有许多历史时期。每个历史时期都有它不同于其他历史时

---

① 编者按：本节内容与中国经济学部分所收的《关于中国经济学建立之可能与必要的问题》一文的内容基本相同。

期的社会经济基础；或者换一个说法，不同的历史时期，是由它们各别
不同的社会经济制度或经济结构来区别的。目前最为一般人所公然主张
或默认的诸历史时期，不是旧历史家用古代的、中世的、近代的，那一
类时间上的形容词来表现的区划，那太含糊、笼统，不合科学的绳墨
了。原始社会时代、奴隶社会时代、封建社会时代、资本制社会时代、
社会主义时代，这个分法，虽然还有少数的社会经济学者，对其最初那
个原始时代，乃至奴隶制与表现封建实质的农奴制间的关联，还有不大
释然的地方，或者还提出了异议，但其他已为一般所公认。好了，人类
社会发展的诸历史时期，既然大体不出上述这五个阶段，那么，以一切
历史时期之社会经济为研究对象的广义经济学，就显然是要研究这各别
历史时期之社会经济变动的基本规律，现在，我在这里不是要指明那些
规律是什么，而是要指明与我这里研究有关的一件基本事实，那就是：
各相续历史时期发展的总动向。第一显著的，当然是我们可以诉之常识
而判断的，由简单到复杂，但我们还需要从那种发展历程中，找出有助
于科学说明的一个论据，即人类社会在愈早的历史时代，他们为维持生
存，克服自然所表现的社会劳动生产力，愈益薄弱。这种论断如其不太
远于事实，那么，说人类社会愈在早期的阶段，他们的社会活动，愈会
受制于自然条件，他们的社会，哪怕是处在同一历史阶段，愈会显示出
各别的特殊性。反过来说，如其社会愈发达到现代这个历史阶段，它的
社会劳动生产力，将愈来愈大，愈有力克服气候、地形、人种，以及其
他种种自然因素的特殊性。根据这正反两面的推论，我们就似乎可以大
胆作出这样的结论，说社会劳动生产力较大的甲国资本主义社会与乙国
资本主义社会间所表现的差殊性，要比社会劳动生产力较小的甲国封建
社会与乙国封建社会间所表现的差殊性为小，或者说，两资本主义社会
的国家间所表现的一致性或一般性，要比两封建制国家间所表现的一致
性或一般性为大。更具体的说，美国的资本主义与英国的资本主义，乃
至与远东日本资本主义间的差殊性，是没有欧洲封建制与东方封建制间
的差殊性那么大的。在另一方面，希腊、罗马社会的奴隶经济形态，依
据我的推论，本质上，与东方奴隶经济形态的差殊性，是可能较之东、
西封建经济形态间的差殊性更大的。这就是说，进步的生产力，缩小了
诸社会或诸国家间的距离。资本主义的进步的生产力，曾经使世界的一
致性增大。大家看了这段话，也许有些觉得新奇。但这并不是我个人的
发明，我不过将现代经济史学者们关于这方面分别表示的零碎见解，加

以系统的说明罢了。

然则，上面这个像是新的意见的提出，同我们这里研究的问题，究有什么关联呢？那首先叫我们明了：广义经济学，其所以不很容易完成，就因为它的研究，不仅以资本主义经济为研究对象，还以资本主义以前以后的诸种经济为研究对象。资本制以后的社会且不必说，资本制以前诸历史时代，既是愈向着过去，其各别民族国家，在同一社会史阶段所表现的差殊性愈大，则资本制以前诸社会阶段的经济事象，虽然愈来愈简单，但因为要就这些愈来愈在各不同地理环境或自然条件下表现着极大差殊性的同一历史阶段的诸社会经济事象，研究出其一般的共同的规律，是不免愈来愈觉困难的。比方说，全世界的封建制的包括最一般的若干基本命题、基本规律，虽然大体建立起来了；但单单那几个基本命题或规律，是还不够充实广义经济学有关这一历史时代之社会经济现实的说明的。中国的封建经济型，在世界一般的封建制中，显出了极大的特点，而况，这个型的封建经济，还在这样大的领土上，经历过这样长的悠久岁月。如把中国这种封建制的原型，及其在现代掺杂进的混合物，加以较详尽的研究，那对于广义经济学的贡献和充实，是有极大的意义的。"在落后的农业的半封建的中国，其客观条件是怎样呢？……封建制，一般都是以农业生活与自然经济为基础的。但中国农民之受封建榨取之源泉，却是一种复杂的形态"（《列宁全集》，卷20，参见吕著《中国原始社会史》，第86页）。对于这"复杂形态"的理解，我们可以从下面这一段话中，得到一些启示性的说明：

"由于历史条件不同，在商品经济不发达的国家中，发展的地方也颇不一致。这些未崩溃的封地，一旦与先进资本主义国家接触以后，立刻发生了市场的关系。于是以市场为目标的生产，就在力役劳动的复活中，在农奴制的再版中，生长起来。采用农奴制的封地，与早期资本主义关系相结合，并不是进步的表现。这种结合，只是证明了资本主义落后和农奴制再版的国家的经济生产的停滞性和落后性而已（例如俄、德、波、罗）"。这是苏联学者莱哈尔德在其所著《前资本主义社会史》中关于俄、德、波、罗诸国在十八九世纪开始接触资本主义以后所发生的复杂经济状态。但这种说明，虽可帮助我们理解中国经济的实质，却颇不够；虽可能大有助于所谓广义经济学的建立，但如其对中国经济作了系统的科学的研究，那就不但广义经济学，就是经济史学，亦将展开一个新的篇章。

　　本来，理论上每一度新的成果，都将大有助于整个世界经济的新的实践，但我们在这里却得鞭辟近里地看中国经济的科学研究，该是如何为我们经济改造实践所期待。

　　大家试想：中国讲"维新"，讲"改革"，讲"建设"，是同西欧资本主义国家势力接触不久以后就正式开始的。曾国藩、李鸿章们，一把太平天国的革命运动镇压之后，就于 1862 年仿照外国的方法，建立有关军需品的制造厂，中经张之洞一般人的提倡，到后来亦为一般所提倡。但经历一世纪四分之三的长期岁月，我们社会在外形上像是有些改变了，并且那些改变，似与"维新"、"改革"的要求无大关联，甚且是反乎那种要求的，结局，我们的社会在骨子里，还顽固的保持几千年的传统。这原因，将如何去分析呢？外力的束缚当然是大家可以不假思索而举出的答案。但我们稍读一点近代史，便知道除英、法这两个国家外，一切较后发达的近代国家，如像德、美、日、俄等等，它们向着现代的路上走，都曾受到外力的压制，所以，把这种维新无效，改革无成的责任，完全诿诸外力，似乎不尽切合事实。本来，叫压迫束缚我们的外力，多担当一点责任，并也不是一件怎样说不过去的事，但最可虑的是，这样一种想法或认识，会妨碍我们去反省去探究那种阻碍现代化进行的其他较基本的或与外力同样重要的原因。旁的我们暂且不说，从将近一个世纪以来的我们革新实践上，已不难想到我们国人无论在朝在野、在政论上、在学术论坛上，对于我们国家需要变革的途径，似乎都没有明确的把握着。自然，在这当中，我们应特别提出孙中山先生的平均地权和耕者有其田的民生主义原理，那确实比较正确地把那种途径指明了，并且那种原理及其政策的提出，特别是后来的联俄联共和扶助工农的三大政策的提出，已很明显的证示过去的维新，过去的变革，如以开设工厂修造铁路、建造轮船为内容的维新和变革，根本就未触到我们社会需要维新变革的痛处。然则孙中山先生的主张，已经提出了相当长久，为什么还不会脱却那种主张的阐扬的阶段呢？其中原因当然很多，但我这里却只须指明与我们所研究的问题有关的一点，那就是民生主义的提出，并没有把改革的主体和对象交代明白，并不是根据唯物史观的科学论据，并不曾科学地就中国封建制度的特点，来讲明其所以必须用这种主义主张来改革的道理，因此，在民生主义提出以前障碍着李鸿章、张之洞一流人物之革新意识的中国社会经济形态，恐怕在某种程度，也在民生主义提出以后，还障碍着那些政论家和经济建设论者们。

换句话说，就是由于中国过去封建经济，对其他国家表现了极大的特殊，即其他国家的封建基础，是建立在领主经济之上，土地不得自由买卖，与土地相联系的劳力，不得自由移动，中国的封建基础，是建立在地主经济之上，土地大体得自由买卖，劳力大体亦得自由移转，土地与劳力或劳动力的自由变卖移转，是资本制的商品经济所要求的基本前提。因为在资本制的社会，一切人的因素，物的因素，是都要被要求着商品化的，假使其中任何一种因素，不论是物的，抑是人的，其买进卖出受着制度的限制，不能自由移转，那就不但从事任何产业经营，无法积累到大量的资金或大量的劳力，那种经营的产品，也就无法计算出价值，也因此故，无法计算出真正的利润，对于地租、工资等等，都无法成就现代的形态。每个现代国家在开始现代化的当时，殆莫不经历一种从封建解放土地，解放劳力的土地改革，并且，还依照它们各别改革土地的彻底程度，决定它们后来资本制发展的进步程度。在各国如此，其在中国，就有点使人想不通的蹊跷地方了。如前面所说，中国的土地与劳力，在中国的特殊封建制度下，既然一向是自由移转的，于是在理论逻辑上，中国要走上资本主义之路，就似乎无须乎经过他国所曾分别经过的土地改革。莫说中国人不懂得科学，不懂得理论逻辑，他们，李鸿章、张之洞以及其他后来大大小小的李鸿章、张之洞之流，就像很敏感的，依据这种想法，企图让中国旧社会制度原封不动，而在它的上面，建立起他们所期待的现代经济秩序来。中国托派分子及资产阶级经济学者强调中国半封建半殖民地经济为资本主义商品经济；把他们为帝国主义及买办官僚封建地主服务的反革命实践，暂置不论，那至少有一部分原因，是由于中国过去封建制的烟幕性太大，明明是封建的，却从土地及劳力的自由移转的外观上，显出现代资本制的姿态来，如其说客观存在的事实，不能为我们分担错误的责任，归根结底就要求我们对于中国社会经济作一些科学的研究，真正科学的研究，是不能凭外观的现象来下判断的。

中国封建制上的那种土地劳力自由，是中国封建制较特殊的地方，也是它比之其他各国的封建制，较为进步的地方。可是，它从这里所表现出的自由，不仅对资本制所要求的自由，有极大的距离，在本质上，甚且可以说不是资本制所要求的那种自由，就因此故，它的进步性，至多，也只是就封建制来说的，而绝不是就资本制来说的。惟其它虽较为进步，在本质上仍是封建的，它就在那种自由的外观下，隐蔽着许多妨阻资本制发生发展的实质。实质究何所指，后面是有机会谈到的，就资本主义侵入以后中国现代社会来说，那已大体体现在毛主席的《中国社会各阶级的分析》中。往后的《新民主主义论》以至解放之初发表的《人民民主专政》，显然是沿着科学的阶级分析来的。我们由此想到，假使像《中国社会各阶级的分析》以及《湖南农民运动考察报告》这类具体分析中国社会特质的科学论著，在大革命以后的那段时间，有了较广泛的传播机会，那就不仅我们前面提到的三个研究阶段的研究内容要发生极大的变化，恐怕这个期间的革命斗争实践，也另是一个面貌。

革命理论对于革命实践的指导作用，该是如何重要啊。

（二）这种科学研究应依据的几种科学及其应采用的研究方法

先讲这种研究，所应依据的几种科学。

我在前面的说明，似乎已经多少暗示出了对于中国经济的研究，所应依据的那几门科学。本来，无论从事那一方面的科学研究，都不免要直接间接涉及许许多多的科学知识的领域，可是我提出这个问题来研讨的意旨，如其仅只如此，那又变成了不十分必要的冗谈。

中国经济研究到了现阶段，按照晚近新兴科学给予我们的宝贵启示，按照我们社会实践上的紧迫要求，它是可能应该有较大的成就的。对于以往一切阻碍我们对于中国经济性质明确认识的诸般观念上的尘雾的清除，亦应该是有较大效果的。而现在我们的研究，其所以还在许多方面，许多场合，落在革命实践之后，那在肯定物质利害关系作祟之外，还得归因于一般人看轻了中国这种经济形态研究的准备工作。我现在且不忙解说研究中国这种经济形态，应有如何的准备，并如何去准备，且先就我个人认为在从事那种研究当中，至少应相当透彻了解的以次三种科学，分别来述其究竟。

（1）政治经济学。我们研究中国这种经济形态应依据政治经济学，依据一般经济原则及其诸般研究结论，那差不多是不言而喻的事。在实际上，研究政治经济学，也就是通过政治经济学，来间接求得政治经济学上所体现着的诸般经济事象的理解。比如，我们研究亚当·斯密或李嘉图的经济理论，同时正好是在研究他们那些理论所依以展开的英国十八九世纪之交的经济现实。不过，经济理论毕竟是由诸般具体经济事象抽象了的一般的概括，它尽管在如何贴切的反映着经济现实，我们主要还是拿它的研究结论或基本概念，去认识，或者去辨识有关的经济事象。

但这里会发生一个问题，即我们拿英国资本主义的规律或经济学，去解说或证验一般资本主义经济，那是有它的妥当性的。如像中国这样尚未完全资本主义化，或是尚保存着浓厚的前资本主义因素的经济形态，如其依上述资本主义的经济规律来说明，那不是凿枘不入么？是的，假如用资本主义经济学或经济规律来研究中国经济，即使不能全部适用，至少总有一部分或者资本主义化了的那一部分适用；即使不能完全从正面来确证其是什么，至少总可从反面来说明其不是些什么。这即是说，资本主义经济学，至少总可在某种限度，有助于我们对于中国经济的理解。

然而问题是不能这样机械地来求得解决的。

以资本主义为对象的经济学，亦并不是具有同一的内容。所谓至少一部分有助于中国经济理解的经济学，只能限于前期的资本意识形态。那时资本阶级还是站在生产者的立场，还是站在对传统封建求解放求自由的革新者的立场的；照应着这种事实，当时的经济理论，可能充分反映着资本主义的基本动态，并且也可能部分地用以说明我们中国这种处在资本发生期中的经济实质。然而过此以往的，在资本主义后期出现的所谓流俗的经济学，它就不但不能拿来证验或解析我们这种社会的复杂的经济形态，甚且不能成为它所因以产生的社会的经济事象的反映，反而成为掩盖其实质，其基本动态的烟幕。因为把资本社会的根本危机如实暴露出来，那不是现阶段的资本家所期待于他们经济学家的。

流俗经济学的集大成，是所谓奥地利学派的经济理论；而在晚近盛极一时的，在世界经济愈陷于困厄，陷于衰落，反而愈显得活跃而繁昌的，也是这个奥地利学派的经济理论。资本家世界，在本国需要利用这所谓有闲的消费的金利生活者的经济学，以掩饰其现实，在其所寄生托命的落后地带，尤需要利用这种经济学，一方面不让落后地带拆穿了它的西洋景，同时更不让落后地带看出自己困厄的症结。如其说，启蒙的古典的社会经济意识的输出，是先进资本社会在商品输出时代的"天真"，则反动的极端保守的社会的经济的意识的输出，就是它在资本输出时代的"矫饰"，我们社会所输入的经济学，恰好就是这种庸俗透顶的东西。随着半殖民地地位的加深，我们"买办的"经济学也愈来愈失去了前几十年的变法图富强的"火气"，而像炉火纯青似的安于现状，不时仅哼出一些不着边际的建设语辞以敷衍场面了。这说明我们已深深的中了这所谓消费经济理论的毒，它在我们对于自己的经济认识上，仍在施放着浓密的烟雾。

但尽管如此，如前面所说，我们社会或经济界的另一视野，却又在不绝扫除那种烟雾，而增加对于中国经济的认识。这原因，单就经济学方面讲，就是我们研究中国这种经济形态，已经逐渐知道需要把带有进步性的批判性的经济学，去代替那种保守的缺乏历史性格的有闲阶级经济学了。

然则这种批判性的经济学，即马克思主义经济学为什么特别有助于中国这种经济形态的研究呢？那有以次几种原由：第一，我们知道，批判经济学本身，就在某种限度，继承有古典经济理论，后者不但包含着资本主义的基本经济规律，可以帮助我们理解资本主义经济本身，而还因其是建立在资本主义前期，又可以帮助我们理解资本主义所由成长的历程及其遭遇；第二，批判经济学是把资本主义发展的历史及其反映的经济学说，作为研究批判对象；资本主义临到转型期必然加强帝国主义侵略，且必然以落后地带人民为牺牲的诸般经济定律，是批判经济学最生动最富有警惕性的内容，应用它来究明我们中国经济的实质，那是决不会陷在文化侵略意识所设的迷阵中的；最后第三，批判经济学彻头彻尾贯透着新伦理学的神髓，新伦理学对于社会事象的发展演变，特别强调质变，强调否定的契机。即是说，有了这种哲学精神的批判经济学，它随时会指点我们：一个社会的旧的基本生产诸关系未经过质变，未被否定，任何革新的或者有进步意义的经济技术条件的"输入"，都不易生起根来。

不过，批判经济学对于中国经济的研究，虽有上述这种种启迪作用，但并不是如一般人所想象的，我们知道了若干批判经济学的概括公式或术语就行了。机械的公式主义者或机会主义者对于中国经济认识的隔膜，并不比流俗经济学者有很大的距离。如其说，后者尚是行所无事的把中国经济当作资本主义商品经济来处理，前者却引经据典的来说明我们已经是资本的商品经济社会。

批判经济学是比之资产阶级的经济学更高一级的东西，对于它的理解，特别是对于它在实际上的应用，是非经过更洗练的消化不行的。

（2）经济史学。现代经济史学是在经济学成立之后许久才逐渐形成的，严格的讲，是由马克思主义的批判经济学所引出或推导来的。经济学研究对象的资本主义经济，是比较发达的经济形态，我们是在这种经济方面研究出了许多规律，才探知以前社会的经济形态，亦有其规律，并还探知由前一社会经济形态过渡到其次一社会经济形态，亦有其规律。现在许多人尚不曾意识到，或者至少是尚不曾解说到，经济史学与广义经济学的区别，假使我不妨在这里顺便作一解释，则广义经济学所着重的是原理，是各别历史社会的经济规律，而经济史学所着重的则宁是史实及各别历史社会相续转变的经济规律，但在经济史学甫经成立，而广义经济学更还在研究的初期阶段的当中，我们只认定两者有密切的关系，而在这里，只认定它们都有助于落后社会的经济形态之研究就行了，至于单提经济史学，乃是因为它已经成功为一种较完整科学的缘故。

本来，批判经济学就是根据经济的历史观来暴露资本主义经济的运动规律的。其着重点在说明资本主义往何处去，而并不在究明其从何处来；我们对于过渡期的中国经济的研究，却又似乎特别要注意后者，并要注意其前一社会即封建社会的往何处去。在这种要求下，我们的研究一开始，似不能不借鉴或借助于经济史学：第一，经济史学由其历史必然发展阶段的提示，使我们得认知中国经济是处在何种历史发展过程中，它必然具有那些根性，第二，它由其所论证了的一般历史规律，使我们得认知，处在我们这种发展状态或过程中的经济，该会受那些规律所支配，即它该会向着怎样的必然途径开展，第三，它并还为我们说明：历史规律是如何没有历史现实表现得错杂而丰富，它向我们提供出了在同一经济基础上，在同一社会发展阶段上呈现着无限参差不同的经验事象的确证，它指点我们：任何一个社会经历由封建推移到资本的过渡阶段，都可因其当前所遭遇的不同的社会条件，而不必有划一的按图索骥的方式，但它对于我们主观努力的最大"善意"，也只表示经历历史必然发展阶段的时期和苦痛可以缩减，却不允许超越，却不承认旧社会未经否定或扬弃，就可以轻易的让新社会实现出来。

这诸种提示，显然是研究中国这种经济形态的人，最先就得从一般经济史学中体验出来的；而他至少也必须先有了这诸般的体验，才不致把中国经济看成完全可以由自己的意向去矫造，去化装的东西。

（3）中国经济史。中国经济史无疑是由现代新兴经济史学所引出或导来的。它的研究历史还在幼稚期，但即使如此，近数十年来国内外学者努力的结果，却已使我们对中国经济的认识，得到了不知多少便利。本来，我们晚近对于中国社会经济史的研究，最初很可以说是为了满足确定现代中国社会性质的要求，中国社会性质问题的论争，曾导来了中国社会史性质的论争。而在中国社会史性质论争的过程中，就藉着一般经济史学之助，逐渐萌芽发育起来了中国经济史。

由中国社会经济史实与史的发展规律的研究，我们以前对于中国这种经济形态上许多想不到或者想不透的事象，现在都可说明了。比如，有了资本社会外观的地主经济形态、雇佣劳动形态、商业资本形态，有了统制经济外观的各种官办事业的所谓国家经济形态，那对于中国经济的认识曾引起了不少的误解和障碍，自经我们在中国经济史研究过程中，依据一般经济史学所提示的诸种基本规律与概念，而确定那些在本质上都是中国封建经济的特殊性格的具体表现，或在现代资本主义经济影响或作用下的加强表现之后，以往中国经济本身所显示的一些叫人不易捉摸把握的幻象，都逐渐呈现出了本来面目。亦就因此之故，我们研究中国这种经济形态决不能忽视这尚在萌芽成长过程中的中国经济史所可能给予我们的直接间接的帮助。

以次再来说明我们所应采用的几种研究方法。

说对中国这种半封建半殖民地经济研究所应依据的几种科学，事实上已暗示了，或者已限定了我们从事那种研究的方法论的基础，即是说，只有依据唯物辩证法才能把我们那种处在转变过程中的复杂的社会生产关系或经济关系弄个明白。因为唯物辩证法教导了我们一个最可靠的科学真理，就是不管所研究社会经济形态如何复杂如何具有引人入迷或发生错觉的表象，只要透过表象去看它的内部的联系，抓住它的本质，就有可能掌握它的来龙去脉或发展规律。在旧社会的封建生产关系没有根本改变的限内，资本主义的因素很难顺利地发展，而只能变成奇形异状的东西，李鸿章的世系，只能发展成为蒋介石的四大家族。如其说李鸿章是初期的封建买办官僚资本的人格化，蒋介石就只能是大大发展了的封建买办官僚资本的人格化；他们彼此只能是或多或少地依属于帝国主义的附庸，而不能是其他。

可是，我们的买办官僚资本主义，尽管是建立在逐渐解体的封建生产关系的基础之上，尽管是靠着野蛮残酷的原始积累而取得其迅速膨大的营养，但其剥削榨取过程和集中过程，如果仍在封建生产关系范围来说明它，是行不通的。这是关系我们的半封建半殖民地经济，应当安排在怎样一种体系中来研究的问题；对于资本主义经济，已经有马克思的《资本论》提供我们一个完整而科学的研究体系，但这个体系是不适用于封建社会经济形态的，因为在封建社会，有关地租或租佃的生产关系，是说明全部经济活动的出发点或基础，正如同利润在资本主义社会，是说明全部经济活动的出发点或基础一样。可是，到现在为止，以地租或租佃的生产关系为出发点为中心的有关封建社会经济的经济学体系，还没有建立起来，并且，就是建立起来了，也不能机械地应用它来说明中国现代的封建生产关系，因为我们现代的封建生产关系，毕竟已在解体过程中，毕竟只是作为原始积累的基础，大小封建地主，封建军阀，还不仅是大买办大官僚或四大家族的附庸，并还是帝国主义的爪牙。封建关系买办化了，买办资本活动也体现着封建剥削的特质。对于这样一种经济构成，该当怎样安排它的各种经济范畴的叙述次第呢？我觉得，透过各种带有资本主义外观的表象去把握它的本质，即是，大体依照资本主义的那个体系来分别论证它的那些经济范畴规律的非资本主义性质，由它的不是什么而确定其是什么。确定其相互间的依属关系和发展演变规律，虽然迂回一些，毕竟还算是可循的途径。但采用这样的体系，就需要借助于比较的、全面的和发展的研究方法，才能把我们这种经济形态的特质及其特殊规律揭露出来。

（1）比较的研究法。这是普通一般在任何场合研究所采用的方法，但这里在运用上却赋予有比普通一般更深的意义。

对于中国经济的研究，或者，对于包含在中国经济中的各别形态的研究，我们为什么不直截了当的径行对它加以鉴定，加以说明，而必须绕一些圈子，先提出它的对极或反面或较进步的经济形态，释明之后，再论到它本身呢？对于这个问题简单的答复，当然说是为了说明的便利，但仔细考察起来，却又可以说是为了我们尚没有直截了当的来说明的便利。

为什么呢？

我们知道：研究现实经济一般是要从思想材料出发，是要利用已有的经济原理或基本观念的，如其我们对于某种经济现实，尚没有确立起基本规律，或没有大家共认的基本原则可资依据，那只好自行另起炉灶，用借喻或比照的方法，来确立其本身的规律。从那些与它同时并存着或先行存在着的其他已有共认规律可循的经济形态讲起。把那看作是统计上资以比较的基期。比如说，苏联的经济形态，是一种反乎资本主义性质的东西。我们如拿资本主义经济学上的任一基本概念或规律，如像货币、工资……的概念或其规律，去说明或体认苏联经济中的、使用同一名词所代表的具体形态，那是极其谬误的，但虽如此，我们要说明或确立苏联经济形态的基本概念或规律，却又必须，或者至少是最便于拿资本主义经济的类似概念或规律，来比较其差异，也许就因此故，晚近关于苏联的货币、信用、工资等等方面的研究，殆莫不是采用这种比较的方法。

如其说苏联经济是因为走在资本主义经济前面了，不能拿资本主义经济的原理和规律说明它，中国经济倒是落在资本主义经济后面了，亦同样不能拿资本主义原理规律说明它。苏联经济因为自身的原理规律，尚在发现与阐明过程中，需要借助于资本主义经济原理规律来作比较的考察，中国经济亦因为广义经济学、经济史学尚未达到成熟境地，其可资证验的原理规律，尚须自行摸索，亦同样需要就资本主义的原理规律来作比较的观察。不但如此，苏联经济中的资本主义因素，在逐渐被否定被扬弃，而且尚未完全清除中国经济中的资本主义因素，在逐渐扩大其作用和影响，但同时又在不绝变质，把这两面的情形加入考虑，似乎把资本主义经济当作照观的比较的考察对象，又同样有其必要了。

（2）全面的研究法。全面的研究法，也如同上面述及的比较的研究法一样，它的运用，并不是停止在普通一般所直观理解那样，从全面来考察所研究的对象，即单纯打破孤立的看法。果其意义如此，那是用不着多所说明的。在整个世界经济中来考察中国经济，并在整个中国经济中来分析各部门或各种形态的经济，仿佛我们经济论坛上的许多学者专家，也优为之，并且他们在讨论中国经济问题时，确也在如此去做，但其研究讨论的结果，为什么总像是隔靴搔痒，摸不着中国经济的本质呢？比较主要的原因，也许就在他们只知道需要从全面的表象去理解局部的表象，而不知道表象后面的实质，还得同时采用上面所述的比较研究法，及后面待述及的发展研究法，去加以比证说明。

中国经济是随时在受着整个世界经济动态，特别是资本主义世界的经济动态的影响，这一表现的命题，谁都无法反对，就是反过来说，世界经济同时也在直接间接受着中国经济变动的影响，那同样也无法反对，但要使这种表现方式，免除笼统、含糊和不着边际的毛病，或能切近的体现着实际的经济交互关系，那么，全面的研究方法，就不是叫我们去平面的考察事物，而是要我们深入那整个交互关系里面，去发现其各别发生差别影响的具体事象来。比如，就影响着中国经济的世界资本主义经济这方面来说罢，我们把它当作整个来看，一定要对它的周期恐慌律，不平衡发展律，自由到独占的必然趋势，商品输出到资本输出的转化历程，开发殖民政策到封锁殖民政策的演变关节，有了明确的认识，才能理解其如何对我们的整个国民经济发生作用；同时，就我们遭受其影响或作用的中国经济本身来说，当作一个整体，它所由构成的各个部门或各种经济领域，会依其对国际资本的依赖程度不同，依其转入国际资本商品金融市场的范围不同，或者从另一个视野来看，依其所具传统社会基本组织的巩固程度不同，它们资本化现代化的范围和程度，就颇不一样。显言之，同是在国际资本影响之下，流通部门所受的改变影响，就比生产部门来得厉害，而生产部门中工业领域所受的改变影响，就比农业领域来得厉害，而农业领域中的农业市场农业金融诸方面所受的改变影响，又比同一领域的土地所有使用诸方面来得厉害。

全面研究法不能把这些关键指明出来，则所讨论的"整个"世界经济，"整个"中国经济，它们之间的"整个"交互关系等等，就不过是一些模糊空洞的概念而已。

（3）发展的研究法。发展的研究法的采用，特别是依据上述诸种科学来研究中国经济的必然要求。我们前面在批判经济学，在经济史学，在中国经济史项下所讲明的一切，似乎都可用作我们采用这种研究法的说明。不过我在这里还得加述两点。

第一，研究现代中国经济，在科学系统的说明上，往往要求涉及过去传统封建经济因素，自难免有人会觉得那是超出了研究的范围，或者觉得那是研究中国经济史。不错，我们一再讲过，过去传统的经济因素，如其像欧洲的封建经济一样，已经明白的得到一个大家公认的结论，我们在论究最近阶段的经济情形时就无需在这些方面多费唇舌了；又，如其在我们的现代经济形态中，传统的封建成分，已只占有一个不重要的残余的地位，那末，就是我们对于传统经济过于没有理解，亦不会怎样妨碍我们的研究。然而在事实上，我们传统经济不但在我们所研究的对象中，占着一个非常重要的地位，而且它本身的历史特质，还在大家断断争辩中。这对转形期的中国来说，正是中国社会性质论争，其所以不得不转化为中国社会史论争的关键，而就另一转形期的世界讲，也就是一般经济学其所以必然要与经济史学结合起来研究的症结。

第二，科学要求研究对象的单纯，是一个事实，而我们现在中国经济这个研究对象，无法过于单纯，也是一个事实。所谓单纯，是从同一性质社会基础，或同一社会生产关系出发的。一个社会的诸般经济事象，如其一元化到了最高程度，即如就资本制性质的社会基础或社会生产关系来说，如其过去封建的乃至更古旧的经济因素，都逐渐归于消灭，而未来社会主义的经济因素，尚不曾脱却胚胎的阶段，它这个社会普遍存在着的经济事象，那怕发展得最充分，它们相互间的联系，那怕表现得最复杂，但作为科学研究对象来看，却是单纯的，单一的，因为它们通是属于资本制的范畴。反之，如其一个社会，像中国在现代的这个社会一样，还是处在过渡时代，尽管它全社会的经济事象，比起上面所讲的那个一元化了的社会来，真不知要简单多少，但它那种经济事象里面，就不仅包括有以前各社会史时期，特别是封建社会时期的各种不同社会性质的因素，并且这诸种因素，还一直各别的，相互的，在作着排斥、抗拒、乃至苟合的活动。显言之，就是旧来的传统的经济成分在为资本主义的商品经济所分解，同时，它们对资本制经济成分，又一直在行着种种的限制，抗拒或适应。我们必须在它们这种相互制约相互适应的过程中，去看出它的特质和动态。因此我们在必要的场合，溯源的探究到封建体制的特质，并不仅是作为更明确理解中国现代经济的一个准备性的研究步骤，实因它本身，就是我们所研究对象的一个重要构成成分，我们是要在这包含有浓厚封建成分，以致无法成就资本主义发展的现代中国经济的演变过程中，在其新旧倾轧与交互消长的当中，去发现其究竟表现了那一些规律，那一些显明的倾向。自鸦片战役以来，中国经济现代化的历程，是充满了坎坷、曲折与波动的，但虽如此，从全般演变历程上去看，仍不难发现它其所以形成今日这般景象，与最近将来会往何处去的诸基本历史动向。

如其需要把上面抽象述及的论点，以一个较具体的例证，联贯综合解说出来，那末，在抗战过程中，最惹人注意的商业资本，是可供参证的。商业资本自我扩大的倾向，似在以万钧之力，压缩了社会各方面对它所加的责难与限制，并反过来以"触手成金"的魔术，使一切接近它的其他社会经济活动，都部分的或全体的转变为它的活动。生产事业商业化了，银行事业商业化了，合作救济事业商业化了，一切官业，许多官厅，都在直接间接当作商业自我扩大倾向或定律的体现物；四方八面呼出的制裁打击商业，甚至激烈喊叫诛戮非法商人的号召，都变成了带有讥嘲性的绝望无力的尾声。学者专家们同一般无经济知识的常人一样，对于中国商业的这种魔力，表示毫无理解；他们与那般无经济知识的常人唯一不同的地方，也许就在装着像是知道罢了。要研究他们对这种经济现实无理解的第一个原因，或许就在他们把中国当前商业，与它存在的社会基础，与它以往的历史传统关联，割裂开来研究，而不知道我们这种不受生产过程羁勒约束，不服务于生产的商业形态，在战前，就已经用"搜集国内土产，统办全球制品"的买办性能，在社会各方面发生阻止现代化，阻止工业化的影响。而它对于官厅，对于公私信用机构，对于土地等等政治、经济诸方面发生的"同化"或腐蚀作用，正是其过去传统精神的扩大和延续。因此，单就当前商业现象本身作格物致知工夫，是愈格愈不能通的。亦就因此之故，把中国在封建体制下的特殊商业形态弄个明白，再看其带上买办标志以后的变化程度，它当前所以能显出如此大的魔力的真相，就不难理解了。由此我们知道，要彻底明确理解中国商业资本的性质及其作用，不但需要把它同资本社会的商业比照来看，还需要从它对全社会经济的关系，对以往历史传统的联系来看，这就是说，上述的三种研究方法，是需要联合采用的，研究商业资本如此，研究全中国经济，尤其是如此的。

（摘自《中国半封建半殖民地经济形态研究》，人民出版社 1957 年版）

中国半封建半殖民地社会生产关系下的诸经济倾向的总考察（1957）

一 中国半封建半殖民地经济基础的概括说明

一切落后社会人民的被奴役与被剥削——无论这奴役剥削他们的势力，是来自国内或国外——一般是通过带有封建性的土地所有与使用的落后社会生产关系。但这关系，在该落后社会与先进国家发生经济交往以后，已经起了一些变化，致使我们对于它的本质或它的封建特质的认识，会相应引起迷糊之感。特别像中国社会的封建制，如我在一切有关场合强调过的，它原本就和欧洲社会的典型封建制不同，后者是领主经济的，由领主贵族与农奴结成相当固定的或带有严格拘束性的封建身分关系，而前者则大体是地主经济的，土地在相当限度内，可以自由买卖，佃耕土地的农民，在相当限度内，可以自由移转。尽管在实际上，不论是采取领主形态，抑是采取地主形态，都是把土地当作榨取直接生产者的重要手段，把土地占有的广狭程度，当作社会支配势力的测量尺度，但因土地能相当自由买卖，劳动力能相当自由移动，取得了资本主义的外观，于是有意避讳或曲解中国封建土地制的人，就多了一个可资利用的口实。结局，在中国社会改造的出发点上，他们就只昌言资本主义式的建设，而不肯触到对于封建制度的革命；就只强调资本问题，而把土地问题看得极不重要。自然哪，当中国共产党自始就宣传土地革命，而这种革命又会从根挖去他们存在的社会基础的时候，他们的阶级利害关系，无疑会驱使他们，把注意集中到问题的反面，而况他们的代言人——市侩学者买办学者——所研究的经济学中，也实在是把老早就解决了或清除了封建土地关系的经济——末期资本主义经济——为研究对象咧！依据上述的这些理由，他们尽管不时也嚷着中国社会的落后性，但落后在他们，似乎只是指着资本主义不曾发达，而不是意味着封建生产关系没有革除。然而各种有关农民生活及土地分配状况的个别的、分区的，乃至综合的统计数字，几乎大体一致的证示：

（一）在中国农村人口中，仅占百分之四的地主，拥有全耕地面积百分之五十一（据马扎尔：西南诸省地主，占有耕地百分之六十到百分之七十；扬子江流域占有百分之五十到百分之六十，河南陕西占有百分之五十，山东占有百分之三十到百分之四十，东北诸省占有百分之五十到百分之七十；据拉西曼：自耕农在中国南部十二省只占百分之二三，半自耕农占百分之二五，而纯粹佃农却占有百分之四三），仅占百分之六的富农，却拥有全耕地面积百分之一八，即合计百分之十的地主富农，占有全农耕地面积百分之六九；另一方面，全农村人口中百分之九十的中小农，却仅占全耕地面积百分之三十一。这是比较保守的数字。毛主席是亲自在湖南江西等地作过调查的，他曾综合的说："地主富农在乡村人口中所占的比例，虽然各地有多有少，但按一般情形来说，大约只占百分之八左右（以户为单位计算），而他们所占有的土地，按照一般情况，则达全部土地的百分之七十至八十"，同时，占人口百分之九十以上的中小农，所占土地不过全耕地中的百分之二十到百分之三十。

（二）佃农向地主租地所付代价，各地情形互有不同，但除租地押金，例行的劳动义务和各种动植物产品的贡纳外，一般定规租额，总要占土地生产物百分之五十以上，有高到百分之七八十的。设以租率计，或以购买年数换算（把土地年租额拿来除它的总价格，就可得出若干年度始可收回购买价格的"购买年数"，购买年数愈少，即租率愈高），最少竟只五年，或百分之二十的高率。德国一位研究农业经济的专家，曾实地考察山东农村经济状况，说佃农要缴出合地价百分之十八的地租，并表示这在中国还不算是最高。就把租额以外课加的义务与苛杂抛开不说，试比较一下现代各国的租率，我们农民的非现代性的负担，也是一目了然的。英国在产业革命时期的租率，仅百分之四或百分之五，第一次世界大战后仅百分之三左右。德国原是一个残有浓厚封建气习的国家，但在毕斯马克时代的租率曾低到百分之三左右，第一次大战后增加了，也不过百分之五。

可是对于这样明如观火的事实，怕面对事实的国民党统治阶层，是用"中国没有大地主","中国农民中自耕农占多数"这类向壁虚构的呓语来搪塞的。他们即使有时也不得不承认土地问题的存在，但却认为那是起于人口在土地上的分布不平衡，或耕地根本不敷人口的分配，而不是由于土地集中，不是由于地租率太高，反之，地租率高，正好是耕地不敷人口分配的结果。一句话，他们是不承认中国土地制的封建性的。

不错，我也曾这样强调过："如其我们的土地成为问题，单是由于地权集中，及当作其结果看的地租率太高，那改革起来，也许只要惊动领有大土地，并勒取高率地租的那一部分人"，那就是说，中国土地其所以成为全面的社会问题，不能单从土地分配不均和租率太高两件事得到说明，那两者，不过是最具体、最直接显现在土地问题上的表象，而隐在它们后面的以次一列社会经济关系，才真是中国土地问题的症结所在，例如：

（一）土地所有仍确实表现为一种社会特权；土地拥有面积的大小，在所在社会，显示为一种社会权势的指标。

（二）租赁土地除约定地租外，一般还依照惯例，有实物及劳务的报效；此外，地主或其关系人代理人，并还无形的具有支配佃农及其家属之人格的权。

（三）土地所有因系社会权势所寄托，一般较大的地主，特别是文武官员的地主，一般皆或明或暗免除输纳及其他公民义务。

（四）一切摊派、徭役、兵役，皆被转嫁或课加到没有土地或仅有少量土地的贫农、佃农、中小自耕农，乃至善良的地主身上；他们除公家负担外，还成为地主阶层或大小势力者见机或制造机会侵渔剥削的对象。

（五）作为权势者爪牙的土棍、流氓、地痞，即使自己并无土地，亦大抵是以欺压敲诈农民为生，而晚近由农村动乱而增多的，或由商人官吏军人等转成的所谓"不在地主"，又正好是借着这帮人为他们作着强制性的聚敛。

（六）土地所有者大抵同时是高利贷者或者变相的或正式的商人，而在赋税、徭役、摊派、高地租压榨之余的农民，势不能不变成高利贷业者及各式欺诈商人的俘虏。

单就上面这几项为每个略悉农村疾苦的人可以从经验上认知的事实，就不难明确理解到我们的封建主义，在怎样把土地制为核心而作用着，那就是说：

第一，中国土地上的严重问题，并不单在地权如何集中，而在地权因何集中，在何种条件下集中；不在地权本身是一种经济榨取手段，而在它同时还是经济外的社会政治压迫手段；就因此故，一个佃农，并不止于受直接地主的高地租率剥削，在所在社会的一切地方势力者，都会光顾到他，那正如同一个地主，并不止于剥削其直接的佃农，所在社会的一切佃农、雇农、贫农乃至中农及小地主，也都可能而且实在常受到他们光顾。因此，

第二，中国土地问题，就不能单纯理解为从土地所有与土地使用所直接发生的问题，而更关重要的，宁是那些比较间接的问题，即是把那种土地所有与使用形态为基础而构成的落后社会关系政治文化关系下所发生的剥削与迫害的问题。政治不易清明，人权毫无保障，动乱没有止境，产业难期发展，一句话，我们现代化途中的无穷无尽坎坷归根结底，殆莫不有封建的土地制度问题，横梗于其中。于是，

第三，我们的土地问题，就不仅是关系地主与佃农的利害的问题。而是整个大小势力者，地主、豪商、高利贷业者以及与他们保持着极密切关系的官吏，和那些为他们所支配宰割的所谓"小民"或"下民"之间的社会的经济的问题。更深入一点看，

第四，在买办官僚政权乃至帝国主义势力，在一个产业不发达的国家，统是直接间接依存于农村，依存于农村的封建剥削的限内，那同时不还是关系到国内外一切有关权势者的利害或死活问题么？所以，由帝国主义侵入而形成的半封建社会，同时必然是半殖民地的。

二　一序列破坏性经济倾向或规律的总回顾

在上面的说明中，我们已可粗枝大叶的知道：一切国内外压迫势力所加于中国人民大众的无情剥削，不是直接在以土地制为核心的封建生产关系中进行，就是通过一些曲折的联系，最后还大体是利用或依靠那种封建生产关系来进行。所以，即使是非常崭新的剥削方式，一到落后社会，就不免带有一些原始的性质。特别我在这里要解说明白的，宁是在我们这种半封建半殖民地经济整体中，究竟在其当作存在形式的运动当中，表现了那些妨阻一般经济发展，否定其自身生存的一序列破坏性的倾向或规律？因为，从社会经济发展的观点来看，新民主主义革命运动，一方面是当作那种半封建半殖民地经济总运动中的对立物而必然要

产生的，同时也是由于明确把握了那种社会经济辩证发展的必然趋势，才能有效的组织领导其迅速展开的。

关于我们半封建半殖民地经济内在发展的一般倾向，或体现在那一般倾向中的诸规律，在本书前面各篇，特别是在其中"中国资本形态"、"中国地租形态"、"中国经济恐慌形态"诸篇中，已分别解述得很多，但为了在这里加强表现封建性土地制度必须彻底摧毁，始能从根挖去一切恶势力寄存基础的内在关系起见，特把那些倾向或规律，综合的系统的作一回顾。

那可以从以次三个方面来说：首先，看原始性的剥削，表现在农业生产诸条件上的破坏倾向是怎样？其次，看表现在农村诸原始性资本间的恶劣倾向是怎样？再次，看表现在农村与都市经济交互间的不利倾向是怎样？然后再总合起来，看看整个半封建半殖民地经济，究在其运动过程中，造出了怎样自行否定的诸条件和倾向？现在且分别来说明：

（一）表现在农业生产诸条件上的破坏倾向

一切社会的劳动条件，或生产条件都不外是劳动力、劳动工具、劳动对象。但这三者的重要性，是依各社会经济发展阶段，而互不相同的。在落后社会的农业生产条件中，土地这一条件，当然占着非常重要的地位，而包括畜力在内的农业设备及农具愈形简陋，劳动力的相对重要性就愈形增加。

现在先来看我们这在农业生产条件中占着重要地位的土地，在同时被当作封建剥削手段的限内，究造出了那些不利于它自己的倾向或影响。耕作土地要付出极高的代价，即是说，佃农要提供异常高额的有形无形地租，始能耕种土地，那已表示，他们佃农可能用在其他农业生产条件上的费用，是相对的缩减了；特别是在租赁土地条件未现代化，地主得随时退佃加租的场合，他们慢说没有资力改进农场设备，及以肥料及休耕方式增进地力，即使勉能筹办，也不能引起他们的改良培植兴趣。于是，地力日益枯竭，便成了农村租地的一个极自然趋势。其实，那趋势，并还不仅表现在租耕地方面，即在贫农中农乃至富农的自耕地方面，亦是不难明显看出的。因为佃耕土地所负代价太高，同时等着租佃土地耕种的人又是那么多，每个耕种自己土地的人，必然会把他将土地出租可能得到的报酬，即将土地自己耕种可能付出的代价，比较划算一番：在没有资力的贫农中农，耕种土地所付代价太大，自不免妨阻他们改良土地的支出；在较有资力的富农，租出土地所得报酬既多，更不免抑制他们改良土地的兴趣。所以，我们就把腐败贪污统治，根本谈不到讲求水利，致使全国各地农田大量砂砾化、荒瘠化的事实抛开不讲，一般在耕地愈来愈益贫瘠化或不生产化的现象，是稍知今日蒋管区的农村疾苦的人所能明白证实的。自然，这情形，若和农业上其他生产条件，如农具日益简陋，劳力日益枯竭的情势连同考察起来，其严重性就更大了。

谈到劳动工具，中国就在富农的生产资本（姑且称作资本）构成中也不曾占到一个像样的比重（依据马扎尔：那在中国 1927 年大革命当时，一般仅及包括有土地价格在内的农业资本的百分之四或更少一些）。对于小农或佃农，他们在劳动工具乃至畜力上的支出，当然更是少得可怜的（据毛主席在江西福建若干地区，如瑞金石水乡、兴国长冈乡、上杭才溪乡的调查，农民中完全无牛的，平均要占百分之二十五——《毛泽东选集》，第一三五页）。造成这种现象的基本原因，当然是一般农民太穷了，但要仔细分析一下连富农也不肯在这方面投资的理由，却可包括的说是有以次三种事实在作用着：第一，那是我们前面已经触到了的，耕作土地所支付的代价太高了；在一定的生产资金中，不能不用在土地本身的费用太大，可能用在劳动工具上的支出，就无法不太小。事实上，今日中国一般农民，根本就不易筹得或准备好一笔可以维持全生产过程的生活资金。他们一遇到摊派一类全出意外的开支，致使他们的生活资料发生影响，他们在穷极无聊，挪借无门情形下最可能做的，就是压缩或恶化他们的生产条件，就是变卖耕牛，吃掉种子，抵押转卖犁耙等器具。这在经济科学上称为"生活条件压迫生产条件"的法则，而我们农民经济生活中，显然有着这一法则在发生极广泛的作用。第二，经济上的常识告诉我们，无论是农具也好，畜力也好，愈是从事较大规模的生产，愈是从事较多样的经营，它们闲置呆放着的时间也比较愈少，从而，它们被使用起来也比较经济，反之，它们所费就相对愈大了。中国贫农佃农都是从事极零碎的小经营；在租佃土地或保住自己小有地的困难愈来愈大的情形下，要他们作着较长期的打算，挪债备置起耐久的劳动工具来，那不但非事实所许可，就是他们切身体味得到的经济常识，也是不许可的。最后第三，促使他们不肯在劳动工具上花费，或听任劳动工具恶化的第三个理由，就是农村不曾保有土地，也无力租赁土地的大批待雇的无产劳动者的存在；他们是农村中最穷苦的人，最没有生活依据的人，从而，也就是可以提供最廉价劳动力的人。当我们农村中造出这种人来的条件愈来愈多，他们所提供的劳动力就可能愈来愈廉。其结局："除了少数富农而外，雇佣劳力的人，差不多连必需简单农具都不齐备，生活一直在艰困中的中小农及佃农，他们并不是因为备了较好的农具，备有得力牲口，才雇佣劳动，反之，却正为是备不起这些劳动条件，才以劳力来补充代替的。这说明，劳动力的价格，平均要低在畜力以下，低在农具备置费以下，才有被雇可能。"同时这也从反面说明，用劳动力比用农具畜力划算，谁都愿意雇佣可以任意驱使的"说话的劳动工具"了。在经济科学上，由古典经济学者们发现了一个"机械驱逐劳动"的法则，而在我们这种反常社会中，却竟存在着"劳动驱逐工具"的法则。

可是，我们农村尽管经常存在着"劳动驱逐工具"，驱逐畜力的反常规律或事实，但都市产业始终陷在坎坷不振中，依各种原由——兵役徭役摊派，高利盘剥，兵灾水旱，疾病死亡，手工副业破产，豪劣横夺兼并……或者其他偶发事故一被迫离开原有土地，或不能保持住原来租得的土地的农民，不转化为乞丐、流氓或土匪，就只好变成候补的雇佣劳动者；当"吃不饱，饿不死"的农村雇佣劳动条件，因上述各种原由继续连同作用，而造出更多的无产者，而变得更加恶劣时，他们所加于农具畜力的压力，固然是更大了，可是，同时所加于他们自身体力智力的有害影响，也是相应更大了。我们知道：农村劳动雇佣条件，往往是会变成土地租赁条件的有力依据的；当雇佣劳动者把租得有几亩土地的佃农，当作是幸运者的时候，当小农佃农保有或租有若干亩土地，就算是等于获有了剥削雇佣劳动的把柄的时候，出租土地的地主，是会抓住每一征粮征兵或其他事实，而提高他们的土地租赁条件的。地租率提高了，又会反过来在雇佣劳动条件上发生不利影响。于是这里就存着一个可怕的循环。

从上面的说明，我们大体可以理解到，我们农村的一般生产，其所以日益恶劣化，实在有其"事有必至"的基因在。以形容枯槁的瘦削劳动者，使用极其简陋的农具在日益枯竭贫瘠的土地上，从事耕作，我们能够期望有很好的收获么？这情形，这可怕的趋势，是不能单由战乱来说明的，战乱本身甚且还是由这种恶劣趋势引出的结果。

可是，农村生产内部尽管在不断扩增这种惨象和险象，那并不曾因此就阻止外面通过商业高利贷业及其他剥削方式，所加于它的压力。

(二) 表现在农村诸原始性资本间的恶劣倾向

事实上，使农业诸生产条件日形恶化的，并不仅是它们内部相互间形成的上述那种破坏性的循环，在那种循环过程中，随时都有外面的破坏作用加进来，以加强它的恶劣趋势。

在这里，我们且把各种由政治社会方面招致的剥削事实，留在后面说明，单看农村间流转的诸种原始性资本，是在怎样显示其破坏影响。

一般所称的原始性资本，是就对生产立在独立地位乃至支配地位的商业资本和高利贷资本而言的。我们这里不妨把购买土地那一部分资本也包括在内，因为在领主经济型的欧洲封建制度下，土地是不容许买卖的，从而，用以购买土地的原始性资本，就不会产生，而在中国地主经济型的封建制度下，土地移转变卖既成为家常便饭，我们的原始性资本里面，就必须把购买土地，购买一种社会特权，购买一种最有效剥削手段的资本，即土地资本，也添加进去了。而且，在这几种原始性资本在农村社会的流转过程中，就是到了现代，到了最近的蒋管区，土地资本不仅是那种资本流转过程或循环圈中的一个出发点，并还是在某种限度的归着点。

我们社会的土地，既有如上面所述的那些经济的乃至经济外的特殊权益，无论是那一种人，或操那一种行业的人，只要有钱在手，他是不会忘记把它拿去购买土地、取得地权的。农民不必说，手工业者、商人、高利贷业者、官，都不约而同地对土地感到特殊兴趣。到晚近，这情形，虽局部的有些改变，但一般还是不妨这样说的。

可是，地权的特殊利得，虽然在从多方面阻止农村社会资金流用到改进生产条件上去，但却同时在不绝为独立性商业高利贷业资本活动，造出前提。因为农民耕种土地，在土地本身所付代价太高了，他们的艰难困苦状况，就是使他们同时不得不供奸商（无论是买办的、土著的、抑是官的）及高利贷业者任意的敲诈与剥削，尽管在现实上，土地所有者、商人、高利贷业者往往兼备于一人，或者一人至少具有两种剥削者的资格，但从资本运动立场来看，他们却是在分别显示着不同的作用。

当土地成为一种社会权势的表征，利得又大，而购买土地又不一定会发生困难的时候，有钱从事商业，或从事高利贷业的人，如其他不投资购买土地，他对于从事商业或高利贷业，就可能要求比土地收入还大的报酬，因为在一般情形之下，投资土地比较没有风险，而做一个商人或高利贷业者，毕竟在农村没有做一个地主那样威风，那样受人尊敬。这事实，很可说明：为什么当我们农村的一般地租率尚在百分之二十左右的时候，而利息率一般已高到了百分之三四十以上。自然，其中在借贷关系上，还有一个为一般人不大注意的理由，即"中农不要借钱，雇农不能借钱，要借钱而又有抵押品能借钱的，只有贫农"（见《毛泽东选集》，第六八页）。贫农不是为生产谋利借钱，一般是为了生存急需借钱，只要能借得钱，渡过眼前的生死难关，利息率的高低，是无暇计及的。我们战前的高利贷，竟有高到百分之二三百的。即在目前的蒋管区，由农村到都市，还正风行着一种高得可怕的高利贷。但我们在这里所注意的，宁在那种高利或那种与高利上下相符或相互吸引的商业利润，怎样会回过头来拉着地租上升。农村的有钱人，是比都市的经济学家，还懂得地租是"土地利息"，而利息是"货币地租"的道理的。最先是高率地租吸引着高利率，从而吸引着高额商业利润，往后则是后面两者或两者之一回过头来，在地租率上发生反作用。而像在有战争时各种苛捐附加乃至通货不断膨胀着的情形下，它们通过各种巧妙方式，相互吸引着上升的循环，就被刺激得更快了。我们农业生产条件的加速恶劣化，这一原始性资本间的循环，实在发生了莫大的破坏作用。

然则，像上面所述的这样用各种带有原始性的剥削方式，所积累起来的资财，是否一直都逗留在农村呢？恰恰相反，我们农村的资金枯竭情形，战前已够严重了，在抗战期间以及在目前的蒋管区，那已经成了一个不可终日的问题。

为什么呢？我们是要进一步去找得解答的。

（三）表现在农村与都市经济交互间的诸不利倾向

在讨论农村与都市的经济关系的时候，我们只要把以次几点有关的事实弄明白就不难看出一个梗概：第一，中国原是一个有集权封建传统的国家，到现代，特别到"蒋王朝"建立的晚近，那种传统不但没有完全破坏，甚且在某些方面还将它在不同姿态上强化了。官僚的、专制的、封建的，再糅合以买办的政体，遂使中国的都市，具有三种有连带关系的性质，一是政治的、一是消费的、一是商业的。其中如上海、天津以及其他少数都市，虽然点缀有现代性的产业，但其比重，不但不足以改变其他一般都市的性质，甚至也不曾完全改变那少数拥有现代产业的都市本身的性质。惟其如此，第二，我们的都市，一般就不得不由农村取得其营养：赋税、公债，各种方式的摊派，特别是在战时普遍推行的征实征借，以及无情而毒辣的通货膨胀，都是都市方面通过政治权力，向农村强制索取的；但与此同时，或因缘这些榨取方式，在农村造成的动乱，又在极有效的把农村可能挣出的资财，驱集到都市中；而经由买办商业，带进农村的舶来品或经过都市加工了的半舶来品，势必要由农村付出大得多的代价。而况第三，都市愈需向农村取得营养，或者愈需要依赖农村，它就愈得加强其对于农村的统治。而为要确保对于农村经济榨取所集中强化并扩大化的政治机构与庞大军事组织，又反过来加深了都市消费化与商业化的特质。我们都市于是主要变成了输入外国武器与奢侈品，和向国外输出各种农产品或农村半制品的总枢纽。我们对农村虽用原始的半原始的积累方式，曲尽了竭泽而渔的搜括本领，但仍不足以填补大量的入超；农村可能的生产能力愈来愈缩减。都市对于农村的要索，却愈来愈需要增大。结局，第四，我们又发现这样一种离奇现象，即农村的破产与动乱，从某一方面看，竟变成了买办都市变态繁荣的有利条件；一批一批的农村大小势力者，相率把他们原始的半原始的积累，向他们认为安稳的都市集中的结果，中外银行的存款，因此大大的增多；茶楼、酒店、旅馆、戏院、舞台的生意，因此大大的繁荣；地产、公债、标金、外汇的投机，因此大大的活跃。游资挤塞在流通界，在十里洋场滚来滚去，在这场合，不但是一般无头无脑的商人，就是那呱呱叫的经济专家，也像着了魔似的，以为农村的没落与荒废，并无碍于都市的"繁荣"。直到愈来愈大额数的入超，把国内"取之尽锱铢"的黄金白银，都被外国轮船飞机或明或暗的弄去了，而贫弱的农村，对于都市各种各色的消费场面，再也不易弥缝供应，而用死亡、破产、叛乱来表示反抗的时候，以"发国难财"起家的官僚买办金融资本家，始高嚷着要"复兴农村"，以农贷及美国专家代为设计的技术改良，来"复兴农村"，以为可以借此继续其对于农村的剥削。

在上述这一列事实中，我们又见到了，在农村经济与都市经济间，也还存在着一种循环。在都市是依存于农村，一般是由农村取得其生存依据的限内，都市就得从政治军事诸方面，加强对于农村的支配。而这种政治军事方面的加强，实际又等于对于农村的经济剥削的加重。而由是导来的长期内战，就采取了农村反对，包围都市的形态。内战的扩大与发展，都市方面仅有的一点生产事业，又在直接受着战争及借战争发财的豪门与军阀的摧残；更大规模的战费及其政治文化费用的来源，既然只好期之于区域益形缩小、生产规模益形缩小的农村，而农村由征实征购征兵摊派被迫游离到都市的大批人民，又相率由农村生产者变为都市寄生者，于是，都市的消费性更增大了，农村的生产性更缩小了。农村与都市经济运动中显然又存在着一种极不合理，但却是无可抗拒的，向着毁灭之路迈进的循环。

(四) 综合的说明

由上面的叙述我们知道了：(1) 我们为了叙述上的便利，或者为了社会事象的研究，必须应用抽象分析法，因而在考察农业诸生产条件间形成的破坏倾向的时候，姑先把农村诸原始资本间的破坏倾向乃至农村与都市经济交往间存在的破坏倾向舍象着；等到考察农村诸原始性资本的破坏倾向的时候，仍旧把农村与都市经济间存在的破坏倾向舍象着。实则它们是在同时交互作用着的。正惟其农村依种种原始、半原始榨取方式所积累起来的资财，不肯投用到生产事业上去，而依旧分别当作原始资本流转着，并当作都市买办商业、官僚资本的活动器官而作用着，它就不但不能变为农业生产资本，变为农具、畜力以及其他农场设备和技术改良的准备金，却反而变成破坏这一切的压力。(2) 惟其它们这三种范围大小不同的运动，有如上所说的内在条件网维着连贯着，它们就能形成一种整体运动，使我们有根据把它当作一个半封建半殖民地的社会经济形态来理解。我一再讲过，一个社会的半殖民地性格，是由它的落后的封建生产关系引出的，是通过它的各种封建剥削造成的。而一切原始性剥削，又是把封建土地制作为其骨干或核心。这就是为什么土地这一生产条件所付太高封建代价，竟成为破坏其他生产条件（如农具、畜力、劳动力）甚至地力本身的根本症结；诸种原始资本不能流用到农村乃至都市生产事业上去，最先亦是由于购买土地太有"权""利"可图；而整个都市的中外大小权势者的寄生基础，即使是通过了买办商业资本高利贷资本一类中间剥削榨取环节，最后终归是"斧打凿，凿入木"的要落在土地上。可是，(3) 正因为封建的土地剥削关系，成了半封建半殖民地经济的基础，而一切对那种土地生产所加的压力，所造出的不利倾向，又无异在不绝破坏那个基础，在不绝把农村社会劳动生产力束缚、压缩乃至肢解在极其可怕的衰弱境地，那就显然表示：一种对封建专制官僚统治者意志独立的、无可抗拒的、物理的辩证的发展，正在敦促他们向着"自我否定"的前途迈进。

（摘自《中国半封建半殖民地经济形态研究》，人民出版社 1957 年版）

中国新民主主义经济形态考察

由半封建半殖民地经济到新民主主义经济
（1949）

一 两个反历史的经济变革运动

现代中国经济之带有半封建半殖民地的特质，已经有半世纪以上的历史。而我们把它这种特质发现出来，说它是半封建半殖民地形态，并科学地论证它当作一个确定的形态所显示的内在诸法则，则是当它这种形态，已大体近于完成的时候，是在国民党统治或"蒋王朝"建立起来的时候，是在抗战发生的时候，直到这时乃至现时为止，中国统治阶层——由清末以至"蒋王朝"——对于我们这带有半封建半殖民地的经济，不但不曾设法改造它，并且在努力加强它成就它。我们很可以说，中国半封建半殖民地的经济，是由清末统治者的错误经济变革政策开其端绪，而由"蒋王朝"的倒行逆施的诸经济建设方案予以完成的。

本来在现代的所谓落后国家，都是一些封建的或更古旧的原始的国家。当这类国家已经不由自主的被迫与先进资本主义国家发生经济交往关系的时候，它们如其不曾变为那些先进国家的殖民地，便会依种种不平等条约或不等价的交往关系，而带有半殖民地的性质。它的半殖民性格，是由它们以落后国家的资格，与先进诸资本主义国家交往所必然要发生的。同时，它愈同这些先进国家建立起了不平等的经济交往关系，它的原来的封建生产方式，便愈不易维持。中国的封建生产方式，在与欧西诸国正式交手的鸦片战役当时，特别是在太平天国农民革命运动出现的当时，原已在动摇分解中。按照历史发展的必然道路，和社会改革的必然顺序，这时要步武先进资本主义国家，先得破除封建生产关系，破除原有的土地制度，以开拓资本发展的道路。但清末王朝乃至"蒋王朝"的统治阶层，却反其道而行之；"蒋王朝"所大吹大擂所谓国民经济建设运动，在本质上是清末变法图强的洋务运动的继续。它们的共同点：第一，通是由专制封建的官僚发动，企图在他们所寄生的原有社会基础上，在已经动摇而未崩溃的封建秩序中，建立起现代性产业；第二，它们都不但要求牺牲农村来建设都市，并且企图藉都市的军需性工业和军事交通网的扩展，以镇压农村，以保障其依各种原始蓄积方式对农村的剥削；第三，它们都是直接间接进行在帝国主义国家的支援与策划下，因为帝国主义国家愈到后来，愈需要维持落后国家的封建组织，特别是当那里已经发生了反封建反帝国主义的统一革命运动的时候。

可是，同是歪曲历史发展的措施，国民党统治下的国民经济建设运动，无论从执行者的动机之中，抑从施行的作用与效果讲，都要比初期洋务运动，恶劣得多，有害得多。比如，不问社会政治如何，社会基础如何，见到外国的坚甲利兵，图强致富，就来开始模仿，那是大革命前法国诸路易王朝的作法；未改革农村，遽然从事都市建设的法国失败教训，虽对后来较落后的日俄诸国的现代化，发生了极大的鉴戒影响，因而在19世纪初，德国有农奴解放法令，在同世纪六七十年代，日俄两国分别施行了温和土地改革，但对于甫经平定太平天国农民叛乱，且还继续受着捻回叛乱威胁的清末封建官僚，他们因为自身都是地主，他们因此就不敢正视现实，接受各国现代化历史教训，就贸然采行"不变旧而维新"的洋务运动途径了。在洋务运动维新运动失败过程中，国际资本势力，已依着一连串的侵略战役和由是签订的不平条约而深入了；对外的隶属性增大了，已在动摇中的封建生产组织，更加不易支持了。然而，如我们前面所指明了的，中国社会的半封建半殖民地经济形态，究还只是由这些醉心洋务运动的旧官僚们的错误政策开了一个端绪，而那种经济形态的发展与完成，则当归咎于此后提倡国民经济建设运动的，以四大家族为首的新官僚们。

所谓国民经济建设运动，系开始于"蒋王朝""定鼎"于南京的1928年前后，在当时他们不但有了清末旧官僚洋务运动失败的教训，不但有了他们所口头拥护的民生主义遗教，不但有了民国十三年国民党改组后执行三大政策，发动北伐的胜利经验，且还有了苏联出现后的国际新形势和逐渐普及于世界各国的马列革命理论和革命实践潮流，然而，这一切，却反而促使他们更无保留的走向反革命的道路。初期国民革命运动发展到宁沪一带以后，蒋家班的买办、地主、军阀、官僚们，就开始勾结江浙商业金融巨头，结托帝国主义，一面在农村内地加紧镇压围剿人民革命势力，一面则在都市号召以军需工业、军事交通网和消费性为中心的国民经济建设运动。伴随着或假托着这种运动而获有的搜刮勒索效果，鼓励他们在抗战期中还要"抗战同时建国"，在大发过了"劫收财"之后，还要"勘乱同时建国"。他们更加强压制勒索工农大众、知识分子、小生产者、民族资本家，他们就更需结托帝国主义。他们一面在经济上通过各种聚敛榨取方式，破坏生产机构，一面又在政治上通过基层保甲组织和特务系统，以维系旧有的统治基础。然而在结局，就在他们像是很得策的完成了半封建半殖民地经济体系，完成了与帝国主义结托的四大家族统治的同一瞬间，飞跃发展起来的人民革命力量，已对他们违反历史法则，违反人民大众利益的倒行逆施的暴虐统治，给予以彻底毁灭性的清算。

二　在长期艰苦革命斗争中发现的新道路

由清王朝、"蒋王朝"的没落过程中，我们非常明确的知道了，对于一个半封建半殖民地的社会经济形态，要改革它，就不单纯是一个变革农村封建社会生产关系——封建性的土地占有与使用——的问题，在国际资本和与国际资本勾结的买办官僚系统，是寄存在这种封建剥削基础之上的限内，那同时必然是一个反帝国主义，反专制的买办官僚统治的问题。

然则叫谁来进行这个历史的革命任务呢？被压迫被残酷剥削的广大贫苦农民么？他们在中国历史上不知多少次"铤而走险"的起来反叛过封建专制官僚统治。太平天国的革命运动，大体也属于这种农民自发的叛变。但由于他们在本质上是分散的没有组织的叛变，即使成功，也不过是甩掉一个旧主人，而发迹起来一个新主人，推翻一个旧王朝，而建立起来一个新王朝。而在现代，在反动阶级凭藉着外援和新的支配组织与接术，以加强其统治的现代，要单靠农民来发动一个全面性的叛变，也是很少可能的。

被多方压制与束缚的民族资产者阶层么？一切反封建主义反专制主义的历史任务，一般原是由他们来担当。但中国民族资产阶级的发生与成长，最先就受到传统专制官僚统治的限制，帝国主义势力侵入以后，他们一部分被迫转到买办资本的活动上了，而到抗战发生前后，四大家族又用种种手段来侵凌削弱乃至吞并他们。他们的孱弱无力,他们的分化,就命定了他们无法担当起那种反封建的历史任务,同时也说明了中国为什么不能建立起资产阶级的旧民主政权。

寄希望于一般知识分子和小资产者么?以两面性动摇性见称的这些人物,他们说来在历史的变革运动中,只是演着附随的角色。而况中国现代的知识分子,不但在数量上受了国民教育不发达,更基本的说,受了国民经济不发达的限制,而在质量上还有旧的封建士大夫意识和新的买办市侩意识在捉弄他们,他们能由这新旧泥坑中振拔起来,已经是难能可贵了,但许多人一时奋勇跳出泥坑,不久又陷溺其中了。五四运动当时的许多启蒙运动英雄,有些不是分别做了"蒋王朝"的封建买办官僚么?革命的知识分子,是必须依托革命的社会阶级才能成就其历史任务的。

最后,我们不是只好期望于无产阶级么?就一般常例说来,产业落后的国家,它的无产阶级的量与质,也是要受到相应的限制的,这就是现代先进各国无产阶级,其所以要在现代民主革命运动中,帮助资产阶级推翻封建专制统治的原因。但中国历史的发展,把这个程序改变了。在一方面,民族资产阶级的脆弱性,既已没有可能组织领导起反封建反专制且反帝国主义的资产者的民主革命,同时,在无产阶级方面,却因有以次几个有利的条件,把它在量与质上的限制减少了。首先,任何一个陷在长期过渡阶段的社会,那里就是酝酿阶级斗争情绪的温床。受着封建主义、资本主义、帝国主义三重压迫的产业工人,他们的阶级情绪与战斗意志,是最容易诱导培育起来的,而在事实上,在任何一次革命斗争运动中,都有他们在积极参加或领导。其次,我们的新式产业工人,虽只 300 万至 250 万这样少的数目,可是,我们得明白,在我们这种经常慢性恐慌与失业洪水淊漫的社会,每个就业者的旁边,经常有多个无业者或失业者在候补着,而都市 1 000 万左右旧式手工业上的雇佣劳动者,和农村 3 000 万左右的农业雇佣劳动者,乃至更多数量的贫苦自耕农,他们或是准无产阶级,或是半无产阶级〔列宁曾称俄国的贫苦农民为村落无产阶级(darfprotetarier)或半无产阶级(halbpraletarier)〕①,那都可以在一定条件下,成为真正产业无产阶级的同志或联盟者。又其次,在俄国十月革命胜利以后,世界任何一个国家的无产阶级

---

① 见《苏共党史》,德文本,第 9 页。

的革命运动，是经常在受着极大的鼓舞和声援的，连带着马列主义的革命学说的普及与渗透，特别是共产党的领导，哪怕是一个落后国家的无产阶级，他们的认识社会，他们对于其前途的展望，比较起先进国家无产阶级来，也许还要进步，还要充满乐观气氛的。

由上面的说明，我们知道，在中国半封建半殖民地社会经济基础上，要从事革命：

第一，必须把封建主义、帝国主义势力、豪门资本，连同当作革命的对象。

第二，必须把被压迫的工农大众、中小资产者阶层、知识分子联合起来，来进行那种革命斗争。

第三，必须由这些被压迫阶级中的最有革命性的无产阶级，通过共产党把其余的阶层组织领导起来，来完成那种革命任务。

可是，这在今日像是明如观火的途径，把它发现出来，却是付出了极大的社会代价，或者是经历过了长期的艰苦奋斗与惨痛牺牲的。

为了探索出这一条尽可能减少社会阻力，尽可能增大革命队伍的正确道路，国民党的创建者孙中山先生，曾提出了三民主义，特别是有关社会经济改革的民生主义。如其我们不妨把民族主义理解为反帝国主义的，民生主义中之平均地权——"耕者有其田"理解为反封建的，那么他的三民主义留下来的最大漏洞，就是民权主义一部分，讲得非常含混：对于革命对象，虽然揭出了帝国主义不平等条约和封建的土地所有与使用关系，可是谁是革命主体呢？由谁组织领导那种革命斗争呢？他不曾给我们一个清晰的概念，而我们从他那含糊的说明中，倒可认知他的民权主义在本质上，仍是资产者的。这一缺陷就给他自己的不肖的党徒们，利用来实施军政训政，并伪造宪法，把一般买办官僚地主捧上了政治舞台，干脆的取消去民族主义的民生主义的纲领。不错，在国民党1924 年改组发表的第一次全国代表大会宣言中，中山先生的许多讲得不够明确的意见，是有了进一步发展的，特别是当时联俄联共扶助农工三大政策的确定，对于此后初期国民革命运动的胜利，可以说是一个最关重要的关键，然而，这同时也正好是一个革命与反革命分道扬镳的重要关键。

中国共产党自 1921 年建党以来，反帝反封建一开始就成为它的革命中心任务。为了达成这一任务，它也自始就认定把知识多子，把小资产者，团结在无产者工农大众的周围，是非常必要的。只有对于资产者阶层，它是到了抗战快要结束的期间，到了经过无数次联络，无数次破裂，最后才真正认清了所谓中国资产阶级的真面目或特殊性的期间，即到了资产阶级内部明确分化为反动的大资产者豪门与被压迫的民族资产阶级的期间，才逐渐确定的完成了新民主主义的革命理论体系。新民主主义创论者毛主席在 1939 年 10 月 4 日的《共产党人》发刊词中，已经很明白讲述到这一点。他说："我们党的历史，从 1921 年 6 月第一次全国代表大会那个时候起，到现在，已经整整 18 年了，18 年中，党经历了许多伟大的斗争。党员、党的干部、党的组织，在这些伟大的斗争中，锻炼了自己。他们经历过伟大的革命胜利，也经历过严重的革命失败；经历过同资产阶级建立民族统一战线，又经历过这统一战线遭受分裂，并同资产阶级及其同盟者进行严重的武装斗争。最近 3 年，则又处于同资产阶级建立民族统一战线的时期中。中国革命与中国共产党的发展道路，是在这样同中国资产阶级的复杂关系中走过的。这是一个历史的特点，殖民地半殖民地革命过程中的特点，而为任何资本主义国家的革命史中所没有的。"在次年，即 1940 年 1 月，他又指出："由于中国资产阶级是殖民地半殖民地的资产阶级，是受帝国主义压迫的，所以，虽然处在帝国主义时代，他们也还是在一定时期中一定程度上，保存着反对外国帝国主义与反对本国官僚军阀（这后者，例如在辛亥革命时期与北伐战争时期，即资产阶级还没有当政的时期）的革命性，可以同无产阶级、小资产阶级联合起来，反对他们所愿意反对的敌人……但同时，也由于他们是殖民地半殖民地的资产阶级，他们在经济上与政治上是异常软弱的，他们又保存了另一种性质，即对革命敌人的妥协性。中国的资产阶级，特别是大资产阶级，即是在革命时期，也不愿意与帝国主义分裂的，并且，他们同农村中的土地剥削有密切联系，因此，他们就不愿与不能彻底推翻帝国主义，更加不愿与不能彻底推翻封建势力。这样，中国资产阶级民主革命的两个基本问题，两大基本任务，中国资产阶级都不能解决。"① 不仅如此，到抗战快临到结束的 1945 年 4 月，那时，反动统治阶层所实行的"消极抗日政策与反人民的国内政策"，"已使得全国领土丧失大半，国民党军丧失战斗力；使得他自己和广大人民之间造成了深刻的裂痕，造成了民生凋敝，民怨沸腾，民变蜂起的严重的危机"。针对这种事实，毛主席更明确指出："为什么国民党主要

---

① 见《新民主主义论》，同上《选集》，第 242—243 页。

统治集团领导下会产生这种严重情况呢？因为这个集团所代表的利益是中国大地主、大银行家、大买办阶层的利益。这个极端少数人所形成的反动阶层，垄断着国民党政府管辖之下的军事、政治、经济、文化的一切重要的机构。他们将保全自己少数人的利益放在第一位，而把抗日放在第二位……他们也说'国家至上'，但是他们所指的国家，就是大地主、大银行家、大买办阶层的封建法西斯独裁国家，并不是人民大众的民主国家。因此，他们惧怕人民起来，惧怕民主运动，惧怕认真的动员全民的抗日运动。"① 到这时，不但中国共产党看透了"蒋家王朝"的大资产者，根本不能担当起中国反封建反帝国主义的民主革命任务，就是中国一般的民族资产者，也看透了他们不能成就那种任务；许多民族资产者在抗战结束前后，到过解放区，到过延安以后，他们已心悦诚服的表示，能够解救中国，能够领导他们完成他们所要求的民主革命任务的，已经不是反动的国民党集团，而是无产阶级先锋的共产党了。民主革命的领导权，由资产者阶级移到了无产阶级的手中，那种民主政治形态，就不是传统的，而是崭新的了。换言之，就不是旧民主主义，而是新民主主义了。在新民主主义政治下，处在领导支配地位的，既不是资产阶级，而是无产阶级，资本主义的经济成分，就不可能占着支配地位，而是由那些由敌伪手中接收过来的，由反动的四大家族手中接收过来的资产或厂矿设备等等国家经济成分占支配地位，结局，整个经济形态，也相应是崭新的了。

从上面的说明，我们第一知道了：新民主主义的政治与经济的路，并不是一开始就明明白白的摆在那里，等着我们去发现的，而是由无产阶级政党在长期艰苦斗争中，特别是由它与资产阶级在反封建反帝国主义革命期间的一系列合作，分裂，相互火拼的角逐过程中，逐渐使自己领导的力量与自信加强，逐渐使资产阶级弱点暴露和其内部分化，所造出的新形势与新客观条件，而体验出来的。大资产者集团不走到反动的绝路，不做到他们本身就是帝国主义在中国的代理者，就是封建势力在都市的庇护者的田地；同时，被压迫的民族资产者，不从多方面衷心表示他们相信共产党的领导，并愿意接受共产党的领导的地步，纵令那条路已经体验出来了，发现出来了，也还是不容易像目前这样顺利走通的。其次，我们又知道了：由半封建半殖民地社会经济条件所规定了

---

① 见《论联合政府》，同上《选集》，第303页。

的，不可能是资本主义的，也不可能是社会主义的，而必得是新民主主义的经济道路，并不是直接从经济本身作"格物致知"工夫考验出来的结果，对经济本身病象所作的直接救治，即不根究到它的社会生产关系，不问它的政治统治形态而施行的"临时诊断"，那是今日资产者社会所惯于采用的改良主义的手法。我们由半封建半殖民地社会经济条件所规定的革命对象，革命任务，要求我们在无产阶级的领导下，团结一切被压迫的社会阶层——农民、知识分子、中小资产者——从事反封建、反帝国主义、反豪门统治的革命斗争；而这种尽可能团结革命队伍，以期加速完成革命任务的要求，便相应规定了新民主主义的经济内容或其诸构成因素。

可是，不管我们怎样理解新民主主义经济被发现的顺序，当作一个过渡性的社会阶段来看，它恰好是半封建半殖民地的社会经济，最可能的，最顺理成章的，最符合历史发展规律的转形形态。

三　历史发展的必然

由封建制转形变质到资本主义制，再由资本主义制转形变质到社会主义制，这是历史发展的一般顺序。依照马列主义，由前一社会形态到后一社会形态的推移转化，都是由其内在发展条件所规定了的，新社会劳动生产力，新社会生产所需的技术的物质的条件，是在旧社会生产关系内准备安排好了的。而且，正因为那种劳动生产力，那种技术的物质的条件发展起来，发展到使原来的社会生产关系不能容许，这才要求改变或打破那种生产关系，采取一个更高级的形态，把那已经受到拘束的生产力解放出来，好让它继续发展下去。

这就是所谓历史发展的必然。

然则我们将怎样理解我们这由半封建半殖民地经济向着新民主主义经济的转化呢？如其认定它也是出于历史的必然，也符合历史的发展规律，那将如何去说明呢？

马列主义所指示的社会历史发展阶段，是就社会正常状况发展的，是"化验室的"标准变化，是舍象了实际上千千万万的不同经验事实和特殊遭遇而言的。对于我们，这种科学的历史阶段论的指示，与其说是在叫我们知道如何理解特定社会的常态发展趋势，就宁不如说是在叫我们如何理解并处理特定社会的变态发展问题。

由于中国的特殊封建传统，由于我们在开始现代化时，不懂得或不愿意懂得社会发展的必然倾向，及其进行改革所应采行的自然顺序，再加以愈来愈陷入国际资本包围圈中的特殊环境，我们的社会，已经转化到半封建半殖民地的岔路了；这个在帝国主义时代的落后社会的特殊产物，不但在马恩的遗教中，就在列宁遗教中，也还不曾当作一个确定的形态指出来，而其发展转化的确定途径，自然更不能指示得很清楚。走资本主义的路吧？如其在现代化开始时认识到了变革的自然顺序，把农村的封建土地关系好好改革一番，也许还有一些希望，但到了现在，那肯定行不通；走社会主义的路吧？就把其他外在的妨碍丢开不讲，单从本身的技术的物质的条件和基础说，也是太不够的。这问题，确曾苦恼过，而且在某种程度还在继续苦恼着当代求改进求变革的许多落后国家。

然而在事实上，只要我们知道灵活运用马列主义的革命理论与策略，我们就不难在它那有关社会正常发展规律的指示中，体认到社会特殊发展的必要途径。比如说，社会劳动生产力发展，到了一定限度，便必然要受到既成的生产关系，既成的统治形态的束缚的基本原则，不已明确的告诉我们，落后社会的封建的和帝国主义支配下的买办豪门统治，早已成为一切生产事业，一般社会劳动生产力发展障碍么？同时，新的社会生产关系，必须在它所适应的生产力，已经在旧社会母胎孕育好了，才能创立起来的基本原则，不已明确告诉了我们，落后社会要顺应潮流，建立起社会主义的生产关系，必须藉着多方努力增进它的社会劳动生产力，而就过去的社会讲，资本主义生产方式，又被认定是最能促进那种生产力的，结局，在消极方面，能够铲除封建势力，帝国主义势力，买办豪门统治，而在积极方面，能够容允资本主义经济因素，同时并加强增进社会主义经济因素的一种适合现存生产力的新社会生产关系，即包容各社会阶层，但却是由无产阶级领导的新民主主义政权，就成为必要了。所以，毛泽东先生的新民主主义理论，是把马列主义灵活运用到现阶段国际关系下的中国这种特殊社会的革命运动中的产物。它的最基本特征，就在于它明白透彻地看到：只有新民主主义的社会政治形态，才能最有效的最迅速的解放并发展现存的社会劳动生产力。

如其我们对一种社会经济改革，是就它是否能解放社会劳动生产力，来测定它是否符合于社会发展的规律，又是就它是否符合社会发展的规律，来测定它是否出于历史的必然，那末，对于混合着封建主义与帝国主义势力的国民党的统治形态或者如他们自己所夸称的国民革命，就因为它在从多方面妨碍一般社会劳动生产力的发展，我们有理由断定它是违反社会发展规律，违反历史必然的。反之，对于新民主主义革命或其所采取的社会经济形态，就因为它不论在都市方面抑在农村方面，都是尽可能的设法增进个别生产者资本家的，乃至国家形态的生产，那就保证它是符合于社会发展规律的，是出于历史的必然。

由是我们可以明了：当一个资本主义发达的国家，是把社会主义社会当作它的正常发展途径；一个资本主义经济不发达或落后的国家，特别是在现代国际关系下，就必得把新民主主义社会经济形态，当作它的正常发展途径。这就是为什么在中国特殊社会变革条件下产生的新民主主义，已经在今日世界落后而求变革的一切国家中，变成了一般的世界的革命运动形态。

自然，本文所论，仅止于从原则上说明半封建半殖民地经济转形到新民主主义社会经济，是顺理成章的，是最能解放并发展社会劳动生产力的必由途径。至若何以要这样才能达成那种解放并发展社会劳动生产力的效果的问题，那是须得就我们农村土地改革与都市工商业改造诸方面的实际状况去分别加以详细解说的。

（原载《新中华》1949 年 8 月第 12 卷第 15 期）

新经济的构成与性质
（1950）

一　两个有关的问题

封建势力，帝国主义势力和国家垄断资本主义势力消除以后，我们新社会的劳动生产力，是会由原有压迫下解放出来，而获得一般发展的。但那种发展不是自流的，不是听其盲目的自然演变的。换言之，是科学意识的，在事先设定的目标下进行的。然则我们究应依照如何的目标，并怎样才可使它向一定预期的轨道内去发展呢？这就必从其构成说起。

包括在新民主主义经济构成中的诸成分，大体是由人民革命运动过程中所要求实现的三大经济纲领所造成的。三大纲领是：土地归农民所有，没收以四大家族为首的国家垄断资本归国家所有，以及废止帝国主义在中国特权，保护民族工商业。

毛主席曾一再提示的新中国经济的内容，是：（一）"在中国的条件下在新民主主义的国家统治下，除了国家自己的经济，与劳动人民的个体经济及合作经济之外，一定要让私人资本主义获得广大发展的便利，才能有益于全体人民，有益于社会向前的发展。"[1]

（二）"总起来说，新中国经济的构成是：一、国营经济，这是领导的成分，二、由个体逐步地向着集体方向发展的农业经济，独立小工商业者的经济，及小的与中等的私人资本经济，这就是新民主主义的国民

---

[1]　见《论联合政府》。

经济。"①

这两种提示，是今日大家论究中国新经济的理论与事实的依据。在把新经济构成当作问题来探究时，或者在新经济构成上看出问题时，以次两点是应当为我们所注意到的。

（一）新经济构成所包括的诸成分，是由我们在达成新民主革命任务的政治要求所引起，还是因为我们在经济上原来就需要这么作，然后才在政治上采取联合的形式。

（二）新经济构成是就它最初开始的出发点讲，还是就它最后达成目标的终极点讲，又还是就它由始点到终点的过程讲。先来解答前一个问题：

从马列主义的研究观点来说，我们对于前一个问题，似乎是自然的，毋庸多所解说的，我们是在半封建半殖民地的社会经济条件下，才提出新民主主义的任务，才提出反封建反帝国主义反国家垄断资本主义（但并不反对资本主义）的任务；在达成这个任务时，我们在政治上为了增强革命力量，就可能而且必需包括民族资本家阶级在内的各社会阶层及其代表的民主党派参加；惟其在达成革命任务上，在摧毁各种统治的政治斗争过程上，容许并要求工农大众以外的小资产者，自由职业者，乃至民族资产者，分别贡献其物质的、精神的力量，他们在革命运动完成以后的经济建设当中，就自然而然的期望各有一个发展的前途，我们甚至可以说，他们是看准了或者被允许了有这一个前途，才热烈参加革命运动的。单从这一方面看来，民主革命政权中的诸阶级组成，又反过来限定了新民主主义经济中的诸构成成分。至少，新民主主义经济中所包含的那些性质不同的经济成分，大体是由新政权的性质确认了的。比如说，有资产阶级的人物，参加在新政权里，就当然显示有资本主义经济成分参加在新经济的构成里。这就是说，原本是由我们半封建半殖民地社会经济条件所规定了的，新经济构成诸成分，通过新政权的组织形态和联合方式，益把它明确化了。我们正好是在这种关系当中，更明白的看出了新民主主义政治与新民主主义经济的统一。

再来解答后一个问题，即我们当作对象来探究的新经济构成，究是就它形成过程中那一个阶段讲的问题。

新经济构成，即使是被当作一个通过它达到更高级社会的准备形态

———————————

① 见《目前形势和我们的任务》。

来理解，它也同其他社会经济形态或体制一样，有它不同程度的未成熟阶段，也还有它达到成熟之境的典型阶段，其差别是相当大的。忽略了这一点，或把这一点没有交代清楚，就无法科学的确定我们的研究对象。比如，新经济构成中的五个重要成分，国家经济，个体经济及合作经济，再加资本主义经济，及国家与私人资本合作的国家资本主义经济，在最初开始的出发点上，合作经济在构成中的比重是极小的，在最后达成目标的终点上，它在构成中可能达到的，或我们期待它达到的比重，却是比较大的；又如个体经济，在出发点上，它在构成中所占比重极大，而在终点，我们却期望它把它对于集体经济或合作经济的比重尽可能减小，即希望个体经济成分尽可能向着集体经济发展，虽然同时它也可能向着资本主义经济发展。这一切，都说明经济构成在出发点上和在完成点上，有了极大的分野。它是以私经济成分占着极大的比重开始，而以社会化成分占着极大的比重告终，在始点与终点，不但构成不同，相应性质也不同了。如其说，我们在始点来确定它的构成与性质，固不妥当，且非新经济的目的，就终点来确定它的构成与性质，又像是把将待形成，将待十年或二十年来形成的形态，当作已经形成了的形态来讨论，那是很不实际的。然则我们将怎样解决这个难题呢？只有从发展的研究观点，或从它由始点到终点的发展过程来研究，就比较能使我们的说明，不致远离事实。而新民主主义经济之科学的意识设定，和依照一定计划来使其逐渐完成理想的要求，更无疑会增加保证这种说明的正确。在前述毛主席关于新经济构成的第二项提示中，他明确指出国家经济是领导成分以后，紧接着不是讲个体经济，也不是讲集体经济，而是讲由个体向着集体发展的倾向，这说明我们在研究中国经济构成的时候，不应形式的机械的考察其静态，而必须灵活的辩证的研究其动态。

二　由构成论到性质

有关新经济的性质，一般是从其构成看出的。但单在经济构成本身，实在不够使我们明确认清它的性质，于是在我们目下有关中国新经济性质的见解中，就有不少相异相反的意见流行着。总括起来，约有四种说法：

（一）认定新经济的性质是资本主义的

其所持的论据，大约有以次两点：第一，在新经济构成中，除了资本主义经济成分是被确认其存在和发展外，独立手工业和占着绝大比重的农业或实现了"耕者有其田"的个体农业，固然有向资本主义发展的前途，就是以个体经济为基础的合作集体经济形态，也并不排斥资本主义化，甚且在某种限度内是资本主义性的结合，这一来，新经济的资本主义性，已就非常明白了。而况第二，在新经济下的一切活动，无论在农村在都市，抑在农村与都市之间，都是靠着私人谋利或追求利得要求而展开，政府对于它们的鼓励或限制，亦都是参照它们在市场上的活动情形，依价格工资金融等政策来予以干预或指导。换言之，资本主义式的商品货币运动倾向或法则，仍被看作是新经济活动因以推进的准绳。即在国家经济部门，在经营企业化的口号下，在以合理工资激发起劳动生产积极性的号召下，似都不难见到资本主义的作用和影响，特别是它这个部门，要与围绕在它周围的其他各种经济成分发生流通交往关系，也不免要在某种限制内，被强制着采取资本主义的做法。

（二）认定新经济的性质是社会主义的

其所持的论据，基本的当然是强调国家经济处在领导地位，而个体经济合作集体化的可能或倾向，更使这种看法受到鼓励。关于这点，下面还有谈到的机会，这里暂且带住。

（三）认定新经济的性质，是既非资本主义的，亦非社会主义的

这可以说是在相当范围内，承认上述两种意见，而又不完全赞同那两种意见的必然结果。从新经济构成中的资本主义成分，断定其非社会主义的，又从那构成中的国家经济成分，断定其非资本主义的。在抗战期间，早有一部分国民党的信徒，"两面开弓"似的不承认民生主义是资本主义的，也不承认它是社会主义的，而说它仅是不多也不少的民生主义。这就等于说民生主义的性质是民生主义的，"室之为言室也"，"人就是人"，一点没有解答问题。于是进一步有一个当作这种见解所引出之结果来看的意见，那就是

（四）认定新经济的性质，是混合着多种性质的

这种讲法的人，在中外论坛上很多。新经济构成中有资本主义经济成分，有社会主义经济成分，还有个体经济以及个体经济为基础的集体经济成分，各种成分混合在一起，说它是混合形态，或混合制度（mixed system），仿佛非常言之有据。但在所有这些见解中，这是最有毛病，最有毒害的一种。一切改良主义的人物，就是拿着这一"高见"，来从理论上否定历史唯物论的社会发展阶段说，同时并从实际来强调当

前世界上无所谓纯粹资本主义国家，许多资本主义国家中的社会主义成分在增长着；亦无所谓纯粹的社会主义国家，苏联经济结构中，还有不少的资本主义成分在。结果，世界先进国家乃至后进新民主主义国家，彼此间的经济结构中，只不过是资本主义成分与社会主义成分混合程度不同罢了。

也许说，有关新经济的性质，我们只可能得出这几种看法来。不论是谁，他必得支持其中任何一种看法。我有条件认定新经济是属于社会主义性质的，但不以上面有关的说明为满足。上面第二项关于把新经济看成社会主义性质的说法，与其他三种说明同样失之拘泥于形式，拘泥于构成上各别个体，而把各别个体构成后的总体意义忽略了；拘泥于已经是什么的形态而将其将变成什么的或发展成什么形态的意义忽略了，拘泥于经济本身的具体事象，而把那些隐在具体事象后面的新社会生产关系忽略了；这些都关系到经济科学或社会科学的一些基本问题的认识，所以我想移在下面一节来讨论。

三　怎样把新民主社会经济理解为是属于社会主义的范畴

我们仍不妨从经济的构成说起。

在历史上，社会划成了各种发展阶段，但没有哪一个阶段的经济构成，只单纯包含一种性质的成分。就在苏联开始新经济政策的 1921 年，列宁曾指称苏联社会形态，包括有以次五个要素：

（一）家长的，即大部分自给自足的农民经济。

（二）小规模的商品生产（变卖其谷物的农民的生产，属于此范畴）。

（三）私经济的资本主义成分。

（四）国家资本主义成分。

（五）社会主义成分。

现在你如叫英国工党中的任一代言人来解析英国社会经济的构成，他将毫不迟疑的把上述苏联初期经济构成中的后面四个部分列出来，证示它已"社会主义化"到了什么程度。显然的，单就一种社会经济构成中包含有那些因素或成分，固然不够说明它的总体性质，就是那些因素分别在总体中所占比重，比如说，苏联初期经济构成中的社会主义成分，尽管占着极大的比重，也不够用以确定苏联社会经济的总体性质。

然则对于那些总体性质，我们将怎样予以确定呢？那除了看它的构成要素以及经济构成要素所占比重以外，特别是像苏联这类国家，把它的总体当作集中形态来看的社会生产关系或政权的性质加入考虑，那可以说是一个极关重要的理论关节。

我把问题这样提法，也许任何一个有新社会科学 ABC 常识的朋友，都可以拿经济基本结构与上层建筑的主从关系来诘难我，说我不从社会经济的基本结构来看问题，却还乞怜于其上层建筑的政权性质。

这是需要加以分释的。

一般对生产问题的应用，也如同对于其他有关社会科学词语应用一样，往往没有仔细辨识到它在实际上的确定范围。社会的基本生产关系，无疑是存在于经济结构中，表现于主要生产手段所有者与劳动者所结成的联系中。一般的说来，由于他们在生产上结成这种关系，而在这种关系中，立在主人地位的生产手段所有者，为了完成或实现他利用那种生产手段来榨取劳动者，他就必须有一套为他或他们的利益而设置的法律政治秩序，那就是所谓统治权或政权。我们通常也把这统治权或政权，理解为生产关系。但第一不曾把这种只算是基本生产关系之集中表现的政权，与基本生产关系本身明确加以区别；惟其如此，第二，它们两者在实际上显示的距离，即如在一个以资本家作主人与劳动者结成生关系的社会，往往在其政权中，也在某种限度容许劳动者参加政权所显示的那种距离，不大有人注意到；于是第三，在社会变革或转形过程中，往往一个原被当作基本生产关系之集中表现形态看的政治权力起来了，或者上层的新社会生产关系建立起来了，而作为基本生产关系，还不曾改变过来，或者还有待于这种新政权或新的上层生产关系去加以改造或变革，如其稍微改变一个表现方式，就是生产关系原来是要去适应生产力的，在这种场合，倒反而要努力使旧有的生产力，旧有的劳动对象、劳动工具与劳动力的结合，改变转形，以适合新的生产关系。这情形，如我在上面提到的，特别是在苏联及中国一类国家的变革过程中容易发生。为什么呢？

且先在这种限度内，来考察一下资产阶级革命与无产阶级革命的分歧点。近代资产阶级的革命运动，是在资产者的经济力量，已够强大，因而要求出现一种适合于其经济的利益或使其经济利益能无阻碍的扩展的要求下产生的。反之，无产阶级的革命运动，则是在无产阶级的政治觉悟，团结组织力量增强，而其经济上，反因恐慌失业愈益陷于贫困的境况下产生的。就因这个缘故，如其说，资产阶级建立起来的政权，是为要维护并发展已经把握在他们自己手中的经济力量，而无产阶级建立起来的政权，却是要维护并发展他们从资产阶级手中夺来或没收来的经济力量。在这种比照下，我们就明了：在资产者阶级是由于他们的"财政的产业的及商业的经济利益在当时已经充分强大，终于决定了国家一般的政治"①。反之，在无产阶级，当资产阶级便于动员社会一切可能动员的物质的精神的力量，来巩固国家机器，压制他们的时候，他们就不得不被迫"集中自己的一切破坏力量"去反对国家政权，他们"如果不先夺得政权，不取得政治统治，不把国家变为'组织成为统治阶级的无产阶级'，它就不能推翻资产阶级"②，就无从"调整社会主义经济"③。

在中国无产阶级领导的人民革命的全过程中，无论是由边区到中区，由农村到都市，都是先把旧有的政治权力破坏了，把新的政治权力建立起来了，然后再着手调整改造经济，即是没收封建阶级的土地归农民所有，没收大豪门的资本归国家所有，消除帝国主义特权，使商工业在新的政治权力保护下再生，因此我们考察中国新经济的性质，单单强调国家经济处在领导地位这一点是不够的。事实上，从它的构成上去看，国家经济处在领导地位之成为可能，正是由于无产阶级所领导的政权在随时予以保证，这个政权得斟酌实际情形，按照经济的，经济以外的一般政治文化社会条件发展改变的状况，把整个经济带到或导向它所期望到达的理想境地。反过来看，如其英国的政权，还是把握在资产阶级手里，它的国营范围不论如何扩大，就说扩大到德国希特勒发动第二次战争当时的那个程度吧，那也会因为它的国家，还是资产阶级的国家，而把所有社会化国家化的部分，转变成为便于大资产阶级御用的东西。

从这种意义上讲，不管英国经济构成中，包括有那些成分，也不管那些成分实际所占比重如何，资产阶级的政权，没有受到决定性的改变，它的经济性质，仍旧是资本主义的。反之，中国新经济的构成中，即使还包括有国家经济以外的各种成分，但因为支配领导一般经济发展的，是无产阶级所领导的政权，我们就没有理由不承认它的性质是准社

---

① 见彭译恩格斯《费尔巴哈论》，第165页。
② 见中译本《列宁选集》，第2卷，第196页。
③ 同上，第194页。

会主义的。

因此，从理论上讲，如其我们不否认一位外国政论者，对新民主主义政权所下的定义，说它是无产阶级专政的特殊形态，我们就似乎可以为我们的新经济加一考语，说它是社会主义的特殊形态或低级形态。

我们要有了这种认识，才可进而论到国家在新经济诸范畴或其法则上的作用。

（摘自《中国社会经济改造思想研究》，上海中华书局 1950 年版）

马列主义与新民主主义社会经济形态
——有关新民主主义社会经济形态认识的几个问题的解答
（1950）

一　三个看法、三个问题

　　现在，新民主革命运动，已经表现为一个方兴未艾的世界潮流了。一切民主革命运动的基本问题，是政权问题；一切民主革命政权建立起来之后的基本任务，则是完成社会经济的变革或改造。①旷观今日世界诸落后国家，有的还在加速酝酿着新民主革命运动，有的已经建立起了新民主革命政权，有的并还由那种政权，在创建，或者已大体创建好了新型的社会经济体制。这情势，为我们指示出了两点意义：其一是，不论我们把那种新型的社会经济形态，理解为一个阶段，一个步骤，还是一个体制，它早已不是存在于理想中和宣传中，而是当着俨然的事实存在着，当作惹人注意或耸人听闻的具有世界性的重大事件，而为人所研究讨论着；其二是，这种社会经济形态，同苏联型以外的一切社会经济体制不同，它的形态与其说是由于客观社会经济事象依着盲目法则作用而展开的结果，无宁说是由于革命主体，科学意识的运用客观社会经济条件而计划出来的结果。换言之，它是新民主政权灵活应用新社会科学乃至晚近革命实践经验的"创作物"。

　　这里所谓新社会科学及其实践，显然是包含在马列主义全体系中的。

---

　　①　在这里，资产者的民主政权和苏联及新民主政权之间，表示了极大的分别：资产者政权所企图实现的经济形态，差不多在它争取得政权的瞬间，就已大体近于完成。反之，苏联及新民主主义政权，则要在它确实建立起来以后，才开始其所理想的社会经济的改造。

但当我们这样来解述新民主社会经济形态与马列主义的关联的时候，一些皮相的机械的理解马列主义的人，或者如所谓不是站在马列主义立场①的人，一定会凭着他们"生硬"、"死板"的机械想法，以为新民主社会经济形态的产生，似乎无法解作是依据马列主义的。他们的高见，大体可以概括在以次三种看法，及由此提起的三个问题中。

第一，是就马列的社会形式发展理论，看出新民主社会发展形态与那种理论似有所抵触或脱节的问题。

关于社会形式发展理论，马克思在 1847 年出版的《工资劳动与资本》著作中，就根据奴隶农奴工资劳动者的劳动的形态发展迹象，这样提出了："太古的社会，封建的社会，今日的社会，在人类历史发展上，各划一重要的时代。"② 但他把这种区分更基本的依生产方法来证明，却是见于 1859 年出版的《政治经济学批判》中，那里的古典表现是："亚细亚的、古代的、封建的与现代资产阶级的生产方法，就一般的轮廓说来，可以看作依次累进的社会经济发展的诸时代。"关于资本主义时代以后的历史阶段，他在一切场合是表示由社会主义阶段来接续下去的。对于马克思这种意见，列宁在其有关社会经济发展的说明中，是当作无可置疑的既定真理，当作唯物史观之具体而正确的表现形态来接受着的。例如：恩格斯在《家庭、私有制和国家的起源》一书（1884 年出版）中，依据马克思上述的社会形式发展论，而表示："古代的国家是以压制奴隶为目的的奴隶所有者的国家；封建的国家是为压制农奴及隶属农民的贵族机关；近代代议制的国家，则是资本榨取工资劳动的工具。"③ 列宁在其所著《国家与革命》（1917 年问世）中，就曾据以全面展开其阶级国家观。一句话，包括原始共产社会、奴隶社会、封建社会、资本社会，乃至社会主义社会的这种累进发展着的历史阶段论，是当作马列主义体系之一个重要构成部分而为一般所公认的。现在世界各落后国家之新民主革命运动所企图实现的那种社会经济形态，如依照各该国所已经大体形成，或在宣传计划中所要形成的经济结构的组织来

---

① 斯大林认为俄国的孟什维克不懂得马克思的实质，把马克思的革命的生动原理，变成毫无意思的死硬公式，因而说他不站在马列主义的立场，而是躺在马列主义的立场（参见《列宁选集》，第 1 卷，第 32 页）。

② 见莫斯科版英译本，*Wage, Lalbour and Capital*，第 3 页。

③ 参见明华社译，第 241 页。

看，即从它包括有资本主义的社会主义的各种因素来看，似乎根本不能列在上述任一历史阶段中。

这个问题将如何说明呢？

第二，是就马列的生产力理论，看出新民主社会经济形态的创建，与那种理论似有所抵触或脱节的问题。

马列的社会形式发展或历史阶段理论，是把唯物史观作为其认识的基础，而唯物史观又是依据社会生产力与生产关系的以次辩证发展关系证明的：社会生产力发展到一定阶段，它就跟该社会中原来适应它并帮助它发展的生产关系，表现出矛盾。到这时，这种关系，就由帮助生产力发展的形式，变成了它发展的障碍物，于是便导来了一种社会革命。不过，当生产力还有发展余地时，旧的社会生产关系，并不会事先消灭，而在旧社会胎内没有具备新的较高级的生产关系的物质条件以前，那种旧社会就不会为新的较高级的生产关系所代替。看作唯物史观公式的这一段经典，列宁在他的整个革命理论体系中，是一直都把握得牢紧，但同时也是运用得灵活的。在苏联政权施行新经济政策的当时，国内外人士揣测列宁的做法，似对马克思主义表示了一些距离；斯大林在1927年9月9日对第一届美国工人代表团的谈话中，就曾被提出了这样的问题："列宁和共产党在实际上给马克思主义补充了什么原则呢？如果说列宁相信'创造性的革命'，而马克思却较为趋向于等待经济力登峰造极的发展，那是否正确呢？"[①] 和这同样的疑问，显然是会移到我们这里有关的论题上来，而认为新民主革命者主张由新政治权力去创造新社会经济形态，像和他们认定的马克思"较为趋向等待经济力登峰造极的发展"，有些抵触。

这问题又将如何说明呢？

第三，是就马列的阶级斗争理论，看出新民主政权对私人资本主义采行的温和保育纲领，似与那种理论有所抵触或脱节的问题。

一提到阶级斗争，大家很容易想到，这是马克思主义体系中的一个最生动同时也最激越的一部分。列宁曾在所著《国家与革命》一书中，引述马克思自己关于其阶级斗争说的特点："……无论是说现代社会中有阶级存在，或发现各阶级彼此斗争，都不是我的功劳，在我以前，资产阶级的历史家，早已叙述过阶级斗争的历史发展，而资产阶级的经济

---

① 见《列宁选集》，中译本，第2卷，第48页。

学家，则早已作过各阶级的经济解剖；我所作出的新工作，就在于说明下列几点：（一）阶级存在仅仅是与生产发展过程所固有的一定历史发展阶段相联系着的；（二）阶级斗争必然引起无产阶级专政；（三）这个阶级专政，本身不过是进到根本消灭阶级，进到无阶级社会的过渡。"①列宁显然是对马克思这种阶级斗争指示的忠实履行者，他毕生在为着消灭资产阶级、消灭阶级而作着艰苦的斗争；而他及他所领导的党，在斗争过程中，为应付旧统治压制，抗拒所采行的种种严峻手段或强有力行动，以至在因此受着严重威胁的整个资产阶级及其所支配的舆论界，竟把马列主义者理解为是只知道破坏，不能建设；只知道战斗，不会通融和不能打和平交道的人。由是，他们对于新民主政权采行容允并保育资本主义发展的经济措施，或包含有私人商品经济成分的新社会经济形态，就要采取怀疑态度，否则就认定那是对于马列主义的脱节行动。

这问题又将如何说明呢？

所有这些疑难问题，无论发生于各种反动分子或集团的恶意曲解，抑是由于大家对马列主义理解的不够，都会在新民主体制创建的实践上，引起一些不利的影响。为要廓清诸如此类的似是而非的见解，为要把新民主社会经济体制安置在明确而健全的理论依据上，最好是由马列主义学说本身就上面提起的三个问题，分别予以解答。

二　马列主义对于第一个问题，即由社会形式发展阶段理论引起的疑难的解答

马列所提示的社会形式发展阶段说，是依据唯物史观，依据科学分析，通体研究人类历史累进诸时代之社会经济状态而达出的结果；是由特定诸国诸民族之历史而一般化而抽象化的共同序列。它虽然可以大体由抽象回到具体的通用于各个别国家民族的历史发展方面，但因人类社会经济的历史发展，会因其所禀赋的自然条件与所遭遇的历史条件而表现出种种差异，故某民族或国家在特定发展阶段所显示的社会生产规模，所延续的时间以及对照该发展阶段之经济结构中所呈现的各种上层建筑形态，都不一定能与其他民族或国家在同一阶段所经历所表现者相同，这种社会经济结构上所具有的个别特殊性，当然会依照其差别程度

---

① 见《列宁选集》，中译本，第二卷，第 201 页。

的大小，而影响到其由前一历史阶段移到后一历史阶段的转形过程。但虽如此，我们不但不会因此减少一般社会发展形式及一般社会演变程序之科学提示的重要性，却反而要靠着这一般社会发展形式，来判定特定国家或民族，究在其特定社会发展阶段对一般表示了多大的特殊性；并要靠着这一般社会演变程序，来推知特定国家或民族，究由其前一历史阶段推移到次一历史阶段的过程中，究应依其特殊社会结构，采行如何不同的转形方式。

我们甚至可以说，社会史上的一般阶段认识，和一般发展法则的提示，并不是为了最符合或最接近一般发展水准和演变规律的社会，反而是为了那些对一般发展水准，对一般演变规律，显示了较多差别的社会。

当我们这样去理解、去重视马列主义社会发展阶段学说的时候，就是表示，我们人类对于社会历史的发展，对于经济结构的变革，不再像过去一样，采取旁观的无为的态度，由客观社会经济事象自发的盲目的演变，即是如我在其他场合所讲的“……以往的，在 19 世纪中叶以前的社会转形，差不多都表现为半自觉的或不自觉的一任自然的必然摆布的偶发变动，自从新的历史科学，即看作社会发展之方法论的科学，在 19 世纪中叶大体完成以后，一切社会变革运动，一切社会转形，就开始依照我们对于那种新历史科学、那种新社会学理解的程度，而变为较能自觉的，变为‘知而后能’的，变为非一任‘自然的必然’支配，同时且能科学的意识的支配运用‘自然的必然’过程的社会行动了。”[①]我之所谓新历史科学、新社会学，正好是从上面提论到的社会形式发展阶段理论，作为其重要的具体内容的。自 19 世纪中叶以来，这一科学的历史提示，就明确指示了欧洲各国革命运动的光明前途，及其可能采行的缩短社会生育痛苦的策略。苏联十月革命的成功，当前东南欧及中国的新民主革命运动的成就，恰好是灵活运用了马列主义的最大收获。

马列主义指出：由资本主义制推移到社会主义制，是一种历史的必然，如何由前者转形到后者，可以全面的周密的审查一国资本主义发展的程度，其社会阶级构成的变化，其周围国际关系的演变，而定下可能较快完成那种转形的各种必要步骤或过渡阶段。我们仔细考察人类历史上各基本社会发展阶段出现的前后，差不多都参差不齐的产生了作为其

---

① 见拙作《论社会转形中的科学研究者》，1949 年 3 月 6 日香港《大公报》星期论文。

准备的或过渡性的阶段。比如资本主义制在其典型形态完成的前期，就有所谓商业资本阶段，其后又有所谓独占资本阶段，或国家资本主义阶段。但当作典型社会主义实现之准备步骤看的苏联型的国家社会主义经济形态或东南欧的新民主主义社会经济形态，它同资产者社会的国家资本主义经济形态，不但从所有权本质上显出了极大的分野，就产生的过程说，更是根本不同的。所谓国家资本主义经济形态，是资本主义产业发展到产业革命第二期，到固定资本愈来愈增大其比重，到产业资本家愈来愈须依赖于金融资本的情形下，必然要自发的产生的。换言之，它是依照资本累积与扩张法则的盲目作用而形成的；反之，苏联的国家社会主义经济形态，东南欧乃至新中国的新民主主义社会经济形态，却是对照着现实社会经济条件，而科学意识的计划安排创建出来的。

要之，为马克思所创立，又为列宁、斯大林依实践予以充实了的科学的社会形式发展阶段理论，对于那些处在正常发展社会状态下，尤其是对于那些处在不正常发展社会下的被压迫的人民，第一，明确指出了他们所在社会的必然的发展途径；第二，又明确指示了他们为了缩短达到那条道路的痛苦过程，不能被动的等待着客观环境自发的演变，而必须多方加强主观的努力；最后第三，又还明确指示了，他们应该运用一切可资利用的客观主观条件，科学的设定一个容易集中力量避免阻力的转形步骤或阶段，使之成为达到理想的典型社会阶段或社会主义阶段的"便桥"。

三　马列主义对于第二个问题，即由社会生产力论引起的疑难的解答

马列主义的社会形式发展阶段理论，在实质上，是依着社会生产力与生产关系之辩证发展关系来说明的。在任何一种社会经济形态中，一般是把生产力状况和生产关系形式，作为其社会生产总机体的构成。因此，我们上面关于社会形式发展理论在应用上的说明，至少应该算是部分的解答了由社会生产力论所引起的疑难。但即使经过了这种把理论与实践关联起来的说明，围绕在社会生产力论上的以次论点，仍然是需要解释的。即在资本主义经济较不发达，也可以说是，在社会生产力较不发达的国家，由新民主政权来推行一种适合于它的"社会性格"的经济制度，来培育出一种被视为它的物质基础的新生产力，那不是表示：

（一）体现着旧社会生产关系的政治权力之被推翻，并非由于生产力发展起来的结果，反倒像是生产力不易发展起来的结果；（二）新社会生产力，并非旧社会生产关系里面育成，倒反像是要在新政治权力下面去创建。这两个论点，显然是从一个问题或一种疑难的正反面去看出来的，一般是对马列主义的认识，还停留在形式的条文字句上，而不曾彻底的从实践关联上去辩证的理解的结果。

特定社会生产力的发展，一达到原来适合它的生产关系，阻碍它，桎梏它，使它不复能向前发展的时候，就引起一种社会革命，那是从过去社会史实演变中得出的一般的抽象化了的"化验室的"大法则，对于这个大法则，

我们第一要明了，现实社会的发展演变史，真不知道比它那个法则本身所表现的，要丰富多少，要曲折错综多少。但虽如此，我们决不应当因为现实表象上的前后错合参差，而怀疑到那种法则本身的贯彻作用，反之，正是由于社会现象过于错杂了，我们才更要求那种作为认识依据的历史法则。

第二要明了，在这种历史发展法则没有发现出来之前，我们一直是让社会生产力"自发的"发展到使那原来适合它的生产关系破裂，或使那体现着那种生产关系的政治权力的崩溃。可是，当我们已经由那种社会发展法则，知道任一国家民族的必然发展前途，而又知道听任其"自发的"发展，必须支付极可怕的历史代价的时候，我们是否还应该作那种"等待"呢？而且，

第三还要明了，处在现代资本主义支配下的落后国家，它就是甘愿忍辱负重的作着那种"等待"，也极不容易实现它的现代化的社会化的发展前途。它的传统封建生产的残余，大都在为国际资本或帝国主义势力所利用，致使其社会生产力长期陷在坎坷困顿中不可能发展起来。正因为这种缘故，

第四个要明了，我们在 20 世纪考察一个国家的社会生产力与生产关系的辩证发展问题，就不应单就该国国内的社会经济发展水平来衡定它，同时必须考虑到国际资本在该国发生的阻击作用，和看该国体现着新旧生产关系的半封建统治形态，在国际资本统治阵线中所处的地位。换言之，即同一的社会生产力与生产关系乃至其上层的政治形态，却因此赋予了一种"世界的"性质，旧生产关系从而旧统治势力是顽强还是脆弱，一方面要看它在整个国际资本统治中扮演的是怎样的角色，同时

也要看，排斥它的社会生产力，是在怎样受着国际资本统治磨折和国际革命激荡的影响。为了补强这种意见，

最后第五，我们还要明了，所谓社会生产力，归根结底的分析起来，无非是人的因素的劳动力与物的因素的生产手段，在一定社会形式下结合作用起来所表示出的一种劳动生产力量。落后社会生产关系，落后政治统治（事实上往往是与国际资本的统治结合着）妨碍那种结合，就是使社会可能变为生产手段的物因素，不容易现实的当作生产力的构成而作用，使社会可能变为劳动力的人的因素，也不容易现实当作生产力的构成而作用。一个社会长期陷在既被国际资本控制剥削，又受封建传统压抑摧残的状态下，它不绝由农村游离出来的大量劳动力，虽不能变为现实的社会生产力要素，却不失为可能的社会生产要素。那些在都市在农村经常处在失业或半失业状态中的大批劳动者，他们即使不曾取得现代产业工人的头衔，却因为在长期民族主义运动，民主主义运动乃至农民运动的感召下，很可能并且实际上具有现代产业工人的战斗精神，至少是现代意义的无产阶级的"后备力量"。因此，以他们这类生产人民为主体而展开的新民主革命势力，我们不但不应专从国内经济发展状况去判断它的社会基础，就是就国内设想，也不应专从它的社会生产力发展水准的量的方面去考虑，同时更当从那种生产力发展水准的质的方面去说明。

也许说，上面这几点意见，只释明了生产力未在旧统治生产关系下发展起来，却竟发生了摧毁那种统治那种生产关系的革命运动的一面，而新的生产力并未在旧生产关系下成长，须由新政权来培育的这一面，仍得加以解释。但这是比较容易解释的。任何旧社会的生产力，都是被看作新社会的生产力的"原料"，即原有的劳动力，原有的生产手段，都被重新组织编配在新的生产关系中。落后社会蓄积为生产手段因素的"原料"虽颇不够，但作为新社会新生产力之劳动力因素的"原料"，却大可由长期现代化坎坷磨折所造出的具有浓厚民族意识与阶级意识的大量劳动者，得到极其"充裕"的供给。一个新社会，没有旧社会遗下的诸生产力条件，它是无法取得存在的，资本主义经济不发达的落后社会，较之资本主义比较发达的社会，通体说来，当然只会对新社会——或社会主义社会，移转下较为贫弱的新生产力的"原料"，但那并不意味它完全没有旧的"蓄积"，只不过说明，它的旧的"蓄积"不充分，因而更需采行一种过渡性的准备步骤的新民主的社会经济体制罢了。

四 马列主义对于第三个问题，即由社会阶级理论引起的疑难的解答

由前面提论的第一个疑难的解答，我们已明了社会形式发展阶段理论，正好是表示以后的革命运动，并无须采取等待主义，等待客观社会条件成熟才自发的爆发。为缩减自然生育痛苦，而科学意识的提前发动。于是，由第二个疑难的解答，我们又进一层的知道，社会生产力与生产关系辩证的发展理论，正好是表示革命运动并不一定要"等待"一国社会生产力发展到如何高的水准，才可展开；其生产力量上的缺点，可由其质上的优点得到补充；其国内经济基础的薄弱，可由其在国际关系中的对比地位相对予以增强；社会蓄积在革命前或在革命过程中的过度浪费，只好在革命完成后合理的计划的加以培育。以上这两种疑难的解答，已经大体为我们这里要解答的第三个疑难，即社会阶级斗争理论为什么允许对资本家阶级妥协的新民主社会经济形态的疑难提出了前提的理解。

因为为了减少"生育"痛苦要提前发动革命，因为发动革命时的经济基础不够坚实，需要设法培育，因为在落后社会内培育新生产力，仍得藉助于资本主义的生产方式，于是，就有容许私人资本活动的新民主社会经济形态的创建。这一列逻辑顺序原是非常明白的，但由无产阶级领导的政权，居然容允资产阶级参加，那怎样同马列主义的阶级斗争理论调和呢？

这种疑难，主要是由于抽象的去理解马列主义和望文生义的去理解它的阶级斗争理论的结果。实现社会主义，尽可能迅速的实现社会主义，无疑是马列主义在实践上的最根本目标，同时，它也明确指示了：非经过激烈的彻底的理论与实践上的斗争，一切阶级的敌人是不肯较易认错认输的。但我们应明了，马列主义是把唯物论作为它的哲学基础的，对于一切社会问题的处理，它首先探究那解决问题的现实物质条件，已具备到了怎样的程度。马克思在 19 世纪后期，即在资本主义开始其"和平发展"的阶段，已经天才的提示了有关斗争策略的根本问题，等到同世纪末乃至 20 世纪初，列宁依据他在当时社会斗争过程中的丰富而切实的体验，进一步把革命学说的实践策略，作了许多科学的规定。依据那种规定，

第一，他告诉我们，当革命的斗争，已带有世界的或国际的性质的时候，即世界已由资本统治集团与反资本统治集团对垒起来，作着正面搏斗的时候，斗争的舞台，就应由革命集团自动的有计划的移到国际资本统治比较脆弱的地域或国家，那是回避攻坚或抓住弱点痛击的战略。因此，

第二，他又告诉我们，在资本主义比俄国还要落后的国家从事革命运动，那种运动当中，必然掺杂有民族问题与农民问题的性质，从而革命的对象，革命的阵线，乃至革命的步骤，就得审慎斟酌考虑明白确定；如果一开始便笼统的把一切非无产者当作敌人，那就犯了"树敌"的错误，而使自己陷在孤立的地位。所以落后国家的革命运动，必须对照其落后的程度，而区辨出最先要革除的对象；如其那对象是帝国主义与封建势力，就不妨团结一切受帝国主义封建势力压迫的各社会阶层去毫不容情的反对它，打倒它，消灭它。

第三，他还告诉我们，那怕对于一个已确定要打倒、要歼灭的对象，在必要的场合，还不妨采取妥协、缓和和融通的策略，那或者是为了利用国际敌人的矛盾，或者是为了使自己更有喘息休整的机会，或者是为了使自己由此确立起较为坚实的社会经济基础。不管为了什么，都可以说是在施行一种革命的"改良主义"；革命者是不仅要知道如何勇敢的进攻，同时还得知道如何勇敢的后退。列宁在军事共产主义时期以后，断然实行的新经济政策，就是运用这种以退为进的革命策略的结果。在《联共党史》上，我们见到了这样一项有关新经济政策的说明："战时共产主义是用冲击手段，用正面进攻手段攻破城乡资本主义成分的尝试。在实行这种进攻时，党向前面跑得太远，有脱离自己根据地的危险。列宁现在主张稍许后退一点，暂时退到更接近于自己后方的地方去……以便蓄积力量后再去开始进攻。"[①]

对革命者实行改良主义方策的问题，列宁自己曾有这样一种解说："只有马克思主义者才确切的正确的决定了改良对于革命的关系，但马克思当时只能从一方面，即是只能在无产阶级甚至在一个国家中都还没有获得多少稳固，多少长久的初次胜利的环境里看见这种关系。在这样的环境里，正确关系的基础，就是把改良看成无产阶级所作革命阶级斗争的副产品……当无产阶级即令只是在一个国家内获得胜利时，于是改革对于革命的关系上便有一种新东西出现了。在原则上事情仍如以前一

---

① 见《联共党史》，1948 年译本，第 316 页。

样，但在形式上却已有一个为马克思本人所不能预察到的变化，虽然这个变化仍只有根据马克思主义的哲学和政治观点才能理解的。"① 这段话是表示，革命者采取改良的步骤，是要在革命政权确立起来之后，或者是要在世界中某一个国家已经由无产阶级革命取得胜利以后，才能看出它的积极意义。显言之，苏联对资本者妥协让步的新经济政策，是十月革命建立起了苏维埃政权，可以保证那种政策更有助于社会主义经济的成长；今日，东南欧各国及中国的革命运动一开始就由容允或联合资产阶级的政权，来推行保育资本主义商品成分的经济步骤，从世界观点去看，乃因无产阶级的政权，已经在苏联建立起来了，它可以支助或示范这些国家，使它们由无产阶级领导的联合政权，能把较温和的经济措施，当作革命进程中的必要的过渡步骤。革命者在特定场合的让步，都不是消极的，而是更积极的；毛主席曾把抗日当时对国民党反动派的让步，有过极其精辟的说明。他说："……没有红军的改编，苏区的改制，暴动政策的取消，就不能实现全国的抗日战争，让了前者就得了后者，消极的步骤达到了积极的目的。'为了更好的一跃而后退'，正是列宁主义；把让步当作纯消极的东西，不是马列主义所许可的。……我们的让步，退守，防御或停顿，不论是向同盟者或向敌人，都是当作整个革命政策的一部分看的，是联系于总的革命路线而当作不可缺少的一环看的，是当作曲线运动的一个片断看的，一句话，是积极的。"② 从这段指示里，我们可以深长的体察到马列主义者科学意识的采行新民主主义社会经济措施的根本意义。

五　结　语

我想把上面的说明，简括结论在以次三点意见中：

第一，任何一个新民主国家所实行的新经济措施，即以国家经济为领导，容许私经济存在与相当发展的过渡性的步骤，不但不是违反马列主义的，并且完全是依据马列主义的。

第二，马列主义的社会形式发展阶段理论，社会生产力理论，社会阶级斗争理论，是马列主义体系中的相互密切关联的序列。由这一序列

---

① 见《列宁全集》，第 27 卷，第 84—85 页，转引自《列宁主义问题》，中译本，第101—102 页。

② 《毛泽东选集》，第 180 页。

理论所赋予革命运动的科学性格，所赋予革命运动的更大更多的自觉的计划的属性，把各种革命实践活动上显出的表象形态，提高到了像是同那些理论本身有所抵触的样子。但依我在上面仔细的考察，马列主义所提示教导我们的，并不是要在一定的固着的条件下，我们该如何刻板划一的去做，而是在任何变动不居的情形下，我们皆能把握革命原则，因时制宜的去做。

第三，摆在我们眼前的新民主主义政权，和为这政权所计划实现的新民主主义经济形态，就不但是灵活运用马列主义革命理论之科学意识的产物，同时，这种形态的政治与经济，也只能在马列主义这一大社会发展的镜面中，才比较容易反映出它的革命本质，和取得它的科学依据。

（原载《新中华》1950 年第 13 卷第 6 期）

人口理论与中国人口问题

资产阶级的人口理论和马克思主义的人口理论
（1956）

一　人口问题的诸表象及其本质

在政治经济学上，人口被看作是"整个社会生产行为的基础和主体"①。

一个社会的人口的密度，人口在城市，农村的分布情况，在各不同生产部门间的分布情况以及人口的阶级划分情况，那诚然都是社会经济发展的结果，同时却也不能不在一定程度上影响到它的经济发展的速度和人民生活的水平。在这里，人口问题就发生了，各种人口理论也相应发生了。究竟人口要保持怎样的密度，要怎样在不同地域不同生产部门分布，要怎样在各阶级间划分，才对于社会经济发展和人民生活水平提高有利，否则就是不利呢？意见纷纷，莫衷一是。不过，把以往有关人口问题的意见或理论综括起来，仿佛一般对于人口在城乡的分布是否适当，人口在各阶级间所占的比例的大小如何，并不曾引起严重地论争，而一直成为问题，并一直在剥削阶级论坛上发生争吵的，往往是集中在社会的人口的适当密度上面，或者至少可以这样说，他们有关人口的地域分布和阶级分划的不同看法，大体是非常含混地纠缠在社会总人口是多了还是少了的密度问题上面。究竟人口多了好，还是少一些好呢？问题被这样提出来，以资本主义社会来讲，恰好反映着它的上升和没落的两个不同阶段。在整个资本主义的手工制造业阶段，乃至由手工制造业

---

① 马克思：《政治经济学批判》，人民版中译本，第 162 页。

向着机械工业过渡的那一段时间，一方面因为手工业制造业还是以劳动力为主体，因而非常需要劳动人口，同时又因为这种生产组织又不够引起农业方面的根本变革，因而不能把农民从农村驱向都市。于是，从英国开始，用各种立法手段破坏农村，驱逐农民，接着就用那些在身上烙字、割去耳朵乃至杀头一类的严刑峻法把被驱逐"散而之四方"的浮浪游惰者，赶到比牢狱还坏的作坊或手工制造场所中①，而对于企图偷偷逃往国外的人，更定有非常严厉的惩罚条例。英国以外的其他西欧德、奥、法诸国，差不多是照英国的样子如法炮制。美国原来就不像西欧各国那样存在有封建制度支配下的农村，过着原始氏族社会生活的土著的印地安人，又被那些欧洲殖民者剿灭或驱逐到僻远的山区了，结果，那里工业上乃至农业上需要的劳动人口，就只好由那些在非洲采用各种欺骗压迫野蛮手段把当地土著人民变成奴隶来得到供给。可是，事实尽管如此，欧美的剥削阶级及其代言者，并没有十分意识到：把人口从农村驱往都市，把那些独立的农民阶级变成隶属于工场作坊老板或资本家的雇佣劳动者；把非洲的狩猎者畜牧者变成美国的工农劳动者，已经是在处理安排人口的地域分布和阶级分划的问题，他们一味笼统地强调人口的重要性，强调人口愈多愈好，特别是像德奥那样一些长期被战争牺牲了大量人口的国家，无疑是更强调得有劲。大约由十五世纪到十八世纪上半期那个历史阶段，差不多一切经济学者的论著，都习惯于把人口放在首要的地位来讨论，而德国奥国称之为官房学家的重商主义者们几乎没有例外地都是些大人口论者或多人口论者。② 可是好景不常，现实状况比思想变得更快。经济向前迅速发展，人口增殖率也在迅速提高，就在这当中，那个以劳力为主体的手工制造业阶段逐渐转移到以机械为主体的大工业阶段了，劳动人口已经不像以前那么需要了，同时，大工业一发展到相当程度，就不仅要对都市手工制造业引起技术革命，也要对农村的旧式生产组织从根引起社会革命，结果，农民变成无产阶级，变

---

① 在《资本论》第一卷第七篇"所谓原始积累"那一章，马克思用血与火的文字，依据无数千真万确的事例，描述了那个悲惨的剥夺过程。

② 奥国最著名的官房学者松勒福尔斯（Sonnefels）在其 1763—1767 年刊行的《警察商业及财政原理》中说："人口数愈大，对于外敌侵攻的抵抗力愈大……人口愈大则欲望愈多，内部食养之道亦愈多。人口愈多，则外国贸易的原料，即耕作与勤劳的成果，愈觉丰富。十个人就有十个欲望，对于他的职业，是营利的手段，生活的手段。十个人就有十种营业，增加了十个人，同时就增加了十个欲望，增加十种营利之业。"——转引自拙作《政治经济学史大纲》，第 81—82 页。

成雇佣劳动者，已经无须用剿灭农村，用鞭棍烙印或杀头的刑罚来把农民驱往城市的种种手段了，他们像是潮水般地自发自动地到他们应到的地方去了。这一来，人口之流，就开始漫溢起来，人口不是不足，而是过多了，于是，在资本主义发展走先了一步的英国，也率先感到这个问题的麻烦。当经济落后的德奥等国还在继续发挥大人口论多人口论的时候，英帝国已开始强调适当人口论或强调"少一点，好一点"的人口论了。极有代表性的马尔萨斯的人口理论，就是这样产生的。这是我要在下面详细论到的。

事实上，在一切剥削阶级统治的社会里面，尽管统治者照例笼统地把人口少了或多了作为问题，但他们看得严重感到头痛的，一般倒不是在前进的阶段感到人口过少，而实是临到没落的阶段感到人口过多。因为人口少了，像在封建社会的统治者阶级那样，用招抚流亡休养生息一类办法，就可以对付过去，而在资本主义初期，如我在上面谈到的那些为统治阶级所雷厉推行的变农民为无产者的办法，虽然残酷一些，在他们自己，并不感到怎样难过。若人口过剩了，过剩到以社会规模的失业、贫困、饥饿和死亡的现象表现出来，那就不免要威胁到所在社会制度本身的存在。就因为这个缘故，人口的问题便被理解为人口过剩问题，仿佛历史上根本就不曾存在过人口不足的这个阶段。他们为什么这样不顾历史事实，或忽视那些分明代表着那种事实的思想言论呢？那是不能单由统治阶级对于人口不足问题比较容易解决，因而就比较不重视这个问题来解释的，更重要的原因，应当说是由于剥削阶级的代言人要单单抓住人口过剩这一面，把人口问题归结为人口过剩问题，才便于他们得出这样结论，即人口问题是与一切社会形态相独立的自然规律作用的问题，仿佛从原始社会以来，大地上尽管只存在着非常有限的人口，那点人口仍旧由贫困饥饿和争夺猎场牧场的战争状态表现了他们的过剩，此后每一个历史时期，都有贫困饥饿和战争状态存在，以此推论，当然都是表现着人口过剩状态的存在。人口问题，就这样变成了一个和人类社会相始终的超历史的自然性质问题。

由于他们把所有的人口问题，归结为人口密度或数量问题，又进一步把数量问题归结为数量过多或人口过剩问题，并认定这是无可避免的自然性质的问题，他们就用这个指导思想，就人口的性别、年龄、职业、地位、文化知识水平，以及人口所属的种族，所在的地域等等方面，考察问题的症结。他们考察的结论，尽管措词和强调程度不尽相同，但大体是一致的，就是高级的有文化修养的有钱的人少生育，反之，则多生育；因之，人口过多过剩，总是表现在下层阶级，穷苦人或贫困种族间，到处如此，就说这是一种非人力所可挽回的自然现象。从这里，显示他们的研究又深入了一层，即把人口过剩问题，再归结为被奴役被榨取压制的劳动人口过剩或落后民族或地区的人口过剩的问题。这就无怪每个人口过剩论者，在不同程度上，都是消费阶级必要论者①，都是生物的适者生存论者，都是劣等种族淘汰论者。然而人口问题的本质或其社会的阶级的性质，却从他们的荒谬的逻辑推论上暴露无遗了；谁能设想，一个社会的劳动人口，社会的直接生产者，经常处在贫困饥饿状态中，变为多余的，同时，那些不事生产的人，那些游惰荒淫的吸血鬼，倒富有起来，变为社会所必要的，这种颠倒反常的情况，是由于自然的安排吗？人口问题并不是什么自然性质问题，而是一个在不同历史时期，乃至同一历史时期的各不同发展阶段都表现了不同内容不同性质的社会问题。在阶级社会里面，离开了阶级，人口便是一个没有现实意义的抽象；离开了社会经济结构，阶级也是一个空洞的名词。人口问题是从整个社会经济发展过程中产生的，从而有关这个问题的说明及其根本解决，也必须从这里下手。

马克思的人口理论，就是从人口问题的社会阶级本质出发的，它对于资产阶级学者依阶级利害偏见片面地皮相地撷拾一些表象所编造的臆说，给予了无情的批判。但这里得指明一点，马克思主义的整个经济学说，虽然是在批判资产阶级经济理论中吸收其合理的健康的成分创建起来的，但资产阶级学者有关人口问题的理论，却极少具有科学的内容，就连大经济学者亚当·斯密、李嘉图也非例外。这原因，不仅只是因为人口问题本身极密切地联系到社会贫富阶级的问题，从而，讨论起来，更需要解脱阶级的偏见；同时还因为人口问题关系到整个社会经济结构，就资本主义社会来说，关系到资本的积累或发展，不深入到资本生活的内容，就无法有正确的理解。现在且先把资产阶级学者有关的代表学说概括地予以批判的揭露，然后再看马克思在其大著《资本论》中，是怎样科学系统地展开他的崭新的独创的人口理论的。

---

① 为了避免由生产过剩引起的危机，马尔萨斯特别强调由大地主什一税收入者构成的消费阶级必须保持并扩大；其他人口过剩论者不是讲消费阶级必要，而是冠冕堂皇地讲优等种族必要。说法不同，大意是一样的。

二 资产阶级的人口理论——马尔萨斯主义

近代资产阶级的自然主义的人口理论，是以英国马尔萨斯在 1798 年出版的《人口论》中的意见作为代表。马尔萨斯主义和资产阶级的人口理论，已经成为同义语了。但这个看法，并不是说，这一大套理论的发明权是属于马尔萨斯，马尔萨斯牧师是一个剽窃专家，在经济学上，他的价值理论是剽窃自西斯蒙第；他的地租理论是剽窃自安徒生；而他的人口理论的出处，马克思是这样告知我们的："如果读者记起 1798 年刊行《人口论》的马尔萨斯，我就要以下面的事实提醒读者，就那部书最初的形式来说，它不过是对于德福（Defoe），斯杜亚（Staurt），汤生德（Townsend），佛兰克林（B. Franklin），瓦拉斯（Wallace）一辈人的言论，加以小学生样浅薄的，牧师样改头换面的剽窃。里面没有包含一个创造性的命题。"[1] 至于这个理论为什么到了马尔萨斯手中，就变得特别重要特别引人注意起来，那是要由英国当时的具体历史情况来加以说明的。在十八世纪下半期特别是七十年代以后，英国的工业革命及随后不久发生的农业革命，在以极迅速的步伐向前发展，当然财富也在以相应的速度增加，被题称为"国民之富的性质及其原因之研究"的亚当·斯密的大著《国富论》，就非常乐观地反映着当时这一方面的光明前景。可是在阶级社会里，好事总有它叫人不愉快的反面。由农业革命造成的农村小农的普遍失业与流离失所，由工业革命造成的都市一般劳动者的贫困与罪恶，致使亚当·斯密所理想的"自由王国"竟变成了"令人惊叹的悲惨国度"，连他原来的忠实信徒，也大声疾呼"财富数量的增加和幸福数量的减少"[2]。这情况，对于初期资产阶级经济学者为资本主义涂饰的玫瑰颜色，已显得颇不调和了。当 1789 年的法国大革命的凶报传播到英国以后不久，高德文（William Godwin）那部痛烈攻击私有财产制度，把私有财产制度看为是贫困罪恶的根源和人类理性的翳障的著作《政治正义论》于 1798 年出版了，在翌年，法国康多塞（Condorcet）又公刊《人类精神发达的历史观察》，同样攻击私有财产制度，这在西欧各国思想界造成一种恐怖的情绪。就在这种环境和气氛

---

① 马克思：《资本论》，第一卷，第 774 页注。
② 见西斯蒙第：《新经济学原理》，第二版，序言。

下，牧师马尔萨斯起来捍卫私有财产制度了。因为高德文那部著作谈到：私有财产如果废除了，贫富区别没有了，一切贫困罪恶均可绝迹，虽人类繁殖，难免不为理想社会实现的障碍，但智能发达的人类，届时自知节制生育，适可而止。马尔萨斯就从他这段话的后半截钻空子，把时人及前人有关人口过剩引起贫困罪恶的理论，偷袭在他那本小册子里面，用以答复对于私有财产制度的抗议和非难。这就使得英国的寡头政治，认为它可以看作是对于高德文康多塞等人的学说的万应消毒剂，"可用以彻底铲除掉一切要求人类进步的热望，而报之以欢呼"①，所以，马克思说："那部小书，竟会名噪一时，全是由于党派利害的关系"②，全是由于资产阶级要拿这一套无稽的谎话，来淆惑视听，镇定人心。经过资产阶级这一捧，资产阶级的人口理论，就变成了马尔萨斯的专刊。无怪马尔萨斯自己也为他的意外成功，感到惊愕了。

马尔萨斯主义的出发点或基本论点，就在于论证人类社会的贫困罪恶，不是由于社会的原因，而是由于自然的原因，也就是说，不是由于私有财产制度引起的结果，而是由于自然规律作用的结果。马尔萨斯在他的《人口论》中，是以人口问题为中心，就人口和食物或生活资料的关系来展开他的说明的。他先从人类天性出发，定立下两个自有人类以来就一直无可变易的两个命题。

1. "食物是人类生存所必要的"；

2. "两性间的情欲是必然的，并且，大体总会像现在这样"③。

马尔萨斯提出"食色性也"的这两大命题，就是为了把他的大理论，建立在这种任何人都不能否认的事实，同时，任何人都会理解的常识的基础上。想从常识引出科学。他是这样运用逻辑的。有了两性，就必然有两性的情欲关系，也就必然要增殖人口，人口增殖起来，接着就会发生食物问题。食物的增加与人口的增加，究是那一方来得有力呢？两者间究是保持着怎样一种比例呢？马尔萨斯断定：人口的增加较之食物的增加远为迅速。他告诉我们："人口任其增殖不加妨碍时，按几何级数率增加，若生活资料，那不过是按算术级数率增加，略有数学知识

---

① 马克思：《资本论》，第一卷，第 775 页。
② 同上书，第 774—775 页。
③ 《人口论》，第一版，世界书局版，中译本，第 5 页。

的人，大概都知道前者的增加力，远较后者为大。"① 但何以见得人口的增加是按几何级数率，而食物的增加是按算术级数率呢？马尔萨斯发现生活资料较欧洲各国丰富的美国，人口曾于二十五年内增加一倍，所以他据此推定："人口若是没有妨阻其增殖的原因存在，每二十五年加一倍，或以几何级数率增加"②。至于食物，他认为，在最初二十五年，虽可因开拓土地，奖励农业等种种方法，增加一倍，但到第二个二十五年就不行了。尽地之力，穷人之力，能做到算术级数率的增加，还算万幸。食物既为人类生存所不可少，人口的增加，就势必要与食物的增加，保持平衡，即食物只能按照 1、2、3、4、5、6、7 的算术级数率增加，它就妨碍人口按照 1、2、4、8、16、32 的几何级数率增加，换言之，就是使人口增殖受到限制。限制有两个方面：一是预防限制，如杀婴堕胎等等。一是积极限制，如饥馑，贫困等等，他并还在其他场合指出："尚有妇女方面的不道德习惯、大都市、不卫生的制造业、奢侈、疫疠及战争"③。所有这些限制，他认为"都可适当的还元作贫困与罪恶"④，靠了这些限制，人口增加乃得与食物增加保持平衡，所以，在原书第七章末尾⑤他提出了人口原理的三段论法：

第一，"人口增加必然要受生活资料的限制"；

第二，"生活资料增加，人口也常随着增加"；

第三，"占优势的人口增加力，为贫困与罪恶所抑制。因之，致使现实的人口，得与生活资料保持平衡"。

从他提出的这个人口原理的三段论法中，已经把前述高德文康多塞等就社会贫困罪恶加担在私有财产制度上的责任，推得干干净净了，贫困罪恶是一种自然倾向，是调节人口食物使之趋于均衡的必然结果。人类食与性的两大要求不能改变，人口增加超过食物增加，从而要用贫困、饥饿、疫疠、战争来调节人口的自然规律，就不能不发生作用。反过来说，要使一个社会避免这些不愉快的现象，要使人人过着幸福的安逸生活，那是违反自然，违反人类天性的妄想。他用下面这样坚决的论调，来回答理想社会的憧憬者。

---

① 《人口论》，第一版，世界书局版，中译本，第 7—9 页。
② 同上书，第 10 页。
③ 同上书，第 47 页。
④ 同上书，第 48 页。
⑤ 同上书，第 68 页。

"人口繁殖力与土地生产力间自然是不平衡的，而大自然法则却必须继续使其结果平衡。这就是社会完成途上横着的大困难，我认为无法克服，……对于这贯通全生物界的法则的重压，我看人类没有摆脱的可能……因之，要社会全体人的生活都安乐幸福而比较闲暇，对于他自身及其家族的生活资料供给，都不用焦心，那是无论如何办不到的。"①

不过，作为牧师的马尔萨斯，绝不会忘记宣传那种产生贫困与罪恶的无可克服的大自然法则，是由神的安排。要改变它，要根绝贫困与罪恶，只有期之于"最初调整世界组织的神力，有某种直接活动。但神为了创造物的利益，依然是按照固定法则，来遂行宇宙上种种作用"②。慈祥的神，作出这样悲观绝望的世界秩序，毕竟未免太残酷了一些。于是这位牧师在他的《人口论》第二版中，就把原来过于硬化的论点，改得和缓了一点，认为人类为了避免因过剩人口引起的贫困饥饿战争，还可用道德的节欲方法，事先预防。他把这一个"大发现"，看作是第二版对第一版有了崭新内容的特点。节欲原是非常平凡的道理，不过，马尔萨斯结合英国当时社会的实况，作了非常不平凡的透辟发挥，使资产阶级更加赞赏满意。因为他之所谓道德限制，就是指着一个人没有维持家族能力时，不应结婚；并且在那个时期，还须保持道德行为，不得有不正当的情欲关系。人类既能依道德行为，即依他的理性，限制人口，那末，由贫困由罪恶限制的人口，就要减少；换言之，人类理性多增一分，人类的贫困与罪恶便要减少一分。

这一来，他不是和他所痛烈攻击的康多塞的诉之于理性来根绝社会贫困与罪恶，来根绝社会的私有财产制度的见解，有某种程度的接近么？但恰好相反，马尔萨斯只是要劳动的贫民诉之于理性，不能结婚，便不要勉强结婚，以免繁殖出养不活的人口，来加重有钱人的救恤施舍的负担。他们这样冷酷无情地告诉我们："我们贫民自己，就是他们自身贫困的原因，救济手段，把握在他们自己手里。他们所在的社会，统治他们的政府，都没有救济他们的能力，……他们的劳动工资，不够赡养家属……偏偏要从事结婚，那决不是对于社会履行义务，却是加重社会无用的负担，同时并使自身陷于贫困"③。贫民自己陷于贫困，对他

① 《人口论》，第一版，世界书局版，中译本，第8页。
② 同上书，第6页。
③ 《人口论》，第二版，普及本，第二册，第170页。

们加以救济，就等于鼓励贫困，所以他反对济贫法，反对一切慈善的救济。言外并表示贫困者愈受磨折，就对于恶行是一种惩罚，对于善行是一种鼓励。他因此坚决反对人类社会平等的讲法，他认为"人类不平等这件事，对于善行提供了一种自然报酬。一个社会如充满了向上希望和失足的恐怕空气，那无疑是最适于人类精神和才能的发展的，最适于人类德行的实现和改善的"①。"历史证明实行平等主义的社会，必因缺少这种刺激而陷于沉滞乃至灭亡"②。想不到这位以"和善""公正"见称的牧师，竟如此仇视贫苦者，竟把贫困看作罪恶的化身，并进一步，把贫困乃至由贫困产生的罪恶，看作人们争求上进，激励善行所不可少。这就达到了仇视贫苦人类的极端。然而在他自己，他以为他的第二版《人口论》，既是通过他的同道，搜集世界各国社会限制人口的实际材料所得的结论，自然觉得再客观公正没有了。至于他原来由自然主义的观点出发，把人口问题看作是自然法则问题，最后竟离开原来的出发点，由人口问题转到贫困问题，再转贫困为社会必要的问题上，那不是太露骨地把他的阶级偏见显示出来了么？但尽管如此，由于人们习惯了资产者社会那一套生活方式，大家头脑里都充满了马尔萨斯的那一套在表面现象上兜圈子的肤浅常识，往往就不易感到那是反动透顶的说教和最没有科学气息的胡扯了。

虽然这里不许可较全面深入地批判马尔萨斯主义所代表的资产阶级的人口原理，但就上述诸论点概括起来指出其根本错误所在，仍是非常必要的。

从上面的说明，所谓马尔萨斯主义，大体包含这样的内容：

1. 有人类就是有食物的要求和性欲的要求，"食色性也"，是基于自然的天性，从古如斯，无可变易。

2. 由满足性欲要求繁殖的人口，要由土地上生产出足够的食物予以维持，但根据历史经验，人口繁殖在没有什么阻障的情形下，总较受到自然丰度及面积限制的土地所能提供的食物为快，前者是以几何级数率增加，后者是以算术级数率增加。即是说，人口对食物或生活资料过剩，是自然的，是超历史的自然法则作用的结果。

3. 在这种情况下，使人口数量保持在食物所能供应的限度，必然

① 《人口论》，第二版，普及本，第二册，第25页。
② 同上，第25—76页。

要由堕胎杀婴、贫困、罪恶、疫疠、战争等等手段加以遏止;而没有赡养家族能力的贫穷人不要结婚,不要有情欲的行为,则被认为是比较理想的事先预防的道德的限制。因此,

4. 要有钱人掏腰包来救恤穷苦人的"济贫法",就在理论上经验上被证示为是奖励过剩人口,奖励贫困罪恶,妨障人们上进和违反神所安排的福善祸淫的自然秩序的不合理措施。

在下面,我将就资产阶级的人口原理的这几个基本论点,依照上述的顺序,加以批判分析。

首先,马尔萨斯把他人口理论的出发点建立在人类自然禀赋有食欲和性欲的天性上,他企图借此基于无可否认的不能动摇的天性,来赋予他的理论或人口原理以自然的,推之一切社会而皆准的绝对主义的性质。他把人类社会看成动物界,以为动物由于有了性欲也有食欲,就各各为了繁殖其种性,维持其生存,造成相互鱼肉的修罗场,演出所谓物竞天择,适者生存的后果。他在无形中,把人类社会看成动物界,而那个伟大的但同样具有英国人的"蠢态"的达尔文,却以动物界来比拟马尔萨斯所描述的人类社会。他们都不曾想到动物之取得食物,动物之满足性欲,并不须根据什么制度或法律,人类社会就不是这样。从原始社会起,人类对于食物的分配和两性的生活,就加了很多社会的限制;私有财产制度出现以后,规定愈来愈严密,执行愈来愈严格;婚姻制度并愈来愈成为财产制度的派生物。这一来,"食""色"虽然是出于天性,出于自然,但谁能满足此自然的要求,谁不能满足此自然的要求,却并不是依据什么自然法则,而是依据各不同社会主体或统治者阶级所制定的法律制度。马尔萨斯的自然主义的出发点,一开始就是站不住脚的,而他根据这个出发点所作的一切推论,当然是错误的,将一一为事实所驳倒。

其次,我要谈到他基于上述人类天性必然要引起人口过剩的那一个推论。他不问人类社会的食物是如何生产出来,也不问生产出来的食物,如何在全体居民间进行分配,更不问人类社会两性间的结合,和他们的食物的生产分配保有何种密切关系,遽然丢开这一些有决定性的关节而一味抽象地把特定社会现存的人口,拿来和它的土地所能提供的食物量对比;或拿人口来和不管怎样性质的土地面积的大小对比,并从那种对比中发现:人口没有受到限制的增加率,总要大大地超过土地所能提供的食物量;马尔萨斯是搜集了大量的历史材料(特别是在第二版)

来支持他的这种人口原理的，但非常奇怪，不论是在他的《人口论》的薄薄的第一版中，抑是在后来硬塞进了世界各地教友提供的大量调查材料的第二版中，竟没有发现，或者无论如何，是没有提到一个差不多普遍存在于一切阶级社会的事实，那就是现有的食物或生活资料并不曾按照现有的人口来分配。我们原不否认，一个社会，特别是劳动生产力水平很低的社会的现有生活资料，即使公平合理地被分配于全体居民间，仍可能有供不应求，仍可能有人口压迫生活资料的现象发生，但资产阶级学者们在讨论人口问题的时候，总是小心谨慎地回避这种事实，总是把"朱门酒肉臭，路有冻死骨"；或者一面是"仓廪实而府库充"，一面是"野有饿殍"，"民有饥色"的矛盾现象抛在脑后，马尔萨斯自己，确曾责难亚当·斯密，说他把一国财富增加的研究和一国劳动人民的幸福的研究看得太密切了①，而事实是"国富的增加，与其说会改善贫民状况，无宁说有抑低贫民状况的趋向"②。至少在这点上，马尔萨斯总算道出了一点阶级社会的真相，可是，马尔萨斯在他的第一版《人口论》中尽管用一全章（第 16 章）的篇幅，来批驳亚当·斯密的上述论点，而当他论述人口增加对食物增加表现了较大优势的时候，却故意地把这点忽视了，他显然是怕触到了这一点，触到了财富的分配，就要降低他的人口原则的超历史的自然性质。为了加重自然因素的作用，他把人口增加对食物增加表示的大优势，从土地的自然丰度，从土地收入递减的自然趋势来说明，以致土地收入递减律被表现为人口过剩律的前提。在这里，对土地收入递减律作深入的分析批判是不许可的，但却有必要加以适当的交代。历史的发展，时时刻刻在驳斥一切形而上学的自然观点。原始社会的大地，对于穴居野处的较少数居民，仅能提供极贫乏而粗劣的生活资料，到了现代，在这同一大地上，却有千万倍的人口，比他们的祖先得到了远较丰富的食物的供应，单单这件人人皆知的事实，就已把资产阶级学者认为金科玉律的土地肥沃递减律或土地收入递减律的绝对主义推翻了；在一定的土地面积上，继续增加资本和劳动，假使技术水平不变，生产力状态照旧，其所得收入，诚然有递减的倾向，但正如列宁所教导我们的"那个结论，决不适用于技术正在进步的，生产力正在变革的场合"③。换言之，那只有非常相对的和有条件的适用性。

---

① 参见前揭《人口论》，中译本，第 143 页。
② 同上，第 151 页。
③ 《土地问题理论》，解放社版，第 72 页。

把相对的原则拿来绝对化，把土地提供食物的自然限制拿来解释食物增加赶不上人口增加所造成的人口过剩现象，那将如何解释资本主义社会为了维持有大利可图的过剩的农产品价格，竟把大量耕地荒芜起来，或把大量生活资料投到海里的情况啊？我们不要忘记，在资本主义社会，人口过剩往往总是和商品生产过剩同时发生的啊！

再次，照马尔萨斯主义的逻辑，人口过剩就意味着土地可能提供的一定食物量，要供养更多的人口，那就是要降低生活条件，即是贫困，而由饥寒交迫引起的各种罪恶活动，各种疫疠乃至战争，都是连接着贫困必然发生的一连串不幸社会事故。而这一切不愉快的不幸的社会事故，都被看作是遏止过剩人口或过剩人口对食物保持平衡的限制。如果不是这些限制，世界上的人口将真要二十五年增加一倍，那将使人口过剩现象更严重，社会各种罪恶和战争更加猖獗频繁。所以有人反问："如果世界上的人口真是每二十五年增加一倍，那么现在世界上的人口应该达到五百五十亿人了。但实际上世界上的人口却只有二十四亿人而已。"① 马尔萨斯主义者对于这种反问是容易交代的，由五百五十亿减去二十四亿剩下的五百二十六亿人口，都应理解为实现那种限制的牺牲品，为饥饿、疫疠、战争的牺牲品。这不太可怕了么？但不用担心，感谢慈祥的马尔萨斯，其中有好大一部分根据道德的限制，被事先预防着，根本就不曾出现在世上来。只有那些在现有食物或生活资料所能供应的限度以上的人口，才被失业、贫困、疫疠、战争所积极限制着。由于社会中的极大部分人口是属于劳动阶级，而这个阶级，照马尔萨斯的看法，又极没有道德的修养，不肯思患预防，结果，积极限制的那些灾难，就自然是落在他们头上。他在一方面，认定全社会的人口增殖超过全社会提供的生活资料，引起人口过剩，引起各种灾害；一方面又单就社会缺乏生活资料的劳动人口来讲他们的人口过剩，来讲他们应当受到各种灾难的磨折，这就连形式逻辑上的全称特称也混淆不清了。事实上，由于社会的财富，社会的生活资料愈来愈集中到少数的大资产者手里②，自十九世纪末期以来，西方各资本主义国家的人口增殖尽管相对

---

① 雷金娜：《新马尔萨斯主义批判》，译文见《文史哲》，1955年8月号，第19页。

② 根据美国资产阶级经济学家的材料，在二十世纪二十年代，美国占人口1%的私有者，占有全国财富的59%；占人口87%的贫困阶级一共只占国民财富的8%。……1920—1921年在英国，人数不到私有者总数2%的最大私有者，占有全国财富的64%，而76%的居民只占有国民财富的7.6%……（《政治经济学教科书》，人民版本，上册，第154页）。

减少了许多①，而失业贫困与罪恶的范围却在增大，到了二十世纪，在两次世界大战中，千百万劳动人民被牺牲掉，人口增殖率更低落了，但失业的人口却更多②，人民的生活水平也更降低了③。由此可见，不论是消极的限制，积极的限制乃至道德的限制，或者是采用其他更有效的办法，一下子把社会的人口消减掉一大半，只要那些垄断生产资料，从而垄断着生活资料的大资产阶级仍然无恙，贫困罪恶和战争，是永远也不会消除的。事实上，社会一小部分人变为富有的过程，同时也就是其他一大部分人变为贫困的过程。而战争、疫疠、灾荒和种种罪恶，恰好就是在这两极分化过程中的必然产物。

---

① 近一百五十年来主要资本主义国家人口统计及其人口增加速率：

人口统计（单位：千人）

	1800 年	1871 年	1913 年	1949 年
美国	5 308	40 938	97 227	149 215
英国	10 501	26 072	41 510	48 992
德国	24 800	41 059	66 978	66 007
法国	25 100	36 105	39 790	41 550
意大利	12 800	26 801	55 598	45 996

在各段时期中平均每年人口增加率

	1800 至 1871 年	1871 至 1913 年	1913 至 1949 年
美国	2.9%	2.1%	1.2%
英国	1.3%	1.1%	0.5%
德国	0.9%	1.2%	—
法国	0.4%	0.2%	—
意大利	0.8%	0.7%	0.6%

——《经济导报》，第 6 年第 19 期（总 270 期），6 页。

② 在第一次世界大战后，根据官方资料，在生产下降最厉害的时候，全失业者的百分数，1932 年美国为 32%，英国为 22%，1932 年德国工会会员中全失业者的百分数达 43.8%，半失业者的百分数达 22.6%。1932 年，全失业者的绝对数字，根据官方资料，在美国为一千三百二十万人，在德国为五百五十万人，在英国为二百八十万人。1933 年整个资本主义世界中全失业者共达三千万人。半失业者的数目非常巨大。例如美国半失业人数在 1932 年二月为一千一百万人（《政治经济学教科书》，人民版本，第一册，第 295 页）。在第二次世界大战以后，1950 年资本主义国家全失业和半失业人数共达四千五百万，把家属计算在内则为一亿五千多万。1952 年，虽然军事生产增加，但美国全失业者仍不下三百万，半失业者为一千万，英国全失业者在五十万以上，西德全失业和半失业工人达三百万。意大利全失业者为二百多万，半失业者则更多（同上，313 页）。

③ "无产阶级的绝对贫困化，表现在实际工资的降低上。……在二十世纪，英、美、法、意等等资本主义国家工人的实际工资水平比十九世纪中叶还低"（《政治经济学教科书》，人民版本，上册，第 154 页）。"1952 年在法国和意大利，工人的实际工资不到战前的一半，在英国，比战前低 20%"（同上，第 313 页）。

最后，依据马尔萨斯坚决反对救济贫困者的那一套教义，就明了他提出人口原理并不是要讲什么科学真理，而是要把社会贫困罪恶的一切责任，加担在贫困者身上，为富有者解脱他们精神上物质上的双重负担；同时还知道，他提出人口原理，其目的，并不是企图缓和或消灭社会的贫困，恰好相反，他是要求把贫困保持下来，作为刺激人们上进的动力。不过，牧师马尔萨斯的这个用以阿谀英国富豪们的好见解，尽管他自己把它表现得好像是对于他的《人口论》的"深刻的"发挥和最有益世道人心的应用，无奈早在《人口论》第一版问世前十余年的1786年，他的同道的约琴克·汤生德就在所著《论救贫法》中，把这"天启"泄露了，他"赞美贫困为富有的必然条件"，他是这样说的："劳动的法律强制，会引起过多的烦累，暴烈与叫嚣。……但是饥饿不单是和平的，恬静的，毫不放松的压迫，并还可以当作刺激勤勉与劳动的最自然的动机，唤起最大的努力"。贫困有这大的好处！所以他认为，"救贫法有一种趋势，要把神与自然所设定的制度的调和，美好，匀整和秩序破坏"[1]。以博爱为怀的牧师，竟毫不觉得冷酷无情地赞美贫困，那也算表现了神与自然所设定的贫富相克相生的"调和""匀整"的社会秩序的一个侧面罢。

然而，向财神出卖了灵魂，就不要希望在科学上维持纯洁。在近代整个资产阶级的社会经济学说中，以马尔萨斯名义发表的人口理论，要算是最庸俗的，最没有表现一点点科学良心的了。为什么呢？那不仅是因为马尔萨斯之流公然赞美贫困（其实是从反面来赞美富有）；也不仅是因为在阶级社会里面人口问题本身，就是一个最现实的阶级利害关系问题，不容许资产阶级学者对这个问题不认真曲解，那也许还更因为这个问题关系到阶级组织内部，关系到整个社会经济结构，那是连古典的资产阶级社会学者，也难望有差可人意的说明。

科学的人口理论，只有期之于马克思主义者，那是整个马克思主义经济学中的最有创造性的一个构成部分。

三 马克思主义人口理论的建立

马克思主义者对于资产阶级的人口理论的批判，最先就着重地指

---

[1]　参见马克思：《资本论》，人民版本，第一卷，第814—815页。

出：人口问题并不是什么自然性质问题，而是一个极其现实的社会问题；人口增加的规律，不是取决于土地所能提供食物或生活资料的自然条件的限制，而是取决于物质资料的生产方式，取决于社会生产关系对劳动生产力的适合状态。因此，物质资料的生产方式不同，社会经济发展的历史阶段不同，人口规律的本质表现也不一样。超历史的一般人口规律是不存在的。

不过，一切不同的历史时期，尽管都有它的特殊人口规律，而在研究上，正如同在其他社会经济领域一样，一般是从资产阶级社会开始。马克思是这样展开他对资产阶级社会的人口问题研究的：他首先说明阶级社会的人口的阶级特质；其次说明资本主义的阶级构成和资本对雇佣劳动的关系；再次说明资本积累的增长，资本主义的发展和过剩劳动人口的产生；再说明过剩劳动人口的存在，不但是资本积累的结果，并还是资本积累的杠杆，最后更论证劳动人口过剩问题，一经达到过于严重的程度，就要由资本积累的有利条件，转变为根本否定资本的力量。这几点，可以说是马克思主义的人口理论的系统提纲。下面将依次予以概括的叙述。

第一，人口在阶级社会，是应当从阶级构成去理解的。用马克思的话说，"如果我抛开了人口所由以构成的譬如阶级，人口就是一个抽象"[1]。资产阶级经济学者，特别是从手工制造业时代开始的初期，非常喜欢谈人口，却很少触到人口的阶级构成。亚当·斯密以后，大家已不再讳言阶级了，但像马尔萨斯这样的人口理论"大师"，一直都没有把人口概念本身交代清楚，谈到最后，仍不能叫人明白，他之所谓人口过剩，究是指着全社会的，抑是单指着劳动阶级的，这原因，就因为他极力回避从社会阶级上去看问题，但又想要证明过剩的人口，只是属于贫穷阶级，而与那些拥有丰富生活资料的富有阶级无关。结局，他尽管讲这个那个社会的人口问题人口规律，事实上，仿佛只是关系到各该社会一部分人。这当然是非常荒谬的。马克思一开始就抓住了人口问题的阶级本质。在他的方法论上，是先要把一个社会的阶级性质和构成弄清楚了，才能谈到它的人口的。由于社会不同性质的阶级及其构成，就体现着分布在各地区各经济部门中的人们或其集团的社会经济地位和相互关系，如果撇开阶级或片面地把其中某个阶级的人口作为问题来讨论，

---

① 马克思：《政治经济学批判》，1955 年人民版本，第 162 页。

或如马尔萨斯主义者所做的那样，单把劳动阶级的人口作为问题来讨论，即使是在讲"阶级"这个名词，却是非阶级的。因为就资本主义社会来说，离开了地主和资本家构成的资产阶级，劳动阶级也就是一个没有内容的抽象。所以，

第二，我们不能撇开阶级来谈人口，也不能撇开人们相互间的社会经济关系或生产关系来谈阶级。"如果我不认识阶级所依据的因素如雇佣劳动、资本之类，阶级又是一句空话"①。在资本主义社会，劳动阶级与资本家阶级的关系，当归结为雇佣劳动与资本的关系；马尔萨斯主义者所片面谈论的劳动阶级人口问题，实即资本雇佣劳动数量限度的问题，换言之，就是在各种资本主义经营中，究有多大数量雇佣劳动能被吸收的问题。不论资产阶级学者如何假惺惺地把雇佣劳动为了资本而存在，说成是资本为了雇佣劳动而存在，但两者不可分离的密切关系是被肯定了的。在马克思主义的辞典中，一宗货币不能就是资本，正如同一栋厂房多少架机器不能就是资本一样，要使这一切取得资本的生命，取得增殖价值的机能，就须得与雇佣劳动发生关系；用以购买活劳动的货币才是资本，由活劳动占用的厂房，由活劳动推动的机器，也才是资本。资本和劳动这样结了不解之缘。所以，马克思说："资本只能在那种地方存立，在那里，生产资料和生活资料的所有者，在市场上，与当作劳动力售卖者的自由劳动者相遇。"② 这里所谓自由劳动者的意思，就是这种劳动者，能自由处分他的劳动力，能把他的劳动力当作为商品，出卖于拥有生产资料和生活资料的人即资本家，使他自己被雇佣于资本家。因而使他在资本家指挥监督下进行的劳动，具有雇佣劳动的性质。这在资本主义社会本来是看得再平凡不过的事体，仔细分析起来，却是在近代初期通过了一序列社会变革过程方逐渐实现的，而现代的人口问题，也就在这种变革过程中，取得了它不同于以往社会的新的性质和特点。在由封建制度开始向着资本主义过渡的那历史阶段，农业尚是基本的生产部门，一般被束缚在土地上的农奴则是直接生产者。他们大都是以自己的简单生产工具，以自己储备的生活资料，在领主分与的土地上进行生产；就是其中有一部分人因缘赎买或其他机会，恢复了人格上的自由，也还是以生产工具及生活资料所有者的资格，继续为自己劳

① 马克思：《政治经济学批判》，1955 年人民版本，第 162 页。
② 马克思：《资本论》，1953 年人民版本，第一卷，第 180 页。

动。在这种情况下，诚然也有人口压迫生活资料的现象，也有人口过剩的现象。这种现象的产生，一般的讲，虽然是由于这种社会的主要生产资料即土地的占有者——领主们用过于残酷的榨取手段，剥夺了直接生产者的生活资料，妨碍或破坏了再生产，以致经常不断地演成民不聊生的悲惨局面。但我们在近代初期的变革过程中所见到的农民成批成队地离乡别井流亡转徙，饿殍载途的惨象，则是由于新的贪得无厌的统治者，暴发户资本家们造成的；他们，一方面要使小私有土地变成整块大农地乃至变成牧场，同时又要使习惯于旧式单干生活的安土重迁的农民，通过流浪，鞭打和监禁磨折，淘汰出一批为都市新兴手工制造业所需要的自由劳动者。他们不惜用种种欺骗手段，用暴力强迫农民离开土地，抛弃仅有生产工具，致使"他们缺乏生产资料，但多的是人口"①。这种多余的人口，不但从封建制度得到了自由，还从原来束缚牵累着他们的几间小屋子，几件生产工具或若干可供食用的生活资料解脱了，他们"自由得一无所有了"。他们取得了处分自己劳动力的所有权了，他们也就在取得了处分自己的劳动力的所有权的同时，已经发现自己是处在一种非处分自己劳动力，非把自己的劳动力当作商品出卖，就无法得到生活资料的新地位。万事都有好安排，这些不幸的人们的生产资料和生活资料被剥夺的过程，也正好是那些生产资料和生活资料被集聚在另一些有幸人手中的过程，在一方出现了雇佣劳动，在另一方出现了资本，"不是冤家不聚头"，但尽管这是一个不愉快的结合，新的社会生活竟由此开始了。新的人口问题也从此开始了。

第三，资本因雇佣劳动或劳动人口而积累，劳动人口则因资本积累而以不绝增大的程度使自己变为相对的多余。把问题这样提出来，马上就要受到一种诘难：资本积累愈来愈大，它所需雇佣的劳动人口不也相应增多了？许多庸俗的经济学者就惯于这样来作着乐观的幻想。然在对资本结构有了一些解析能力的古典经济学者，却并不曾把问题看得如此简单。这在 1817 年约翰·巴登就曾在他的论著《影响社会劳动阶级状态的各种事情的考察》中，提出了非常有价值的意见。他依据亚当·斯密的说法，分资本为固定资本和流动资本两种，以为"对于劳动的需要，不是依存于固定资本的增加，而是依存于流动资本的增加……随着

---

① 汤玛斯·摩尔描述这些从农村逼迫出来的人，如何变成多余或剩余的过程，非常翔实，但也非常可怕——参见《资本论》，第一卷，人民版本，第 930 页注。

技术的进步及文明的普及，固定资本对流动资本的比率会不绝增大。英国生产洋纱一匹所使用的固定资本额，比印度生产同样一匹所使用的固定资本额，至少是大一百倍，也许竟是一千倍。反之，流动资本额却是少一百倍乃至一千倍。……把逐年节蓄物全部加到固定资本去，也不会在劳动需要的增加上，发生何等影响。"① 他这段话，如果把固定资本改成不变资本，把流动改成可变资本，便完全讲对了。还有其他古典学者如李嘉图，琼斯等也看出了这个道理，但他们同样没有在固定资本和不变资本间，在流动资本和可变资本间加以区别。资本的这种区别，是属于马克思的创见之一。没有这个创见，就无法科学地说明资本的发展趋势，因而也同样不能科学地说明资本主义社会的人口规律。因为固定资本和流动资本这两个范畴，只是问：被投用在生产过程中的资本何者一次移转其价值，何者是多次移转其价值，而不变资本和可变资本这两个范畴，则要问：被投用在生产过程中的资本，何者不能增殖价值，何者能增殖价值。资本家为购买劳动力而在工资形式支出的，诚然是属于一次移转其价值的流动资本，但它同时又是能使其价值增殖的可变资本。如像原料，它虽然也是一次移转其价值的流动资本，可是它不能增殖价值。而资本主义的生产，就是为了增殖价值，用马克思的语言，就是为了剩余价值。因之，在总资本中，雇佣劳动的那一部分，即可变资本就有决定的意义，总资本中的其他资本部分，即不变资本部分，则只有相对次要的意义，因为它的作用或机能，无非是要协助可变资本达成价值增殖的目的。在这里，我们显然又要遇到另一种诘难：既然只有雇佣劳动者的那一部分资本即可变资本增殖价值，以增殖价值为目的资本家理应多把资本投用在这一方面，而以尽可能少的部分，用在不能增殖价值的不变资本方面，这一来，不就有更多的劳动人口被吸收或得到就业的机会，而不致引起人口过剩么？为什么资本家不这样做，反把资本更多的投在不变资本方面呢？那不是说不利己并还损人么？科学就是要解答反乎常识或为常识所不能解答的问题。资本家确曾在近代初期那个手工制造业阶段，把他们的资本，主要投用在人的劳动上，用尽量延长劳动时间的方法，榨取更多的剩余劳动剩余价值——或所谓绝对剩余价值。但专用这种方法来榨取劳动者，要受到多重的限制；首先是人的生理的限制，劳动日的延长总是有限的；其次是社会的限制，延长到了一

① 参见前揭《资本论》，第一卷，第 795 页注。

定程度以上，不仅社会责难，劳动者集体反抗，还有资本家间因竞争发生的相互挑剔指责，然而更基本的道理，则是不管劳动日的长度怎样，总得分成两个部分，从劳动者方面讲，就是为他自己劳动的必要劳动时间部分和为资本家劳动的剩余劳动时间部分。劳动者为自己劳动的那一部分时间，即为补偿劳动力价值（工资）所必要劳动的那一部分长了，他为资本家实现剩余价值（利润）而劳动的那一部分时间就相对短了，反过来，前一部分时间短了，后一部分时间就可相对拉长。问题在如何使劳动者把他们为自己劳动的时间缩短，即是如何降低劳动力价值，降低工资或降低用工资来购买的为劳动者所消费的商品价值或成本价格。在这种要求下，应用新式机具，改进技术，提高劳动生产力，就非常必要了，而在这里相伴产生的换一个方式来延长劳动日，即在一定时间内挤出更多劳动的各种加强劳动的方法，自然加重加速了这种用机器来代替劳动力的趋势，结局，资本主义发展的手工制造业阶段，就进入了使用大机器的工厂工业阶段，而资本家对于劳动者的剥削，就由绝对剩余价值生产阶段，进入了相对剩余价值生产阶段。这个阶段投用资本的显著特征，就是随着总资本的增加，在总资本中，和不变资本部分比较，用以购买劳动力的可变资本部分相对减少了，对于雇佣劳动的需要相对减少了。"因为劳动的需要，不是取决于总资本量的大小，而是取决于它的可变资本部分的大小，所以，……它不是与总资本成比例地增进，却是随总资本增大而累进地减少……资本可变部分这种加速的——随总资本增加而加速，且较其增加更迅速地加速——相对地减少，会在另一方面，相反地表现为，劳动人口的绝对增加。不断比可变资本或劳动者的雇佣手段的增加更为迅速。资本主义的积累会不断产生出，并且正好是比例于它的力量和它的范围，不断产生出一个相对的超过资本平均价值增殖需要的，从而过剩的或过多的劳动人口。"① 这就是马克思发现的资本主义的人口规律。劳动人口的过剩或雇佣劳动的过剩是和资本的积累相为表里的；劳动人口不断以更大的范围更快的程度变成过剩，是当作资本发展的一般趋势中的一个重要因素表现出来的，而绝非如马尔萨斯主义者所设想的那样，一切责任由过剩的劳动者自己负担，和资本家没有关系。

第四，一个剩余劳动人口，是资本积累的结果，同时一个摆在那里

---

① 马克思：《资本论》，第 792—793 页。

听候处分的产业后备军,又是资本积累的杠杆。马尔萨斯主义者,特别是在阶级斗争尚未尖锐化时期的马尔萨斯主义者,虽然并不怎样讳言劳动人口为富有者阶级积累的事实。但对于剩余劳动人口也有助于积累的大道理,他们还不大能想得透。所以,马尔萨斯本人在十八世纪末期,只把剩余劳动人口的存在,看作是鼓励富有者奋勉上进的动力,以为依人口的一般规律的作用,"无疑会引出许多部分的恶害,而略一反省,我们也许就会欣慰,它是生出了更多的善。要使人努力,强烈的刺激似是必要的"①。这就是说,劳动人口有劳动的机会也好,得不到劳动的机会也好,对于富有者,对于资本家阶级都是有好处的;富有者靠劳动人口的实际劳动而致富,他们还靠劳动人口得不到劳动的机会,堕入贫困的深渊而得以保持致富的警惕或贪欲。就这样,社会一部分或绝大部分人口,仅仅是为了其他一部分或极小部分人口的致富贪欲而存在的。好像动物是为了满足人类食欲而存在的一样,是出于神的安排。但到了十九世纪二十年代,马尔萨斯被现实教乖了一些,他不再单纯强调剩余劳动人口存在对于资本家的惕励作用了,他开始殷切地关心到劳动者如真的视结婚为畏途,以致把多余的或剩余的人口数量减少了,那也大有害处。他在1920年公刊的《经济学原理》中,又这样说了:"结婚的慎重习惯,如果在一个主要依赖于工商业的国家相当通行于劳动者阶级间,那将于国家有害。……从人口的性质说,要在有特殊需要时,对市场供给追加的劳动者,势非经过十六年乃至十八年不行,但由节约,以所得化为资本的过程,可以进行得远较迅速。"② 这说法,是比较接近事实一些了,自然还是讲得含糊不清的。照马克思主义者的理解,说过剩劳动人口或失业的劳动人口的存在,是出于神的吩咐与安排!那自然是非常笑话的,事实上,他们这些多余的贫而无告者的存在,无论是采取时而被吸收时而又被解雇的流动状态,是采取待机由农村流向都市的潜伏状态,抑是采取在极不稳定极不规则的就业情况下,以任何低工资以任何坏劳动条件为满足的停滞状态③,那都是属于资本主义制度的必然产物,从资产者阶级的角度看来,则是那种制度本身所具有的内在优点发挥的结果。这种状态的过剩人口是在资本积累过程中产生的,同时又被运用来作为推动资本更快更多积累的弹条。我们已经知道,资本是

---

① 见前揭《人口论》,第一版,中译本,第169页。
② 参见前揭《资本论》,第一卷,第798页。
③ 参见《资本论》,第一卷,第807—811页。

如何积累的。资本家每次投资生产的新价值，是分作两个部分：一是劳动力的价值，以工资名义支给劳动者，一是剩余价值，以利润名义留给他自己。这两个部分，是互为损益的：工资提高了，利润就相对减少了；利润提高，工资就相对减少了。在资本家和劳动者相互斗争中，连资产阶级经济学者亦认为劳动者是处在不利地位，因为资本家不得利润仍可生活，劳动者没有工资就无法生存①，但比这更严重的却是前述各种状态的过剩劳动人口的存在，无异经常使在业的劳动人口受到压力；使他们不得不接受更低的工资，不能不忍受更坏的劳动条件，这无疑要成为个别资本家致富的手段。不错，在经济比较繁荣的时候，资本家间竞相争雇劳动者的情况，也是时常发生的，但和劳动者方面争取职业的情形比较，那就显得不经常不普遍，也不那么迫切了。因此，由资本积累造出的过剩劳动人口，就为资本积累造出了非常有利的条件，还不止此，资本主义的生产，是依着各个彼此独立的资本家的致富贪欲推动的，是依着他们相互拼命竞争而展开的，资本不绝从比较不利的企业向着比较有利的企业移转，向着预想获得高利的企业活动，这就随时需要有一批待雇佣的劳动人口来满足他们的要求，即是说，"为了它自由活动，需要一个和这种自然限制相独立的产业后备军"②。像是神和自然安排得再凑巧没有了：利用过剩劳动人口，很快发展起来，膨大起来的资本，由于它的自由活动，是按照我们在前面指出的方向，是更利于增大不变资本对可变资本的比例，是更利于提高有机构成，是更利于积聚和集中，而这样做的结果，正好是从都市到农村，创造出更多的剩余劳动人口，创造更多的产业后备军，而这又反过来成为资本积累的杠杆或致富的手段。资本积累的反复作用过程，为我们指出了这样一个真理："相对过剩人口是资本供求律依以运用的背景。它把这个规律作用的范围，束缚在绝对适合于资本剥削热与支配欲的界限以内。"③

第五，资本积聚集中的剩余劳动人口数量增大到一定程度，便要成为资本主义生产方式本身被否定的力量。我们知道，资本主义的发展过程，就是资本家阶级和劳动者阶级结成的生产关系的再生产过程，同时，也就是这样一种社会思想意识形成的过程。那一边是拥有资本的资本家，一边是除了劳动力以外一无所有的劳动者，这两种人分别构成的

① 亚当·斯密：《国富论》，中华版本，上卷，第79—80页。
② 马克思：《资本论》，第一卷，第799页。
③ 同上，第805页。

两个阶级及其结成的社会关系的再生产的现象，每日每时反复出现在我
们眼前，不但叫资产阶级及其代言人把这看作是自然的规律，就在劳动
者阶级心目中，也当作自明的自然规律而接受。当整个资本主义社会的
生产关系，这样被理解为自然的关系，被理解为自然规律作用的结果的
时候，作为资本积累规律的一个派生物看的人口规律，也无疑要因适合
资本剥削贪欲和支配欲的过剩劳动人口，在不绝以更大量更大范围再生
产出来，而被人们看得非常习惯，非常自然了，资本主义经济关系发展
到这个无言强制的地步，就是资本家阶级对于劳动阶级统治的胜利完
成。然而，问题总有它的反面。一个社会要靠最大部分人口的贫困，饥
饿苦难来维持最少数人的富有与幸福，即使被强调为是神与自然的安
排，毕竟不够美满。特别是作为劳动阶级，它对资产阶级承担有两重任
务，一是为资产阶级生产剩余价值，一是为资产阶级实现剩余价值。按
照资本主义社会的经济秩序，劳动阶级必须有了劳动机会，承担了为资
产阶级生产剩余价值的任务，它才有资格担当起为资产阶级实现剩余价
值的任务；资产阶级如其在生产上榨取得太过分了，他们就不能在流通
上指望劳动阶级表现出多大的购买力量；如其劳动阶级中很大一部分人
干脆被机器驱逐了，变成多余的过剩的人口了，他们就只有在通过救贫
法，养育院从资产阶级得到一点点救恤费（这，结局仍转嫁到在业的劳
动人口的身上）的限内，才能为资产阶级的多余的过剩的商品，表示一
点点兴趣。在这里，过剩商品和过剩的人口不能碰头，资产阶级及其代
言人，早就察觉到这是这个神所安排的制度的美中不足的地方。以剽窃
家见称的马尔萨斯，想在这里表现他的发现天才。他极力强调社会要有
一个不绝增大的消费阶级，才好处分不绝增大的过剩商品。他把这个好
任务，期待贵族地主阶级，什一税的获得者，文武官吏们；他以为社会
真的这样分工了，由劳动阶级创造价值，由资产阶级好好积累，由贵族
地主阶级消费①，就不致发生一般的恐慌。因为在他看来，恐慌之所以
发生，就是由于商品生产出来了，没有能够出或肯出包含利润的价格的
购买者，势将引起过剩。有了专任消费的地主阶级，就不用顾虑了。再

---

① 马尔萨斯的这个主张，载在 1820 年出版的《经济学原理》中，马克思曾给予以辛辣
的讽刺："为要袪除资本家胸中享受冲动与致富冲动的可怕冲突，马尔萨斯在十九世纪二十年
代初期辩护过这样一种分工：实际从事生产的资本家，担当起积累的任务；则一些参与剩余
价值分配的人，土地贵族和由国家及教会领受俸禄的人们，担当起滥费的任务。他说'把支
出的情欲与积累的情欲分开'，最关重要。"——《资本论》，人民版本，第一卷，746 页。

多些过剩劳动人口，不能对于商品提供有效需要，也无关系了。但在资本积累迅速增进过程中，事实上，并不仅劳动人口愈来愈更多的变为多余，变为对于资本家阶级不能作出实现剩余价值的贡献，就连部分农村的小有产者乃至小资本家，也要在资本吸引资本，大鱼吃小鱼的集中规律作用下，变成无产者，变成多余者了。一方面是财富愈积愈多，一方面是失业、贫困、饥饿的圈子愈来愈扩大。事情早就有些不妙了，但资产阶级却用向海外落后地域伸展劫掠魔掌，或不时发动战争，屠杀去一部分多余人口的手段来转移或和缓劳动阶级对于他们的怨愤。然而拥有社会绝大多数人口并还在不断扩大其队伍的劳动阶级，不能按照原来的方式生活下去，那就不能设想由财富日益集中独占，因而日益缩小其人数的资产阶级，能按照原来的方式统治下去。事实上，随着资本积聚、集中，生产社会化所显示的庞大生产力，已经不容许这种以个人占有或独占为特征的生产关系继续存在了。而由资本主义生产过程自身机构所训练、所统一、所组织的工人阶级，就因其所处的地位，所表现的力量，作为先进生产力的代表向着这种落后生产关系表示反抗了。我们应说，过剩劳动人口的存在，实即资本主义生产方式下的生产力与生产关系的矛盾的本质的表现，这差不多是在资本生活开始时就存在的，不过，曾经是作为资本积累杠杆的过剩劳动人口，发展膨大到一定程度，就要辩证地转变为资本本身被否定的动力。

马克思关于资本主义社会的人口规律的科学说明，极明确地引导我们得出以下这几个有关人口问题——人口规律的基本认识。

1. 一个社会的人口过剩问题或人口规律，是把该社会的生产方式作为其存在的依据和基础。从这个基本论点出发，我们就有足够的理由驳斥资产阶级学者所强调的超历史的通行于一切社会的所谓绝对过剩人口规律，我们就不能抛开一个社会的生产关系是否和生产力相适应的情况来说明它的人口问题。

2. 一个社会的劳动人口或过剩劳动人口成为问题，多半是在它的后期或没落期，在这以前，在进步的生产关系还能容许生产力大大发展的阶段，劳动人口常有不足之虑，至少是不怎么成为问题。人口问题变成不可终日的严重问题，乃是表示它的生产关系和生产力间的矛盾，达到了非常尖锐的程度，或者表示它的生产力所受生产关系的束缚，达到了不能忍耐的程度。那往往是伴随着经济恐慌现象一道发生，而又为那种现象加强表现的一个侧面。因此，

3. 要解决社会劳动人口过剩问题，就须解决生产关系与生产力的根本矛盾问题，那种矛盾，是阶级社会关系的本质的表现。只有把阶级消灭了，把生产资料归全社会人人公有了，人人的劳动权生存权有保障了，劳动人口对生产资料过剩，因而对生活资料过剩以及相因发生的失业、贫困、罪恶、战争等现象就根本不会发生。——这在今日已不是什么逻辑上的推论，而是由苏联的社会主义的实践，由中国及其他许多人民民主国家向着社会主义过渡期间表现的具体事实，完全证明了的真理。

（摘自《马克思主义的人口理论与中国人口问题》，科学出版社 1956 年版）

中国的人口问题及其解决途径
（1956）

一 中国历史上的人口问题

中国老早就是以人口众多见称的国家。也是老早就以人口过多问题苦恼着的国家。

史载禹平水土为九州，当时户口一千三百余万，垦田约九百二十万顷。夏禹以后，差不多历代都留下了户口数字。但显然都是很不正确的数字。比如，在纪元前二千多年的大禹之世的一千三百余万户口，到了秦代，还减少了，仅及一千二百余万；汉代以平帝时人口最多，达五千九百五十九万四千九百七十口，到了唐代玄宗天宝末期，竟只五千二百九十一万九千三百零九口；明代人口始终保持在五六千万的限度；清初雍正时期，人口仅千六十三万余口，康熙末年二千七百三十五万余口，降及乾隆五十七年竟突增十数倍，达到三亿七百四十六万口。① 由夏初到秦相去几千年，人口还略有减少，由西汉末到唐代中叶，相去几百年，人口还略有减少，而由清代康熙末年到乾隆末年相去不过几十年，人口竟增加了十几倍。看起来是非常奇怪的，但我们大家在蒋王朝谈及中国人口，不是或讲四亿，或讲四亿五千万，至多也是讲四亿七千万，曾几何时，在解放后的一九五三年，我们的确实人口数字，却是六亿多。这说明了什么呢？人口数字的正确统计不仅不能期之于一个经济组

① 这段话中所引历代户口数字，参见黎世衡著《历代户口通论》，世界书局版，下集，第二篇，第一章。

织分散落后的社会，并还要求比较上轨道的政治环境和一定水平的文化技术条件。因此把中国历史文献为我们留下的历代户口数字，看成是一笔糊涂账，并没有夸张，可是，我们虽然不能希望从那些具体数字中去发现中国人口问题，而历代统治者却曾为人口问题大伤脑筋，有的甚至因为没有好好处理过剩农业劳动人口问题，竟从他们的统治宝座上跌翻下来。

单就我们经历了三千年的封建社会来讲罢。大约在周代以后，由秦以至于清代，每个王朝到了末期，差不多都是在四海困穷，民不聊生，匪盗蜂起的经济政治危机局面下灭亡的，而每个朝代之初，又差不多或多或少的作一些招抚流亡，劝农务工，省刑罚，薄税敛的措施，把原来的丧乱局面缓和恢复过来。各个朝代的末期和其初期，几乎分别是用极其相类似乃至雷同的词句，表述那种盛衰兴亡的关键，说明支配着那个关键的重复律。我们试一回顾秦末、汉末、晋末、隋末、唐末、宋末、元末、明末，乃至清末的情景，或这些朝代开国之初的情景，那显然是非常容易给人以天道好还的往复循环的印象的。在那当中，人口问题极突出地表现为：在一个朝代之初，总像是非常缺少人口，到了一个朝代之末，又像总是难得安排对付多余的过剩人口，道理在什么地方哩？有关的议论是不少的，以善读中国历史见称的《文献通考》的编者马端临曾讲了这样一段糊涂话："古者户口少而皆才智之人，后世生齿繁而多窳惰之辈，钧是人也，古之人，方其为士则道学问，及其为农，则力稼穑，及其为兵则善战阵。投之所向，无不如意。……民众则其国强民寡则其国弱，盖当时国之与立者民也。光岳既分，风气日漓，民生其间，才益乏而智益劣……以至九流百工释老之徒，食土之毛者日以繁伙，其肩摩袂接，三寿不足以满隙者，总总也，于是民之多寡不足为国之盛衰。官既无借于民之材而徒欲多为之法以征其身，户调口赋日增月益，上之人厌弃贱薄，不倚民重，而民益穷苦憔悴，只以身为累矣"[1]。这段话毫无理路，矛盾百出，但却反映了一件事实，就是中国人口问题的表象，一直在苦恼着历史家们，不知道人口是多好，还是少好；他们不能弄清问题的本质，当然只好在思想言论上跟着现象打滚。依据马克思主义的人口理论，中国历史上的人口问题是并不难说明的。

---

[1] 见《文献通考》，第一册（十通第七种），第 4 页，编者自序。

正如在资本主义社会一样，封建社会的人口问题和人口规律，也是要把它的生产方式作为依据和基础的。我们不能离开封建社会的整个经济结构来理解它的人口问题，也不能离开封建社会的基本经济规律来理解它的人口规律。作为封建社会的基础的生产关系，一般地讲，是由贵族领主阶级和农奴阶级结成的关系，而就中国社会来说，是由包括最高统治者帝王在内的地主阶级，和依属他们的农民阶级（包括农奴或隶农）结成的关系。但在我们社会的典型封建制度或地主经济封建制度下的剥削阶级和直接生产者阶级，比之欧洲一般领主经济封建制度下的两个阶级，不论在社会地位或身份上表现了怎样一些差别，那种差别显然不曾改变封建剥削关系的本质。土地是封建社会最主要的基本的生产资料。谁占有土地，谁就有权支配需要依靠这种生产资料而生产而生活的直接生产者。占有土地不论是由于分封，由于赐赠，由于劫夺，还是由于购买，对于离开了土地就无以为生的直接生产者，同样具有极大的制人死命的权力。不过，建立在地主经济基础上的中国封建制表现了这样一个特点，就是从地主佃得土地的农民，在一方面虽然不像农奴那样人身地隶属于土地所有者，也不必定要被束缚在他佃得的土地上，他是有某种程度自由的，但在另一方面，在他离开了土地就无以为生的社会条件下，他不隶属于特定的土地所有者，却仍非隶属于整个地主阶级不可。贵族、官僚、地主、商人、高利贷业者乃至流氓地痞，随在都要成为找口实造机会欺压勒索他的社会势力者。佃农的处境如此，自耕农，也好不了多少。现在且来看看这种社会经济制度下的人口规律是怎样表现着的，或者它的农业劳动人口，是怎样变为多余的。

资本主义社会的财富是由工人农民阶级生产创造出来的，同样的，封建社会的财富，基本上是由农业劳动人口产生出来的。在这种限度内，我们以农立国的封建社会，当然有必要多方笼络争取农民。远在周末战国时代的争地争城的战斗过程中，实在包含有强烈的"争民"的要求。梁惠王向孟轲诉说他不论如何勤政爱民，为邻国所不及，但邻国的人口并没有因此减少，梁国的人口也没有因此增多，他觉得奇怪；后来僻处在西陲的秦国，因人口少了，影响生产，乃用非常有利的条件，诱三晋之人前往耕作，却大大成功了。但人口成为严重的不可终日的问题，一般毕竟还不是由于太少，而是由于过剩或过多。太少是表示重要生产资料——土地找不着劳动力耕种；过剩或过多乃表示劳动力从土地游离出来了。中国自秦汉以后，每个朝代初期，差不多都发生土地找不着人耕种的问题；而在每个朝代末期，又差不多都发生了农业劳动人口无法继续在农村待下去的问题，个个朝代如此，就像有节奏地表现为人口有时不足有时过剩的规律。但这个规律有时是通过整个封建社会经济变动或其阶级关系的消长变化表达出来的。一个王朝的建立，一般是紧承着前一王朝丧乱凋敝之余；战争、苛租重税、差役高利贷再加上必然相伴发生的自然灾害，照例逼着农业劳动者及其家属无法生活下去，他们原是安土重迁的，但无路可走，只好"壮者散而之四方，老弱转乎沟壑"，这逃亡的，饿死病死的，都被看为是没有食物或生活资料的多余的过剩人口。田园荒芜，人烟断绝的景象，在一方面说明了旧王朝为什么不能维持，同时也说明了新王朝应如何始得维持。于是劝农务工，招抚流亡，薄税敛，兴水利的种种措施被相率采行了；最关重要的土地问题，也想尽方法在既不损及地主利益，同时又可适当安辑农民的限内，作一些权宜的变革，限田、名田、占田、均田，甚至井田的拟议，也被提出了，有的并在一定限度内见诸实行了。其用意所在，无非是要使从土地游离流散的农业劳动人口，重新回到土地上来，使生产得以继续，使租税来源不虞匮乏。在这种情况下，原来看作是多余的过剩的劳动人口，往往还会大大感到不足。我们能够说，那全是由于人口在战乱中，在贫困饥饿颠连转徙中，乃至在疫疠中死亡太多了么？不，那至多只算是一部分原因，而更重要的却是由于新起的王朝不能照着旧王朝那样腐败、贪污、横征暴敛的统治下去，而作了一些对人民让步或"与民更始"的像上面所说的变革措施。所以，一个社会或者劳动人口不足的情况，大体总是出现在经济恢复前进或生产关系还容许生产力有一定程度的发展的时候。可是这个局面，在我们那种封建生产关系下是不能保持得很久的，并且也还是无法做得很全面的。如像汉代初期，由于高祖时达到了"天子不能具驷骊，而将相或乘牛车，齐民无盖藏"的窘状，在文帝景帝乃至武帝诸朝相率实行的一些便于农业生产恢复、更新、改进的办法，如讲究穿渠引水灌溉，提倡实施区田法，代田法，解决耕牛缺乏问题，教民使用新田器，及选种育苗，特别是伴随这些措施在政令及赋税方面所作的努力，自然都有助于农业生产的恢复与发展。所以，至昭帝时"流民稍还，田野益辟，颇有蓄积"①。然而就在文景武昭诸朝，对于关系农业生产最大的土地问题，根本就没有触到。秦代富者田连阡

---

① 见《前汉书·食货志》。

陌，贫者无立锥之地的情况，"汉兴循而未改"，致使农民不能不以十分纳五的田租，耕作富豪的土地。朝廷减税免税利益，都落到富豪手里，反而因此促成土地的兼并，使农民耕种土地要付出更大更多代价。他们因此就不能不"常衣牛马之衣，而食犬彘之食"。不但如此，农业有了一点点昭苏的机会，在我们的封建社会，就是农业剩余劳动生产物租税化商品化的加多，就是各级统治阶层消费欲的增大和剥削欲的加强，同时也就是商业高利业者活动的更形猖獗。统治者阶层一把注意力从生产领域移到消费领域，以往讲求农田水利，讲求节俭，讲求不违农时，爱惜民命的一套做法，就逐渐要在无形中为讲究排场阔绰，骄奢淫逸，观兵耀武，和繁其苛敛，严其刑罚所代替，其结局，就是招致天灾人祸，就是招致外侮内乱，就是从四方八面逼迫着农业劳动人民，使他们在租税徭役兵差债务乃至其他勒索敲诈的层层压力下折磨以死，或者见机逃亡。这些直接生产者连带他们的家属到了在家乡待不下去了，开始改变他们安土重迁的习性，他们成群结队地流亡起来，也就要开始改变他们保守安分守己的习性，他们由农民阶级变成流氓无产阶级了，不再有怕丢掉他们心爱的土地的顾虑了，不再有怕离开他们的心爱乡井的顾虑了，根本用不着敷衍税吏、土霸、高利贷业者了，这一来，他们也就自由得一无所有，成为天不管地不怕的危险人物了。于是，到处打家劫舍起义叛乱，一有人号召，几万人几十万人很迅速的啸聚起来。天下汹汹，到处多的是人，到处多的是没有同生产资料——土地结合起来的劳动人口。社会经济的大危机，或社会阶级的尖锐矛盾，就从众多的劳动人口变为失业，变为多余的险象上强烈表现出来。于是，前一个朝代的结局，就摆在眼前，后之历史家或所谓社会史学家又来喟然叹惜于人口过多，致贻伊戚！

　　以上是中国历史上的人口问题和人口规律的概括叙述。封建社会的人口问题和土地制度问题密切联系着，正如同资本主义社会的人口问题和资本积累问题密切联系着一样。皮相的观察者或恶意的歪曲者，不揣其本而齐其末，不根究发生人口过剩的原因，而把社会一切罪恶一切动乱都归因于人口过剩。以为中国自古以来，人口就是过剩的，到了现代人口还是过剩的；他们企图以中国人口过多过剩为口实来掩盖封建专制官僚主义的罪恶，而就现代讲，特别是用以掩盖帝国主义封建官僚主义的罪恶。这种颠倒是非模糊认识，淆惑视听的错误看法，曾经在中国现代反帝反封建的革命斗争中，起了如何大的阻碍作用，那是只要稍一检视近数十年来我国文化思想界所受新旧马尔萨斯主义的广泛深刻影响，就不难明白的。

二　在中国现代反帝反封建斗争过程中出现的 新旧马尔萨斯主义

帝国主义势力向落后地区的侵入，不单是靠着大炮商品，加上负有特殊使命的传教士，同时还有各种为它在思想上扫清侵略道路的学说，新旧马尔萨斯主义，可以说是那些学说中被吸收得最快和被应用得最广泛的一种。在说明这个道理以前，应先把新马尔萨斯主义的涵义交代一下。新马尔萨斯主义，无疑要对于上述马尔萨斯主义表现了一些新的特点。但因资本主义发展阶段不同，因客观要求不同，新马尔萨斯主义大体上有两个流派：一个是英国空想社会主义者奥文的儿子，达尔·奥文（R. Dale Owen）于 1830 年著《道德生理学》，所宣传的法国人依家族生活资料多寡以限制生育的方术，为了防止人口过剩，马尔萨斯主张禁欲不结婚，奥文则主张不禁欲也不妨结婚，但须人工的预防受胎；其后依据奥文这个"大发现"著论宣扬的，颇不乏人，遂形成了所谓新马尔萨斯主义。实则这种新马尔萨斯主义，不外是依据马尔萨斯的人口原理，在实践上采取的一种措施或即所谓避孕术。这样浅薄的玩艺儿，其所以在英、美、法诸国不胫而走，就是由于它非常投合资产阶级社会享乐主义的要求。事实上，如其真的按照马尔萨斯的人口原理，那些拥有大量财富的资产阶级家庭，倒是不妨多生育一些的，因为他们的人口是不会过剩的，马尔萨斯主义者，一直就把他们放在人口规律作用范围以外，足见这个流派的新马尔萨斯主义，只不过是便于资产阶级社会极其流行的变相多妻制或卖淫制的一个幌子罢了。到了社会主义的苏联出现，接着在落后的殖民地半殖民地区逐渐展开了反帝国主义反殖民主义运动的二十世纪二十年代前后，另一个流派的新马尔萨斯主义产生了，为了便于加重国内劳动人民的榨取，为了开脱殖民主义者的罪恶和为了模糊国内及落后地区人民的认识，马尔萨斯主义被扩大应用了；马尔萨斯的人口原理，原本就是把一些便于反动统治的社会经济学说，如土地收入递减税，工资基金说，适者生存说，种族优劣说等等揉合起来的大杂拌，到了这个历史阶段，特别是到了第二次世界大战后的社会民主运动高涨时期，新马尔萨斯主义就特别强调土地过狭，世界人口尤其是落后地区人口过剩为其特点；至若优等民族适于生存，劣等民族不适于生存；在国内，上等阶级宜于生存，下层阶级不宜于生存的谬论，无非是要论证这一点，就是以饥饿，以战争，以疫疠缩减或消灭国内外过剩劳动人口，乃是属于逻辑上的必要和必然。所以和前一个流派的新马尔萨斯主义比较，这一个流派的新马尔萨斯主义，就显得言行一致多了。他们可以算是马尔萨斯人口理论的实行者。第二次世界大战前后，在英美出版的有关人口理论的书籍，几乎千篇一律地在重复这个论调：人口太多了，地球容纳不下了；其结论无非要表示，用细菌，用原子弹或疫疠，或其他消灭低劣而愚昧人群的做法，都是在替天行道，或竟是由于神的仁慈的安排，不过有的讲得很明显，有的故意讲得含蓄；有的只是提供一些有关人口及其土地利用的调查估算数字，有的则根据那些数字作出种种适合于帝国主义目的的结论。就因为这个缘故，我们就有必要把注意集中到这个流派的新马尔萨斯主义，并且还不能不把它安排在这里来说明。现在就他们对于中国人口问题的看法说法指出一个轮廓。

大约在中国 1926—1927 年的大革命的浪潮刚刚消去以后，曾在那个浪潮中一度惊呆了的帝国主义势力者及其各色的雇佣分子，开始讲究新的对策，讲究对于反帝反封建的民主革命运动的镇压分解方策了，结果在 1930 年以后，许多与帝国主义有关的个人或社会文化组织，如教会的高等学校，华洋义赈会……等等，分别以个人的名义或组织的名义，开始对于中国社会特别是对于中国农村，进行各种各样的调查了。不论调查者个人的主观愿望如何，或者他们整理材料时的动机怎样，显然我们不能把帝国主义乃至结托帝国主义的封建买办势力加害于中国人民的生活和生产的罪恶算进去，因而，为表现得更"客观"一些，从大家公认的事实入手，就较有说服力了。所有在这时以至世界第二次大战过程中的有关著作，都在揭示：

1. 中国人口太多。
2. 中国人口对中国人可以利用的土地，表现了极大的压力。
3. 中国农民以较长的劳动时间劳动，但所收获的极为有限。
4. 中国农民及一般劳动人民过的是极可怜的极可怕的生活。
5. 由于悲惨生活的结果，文盲比率较大，疾病多，死亡率高。
6. 人民愚蠢而贫困，当然容易受到煽惑蠢动。

这该是如何冷酷的自然逻辑啊！自布克（J. L. Buck）于 1930 年公

刊《中国农业家经济》后，接着有关这方面论著如《中国的人口及其现代的增加》（W. F. Willcox），《中国人的土地和劳动》（T. R. Henry），《中国的消费习惯》（Lindstedt）等等，相率提供出来，布克在 1937 年还写了一部《中国土地利用论》。不论如何，从人口这个角度来考虑中国问题，都会给予我们这样的印象：中国人民的贫困，中国社会的动乱，都是由于自然的不可克制的原因。就在这种思想意识指导下，最有代表性的胡适的贫、病、愚、弱、顽，五鬼闹中华的大议论相应产生了。事实上何止胡适的胡说，凡属谈到中国问题的中国学者，不管他是研究社会历史科学的还是研究自然科学的，几乎都在无形中肯定着并宣扬着这样不三不四的意见，前中央研究院社会科学研究所于解放前的 1949 年 1 月出版的《中国社会经济史集刊》中，载有罗尔纲先生的一篇长达六十页的论文——《太平天国革命前的人口压迫问题》，其中介绍了中国马尔萨斯——洪亮吉的有关中国人口问题的见解，同时也引述了现代中国学者及他自己的有关的见解。为了说明的便利，先从他那篇文摘抄一个注脚来概括中国现代学者的中国人口观。

> 陈长蘅《三民主义与人口政策》第五章说："我们中国的人口就现在的生计状况之下，实已超过适中的密度"。又说："全国已耕及未耕之土地，总共只能供给二万五千万人，是为理想的适中密度，可见中国早已达到人满为患时期"。许仁廉《人口论纲要》第九章说："依现有耕地和现有经济生产技术，中国社会，已有很重大的人口压力"。竺可桢《论江浙两省人口之密度》中说："吾国目前即已人满为患，何需更待之百年以后，举凡内乱之频仍，饥馑之屡告以及生活程度之所以低，乞丐盗贼之所以多，推其原因，莫不由于我国人口之过多"（见《东方杂志》，第二十三卷，第一号）。

当然，如此这般的议论，是多至不胜枚举的。就在引述这种意见的罗尔纲先生自己，他是怎样看待这个问题的呢？他的那篇大文第一节的开章明义第一句，就是："造成太平天国大革命的原因，在当时的社会经济状况看起来，最使我们注意的便是人口压迫的一个问题"。他是怎样来说明这个问题的呢？在该文第二节开始，他为我们背诵了一段马尔萨斯的"经典"："我们要知道，这时期的人口是否已达到了饱和点，还应该进一步将民数与田亩作一比较。因为所谓人口问题，归根结底完全是人口与土地的比例问题。……人类必不可缺的动植物，完全为土地所限定。土地可以说是限制人口的最终条件……"。在这之后，他再根据当时中外载籍谈到中国人口数字和土地亩数及其比例，论证那个人口压迫的问题。他好像一点也没有感到，从这样一个比例中，怎么也不能结论出太平天国的运动是一种大革命运动。因为马尔萨斯主义的基本特征，就是离开社会制度来谈土地和人口的比例关系，把土地和人口的比例，看成是单纯的数量关系。不过，我们这样来理解，罗尔纲先生可能认为他不是受了外国马尔萨斯主义的影响，而是受了中国马尔萨斯主义的影响，他那篇论文着重地介绍了中国马尔萨斯——洪亮吉的见解。洪亮吉的人口论，载在他 1793 年（乾隆五八年）写成的《意言》中，他看见各地人口滋生太快，生活资源的增加远不足以应人口的需要，以为"田与屋之数常处其不足，而户与口之数常处其有余"；该怎么办呢？曰有"水旱疾疫，即天地调剂之法也"。"然民遭水旱疾疫不幸者，不过十之一二"；其余过剩的人口何以善其后？只好设法"使野无闲田，民无剩力；疆土之能辟者，移种民以居之；赋税之繁重者，酌今昔而减之，禁其浮靡，限其兼并；遇有水旱疾疫则开仓廪，悉府库以赈之"：这一切属于"君相调剂之法"。然这样做，仍不济事，因为"治平之世，天地不能不生人，而天地之所以养人者，原不过此数也。治平之久，君相亦不能使人不生，而君相之所以为民计者，亦不过前此数法也。……一人之居，以供十人已不足，何况供百人乎？一人之食，以供十人已不足，何况百人乎？此吾所以为治平之民虑也"。洪亮吉的人口论，完成于马尔萨斯《人口论》问世前五年，照罗尔纲先生的评论："洪亮吉之说，精密详尽，自不及马氏论，但两人同时异地，学说不谋而合，这也是中西学术史上的一段佳话了"。马尔萨斯之说如何"精密详尽"，我们已在前面领教过了，不想多讲，但从学术和人道眼光加以比较，我觉得中国的马尔萨斯，毕竟还天真而温情主义一些。他在指出"田与屋之数常处其不足，户与口之数常处其有余"时，接着作了这样的暴露："又况有兼并之家，一人据百人之屋，一户占百户之田，何怪乎遭风雨霜露饥寒颠仆而死者之比比乎？"这是外国的马尔萨斯终始不肯讲出来的社会真相，人口理论如其把这个分配上的问题考虑进去了，还不失为一种有一些现实根据的学说，而且正因为外国的马尔萨斯故意忽视富有者兼并集中的事实，他也就不能像中国的马尔萨斯那样，主张依"君相调剂之法"，多方赈救贫民，恰好相反，却异常冷酷无情地反对救贫法反对养育院，以为贫而无告的人民的悲惨状况，大有助于富有者的奋勉和惕励。我们可以说，中国的马尔萨斯主义和外国的马尔萨斯主义之不同，正好反映了封建制度和资本主义制度的不同，在前一制度下，剥削的贪欲是受到了限制的，因而尚保留了一些人情；在后一制度下，剥削的贪欲是无限的，因而就更加没有理性。罗尔纲先生没有看出中国的马尔萨斯的这个优点，所以我感到他的人口论，大体还是舶来的。

是的，关于中国人口过剩问题，大家都习惯于撷拾表面现象，都乐于传播不三不四的常识，但在他们之中，也许有人不曾意识到那是为帝国主义的各种形式的侵略在思想上铺平道路，为封建买办官僚主义的罪恶统治进行辩护，现在且先看看第二次世界大战过程中乃至在战后盛行于美英帝国主义国家的新马尔萨斯主义者，在怎样关心我们的人口问题。

比如在第二次世界大战刚要结束的时候，在一部《人口压力、战争、贫困》的著作里，作者把世界的国家就人口问题分了三类。澳大利亚、美国、瑞典是一类，日、德、意是一类，智利、印度、中国是一类。第一类没有什么人口压力，因此，无论大工业发达还是不发达，都有繁荣和平的倾向；第二类人口压力相当大，又有大工业，以至走向侵略战争；第三类国家有的有一些大工业如智利和印度，有的极少大工业，如中国：但因他们人口压力都异常大，特别是中国，以致陷于极端贫困。但因这个表象的分类，不容易恰到好处，于是对于人口压力比智利还大的日本，另有安排，认为它一方面因大工业发达走向战争，同时又因人口压力过大而不能不陷于贫困，不若中印诸国，虽然人口有极大压力，陷于极度贫困，但毕竟因工业不发达不能发动侵略战争。① 这类人口压迫过大的国家又不能发动侵略战争，像中国和印度，用移民的方策，也不能解决他们贫困的问题，至于东南欧各国，也被认为是处在大体相同的境况中。② 该怎么办呢？那些"繁荣的和平"的国家，为它们发急了。在它们看来，像中印的人民，以及东南欧各国，多半是愚蠢无知的，不懂得也不肯实行西欧文明社会那种禁欲避孕的道德限制方法，结局自然是人满为患，自然是贫困疾病死亡。

---

① 见喜姆（Helen R. Himman）和小巴丁（W. J. Batten Jr）所著《人口压力、战争、贫困》，第 6 页。

② 林·斯密兹（Lymn Smith），《人口分析》，第 394 页。

新马尔萨斯主义者范格特①及其伙伴们把注意集中到中国、印度、日本及其他东南亚国家，认为这些国家的过剩人口，始终是文明世界的威胁，是白种人的威胁，而对于一向被他们放在世界文明圈外并且基本上是属于白种人的苏联，尽管那里老早就存在着劳动人口不足的事实，他们却在坚决主张缩减中国印度日本的人口的同时，也特别关心到苏联，以为苏联人口要消灭一半或四分之一，才能创造出良好的生活条件。② 此外，他们对日本、对印度……等国家，都定出了一个应当消灭多少人口或应当保留多少人口的数字。问题在如何执行这个消灭人类的计划。他们认为疾病饥饿等等，虽然能提高死亡率，但那是间歇的，一时的，效验不大，特别是像苏联那样贫困饥饿根本不存在而医药事业卫生事业又极其发达的国家，最有效的办法，当然是采用原子武器细菌武器的战争，而在这两者之中，他们还特别着重细菌武器，因为依据他们的经济学，"细菌生产比任何其他形式的武器的制造便宜，采用细菌武器会比原子弹能杀死更多的人"，特别是"细菌武器在杀死人时不毁灭财产"③。根据同一理由，美国社会学家们就相率以"高度道德上的勇气"，鼓吹"以任何现代医学所能奏效的办法，传播各种不同的严重传染病"④。几乎所有的新马尔萨斯主义者都反对医学上的新成就，以为

---

① 当代新马尔萨斯主义的代表人物是范格特（William Vogt），他的奇特人口理论，见于所著《生存之路》中，他用一个不同于马尔萨斯的公式，来发挥马尔萨斯的原理，那就是 C＝B：E。C 代表一定面积土地所能养活生息在它上面的人口数量，B 代表那块土地所能提供衣食住，特别是食物的潜力，E 代表天灾人祸一类因素对那种潜力发挥所加的一些限制或即所谓环境对抗；也就是一定土地所能容受的人口量，等于其生产能力和环境限制作用之比。他以为这个定律每日每时对于我们生息在地球上面的男女老幼的生命在发生影响。我们忽视它，就快要逃脱不了毁灭的命运，他依据可靠的判断，至少有四分之三的人类要从地球上消灭去（参见 1951 年伦敦版本，第 16—17 页）。然则同是生息在这个地球上的人，谁应当继续活下去，谁应当消灭呢？他的全书的目的，就是要回答这个问题。事实上在他这个著作封面底页附上的一个世界各国生活水平表中，已经把他的答案明白提出来了。以美元计算的世界各国每个工人每周收入，美国最高，占第一位，接下去是加拿大，新西兰……中国最低，倒数第二是印度，倒数第七是苏联……且不管这些数字依据的来源如何，以同一货币单位在各国所能购得的生活资料数量，就极不相同，但范格特不理会这种粗浅经济常识，竟根据一国每个工人每周收入货币的多少，来判断它的人口是否过剩，来判断它的人口究有多少应当铲除。他特别就那些应当大量缩减人口的国家，如中国，印度，苏联，日本……的自然条件，自然资源，来论证来发挥他的 C＝B：E 原理。对于生活标准最高的他的祖国即美国的人口，他也表示不能再增加下去，不过他在另一场合却又认定：假使依照亚洲人的生活标准，北美洲足够维持五七、〇〇〇、〇〇〇人口（同书，第 146 页）。

② ③ 雷金娜：《新马尔萨斯主义批判》，参见《文史哲》，1955 年 8 月号，第 22 页。

④ 乌亚尔伐托夫：《马尔萨斯论者与殖民地和附属国》，参见《地理知识》，1955 年 2 月号，第 64 页。

把多余的人医好了，就无异在制造贫困，从而制造疾病。在一百余年前，马尔萨斯还只反对慈善，反对救济，到了他的二十世纪的信徒们，却进步多了，反对生人的医学，同时主张杀人的细菌学，然则对于世界各国人口，分别定出应当消灭多少，保留多少的数字，是以什么作标准呢？新马尔萨斯主义者在这里讲得有些含混了，依美国人的生活水平，或某某国人口缩减多少，就可过美国人那样的生活云云，言外似表示只有美国的人口不过剩，也只有美国人口不需要缩减；反之，作为依据健全的遗传性而"选定的民族"，或高级民族，是应当成为地球的主人的，是应当代替那些"没有充分价值"的劣等民族，据有地球这个"生存空间"的。但为了不要使他们的帝国主义面目暴露得过于丑恶，同时又感到西方各国劳动人口，也实在由他们的贫困罪恶表现得颇不雅观，由他们的罢工暴动等等表现得颇不安分了，所以新马尔萨斯主义者又回过头来大公无私地表示包括"高级"的盎格鲁萨克逊民族在内的西欧各国人口，也要大减特减。如彭德尔公开建议"杀死三千万德国人，并在十年内禁止德国生育儿童"。范格特要求"把欧洲人口（其中包括英国、法国和德国）缩减一半甚至三分之二"①。至于新马尔萨斯主义发祥地的美国本土，不也是存在着严重的贫困失业现象？不是以匪盗横行，罪恶贯盈的渊薮著称么？是的，他们当然会把那笔账算在"低级"民族的黑人名下，也许就因此还不曾对于美国应当缩减人口，提出明确的数字来，只是含混地表示，美国如不讲求节育，也有降低生活水平的趋势。讲到这里，也许有人会奇怪。像这样狂妄野蛮到完全没有一点人性，没有一点理性的说教，为什么竟出现于现代的"文明"论坛，并还传播得相当普遍呢？这就因为这个最反动的新马尔萨斯主义，不仅自马尔萨斯以来有一个半世纪的时间的思想准备，并还汇合了帝国主义时代的一切极端反动学说思想，如尼采的权力哲学，如魏斯曼·摩根的遗传学，如好斯贺斐的地缘政治学……等等，达尔文的适者生存说，也被恶用了，而经济学上作为马尔萨斯人口理论支柱的土地收入递减说，工资基金说，更是作为自明的道理在传播着。有了这样一些思想意识的根源，再加上腐朽资产阶级临到第二次世界大战后的垂死挣扎阶段，临到它们原来的许多殖民地附属国、势力圈的人民都相率起来反抗，起来挣脱枷锁，以社会主义或民族独立的姿态站立起来，威胁其生存的阶段，他们

---

① 阿·波波夫：《反动的人口论》，参见《学习译丛》，1953年第10期，第139—144页。

这个阶级的代言人，要想像以往那样保持一点点科学气息或绅士仪态也是不可能的，因而最粗野狂暴的，集反动思想意识之大成的新马尔萨斯主义，就被看作是它的代表的意识形态了。

从上面的说明中，我们已不难看到，不论是旧的还是新的马尔萨斯主义的思想，该会对帝国主义侵略中国发生了多大的助长的影响；同时又该会对我们现代的反帝反封建买办官僚的运动发生了多大的妨阻作用。虽然我们中国谈人口问题的社会科学或自然科学者，如前面所指述的，大抵是属于旧马尔萨斯主义的范畴，没有多少人明目张胆地像新马尔萨斯主义者所主张的那样，把我们自己看作是低级民族，应当逐渐消灭，但我们知道，新马尔萨斯主义是马尔萨斯人口理论的扩大应用，是在马尔萨斯人口理论基础上所强调的一些具体主张或措施，只要我们的思想意识受着马尔萨斯那一套理论的支配，我们就不可能不在无形中接受新马尔萨斯主义者对我们中国人口问题所作的一些荒谬结论。我不想进一步分析过去那些五颜六色的买办思想，但在这里指明出这样一种事实是必要的：凡属不从社会制度，不从帝国主义和封建主义压迫剥削关系去看中国问题的人，他不谈中国问题，不谈中国人口问题则已，一谈到这类问题，一定会采用马尔萨斯的观点，反过来，如其他对于中国旧社会生产关系有一定程度的认识，一接触到中国人口问题，就会有另一种看法。举一个较明显的例子罢，孙中山先生曾在他的论著中论到中国人口问题，他以为中国民族的危机，不仅是受自然力的淘汰，还受政治力经济力的压迫。后两者比之自然力的淘汰还要快而烈。"中国所受列强经济力的压迫，比之殖民地还要厉害……中国外国每立一回条约，就多一回损失。……专就这一压迫讲，比用几百万兵来杀我们还要厉害。……中国人口总是不加多，外国人口总是日日加多。……如果没有办法，无论中国领土是怎样大，人口是怎样多。百年之后，一定要亡国灭种的"①。不论这讲法在科学系统性方面有多大的缺点，他无论如何总算把人口问题放在整个社会问题中来处理了，他由此看出中国人口问题主要是帝国主义侵略和地权集中的问题，不但谈不到绝对过剩，甚且还有人口日益减少的危险。所以，高呼反抗帝国主义，强调耕者有其田，就成为他在逻辑上所要得出的解决中国人口问题的实践要求。可是，尽管这位伟大的民族主义革命家相当正确地看出了中国人口问题的

---

① 《中山丛书》，民族主义第一讲，第11—13页。

若干症结，他的不肖的信徒们，特别是勾结帝国主义来残杀鱼肉中国人民的蒋介石集团，或四大家族，临到从大陆被赶走的前夕，仍在一方面疯狂的集中吞并全国的财富和土地，同时却昌言中国只有大贫小贫，没有大地主也没有资本家，就是把财富土地均摊起来，也不能解决过多的过剩的人口问题。他们用帝国主义者传播的新旧马尔萨斯主义为他们自己及其主子在中国所作的一切罪恶遮羞，帝国主义者，自然更加要强调中国人口过多这一点，来表示他们即使对中国再多援助救济仍是爱莫能助。1949 年美帝发表的《中美关系》白皮书，不是力言中国的人口，不仅对于中国成了一种不堪重荷的压力，同时也成为它的重大负担么？国内外敌人围绕着中国人口问题所做的文章，实在是太多了。

基于以上的说明，我们可以得出这几种认识：

1. 在帝国主义统治下的半封建半殖民地的中国，一方面在受着外来的发达的资本主义的痛苦，同时又在受着国内资本主义不发达的痛苦，由农村到都市的全面破产失业景象，使贫困疾病死亡战争成了家常便饭，成了有目共睹的事实，而这同农业手工业方面游离出来的众多人口联系起来，就恰好成了马尔萨斯主义繁殖的温床。

2. 帝国主义的长期文化侵略，早在无形中引导我们社会的思想意识，特别是学者们的观点，倾向马尔萨斯主义。而中国反帝反封建的人民革命运动的兴起，帝国主义者就特别需要这个综合了或宁说是揉杂了现代一切反动思想学说的新马尔萨斯主义体系，模糊我们的认识。我们应当承认，新旧马尔萨斯主义在中国人民革命过程中，是从各方面直接间接发生过为国内外反动势力辩护的作用的。

3. 帝国主义在中国被打倒了，但百余年来帝国主义文化侵略，在中国人思想上留下创痕，却并不曾完全消除；这就是为什么到了解放后相当长的时间，还在不少的有识人士，在以马尔萨斯的思想方法和观点来看待我们今日的人口问题。

三　解放后的中国人口问题的性质及其解决途径

1953 年 6 月 30 日 24 时，我国进行了有史以来第一次全面普查，这次全面普查的人口数字，是六万万零一百九十一万二千三百七十一人。这个数字的公布，结束了以往关于中国人口数字的各种不同的揣测和估计①，一下子把解放前大家公认为四万万到五万万的数字，增加了一万万到两万万多；人是社会最可宝贵的财富，是国家最可靠的建设力量。在原来估算的庞大人口数字上，又加上将近和英（本土）美两国人口相当的这么大的新数字，这给新中国乃至社会主义世界带来了无限的兴奋和鼓舞。但同时却也在不同程度上引起了国内外一向担心中国人口过多的人士的隐忧，这里姑且不问那种隐忧的出发点是什么。我们全国人口普查数字是在 1954 年 8 月公布的。英国资产阶级的喉舌，伦敦《泰晤士报》很快就反应说："这个宣布，不能不深深打动任何考虑它的重要意义的人。"这个反应当然是讲得比较含蓄的，但并不能掩饰他们的疑虑。特别是我们在宣布这个惊人的人口数字的当时，全国各地都在报道解放几年来人口迅速增加或死亡率迅速减少的事实。举两个显著的例子：

1. "根据七个省及内蒙古自治区共二十三个县旗的统计，常住人口比中央人民政府内务部 1953 年 1 月汇编《全国人口统计册》的总人口数字增加了百分之四点一。……人口增加的原因，除了过去还有些遗漏未报这次登记确实，过去有些机关、学校、厂矿等公共户口没有登记，这次作了全面统计，以及城市和工矿地区由于工业建设的发展，人口有了增加以外，主要原因，是解放以后人民生活安定和改善，卫生医药条件的进步，以及新接生法的推行等，使我国人口的出生率增加，死亡率减少，自然增加率有了显著的提高"（《人民日报》1954 年 3 月 11 日）。

2. "从这次全国人口调查中，证实我国人口死亡率正在迅速下降。下降的趋势特别显明地表现在幼儿中。许多调查数字表明，仅仅在我们经济恢复时期的两三年内，死亡率就直线地降低下来。根据北京市调查，1950 年 11 月人口死率是百分之十一，以后逐年下降，到 1953 年 11 月已降低到百分之六。武汉市 1950 年平均每天死亡七十二人，1953 年平均每天的死亡数字已降低到四十七人。由于人民生活的提高，医疗卫生条件的改善和新婚姻法的贯彻，历史上虐杀婴儿和因医药卫生条件不好早期死亡的不幸现象已大大减少"（《人民日报》1954 年 6 月 14 日）。

上面这两个报道，告诉了我们一些什么呢？那不是说，我们长期存

---

① 帕尔泽（Karl. J. Pelzer）：《土地与人口利用》，1941 年版，第 33 页。把中国人自己的估算和外国作者的估算，分别列成两个表。由 1900 年到 1937 年这一段时间里，最少的估计数是 27 500 万，最多的也竟有猜到 60 000 万的。

在的，由劳动人民失业破产、颠沛流离、疫疠、高死亡率表现的所谓人口过剩现象，一到解放后的很短时期内，一到了赶走帝国主义势力，没收买办官僚资本归全国人民所有，没收地主土地归农民所有了，整个局面就给根本改变过来了么？建立在新的经济制度或新的生产关系上的人民政权很快就让一向受到束缚磨折和破坏的生产力，得到解放或昭苏机会。不到几年工夫，我们的社会经济，不但逐渐恢复过来了，不但有很大的发展，并还在恢复发展过程中，依照我们国家的性质，我们社会发展的方向，大大地改变了我们各种社会经济成分间的比重，也就是说，国家经济成分对私人经济成分的比重加大了，同时，工业对农业的比重也加大了。这就使得我们可能从 1953 年起，就开始国民经济第一个五年计划。到现在，我们已很顺利地有的竟还是超额地完成了第一个五年计划第三年的计划指标。生产力在迅速提高，全国人民的生活在不断改善。以往笼统归因于劳动人口过剩的各种现象，如失业、贫困、饥饿、疫疠、流亡、动乱、战争……等等，有的是已经成为过去，有的快要成为过去了；代替这一切的，是未来繁荣幸福美好生活的展望。在这种情况下，为什么国内不少有识人士，还以我们国家人口过多而又增加得快为虑呢？如其说他们那种想法亦还有现实的社会基础，也许是由于我们由都市到农村的剩余劳动人口问题还有待于彻底解决，全国人民生活水平，还有待于大大提高。而极易使广大农业地区引起饥馑现象的自然灾害，更还有待于根本治理。可是，对于所有这些问题，我们可以有两个看法，一个是马尔萨斯主义的看法，一个是马克思主义的看法。依照马尔萨斯主义的看法，就极容易首先把这些情况和我们农民分得的耕地面积太小联系起来，以为我们北方大体是采行粗放耕作，每人分得土地多的不过几十亩，少的只有几亩；南方即使是采行集约耕作，但每人分得的土地多的不过几亩，少的只有几分，耕地面积的自然限制如此，就是没有天灾水旱，也不能保证大家生活有很大的改善和提高，因为，在他们设想，人口对土地面积而言，毕竟是太多了；在这种思想方法指导下，自然会把国家统购统销政策的坚决执行，以及去年这时候，因执行统购统销发生某些偏差所引起的粮食紧张情况等等拿来作为支持其论点的有力证据。并且，在他们看来，解放以后的新的合理的社会关系的建立虽然铲除了不合理的分配现象，但并不曾因此减少粮食紧张的压力，因为粮食的有限增加，仍满足不了社会拉平了的，增多了的对粮食的需要，需要比供给，从而比生产，是跑得更快的，这在他们看来，就是解放后的粮食问题为什么反而像比解放前还显得紧张一些的根本道理；按照这个逻辑，他们并进而拿苏联的事例即苏联到了实行第五个五年计划当中，对于日益增多的人口的粮食供应问题，还解决得不够理想的事例，来论证我们社会的过于众多人口，始终未免是一个压力，一句话，他们对于中国人口问题的看法是带有悲观成分的，那正好是马尔萨斯观点的必然结论。

但马克思主义者不是这样看问题。马克思主义者承认在一定社会阶段上，人口数量的相对过少或过多，对于一个社会的经济生活的改进或经济发展速度有一定影响，但他们首先肯定，人的劳动在任何社会阶段，都是极宝贵的财富，或财富的源泉，问题在于我们的社会制度，能在何种程度，允许对于它的现有劳动力作合理的利用与安排。我们前已讲到了私有的剥削的社会制度，是浪费人类劳动力，是使社会劳动人口变为多余的根本原因，这种社会制度，特别是这种社会制度所遗留的恶害，还不是一下子就可以完全改变过来的，所以由阶级的剥削的社会进到无阶级剥削的社会，要经历一个过渡阶段，在这个过渡阶段如像我们中国当前面临着的情况，就在人口问题上表现出了这样一些特点：

1. 由封建主义及帝国主义长期剥削与掠夺及长期战乱所引起的社会一般贫困和过低生活水平，一到解放以后，就使得国家要拿出很大一部分人力物力、用减免赋税、调配物资、贷款、救济等方式，来安定改善人民的生活，因而就显得救助的众多人口，成为国家建设的一个负担；

2. 同时也因为原有的物质基础太差，一般生产技术条件落后，不但大大地限制了社会生产力的发展，并还对旧有的属于个体经济的乃至资本主义的生产关系，不宜于采行过于急躁的改革步骤，因而这又不能不反过来在一定程度上影响生产力发展的速度，影响劳动就业人口较迅速增加；

3. 中国以往都市，在帝国主义及封建官僚势力支配下，一般都是具有政治性的、买办商业性的，消费性的特质，解放以后，一向依托于封建买办官僚的商业工业特别是商业活动，就因为不能和新社会的要求相适应，因而使那些从事这类经营的人，不少变为多余，同时在农村方面，由于旧生产关系的不断改变，特别是自去年八月以后的合作化高潮卷起了，对于农业劳动力的特殊需要，致使都市多余人口，反而倒流到农村。

所有这些表现我们当前人口问题特点的诸般现象，以及国家在这当中，在劳动力调整、粮食调配上，采行的一系列解决问题的措施，都是由于我们尚是处在过渡期中，旧的落后的生产关系还有待于清除，新的社会主义生产关系，还有待于发展，社会的生产力，正还在从各方面努力去提高，而安排人力，调配物力以适应新情况新要求的经验还需要多方积累，如果我们不像马尔萨斯主义者所做的那样，把人口问题看成是简单的和社会经济制度没有多大联系的、孤立的自然现象，而把它看成是社会经济制度的产物，看成是和特定社会的生产方式发展有着密切联系的社会问题，我们就不能想得过于单纯，以为新政权一经建立起来，一切这类问题，就立即可以不问生产关系的变革状况和生产力的发展提高状况，而根本予以解决。这样的想法，显然是非马克思主义的，是没有从实际出发的。在这方面，苏联是为我们提供了极好的榜样的。

在十月革命前的二十世纪初年，马尔萨斯主义者用以解说人口过剩的诸般社会现象，如破产、失业、灾荒、饥饿、疫疠、流散、死亡等等，在帝俄是达到了异常险恶程度的，那体现在以次的基本情况中：

在1905年间，俄国约有一千万农户，其中至少有三百多万农户是无耕马的，只耕种着很小一块土地。同时有一百万富农，却占有全体耕地面积之半。"……农民不得不在最苛刻的条件下向地主租佃土地。……地主用各种掠夺方法（地租和罚款），把农民落后经济底脂膏榨取净尽。基本的农民群众因受地主方面的压迫，不能把自己的经济改善。所以，革命前的俄国农业极端落后，时常有歉收和饥馑发生。农奴制经济的残余，以及往往超过农民经济收入的苛重赋税和付给地主的赎金，引起农民大众底破产和贫困，迫使农民离乡背井出外谋生。农民进入了工厂。厂主获得了廉价的劳动力。"[①]

"十九世纪末欧洲爆发了工业危机。这次危机很快就蔓延到了俄国。在危机年代（1900至1903年）倒闭的大小企业计有三千多家。被开除工作的有十万多工人。在业工人底工资大为减低。"[②]

上述的这个基本情况，在十月革命后就根本改变了。工人阶级由被剥削的、丧失生产资料所有权的阶级变为掌握国家政权和基本生产资料的阶级；农民则由为地主富农百般奴役剥削的阶级，变为工人阶级的同盟军；以工农联盟为基础的苏维埃国家，由基本生产资料的公有，土地

---

① 《苏联共产党（布）历史简要读本》，1955年人民版本，第4页。

② 同上，第34页。

没收，铲除了或者至少大大变革了资本主义基本经济规律发生作用的经济条件，同时创造了社会主义基本经济规律发生作用的经济条件，于是，过去听任资本主义基本经济规律自发运动所造成的过剩劳动人口现象，即资本家为了追求并保证最大利润，剥削本国大多数居民，使他们破产贫困的现象，就不再存在了，而新的社会生产关系，却容许并要求迅速发展生产力，不断改进技术，扩大社会主义生产，使整个社会，使全体劳动人民的不断增长的物质和文化的需要得到保证。所以，马林科夫说："斯大林同志发现现代资本主义的基本经济规律和社会主义的基本经济规律，给予资本主义的一切辩护者以致命打击。这些基本经济规律证明，在资本主义社会里人是服从榨取最大限度利润的无情规律的，因而人们注定要遭受沉重的苦难、贫穷、失业和流血的战争，而在社会主义社会里，全部生产都是服从人及其不断增长的需要的。"① 在苏维埃经济制度中，"劳动者物质状况的不断改善，以及他们的需要（购买力）的不断增长，是扩大生产经常增长的源泉，是保证劳动者不遭受生产过剩危机及因失业和贫困的加剧而带来痛苦"②。不过，在由资本主义向着社会主义过渡期间，尽管千百万劳动群众已经基本上摆脱了贫困与剥削，但为了要巩固社会主义经济，为了要创造条件从根消灭剥削，他们还不得不忍受重大的牺牲和困难，国家虽实行仅免饥饿的口粮配给制，在第一个五年计划胜利完成以前，还有一些人找不到职业。可是这种性质的困难，是前进发展中的困难，而有些人还没有就业的机会，乃是由于社会主义的生产还不曾充分发展起来。这和资本主义社会的情况是正相反对的。"在资本主义制度下，社会生产的发展必然伴随着不断补充失业大军的过剩人口的日益增长。但在社会主义社会里，却有另一个人口规律在起着作用。由于这一规律，生产的发展保证一切有劳动能力的人在不断提高其物质生活水平的情况下都有劳动权利。当然，在苏维埃政权的初期，苏联还有失业现象。但它和资本主义条件下的失业现象却有原则的区别。在资本主义制度下，失业是资本主义积累规律发生作用的结果，资本主义发展的水平愈高，失业的人数就愈多。当时苏联发生失业现象的原因是：第一，在国内经济中还存在资本主义成分；第二，社会主义本身还未得到充分的发展。社会主义生产的发展，为彻底

① 《在十九次党代表大会上关于联共（布）中央工作的总结报告》，人民出版社版，第104页。
② 《列宁斯大林论社会主义经济建设》，解放社版，第468页。

消灭失业现象创造了一切条件，这完全是由社会主义基本经济规律的要求决定的"①。事实也完全证明了这个真理。斯大林在 1933 年 1 月 7 日在苏共中央委员会和中央监察委员会联席会议上，作了关于"第一个五年计划底总结"的报告，其中讲到："从根本改善劳动者物质状况方面看来，我们在工业农业方面所有成功底基本结果是什么？第一个基本结果，就是我们铲除了失业现象，消灭了工人中间那种朝不保夕的情形。"他指出：在这时的三年以前苏联还有将近一百五十万失业者，两年以前，失业现象就不存在了，而在这两年当中，工人已经忘掉了失业现象，忘掉失业痛苦，忘掉了失业惨状。"第二个基本结果，就是几乎全体贫农都加入了集体农庄建设，就是在这个基础上打破了农民分化为富农贫农的过程，并因此铲除了农村贫穷困苦的现象"。"三四年以前，在我国农民人口中间，贫农至少占有百分之三十，即有一千余万人"。"他们经营农业时，照例都缺乏种子，或缺乏耕马缺乏农具，过着半饥半饱生活"。"约有一百五十万贫农，有时甚至有整整二百万贫农，每年跑到南部，跑到北高加索和乌克兰去谋生，受富农雇用。……他们每年跑到工厂门前来补充失业者队伍的人数更多"。"当时不仅贫农处于这种恶劣地位，而且中农也大半是如贫农一样受着贫穷困苦的"。可是，为时不久，"关于所有这一切苦况，农民都早已忘掉了"②。从此以后，即从在第一个五年计划实行过程中，消灭了阶级，因而也就消灭了失业，贫困，恐慌以后，苏联人的生活便愈来得愈加丰富美满了，也就因此，苏联人口的增殖，比任何一个资本主义国家都快得多大得多了。③ 斯大林曾经非常愉快满意地指出苏联人口增加的特点：在我国大家都谈论着，劳动者的物质状况大大的改善了，生活更美满更愉快了，这当然是对的。但这必然使得人口比往时繁殖的快得多。死亡率降低，出生率提高，于是纯增殖率无比增长。这当然好，我们是喜欢这点的。④ 很清

---

① 阿·沙查诺夫：《关于社会主义经济规律的生产问题》，参见《社会主义经济论文集续编》，学习杂志社版，第 57—58 页。

② 《列宁主义问题》，参见 1955 年人民版，第 512—513 页。

③ 在第二次世界大战前的十二年中，苏联人口的自然增加总数为百分之十五点九，平均每年纯增殖率为百分之一点二三。在同一时期，苏联以外的其他欧洲国家，则仅增加了百分之八点七，法国平均每年增殖率为百分之零点八（即万分之八），英国为百分之点三六（即千分之三·六），德国为百分之点六二。苏联人口增加速度为整个欧洲资本主义国家人口增加速度的二倍。——转引自严健羽，《从有关人口的几个问题，谈到新中国人口第一次调查的重大意义》——《新建设》，1953 年 5 月号。

④ 阿历山大·罗夫：《美帝国主义的思想体系是吃人的思想体系》，转引自严健羽前文。

楚，在帝俄时代以同样大的或更大面积的土地，养不活一亿六千万人口，使绝大部分劳动人民过着非人的悲惨生活，而现在苏联则使两亿以上的人口，全都过着极美满幸福的生活，这是任何人都可以从这个比较中去发现人口问题的症结的。资本主义制度就是全社会绝大部分人口的贫困、失业、饥饿、死亡；社会主义制度就是全体人民的繁荣幸福。多余的人，那就是过去过着剥削生活不肯劳动的人。

在一切方面，苏联的今天，就是我们的明天。在人口问题上也是如此。虽然我们今天的人口，为苏联人口的三倍，但在社会主义制度下，较多的人口，不是理解为更大的什么自然压力，而是理解为更大的社会的生产力。问题就在于怎样较迅速地改变我们残余的资本主义的和小生产的经济关系，以便更快的提高我们社会的生产力。当我们说，资本主义社会乃至前资本主义社会，由于社会主要生产资料集中在少数人手中，因而社会生产品也集中在少数人手里，致使大多数人陷于失业和饥饿的困境的时候，决不能因此就得出一个结论，认为只要把社会生产资料从而把社会生产品平均合理分配了，人口问题就根本解决了。这是很不全面的看法。社会主义制度并不是一个平均分配制度。社会主义其所以会并且必然要代替资本主义，基本上就是由于它允许并要求社会生产力有更大更快的发展，就我们这里论及的人口问题来说，就是由于它容许并动员更多得多的人参加到生产中去，由于它几乎能使一切参加到生产中的人都表现出忘我的劳动热情，尽量发挥潜在力量，很快地增进社会财富。我们解放后五六年来的社会经济的大变化，充分证实了这个真理。帝国主义及国民党反动派留给我们的破坏疮伤，原本就是非常深重的。民穷财匮，百废待举；当土改运动正在向全国新解放区展开的时候，极其艰巨的抗美援朝战争又发生了，水旱灾害一时还无法完全避免，但尽管如此，由于社会的生产力从原来的半封建半殖民地的生产关系得到了解放，全国的生产和全国人民的生活，却发展改进得非常迅速。1952 年的工农业总产值，已比 1949 年增长了百分之七七·五，其中现代工业增长了百分一七八·六，农业（包括农村副业）增长了百分之四八·五，而与人民生活最密切的农产品，以棉粮两项而论，则1952 年分别为 1949 年的百分之一四六和二九八。1955 年农业生产获得了丰收的结果，粮食比解放前的最高年产量增加了百分之二十以上，棉花比解放前的最高年产量增加了百分之七十。发展我国国民经济第一个五年计划中所定的农业增产数字，经过 1955 年 8 月以后农业合作高潮，已经显得非常保守了。依据 1956 年到 1967 年，全国农业发展纲要，全国农业产量将在农业合作化的基础上，大大地增加起来。到了 1967 年要求粮食的全国总产量将比 1955 年的产量增加一倍半以上，棉花的全国总产量，将比 1955 年增加两倍。这个要求是巨大的，但是完全有条件实现的。毛主席教导我们："从去年夏季以来，社会主义改造，也就是社会主义革命就以极广阔的规模和极深刻的程度开展起来。大约再有三年的时间，社会主义革命就可以在全国范围内基本上完成"。"社会主义革命的目的，是为了解放生产力。农业和手工业由个体所有制度变为社会主义的集体所有制，私营工商业由资本主义所有制变为社会主义所有制，必然使生产力大大地获得解放。这样就为大大地发展工业和农业的生产创造了社会条件"[1]。工农业生产的巨大发展，就是我们全体人民不断增长的物质和文化的生活得到充分满足的保证，也就是彻底消灭失业，消灭贫困的保证。当 1955 年 7 月第一届全国人民代表大会第二次会议通过发展我国国民经济第一个五年计划的时候，国务院副总理兼国家计划委员会主席李富春还曾就我们剩余劳动人口问题这样说："旧中国遗留下来的失业现象，也还不能完全消灭，剩余劳动力还不能得到充分利用。这些问题，都需要我们在第二个第三个五年计划期间继续努力，加以解决"[2]。在农业合作化高潮以后，在大约三年之内，就可以完全实现社会主义革命的新形势出现以后，失业现象的消灭，剩余劳动力的充分利用，显然无须等到第二个第三个五年计划，才能得到解决。在最近，中共中央农村工作部廖鲁言副部长告诉我们："全国农业发展纲要所提出的关于交通、邮电、文化、教育、卫生等项要求，也是在许多农业生产合作社和若干农村中已经实现的事情。许多人感觉短期内难于解决的城市一百多万失业人员问题，现在也出现了新的情况，浙江省嘉兴区将要求从上海移入十万个劳动力，江西省也要求把能从事农业生产的城市失业人员移五十万人到那里去。至于地多人少的边远地区迫切需要的劳动力，就更不待说了。解放以前遗留下来的这个一百多万尚未就业的失业人员，由城乡两方面去做安排，就可以在几年内使他们就业了"[3]。事实上，像浙江嘉兴区以及江西省所提出的人口要求，

---

[1]　1956 年 1 月 25 日毛主席在讨论 1956 年到 1967 年全国农业发展纲要草案的最高国务会议上的讲话，《人民日报》1 月 26 日。

[2]　《关于发展国民经济的第一个五年计划的报告》，第 30 页。

[3]　关于 1956 年到 1967 年全国农业发展纲要的说明，《人民日报》，1956 年 1 月 26 日。

在全国其他实现了农业合作化的地区也都会在不同程度上提出的。失业现象很快要成为过去了。

当然，由农业合作化高潮所卷起的对于劳动力的特殊需要，因而引起都市剩余劳动力向农村回流，毕竟是一时的现象。正常发展的方向，将仍是都市大工业的迅速扩展，以及相伴发生的商业交通运输业的扩展，会从两方面来改变都市和农村的人口的分布比例，一方面是都市数量加多和范围推广，需要集中更多的人口，同时农村方面，则因从都市得到机械，化学肥料等工业品的供应，劳动生产力大大提高，因而可能腾出大量劳动力来满足都市对于劳动人口的需要。事实上，我们在解放后的几年中，由于各种社会经济文化事业的发展，差不多全国大中小各种都市人口都在不断增加，我们决不能因为目前农村可以吸收一部分都市剩余劳动人口的暂时现象，而把全国正在迅速改变都市农村人口分布比例的事实，掩蔽了，忽视了。

要之，我们的人口问题已在沿着马克思主义者所指出的和苏联所实践过来的途径进行解决。但要记着，我们解放以后，总共还只几年工夫，即令我们目前对这个问题的解决还不十分理想，但已足够表明以往帝国主义分子及国内资产阶级学者动辄拿中国的人口对土地，对生活资料的压力，来解释中国社会的贫困和动乱，该是多么荒诞无稽！一个社会的财富的积累，并不单靠农业，更靠工业，他们首先肯定中国不能或不应发展工业，并在这个前提上，认为我们只好依赖农业：对于农业，他们又肯定我们永远要停留在封建主义残酷剥削下的那种分散的技术简陋的，农民生产情绪低落的状态。因而就依据已成的现状来判断我们未来的命运。社会的革命，首先就是对自然主义的形而上学宣告死刑。我们解放后几年内的工业建设成就，已为我们农业上的改进技术、改良土壤、兴修水利，创造了条件。而组织起来的合作化运动的全面展开，不论是谷物栽培还是经济作物栽培，都相率出现了单位面积产量迅速增加的现象。农业劳动生产率的增长，播种面积的扩大，大量的可耕的荒野的开辟，以及大小水利工程的普遍展开，已经在中国农民面前展开了异常光明的前景。目前中国六亿人口平均每人每年可摊得五百几十斤粮食（我国解放后各年度的粮食总产量，1949 年为二二〇〇亿斤，1952 年为三三五〇亿斤，1954 年为三三九〇亿斤，1955 年为三六五〇亿斤）。按照由 1956 年到 1967 年全国农业发展纲要的要求，1967 年每人每年平均将摊得一千四百多斤，即使我们的人口依照解放后的百分之二点几的自然增殖率，在这十余年中会增殖一亿以上，每人每年仍能平均摊得一千余斤。如其说，在1952年到1967年的十五年内，我们的人口还增加不到三分之一，而粮食却由三三五〇亿斤，增加到八三八五亿斤或一倍半，那不正好把马尔萨斯的人口理论所依据的人口以几何级数率增加，粮食以算术级数率增加的数据完全倒转过来了么？马尔萨斯主义者也许会说，我们在希望1967年达到的数字，毕竟还是一个未知数，但任何一个能虚心观察中国今日农村大变革的场面的人，就应知道从封建生产关系解放过来，从个体所有制解放出来的农业，该有如何大的潜在力量在发挥着。以前北方每亩地产量不过百斤左右的土地，现在竟收获到一两百斤或更多，以前南方每亩产量不过两三百斤的稻田，现在竟收获到几百斤乃至一千余斤，今年广东有的地区的丰产稻田，打破了两千斤的记录。福建有不少地区的丰产地瓜田，打破了万斤的记录。是的，我们今天的农业劳动生产率，我们广大人民的生活水平，是还不够高，是还须大大提高的，事实上我们已经在从各方面为了改进生产和生活条件而努力。在农业上，增产热潮正在伴随着合作化热潮而高涨着，由农业高潮推动的工业建设，将会以更新式的农具，更多的拖拉机播种机收获机和水利设备，以及更丰富的各种生活必需品适用品供给农村，同时并为农业生产物或谷物和经济作物，开辟广阔的销场。这个美好的光景，正以极快速的步骤向着全国范围展开。那是农业生产合作社在社会主义工业发展的基础上走向集体农庄的道路，那是从根消灭阶级、消灭剥削、消灭贫困，从而也是消灭各种各色马尔萨斯主义的反动绝望的思想意识的道路。这个道路是苏联的党及政府依据马克思列宁主义，领导全苏联人民极勇敢地极有创造性地开辟出来的，苏联人民的繁荣幸福美好生活，为我们提供了榜样，百倍地增加了我们奋勉前进的勇气和信心。我们几年来的建设改造实践，和全世界其他许多进入社会主义国家的建设改造实践，已经非常确凿地证明了：社会主义制度就是指向繁荣、幸福、和平、安乐的康庄大道；同时资本主义世界的冷酷现实却告诉我们：那里存在着私有财产制度，那里存在着剥削阶级，不同程度的失业、贫困、罪恶、疫疠、战争，就当作一个必然不可避免的后果产生出来。财富愈集中，阶级剥削压迫愈厉害，失业的过剩人口及相应发生的贫困罪恶现象也表现得愈明显，因而那个社会的统治阶级的思想意识，就极容易倾向旧的新的马尔萨斯主义来为它们的罪恶遮羞。所以，从摆脱阶级剥削的社会主义国家的社会经济学者看来：

……统计材料说明：现代的生产力如能合理地利用，可以保证二十五亿人的生活，而按许多经济学家的意见，甚至可以保证约八十亿至一百一十亿人的生活。①

而在现代亿万富翁即最大奴隶主们统治的美国，却在人口问题上发出了另外一种声音：

在 1951 年出版于纽约的《人口的不可遏止的增加》一书中，彭德尔宣称："人口过剩"是"现今世界一切最大不幸的原因"。他建议在全世界减少七亿人口，即减少三分之一。②

美国康乃尔大学的皮尔生和哈柏两人合写了一本《世界的饥馑》，这本书告诉我们说："地球能够维持的适当人口最多是九万万，有的人还嫌这个数字太大，减低到七万万人五千万，甚至少到五万万"。怎样才能减少这样多的人呢？他们提议："战争、鼠疫和饥荒是实现这个计划的方法"③。

对于同一问题的绝对相反的认识，充分反映了苏联和美国两个世界的现实。前者是体现着社会主义的革命乐观主义，后者则表现了没落资产阶级的绝望的悲观情绪。特别是前一个世界的人口的迅速增殖，更加要激起后者仇视人类的疯狂的绝叫。

这恰好是社会存在决定着社会意识的鲜明对照。

当我们依据马克思主义的观点，弄清了人口问题的社会本质的时候，不管帝国主义分子，不管国内若干有识人士如何为我们的众多人口担忧发愁，但我们的众多人口，却已在合理的社会制度下，向全世界显示他们就是祖国生产建设，国防建设的坚实基础，就是世界和平民主运动的伟大力量。他们本身就是自己幸福生活的丰富源泉！

（摘自《马克思主义的人口理论与中国人口问题》，科学出版社 1956 年版）

---

① 阿历山大·罗夫：《美帝国主义的思想体系是吃人的思想体系》，见《学习译丛》，1952 年 6 月号，第 47 页。

② 同上，第 46 页。

③ 转引自若水：《六万万》，《人民日报》，1954 年 8 月 7 日。

申论马克思主义的人口理论与中国人口问题
（1957）

在 1956 年春，我写了一篇题称为《马克思主义的人口理论与中国人口问题》的论文，初稿发表在《厦门大学学报》上。那篇文章的主旨，是根据马克思主义的人口理论，论证以往中国长期存在的大量劳动人口失业问题，只有在新社会条件下才能逐渐得到解决；并在那种论证中，彻底驳斥了马尔萨斯主义特别是当代新马尔萨斯主义的种种颠倒是非的谰言。按照他们的讲法：一切社会的人口繁殖率，都要超过它的土地及自然条件所能提供食物的限度，这就是所谓人口绝对过剩律；在这种自然人口律的作用下，饥饿、贫困、罪恶乃至战争，就是一种自然而必然的现象，和社会制度无关。不过，老牌的马尔萨斯主义讲到这里就带住了，新马尔萨斯主义者却结合着帝国主义在现阶段的现实要求表现得积极多了，他们明目张胆地主张用战争，用原子弹和细菌来消灭那些在他们看来人口过于众多的落后地区的过剩人口。但事不凑巧，解放以来的中国社会情况的大变化，即帝国主义势力及其所扶植支配的买办官僚主义和封建主义消灭了，长期磨折中国人民的饥饿、贫困、疫疠、无止息的内战和无文化的状态，也紧随着逐渐消失或正在消失中的大变化，已无异把他们一向用来支持其人口理论的大好例证，转变成了证示那种理论完全破产的有力告白。人类社会并不存在着什么人口绝对过剩的自然规律。

但当我的那篇论文披露后不久，节育的宣传号召，已开始在全国展开了，有的朋友和读者要求我对节育问题发表意见，我自己也认为有必要加以补充说明：既然新的社会生产关系，可以合理地有效地安排生产力、劳动力，消灭失业现象，为什么又提倡节育呢？提倡节育，不是正好证示我们的人口有过剩现象，我们的新的社会生产关系，仍不足以彻底解决失业问题？而在言外承认人口过剩是任何社会无可避免的自然规律么？并且，我们今天提倡节育，和资产阶级社会的节育运动，又有怎样不同的意义和要求呢？当去年秋天，我发表的那篇论文在科学出版社印成单行本的时候，我在一篇序言中，只就节育问题，提出了我的看法，我认为，我们在现阶段提倡节育，决不能认为是沿着马尔萨斯主义的观点，而必须肯定是依据马克思主义的原则。当然，我在那篇序言中，对于马克思主义的节育观和资产阶级的节育观的不同本质，是不曾十分交代清楚的。本年三月，吴景超先生的《中国人口问题新论》在《新建设》上发表出来了，他把他旧来的马尔萨斯主义的观点完全清除了，并且根据马克思主义的原则，提出了中国当前必须提倡节育的新看法，那确是富有很大启示性的"新论"。但如其说我的那篇论文，是着重在说明中国社会长期存在的失业问题，必须在新的生产关系下才能得到解决；他的这篇论文，就是着重在说明，即使我们长期存在的失业问题在新的社会条件下不难得到解决，但为了迅速地提高劳动生产率，迅速地使我们这个农业国变成工业国，也必须提倡节育。我们的着眼点是不同的，我们所要回答的问题也是不同的。但要叫一般读者看得没有矛盾，特别是要他们在节育运动中不迷惑在马尔萨斯主义的观念尘雾中，是有必要就下列诸论点，作着统一认识的系统理解的。

首先，人口问题是怎样产生的呢？唯心的形而上学的马尔萨斯主义者回答这个问题是非常简单的：不论在什么社会，它的人口增殖率都要超过其土地及其他自然条件所能提供食物的限度，因而就产生人口对食物过剩的问题，因而就表现为绝对人口过剩的自然规律。但是辩证唯物的马克思主义者根本反对这种说法。他们认为，人口问题是从社会制度中产生的，是由特定社会的生产力与生产关系的矛盾中产生的。不同的社会生产方式，有它不同的人口律，不同的人口问题；而解决那种人口问题的途径，也因着不同的具体历史条件而互不相同。在一切私有制社会里面，人口问题大抵都表现为是劳动人口问题，尽管在其前进阶段也有感到劳动人口不足的场合，而一般则是以劳动人口的失业、饥饿、贫困……来显示他们的过剩，同时也显示那种社会生产关系，和它所适应的生产力发生了尖锐的矛盾。而解决矛盾的途径，就只能是改变既成的私有制度或剥削者与被剥削者结成的社会生产关系。马尔萨斯主义者要维护私有制度，所以硬把这种社会矛盾的产物，说成是超社会的所谓绝对人口过剩的自然规律作用的结果。

其次，为什么改变社会生产关系，消灭剥削制度，还不能算是最后解决人口问题的途径呢？这就是说，既然人口问题的发生，是由于私有财产制度作怪，消灭了私有财产制度，理应彻底解决了人口问题。我在我的前述那篇论文中也是如此说的。苏联十月革命前的劳动人民的失业、饥饿、贫困……惨状，到了第一个五年计划完了时，已完全消失了；我们解放前的劳动人民的相类似的或更悲惨的情况，也在几年中有了根本的改变。不过，这里有一点应当区别：消灭私有财产制度，只能消灭由私有财产制度所引起的人口问题（虽然这是私有制社会最本质最突出的人口问题），而不是消灭人口问题一般。我在前面讲过，人口问题是发生于社会生产关系与生产力的矛盾中。只要社会存在一天，生产关系与生产力的矛盾就一天不能避免。所不同的，只是在私有制消灭了的社会主义社会的生产关系与生产力的矛盾，是非对抗性的矛盾，因而，从这种矛盾中表现出的人口问题，就不是敌对阶级间的问题，而是人民内部的问题；就因此故，对于这种性质的问题的解决，就不是要根本改变生产关系，而宁在于依照符合那种生产关系的本质要求，来更合理地安排调度现成的劳动力与生产资料。

又其次，我们过渡阶段当前的社会基本矛盾是什么呢？从那种矛盾中表现出的人口问题又有怎样的性质和内容呢？经历过去一年多来的农业合作化高潮和工商业改造高潮，我们的社会经济，已根本达到了社会主义改造的决定阶段，因而我们社会的基本矛盾，已不是资本主义生产关系与社会主义生产关系间的矛盾，而是包含着社会主义生产关系在内的先进社会制度与落后生产力之间的矛盾。这样的矛盾，不仅规定了我们的人口问题的性质，同时也规定了它的内容。这是怎么说的呢？原来从解放后逐渐改造建立起来的中国社会制度，是属于先进的社会主义类型的，也就因为这个缘故，它能够在短短的数年之内，把旧社会长期积累下来的劳动人民的疮伤，他们的失业、饥饿、贫困和无文化的状态，很快就改善过来，但由于半封建半殖民地社会经济形态所允许发展的生产力，是至为有限的；同时，由封建主义及帝国主义长期掠夺剥削与长期战乱所引起的社会一般贫困和过低生活水平，一到解放以后，就使得国家要拿出很大一部分人力物力用减免赋税、调配物资、贷款、工赈、救济等方式，来安定改善人民生活，因而就显得这所救助的众多人口，成为国家建设的一个负担，成为这种社会制度要求迅速提高社会劳动生产率，迅速提高人民生活水平的一个障碍。于是，我们由先进社会制度与落后生产力之间的矛盾产生的新人口问题，就需要适当限制消费，而由是相应增进积累来求得解决，或者需要适当限制消费资料生产，而由是相应优先发展生产资料生产来求得解决。适当限制消费，从而适当限制消费资料生产，事实上就是要求适当限制我们过于众多而在解放后又迅速增殖的人口。因为人口诚然是社会财富的来源和保证，但人口由可能的财富变成现实的财富，不仅需要一个相当长的培育时间，并还要有足够的配合劳动力的生产资料。这两方面的要求，都是我们社会在生产力未有相当大的发展以前所难于满足的。

最后，我们社会限制人口的节育运动，究和资产阶级代言人或新旧马尔萨斯主义者的节育要求，有什么本质的不同呢？关于这点，我在前面已有所说明，但为了使大家更明确认识问题的真相起见，有必要就这几个方面加以补充：从出发点讲，我们社会进行这种运动，是在马克思主义理论指导下，根据我们特定历史条件下的实际需要提出的，而资产阶级的那一套，则全没有事实依据。他们居然在生产过剩，商品食物过剩、劳力过剩的基础上，在社会财富增加速率远较人口增殖速率为快的条件下，强调人口压力；出发点这样不同，无非是由于他们抱有罪恶的目的，他们不仅企图借此掩饰财富集中造成大量失业人口的事实，并还企图借此制造加强剥削落后地区人民的口实。反之，在我们社会，我们在当前暂时采取限制人口的节育措施，乃是为了要在高度技术基础上迅速提高劳动生产率创造条件，亦即是为了人民的较长远的较大的利益创造条件；节育的目的不同，节育要求的对象也不一样。资产阶级学者倡言人口过剩的时候，一方面尽管是强调全社会的食物不够供应全社会的人口，同时却又毫不觉得矛盾地肯定社会过剩的人口，只是属于劳动人民；所以，他们自己除了为了享乐不肯多生育外，一般总是把节育要求的对象，限定在劳动人民方面，并多方警告恫吓劳动人民，说不肯实行道德的节制的人，就莫想得到救济，就要准备挨受贫困的苦头（马尔萨斯在他的第二版《人口论》中，曾反复强调此点），但我们社会的节育运动宣传，却是针对着人民全体的，我们任一个有社会主义觉悟的人，都会为了我们的建设事业，为了减轻我们社会和个人自己的负累，向自己提出节育的要求；这就是我们为什么说，我们的人口问题、节育问题，是属于我们人民内部的事，而资产阶级社会的同一问题，却是属于敌对阶级间的事。

总之，中国当前过渡时期的人口问题，是由我们先进的社会制度与落后生产力之间的矛盾中产生的，而这种性质的人口问题对以往一切存在着人剥削人的私有制的社会所发生的人口问题，是具有完全不同的属性和本质的；它的解决途径，虽然已由苏联为我们提供了榜样，但帝俄留下的工业基础和发展生产力的其他社会条件，还比我们解放当时优越得多；帝俄原来就是一个帝国主义国家，我们却是半殖民地，而我们要养活的人口又足有苏联十月革命当时的人口的四倍。因此，我们尽管有足够的理由相信社会主义好好建设起来，落后生产力迅速提高起来，是我们解决这种崭新的人口问题的必由之路；但要使我们的建设符合社会主义基本经济规律的要求，符合国民经济有计划按比例发展规律的要求，至少要在相当时期内，在我们的生产力还未大大发展起来以前，采行一切可能限制人口迅速增殖的措施，以减轻建设的负担。这样做，不仅有利于国家建设，也有利于人民生计；不仅符合于人民的长远利益，也符合于他们当前的利益。

（原载《新建设》1957 年第 5 期）

文化与经济

中国知识阶级之厄运
（1933）

一

在这多灾多难的中国，除极少数人而外，差不多每个人，每个社会阶层，大多有其厄运。但这里所要论及的，只限于在此灾难深渊中挣扎的知识阶级。

由知识份子构成的社会群，是否能称为"知识阶级"，这里无须多加论列；我们姑先承认这个语辞的妥当性，再进而略略指述其范围与意义。所谓知识阶级，可以说是藉知识而生活的社会群，即以探求知识与传播知识为职业的人们，但这是比较狭义的说法。我们后面所要论述的知识阶级，却广义的包括了社会上具有知识的全体知识份子；在教育界、舆论界中的人士，固不必说，即那些在政界、外交界乃至实业界活动的知识份子，亦包罗在内。为知识阶级加上这样广泛的注脚，在教育一般普及的先进诸国，也许不免稍涉含混，但在教育幼稚的中国特殊情形下，所有的知识份子，却就显然可以包括入这个社会阶层。

照理，教育幼稚国家的知识阶级，应当是非常幸运的。他们由知识的独占，取得了社会上与政治上的优越地位。中国过去所谓"万般皆下品，惟有读书高"，所谓"学也禄在其中矣"，那都是对于当时知识份子之幸运的写实。帝国主义势力侵入后，中国的政治体制改变了，经济体制改变了，教育体制也改变了。在这种大变革的过程中，知识阶级的命运，愈来愈见恶劣。他们虽仍如昔日之保有独占知识的优势，但积渐失却了"幼而学之，壮而行之"的机缘；由学校一批一批制造出来的知识份子，早已成了"无所用之"的多余。由是厄运降临到中国现在的知识阶级了。

欧美先进诸国，以教育普及而酿成知识份子的过剩，中国教育仍是极度幼稚的、落后的，亦发生过剩的现象，这原因，与其说是中国的教育体制，不能投合其政治经济体制，就毋宁说是中国的政治经济体制，不够应用其现行的教育体制。科举废弃而后，中国已一般的采行了资本主义式的学校教育，但中国社会的环境，却还未改变到应用或容受那种教育的程度。因此，我们如其说先进诸国之知识份子的过剩，是资本主义过度发达的结果，则中国知识份子的过剩，就是资本主义过于不发达，或畸形的变态的发达的结果。

二

应资本主义需求而产生的近代型的教育，我们称它为资本主义的教育，这种教育具有三个显著特征：一是民主的，其功用在制造一般能够选举的选民，以便施展那维护资本家利益的议会政治制度；一是机械的，其功用在提供最迅速、最有效的生产工具，以便资本家遂行大量的高度的生产；一是职业的，其功用在育成整个资本主义政治组织、经济组织中的各种各式人材。前一个特征，是在间接促进资本主义经济，而后两个特征，则在直接促进资本主义经济。

在资本主义发生之初期，商业上、工业上以及其他社会各方面，皆有各种各色人材之需要，于是，旧来专以养成教会宣教布道一类人材的教育，乃不适于新兴的资本主义社会的需求，从而，包括有公民的、机械的、职业的三个特征的现代教育产生了。往后，资本主义突飞猛进的发展，对于各种各色人材的需要更大而切，工程师、银行员、商号伙计、机械制造者、司机者、书记录事、簿记员、业务管理员，皆大有供不应求之感；同时，因着商业、产业范围的扩大，政治上、外交上亦须扩张组织，增添各级各式的政治外交人材。为要制造这般商工业人材、政治外交人材，又当专门养成特殊的教育匠。各种需要之相因而增加、而扩大，于是中学、专门学校、大学乃迅速增多。公家设立的不够，更奖励私人或私人团体设立。这样，一批一批的学生，遂如洪水般的由学校流注于商工业界、政界、外交界。资本主义的黄金时代，却也正是学校出身的知识份子的黄金时代。

然而这黄金时代未经过好久就过去了。各资本主义国家竞相自由大量生产的结果，魔一般的过剩现象出现了。制造品的堆积，从而，原料的堆积，机械的堆积，简直像把全社会一切流通的大道都阻塞住了。银行商店的倒塌哪，工厂的锁闭哪，机械的停歇哪，脑力劳动者连同体力劳动者大批的被解雇了，"学生"这种货色在市场上已显然没有销路，但制造这种货色的学校，却恐一旦停闭了，惹起失业或亏本的危机，仍旧照样维持下去，甚或因营利与投机的关系，更进而图新的设立或扩充。最近各国资本家的生产，是盖然的计虑着，以为或有好况到来；最近各国教育当局的兴学，乃至学生的求学，亦是盖然的计虑着，以为或有地方可去。学生在市场上与制造品一样的由剩而挤，由挤而争，由争而贱，那是资本主义没落过程中的一种必然现象。但中国由学校出身的知识份子的过剩原因，却须根据一种例外的说明。

三

中国社会是封建的，抑是资本主义的问题，现在虽尚为一部分有识人士所断断争辩，但我们不能否认中国早踏上了资本主义的旅程，或者，早为资本主义势力所支配。不过，中国资本主义的性质，是畸形的、变态的，是次殖民地的。它在全国各大通商口岸的各种大企业经营，不是间接受着帝国主义者的操持，就是直接为帝国主义者所建立。国民经济的形态，既如此乖颇支离，应统一的国民经济而产生的定型议会政治，自莫由成立，其结果，制造选民的所谓民主教育或公民教育，就不是怎样的必要。

而且，中国的种种资本主义经营，特别是大工业、交通业经营，既都是直接间接通过帝国主义者们投资投货的方式而设立的，那末，巨大而繁难的生产工具乃至交通工具，就不但不能由本国创造，且也无须由本国创造。就令说纯粹由民族资本兴建的企业吧，民族资本家就营利目的上划算起来，都乐得从外国输入精良而廉价的机械，这一来，中国的机械教育或科学教育，也就不是怎样必要了。

尤有进者，诸先进资本主义国家，都是期望中国永久沦为其殖民市场的，而它们由中国劫取的各种特权，迫中国承认的各种不平等条约，又足保证它们那种期望，由是，中国各种的民族资本主义事业，想由列强政治经济两重压迫下，振兴起来，那真是谈何容易哩！民族资本主义事业不能发达，则为那诸般事业提供各种各式人材的职业教育，就显然没有怎样迫切的需要。

民主教育没有怎样的必要，机械教育没有怎样的必要，职业教育亦没有怎样的必要，由是，包括有这三种成分或三种性质的资本主义教育，遂成为中国社会一种毫无实效的装饰。这是中国教育不能发达的主要原因。

然而，与欧美先进国家比较起来，中国的教育，虽是幼稚落后得可怜，但一与其实际需要相较论，则中国数十年来，为了国家的体面，为了本能的模仿，为了营利，或者为了其他动机，而兴学作育出来的知识份子，其数目却也颇有可观。而且，本国兴学制造之不够，更分途委托各国代为制造了大批的留学生。但无论留学生也好，国货的土学生也好，统统是没有出路。

是的，中国各大通商口岸，也还树立有相当规模的新式企业，并且，连接这各大口岸的，还有差可人意的新式交通网。但我们试一详究这诸般事业的实际，就知道它们所能容纳的学校出身的知识份子，确是有限得很。这可从几方面予以说明。

第一，中国各地的大企业经营，强半是由外国人所建设；外国人是乐意利用中国廉价的体力劳动的。但对于中国由学校出身的知识份子，他们除了雇用极少数的通译员外，再也无所用之。

第二，由民族资本经营的一部分事业，大概雇用有两种脑力劳动者，其一是技能较高的，如会计师、工程师、技师等等，其一是技能较低的，如业务管理员、书记、录事等等。一般由学校出身的知识份子，担任前者既有所未能，担任后者又似乎不屑，于是，前一场合的地盘，被"楚材晋用"的洋大人占领去了，后一场合的地盘，又被"略识之无"的非学校出身者或学徒们占领去了。近十年来的情形虽略有改变，但那究非知识份子的宽广出路。

第三，中国所有的交通事业，如轮船、电政、邮政、铁道等等，几乎全是由帝国主义者们所监督支配；较高级的行政管理人员，例由所谓"客卿"充任，固不必说，就是中下级的业务员、管理员、征收员，亦随在有碧眼黄须儿、木屐儿，来替我们越俎代疱。加之，由政府经营的这类事业，在用人一端上，是更易发挥援引亲故之封建精神的。我们想由这方面开拓知识份子的市场，那显然没有多大的希望。

此外，就农业而论，以农立国的中国，当然非特别注意这方面不可。数十年来在国内国外制造的农业人材，实在有一个可观的数目，但试问究有几个人曾用其所学呢？

为商工业上、交通业上、农业上准备的知识份子，既是这样没有需要，于是，中国全部的知识阶级，就只有两个主要的出路，一是政界，一是教界。中国以前由旧式教育或科举教育作育的人材，原是以政界与教界为其唯一出路，但那对于由资本主义教育育成的知识份子，却就不过是"难纳巨流的沼泽"罢了。然而中国目前在各处受了堵塞的知识份子的洪流，究又只好洋洋充溢于这沼泽似的政界教界，于是，这里就会发生以次几种不好的现象：第一、一切知识份子都向政界教界寻求出路，结果必致专精政治教育者学无所用，而非专精政教者，却又用非所学；第二、中国人读书做官的观念，是颇为牢执的；政治既不必求教专家，每个知识份子，就容易怀抱一尝官味的野望，而中国近年来的政治动乱，更会进一步加强此种倾向；第三、政路上由拥挤而发生竞争，由竞争而分化为党派，于是政潮迭起；有政治野心者，为广植党羽，扩大其政争力量，乃不惜招诱青年学生，参加政治活动。结局，司空见惯的学潮，遂成为翻雨覆云之政潮的副产物或派生物。至若政潮学潮在社会各方面发生的影响，那是毋庸细述的。

四

政府当局为根绝学潮，从而，减弱政潮，去岁曾由三中全会通过一高等教育改革案，主张停止裁并各公私立文法科大学及专门学校。这个提案的动机，大约不出以次两点：一，这类大学、专门学校制造的学生，早嫌过剩，若不加以限制，则他日由过剩现象酿成的学潮政潮，将益不可收拾；二，中国今后当注重生产教育、职业教育，以代替目前的奢侈教育、消费教育，即裁并文法科，扩增理工等科。我不否认文法科大学、专门学校学生之过剩，我亦不否认这过剩现象颇有影响于学潮、政潮，但我们必须注意一点，过剩现象是一般的，不是特殊的，即过剩者不限于文法科学生，就是理工科、农科学生亦是过剩；且不限于大学生、专门学生，中等学生亦是过剩，更不限于国内制造的学生，由国外归来的留学生亦是过剩。关于这个问题，我去年曾在长沙发刊的《活力周刊》（第一卷第十六期）上表述过以次的意见："……文法科学生因过剩而闹学潮、政潮，理工科学生乃至中学生过剩了，亦就同样要生出不好的影响。况在非政治研究者，可以从事政治活动；非经济研究者，可以从事经济业务；非教育研究者，可以从事教育工作的中国社会，所学何科，从而，所设何科，都不值得十分注重。因为论做官吧，机会可使你万能，学与不学无关也；论教书吧，无论你学采矿也好，学冶金也好，学水产或医术也好，设无机缘高升政界，仍不妨在学校暂求温饱。说句公平话，文法科学生怎样的过剩，也挤不进数理医科学生的地盘，反之，文法科学生之所以表示过剩，说不定还有一部分是由于数理医科学生过剩，以致挤进了他们的领域。可见学潮、政潮的迭起，问题不在那一部分学生之过剩。"我现今犹支持我那种意见。我以为，要考察中国的学潮问题，或者，要考察中国的全般教育问题，首先就得根究中国现行教育制度本身的妥当性。中国没有成就资本主义的经济环境，但却采行了适应资本主义需求的资本主义教育，所以，由这种教育制造出来的知识份子，自始就几乎是命定了没有出路的。

设据此推论起来，中国的学校教育，愈是倾向实际科学方面，即愈是生产化、职业化，它对于其经济环境的适应性和妥当性，就愈加受有限制，从而，它所作育出来的知识份子，就愈不会有好的出路。

那么，事情是非常显明的，中国不能回头去施行科举教育，又不能完全停止新式的资本主义教育，那除了改变经济环境，发展民族资本主义外，它无论着重那门学科，或者，无论由那门学科制造的人材，终归都是"无所用之"的多余。然而，经济环境之不易改变，民族资本主义之不易发展，那又是事实充分指示了我们的。在这进退维谷的情境下，中国知识阶级实遭逢了一种异样的厄运。我们不必嗟叹文人无行，也不必悲伤世风不古，更不必责难有识者之竞奔权门，试一读报纸上往往登录的，几千人竞考十数名书记或录事的记载，我们就知道中国的学潮政潮，该有怎样的必然性，并且，中国一般的知识份子，该在如何为其厄运而挣扎。

（原载《新中华》1933 年第 1 卷第 19 期）

现代思想危机论
（1933）

一　思想危机之本质问题

在世界一般经济恐慌怒潮澎湃的现阶段，那被有些人视为比经济恐慌还要可怕的思想危机，亦潜滋暗长的表面化，严重化了。思想危机的扩大，也许不免多少要加重经济恐慌的深刻，但必谓杜绝了思想上的危机，即可以防止住经济上的恐慌，那就是一种其愚不可及的痴想了。然而，在号称教化普及而深入的现代文明诸邦，这种"痴想"的蔓延，却不亚于所谓"危险思想"的传播。通过了权与利之曲折黑暗室的智者，就比一个全凭直觉的野蛮人还要不易辨认事理。

把"思想危机"当作一个问题来探究，那是可以引起若干不同的解释的。那可说是思想内容之贫乏，亦可说是思想体系之混乱；就前者而言，其救济在充实；就后者而言，其救济在整理，但我们在此所要论到的思想危机问题，与其说是从一般的观点，来证示既存传统思想有如何的缺陷；就不如说是从特殊的观点，来指明既存传统思想受到了如何的威胁。

"思想"在本身是无所谓"危险"或"危机"的。它依人类社会关系不同而异其形态，我们人类亦因社会关系不同而异其认识。一种社会关系变革了，或将要变革了，附属于这种社会的思想，或为这种社会所容纳所培植的思想，即将为另一种思想形态思想体系所代替。而在这两种思想的推移演化中，后者对于前者系以威胁而积极的倾向表现出来，而在前者就感到那是一种"危机"，或对后者称之为"危险思想"。

然而，思想既随人类社会关系而转化，一种社会关系在未确立以前，对于思想的要求，与既确立后，对于思想的要求，就颇不一样了。前者是要求其激进而彻底，后者则是要求其保守而调协，在这一转化上，思想之狼，乃变为思想之羊了。于是，在这既经确立的社会关系母胎里，又孕育着次一社会关系的胎盘，同时，这软化为保守的思想，又将招来一种使其感到"危险"的对头，这样，新的思想危机问题发生了。

由此看来，所谓思想危机，并非现代社会特有的现象；现代社会关系，是过去一切社会关系的继续，从而，现代的思想危机，亦是那每种社会所曾经历过的思想危机之继续。如其把社会变革看得寻常的人，他对于思想的变革，亦必不致大惊小怪；然而，"悲叹世道人心不古"，那又差不多是每当新旧社会交替，新旧思想冲突时期的一种必然现象。由一种必然，引起另一种必然，乃至第三第四种必然，那就是所谓社会必然大法则的推动。

不过，我们现在所要知道的是：一种新社会关系尚未确立时所要求的思想形态，何以与那种社会关系既经确立后所要求的思想形态不同。要解答这个问题，须先知道既成的旧传统思想，与所谓新起的危险思想，有何根本不同。我们试翻开一部哲学史的篇章，那里面真多的是对立的主义与学说，但如蒲列哈诺夫所说，"哲学上底思想之最重要的倾向，尽于唯物论和观念论二者。"我们如其把他这种意见用以范围前面两种思想，那旧思想的特征，必然是观念的或唯心的，而新思想的特征，则必然是唯物的。

旧思想是适应既成旧社会要求而存立的；我们如其不否认过去一切社会，都是阶级社会的理论，则知每个社会都有少数的上层阶级，支配或愚弄多数的下层阶级的事实存在。上层阶级或统治阶级为要维持其对多数或最大多数的下层阶级，在政治上，社会上，经济上的优越地位，他们不但要仰仗有形的武力，还要凭藉无形的精神力；一切宗教的信仰，道德的教条，法律的规约，都是比武力千百倍有效的统治工具。比如，用武力强制人慑服于权势，就不如把权势道德化，说那是正义所存，把权势宗教化，说那是神力所寄；又如，教人不要侵犯财产权，就不如教人尊重财产权。这是既成社会或旧社会要求思想观念化神化的原因。诚如日本一位权威学者河上肇氏所说："不拘在什么时代，贫苦的民众们，如果开始想到关于他们困厄的真正原因，在支配阶级看来，是非常不安的。所以，从来在阶级的社会方面，为使这般贫苦民众的注

意，离开地上的物质生活的考察，于是某种观念的哲学便成为必要；为
使这般贫苦的民众，对于现世不满的情怀，转移到来世的希望方面，于
是某种形态的宗教便成为必要。"

但是，既成社会所要求掩饰其罪恶的观念哲学与宗教，却正是在酝
酿中的新社会所要推翻的；它要反对既成的社会关系，自非无情的曝露
那种社会关系下的罪恶不可，换言之，自非从另一观点，去批判既成的
思想体系不可。所以，"从来被压迫阶级对支配阶级实行抗争获得了新
势力时，观念论以及和观念论结了不解之缘的宗教，便会在某种程度以
内，由利用它们作为精神羁轭的阶级的手中，被颠仆下来。到了那时，
破坏那种旧信仰的有用的精神武器，当然是唯物论。所以，从来当被压
迫阶级将要获得新势力的变革时代，唯物论总会勃兴起来。"

由此看来，唯物论之史的发展，与观念论之史的发展，恰好是一个
平行的对照；应每种旧社会关系要求而产生的观念论，固然是由来已
久；应每种新社会关系而产生的唯物论，亦并不始自今日。不过，人类
社会的关系，愈加由简而趋繁，由浑而趋划，对于观念论乃至与观念论
紧密结合的宗教，就愈有巧妙利用之必要。观念论与宗教的利用，既一
回巧妙一回，一回加紧一回，相应着唯物论就要一回彻底一回。所以，
同是唯物论，十七八世纪的，要比古代希腊的彻底激进许多，而十九世
纪乃至二十世纪的，又比十七八世纪的彻底激进许多。就此点而论，现
代的唯物论，确是比以前可怕多了，现代的思想危机，也自然比过去无
论那次要感到厉害。以次，我想就下面两点来加以申论，其一是，所谓
现代思想，又其一是，现代思想何以发生危机。

二　所谓现代思想

一论到现代思想，首先应了解现代思想所附属所胎育的现代社会。

现代社会是由过去封建社会转化过来的。封建社会与现代资本主义
社会，当然是两个绝不相同的社会型，但它们也还有一个同点，即，彼
此都是阶级的，封建社会受支配于少数的领主贵族与僧侣，而资本主义
社会则受支配于少数资产阶级。

阶级社会的秩序，一方面要武力或包含武力的政治力维持，另一方
面要精神力维持，所谓"马上得天下，不能马上治之"；若阶级社会的
推翻，那在一方面固要藉助于政治力，但在政治力发动以前，却不能不

藉助于精神力。

法兰西大革命，是封建社会过渡到资本主义社会的大枢纽，是市民阶级对于贵族僧侣的一次武力大示威。但是这种示威运动开始以前许久，那些包含有怀疑论，理神论，唯物论，乃至无神论的思想，已经在保守的观念论与宗教哲学的云雾中，暗默运行。比如，法国在大革命爆发以前，观念论与宗教的离奇教理，可说是闹到昏天黑地了。但这时却有一位名为杜尔巴克的哲学者，出来痛施抨击。他对于离人类感觉而存在的观念与神，曾有这样的批驳："我们知道物质，只由于知觉，感觉，及物质所给与我们的观念；所以不论善恶好坏，只是依照我们五官的特别性质而加以判断。"由这种认识论，引出了他的无神论了，他说："人们不断反复着说：我们的感觉，只能指示我们以物的外壳，想用我们有限的精神，去把握住神，那是办不到的。好吧！可惜我们的感觉，从不曾把神的外壳指示我们……不管它具有怎样的性质，在我们对于它没有观念的东西，毕竟是不存在的东西。""善恶好坏，只是依照我把五官的特别性质而加以判断"，那一切被解释为先验的正义的观念论，就失其存立根据了；"我们对于它没有观念的东西，毕竟是不存在的东西"，那所谓神，以及附着于神的种种说教，亦失其存在根据了。

因此，如最近俄国有名的哲学者德波林所说："这个布尔乔亚的新人物（杜尔巴克），是与那由神所创造出来的中世纪人——那是具着无形不灭的灵魂，在天国世界看出真实生活，并把地上的世界，想做是那种真实生活的反影或阴影的中世纪人——截然两样的。人是神的创造物，这是旧世界代表者们的见解；人是自然的创造物，这是新的真理。"

这新的真理，无疑是布尔乔亚用以推翻封建政权的有力精神武器。但布尔乔亚一取得了其要求取得的政权以后，因了稳定其既得政权的要求，它不但用不着这武器，反要摧毁这武器了。所以前面那位哲学者，更这样指明的说："杜尔巴克是一个十八世纪的布尔乔亚的最伟大的思想家和指导者，但到现在，却被布尔乔亚所遗忘所诅咒了。"蒲列哈诺夫在其所著《近代唯物论史》中，亦曾说及此点，他说："在一七九七年的时代，布尔乔亚早已不需要那些似乎只是不断的威胁着他们的新利益的诸学说了，他们已不能不弃掉唯物论了。"

连带着唯物论的弃掉，且反过来，对唯物论加以迫害，于是，布尔乔亚在革命过程中所呼喊的口号，通通取消了。诚如李宁氏所说："……我们试就宗教，妇人的无权利，以及诸民族的压迫与不平，这类东西来说罢，这一切都是布尔乔亚民主主义革命的问题……这种革命的进步的指导者，曾与一般民众这样的约定过：说他们将由中世纪的特权谋解放，由妇人的权利的剥夺谋解放，由某种宗教（宗教观念乃至一切的宗教信仰）的国家特权谋解放，以及由其他种种于民族的压迫谋解放。他们虽然这样约定了，但却不曾实行。这也许说，不是他们不肯实行，而是不能实行。因为对于神圣的私有财产之尊重，是会阻止其实行的。"

为了尊重私有财产，因而抛弃其革命过程中所允许民众的约言，抛弃其革命所恃的有力精神武器，那是一针见血之论。封建社会所要维护的是贵族僧侣的财产，而资本主义社会所要维护的，则是商工业资本家的财产。社会一部分人，或一极小部分人和有财产的拥护，势不能不藉助于政治力以外的精神力，把那种私有财产合理化，观念化，神圣化，这就是我们所谓现代思想所由产生的究竟。

法国大革命以及在其他各国发生的类似的革命的结果，资产阶级取得政权了，他们由被压迫阶级变为压迫阶级。以前，他们要求由压迫阶级保护其财产，现在，他们又要求由被压迫阶级保护其财产了。为了对压迫他们的贵族僧侣阶级，争取财产的安全，他们不能不以唯物论的精神武器，破坏旧时愚弄他们的真理正义；为了对那被他们所压迫的无产阶级，防卫财产的安全，他们又不能不以唯心论的精神武器，来建立他们愚弄无产阶级的新真理正义。特他们用以愚弄无产阶级的唯心论或观念论，那比从前贵族僧侣阶级愚弄他们的观念论或宗教要进步得多，高明得多。在前普行于封建社会的，有这样一种信念，说"贵族以血统救国，僧侣以祈祷救国，其他人民则以赋税救国"，并说，这种服务的差特，是依照神的安排和指示。但资产阶级是够聪明了，他们对于资本主义社会的秩序，不说是神的安排，却说是自然的安排。

由法国启蒙哲学者以至英国的启蒙哲学者，都有一个根本的共同信念，就是，自然的人类，通有自利的欲求。在这种前提下，更主张顺导其欲求，为人类的自然权利。卢梭的天赋人权说，以及哈其生所谓"人各有追求自身目的，使用自身能力的自然权"，都是此种思想的表现。

特此种思想在十八世纪，原为反抗贵族僧侣任意剥夺商工阶级利益而发，十九世纪的思想家，却更用以防卫资产阶级的利益。蒲列哈诺夫在其名著《史的一元论》中说，"十九世纪的著作家，从前世启蒙主义者继承了那种见解，那就是把'人性'看做解决法律，伦理，政治，经济诸方面之一切'特殊事件'的最高审判之见解。"

由是，凡属基于"人性"的一切动机，一切行为，一切关系，他们都解称是合理的，自然的。但我们这样说，实存有极大的语病，因为，他们所谓"人性"，是从资产阶级的视野看出来的。就是，凡属符合于资本主义的动机，行为与关系，他们都解称是合理的，自然的。

财产，是人类自利心的结果，人各欲保有其财产，那是一种自然要求；不过，财产的范围，被资产阶级的学者解得广泛些；保有生产手段的资本家，固有其财产，即一无所有的劳动者，亦有其财产；在他们之意，资本家的财产是自然的，合理的，不可侵犯的；劳动者的财产，亦是如此，或尤当如此。拥护资产阶级利益的哲学者兼经济学者亚当·斯密，曾在其大著《国富论》中这样说："劳动的所有权，是其他各种所有权的基础，所以，这种所有权，是神圣不可侵犯的。贫穷人所有的世袭财产，就是他们的体力与技巧，在他没有加害邻人，以正当方法从事劳动的限内，妨害他们体力技巧的使用，即是侵犯他这神圣的财产。"这段话，含有不少的巧妙意味：第一，认"劳动所有权，是其他各种所有权的基础"，那就无异使资本家的财产，进一步合理化，说那是由于他们的劳动之积累；第二，认体力与技巧这种财产，为神圣不可侵犯，那是对于资本家或资产阶级的财产，作进一步的保障；第三，在实际，要使资本家从心所欲的使用其资本，同时，须得使劳动者从心所欲的使用其劳动，因为，如这位聪明的学者所设想，"妨害劳动者自由流动的障碍物，也同样妨害资本的自由流动"。这就是说，在资本主义社会中，不独要安全保有财产，且须自由使用财产。

直至十九世纪中叶，过去重商主义的许多限制资本劳动的种种施设，方始在资本主义典型的英国除去，在此以前，营利主义或功利主义，当然是不能不与自由主义携手协作的。亚当·斯密还有一段简洁明快的话表明此意，他说，"一切特惠或限制的制度，一经完全废除，最明白最单纯的自然的自由制度，将自然而然的，自己树立起来。每个人在不违犯正义的法律时，都应任其完全自由，在自己的方法下，追求他自由的利益，而以其勤劳及资本，加入对任何其他人或其他阶级的竞争。监督私人产业，指导私人产业，使最合宜于社会利益的义务，君主们应当完全解除。"

因为追求自己的利益，是各个人的天性，所以，任其追求自己利益的社会制度，就是"自然的自由制度"，保障各个人，使其保有自己利

益，追求自己利益的法律，就是"正义的法律"，在这种法律制度的要
求下，相应而形成了一种个人主义——功利主义——自由主义的哲学体
系，由此，更成就了现代的三种人生观，即经济人的人生观，机械人的
人生观，孤立人的人生观。

"经济人"（economic man）的概念，那是代表资产阶级之经济利益
的经济学者，所共通假定的，同时，亦就是对于现代人的实描。亚当·
斯密很露骨的说："我们每天所需的食料饮料，不是出自屠户，酿酒家，
烙面师的恩惠，那仅是出自他们的自利打算。我们不要对他们的爱他心
说话，只对他们的自爱心说话。我们不要说自己必需，只说于他们有
利。"互利乃基于交换，所以他更引论说："一切都要依赖交换而生活，
或者说，在相当限度内，一切人都成了商人，同时，社会本身，亦就成
了所谓商业社会。"朋友郭大力君在我们合译里嘉图《经济学及赋税之
原理》译序中，有关于"经济人"的很好说明，他说："在这个社会中，
人类只有一个活动，即谋利的活动；只有一种要求，即生计的要求；只
有一个目的，即变成富裕的人。总之，这个社会的人，是纯粹的'经济
人'。他们被假定为没有道德，没有真理，没有艺术。他们的理想，不
是善，不是真，不是美，只是富。"

惟其对于一切是唯利是视，唯利是图，他们遂不期然而然的成了一
种没有理性或失却理性的"机械人"（maihanical man）。在为着生存的
劳动者，他们是被配置在大的工厂中，服侍机械，随着机械的轮轴转
动。雇主之对待他们，比对待他所有的实在机械，并不见得更加爱惜；
给予他们少量或至低限度的生活资料，那与在机械上涂油和不时加以修
缮，是一样的作用。被视或自视为神圣而清高的教育机关，那是一切资
本家或一部分资本家经营的工厂，那种工厂供给他们以活动而有血性的
机械，与其他机械工厂供给他们以无血性的机械，亦有同样的作用。通
常被视为颇尊严，颇崇高的政府，揆诸实际，那亦不过是为资本家定立
法规，守卫财产，拓展贸易的御用机关罢了。至为资本家所豢养所奖励
的著作者发明者通常都是机械的，把他们的制作品或发明物，作为商品
提供于资本家，由资本家给予以报偿。在资本家自己，他们实亦很少有
自主自动的机会。在广大的竞争舞台里面，他们随时随地都受着市场涨
落关系的影响，机械的颠簸于那种竞争潮中，而无以自拔。总之，单纯
的逐利人生观，自然要引起这种机械的人生观，而其他第三种人生观，
即孤立的人生观，那又是这两者必然的结果。

因为，人各追求自己的利益，不独站在相反的立场，会发生竞争，即站在相同的立场，亦会发生竞争。资本家与劳动者，因多得少与的关系，自然不免冲突；资本家与资本家，劳动者与劳动者，亦因争利得，争生存的关系，不能不发生冲突，于是，看来像是和衷共济的人类，彼此间俨然都存有一道鸿沟，这就是孤立人（isolated man）之人生观所由形成的究竟。

可是，拘因于物质利益的现代人们，尤其是支配现社会的资产阶级，在另一方面，他们并不曾轻视精神的作用，反之，他们愈是对于物质利益要求热烈，便愈要藉助于精神力。他们不但豢养有许多哲学者，为他们建立自由主义哲学体系，实利主义哲学体系，说资本主义社会的秩序，是一种自然的秩序，把封建社会所有的公理，正义，道德，神圣……一类名辞，重新配列在这新社会里面，各各附以新的涵义；同时，并还乞灵于非常可笑的宗教。拉发格在其所著《宗教》，《正义及善的观念之起源》中说："一七八九年的布尔乔亚革命家们，以为可以从法兰西废除基督教，乃用很大的气力，迫害僧侣，他们中间更讲论理的人们，以为神的信仰一存在，百事都不能成功，乃以取缔旧制官厅的办法，同样用法令废除神座，而代以'道理的女神'。及至革命的热潮过去，罗伯斯庇尔又颁出法令，再建立了所谓最高存在者（用神的名称又觉得不好）。几个月之后，牧师们都从穴中出来重开原有的教会，信徒们也开起圣餐会来了。"

不错，布尔乔亚在它要求大量生产，廉价生产的场合，对于自然科学的研究，机械的发明，是奖励不遗余力的。科学知识之可惊的进步，照理，受必然法则所支配的宇宙，就无须靠任何超人或神的活动来创立，从而，神的存在，就不当为人们所置信。然而，布尔乔亚一方面虽解去自然科学者颈上的羁轭，使他们不为任何教理所拘束，不为任何顾虑所阻止，而一心一意的在成就其财富生产的自然力上，作最自由而最深远的研究，但，如前面那位著者所说，"在另一方面，布亚乔尔却禁止它的经济学者，哲学者，伦理学者，史学者，社会学者，及政治学者们，作人类社会的公平研究，并且责令他们，就那已成为攻击口实的可惊的巨富，去探求掩护它的很有效用的理由。于是，这些学者们，关于布尔乔亚的收入，以及其他诸般利益，都想极力发现是由于某一幸运的机会，并且，关于社会的财富，除了工资劳动者的劳力以外，还认为有其他的根源存在。结果，那很好的根源，终于发现了，即，布尔乔亚阶级的制造家，商人，地主，金融业者，股东及利益取得者所具有的劳动，经验，规律，诚实，知识，聪明，以及其他许多长处，在许多有效状态下，对于财富生产上的贡献，是比那些筋肉及智能劳动者的贡献，大而且远。"这种根源被发现出来之后，资产阶级在财富分配上获取的最大分额，就不但振振有词，而且实在是分所应得了。像这样无耻而穿凿附会的诡辩，布尔乔亚自然乐得视之为永久不变的真理。但在实际，他们却不十分相信，仅有了那些"长处"，就能够在极短促的时间内，获得非常巨额的财富，于是，他们除了赞叹那些学者的"惊人发现"外，还皈依于命运，皈依于不可知的造化。

这不是无理由的。现代经济愈发达，资本家的竞争愈厉害，广大的社会，就愈成为一国际的赌博场。那赌博场中的大输与大赢，使他们觉得运命的变幻，乃超越于一切的预见和一切的计虑。诚如拉法格所说："把损失或利得只归诸幸运与否的赌博者，就是漂亮的迷信家，是赌博场中的熟手，无论何时，他都相信用种种魔术和咒语来把握住他的幸运。……不可解的社会理法包围着布尔乔亚，如同不可解的自然界的理法包围野蛮人一样。"于是，他们乃不惜，或不能不如野蛮人之拜火拜蛇拜水一样，拜倒于 T 形十字架之前。其结果，那怕"在科学者的脑中，神的观念不仅没有消失，并且愚劣丑陋不堪的迷信，不在边鄙山奥的地方和无知识的人们之间流行着，却在文明的首都和富于教育的布尔乔亚之间流行着。"

要之，所谓现代思想，就是带有欺骗性的观念论，和与这种观念论相结托的愚妄宗教迷信揉合的混杂物；需要这种思想支持的现代社会关系存在一天，这种思想也会存在一天，一旦，这种社会关系发生动摇或危险，这种思想也会随着发生动摇或危险。但关于此点，我想留在次节讨论。

三　现代思想何以发生危机

我们就上面所分析的结果，无论把现代思想看得怎样空疏，混乱，顽迷，但，有如十八九世纪站在贵族僧侣阶级方面的思想家，把他们那种思想体系固执为永久不变的真理一样，我们现代的资产阶级代言人，也还在作如此的梦想。在他们看来，现代社会的习惯，风俗，公私的道德，社会和家庭的组织，教育，艺术，乃至商业，工业，农业，通在进步之中，超出了过去存在的一切。至愚昧，野蛮，无理性和不公平，那不过是体现过去社会现象，社会关系的形容词罢了。不但如此，他们甚且进一步认定，现代这种社会制度，已经进步到了不能再进步的境涯了。拉法格在其所著《思想起源论》中说："历史学家，经济学家，伦理学家，为了要以不可驳议的形式，论证家庭底父权形式和财产的个人形式，将来也不会改变，于是，乃确定那些都是在一切时间内永远存在的。"

像这种"推之百世而皆准"的社会制度，以及存在这种制度下的文明，正义，乃至人道等等，资产阶级的御用政府，御用学者们宗教家们，却很慷慨的向那些半开化的民族输送；他们知道，要把那些民族从愚昧，不公平的厄遇中救拔出来，从贫困艰辛的生活条件中改善过来，第一步，非用远征队表现一点使其心悦诚服的威风不可，接着，他们的文明与正义，就藉着愚弄土人的基督教，麻醉土人的酒精，乃至鞭答虐杀土人的武器，而几乎散播于全世界所有殖民地半殖民地的民族间了。在那种文明与正义，尚能撑持或提供其经济利益的限内，他们永久不会觉到那伴有什么了不起的恶果。

可是，资产阶级及其御用者，无论怎样粉饰其社会秩序的完善，与其文明的思想体系之优越，但由罪恶与缺陷所不断引起的严重事实，却不仅曝露了那种社会制度的破绽，且连带显示了那种思想体系的内幕。

资本主义的发展，原是含有极大的矛盾的。在其初期，资产阶级的经济学者（如亚当·斯密），断言自由的大量的生产，可以招致一般繁荣，一般辛福；并断言一个人或一个阶级的利益，即是其他一切阶级的利益。但结果竟反乎他们所期待，资产级阶的利得，却正是其他阶级，特别是劳动阶级的损害。于是，开始反资本主义的学说出现了，其主要人物为《政治正义论》著者高德文，他认为资本主义的恶害，就是财产私有制度，就是分配不得其平。这时，又有一批经济学者出来为资产阶级辩护，马尔萨斯捧出他的人口铁则，断定富者应当富，贫者应当贫；里嘉图捧出他的工资铁则，断定劳动阶级经过了短期繁荣之后，必然要重又陷入难堪的困境。

然而，贫困的劳动者，一方面虽为资产阶级的生产者，同时却又是资产阶级的消费者，以生产者的资格而论，他们虽不妨贫困，或者愈贫困愈可以提供廉价的劳力，但以消费者的资格而论，他们却又不宜过于贫困，过于贫困了，势将不免减少对商品的购买能力。一般劳动大众购买力的减少，其结果便是市场缩减，便是生产过剩，过剩现象一经酿成，投卖竞争愈烈，而对于能造出精而且廉的新式机器的采用与发明，乃愈加繁迫，于是，中下资产者只好倒产歇业，或转化为无产劳动后备军，同时，社会资本，用于固定方面的比例益大，用于流动方面的比例益小，致演成机械驱逐劳动的现象，而劳动阶级乃愈益陷于困苦的深渊。在十九世纪中叶前后，反对资本主义组织的空想社会主义者与科学的社会主义者，相继出现了，他们这种或深或浅的动摇资本主义体制的学说之出现，自然要惹起资产阶级代言者的嫌忌与反攻，所以，在十九世纪初期，所谓现代的思想体系，尚多少带有一些微温的进步的色彩，而在同世纪中叶以后，那就差不多变为极其保守，顽迷，与陈腐的说教了。不但如此，资本主义的恶害，与时而俱增，资本主义经济组织的破绽，亦与时而毕露，而对于辩护那种恶害，弥缝那种破绽的学说与教理，便愈到最近，愈成为丑态百出的奇谈笑话了。

可是在另一方面，无产劳动大众所受痛苦愈深，他们愈会迫着探求事理的真相。他们所希求的是职业，是面包。资本主义制度不能使其获得职业，他们否认资本主义，上帝不能给予以面包，他们否认上帝。拉法格说得好："机械的生产，使资产阶级成了宗教的，反之，使无产阶级成了非宗教的。"为什么呢？原因是这样：资本家的巨富之获得，使他相信有神意存在，神由几千万人中特别选他出来做富有者；并且，他的赌博式的利得心愈大，他对于神的信念便愈深。在无产者大众不然，他们知道，就令他们早晚向上帝祷告，向天父祈求，维持其生命的面包，依旧要靠自己的劳力去换取。而且，事实显明告诉他，他永没有回到幸运的可能。他以工资劳动者诞生，以工资劳动者生存，以工资劳动者死去。他无侥幸的野心，故亦无愚妄的迷信。有个社会学者查理士·布斯，在他大规模的调查了伦敦的宗教状态之后说："多数人民都不自认有信仰，并对于宗教上的戒律漠不关心。……夹在中产阶级的下层和贫民间，通称为劳动阶级的大部分人口，都在一切的宗教团体之外。……教会俨然成了富人们往来之处……现在普通劳动者，在他想到了自己的义务，和完成义务的失败之后，还会想到自己的权利和失错上面去。所谓卑下和罪过的自觉，以及崇拜等态度，怕在他们看来不是自然的东西。"

至资产阶级及其御用学者们所从心泡制的公理，正义，道德，乃至神圣等观念，那已由他们腐败的生活，残酷的行为，以及日以骗诈狡猾手段为能事的丑恶，曝露得不值半文铜钱了。

此外，并合着顽迷的宗教信念与虚伪的观念主义的功利主义，自由主义，个人主义哲学体系，经济学体系，在资本主义恐慌不断猝发之余，亦惴惴无以自保，而对于反对思潮之猛烈的进展，极其限，不过能作一些无力而好笑的迎击罢了。

总之，现代资本主义体制既已弄得百孔千疮，无法救治，反对那种体制的实际运动，当然要潜滋暗长的在那种体制中活跃起来；同时，掩饰资本主义毒害，或弥缝资本主义破绽的观念论与宗教，既随资本主义组织的整个动摇，而失其粉饰作用，而乘着反资本主义怒潮活动的唯物论与无神论，乃日复一日的深入于社会一般贫苦大众的脑中。无神论对于宗教信仰，是致命的威胁；穷究事理真相的唯物论，对于掩蔽事理真相的观念论，亦是致命的威胁，无怪资产阶级及其御用政府机关与学术团体，都嚷着思想危机了。又，现代国家这种机构，对于资产阶级是曲尽保护之能事的。资本主义的发展，原与近代式的国家之成立，保有非常紧密的关联。即是说，没有近代这种国家，对内，为资本阶级保卫财产，对外，为资产阶级拓展贸易，那资本主义就根本无从发挥其威力，这是资本主义必转化为帝国主义的原因，亦是资产阶级必与国家主义相结托的原因。

然在一般大众，他们凭其彻底认清事理之唯物观点，知道本国的国家机构，与外国的国家机构，同样是直接间接压伏他们的工具，外国资产阶级固然可憎，本国的资产阶级，实亦太不可爱；由是，他们情愿呼外国的劳动阶级为兄弟，而不欲认本国的资产阶级为亲属。这种国际主义思想的发展，当然更要给予各资本主义国家统治上一种精神的威胁，无怪现代的思想危机，又被呼作"思想国难"了。

（原载《读书杂志》1933 年第 3 卷第 5 期）

中国出版界最近十年的几个演变倾向
（1936）

现在是一九三六年，数转去十年，就恰好是一九二六年。

一九二六年是中国现代史上的一个划时期的年度。那一年度或那一年度前后由国民革命怒潮所激荡而成的最大的成就，虽只是一些对于旧社会的破坏工作，但被那次怒潮涤去了旧染之污，冲破了顽硬之壳的破秽不治的荒野，却还能在怒潮退落以后，成为撒种新种子，培植新生命的园地。

我们这里单就出版界思想界的情形来说。

在一九一九年的五四运动以后，中国思想界对于旧的文物制度，本已有了新的评价；以前像挂在佛教信徒口边的"南无阿弥陀佛"一样，为中国士大夫信口乱嚷的"尧舜禹汤文武之道"，在当时已由"孔家店"的渐被打倒，而为有识者视同巫卜之流的符咒歌诀。在旧的否定当中，包含有新的要求；一九二六年以前的新文化运动，早已成为助成一九二六年前后的大国民革命运动的一种力量。

但我们须得注意以次两种事实

一，当时所谓新文化运动，不外就是以西洋的资本主义文化，去克服并代替我们沿袭了几千年的封建文化。在封建文化所由存立的社会经济基础即封建制度没有经过大变革的限内，封建文化决无法彻底摧毁，同时资本主义的新文化新思想决无法确立。

二，资本主义文化在落后的中国，虽然看得新鲜，而在泰西各国，却已成为保守的了，成为对于更新的文化的防壁，从而，在它那初期极盛期的光辉而上，已投射了黑暗之影，为十七八世纪启蒙思想所驱除的宗教的幽灵，又藉着玄之又玄的唯心哲学复活起来，而中国当时不明了历史进化法则的学者如张君劢先生之流，一方面尽管昌言反对中国封建文化，同时却把那些象征资本主义没落的玄学思想，当作新宝贝似的介绍到中国来，替旧来尚图挣扎的封建文化张目。

这是一九二六年大变动前夜的思想界的情景。

在一九二六年达到极点的中国国民革命高潮，虽然不曾把旧来的封建制度封建文化完全彻底的摧毁，但已在解体过程中的封建制度与思想，却显然受到了那次革命高潮的严重打击；同时在这以前俨然形成了对抗前进思想的一大势力的玄学阵营，从此一直保守了"历史的"沉默。

所以由一九二六年前后的大变动所导来的建设工作虽属寥寥，但在文化思想方面毕竟由一部分封建文化与没落期的资本主义文化思想的廓清，而为此后的文化界出版界开拓了一个新的途径；或者说，中国新兴的文化思想，从此乃在文化界出版界确立了支配的地位。

根据以上的说明，中国旧的文化思想，虽还在依着旧的封建体制的残存，而延续其余绪；并且在大变动后的十年的今日，我们眼前虽还展示着一些"死灵魂"复活的光景，但新文化思想，却始终维持着出版界的支配的地位。

不过，表现在出版界的新文化思想，这十年中却因应国际与国内的实际环境，在大体趋向上有所变迁。但这变迁与其说是本质的，不如说是方面的；与其说是关系的，不如说是发展的。

包括在新文化思想范畴中的，有法律，经济，政治，社会，文艺哲学诸方面的意识形态，即主要关于社会科学方面的知识，传播那类知识的出版界的演变倾向，显然表现在出版物上面。在一九二六年之后数年间，中国出版界关于社会科学的出版物，与一九三一年"九一八"事变前后不同，而目前又与"九一八"事变前后不同；如其我们不妨对这三个不同时期指出其各别的显著倾向，那

第一期主要是关于世界一般进步社会科学著述的翻译与介绍。

第二期主要是关于中国社会发展史的探究与讨论。

第三期则主要是关于上述两方面之基本知识的明确化与通俗化。

我们并不否认目前还有人在翻译介绍世界进步的社会科学著述，且还有许多学者在不绝发表关于中国社会史经济史方面的论著，但问题的要点，是要把握着呈现于各该时期的出版界的最显著倾向。

事实上，在上述各时期的各别的显著倾向当中，不但贯透有必然的发展的连属关系，且还分别有其形成那种倾向的客观要求。

我们且依照顺序先述第一个时期的出版界的倾向。

五四运动前后表现在中国出版界的最大收获，主要可以说在文字改革本身；装饰那个启蒙时期的《新青年》乃至此后收入《胡适文存》《独秀文存》中的论著，大抵都是在革新文字上大用工夫，而打倒"玄学鬼"的玄学科学论战，亦只能说是略微涉及了进步的社会科学领域的边缘。所以在一九二六年国民革命怒潮汹涌的当时，很少有作为革命行动指导原理的科学论著出现。与孙中山先生的《三民主义建国大纲》同时流行长江中部一带的，我记得还有一本《唯物史观解说》，一本布哈林的《共产党的 ABC》，一本漆树芬的《帝国主义铁蹄下的中国》，李季的《马克思传》也是在这当中出版的。此外，就是临时发刊的若干小册子。如其要套"半部《论语》可以治天下"的架子，主观认识的条件，也许不算是怎样不够吧！然而，随国民革命怒潮退落而清醒过来的人们，有的固觉前此"左翼小儿病"的失常，有的亦认"右翼老大病"的非当，于是，由过去的清算与批判引起对于世界社会科学名著名论翻译介绍的迫切要求。由一九二七年至一九三〇年这几年当中，上海新生命南强昆仑现代等书局所出版的杂志书籍，强半带有那种"时代"性质。当时为大变动怒潮卷落下来的斗士们，固然有志有闲从事那种翻译介绍工作，即在朝的国民党中的有研究兴趣的学者，亦颇想由理论研究找到动荡时代中的归宿。周佛海的《三民主义理论之体系研究》，似把三民主义体系化了，深化了《新生命》杂志上的许多论文，亦表现了前进的倾向，而胡汉民先生和戴季陶先生合译的《资本论解说》，尤表示国民党先进在进步理论研究介绍上并不后人。一时风气如此，故有关唯物辩证法的基本论著，特别是关于马克思主义著作的译本，乃如雨后春笋般的呈现于出版市场，即马氏的被称为"无产者三部曲"的《资本论》亦有人在进行翻译。所以中国关于进步的社会科学的翻译介绍，可以说是在这个时期立下了基础。

其次，我们要说到前述第二个时期即一九三一年"九一八"前后的出版界的显著倾向了。

在这个时期的出版界，诚然还不曾中断其前一时期的翻译介绍工作，但其继续不但是"跛行的"，且为另一较显著的倾向所掩蔽了，那较显著的倾向，就是关于中国社会史的探究与讨论。

本来，由介绍翻译一般进步的社会科学，而理解世界一般的进化法则，在实践的意义上，不过是作为理解中国社会发展法则，从而，作为改革中国社会的手段。由一般的社会法则的研究，移到关于中国社会发展法则的研究，虽是最自然的顺序，但没有当时的客观环境的要求与促进，也许这种倾向要延缓些时才能显露出来。

"九一八"事变前后，正是中国天灾人祸交相煎逼的时期。在大旱灾大洪水大内战与苦重的捐税压力下展开的赤区广大活动，使一般关心（支持或反对）那种活动的知识份子社会活动家，企图从理论的研究，来纵论那种活动的前途，在那种要求下，当然要把中国社会史当作中心问题来研究，因为那种活动是在农村方面开展着的；在理论的分野上，支持农村方面的扩大活动，是认定中国社会现阶段是由封建势力占着上风；但持着反对意见的知识份子，则又以为中国现社会阶段是由资本主义势力行使支配；而中国现社会阶段究竟是封建主义的，抑是资本主义的，又非从中国历史发展过程上来定其究竟不可。结局，一个显然而又显明的次殖民地的现实问题，竟导来了一种汇为洋洋大观的历史的争吵。当时各派论争的舞台，主要是上海神州国光社所发刊的《读书杂志》；《新生命》及其他书局亦在这前后刊行了一些有关中国社会史的读物。像当时那种论争，当然无法得到最后的结论（虽然一个为帝国主义提供制品市场提供原料的次殖民地的现实结论，是非常显然的），但我们并不因此就说那是多余，事实上，那不仅是当作研究一般社会科学之必然结果而产生的趋势，不仅是每个研究一般社会进化史的中国人所当注意到的论题，同时尤且是现实要求的直接反映，因为论争尽管有两个对立的方面，但真理是不怕讨论的。

不但此也，经过了那次论争以后，凡属有关中国社会经济问题或历史的国外论著，都成了中国出版界争相发刊的对象。在"九一八"事变以前，一个读者要研究世界的或各国的社会变迁史一类东西，虽可找到不少中文的读物，但他如果想研究中国这方面的问题，就几乎找不到一本可看的书了。这不是大可遗憾的事么？到了现在，这类书虽还有限得很，但毕竟还能找到几部，这不能不说是受了那次论争的影响。不过，在最近两年，出版界的这种倾向——即争印有关中国社会经济历史一类书籍的倾向，虽还不曾怎样衰减，但一时最显著的风气，却又另有所属了。

最近出版界的倾向，谁都承认是对于一般大众读物的刊行。定期杂志和通俗小册子，把出版市场装饰得异常热闹。虽然有人把一九三五年呼作是"古书年"，但因为那不是我所要论及的进步的社会科学的范围，所以这里只好存而不论了。

对于当前出版界的这种倾向的形成，也许可以作以次几种解释，即

一，国内连年荒乱，与帝国主义加紧压迫所造成的全般经济破产局面，使中国一般读者的购买力大减特减，通俗小册子和通俗杂志的风行，无疑有一部分是为了投合购买力低落的市场，但单纯的"营业观"，是不够解释的。

二，过去关于世界一般社会科学的翻译介绍，乃至关于中国社会史问题的讨论，主要是行于特殊知识阶层之间；所介绍者所讨论者，大体只有介绍者讨论者能够理解，于社会一般大众并没有何等直接的关系；但中国的国情与中国一般人民所处的地位，却愈益急迫的要求有关世界及中国之进步的社会基本知识之理解与传播的范围的扩大，由是高深的介绍讨论工作，乃不能不让位于通俗的一般的解释式的编译工作。同时

三，由"九一八"事变所导来的一列失地丧权辱国的惨痛事实，使一向不大关怀国事的一般大众，都自觉的发生保障民族生存，争取民族独立自由的要求；他们在苦闷中，渴望知道如何挽救民族危亡的方针与途径，渴望知道他们祖国究与世界有怎样的关联，总之，他们要求理解中国，理解中国的敌人，理解世界。

在上述三种理由中，恐怕最后一项，是当前出版界的大众读物流行的最有力的说明。现在生活书店及上海杂志公司等文化机关所努力发行的读物，我们须得在"营业观"以外去认知其社会的意义。

不过，刊行通俗读物，虽为现阶段中国出版界的显著倾向，但我们须知道继续前两个时期的翻译研究讨论工作，那不但为提高文化水准所必要，且亦为扩大文化传播所必要。因为要求通俗读物的内容丰实化，和其论点明确化，势须由较高深的翻译研究工作，不绝提供以本■的资源。一切较高深的研究翻译工作，只有在这种意义上，才有其社会价值；否则就是一种观念的游戏，一种离绝现实的多余装饰。

要之，近十年来的中国出版界的现象，表现出了上述三个显著倾向。由世界一般进步社会科学的翻译介绍，移到中国社会史问题的研究讨论，更进而移到这两方面的社会基本知识之明确化，通俗化，大众化。这在出版上是必然的发展顺序，同时又各各体现着现实社会的要求。我们现正当着这所谓第三时期。我们还相信这个时期会延到相当长的期间，因为无论从那方面说，这都是中国人民大众一致起来■断民族生存，表现民族抗争力量，从而要求增加他们对于中国与世界的理解的

时候。

本刊是带着这种社会的民族的意义和任务产生的，我们期望对于中国一般志愿争取民族自由平等的大众有所益助，同时尤期望大众诸君能热心帮助我们！

（原载《大众论坛》1936 年创刊号）

论文化与经济
（1945）

一　就文化与自然的关系说起

人类的文化，是在自然基础上，根据自然的条件创造起来的。把人类征服自然的过程，理解为文化的过程，本是站在各种不同立场的学者，所大体一致首肯的。但他们对于自然乃至征服自然的解释，却颇有出入。

显然的，把一切与人类相对峙的外界自然现象，看作自然，那是谁都没有异议的。一般所谓征服自然，也大体是指着这一自然范畴。然而为人类所征服的自然，如其单限定在这一方面，那就不但看作征服自然之成果的文化，不能有我们今日的成就，且也无法说明人类在征服改造自然过程中，同时在不绝为自然所改造的基本事实。人类在把他本身对象化为一种特殊自然的限内，那会从人种与人性两方面显示出自然性能来。人性的善恶问题，和人种的优劣问题，曾在历史上引起过无限的论争，并由是导来不知多少错误。人类在开始其人类生活的瞬间，还不过是一个纯粹的自然体，与构成大自然的其他部分不能表现出何等物质形态以上的精神意义的区别。但当作历史的文化的产物的，或依文化与自然区分开的人类，从他那样取得其独特存在的瞬间，又或深或浅的被观念化为宗教的，伦理的乃至政治的思想范畴，使他的自然属性，无法"自然的"在各种不同的社会形式或社会规制下显露出来。比如，就所谓人类天性的善恶立论，中国过去的思想家们，尽管像很有理由的各别提出正相对立的说明，表示人类自然或本然的性格，为善、或恶、或可善可恶，德儒黑格尔却这样提出他的解说，他说，"人们相信，如说人性善，就好像说了很伟大的事，其实他们忘记了，如说人性恶，是说了更伟大的事"。在黑格尔看来，恶是历史的发展的推动力所显现的形式，而且那有两层意思：即一方面，每个新的进步，必然都是对于神圣的东西的罪过，是正在死灭的因习俗而神圣化了的旧的状态的叛逆；在另一方面，自阶级对立关系出现以来，历史发展的杠杆，正是所有欲及支配欲这样的坏的情欲（参见彭译 Engels 著《费尔巴哈论》第七六页）。把维护这种所有欲支配欲，解作是维护自然，而为满足"人类生来就有的要求幸福的欲求"（费尔巴哈语），对那所谓所有欲支配欲施行的反抗或破坏，似更可解作是维护自然。作为道德评价之自然基础的性善性恶认识，就这样捺印上了社会的铃记。使我们对于人类天性的自然实体，几乎不易从它所由表现的社会关系中辨识出来。就人种的自然性能说亦是如此。由不同的自然条件乃至历史条件所造成的某一特定民族对其他民族之社会的优越地位，很容易，而且往往被理解被强调为该民族之自然种族或血统上的优越，而肤色、形像、体魄上表现的差异，更给予了这种错误理论以像是无可置疑的佐证。事实上，对异民族强调种族优劣论的人，往往又必须强调同民族不同社会阶层间的人性善恶论，有时，他们甚且把他们认为生而具有各种美德的领袖，和生而具有各种劣根性的被统治者间的差别，夸大到所谓优等民族对所谓劣等民族的差别以上，而丝毫不觉得矛盾。在另一方面，许多对外不肯以劣等民族自居的人，对内却又像行所无事的在治人者和治于人者之间，设立起来不可逾越的自然的鸿沟。所有这些在人种人性上，依特定社会要求看出的自然，都会妨碍我们对于它的正确理解。所以对于前面所说的物界的自然的认识较易，而对于人类本身的自然的认识较难。但在这里，我们还得指出第三种自然来，那是从社会从历史发展上表现出的客观自然。舍象去人类对于自然所不断施行的"创化"作用，则自然的发展，是由毫无意识的盲目的诸力素在交互作用中，表现出其支配的发展法则来。在本质上是与自然的发展不同的。社会每一事象，殆莫不是人类意识的结果，是人类为了满足某种要求或实现某种目的的结果。但同时却又是各别个人不克使其要求得到满足，使其欲望得到实现的结果。由是，依无数各别个人之有意识的行为及其结果所形成的社会事象，特别是历史的社会事象，就在其过程中，表现为与我们人类意志独立的自然状态，表现为非由人类力量所能控制的历史的自然发展阶段。在现实上，人类是要完全理解了这种形态的自然，他始能对于自身由人种偏见，由人性偏见所形成的拘束，所形成的不正确的认识，得到解脱，并进而增大其对于物界自然的控制力量。我曾在其他场合讲过："人类是要到了真能控制自然，并合理运用自然的时候，才真能理解自然，在所谓'自由的王国'里面，自然是人类的奴隶；在客观存在还从外部强制着人类去迁就它的所谓'必然的王国'里面，自然实际是做着人类的主人"（见拙著《经济科学论丛》第三四页）。

由上面的说明，我们知道，自然的范围和涵义，既与一般所理解的不同，而当作文化形成过程的征服自然，也就是比一般所意识到的，所理解到的，有更深得多，更广得多的意义。

我们且从人类征服自然的过程中所经历到了的诸般反常现象，加以简略说明罢。

首先，把文化的过程，看作人类征服自然的过程，那是就其征服自然获得胜利获有成果方面说的，但如其我们知道，人类在有关基本生存的衣食住行的进化史上所遗留下的任何一种成就或业绩，都可看作是前此无数次尝试失败的最后成果，则我们就有理由相信，人类征服自然的过程，同时也就是为自然所征服过程。而且人类文化愈向前发展，他们原初直接抗拒乃至征服外界自然压力所表现的力量似乎在逐渐不断的减弱。一个受过高度文化保育的人，一旦被流放到需要藉本身力量去控制自然的境地，他立即就会感到野蛮人对于他的优越。不仅此也，人类在征服自然过程中，同时又还表现了许多破坏或削弱他们自己对于控制自然的社会生产力的活动；不绝发生的相互残杀的战争，阻碍社会进步的各种制度习俗的顽固的保留，都可理解为使原有文化受到挫折和摧残的反文化现象。

然而，从全般看去，不管我们在征服自然过程中，在怎样为自然所征服所阻碍，不管我们人类在怎样随着社会的进步，而使其本身对于自然直接适应和控制的力量逐渐退化，也不管我们怎样在为自己所设定的制度习俗，和所表现的像是愚蠢的自杀行为，不绝摧残着浪费着自己已有的征服自然的成果，我们人类社会文化，毕竟在这一面创建一面破坏，一面前进一面后退的过程中建立起来了，并且还在向前发展着。这原因，是需要我们从文化本质中，从文化演进的内关联中，去得到解释的。自然对人类的障害，或者人类在征服自然过程中所经验的失败，正是文化向前推进的反击动力，由失败的教训中，由失败所要求的进一步努力中，一切新的发明，新的有创意的设施，始能不断的表现出来。至于人类在文化培育中所引起的直接对于自然的适应力和控制力的退化现象，那是就人类在个别使用其体力的观点而言的。事实上，人类因为他个别的用天赋的体力去适应自然的能力的减退，就强制的迫使他进一步去讲求团结的群力，去讲求利用工具的智力；换言之，那种退化现象正好是人类各种社会制度所由形成，各种科学研究所由发达的必要条件。最后，一切表现极大破坏性的战争，那须同具有极大惰性或执拗性的社会制度社会习俗连同考察。在大多数的场合，战争是由人类不能理解社会之自然发展阶段，从而，不能把阻碍社会进步之社会制度，加以合理的清算，致由客观必然造成的不得已的结果。惟其如此，战争除了它本身的紧迫需要，逼着促进科学的发明，促进社会生产力的进步外，还往往因其成为颠覆不合理的社会制度的强有力手段，而变成推进文化的一个特殊动力。自然，我们并不笼统的认定一切战争，都是具有这种进步意义的。但由一种旧形态社会过渡到新形态社会，常是藉着战争来催生的。并且由新形态社会解放社会生产力所造成的文化成果，也往往比之依战争或革命方式否定旧形态社会所耗费的文化成果，是大得多的。

在以往，人类的文化是在这种不自觉的乃至半自觉的状态下，一面像自动的征服自然，事实上却是为客观自然不绝强制着从事那种活动的过程向前演进。

二　从经济的视野来说明文化

由上面的说明我们已不难理解，所谓文化，是人类在结成一定社会关系之下，从事精神劳动与物质劳动所逐渐累积的成果。晚近德国西南学派诸子，如文德尔班（Windelband）、利克尔特（Rickert）等，认为以文化为对象的学问，得称为文化科学（Kulturwissenschaft）。文化科学所研究的是社会现象，因而是历史现象，故作为社会学来理解的文化之学或文化科学，它同时是历史之学或历史科学。在这种表象说明的限内，还不能看出他们对于文化的理解，同我上面结论的文化定义，有何根本不同的地方。把文化现象看作社会现象，看作历史现象，宁是我们所极端赞成的。不过，德国西南学派诸子却对于社会的历史的文化现象，有了非常奇特的解释。照他们的意见，一切历史的现象，是按照人们之自由意志而活动着，发展着的。人类的自由意志迁流不定，变动无常，因而历史现象即社会现象，就不能像自然现象那样，可以作千百无限次的有恒常性的重复；因而，以历史现象为研究对象的历史科学，就不像自然科学那样，从其有恒常性的不绝重复的研究对象中，得出一般的法则。惟其如此，文化科学或历史科学，不是探究一般定律或法则，而只是记述每个有特殊性的事实。它所研究的对象或历史过程本身，既没有可资根据的规律性，我们对它将如何说明呢，即我们将如何把那些各别具有特性的事实，构成一个整体概念呢？据他们说，那需要依据超历史的先验的准则，即所谓"文化价值"规范，把诸般历史的文化的个别现象，分别放进它所设定的范畴或构架中。在这里，我们没有详细批评这种文化学说的余裕。如须用一句话来概括他们的高见就是：文化现象是主观的东西，它本身没有显示何等发展规律，所以不能不就一种超经验的文化价值来说明它。

当作德国西南学派之领导者利克尔特的这种高论，载在其一八九九年出版之《文化科学与自然科学》中。此后不到十年，即一九○八年，同国有名社会学者米勒・利尔博士（Dr. Miiller Lyner）发表其《文化现象论》（*Phasea der Kultur*——按即陶、沈等合译之《社会进化史》）。却提出了正相反对的意见，他在该书序言中说："人类从渺茫的起源经过非常长久的时期，才进步到现在的地步。……今日世界上所有的人民，差不多都藉着贸易相结合，成为一个大的工作团体。他们一步一步的趋于组织更高的团体。前一代总是做后一代的先导。文化的成绩，竟积成为大产业。他们创造语言，为文化最重要的媒介，发明工具，举火，以后又发明耕种与畜牧，采取金属。人类又发展了宗教，艺术，科学，造出各种巧妙的机械。"到这里，人类文化的发展，始进到自觉的境界，"发生了抽象的文化学，就是社会学。人觉得他正在进化的运动的中心。现在人的理性，初达到自我意识"。"今后文化进步的性质，一定要改变；本能的努力，一定要变为意识的行动，人类一向以为文化运动是一种不可思议的势力，用不可见的线索支配人类的命运。从此以后，他的进步的知识，希望益加能够支配这个文化运动"。"人要支配文化的运动，必须了解它。……文化的全范围必须分为最重要的各种成分，如人种的繁殖，社会组织，语言，科学，信仰，伦理，艺术。各种文化现象，在各别分类上所经行的途径，自古迄今，可以排列为多少变象或层级。我们比较这不同的变象，就可发现这些变象，都是遵循一定的线路。这些线路，我们称为'进化的趋向'。这些路线，使我们清清楚楚的看出人类发展是一个进步的运动，不是偶然进行的，而是按着规则的定律，有一定的方向的"。

从该书序言中的这段话里，我们可以辨认出几个重要的意见：

第一，把人类过去文化的进步，认为是本能的即由客观自然强制努力的成果，从现代起，本能的努力，才逐渐变为意识的行动。

第二，要使本能努力变为意识的行动，就须藉着日益进步的知识，把握着支配文化运动的线索。

第三，抽象的一般的文化学或社会学，可以作为把握文化运动线索或进化趋向的科学手段。

第四，那种文化科学之所以能够成立，不是由于我们能藉着一些先验的思想范畴，把各别文化现象分类编组起来的结果，而是由于文化运动本身显出了有一定方向的规则的定律的结果。

除此以外，米勒·利尔还在他所提出的各种重要的文化因素中，特别强调经济的基础性质。他讲文化的变象或发展过程，就从经济的发展过程起。他明确指出：一般"文化发展的高度，常可用经济发展的标准测量"（同书原序第四页），此外，他对所谓"限定我们生活的势力的，不是我们宗教家哲学家的高尚思想，乃是日常物质的平庸事业"的见解，力言那是"真实科学的表征"，以为"食物根源的扩张（如由农业），生产方法的进步（如因资本主义的制度），工艺上的发明（如铁路，省劳动的机器等等），对于文化发达所发生的影响，远胜于道德的教训，宣讲书籍，艺术品，哲学系统"（前书第二七八——九页）。

到这里为止，这位作者的说明，是十分妥当的。就是他继续对这理论加以限界的见解，亦不失为允当。那是表示："这个理论也不可极端的应用。以为经济为文化唯一的原动力。因为进步非自出一端，在文化任何一方面的新成就，均足以引起其他方面的进步"。一把他所举例说明的倒转过来，即把以次的命题"如宗教革命表面虽为纯粹精神的变故，但我们可以解释它，说它是由农业国变为商业国的过渡变化"这个命题倒转过来，就是说，宗教革命了，那就大有助于由农业过渡到商业的变化，那亦是谁都不能否认的真理。

不过，再往前推理，他的理论就露出破绽了。他说："假使文化进步的极主要原动力是经济生活的发达，那么，那个驱策经济往前发达的原因又是什么呢?"（同书第二七九页），他是这样答复的："文化进步的根本条件，当然是在人的身体与精神的性质，他的社会本能，他的言语，他的知识，他的游戏本能等等。但是文化进步的主动力，既不在个人，也不在各团体，而在团体间的接触与团体间的混合。用生存竞争的淘汰各团体，所以使进步可以传播可以普遍"（同书第三四三——四页）。

经济发达的原因，是不妨进一步去探问的。我们用经济变象来解释一般文化变象，自有理由要求根据什么来解释经济变象——经济发展。但这里第一要设法不使问题的研究，流于"鸡生蛋，蛋生鸡"的循环诡辩。把人的身体与精神的性质等等，看作文化进步的条件是可以的，但它们这些条件本身的表现，已经是利尔指明了的文化现象。其不同的演化，正好是经济变动的结果。而所谓"团体间的接触与团体间的混合"，既都有"生存竞争"的作用存乎其间，则把这种事象当作促进经济发达的究极原因，似乎把因果颠倒过来了。事实上，经济事象在其发展演变过程中，本就存在着自行强制自行敦促的作用。即如一般看着促进经济发展之人类满足欲望的要求，那也是一步一步的依据已有经济基础与经济条件而展开的。不但原始人或古代社会的人，乃至一世纪以前的人，不能有当代的经济欲望，就是同一时期的较落后国度的人，也无法想象物质文明发达国家的人的经济欲望。

然则经济发达水准，为什么比较其他一切文化因素能更基本的说明一般文化的进步或变象呢？其原因是需要释明的。

经济可以说是文化的出发点，亦可以说是文化的原动力。

把文化过程理解为克服自然的过程，人类首先就是在满足经济生活的要求上，去同自然奋斗。人类最初与自然与其他人类发生关联的历史行为，即在这里所研究的文化行为，无非是生产那些为了维持其生存所必需的现实生活条件，其中包括有饮食、衣服、居住以及其他事项，在这些方面的进化史或进化历程，就是文化水准所由测度的阶梯。

人类在他对于自然的斗争上，在他取得现实生活条件的要求上，结成了最先的最基本的社会关系。而他们那种社会生产关系，是伴随他们逐渐改进了劳动工具，从而逐渐强大起来的社会劳动生产力，而不绝改变其内容与性质的。人类表现的社会劳动生产力愈大，即人类获取一定劳动生产物所费劳动时间愈少，就表示他们作经济以外的社会文化活动的可能时间愈多。反言之，当人类需要把他全部时间花费在满足最基本生活手段的获得的劳作上，他就除了维持生存的简单业作，不能再有所成就；用一部分人的劳动剩余，来维持同一社会的其他的人的逸裕生活的事，也无法产生；而这个社会也就无法脱却原初状态。所以，使一个社会脱却原初状态，进入文化状态的前提条件，是社会劳动生产力的进步。经济学者亚当·斯密昌言劳动生产力，不仅是社会贫弱的指标，且是社会文野的指标，那是再确实不过的。不过当一个社会已经进到了相当的文化发展阶段，即精神生活已经相当展拓的社会阶段，人们很容易夸大精神对物质的决定作用，用观念的云雾，翳障着事实的真相。即如以"道之国"见称的中国，尽管儒者间尝亦哼诵着所谓"仓廪实而知礼节，衣食足而知荣辱"的名句，他们却经常在做着相反的文章，以孔子为精神文化的最高体玩物。而亦似绝未忆及孔子亦偶尔强调过"既富矣而后教之"的，即文化当植基于物质条件之上的格言。

（原载《改进》1945 年第 11 卷第 2 期）

研究方法与治学经验

研究社会科学应有的几个基本认识
（1944）

一　中国科学的贫困

在今天提出这样一个太富有启蒙性的课题来，一定有人觉得太过时了一点。但任何一个稍有社会科学修养的人，只要他随时随地留意一下我们国内论坛上，有关社会科学范畴内的政治、经济、文化、历史等等无论哪一方面表述的意见，他就会发现那有最大一部分完全没有依照社会科学所要求的规则，而都仿佛是在乘驾无轨电车，"纵意所如"，沾沾自喜的高谈阔论。他们开始是谈论起来，不依据科学，或根本不知道何谓科学，然后再回过头来，说社会科学根本就不成其为科学，仿佛这样才好完成他们"信口开河"的不科学的"科学"根据。不幸，这样一种非科学的或反科学的作风，并不限于一般幼稚的青年作者，那些社会诸学科方面的专家们，也都不知不觉的充满了这种情态。这样，就不但造成了国内社会科学界的全面的精神贫困，在自然科学在其发展过程中，必须有社会科学帮同作清道的启蒙的工作的限内，自然科学界的不振，亦自是意中事。因此，抗战过程中的国内出版界的定期刊物乃至各种中小型的丛书，尽管是非常之多，但所有这些出版刊物上的意见，如被分类归纳起来，却是非常之少，大家"入乎耳，出乎口"的在相互传扬着少得可怜，同时却一点也经不起科学考验的常识。不管这种精神贫困的险象是如何造成，但这种险象的存在，却是铁一般的事实。我们经常听见国人诉说物质贫困，却似乎没有注意到我们更严重的精神贫困。事实上，精神的贫困，是定然会带来或加重物质贫困的。物质的贫困虽再大，虽再剧烈，我们能由科学的研究，好好去理解它，并能好好去缓和它，克服它，否则我们不能理解的物质困难，一定会比之我们好好理喻它，要给予我们更大的威胁和困惑。暴风雨所给予自然科学者的可怕程度，是远不如一般常人的。我们今日的经济危机，事实上，被我们对它没有明确的认识的经济学者乃至政治家的歪曲解释，和胡乱救治弄严重了许多。不重视科学或不知道如何重视科学，是随时随地会受到没有科学训练的恶果的。

因此，有关社会、社会科学本身的认识，在今日还是有其必要的，我愿就下面几个论点来加以说明。

二　科学的三种属性

首先，我得指出，社会科学一般的具有科学的性能。

所谓科学，原来是指着自然科学。自从社会科学于近代逐渐完成其科学体系以后，在科学的领域内，原来的所谓科学或科学一般，乃在对照的意义上，被称为自然科学。

科学在其发展的全历程上，大体是由自然科学发其端绪，先把自然作为研究的对象，后来始把社会本身作为研究的对象。因为我们人类在最初，或在较原始的状态下，根本就无法从较广阔的视野，体认到他们社会本身的变动规则。他们当时的社会被文化、交通，特别是生产条件等等，拘限在极狭的范围内。可是那极狭的视野，却并不会阻止他们直观的体察到自然界的秩序。最有规则的天体运动，最初被他们发现出规则了；天体运动既有规则可循，接着物体运动的规则就被发现了；往后，由无生物间原质与力点显示出的因果关系，逐渐启发出生物界的运动秩序。最后，更进一步观察体验到人类社会本身的运动法则了。由天文学，到物理学，最后到社会诸学科的这种科学建立的顺序，大体由法儒孔德（Comte）将它指证出来了。不过，在这个科学建立的大体顺序中，我们不应忽略以次这种例外性的事实的存在，即任何一种科学，都不是一朝一夕完成的；最后完成或建立的社会科学，它的开始被研究，或者它的研究对象开始被考察到，是在近代以前许久，或者在远古时候的事；同时，许多自然科学的真理的发现，或者，那些真理的被允许发现，还有不少是得力于未完全成熟的社会科学的研究和宣扬的结果。可是，这种事实即使存在，却并不妨碍我们前面指述的科学建立的大体的一般的顺序。

不管先进的自然科学，抑是后起的社会科学，在它被称为科学的限内，一定要具有科学的一般性能。然则所谓科学的性能，究何所指呢？那须得就科学的涵义予以说明。科学原可称为法则之学，或诸种法则之综合。我们试一揭开科学典籍，其中例皆举列着种种定律、公理、通则一类的语辞及其解释。换言之，即科学的书，大体可称为法则之书。科学的性能，是依着法则或通过法则表达出来的。我在其他场合曾经解述过（见拙著《经济科学论丛》第三七——八页）：

法则这个语辞，普通是用来表示诸事象在特定情形下所显现出的相互因果关联。一种事象，对其他诸事象，或者，其他诸事象，对某一事象，在一定条件下，发生某一作用，在它们之间，表现出了一定的变动，表现出了有关数量的质量的一事态，则在同一条件下，同一作用下，那同一变动或同一事态，一定会重复的被表现出来，这即是说，法则本身存在着一种规律性。

又，某一组或某一事象，相互间在特定情形或特定条件下，表现出一定的因果规律；在不同的情形，不同的条件下，却会表现出不同的或非前一规律所能范围的变动现象。在纷然杂陈的诸事象，和纷然错综的诸作用，诸因果关联之间，或者，在连续继起的诸事象作用之间，有一个总的法则，把它们综合联贯起来，使各别的法则，从矛盾上显出统一，从绝对上显出相对，从一般显出特殊，使它们各别的法则，各别的因果关联，在总的大法则之下，表现出一种条理秩序。相成的、相续的，固不必说，即使是相反的现象，若从其最高的境界，最高级的发展形态看去，它们亦是相统率的，或者，诸规律关系之间，还存在着一种系统性。

再者，上述的这种规律性和系统性，不只说明了法则这个概念的内涵，同时还意味着它的本质：法则尽管是抽象的表现，它所表现出的对象，尽管不一定能完全，不一定能无遗漏，但它本身，却与客观现实分离不得。它是现实在主观上最集中的，最有概括作用的，最真实的体现。这即是法则的实在性。

科学的性能，可通过法则的这三种属性而得到理解。被自然科学和社会科学研究着的任何法则，都须具备这三种属性：规律性、系统性、实在性。不同种类，不同性质的科学，其法则所体现的这诸般属性，尽管在程度上不尽能一致，但缺乏了这任何一种属性，它就根本不可能取得科学的资格。许多形而上学的观念论者，无疑曾在，而且还时常在他们脑海中，僭制出一个像是"自圆其说"的思想体系，而他们那种思想体系也许更能表现出一个规律系统的外观，但因为缺乏实在性，它就根本不能成其为科学，只不过是构成的玄学罢了。

要之，社会科学之被称为科学，并不是对于它所包括诸学科，如经济学、社会学、政治学、法律学等等，从外面曲加上的装饰，而且所有这些学科的研究成果，在本质上显出它们分别在不同程度上具有上述的科学性能。从法则上体现的规律性、系统性与实在性，是一切科学的基本要求：就在这种限度内，我们发现了社会科学与自然科学共同一致的地方。

三　一切社会科学皆是历史科学

其次，我得指出，社会科学不仅是科学，不仅具有上述的科学性能，同时还是历史科学。在这种限度内，我们又发现了社会科学与自然科学不相一致的地方，或者社会科学对自然科学相差别的地方。

我可套一句中国史学家的"六经皆史也"的成语，说一切社会科学皆历史科学。

社会科学的历史性，与其说是由研究的成果立论，毋宁更本质的说是由它研究的对象立论。社会科学的任一门科学的研究对象，都带有变动不居的历史的特征。在这种论点上，我们也许会要碰到以次的反驳，即自然科学所研究的对象，亦并不是永劫不变的。一花一草，任何一个有生命的生物，一方面固然在成长或凋亡过程中，而它们之成为此花、此草、此生物，正不知经历了如何曲折与积累的演变。我们任意从沙滩道左俯拾一片碎土，一个石丸，它们之成此形，成此质，其历史的悠久性，是颇费地质学家探索的。设我们放宽眼界，把天文学研究对象的天体运动，拿来加以历史的考察，尽管它一向被认为是最有定着性的，但自1755年康德的《一般自然史与天体论》问世以后，它的日月经天，万古不变的旧认识亦受到了莫大的修正。晚近相对论出，我们对于宇宙本体的观念，已经在不绝改变。所以，自然界，或者自然科学界所研究的对象之历史性格，应当是不容我们忽视的。

但从另一方面讲来，自然界的变动，比起社会现象来，毕竟是过于缓慢，以人类历史年代来尺度它，它的变化缓慢程度，几乎近似于永恒不变，近似于千篇一律的定型化，正类于所谓"蟪蛄不识春秋，朝菌不知晦朔"一样。我们人类在古代，在历史初期，直观体察的许多有关自然现象的定律，迄乎今日，还因那些自然现象的本身依旧维持着原来的状态，而有其科学的实在性。

可是，问题的焦点，并不在自然科学所研究的自然现象，和社会科学所研究的社会现象，是否变动不变动，或者变动是快是慢，而在它们各别的变动，是否通过人类的意识和行为，是否由人类社会关系所导来。大体上，自然界的变动或演化，都是起因于自然的原质或力素，离人类意识而独立的、盲目的，交互作用着、演变着。至若人类社会现象的变动，或其历史的性质，则是通过一定社会关系，由此社会关系必然导来的有关个人及其阶层之利害意识，不绝施作用或反作用于其间的诸社会事象之连续表现的发生、成长、衰落以至其完结的全演变历程。这种经由人类利害意识，或离人类利害意识而独立的历史变迁，正是自然发展史与社会发展史的分水岭，是自然现象与社会现象的大异其趣的基本事实，同时，亦是社会科学对自然科学的根本差别所在。

从这里，我们已不难知道，要把握住所研究对象的法则，把握住那种法则的规律性、系统性、特别是实在性，那是研究社会科学与自然科学共有的困难。而除此之外，还得进一步把握那种法则之社会的历史，那却是研究社会科学独有的困难。许多人——其中并不仅是研究自然科学的人，更还有研究社会科学的人——以为研究社会科学，比较研究自然科学容易，那种错觉，可能是起于以次两种场合之一：或者是根本不曾跨进社会科学之门，或者是完全不曾跨进科学之门。生育的痛苦，是只有产妇才能深刻体验到的。

四　社会科学的历史性并不妨碍它的一般的科学性能

又其次，我得指明，社会科学的特殊历史性，是不妨碍它的一般的科学性能的。

我前面所讲的，研究社会科学较之研究自然科学更为困难，正意味着：把握社会法则之规律性、系统性、乃至实在性，常常不免受到它的特殊历史性的二重影响：一方面，社会现象比较太富于变动，它不易定型化，把它作为对象来研究，就似乎只能理解到它通过变动之流的某一瞬间的静态。诚如西哲所谓"濯足长流，插足再入，已非前水"了；在另一方面，我们对于那些现象的认识，不能像我们对于自然现象之认识那样，完全不牵涉我们关于它的利害念头，即不容易在认识中，完全排斥去主观的要素，这无疑是非常明白而真实的事情。也许就因此故，一般人以为这正是社会科学难具有一般科学性能的理论上和事实上的根据。

在这里，我们且跟踪他们这种形式逻辑，来考察他们必然由此引出的似是而非的谬论：

第一，他们像抓住了社会科学之痛处一样的，以为以变动不居的社会现象作为对象来研究的社会科学，如其要把握它的实在性，即它所研究发现出的法则，如其要它不离开现实，则它那种法则在时间上的持久性，在空间上的延展性，就要受到极大的限制了；设由此更向前引论，社会现象所由形成的自然因素与历史因素，以及这些因素的社会的配列和结合，随时随地皆会因其内容的不同与变化，而妨碍着一般性的法则的建立。惟其如此，

第二，他们就像很有理由相信，有关社会现象的解释，就不必有，且也像不能有一种定说，"彼亦一是非，此亦一是非"的诡辩哲学，遂很自然的被用来蒙蔽社会的科学性格。而在现实上，同一社会现象或社会因果关系，确曾有极其不同的，甚至互相抵触矛盾的解说。比如，人类社会自来就像历劫常存着的，且存在得异常普遍的贫困现象，谁都会依他的高兴和肯用数字计量的习惯，列记出各种各样的说法，这事实，自然会成为非难社会科学者的有力佐证。不仅此也，

第三，他们依着上述第一点和第二点的论据，即使自退一步，说社会科学的法则可以存在，那种法则的持久性和一致性，固然颇成问题，即其针对着现实的准确性实在性，亦定然会因众说纷纭，以致使其中任何一种说法，只见其偏，不及其全，而由是对现实狭减其确实程度。

以上这种似是而非的不健全的意见，是每个研究社会科学的人所应当怀疑到的，但他不宜停止在这种怀疑上面，他必须进一步去做点释疑解惑的工夫。

对于社会科学上的法则，在时空方面都不免受到限制的说法，如其这种说法，不含有根本否定的意图，我们毋宁是表示赞同的。科学的历史方法论，根本就排斥学术或理论上的绝对主义与永恒主义。一种学说，或者一种社会法则的建立，即使是健全的，合于我们前述三种科学性能的，如其它的建立者乃至它的拥护者，把它的适用性，延伸到它的时空限界以外，如所谓"放之四海而皆准，百世以俟圣人而不惑"，那就根本忽视了社会科学的历史特征，忽视了社会现象的历史演变规则。

可是，我们在这里从正面指出的社会诸法则在时空上所受到的限制，并不像前面怀疑论者对它曲加的狭隘短促到法则根本无法建立的，从而由是否定法则的那种程度。社会现象在不同的自然条件与历史条件交互作用的情形下，无疑是极其多样的和多变的。但科学的研究，并不是一种照着现象的原样加以分类记录的现象学，它必须透过或者不十分妥当的说，拨开有烟幕性的现象，去研讨它的本质，去究明隐在那些现象后面的社会基础。特定的社会经济基础之上，只能容许某种或某一些社会事象或社会制度存在，而在不同的社会经济基础之上，亦只能容许其他某种或某一些社会事象或社会制度存在。尽管人们有根据说在不同的社会经济基础之上，曾存在着同一名目的社会事象或社会制度，如，家族、宗教、商业以及其他等等，但我们的研究，正好是要在他们这些同名的事象或制度当中，去区辨解析其在各别相异社会经济基础上的不同本质。商业或劳动或家族，差不多是在一切历史时代都有过的，但它们在各别历史时代，毕竟会分别呈现出不同的内容和姿态，扮演着极其不同的社会角色。如其说，一种社会经济基础，移转蜕变到另一种社会经济基础，并不是一蹴可期的事，或者依据历史科学所昭示，是曾分别经历过几千年几百年的事，那么，在某一社会经济基础上作用着的诸般社会事象及其所表现的法则，其时间上的限制，就不会像幼稚的直观的怀疑论者所想象的那么短促，同时，一种社会制度，在当作一种社会规模的制度，而存在着，而作用着；而这样存在着，作用着的制度，又一定会当作一种社会的强制力，来扩大，来展拓其存在与作用的限度内，支配着其存在与作用的诸般法则，在空间上的限制，也不会像人们想象的那样狭隘。

至关于社会科学上的诸般思想体系或学说，显得过于分歧，过于没有一定的疑难，也无疑是非常值得我们考虑的。但这是关系认识之客观障碍与主观锢蔽的问题，我们不能怀疑到科学本身的建立。而且，这种事实，并不仅只发生在社会科学方面，也同样发生于自然科学方面。科学的研究，并不是突进的，而宁是累积的。其前一认识阶段的尘障不曾清除，就直接会影响到其次一认识阶段的发展。关于天体运动，在哥白尼以前，固有许多说法，即在他以后，对他的发现，亦不断有所增益和修改。在伽利略，牛顿前后的有关物理学上的法则，亦是如此。特别是生物学上关系生物演变，关系人类由猿进化过来的基本法则，就有分歧到令人难于置信的那样多的意见，其中最著名的权威说法就有拉马克的用进废退说，有达尔文的天择说，有窦富力的突变说，有新拉马克派的平行诱致说，有瓦格纳之地域隔绝说，有内格纳之演进定则等等，但虽然如此，今日并没有谁还会怀疑到生物学上的进化论的科学价值。由此推论，在社会科学的研究上，无论是关于财产制度，婚姻制度，或者关于其他任何一种社会制度，就其起源说也好，就其发展过程说也好，都不难找到许多相异的乃至相互抵触的解说，然而这并不能成为社会科学的致命伤，反之，在社会现象的限内，我们倒毋宁希望或者要求，对于它那种现象的本质，能从多方面，多个视野去考察它，揭发它，理解它，能把问题任何一方面所应考察到的地方，都分别提出各种解说，然后庶几可以比较，究竟何种解说，能更包括，更有系统，更对现象具有妥当性。把这一点弄清楚了，我们始可进一步去解释前面的第三个被怀疑的论点，那是说，因社会科学上的思想体系庞杂，学无定说，所以每种说法对现实的确实妥当性，是太有限了。

本来，这样一种疑难，是由前述第二个被怀疑的论点引导出来的。我们已经就第二点结论出：社会科学也同自然科学一样，对于它的解释或说明，部分的或在某一场合，有其妥当性，有勉强可以讲得通的地方，但我们已经讲过，科学是不止要求对某特别场合或特定诸事象间的因果关系，能作牵强附会的说明，就算成功的，它同时还要求所有关于一切特定场合的说明，能在统一的总原则之下，分别找到它适合于全系统的关联的地位。此外，它更还要求这通过主观，或在人类意识中再生产的总原则及其全列系统，能确实反映着现实，而不是单从头脑中构成的架空的观念。没有科学修养的人，往往不是止步于对某特定场合的现象或问题，强作常识的解释，就是对那些现象或问题，单作无关现实的空架的说明，像这样一类性质的解释或说明，并不曾，也不能具有科学的实在性妥当性，那至多不过由它们这些胡说乱道的见解的杂然存在，更显得定于一宗的科学研究系统的重要，以及那种研究系统，必须具有上述一种科学的性能罢了。

在这里，我也许需要理论到社会科学研究上的主观性的问题，即社会科学研究的对象，都直接间接关涉到我们个人乃至个人所属阶层的利害关系，在那种对象须得我们通过主观去认识理解的限内，我们在认识理解的历程中，便难免不夹入利害攸关的情感，而由是影响到科学研究所要求的纯客观的精神。不仅如此，在科学研究所研究的对象，无论是那一种社会行为，或那一种社会制度，其本身就渗透着人类意志，人类利害关系的限内，对于它的研究，也似乎无法像离开人类意识而独立的自然现象，能保持其纯客观的研究对象性。这两点，其一即研究者主观上不易维持客观态度，其二即被研究的客观难免不渗入主观因素，都是我们在解述前面三个被怀疑的论点时，应当加以分释的。

试翻阅一部科学史，我们将会发现：对于被研究对象的认识，不免渗入个人利害成见，那在自然科学上和社会科学上，只不过有程度的差别。太远的过去不说，文艺复兴以后直至第 18 世纪末，当时许多自然科学家受迫害的情形，我们今日似难想象到。哥白尼，伽利略，乃至牛顿，尽管他们所研究的对象，并不直接关系人们的物质利害，但他们研究的结果，却显然要影响到人们对上帝创造万物的信心，影响到僧侣的社会权势，由此影响到他们对什一税及大量赎罪金的收入。许多自然科学家之被烧死，被判极刑，在当时固然"罪有应得"，甚至在 20 世纪的三四十年代，我们还从最有自由精神的太平洋彼岸的美国最高学府（哈佛大学）中，传送来达尔文进化论被摈斥为异端邪说的微词，谁说自然科学研究对象不涉及人们的物质利害关系？不过，在大体上，作为社会科学研究的对象，是更为直接关联到人们的利害的感情，通过一己的权和利的黑暗箱，在认识上所反映出的研究对象，是定然会失去它的真相。但是在考虑研究者与研究对象之利害关联时，我们不应忽略其中有一种饶有历史意味的事实在，那事实，将可能补救我们在研究上不免碰到的这个缺陷。且更具体的就社会科学上更有基本性的经济学来说罢。一位大经济学者曾这样提示我们："自由的科学的研究，在经济学范围内所遇到的敌人，不仅和它在其他范围内所遇到的敌人相同；它的研究材料，含有一种特殊的性质，它会把人心中最激烈最卑鄙最恶劣感情唤起，把代表私人利害的仇神召到战场上来，成为自由研究之敌。"就因此故，当经济学研究对象的资本主义经济，已经发展到从它内部造成了威胁其生存的劳动者社会阶级，并且这阶级已明目张胆的对它本身，对它所保育滋养的阶级，即资本家阶级，采取了各种威吓姿态的时候，与它的利害密切相关的经济研究者，或者在这时的经济学，其研究上成为问题的，已经"不是真理和非真理的问题，只是于资本有益抑有害，便利抑不便利，违背誓章抑不违背誓章的问题。超利害的研究没有了，代替的东西，是领津贴的论难攻击；真正的科学考察没有了，代替的东西，是辩护论者的歪曲的良心和邪恶的意图"。果真如此，经济学上的研究，不是变成了完全不能照应着现实的矫揉造作的东西么？我们很可以如此这般的理解 19 世纪后期以至 20 世纪的资本者的经济学说。然则现代经济学又何以能科学的建立起来呢？历史在这里为我们提供了最有辩护性的保证，即现代资产者的经济学者。在资本主义经济已经取得支配地位，即资产者已经成功为压迫的社会阶级的场合，他们虽惧怕真理，但当资本主义经济还受到封建势力桎梏，资产者阶级还遭受到贵族僧侣钳制的场合，乃至资本及资本家已取得了历史的支配地位，而尚不曾明显的严重的遭受其内在对立物劳动阶级势力之威胁的场合，他们是必须而且可能要求阐明经济法则，并由是建树起科学的经济学的，亚当·斯密是处在前一个场合，李嘉图及当时其他经济学者，是处在后一个场合。在这种认识下，我们还有理由相信，当代资本主义经济形态，代替资本家社会支配地位的社会经济组织及其主导者尚还处在资本及资本家处在近代初期那种被钳制的地位的场合，立在反资本制立场的人们，却显然需要逼近真理，很科学的客观的去暴露资本主义经济运动的法则。一切批判的经济学者，是处在这样一个场合。把上面这几层曲折有致的关系分析清楚，我想科学研究者主观性的毛病，是可能而且已经成为事实的在受着客观要求的矫正。

至关于社会科学上被研究对象渗透有人类意志或主观因素，以致妨碍着客观的科学研究的问题，我不想在这里多加解释，我只须指明，一切通过了人类意识而形成的社会行为，社会习惯，社会制度，乃至社会风气，当他们一经形成为社会的规模，被当作一种社会的存在物，而成为种种社会科学考察的对象时，各别个人的意识，不论它"在主观方面怎样超出周围的种种事情，他在社会方面总归是周围种种事情的产物"。社会科学无疑要把人类的各种意识形态，甚至他们的动机，他们的感情，他们的意志力加以分析，但所有这些，都是人类的，社会的，客观存在的，张三李四独特的胡思乱想，根本就不成其为社会科学考察的对象。然则人类的行为，风习，制度，一取得了社会的规模，不已离开个人意志而独立，从而，它不将失却其对这种方面的主宰，而变成被动的，宿命的么？许多人曾是而且还在这样担心着。但这是过虑了，人类如其能依据科学的研究，把每种成为社会存在的活动或制度，放在科学的考验上，由是认知其社会的因果关系，社会的存在基础，更由是判断其必然的发展演变动向，采行妨碍或加速促进的步骤，那正是科学研究所要求达到的成果。

不同科学接近的人，往往就会发生许多杞人忧天的幻想。我们社会科学研究的论坛上，正还普遍存在着这种幼稚的，但却不天真的常识大家。这是需要自我诊断的，自我批判的。

五　中国人研究社会科学的难易问题

再其次，我得指明，我们处在 20 世纪的中国人来研究社会科学，一方面，有许多特别困难的地方，另一方面，也还有其特别容易的地方，把这种种关键指明出来，也许对于有志于社会科学研究的人，有不少的便利。

且先讲特别困难的地方。

首先，我们应当明了，说 20 世纪是一个科学昌明的时代，任谁当然无法否认，这是我们这时代的一个光明面；同时，它确实还有一个黑暗面在。我们被这时代的各种物质文明炫惑了眼，就很不容易体察出它当作暗流存在着的反科学的，浓密到使人感到窒息的黑暗阴影。这事实，请教历史是会得到理论根据的。

前面已经约略的提过，现代资本主义经济在其成育发展的前期阶段，它是需要自然科学，需要社会科学，来帮助它完成其成育和发展。社会生产力的增进，就是意味着物理学、化学、矿物学、土壤学等等科学研究成果的扩大应用；而在社会生产力增进过程中，社会经济基础在不绝改变，在以往社会经济基础上生根的各种社会意识，一定会成为那种改变过程中的精神上的物质上的障碍。所以，就在各种自然科学被奖励的当时，由文艺复兴，宗教改革开其端绪的社会各学科的研究，也经启蒙运动的促进，相续在政治方面，经济方面，教育方面，……树立起了现代的科学基础。

现代资本主义社会经济制度，是藉着自然科学与社会科学的帮助而建树起来的。但当这种制度一经对其他过去的社会制度，取得了全面的支配地位，它本身就因其内部发展起来的矛盾，而导出了不能像其在前期那样的奖进发扬科学的"苦衷"。事实是这样的：资本制的商品生产，不绝强制的要求大量化、大规模化、机械化，但它由奖进科学发明，更机械化，所制造出更多量的商品，却不曾，也不可能找到与其相适应的社会购买力或市场。商品生产过剩，一方面制造更强烈的竞争，更促进科学研究专业的发展，但另一方面又因此会造出桎梏社会生产力，限制科学应用，相互暗中收买秘藏发明的场面。在另一部名为《资本主义的浪费》的书中，著者切色（Miso Chase）曾这样告诉我们："假使一切科学上的发明，能立即将其应用起来，则我们人类社会的进步，也许比现在要快好几百年。资本主义内在的矛盾，把科学可能的进步限制了。"我们知道，在我们所处的 20 世纪，因为需要奖励科学，需要阻遏科学乃至破坏科学的各种社会经济形态在杂然并存着，从全般看去，自然科学虽尚在进步的途中，但就其速率言，就其可能发展的进度言，它显然已受到了资本制在末期的反动影响，它在跛行的坎坷状态中。

可是，与自然科学比较起来，社会科学就更加显然的临到了备受摧残的厄运。同样由资本制本身造出的反对物即劳动阶级势力，随着资本制发展，而日益增大，资本主义在它还是保持着社会支配的局面下，它这种社会制度无论那方面的矛盾和破绽，都不允许各种社会科学来暴露它。就因此故，不仅社会科学，就是与社会科学接近的自然科学，也大触霉头了。政治地理学被转化为争取"生存空间"，扩大侵略的说教；人类学变成了统治异族的种族优劣论的说教；也许有人说，这是法西斯主义国家的情形，但今日在英美等国家，不胫而走，风靡一时的奥地利学派的经济学，德国西南学派的文化社会学等等，不更显示着社会科学在怎样的被歪曲，被钳制么？

把社会科学与自然科学两方面被凌辱的情形，通盘加以考虑，说我们目前大体上是处在一个科学的反动时代，总不应说是过份的事。处在这个时代的中国科学研究者，无疑会受到这时代暗流的激荡，一开始就对科学失却信心，科学造出了战争哪，造出了物质上的罪恶哪，还是皈依我们东方精神文化哪，一切玄学鬼，观念论者从这一类表现上撷拾的常识和麻醉语，就够令无科学修养的研究者，"发愤"站在反科学的阵线上。而研究科学的困难，和任意反科学的容易，又定会加强这种趋势。然而这还只是中国人开始研究科学会逢到的第一个难关。

其次，现代的社会科学，本质上，都是以现代资本主义社会的各种社会现象为研究对象；经济学固不必说，即政治学，教育学，法律学，艺术等等，殆莫不如是。研究各种自然科学，其法则，其定律，其构成形态，其运动轨迹，是否对，在何种程度对，有关自然科学研究的各种设备，如天文台，如实验室，如栽培场等等，可以提出实在的证明；至若社会科学，它对于各种社会现象研究的成果，就无法经由这一类的人为设备加以应验，它必须就社会本身的各种现象的演变情形，分别用来证示其研究成果之是否健全，是否具有极大的妥当性。就因此故，如其我们的社会，已经发展到了资本主义阶段，那么，我们所研究的各种社会科学，就可以"现身说法"似的，从我们社会的实际情形，得到印证；反之，如其我们社会还是处在前资本阶段，则经济学中所讨论的商品货币形态，利润形态，利息形态，合股公司，托拉斯，辛迪加乃至较抽象的价值形态等等，均不能从我们所在社会得到客观的认识。即令那种经济学上所研究的最具体的问题，在我们都会变得极其抽象。在经济学上是如此，在政治上是如此，在政治学上的所谓民主制度，在法律学上的所谓民法，刑法，以及在教育学上的所谓民主主义，实验主义等等，都将对我们发生"隔靴搔痒"的感觉；其本体是什么既较费解释，较不易把握，而欲进一步分辨其是非曲直，何者合于科学，何者反乎科学，就更加困难了。从这点上，又必然会在我们研究社会科学或者研究科学的过程中，导来第三种困难。

那即是说，我们不易由我们社会本身证验出何者为货真价实，何者接近或合乎真理。我们根本不易理解何者为有利于我们社会的学说，何者为不利于我们社会的思想系统，这种科学介绍上的浑噩昏迷状态，对于先进国家的文化侵略，无异开了一个方便之门。

本来，在 20 世纪的帝国主义时代，我们已把它反科学，歪曲科学，限制科学的各种事实指明过了。任何一个帝国主义国家的社会科学论坛，已经在为一些乌烟瘴气的思想和见解所笼罩。它们在大量输出其商品与资本的过程中，连带不打折扣，不加渲染的把这类似是而非的假科学，真玄学，向着落后国家不绝的倾注，那应当是很自然的事。但事实并不只如此，在第一次世界大战以后，由于许多落后民族的觉醒，由于苏联经济体系的出现，还由于各帝国主义国家间及各该国国内矛盾的加强，它们对于落后民族，已不仅只天真无邪的把它们现成的"文化制品"照原样输出，还须在当中，加一番选炼泡制的功夫，通过教会及其所设立的学校，通过各种顾问，通过讲学的学者，传播有利于它们而不利于落后民族思想解放的学说。此外，它们还异想天开的就诸落后民族以往的传统教义，以"备加赞扬"的方式，叫它们更沉溺的陷在自家所设的迷宫中。英国赞成印度大修庙宇，讲究佛教；日本一贯的代中国昌明孔学，提倡读经，诸如这一类反科学的反时代的作为，只有从这里才能得到"科学"的解释。我们在差不多经历了一百年的现代化过程中，其所以到了今日，还不能在科学的研究上，确立自己的立场，帝国主义的文化侵略，虽要负一部分责任，而我们自己太不知道时代，太没有看清那种文化侵略的性质，也要负一大部分责任。归结一句，我们在国内国外这样的氛围下研究社会科学，其困难自然是不难想见的。

然而，我们不用气馁，我们中国人在今日研究社会科学，实在有抵消这种种困难的特殊容易的地方在。

那首先可以提示到的，就是从中国开始现代化过程的 19 世纪中叶起，或者就是在这个时期以后不久，由最基本的经济学到其他各种社会科学，都大体近于完成。与尚在形成过程中，或尚未成熟的社会科学比较，这种近于完成或成熟之境的科学，在落后民族方面研究起来，能得到不少的便利。落后诸国民的社会经济条件，虽不允许它们对基本的各种社会科学，从本身社会找到"物证"，但作为这些成熟了的科学研究发展之基地的各国社会政治经济状况及其历史的记述，却很可帮助我们证示那种种研究成果，或其所定立的发现的法则，有了事实的根据。不仅如此，社会科学大体近于完成以后，它最先进或最有力的给予我们的教训，就是指示人类的社会行为或社会制度，有一个历史的方向。这种历史的方向，在现代社会科学未建立以前，本来就客观的存在着的，不过，这种客观的存在，是直到了这种科学建立起来，才为主观所认识；换言之，是直到了社会科学建立起来，人类的社会行为，才可能成为自觉的社会行为，才可能理解体现那种行为的社会制度，是否向着它应当发展的方向发展。这一点的成就，或者这个开章明义的认识，大可提起研究者对于其所学社会科学部门之信心与兴趣。

其次，到了 20 世纪，社会科学的研究，已发展到社会史学的研究。以现代资本主义社会为研究对象的狭义经济学，狭义政治学，狭义社会学等等，分别扩展到以那种包括有资本制社会在内的一切历史时期为研究对象的广义经济学，广义政治学，广义社会学等等。由一个历史时期的社会内部运动法则的发现，到各历史时期相连续的运动法则的发现，这种研究成果，本来不容易由一个社会或一个国家的发展情形得到确证，但在我们所处的 20 世纪 50 年代，不仅全世界的交通的发达与文化的交流，很便利的约缩为一个大社会，而这个大社会还由一切历史时期的社会形态的相并存在，及其相续的必然趋势的存在，给那些广义的经济学、政治学、社会学等等的现实妥当性，提供了洞若观火的佐证。这对于处在过渡时期的中国的社会科学研究者，格外能诱导他去认识科学的实践性。能这样，他就比较容易从前述的玄学或观念的氛雾中觉醒。

此外，我们还有一种特别便于研究社会科学的地方。真理往往是留在被压迫者一边的。我们前面已从反面说明了处在压迫他人的地位者，是如何害怕接近真理。我们民族是处在被压迫者的地位，不论在经济方面，政治方面，文化方面，我们一直在受着其他民族的钳制。为了挣脱这些方面的束缚，我们需要，我们有极多理由，应当努力对一切阻碍我们思想解放，从而，阻碍我们政治、经济、文化各方面解放的玄学，堕落哲学，金利生活者的经济学，侵略主义的政治地理学，人类学，民族学，文化社会学等等，作无情的抨击。我们所处的地位，是必须而且应当这样作的。

不管在现实上，我们对于社会科学的研究，是如何的仍在为前述几种困难情形所苦恼，但我们所指出的容易方面的事实，却不仅明显的存在着，并将在今后当作极有力的诱因启迪我们。

六　我们的责任

最后，我还得简略的指明，社会科学的研究，并不只是在机械的死记一些社会科学上的定则同原理，实在是要利用或运用那些定则原理或其他研究成果，来进一步研究理解我们所在的社会。在这种认识下，使我们知道，研究社会科学，并不仅是吸收已有研究成果的事，更重要的乃在发挥并充实已有的研究成果。中国是一个大社会，一个历史相当悠久的国家，它的社会制度，它的文化特质，都在一般中显示了极大的特殊，不论是关于中国现代的，抑是过去的社会，我们都不允许套现成的一般公式，来理解它，解释它。活用一般的基本原则，把握它带有极大特殊性的基本社会经济基础，而由是究明其在政治上，家族制度上，文化体系上的特质，那才是必由的途径。能这样，一方面就使我们明了中国社会不曾或不容易同世界其他先进国家以同一步调成就现代化历程的历史基因；同时又使我们明了中国社会历史的发展或今后社会经济运动的趋向，也并不能脱却一般世界史的轨迹。

如其我们不妨加重的说，中国社会之科学的研究，是现代社会科学性能的一大试金石，则不假手于对我们社会历史各方面，都不免感到隔膜的外国学者，而勇敢的担负"自我研究"的艰巨工作，就是我们中国社会科学研究者不应逃避的责任。

（原载《改进》1944 年第 10 卷第 2 期）

社会科学与自然科学
（1945）

一　时代的光明面与黑暗面

二十世纪是一个一面昌明科学，一面又残害科学的时代。科学在这同一个时代的不同遭遇，在某种限度内，也许可由科学自己各别部门对于社会利害关系的深浅程度，及其发展的差参情形来说明。但最基本的，还当由同一时代同时存在着的各种不同性质不同形式的社会体制来说明。一般把科学大别为自然科学与社会科学两个部门。它们的分野，大体是由它们所研究的对象立论，而非由它们研究所用的方法立论。晚近德国一部分经济学者如桑巴特（Sombart）等，及一部分文化社会学者如文德尔班（Windelband）等，虽然从研究的方法来强调自然科学与社会科学的区别，以为自然科学是属于法则性的，它自身自有规律，把那些规律记述出来，就成为自然科学；社会科学是属于理解性的，它自身原无规律，它们的规律，须待我们依据一定"文化价值"，去加以编造，去加以系统的理解，这系统理解的结果，就是社会科学。我没有在这里指摘这种错误见解的余裕，我只须说明，即使自然科学的研究方法与社会科学的研究方法不尽相同，那主要也是由于它们各别的研究对象不同。社会科学所研究的对象是社会，而自然科学所研究的对象则是自然。这样一种分类，我们有时虽然会遇到某种非难，如像数学一类工具性的科学，它所研究的对象，似既不归属社会，亦不归属自然；又如像生理学，心理学，人种学，地理学……等科学，它们所研究的对象，似既属社会范畴，又属自然范畴。但诸如此类非难，科学分类学会给我们以明白的解答。我在这里，不是要广泛的论到自然科学与社会科学在本质上，在其各别科学性能上的相同相异关系，我所要说明的，只是这一点，即它们由研究对象的不同，由其研究成果对于社会直接间接的利害关系的不同，虽然会大有影响于其参差发展情形，但在它们发展全过程中，却显然会明示我们以下面几点基本事实：

第一，在把社会科学与自然科学一同当作科学来综合考察的限内，它们同是要在社会上生根的。一部科学发达史，殆与一部社会进化史，保有平行的密切的关联。社会的进化，不是一直线的经历着康庄坦途，科学的发达，亦正有它坎坷曲折的途径。设我们由这两者表象上的类似，去探索其内在的联系，殆可说，科学研究的向上，正显示一个社会在进步坦途中，反之，则表示它正在经历着黑暗的遭遇。

第二，在把社会科学与自然科学当作两个不同范畴来分别考察的限内，凡在自然科学上有所成就或有所发现，将会给予社会科学以有利的发展的影响，而在社会科学方面的研究成果，亦直接间接大有造于自然科学。同时，自然科学方面遭遇的社会的不幸，就应理解为社会科学的不幸甚或加大社会科学的不幸。反之亦然。不拘是幸遇抑是不幸，它们殆可以说是同其命运的。

本文将就这两种基本事实分别加以简括的说明，而由是导出一个极有实践意义的结论。

二 惟进步的社会斯能尊重科学

先就上述第一点说。

中国经常有人哼着："国家之兴亡，系乎学术之盛衰"这句老话，似乎把学术的重要性看得太大了一点。但如其说，由科学的盛衰，可以征之一个社会是前进抑是后退，是在"文化"抑是"野化"，是在发达过程中抑是在衰落过程中，那却是十分确实的。自然，当我们由此立论时，仍仿佛会引起种种疑难：其一，学术并不仅发达于昌盛的国家，也还发达于没落的国家，甚至于在中国历史上，有些王朝在兴盛时于学术无所建树，在衰落时反而把学术繁昌起来，周代的经历，似乎就能为我们提供这样的例证，春秋战国是周代式微的时期，而百家争鸣所造成的学术鼎盛局面，却正好是在这一个时期出现的；其二，在同一国家、同一个时期，往往竟能发现一面奖励学术，一面又破坏学术的矛盾事象，如像汉武帝多方面讲求崇尚儒术，同时却又罢黜周末"学术鼎盛"之成果的"百家":罢黜百家,竟被视为是崇尚儒术的一个手段。此等事实上的疑难,我们需要从两方面予以分释:在一方面,我们应明了国家与社会虽是相涵的,但并不是同一的,在另一方面,学术与科学虽是相涵的,但亦并不是同一的。一个国家走到了没落的路上,可以理解为它这种没落国家形态或政治形态所依存的社会经济条件,已在开始一种新的前进的转变,而为这种转变所允许所促起的学术研究精神,表面上尽管是呈现在没落的国家,骨子里却正是象征着在更新改造中的社会局面。作为一个国家政治形态来看,是极度式微的,极度破碎支离的周朝春秋战国时代,从社会经济发展的观点来看,它那种式微破碎支离的场面之下,却正在孕育着中国社会史上最有生气的一幕转变,即由领主经济过渡到地主经济的转变,由离心封建体制过渡到向心封建体制的转变。这就是说,中国春秋战国时代的学术繁兴,不是朝代没落的体现物,而是社会解放的体现物。至于汉武之同时崇尚儒术,罢黜百家,那亦并不难解释。儒术并不意味着科学,正如同在焚书的秦始皇手上得免于难的医卜之学不意味着科学,在文化一般衰落的晋魏六朝勃兴起来的另具一格的诗文不意味着科学,甚且也很难说是意味着学术一样。反之汉武所罢黜的"百家",其中至少有一部分是比儒术更多科学性的,更多学术性的。汉武以后的大大小小的汉武,以为儒家之言,更合自己的脾味而加以利用,而表示推崇,而将其定型化成自己所需要的意识形态,那就不但离开昌明学术很远,就是距离提倡儒术亦很远,当然更谈不到奖励科学。

为了避免需要多加解释的用语上的含混,这里且就近代科学产源地的欧西社会科学发展情形,来说明我们上面的论点。

近代的自然科学与社会科学,无疑继承了古希腊不少的研究成果。一想到哥白尼在天文学上的发现,我们立即就会记起达雷士(Thales),亚诺芝曼德(Anaximander)诸人在这一学科上的特殊研究及其对于宇宙之自然的说明;一想到现代物理学上的物质不灭,原子结合离散以及有关物体下落的诸种基本原则,我们立即就记起德谟克利特斯(Demokritus)在这些方面的努力成果;达尔文在生物学上的自然淘汰,适者生存的见解,也许大有负于主张"惟合目的者斯能维持并发展其自身"的恩比多克斯(Empedokles)的定则。即在科学法则发现程序上比较后起的有关社会科学方面的诸种现代学说,要穷源追溯起来,殆都不难从古希腊哲学者找到一些虽然是素朴而直观的意见。不过,我们在这里所当注意的,是希腊那种自然而客观的科学研究传统,为何中隔千数百年乃至两千年，至近代始以"文艺复兴"以后的种种精神上的努力的事实再现出来。适应着整个中世纪及其他前后相当时期的奴隶的，特别是农奴的社会经济形态，基督教义逐渐变成了那种社会经济形态最必需的精神支配的东西。非人的统治，一定要使被统治者把现实的痛苦，归因于上帝的惩罚，上帝是一切，上帝安排一切的宇宙观和人生观，决不容许人们对社会自然，作客观的探索，即是，决不容许科学研究精神的发挥。但现实社会经济事象的演变，并不会一直按照着基督教会，僧侣贵族统治者所御定的途程。由多次十字军运动，齐来分解封建体制的诸多事变，已经不能制止新大陆的发现，和搅扰静态社会秩序的贵金属的流入：哥仑布在一四九二年打破了人们对于地理上的胡说，哥白尼在一五○○年就有胆量提出天文上的新意见。到一五二一年，宗教改革的要求，居然从教会里面发生出来了，神圣不可侵犯的教义，随着这教义生根的社会制度，根本发生动摇。从这方面讲，科学研究的可能，已渐形成了。但就在这科学研究渐有可能的当中，一种新的社会制度，即资本主义的社会制度，又因商品货币经济关系渐露端倪，而对科学研究提出了新的必要。在十六世纪，教会尚可能在旧社会未完全崩溃的情形下，对科学研究加以某种程度的妨害与压迫。但到十八世纪，由手工业、制造业、移向大工业的机运，已经在若干国家成熟，于是作为大工业之商品生产前提条件的各种基本科学及其技术的应用，遂变成了迫切万分的要求，大约由十八世纪五十年代到十九世纪五十年代这一百年间，自然科学的研究和发明，达到了极其普遍，极其寻常的程度。而在这同一时间，各种基本的社会科学，如以商品经济为研究对象的经济学，以市民阶级参政为目的而以民主主义相号召的政治学，以新社会个人主义精神为旨归，并在形式上根据平等自由结成各种社会契约关系，而以此等关系为研究对象的社会学等等，都分别参差的，在各国较为有利的条件下，顺应着整个资本对社会经济的要求，而被建立起坚实的基础了。

上面所说明的，是从正面指出一个新兴社会，在它向上发展的阶段，它不但要求对自然作科学的研究，同时，也要求对社会作科学的研究，即为了它自身的存在和成长，那些为过去社会所要求的有关自然的认识和社会意识形态，是必须予以清算和批判，而代以它自己所要求的研究的。但从反面讲，当这一社会临到向下的阶段，临到它不能尽量利用科学研究的成果，不能让自身的破绽缺点尽量暴露出来的时候，它对自然科学就必然会采取一种限制或歪曲破坏的步骤，而对于社会科学的研究，是更会施行一些极端保守极不光明的妨害手术的。自然，各资本国家发展的步调，并非一致，因而它们各别对于科学研究的态度，并不一律。但就十九世纪末叶以后的整个资本主义世界倾向说来，在自然科学方面，不仅由各国工厂的局部停闭，或工厂农场经营规模之自动的缩小，可以反映出科学技术研究之正常发展在无形受着妨碍，并且各自由竞争体分别收买，隐匿，破坏科学研究发明成果，亦已成为大家公认的事实。诸如此类事实，如其由经济学，政治学，社会科学各方面毫无隐讳的研究出其必然的原因，那将成为资本制本身一个影响恶劣的精神重压。

因此，把自然科学与社会学统一来考察的限内，对于它们的研究，是受奖励，抑是遭受阻制，大体可以征知这一个社会是在发展，抑是在退化。

三　两种科学是相依为命的

次就上述第二点说。

这一点，是就自然科学和社会科学相依为命，相互影响立论的，从某一方面讲，这是对于前一论点的补充，但它的注意重点，却是指出以次的症结，即社会科学与自然科学彼此不易各别独自发展，彼此也不会各别独受残害，并且一方的幸遇或不幸，都将相应的使对方受到利或不利的影响，近代自然科学与社会科学的历史遭遇，正可为我们说明这一切。

我曾在其他场合提论到，科学法则的发现，大体是先起于自然科学，然后始及于社会科学的。但这样一个命题，并无碍于我们前面的论点的确立。比如作为近代社会之开始界碑的文艺复兴运动，它对于古代自然哲学的世界观的复活、对于中世纪经院哲学的批判，已不仅是近代自然科学研究的开步要求，同时也是近代社会科学研究的最先要做的工作。次于这一运动而发生的宗教改革，它对于一向把宇宙和人类社会认识之锁钥，操在自己手中的加特力教会和僧侣阶级的攻击，对于以赎罪保证金为重心的政教合一制度的非难，已不啻揭开了加特力僧侣们，以私利与罪恶蒙蔽着人们对于宇宙，对于自然与社会之认识的黑幕。从此以后，自然科学的研究，尽管依其性质及已有的研究成果，比较先于社会科学而为人所努力，但直到十七世纪的启蒙运动展开以前，一方面由于僧侣阶级的多方妨害，一方面由于现实经济对它的要求，尚不十分迫切，以致这一个期间（由宗教改革运动到启蒙运动）的自然科学研究，还没有长足的进展。启蒙运动的展开，其在哲学上的自然主义与经验主义无疑给予了自然科学莫大的助力，但在那种运动中，反专制主义在政治上的成就，和反重商主义在经济上的成就，即以民主政治为目的的政治思想，及以自由主义为旨归的经济思想的宣扬，不但直接赋予了自然科学以自由研究的好机遇，同时还在间接方面，由政治经济客观条件的变革，新社会生产力培育环境的形成，大大加强了自然科学的需要。但反过来，自然科学每有一门新的发现，立即就在社会科学研究上，发生莫大的促进的影响。比如，达尔文在一八五八年发表的物种原始论，它对于自然及人类原来就是如此的一成不变说，给予了破灭的打击，而发展的社会观，宇宙观，给予了社会科学研究以最有效力的科学根据和启示。

　　然而，就根据万物，人，社会，都是在发展过程中，都有它的生起，成长，衰落，灭亡的必然遭遇，自然科学和社会科学相互提携以抵于完成的顺境，也伴随着它们所生根的社会的历史转变，而竟从这原来在旧的迫害下解放培植它们的同一社会，经验着新的迫害。这迫害，是从十九世纪下半期逐渐开始的，那时，在有些国家，由商品生产过剩招来的接二连三的经济恐慌，由伴随商品生产规模扩大集中所招来的劳动阶级势力的抬头，已经使这种社会的支配者资产阶级，感到他们原来对科学所取的开明态度，需要修正。毕竟因社会科学所研究的对象，正好是他们需要掩饰，需要不揭穿内幕。公诸大众的那些政治，经济，法律等等因素，于是受到迫害的，首先就是以这等等因素或事象为研究对象的诸科学。除了在最必要的若干场合之外，用过去僧侣阶级对付科学家的野蛮屠杀方法，当然不是现代资产者阶级所认为最有效的方法，他们已经在社会科学的领域内，多方设法打击批判原来的研究成果，并还用各种研究组织，豢养一批御用学者另起炉灶，烹制出合他们口味的学说，而这些学说的主要目的，就是使一般人把正视社会现象的目光转移到玄之又玄的迷宫里。充溢泛滥于十九世纪末叶以至目前的形而上的经济学，法学，社会学，伦理学等等，殆莫不是这一大手法的结果。然而，就在社会科学开始遭逢这历史的厄运后不久，被人们视为最基本科学的自然科学，被人们视为与现实社会利害关系比较无大关联的自然科学，也开始经验到了新的迫害，在十九世纪末叶，就因为在社会科学方面的乌烟瘴气的观念论气息笼罩之下，许多大科学家如赫黎胥、苏汉诺夫、马赫等，尽管他们分别在生物学上，生理学上，物理学上有了光辉的研究成果，但他们却似不约而同的认定他们所研究的对象，不是"物自体"，因为"物自体"是不能认识的。这一来，他们的"不可知论"，就不啻把他们的研究成果，从根本予以否定。特别是同世纪最后几年电子论问世以后，一向把原子作为分析基本原素的科学，就被怀疑反对者视为失却了立脚的根据：他们认为一向科学研究的对象里面，原本就渗入了假想臆断的精神元素，于是纯客观的科学论成为不可能了〔马哈主义者雷伊（Adel Rey）作了这样爽快的结论〕。自然科学这样被主观论者诬陷之后，虽然等到爱因斯坦的相对论出，又相当得到了支持，但自然科学在这时期中所受的委曲，无疑进一步增加了社会科学研究上的不利影响。

可是，"否极泰来"的素朴辩证论，在这里似乎又可应用到科学的研究上了。封建制末期所孕育的新社会既需要科学，资本制末期孕育的新社会亦需要科学。也许就因此故，依据社会科学从事社会改造的苏联，就因为它改造，它对于生产力的解放，能遵循着合理的途径，它就更需要利用自然科学研究的成果了。

四 "理性与自由是社会进步的原动力"

由前面的研究，我们有理由得出以次这几个有教训意义的结论：

第一，无论那种科学，属于社会范畴的也好，属于自然范畴的也好，它的遭遇，正好象征或直接体现着一个社会的遭遇。科学不受到尊重的社会，研究科学的自由，也横遭限制与剥夺的社会，乃表示它在衰落式微中，在向后发展中。

第二，一个社会如其真的提倡社会科学，它就没有理由妨碍自然科学，反之，如其它认真提倡自然科学，也同样没有理由限制社会科学。在科学是一体，科学有其休戚相关，相互影响的关联的限内，即使我们垂涕而道之的，大声疾呼的嚷着自然科学的重要，并用各种方式或有效方法来奖助自然科学，但同时对社会科学，对社会认识，却尽量用非科学的，玄诞的，神权的，教条主义的作风和态度，来加以蒙饰和妨害，结局，在学校中，在一般社会中，随在只有窒息和令人不朝大处深处想的浅薄主义与功利主义的氛围气，单在这种空气下，自然科学的研究，已经不能令人提起神来，而间接由那种作风与态度造成的社会经济政治各方面的后果，定然不会给予自然科学研究以何等有益的刺激与要求。这一来，对于自然科学研究的鼓励，也就会变成空洞的形式主义的东西了。自然，一个社会如其片面的奖励社会科学，它也一样会得出如此的恶果。

这是非常值得我们痛切深省的教训。在这个科学的时代，我们不仅要理解科学是关系国运的东西，丝毫大意不得；我们同时还要理解科学中的自然科学与社会科学，原是一体的东西，丝毫歧视不得。德国一位大哲学家告诉我们："理性与自由，是社会进步的原动力。"我服膺斯言，我并愿在科学的研究上以斯言助勉国人！

（原载《社会科学》1945 年第 1 卷创刊号）

论社会科学的应用
（1945）

一 自然科学，社会科学，新兴社会科学在 应用上的比较观察

无论那一门科学的研究，大体上似乎都可分别出理解的或"知"的研究阶段，和应用的或"用"的研究阶段来。就研究的程序上讲，对一门科学本身是什么，其范围，其性质，其中包含有那些基本法则，自然有最先理解之必要；但就研究的目的上讲，则更须理解，更关重要的，毋宁是我们如何把那门科学的诸基本法则，应用来帮助我们更深一层或更广一些的认识，或者是应用来达成我们某种实践上的任务。

然而，这样说明的便利，往往会因此引起"知"与"用"间机械的割裂，引起理论与实践，无条件的分离。在实际上，研究在任何一个阶段，或者在开始的入门阶段，如通过应用的方式，即随时不忘记把所学科目，与现实相证验，那定然大有助于研究者对于所学科目的确实理解。中国科学界的幼稚状态的继续存在，在许多原因之中，我们不应当忽略了研究方法的重要关键。与应用脱了节的研究，只能造就出两种人：一种人是把科学引到玄学的迷宫里，他们的口号，是"为学问而学问"；另一种人是把科学常识化，他们的作风，是"肤受浅尝"，"浅尝辄止"。这两种形态的人，所在皆是。

我近年在经济科学的研究上，特别强调经济学的应用，并进而主张"中国经济学"。我的用意，当然不是看轻理论，而是认定，非在应用上体验其真实性的理论，或者不能拿到现实上去应用的理论，根本就是与我们生活无关的，甚且是妨害我们精神生活的东西。我并还有一个感

想，觉得在科学研究的领域内，我们对于社会科学的研究，仿佛比之对于自然科学的研究，还要显得不能应用；而对于新兴社会科学的研究，比之对于一般社会科学的研究，又还要显得不能应用。我想顺便在这里讲出其中的症结来。

自然科学不拘是那一个门类，是天文学，物理学，生物学，地质学，或其他等等，一开始，或者说，特别是在入门的研究阶段，其所研究的对象，便是多少与我们实际生活有关联的一些事物。而这些事物的研究，又多少藉助于各种方式的实验。那显然能在某种程度，防止"知"与"用"脱节的危险，我们前面所论及的，我们自然科学研究上的超脱现实或超脱应用的现象，也许主要是由于以次诸原因：

第一，我们还没有造出允许或敦促自然科学者作踏实研究的社会环境。自然科学是把产业的有利发展，作为其被重视，被急迫要求的前提条件。如非起于实践上的紧迫需要，自然科学上的格物致知，就和文艺上的抒情感兴，没有怎样本质的区别。自然科学研究者，也无非是一个文人，而在实际，他们大多数也无非是在做一般文人，一般教学者的工作。而况

第二，我们又实在没有培养自然科学者的教育环境。一个产业不发达的国家，国民经济照例是贫弱的，各种供研究的科学设备，照例是缺乏的。除了在各级学校，多少备置了一点主要备观览的实验点缀而外，社会上几乎没有什么可资以启发科学研究，或协助科学研究的工具。假使一个人在这种环境下想对科学有所深造，那就只好乱逞思辨，使科学化为玄学了。

然而，这一切足以惹起自然科学之学理与应用脱节的原因，几乎不致影响到社会科学的研究。社会科学在它研究过程中，原本就不依靠什么科学实验的设备；而且，一个贫弱而动乱的社会，仿佛还更能刺激我们去从事社会科学真理的探求。可是，我们从这里看出的自然科学与社会科学在应用上显出的差别关系，一把它们放在同一科学范畴内统一来观察，就知道那种差别不但是相对的，而且是互有出入的。在自然科学不被尊重的社会，学术界就不免还是由神学观念和玄学观念所支配，那对于社会科学研究的不利影响，也许较之对于自然科学研究，还要厉害得多。社会科学在研究上，诚然无须藉助于解剖室，化验室，以及其他费用浩繁的科学设备，但社会科学者显然不能凭空直观的去考察，图书资料的设置，调查工作的进行，以及其他种种便利研究的学术事业的举

办，亦是无法期之于一个贫乏而又一般缺乏求知要求的社会的。

而且，我们如其把考察的视野，移到国外，移到外国学术思想向中国社会注入的过程上，我们立刻就会发现社会科学其所以在中国比自然科学还要不易拿来应用，拿来与实践密切联系的道理。现代学术思想向中国的输入，和现代商品的输入，是平行的。即使我们把国际资本的文化侵略意图抛开不讲，我们向国外输入的社会意识形态，也显然只能是流行于各资本主义国家思想界学术界那一些的属于末期的，一味掩饰现实或歪曲现实的东西。举其著者，如奥地利派经济学，所谓西南学派的社会学，形式主义的法学，实验主义的教育学等，它们本来就是在"引人入迷"的意图上产生的。把社会的问题自然化，把本质的问题现象化，把基本的大问题零碎支离化，是这一切晚近资产者社会科学的共同趋势。我们把如此这般的学问，作为研究对象，显然无从收到应用的效果的。但我在其他场合一再指明过，晚近科学的危机，决不仅是就社会科学立论。自然科学的观念化，玄学化，已经是有目共睹的。不过，把自然科学与社会科学比较起来，前者毕竟只能发现自然界的真理，而后者则非曝露社会的真相；这是在近代初期，在玄学基督教义支配的时期，自然科学能率先被研究到的基本原因之一。而且，自然科学的歪曲，自然科学的"掺假"，也毕竟没有社会科学那样容易；惟其有这些事实，先进资本主义国家的科学思想之向落后国输入，对于自然科学，就显然没有对于社会科学那样需要检点，需要警戒，结局，我们的自然科学界虽显得贫乏，我们的社会科学界，却就显得极其混乱和浮夸了。

所以，说到寓研究于"应用"中，它们就显出了相当大的差别。

但是，在"混乱"和"浮夸"的我们社会科学界，不还包含有所谓新兴社会科学的研究么？这正是我们打算讨论到的。我在前面已经揭明出来："我们对于新兴社会科学的研究，仿佛比之对于一般资产者的社会科学的研究，还要显得不能应用。"在这个命题下，我们可以毫不客气的把一般人非难新兴社会科学研究者的几种意见指出来，引起大家的反省：

其一是说，研究新兴社会科学的人，只知道背诵或抄录公式，离开了公式，就不能讲话。

其二是说，研究新兴社会科学的人，对于我们日常的社会问题，都不能作科学的说明。

其三是说，研究新兴社会科学的人，是一味在浮夸的讲些不负责任的话。

这三种非难，尽管"不尽是事实"，但却也并不"全非事实"。我们需要简括解说其原因所在。

第一，新兴社会科学，比之一般传统的社会科学，是需要更高一层的理解的。它的发生，是由批判一般变为陈旧，流为庸俗的社会科学而来。在这种意义上，即使我们把它是表识较高级社会的较高级社会意识形态的事实置诸不论，它一开始，就要求我们对于一般的传统的社会科学理论，有某种程度的修养；或者对于被批判的社会科学理论所表识的资本主义社会制度本身，有某种程度的认识。这两点，在一个社会经济未发达起来的社会，从而，在一般科学研究异常贫乏的社会，显然是一个非常困难的作业。新兴社会科学研究之流于公式主义，从此可以得到一点说明。因为任何科学的研究，不难于背诵公式，而难于把公式拿来活用，拿来系统的说明现实。说"财产是赃物"的普鲁东的断案，和说"地球是绕日而动"的哥白尼的断案，是一样简单，一样容易背诵，但如请作系统的科学的说明，则后者固难，前者尤为不易。不把各种社会形态的财产，从其整个经济制度中理解其实质，那末，"财产是赃物"的这个断案或公式，就显然不易说明日常的社会财产问题，而我们强调这个公式，就显然变成了"不负责任"的"浮夸"。

第二，直至目前为止，许多新兴社会科学，还是在形成的阶段。即如最基本的社会史学，依旧还只有一些粗枝大叶的轮廓的提示。这在我们研究起来，就难免要发生许多的不便和困难。

第三，在一切社会，新兴的学说的研究，总难免不受到传统的或已经定型化的原有学说的妨阻。在两种不同性质的学说，必然会分别同实践相联系的限内，新兴学说除了遭受反对者的妨阻以外，这种学说的研究者自己，往往又不免把自己封锁在"自以为是"的樊笼中，不肯对他所反对的理论或科学，作踏实的客观的研究。而在我们所理解的新兴社会科学，必然是批判的社会科学的限内，这种研究作风，就最不利于自己研究了——在近年，新兴社会科学研究的论坛上，这作风似已显然有所改变。

最后第四，新兴社会科学研究除了由上述几方面妨阻其科学的应用外，并还直接由一般流俗社会科学逐渐化为社会常识，转化为实用术学知识，而相对的显得不能应用了。晚近流行于资本主义各国，从而，流行于中国社会科学论坛上的各门社会科学，经济学，政治学，法学，社会学，教育学等等，为了避开现实，或者为了隐罩现实社会的阴暗面，一方面日益形而上学化，另一方面则日益常识化。常识的特点，是零碎枝节的讲个别社会现象。说价值是由需供关系决定，是由效用决定，这同一般人经济常识可以调和；说自然科学与社会科学的研究对象不同，因而前者偏于客观，后者偏于主观，这同一般人的科学常识也可以调和；说社会学的研究，须通过以血统，性别，智能等等关系构成的社会形式，这与一般的社会常识也可以调和。在这种意识上，流俗的或至晚近始逐渐流俗化的社会科学，仿佛就能即学即用，而从反面证示新兴社会科学更不能应用了。

但在这里，我需要指明：（一）流俗社会科学与常识结合的这种应用，与我将在后面具体说明的应用，大有分别；（二）新兴社会科学研究者不能好好运用科学理论，那与这种科学本身宜不宜于应用，完全是两件事，我们甚且可以说，新兴社会科学之所以胜过流俗社会科学的地方，就在它更能本质的解明一切现实。

二　从基本的经济学的应用讲起

在一切社会科学中，经济学算是最基本的一门科学了。它是最基本的社会科学的唯一原因，乃是由于它所研究的对象，是一切社会事象中最基本事象。就因此故，我们讲社会科学的应用，只好从经济学的应用讲起，并还得就经济学的应用，多讲几句，然后由此类推到其他各门社会科学。

在拙著《经济科学论丛》中（见六九页以下），我曾在"政治经济学及其应用"这个题目下，详细对此有所阐述，现在打算用更简洁明确的表现方式，节论其大要如次。

在实践的应用的观点上考察经济学，经济学大体是带着两重或两个历史使命而显现出来。那两个使命，就是作为民族生存斗争的理论武器，和作为社会生存斗争之理论武器。社会的生存斗争，有时必须或矫揉的转化为民族的生存斗争，如当前各法西斯国家，为了解决国内的社会经济矛盾，而向外发动战争；同样的，民族的生存斗争，也可能或必然转化为社会的生存斗争，如上次世界大战中的要角之一的俄国，竟在战争过程中，把整个社会变质了。这种眩惑人的变化，当其演化重心在经济领域内，对于经济学理的研究和应用，就成为民族生存社会生存攸关的问题了。现在且分别说明经济学在这两方面的应用上，究竟表现了那些值得注意的征候。

先就经济理论表现为社会生存斗争武器方面说。

这里所说的社会，是指着现代社会中相互对立的各种利害休戚相关的社会集团。一国经济发展，在特定的社会关系下，当然会促使各社会阶层间的利害，互不相同，于是从各别社会阶层利害关系所反映出的经济思想，不能不相应表现出不同的分野。

在近代初期，各国的重商主义理论，从社会的立场去看，都是所谓第二阶级（君主）对第一阶级（封建贵族僧侣）行使经济斗争的思想表现，国王或君主联合第三阶级（商工市民）在财富上及其他有关经济方面的措施，均在限制或剥削僧侣贵族的特权。作为重商主义在德国之变种的所谓官房学（Kammer-wissenschaft）的学者们，直截了当的将其经济论著题名为《德意志王侯国》（Seckendorf 著）或《君主义务论》（J. D. Assmuth 著）。这些论著，当然可以包括在罗雪尔（Roscher）所讽刺的"威廉王经济学"的意识形态中。昂肯（Oncken）把重商主义称呼为"王侯致富政策体系"，斯班（Spann）则称之为"有利于资产阶级及活动资本但不利于贵族领主的政治专制主义体系"，姑无论其妥当性如何，但无疑显示了当时经济理论之社会阶级利害关系的"内情"。

当亚当·斯密用他的理论，道出英国资产阶级的要求，得到满意的成果以后，英国经济就"一帆风顺"的成就了极大的发展。产业革命成功了，与产业革命配合的农业革命（即是使农业生产者由其生产手段分离，而由是造出产业预备军的"圈地运动"）也成功了。僧侣、贵族，乃至王侯的权益，都相继遭受剥削与限制，第三社会阶级或资产阶级变成天之骄子。经济学在它是直接体现着资产者经济意识的限内，资产者既取得了社会支配的权力，它不是到此止步了么？但就在这当中，经济学者要为他们的实践要求烦心了。随着资本主义经济的发展，以前原不足为资本阶级利益发展妨害的劳动阶级，地主阶级，现在都抬起头来。特别是新兴的地主阶级，它凭藉传统的（与贵族领主有深厚渊源，或即贵族领主之化身）政治势力，凭藉阻遏国外谷物输入的所谓谷物保护条例，作了商工资产阶级的死对头。它们以谷物保护条例为中心而展开的白热论战，倒使劳动阶级从意识上实利上得到了不少的便益。"在一方面，论证谷物条例对现实生产者没有何等保护效用，那是资产阶级煽动者的利益；在另一方面，土地贵族对工厂状态所加的非难，以及他们对工厂立法所表示的'外交的热忱',都为工业方面的资产阶级所深恶痛嫉。英谚有云:两贼相争,善良者从中获利。在实际,支配阶层的这两派,都在极无耻的榨取劳动者。他们彼此由于榨取问题的喧哗争论,双方都成为真理的产婆"(见郭王合译《资本论》第一卷五七一页)。当时论争的两方主帅,是马尔萨斯和李嘉图。代表地主利益的马尔萨斯,虽然用激越的辞句,说明地租的增涨,显示为国富增进的表征,但李嘉图却科学的证明:"除了地主,一切阶级皆不利于谷物腾贵……地主与社会各阶级的关系,是一方全然损失,一方面全然利得"(见郭王合译《经济学及赋税之原理》第二章)。他由种种深密的研究,达出地租是"掠自消费者而给予地主的东西"。马尔萨斯被驳倒了,与贵族有密切渊源的地主阶级的利益,到了一八四六年的谷物条例的撤废,就失却保障了。但李嘉图的学说,虽然被人非难"只是货币资产阶级憎恶地主阶级的简单的记忆";可是马尔萨斯在拥护地租利益的场合,尽管和李嘉图相对立,当他反对劳动阶级的场合,却又是李嘉图一伙的战友。他的大著《人口论》,不是当作反对拥护劳动阶级利益的高德文(Godwin)和康多塞(Condocet)而发表出来的么?

但在李嘉图和马尔萨斯的当时,劳动阶级的力量,还不能够威胁资产阶级的生存,故他们对于这些问题的讨论,还能保持科学的冷静,他们的研究成果,还能说是经济学上的古典。李嘉图公开认定"阶级利害的对立关系,是社会的自然法则,并还意识的以这种对立为研究的出发点"。但资产经济学者到此已达到了难于再向前进的限界。"从此以往,无论从实际方面说,抑从理论方面说,阶级斗争都要采取公开的威胁的形态,……从此以往,成为问题的,不是真理与非真理的问题,只是于资本有益抑有害,便利抑不便利,违背警章抑不违背警章的问题。超利害的研究没有了……真正的科学考察没有了……"(见郭王合译前书原著者第二版跋)。

在以资本主义经济为研究对象的限内,从相反的立场,来继续英国古典学派经济学或说明的经济学体系的,是所谓批判的经济学体系的研究,是从古典学派终止了的地方开始的。但他们的研究,他们的经济理论,同样或更显然以特定社会阶级的生存斗争武器而表现出来,他们毫不讳饰的表示:"这种批判如果可以代表一个阶级,那末,它只能代表无产者阶级"(同前书)。

然而以上是现代经济学,由社会的观点去考察的一面,但它还有由民族的观点去考察的一面。

次就经济理论表现为民族生存斗争武器方面讲。

这里所谓民族，差不多具有国家同一涵义。现代经济虽然以个人的利己观出发，而演成世界的规模，但却始终在把国家作为其活动的政治的限界，而这"国家"，为要团结内部，加强对外斗争力量，又被混同的代以"民族"这个名称。

经济理论在民族生存斗争上的应用，是采取两个形态，其一是侵略的意识形态，其一是求解放的意识形态。大体上，当一个国家或一个民族对外处于劣势的时候，求解放的经济理论便被强调着。反之，当它处于优势的时候，又必然要采取另一套理论，且以英国德国作为例证来说罢。

英国根据许多理由，对内对外要求实施自由主义经济政策。它先进，它要求一切比它落后的国家，都为它的制品，洞开门户。因此自由主义经济思想，便被理解为英国民族生存斗争的有利而有力的武器。在英国的自由主义思想，配合其各种制品，向德国大量注入的十九世纪初期，德国经济学者李士特（List），就大声疾呼的叫德国注意英国的文化侵略——理论侵略经济的阴谋。他说："政治经济学之著作或教授，无不醉心于世界主义学派，而视一切保护税为一学理上之疵（theoreti-cal ahomination）。彼辈有英国之利益以助之，有德国各埠及各城市之英货贩卖者的利益以助之，故无往而不胜利。尤可痛者，英国内阁善利用金钱势力，箝制海外舆论，苟于其商业有济，则挥金如土，从未有所吝惜。大队通讯员，领袖著作家……漫游各地，专从事于攻击德国工业家要求实施保护税之'无理愿望'。……时流学说与德国学者之意见，既皆倾向于彼辈，以故为英国利益辩护之工作，尤易易也"（见王开化译李士特著《国家经济学》）。这段话深刻的表明，英德两国学者及政府，在怎样把经济理论，作为其经济利益保护的武器，李士特及其后继者的保护主义学说，在科学的评价上，尽管还不如自由主义经济学说之系统的深入，但在作为战斗武器的实践意义上，则显然是自由主义经济思想之致命的死对头。

自然，英国自由思想在形成过程上，作为对内争取生存与利益的作用，或比较作为对外争取生存利益的作用为大。这是英国经济较先发展的情势使然。但德国经济发展的不利条件，即使它的经济理论，一方面表露出求解放的自卫的意识，另一方面又配合其后进资本主义的打破现状的冒险急进要求，而表露出极其浓厚的侵略意识。德国哲学家兼经济思想家费希特（Fichte）曾在其所著《封锁的商业国》书中表示：凡是一个国家，自必有其出产的"自然境界"，没有依赖外国来供给其国民生活上所必需的一切生产品之必要。国家必须具有生产上及消费上的独立性；此种手段，可以依着和平的或战斗的手段而获得之。政府在夺取自然的国境后，必须从快发出宣言，声明此种战斗的目的，并非是什么合并。这一段议论出自爱国主义哲学家之口，对于此后德国乃至其他帝国主义国家之侵略理论，提供了一种非常有力的源泉。晚近为德国学者"专利发明"的"生存空间"（Lebensraum）的理论，不外是费希特扩大"自然境界"的"再版"。而在帝国主义侵略过程中被宣扬着的"世界再分割论"，布洛克经济论，在德日等国，把它们资本社会特有的相对人口过剩，解释为绝对人口过剩的人口理论，世界工农业分工论，乃至敌人特制的东亚共存共荣论，中国社会经济循环演变论等等，都是作为侵略的经济理论而产生出来。拆穿西洋景，许多新奇好听的学说，均会显出其狰狞的原形。然而，这些看起来，是完全为了对外，推行经济侵略政策的论理，一旦用到国境以内，又很可作为维护特定社会集团之权益的法宝。

由上面所说，我们知道一切经济理论，大体是通过社会的民族的两种实践要求，而逐渐形成，逐渐展开的。我们把这些经济理论作为研究对象，就不宜专对着这些理论本身作"格物致知"的工夫，而必得把现实社会经济演变发展的次第，拿来证验那些理论的正确性的程度；并须就我们自己社会我们自己民族所处的地位，及其实践要求，来判定那些理论有益于我们社会经济的改造，那些理论有害于我们社会经济的改造。

因此，我之所谓经济学的"应用"，便会有加以证验，批判，选择，最后并将其活用到我们经济实践中的意思。我个人之所以一面批判流行于中国经济论坛的奥地利经济学，一面又提倡中国经济学，都无非是为了实现经济学之应用的目的。所以关于这所谓"应用"之详细的说明，必须参照有关我那些方面的论文。

三　关于社会学，政治学，法律学，教育学的应用

经济学以外的其他社会科学，原不止于社会学，政治学，法律学，

教育学，但我们无法在这里历述到一切包含在社会科学中的科学，只好提出这几门来代表。

如其我们有理由认定经济在其他一切社会事象中，最有基本性和决定性，则以经济为研究对象的经济学，就比之它以外的，以其他一切社会事象为研究对象的各种社会科学，更能反映现实，更与实践有密切的关系，或者就我们的题旨来说，更不能不重视它的应用。在这种理解上，我们似乎从反面默认了：其他各种社会科学与经济学比较起来，都不是那样能反映现实，不是那样与实践有密切的联系，从而，也就不是那样要重视它的应用。

但事实并非如此。

在一般社会意识中，原以宗教哲学思想为最高级形态，政治法律等方面的思想次之，惟经济思想最显得直接具体，即这种思想的形成，对于作为其研究对象的现实，始终保有极密切的联系，因此，这种思想或经济学的形而上学化，还不是那样容易，还有一个限度，而在其他社会意识，或法律，政治，教育等方面的思想，因为它们所体现的对象，虽然最后是依存于经济事象，但显然没有经济事象那样直接具体，因此，它们的形而上学化的可能性，就比较经济学为大。在这种范围内，对于它们这种思想的研究，仿佛更须注重应用。而实际上，表现在中国学术思想界的贫乏与昏迷状态，一般经济学研究者所应负责任，也许不比其他各门社会科学研究者更大。

下面且就社会学，政治学，法律学，教育学诸方面的研究情形分别说明。

先就社会学来讲。

到今日为止，在一切社会科学中，殆以社会学这一门科学，最难给人以明确的概念。美国社会学者华德（Ward）曾言："社会学尚在无政府时代"，实可视为资产者社会学界的坦率自白。

为了在社会学研究的无政府或混乱的状态中，刻划出一个理解的轮廓，先须看看由十九世纪中叶以来的这一世纪间的社会学的研究，究竟经过了怎样一些曲折。

被称为现代社会学之始祖的孔德，其有关社会学建立之理论，载在其由一八三〇——四二年出版的《实证哲学》中；此后数十年，与孔德同被目为旧社会学派巨擘的斯宾塞（Herbert Spencer），系于其一八七六——九七年刊行的综合哲学体系中，专以《社会学原理》一书，研究这门学问。"社会学"这个名辞，是由孔德提出的，至斯宾赛始予以确定。孔德与斯宾赛的意见，当然互有出入，但他们同被包括在旧社会学派中的大体一致点，似乎不难发现有以次诸端：

（一）他们同把社会学当作社会哲学或实证哲学的一个部门，因而，

（二）他们同是采取的综合的方法，把社会学看为是以一般社会现象为研究对象的学问，即所谓一般社会学的研究法。

（三）他们还有一个同点，就是彼此均系采用动的进步的观点：孔德提出"动的社会学"这个名词，就认定社会学是研究人类社会的进化法则。斯宾塞是一位社会有机论者，同时又是一位社会进化论者。他以进化的理论，来说明社会一切有机现象的根本原理。

法英两国这两位古典社会学者的关系，使我们联想起经济学上法国重农学派与英国古典学派的关系。而法英古典经济学说之遭受历史学派与奥地利经济学派的非难，更使我们联想起十九世纪末叶德奥社会学派对于孔德与斯宾塞的攻击。

所谓德奥社会学派，就是晚近风行一时的形式社会学派，这派发端于唐尼斯（Tonnies）所著《共同社会与利益社会》一书（刊行于一八八九年），而发展于希麦尔（Ceosrd Siemmel）所著《社会学》（一九〇八年刊行）中。前者以本质的与选择的两种不同意志，来说明共同社会与利益社会不同的究竟，虽然是唯心的，主观的，但还能运用批判的眼光，来考察由共同社会到利益社会的进化推移。即是，他的研究对象，尽管已由一般移到了特殊，却并未根本否定进化的原则。到希麦尔不同了，他以为社会学研究的对象，是社会的本质；这种本质，非实体，而为事象，为诸实体相互作用之机能的实在。各种社会实体社会内容，分别为其他各种社会科学之研究对象，惟此诸实体间的相互作用的形式，斯为社会学的研究对象，故社会学为相互作用形式的科学，是特殊的非一般的。又因形式与实体，原不可分，但我们得于理论上分之，脱离内容的形式，为相互作用的纯形式，是主观的而非客观的。

论到这里，我们知道德奥的主观的社会学，殆与奥国主观经济学，即（奥地利派经济学），是采行相类似的步调，以期完成同一的资产者掩饰现实的历史使命。但这个学派的理论的风行，并不能阻止他们同一阵营资产者内的反对论的出现。反对形式社会学的，约有三个流派：

（一）外力学派——以法国的涂尔淦（Durkhein）为首脑，形成一个涂尔淦学派。因为他们反对形式主义者的主观学说，以为社会学研究

的对象，是"社会实在"，此种"社会实在"，存在我们外部，对我们个人的行为及思想，发生一种有强制性的拘束力，社会学就是研究存在于外部的"社会实在"所显示的必然演变法则。

（二）巴登学派——与前述外力学派相反，而同时又在方法上与形式社会学表示区别的，是所谓巴登学派（The Baden School），即西南德意志学派；这一派的人物有文德尔班，有利克特（Rickert），还有把马克士·韦伯（MaX Waber）及桑巴特（Sombart）包括在里面。他们一致认为社会学的研究对象，与自然科学的对象不同，社会过程本身，在客观上并无何等规律可循；社会的过程的规律，是我们依据某种先验"文化价值"来予以调整，予以编定的，所以他们又称为文化社会学派。

（三）全体主义学派——这个学派的创导者，是斯班（Othmar Spann），他反对以前一切学派，特别反对古典的孔德与斯宾塞。他认为他们最大的错误，皆在把个人看做实在的原子，而由此假定出发，而不知道，个人其所以成为个人，个人人格得以完成，乃因先有社会在。此社会是什么，此社会如从其种种个别现象分离，此社会及其个别化现象（如经济，法律等）如何演变，皆为社会学所当研究的问题。与一切个别化现象相区别的社会概念，乃是社会科学中的总概念，最高中枢概念，而其他以个别现象为对象而构成的各种社会科学，则皆被系统于这个总概念或全体概念之下。

除以上各派外，还有以动力学派见称的美国学派，华德的《动的社会学》（一八八三年出版）及声名大噪于美国社会学界之素罗金（Sorokin）的《社会与文化动力学》（一九二七——四一年），皆强调社会进步，不能徒任其作消极的被动的适应，而必须积极的能动的促成之。

凡此表现于社会学界的"无政府"情形，使与现实上的实践连同观察，殆可视为必然的混乱。社会学原是诸种社会科学中之一特殊部门，它的特殊，乃因作为其研究对象的社会，系具有一定水准生产力与一定生产关系，及与此相适应而产生的政治法律诸制度及其意识形态的社会。社会生产关系，如何随生产力水准的提高而变动；一切属于上层的政治法律家族制度及其意识形态，又如何随社会经济结构变革而改变：这一切变动改变所显示的规律和法则，乃是社会学的内容，故社会学成为社会发展之方法论的科学。这种性质的科学，在资本主义初期及极盛期，资产学者尚不妨去接近它，研究它。但其中有一个限界，就是这种关系社会基本结构的学问，势须在现代资本主义社会经济结构弄明白了之后；即须在经济学经过古典学派及批判学派予以完成之后，始能进行。也许就因此故，社会学的研究，比之经济学的研究，差不多迟了一个世纪，经济学在十八世纪中叶前后开始建基工作，社会学在十九世纪中叶前后才开始建基工作，而事实上十九世纪中叶的资本主义经济情形，已不许资产学者作科学的研究。资本主义生产力的发展，使它的社会生产关系感受到动摇的威胁。因此，他们在这时开始社会学的研究，除了在经济情况较好的英法美等国，尚有进化论的，动力论的，外力论的一类不大明确的理论外，而在落后的观念泥潭中的德奥诸国，就只好由主观主义的形式主义的说教，大逞锋芒。特别是所谓文化社会学及全体主义社会学，那在实际已是作为第三帝国之社会文化的鼓吹手的杰作而表现着。桑巴特的"德意志社会主义"和斯班的"全体主义经济学说"，已经说明了他们在法西经济理论中表演了怎样的角色。

然而，在中国的社会学界，却显然只看到形式社会学派与文化社会学派的种种色色的理论，而比较客观一点的研究，亦并不曾脱出进化社会学派的樊笼。这趋势，当然应与中国客观现实对照来看，但其有害于中国社会的变革，是非常明显的。我们对于社会学的研究，如只是零碎的枝节的困扰在一些个别社会问题上，或者拘囿于形式主义主观主义各派矫揉造作的社会类型的观念框架中，我们所见到的中国社会，就被割裂成为彼此孤立或隔离的家族，人伦，婚姻，宗教，风俗，传统，文化传播一类具体社会表象，而无法把那些作用在这一切表象背后的共同社会根源发现出来。这至少是我们迄今尚对中国社会本身没有理解的基本原因之一。

其次，为了节省篇幅，我把密切关联着的政治与法律学连同考察。

在社会科学中，如其说，经济学是最基本的，最能体现出社会各阶层之利害关系的科学，社会学是作为认识那种社会关系之演变，即认识社会发展法则之方法论的科学，则把上述两种科学及其应用的情形弄明了，对于其他一切社会科学的应用，就比较容易理解。特别是政治学及法律学，由于以次诸种事实，仿佛更能给予我们以认识上的便利：

（一）自原始社会分解以后，人类历史上最惹人注意的事象，仿佛就是政治的及作为政治实施依据的法律的事象。因而政治的历史，差不多成了历史一般。

（二）政治上的频繁变动，以及那种频繁变动上或明或暗的显出的因果关系，使人们很早就能素朴的不大明确的理解到政治法律制度与统

治阶层物质利害相结托的关系。所以，

（三）在社会科学中，政治学法律学比较出现最早，柏拉图的《共和国》，亚里士多德的《政治学》，就是一个明证——他们强调哲人政治，他们主张统治者应实行所谓贵族社会主义或土地公有，就是预知到了当时统治者如何因为拥有社会财富，致流于荒淫，而丧失其统治。

但在中世纪时代，一切社会意识，都受到了神权思想与王权思想的支配。即如前此由直观由预感所构成的初期素朴的政治法律学说，亦横被歪曲。十六世纪是神与人，是神权与人权，是贵族僧侣与商工市民开始激烈斗争的时代。拿神，拿上帝作为政治权力屏障的英国杰姆斯第一（James I）的著作（《自由君主制的真正法律》，一五九八年出版），虽还倡言："国王可以正正当当叫做神，因为他所行使的神权和上帝一样，上帝有生杀予夺的权力，不对何人负责；国王也是这样，要怎样做便怎样做，除了对上帝负责而外，不对任何人民负责。"然而这不仅是神权政治说教的尾声，并还是对于大陆方面反神权的法理政治思想盛行的一个最后的反击。真正能看做现代政治法律思想之最初系统著作，理应数到法国布丹（Bodin）的《国家论》（一五七六年出版）。在这部书中，他指出了有关政治法律的三个有古典性的论点：

（一）实践的——他公开宣言，他是"想用这个著作来巩固因为内乱而动摇的法国王权的基础，来实现关于国家的理想，并想发现适合事实的法则，决定普通政治学的法则"（见高一涵《欧洲政治思想史》中卷第八五页）。

（二）历史的——他认定社会制度和政治制度，不是什么神或上帝的安排，而是由人类历史演进的结果。

（三）唯物的——他认定每一个国家或每一个人民，都有一种特别的性质；一切制度，都要适应这种性质。造成国家或人民特别性质的势力，便是物质的环境（同上一〇三页）。

布丹对于政治法律思想的这种历史的唯物的观点，无疑的没有脱却初期的素朴的性质，但我们在此后作为现代法律学经典的孟德斯鸠的大著《法意》中，随处可以看到他的影响。但法国在现代经济发展上，毕竟较之英国落后一些，因此，法国学者尽管可以在触到政治法律的本质的时候，只是含糊的指述物质的环境的重要性，而在英国学者却不能不露骨的揭示出来。在陆克（John Locke）于一六九〇年出版的《政府论》中，他道出资产阶层，在法律政治上的真正期待：

"人类的自然的自由，是脱掉世界上一切优胜权力的支配。不屈服在别人的意志或立法权之下，管理他的唯一法律，就是自然法"。

"绝对专制的权力和无法律的统治，都不能与社会和政府的目的相合……最高的权力不得人类自己同意，不得征收他的所有权。因为保护所有权是政府的目的和人类所以加入社会的原因……"（同上二三五页）。

这简单几句话，把现代政治及其整个法律的精神和盘托出了。自由主义，个人主义，私有财产制度是资产者阶级一致向贵族僧侣封建制提起的反抗要求。因为封建形态的政治和法律，是不适于资产者的经济生活的。由此，我们不难联想到空想社会主义者圣西门（St. Simmon）所说的话："规定所有权的法律，是一切事物中最重要的东西，是社会的建筑物的基础"。这理论更作科学的引申，就是卡尔以次的几点意见：

"政治的……及市民的……立法，都不过是把经济关系之意欲，记录出来，布告出来。"

"每种生产形态，创制出其独有的各种法律关系，各种政治形态……"。

"当市民社会发展时，司法权与行政权，会益与土地所有权（在封建时代，司法权与行政权都不过是土地所有权的属性）相分离"。

因此，作为现代政治学法律学上反复阐扬着的民主政治与平等法律的真谛，在资产者阶级以被压迫者求解放者的资格，向贵族僧侣从事斗争时，虽还不失为科学的说明；但一到市民的社会优势已经树立起来，即是到了资产者阶级已经变成为保守的压迫者的时候，对于逐渐在资本主义经济关系中伸张起来的劳动者阶级的要求，立即就要显出他们所强调的民主政治与平等法律的局限性来，也就是说，立即要显出，他们那种政治学法律学的历史性来。

可是，我们研究政治学，研究法律学，尽管明确知道那是属于资产者的东西，对于它们所提倡的"民主"，"平等"，尽管明确知道那是作为有利于资产者取得政权，确保财产权的东西，但我们如其"极端公式的"把这种理解应用到实践上，那就不免要在我们对现实的认识上，从而对实践努力上，变成"新顽固者"。所以，我们关于这两门科学的应用问题，必得提出以次的补充意见：

第一，现代政治学法律学上强调的民主精神与平等精神，尽管有其局限性或历史性，但它对于落后的国民，却毋宁还存在有进步的意义与作用。

第二，在现代资产者市民争取"自由"，"民主"，"平等"的过程中，一般差不多都取得了劳动者阶层的助力，同时，像英、法、德诸国的劳动者社会政治势力的增长，有不少竟是由他们与资产者从事这种"合作"的当中得来的。

第三，资产者阶级的政治法律，虽然基本的是以他们自己的利益为旨归，但我在其他场合（见拙作《民主问题与经济问题》）讲过："当某种法案，于全社会有利，而于他们无损，他们是乐得通过的；某种法案，于全社会有利，于他们更有利，他们亦是乐得通过的；某种法案，于他们目前似有小损，于将来却没大利，他们亦是可以放大眼光通过的；某种法案，即使于他们现在将来都不利，但如其他们预知不予通过，会马上引起更不利的后果，他们亦是会勉强通过的。"

因此，一部现代的政治史法律史，是大可以帮助我们怎样去理解政治学及法律学的应用问题的。

最后，我得讲到教育学方面。

与教育学接近的社会科学有伦理学，艺术学等，但把教育学的应用关系弄明白了，其余是可以举一反三的。

关于教育学的应用，我得改变一个说明方式，或把说明的程序变更一下。

对于现代型的教育，我们的教育界，或者扩大一点说，我们的学术界，似乎迄今还同时存在着两种相反的见解：其一是期望在教育上多多努力，想藉此把中国社会一切不好的风气，不好的现象，从根本改变过来；又其一是认为新教育在中国已经施行了数十年，即使我们不忍说，当前社会上的诸种不好现象和风气，是以这种教育为媒介而引起的，至少，教育对于这种种，已表示毫无力量，甚至教育界自身，还待用外力来予以澄清。

这两种对立的意见的存在，是一方面太看重了教育的功能，同时，另一方面又太小视了教育的功能。归根结底，可以说是由于未根本来理解现代教育的本质。

也如同其他社会科学一样，教育学之成功为一种科学，几乎通过了若干世纪的实践历程。我且把现代教育思想演进的迹象，区分为三阶段：

（一）神与人的教育思想阶段——在文艺复兴与宗教改革当时，由基督教义支配的欧洲死静世界，已经在被交通货币一类经济活动所冲激，使其无法维持平衡。以前被视为造就神的侍者的教育，至马丁·路德（Martin Luther），亦在其箴言中，认为教育一方面固在造就宗教的人物，同时亦得顾及其生活上的需要。夸美纽斯（Comenius）于其一六三二年著述的《大教授法》中，首先揭橥教育不仅为信仰，为道德，还为知识。

（二）人的教育思想阶段——随着社会经济的不断演变，即随着商工市民社会的发达，前此半神半人的教育，早已不合实际需要，于是在反神的教育要求上，强调"人"的教育了。由十七世纪末至十九世纪初，我们见到许多有名的教育学家，教育哲学家，都以"人"为其论著的中心话题。比如在十七世纪末，有陆克的《人类悟性论》；在十八世纪有柏克莱（Bakerley）的《人知论》，有休谟（Hume）的《人性论》，还有斐斯泰洛齐（Pestálozzi）的《人类精神发展之路》，卢梭（Rousseau）的教育名著《爱弥尔》，就是强调发展"人"由自然所禀赋的个性的。在十九世纪初，福禄柏（Froebel）的《人的教育》问世，更把教育目的明确标举出来。

（三）市民的教育思想阶段——我已讲过，前一阶段的教育思想家其所以特别强调"人"，无非是期望把"人"由神完全解放出来，事实上，他们所理想的"人"，无非是一个好好的市民。这个市民的培养，注重三种教育：一是科学教育，一是职业教育，一是公民教育。前两者是为了达成市民社会的经济任务，最后第三者是为了达成市民社会的政治任务。而作为教育理论集大成的美国杜威（John Dewey）的民主与教育，其所以注重生活，注重经验，注重劳动，更注重自由与民主，无非是认定这一切，都是一个良善市民所当全备的品质。

显然的，资产者社会的教育，愈到后来，愈加有意的把一切形式上的不平等规定都给取消了，好像教育之门，真是为一切人民大众而开放的，但在教育制度本身，是作为一定的社会经济结构的上部派生物而产生的限内，教育上的不平等现象，并不存在于教育本身，而是系于教育因以存立的社会，显言之，教育上的不平等，是由经济上的不平等所规制了的。

论到这里，我们可以回头来说明前面对于教育的两种不健全的理解了：

在一方面，依据现代教育学说教育思想演进的历程，我们知道：我们近数十年来所努力推行的现代型教育，显然不曾与我们社会化采取适应的或齐一的步骤。我们在仿行市民教育，而需要科学家职业技术人材的社会条件却尚不曾造出，结局，教育不但无法配合社会的需要，且还由其造出的"多余"或"过剩"人材，增大了社会的不调和现象，这一来，我们对于现代型教育，仿佛真的不能有所期待了。最近我们朝野都有抑制文法科教育，强调理工科教育的趋势，大概是感觉到文法科人材有些"多余"了，但社会事业真的展开，文法科人材的需要，定然会一同增大。如其我们社会经济，还是滞留在资本前期阶段，则我们以资本式教育作育出的人材，感到多余的，恐怕不限定是文法科方面的人材。事实上，假使我们有了可靠的人材就业统计，一定会知道：我们理工科人材在从事其"用非所学"的文法科的业作，确占有颇不可忽视的比例。——总之，关于教育上的这一类问题，如其能从社会经济上着眼去看，定然会明了其症结所在，否则，今天直感到文法科人材过剩，因而忽视文法科教育，等到明天发觉理工科人材也有些过剩，岂不是对全部教育都要感到失望么？

在另一方面，许多人又因为同样不明白教育的功能，以为靠教育上的努力，就可把全般社会改革过来。一般书呆子气的教育家如此想法，倒无妨看为是他们特别重视自己事业的表示，但负有社会政治革新使命的人亦把问题看得如此单纯，那就会引起坐待教育发展了之后，再来从事社会经济变革的幻觉。中国有不少的教育哲学研究者，居然在傻头傻脑的相信：现代德国的勃兴，完全是得力于费希特的那一部《告德意志国民书》。果其如此，那又似乎无须一般国民教育的发达，只要有一两个有爱国热情的教育家就行了。

对于教育的如此过分的重视或低估，只是由于我们平素研究教育或讨论教育问题，都是在几本习用的教育学原理的书上，看到一些极零碎极细微末节的教学方法教学技术的说明，而根本不理解教育的社会关系，其社会本质及其作用。每种社会形态，都有与其相配合相适应的教育体制，教育体制或教育思想，可能落在社会经济变革的后面，而为其障碍，如中国传统的教育思想之多方障碍我们社会经济变革是；那亦可能走在社会经济变革的前面，而为其向导，如中国输入现代各种社会意识之促进我们社会经济变革是。可是教育在它本身终归是作为一定社会经济体制的副产物而存在的，它对于社会经济变革的妨碍或促进，都有一个限界。我们如其展开了社会经济的基本变革，一切传统的教育思想，都将变为无力的挣扎；我们如其不允许社会经济的基本变革，舶来的崭新的教育思想，亦只能表示一些不易在社会上生根的空想。这就是说：教育是要在它发生作用的社会条件或社会倾向，至少已在某种程度形成了的场合，它才能发挥极大的社会功能。明了了这种症结，我们才不致高兴起来把它看作"万能"，扫兴起来又觉得它并无何等效能。

（原载《联合周报》1945 年第 3 卷第 6、7、8、9 期）

如何发挥自学的精神[*]
（1946）

这封信是早经草成的。"算了，不必再讲了"的心绪，叫我不要把它发表，但"事虽过而情却未能遂了"的心绪，却又不时敦促我给它发表。今天因为同时收到几封从石牌来的信，情不自禁，所以，就半是兴奋，半是内疚的把它寄给《每日论坛》的编者先生，请他为我公开出来，我希望这在同学们做人与做学问上，能有一点好影响。

1946 年 11 月 5 日于厦门大学海畔"野马轩"

全体同学们：

我要去了，在几点钟之内，我就要远走高飞了。临着这夜未央的时际，总觉得这样忽然别去，好像有许多话需要对你们全体说，而不仅是对那些已经见到了我，已经陆续同我叙谈，殷切盼望我留下的一部分同学说。

我已无须再分说我为什么要离开中大的理由了，那完全是基于我对厦大方面的责任感的问题。而在我自己，并还希望今后不再到中大。因为，我认为老是久待在一个地方，就我个人学习方面讲，就社会文化交流传播讲，都是不必要的。

但我在中大，前后快七年了，如我在《中国经济原论》那部书的序言中所讲的，中大，特别是中大同学同事所给予我研究上的益助，我是再也不会忘却的。我到中大以前，虽然也出版了一些有关经济学方面的东西，但用我自己的思想，自己的文句，自己的写作方法，建立起我自己的经济理论体系，并依据这个体系，把它伸展延拓到一切社会科学的

---

[*] 编者按：原标题是《留给中大经济学系同学一封公开信》。

领域，特别是展拓到社会史领域——这个企图和尝试不论达到了什么程度，却显然是到了中大以后开始的，而我自己分明记得，是在发表《政治经济学在中国》那篇文章开始的。因此，我念念不忘中大和中大经济系，在我自己一方面，并非因为我在那里留下了什么，而纯是因为我从那里获得了一些我前此不曾获得的东西。

中大和中大经济学系为什么能这样"造就"我，我自己一时也不易把它的全部原因指数出来。不错，战争是一个骇人深省的有力因素，战时的许多社会现象，会帮助我们认识那些隐伏在表象后面的有关社会本质的东西。但假使我留在其他地方，或者留在其他大学，恐怕会是另一结果吧！这使我联想到大家动辄自夸的"中大传统"。但"中大传统"究是怎样一种"精神的东西"呢？是怎样一种起着"升华作用"的"烟士披里淳"① 呢？你们以及其他的人，往往把这解作是"自由研究"。中大在研究上所获得的自由，并不比其他大学多，甚至可以说，在许多方面，比其他若干大学还少；我认为，假使说中大有一种使它与其他大学相区别的特征的地方，那与其说是"自由研究"，毋宁说是"自己研究"、"自己学习"。这种特征的存在，在许多原因之中，我得把中大由中山先生所创造、并为纪念中山先生而继续予以发展的事实指明出来。"向世界迎头赶上去，把民族从根救出来"的中山先生的伟大抱负，不知不觉会使学习在这种学校的青年学生，油然而富有"时代感"与"现实感"。而学校所提供他们的学习条件，实在说来有许多是大不满足他们的需求了。结果，他们中间那些不肯过于落在时代后面，同时不肯过于对现实采取旁观态度的人，就设法自己学习，自己去找门路，自己不吃不喝地积钱购买书籍，自己把勤奋钻研的结果，去同现实发生联系，自己从现实体验中，使所学的得到证验和充实。这样的人，在一百人中有三、五个，在一千人中有三十、五十个，就很容易造成一种领导的风气，使得生活在这种环境下的学者及教者，要么就是自甘落后，满不在乎的去享受"不研究"的自由，否则，他就得经常把自己放在进步状态中，去同其他"自己学习"者竞赛，并准备去接受"自己学习"者的质疑与论难。这样的自己学习或自己研究，显然会自己表现出一种自由研究的外观，而在实际上，自己研究比较从讲堂上被动的"习得"，是更需要自由的。而且，也只有肯认真自己学习的人，才能体验到"自

---

① 编者按：是英文 inspiration 的音译，有"灵感"或"激励"之意。

由"的可贵。

像这样的自学或自己研究，显然并非不需要指导者。反之，指导者的责任和负担，是更加艰巨的。我自负起中大经济学系的指导责任以后，我就痛感到，把一本美国或英国大学的经济学教本，在课堂中敷衍一下，无疑是非常轻快的偷懒方法，但无奈那一类刻板的常识性的书籍是专为它们自己社会需要而写出的书籍。含糊笼统的，"以其昏昏，使人昭昭"的，叫那些被动性强的同学勉强学着应付考试，固然是轻而易举，但要用此对付那些认真学习，要求使学理同现实联系来理解的同学，那就太嫌不足了。所以，在解答继续不断的质疑问难过程中，我前后刊行了《经济科学论丛》，《中国经济论丛》，及《中国经济原论》几部书。就连中途暂时离开而在去年度印行的《社会科学论纲》，其中的许多命题，也还是在中大教读当中，为大家所分别提起，因而引起我进一步研究的结果。我现在无须冒言这几部书在今后中国经济学界的影响，但至少，在我个人方面，是借此确立了我今后继续学习研究的基础。

上面的说明，就表示我所负于中大及中大经济学系者，是如何的多且大了。

现在，我要向你们"临别赠言"的，只有一句话，就是希望你们发挥自己学习的精神，自己去找门径，自己去探索，也许有时觉得太迂回了，有时觉得太苦了，但这却最靠得住。真正的大学教育，并不是要大家到学校里来，张着口，让老师像"填鸭"般的灌进一些在他认为"营养"的东西。而是要大家在就学期间，利用学校的人的、物的环境，利用一切可能的机会，自己去寻觅"食物"，自己去消化。自己找来的东西，自己消化了的东西，往往是最有益于自己身体的。

可是，要怎样才能发挥自学的精神呢？那却非一言两语所能尽，我此刻在仓促中能想到的，约有以次几点，写出来供大家参考：

第一，自学应随时不要忽视了共学的重要性。独自一个人学习，易使人流于孤僻，流于孤陋。一个人在自学过程中，不但自学的物质条件（如购买书籍等），需要不时补充，就是长期支持自习的毅力，也得不断有人从旁"打气"。相与切磋，相与共患难，特别是相与共书籍这种财产的朋友，十个八个也好，三五个也好，甚至一个也好，那是自己学习所最不可少的。但这样的朋友，这样的同学的发现和获得，是要自己在努力学习进程中，才有可能，而且也定要自己已在那种进程中，才能感知其必要。

第二，自己学习与自由研究是有关联的。但自由的研究空气，虽则是自己学习的一个非常重要的条件，可是所谓"自由"，并不单是指着从外面"给予"的那一面，还有从自身"创发"的那另一面。学校即使做到了学习第一，完全由"科学之神"所主宰，但我们自己如过于狭隘，自己已先陷于象牙之塔中，不肯给予相反意见、相反理论以充分考虑的余地，那样，即使完全取得了政治性的自由，也难免要丧失学术性的自由。坚定个人的研究立场，和给人以充分表达意见机会，或尊重人家意见，也不是不可并行的两件事。反之，任何光辉而正确的学说，只有在诸多相反学说并存中才显现出来，也只有通过诸多相反学说的论难，质疑，甚至攻击，才能使它从每一视野，每一角度，都阐发出真理的光芒来。在研究的论坛与讲坛上"从反对者获取自由，予反对者以自由"这是我个人以往提倡过的。在自学、在自己研究还不够自由的今日，我认为，开明的研究态度与坚定的研究立场，有同等的重要。

第三，自学在学习的当中，每个人迟早总可发现他自己认为有效的研究方法。而在我，依据二、三十年的自学经验，觉得知识累积不够，修养不够的人，读理论的书也好，读历史的书也好，如其尽可能的设法采行比较法，例如在经济学上，读到某家价值理论，同时把一切其他各家价值理论拿来参阅，最后如发现一切价值理论中，只有劳动价值理论最合理，最能科学地说明了一切有关现象；然后进一步把各家的劳动价值理论再拿来比较。又例如在经济史上，读到英国产业组织或农业现代化历程，同时把其他国家的同类经济史实，拿来较量其特质，分辨其致此的原因。再进一步，看其他各经济史家有关此种原因的不同说明。照此研究下去，虽然在一般的表象论者，很有流于形式主义的危险，但我们如果对于社会科学基本法则和方法论，有了相当认识，则这种研究方法的采取，就最能展拓我们的视野，增进我们的学力。

第四，我前面已讲到中大同学的自学精神的引起，主要是由于我们这个大学的历史所赋予大家的现实感和时代感。但我们在自学过程中，也可能因个人的及其他学校生活的种种原因，使自己的研究，慢慢倾向与时代和现实脱节的路上去。就我们学经济科学的人说，注重理论的研究，固然怕发生这种毛病，就是从事技术性的研究，也怕发生这种毛病，或者尤怕发生这种毛病。试想，在经济学系学习会计、统计、赋税一类学科，如再也像一般商业速成所的学生一样，只是懂得它们的技术面，而不懂得它们致用的社会面，那就用不着在大学来学习这类学科。

我们今日的会计制度、赋税制度以及专卖制度等等，都是学习注重技术，忽略了社会条件的结果。

至若从事理论研究者，客易犯那种与现实脱节的毛病，那是一般人所知道的。我个人，研究经济理论，我就随时警惕着，怕我自己的研究带有讲坛式的、书院式的倾向。例如，最近上海论坛上，有位作者评述拙著《社会科学论纲》，他指出全书贯彻有三个基本重点，即"实践的，批判的，中国的"。我读到他的评论，感到非常兴奋，并不是因为他讲了许多恭维我的话，而是因为我由是得知我们的研究尚未太脱离现实，而且这三点，也确是我的全部经济理论，企图实现的目标。我是乐于以这种事实来勉励大家的。

最后盼望你们当作我还在学校里一样，有什么问题和疑难，随时写信告知我。因为我不但有这种道义上的义务，并且还从内心有这种要求！质疑和论难，并不仅在你们学习上是必要的，在我的学习上也是必要的。当作一个永远的学习者，我始终在精神上同大家聚在一块。

愿大家向着学习的光明前途迈进！

（原载《每日论坛》1946 年 11 月）

和同志们谈谈几点比较原则性的
科学研究经验
（1956）

　　首先，我要谈一谈，科学研究工作所需要的社会的、政治的条件。人们进行思想工作，不管他在主观上表示了怎样遗世而独立的气概，但他的任何一点研究成果，都是客观环境或现实社会要求的产物。作为一个科学工作者，他不能也不愿做没有社会意义的事。国家的要求，社会的重视，时代的召唤，是时刻鼓舞他督促他孜孜不懈地进行研究工作的大动力。从这里，同志们就会体会到：我们科学工作者是处在怎样一个伟大的时代；为了不辜负这个时代，我们应该如何使我们的研究和党所指示的总路线，和国家提出的总任务相结合。

　　正确的研究方向，是一切研究工作的出发点。如果说，理论联系我们国家的建设实践，是我们进行研究工作的正确方向，马克思主义的辩证唯物主义，就是指示我们牢固地把握那个正确方面的指导原则。教条主义式地在观念上乱逞思辨，从概念，通过概念，到达概念的抽象研究，根本是脱离实际的；经验主义式地在零碎枝节的现象上，作格物致知的工夫，见不到事物的普遍联系，也就无从很好的理解实际的全貌；这都是反马克思主义的，也都是不能对于我们国家的建设实践，有什么帮助的。从这里，同志们就会体会到：我们科学研究工作者的幸运，不仅是因为我们处在这个伟大的社会主义建设时代，使我们的研究工作，时刻受到激励和敦促，同时还因为我们有作为这个时代的指导原理的马克思列宁主义，使我们的研究工作，时刻受到测验和考验。马克思列宁主义，是一切科学研究工作的指南。

　　其次，科学研究工作是一个较长期的极艰巨的思想工作过程。作为一个科学工作者，由特定专业部门的基本训练，到独立思想工作，再到创造性的发挥和发现，是需要坚持的毅力和顽强的战斗精神的。但应当明晰，这样的毅力和精神，并不是天生的，而是在学习研究过程中逐渐养成的。有效的学习研究方法和有秩序有规律的工作习惯，对于需要较长时期才能获得结果或有所成就的科学研究工作，是非常重要的；把所有有效的研究方法变成研究生活中习以为常的工作习惯，更是非常必要的。问题在于什么是有效的研究方法。各种不同的科学，都由其不同的性质决定了研究方法的特点，但同是科学，同时反映客观存在及其规律的学问，学习钻研起来，毕竟有它共同一致的途径。事实上，我们前面谈到的正确研究方向和马克思主义的指导原理，就已经为我们的研究途径和方法设定了一个范围，那也就是说，我们进行研究工作，并不是要等待在书本上学好了，研究好了，再把研究所得的结果，拿去应用，而是要在研究过程中，把科学上已经作了结论，已经获得了应用效果的原理和规律，不断回到实践中去，加以验证，加以对照，加以应用，加以创造性的发挥。不通过实验，不通过调查研究，不通过实际生活经验的体验，我们是不能很好弄清科学上的原理概念，也不能希望获致任何有助于生产实践和社会斗争实践的结果的。根据我的体会，研究过程就是一方面把各种概念、范畴、原理、规律回到它们所由产生的实际中去，同时并把它们分别应用到我们实际中来的反复的思想工作过程。当然，依着各种科学的性质不同，各个人的研究条件不同，从实际到实际的具体作法是不能一样的。但我们必须体会这种精神，养成结合实际的研究工作习惯，这样，就能不断地赋予我们以研究生命和活力，并能经常使我们的研究更好地符合于马克思主义的原理和国家的建设实践。

（原载《新厦大》1956 年第 120 期）

谈谈当前研究工作中存在的几个问题
（1956）

教学与科学研究是并不矛盾的。但在现实生活中，如果没有正确的安排，就会有一些交叉和抵触。要做到教学与研究的正确配合，必须明确：我们所求得的知识，可以用之于教学，同样可以用之于写作。教学必须是理论联系实际的，而不是教条主义式的，那么各种编写讲稿的工作，也可算是科学研究的工作。科学研究必须结合教学进行，在教学过程中，定出提高教学的写作计划，这样，就把两者的矛盾统一起来了。

社会科学的研究大抵分为三个方面，即理论的、技术的和历史的。社会科学的理论研究必须与实际相结合，才能深入生动；技术性的问题应提到原则上来与理论结合；而历史的研究必须与解决现实问题相结合，离开这些都是不行的。

进行科学研究的具体方法，如选题时必须注意到题目一般不宜过大，应选择具有长期的连续性的题目，同时选择题目必须有明确的目的等。

一部分同志因社会现象的认识，不像自然现象那样可以诉之于实验，可以用准确方法来测验其成就水平而置疑于社会科学的科学性，这显然是错误的。没有马克思主义的指导，中国革命怎么能取得成功？当然马克思主义必须与中国实际相结合，才能万古常新，显示出无限的生命力。

（原载《新厦大》1956 年第 125 期）

跟青年教师谈谈怎样治学 *
（1978）

今天，教育工会的同志要我向青年教师谈谈自己是怎样治学的。这个问题很重要，但这个问题不好谈。一个人学习的过程，是从生到死的过程。学习的方法与途径，因人而异，很难谈出每一个人完全适用的具体经验，所以我所谈的，也只能是"抛砖引玉"，供大家参考。

根据几十年来自己学习、研究、工作的体会，关于怎样治学的问题，我认为主要应注意以下四个问题：

第一，要奠定基本理论知识的基础。

我今年六十二岁，自觉地学习是半世纪以来的事情，初上学的十年完全是强迫的学习，全是死记硬背的，但在今天看起来，这些还是很有用，现在用的东西很多是第一个十年学到的东西，这就说明打基础很重要。因为任何一门专门学科都是以一般知识作基础的，没有广阔、坚实的基础，就很难学得专，学得深。

在基础之中，对学社会科学的人来说，掌握中文与历史有特别重要的意义，中文是基础的基础，否则不但了解知识有困难，表达意思更困难。至于与本学科有关的各种知识，更要力求学得广泛和深入。我现在搞的是"政治经济学"，主要是《资本论》的研究，但我并不是从大学一开始就念经济的，经济学完全是以后自学起来的。我在大学念的主系是"教育系"，辅系是"中文系"，后来改为"英语系"，又曾有一段时间专去写小说，这些学习似乎是走弯路，浪费了时间，事实上对于以后经济学的学习与研究，提供了很多有利的条件，有很大帮助。

---

　* 编者按：这是 1962 年 5 月 22 日，王亚南在厦门大学教育工会向本校青年教师所作报告，由王增炳记录整理。

当然，一直乱读没有归宿也不行。基础知识必须通过专门学科的学习与运用，加以巩固和提高，必须通过专门学科来表现，否则，漫读则劳而无功，基础打得再好也只是基础而已。

打好基础，再学专门学科，这是一般学习的程序，但不等于专了就不必回过头去学习一般的知识，必须随时不断扩大自己的眼界，才能不断地提高。专了还要通过博来达到精。

第二，要注意积累知识。

知识的获得，绝非朝夕之功。因此必须注意点滴积累，积少成多。我自己积累知识的基本途径有五：

1. 诵读。即背诵与朗读。我现在还保持诵读的习惯。诵读的好处是能帮助熟记，帮助领会与理解。常言说："反复诵读，其义自明"，是有一定道理的。但是由于时间限制，不能普遍诵读，所以必须选择主要的经典著作，加以熟读，就自己所能看得出的关键地方，反复搞熟。

2. 抄摘。经过动手抄摘的东西，往往印象深，记忆牢，用时引用很方便，自己对之很爱惜。抄摘的方式很多，如记日记，做索引卡、摘要卡都可以，但不要为抄摘而抄摘，否则不但费时，而且成为负担。

3. 翻译。翻译能够帮助熟悉文献，领会精义，找出作者思路，辨明每一条材料的来源与真伪，所以对积累知识有很大帮助。

4. 教学。无论哪一级的教学，只要是认真的教学，都能给自己很大的帮助。有人说："己愈予人己愈有，己愈教人己愈多"，这是有道理的。在某种意义上我们可以说，不断提高教学质量就是科学研究的过程。最要紧的是不要"炒冷饭"，原封不动地照搬。

5. 写作。在学习研究的过程中，上述几个方法可以说是写作的准备，而写作则是学习、研究的集中整理阶段。通过写作而巩固起来的知识，往往更加集中、深刻、有系统和有条理。当然，写作要有明确的目的，要有计划，要一气呵成，最好不要边读边写。

第三，要"学以致用"。

"使用是最好的学习"，自己学到的东西必须通过使用来检验、巩固和提高。所以，翻译、教学、工作、写作等都是最好的学习。

在教学、写作过程中，最重要的是要认真和踏实，要善于把一般原则性的知识应用去研究具体问题，找出具体的答案。不可以满足于一般规律，不可以人云亦云。如果坚持学以致用，即使起初用的效果不显著，但方向对头，总是会有成果的。

第四，要建立良好的学习生活秩序。

"凡事预则立，不预则废。"学习也是这样。如果没有妥善的安排，则容易落空，不能坚持。因此，要使学习能长期坚持，取得良好的效果，就必须有规律地安排学习、工作和生活，努力做到"好整以暇"，这就是既要严整紧张，又要从容不迫。我在正常情况下，通常每天清晨四、五点钟就起床，学习一些理论性较强的书籍，坚持有规律的工作和生活，几十年不轻易更改。而在出差、突击工作来临的情况下，我就适应新的情况，另作相应的安排，保证在任何情况下，每天都能抽出一定的时间学习。在这里，关键是要不懈地跟个人生活上的自由主义作斗争，树立远大的理想与崇高的生活目的。只要能够这样，则干起任何事情，在任何时候，都能精神焕发，精力充沛，永远有中心、有组织、有计划、有规则地前进，学习也就能够取得应有的效果。

（原载《厦门大学学报（哲学社会科学版）》1978 年第 2—3 期）

王亚南年谱简编

王亚南先生原名际主、直淮，号渔村，笔名王真、碧辉，近代中国著名的经济学家、教育家。

清光绪二十七年　辛丑（1901）诞生

10月14日（农历九月初三），生于湖北省黄冈县王家坊，父亲是当地破落地主，母亲早故。

清光绪三十三年　丁未（1907）六岁

入私塾，接受传统文化教育，熟读《论语》、《左传》、《国语》、《史记》等。

中华民国元年　壬子（1912）十一岁

父亲王凤庭病逝。

民国二年　癸丑（1913）十二岁

在兄长支持下到黄州读小学。

民国五年　丙辰（1916）十五岁

从黄州高等小学堂毕业，以优异成绩考入武昌第一中学读书，在姐姐的资助下读完了中学。

民国十一年　壬戌（1922）二十一岁

秋，考入武汉中华大学教育系，认真刻苦，成绩优秀。课余在校外兼任英语教员，以补贴生活费用。其时，董必武在武汉兼任中小学教员、党政练训处负责人，王常去听课，接受进步思想。

民国十五年　丙寅（1926）二十五岁
大学毕业，在武昌私立成城中学教了几个月书。
秋，成城中学停办，王亚南失业。

民国十六年　丁卯（1927）二十六岁
经王仲友介绍，只身奔赴长沙参加北伐军，在学生军教导团任政治教员。大革命失败后，王亚南怀着悲愤的心情自长沙返回武昌。谋职未果，与留法回国的夏康农相约同赴上海。

民国十七年　戊辰（1928）二十七岁
由于生活所迫，打算以写小说谋生，由上海辗转到杭州，在西子湖畔的大佛寺内与从上海大夏大学哲学系毕业的郭大力相遇，时郭正在着手翻译《资本论》第一卷。二人一见如故，立下全译《资本论》的壮志。在郭的鼓励下，王亚南抛弃了没有写完的小说，开始钻研马克思主义政治经济学。
年底，郭大力回沪执教，王亚南东渡日本。

民国十八年　己巳（1929）二十八岁
寓居东京，钻研马克思主义经济学，学习日文和德文，从事写作，并着手翻译经济学名著。与郭大力合作翻译亚当·斯密的《国富论》。

民国十九年　庚午（1930）二十九岁
开始翻译芬兰爱德华·韦斯特马克的《人类婚姻史》、英国大卫·李嘉图的《经济学及赋税之原理》（与郭大力合作）及日本高畠素之的《地租思想史》等著作。
7月，所译爱德华·韦斯特马克的《人类婚姻史》由上海神州国光社刊行。

民国二十年　辛未（1931）三十岁
1月，与郭大力合译的亚当·斯密《国富论》（上卷）由上海神州国光社初刊。

6月，所译日本高畠素之《地租思想史》由上海神州国光社刊行。

是年，"世界经济名著讲座"系列文章相继在《读书杂志》上发表。

"九一八"事变后，王亚南于是年年底愤然回国，在上海以翻译和教书为业。

民国廿一年　壬申（1932）三十一岁

与郭大力合译的李嘉图的《经济学及赋税之原理》由上海神州国光社出版（该书由北京商务印书馆于1962年9月刊行，更名为《政治经济学及赋税原理》）。

《经济学史》（上卷）由上海民智书局刊行。

与郭大力合译亚当·斯密《国富论》（下卷）由上海神州国光社初刊（该书由北京商务印书馆于1972年10月刊行上卷，1974年6月刊行下卷，并按原著全称，更名为《国民财富的性质和原因的研究》）。

民国廿二年　癸酉（1933）三十二岁

3月，所译英国克赖氏《经济学绪论》由上海民智书局刊行。

王亚南开始着手翻译奈特的《欧洲经济史》，并撰写了许多有关世界经济的文章，在《新中华》等杂志上发表。

10月，《现代外交与国际关系》由上海中华书局刊行。

11月，李济深、蒋光鼐、蔡廷锴等十九路军将领在福州发动闽变，成立福建人民政府，王亚南得知消息后，搁笔正在翻译的《欧洲经济史》一书，毅然从上海赴闽，出任人民政府的文化委员兼福建人民政府《人民日报》社社长（后期）。

在上海暨南大学执教。

民国廿三年　甲戌（1934）三十三岁

闽变失败被通缉，王亚南出走香港，又为香港当局限期离境，转至上海。夏，在朋友资助下，出走欧洲。

到欧洲后，王亚南住在马克思的故乡德国，去过《资本论》的诞生地英国。他广泛搜集和阅读西方经济学资料，同时，对德国的历史、现状及其发展趋势作了深入研究，撰写了《德国的过去、现在和未来》一书。在由日本转去德国的方达功介绍下，认识了在德国学习的中共旅欧支部负责人张铁生。

民国廿四年　乙亥（1935）三十四岁
3月，与郭大力合译的奈特《欧洲经济史》由上海世界书局刊行。

德国纳粹党上台后，政治气氛紧张。

秋，王亚南取道伦敦转至日本，与在明治大学学习的李文泉结为夫妇。

年底，夫妻二人一同回到国内，在上海与郭大力重新会面，商讨翻译《资本论》事宜。不久他与郭大力应中共上海地下组织创办的读书生活出版社之约，决定以1936年和1937年两年时间正式翻译《资本论》。

民国廿五年　丙子（1936）三十五岁
1月，《经济政策》、《德国之过去、现在与未来》由上海中华书局刊行。

4月，《现代世界经济概论》由上海中华书局刊行。

7月，《中国社会经济史纲》由上海生活书店初刊（1937年3月再版）。

此间，王、郭二人全力翻译《资本论》。他们根据德文原本，参考日文译本以及国内已经翻译出版的第一卷部分，尽可能通俗化翻译全本，以便中国读者阅读和研究。

民国廿六年　丁丑（1937）三十六岁
5月，《中国经济读本》（王渔邨著）以夏征农主编的丛书"新青年百科丛书"的一种在上海刊行。

《战时财政政策与金融政策》由光明书局出版，此书在后来国民党推行反共政策时被查禁。

除担任"上海著作者抗日协会"执行委员外，继续全力翻译《资本论》。此间，由于生活条件艰苦，王亚南又患有严重的神经衰弱症和胃溃疡病，郭大力承担翻译中的更多章节。后来王谦虚地说，在《资本论》翻译工作中，他是郭的助手。

抗战爆发后，上海沦陷，研究工作无法进行，王亚南带病离开上海。

民国廿七年　戊寅（1938）三十七岁

年初，经香港到武汉，出任以周恩来为主任的国民党政府军事委员会政治部设计委员会委员，组织民众抗日救亡工作。

2月，《战时经济问题与经济政策》一书由上海光明书局刊行。

秋，与郭大力合作第一次从德文本翻译的《资本论：政治经济学批判》第1、2、3卷中译本在上海由读书生活书店出版。

10月，武汉被日军侵占，王亚南从湖南经广西、贵州到达重庆，住在重庆的乡下。

民国廿八年　己卯（1939）三十八岁

8月，与王搏金合译英国柯尔的《世界经济机构体系》（上、下）由上海中华书局刊行。

民国廿九年　庚辰（1940）三十九岁

广东中山大学代校长许崇清亲自赴渝，登门拜访，敦聘其至中山大学任教。

夏天，蒋介石亲自下"手谕"，请郭大力、王亚南"来渝一谈"。时郭正患病，王亚南携中山大学聘书前往。蒋介石与他谈中国经济问题，并要他写出对中国经济问题的看法。当蒋提出要他留下时，王亚南立即拿出中山大学的聘书说："我已受中山大学之聘。"

9月，王亚南离开重庆到广东坪石镇中山大学就任经济学系主任，从事经济学的教学工作，教授高等经济学、中国经济史、经济思想史等课程，开始结合中国实际向青年学生讲解马克思主义理论。

民国三十一年　壬午（1942）四十一岁

创立中山大学经济调查研究所，创办《经济科学》杂志，并任主编，撰写《经济科学论》一文作为《代发刊词》。

民国三十二年　癸未（1943）四十二岁

夏，英国著名中国科技史专家李约瑟访王亚南于坪石。在山村的一个小屋里，他们两度长谈，纵论世界历史和社会经济问题，李约瑟提出中国官僚政治有关问题就教。之后，王亚南着手研究此问题，发表了"中国官僚政治之历史的经济的解释"系列文章。

10 月，《经济科学论丛》一书由江西赣县中华正气出版社刊行。

民国三十三年　甲申（1944）四十三岁

2 月，《中国经济论丛》由五十年代出版社出版，并撰写社会科学方面的文章。

日本侵略军袭击粤北，中山大学再次迁校。王亚南未跟随学校撤退，而是到赣南南康县郭大力的家乡与郭同住一村。旋因日本侵略者侵袭赣州，王从江西到福建临时省会永安，担任福建省研究院社会科学研究所所长。

到任后，改组福建省研究院社会科学研究所，创办《社会科学》杂志，组织人员赴闽西调查红军根据地的土地改革。同时，兼任当时迁校于长汀的厦门大学客座教授，讲授"高级经济学"、"中国土地问题"等专题。

民国三十四年　乙酉（1945）四十四岁

在福建永安创办经济科学出版社，版发《社会科学》、《研究汇报》等杂志。

6 月，《社会科学论纲》一书由东南出版社在福建永安出版。

秋，国民党福建当局逮捕了社会科学研究所研究员、著名记者、中共地下党员羊枣（杨潮）。王亚南愤而辞职，离开永安。不久，受厦门大学之聘，任法学院院长兼经济系主任。他延请了郭大力、林砺儒、杨东莼、石兆棠等进步教授，大大加强了厦大讲坛上马列主义的传播工作，并有力地支持了全校进步的学生运动，对于厦大成为当时"东南学运的民主堡垒"作出了重要的贡献。

年底，应台湾大学校长庄长恭之邀，赴台大法学院讲学，为时 1 个月。

民国三十五年　丙戌（1946）四十五岁

1 月，《中国经济原论》由福建经济科学出版社刊发（该书日文译本分别由日本青木书店、日本中国经济研究会于 1955 年刊行，后者刊行时将该书更名为《半殖民地经济论》；俄文译本于 1958 年刊行；该书增订版由人民出版社于 1957 年 1 月刊行，并改名为《中国半封建半殖民地经济形态研究》）。

12 月，《社会科学论纲》的增订版《社会科学新论》由经济科学出版社刊行。

民国三十七年　戊子（1948）四十七岁

10 月，由先前在《时与文》等杂志上发表的"中国官僚政治之历史的经济的解释"系列文章集结而成的《中国官僚政治研究》一书由上海时代文化出版社出版。

民国三十八年　中华人民共和国　己丑（1949）四十八岁

1 月，厦门白色恐怖加剧，王亚南乘飞机到香港，在中共地下党办的达德学院教经济学。同时，为香港《大公报》、《文汇报》等进步报刊撰写文章。不久，达德学院被香港英国当局封闭。

5 月初，王亚南与郭大力一道经中共地下组织安排，由香港北上抵达北京。不久，王亚南在清华大学任教，讲授政治经济学大课。

7 月，《中国社会经济改造问题研究》一书由中华书局初版印行。

《政治经济学史大纲》由上海中华书局出版。

庚寅（1950）四十九岁

5 月，政务院任命王亚南为厦门大学校长。

6 月，由北京启程到厦门赴任。自此以后近二十年中，王亚南坚定地执行了一条学生以学为主和高等学校必须教研相长的正确教育路线，为祖国培育了无数人才，陈景润就是许多例子中的一个。

8 月，创办厦门大学经济研究所，并兼任所长，招收首届经济学研究生 8 名，亲任导师。

11 月，《中国社会经济改造思想研究》由上海中华书局刊行（1951年 6 月再版）。

辛卯（1951）五十岁

是年，对厦门大学院系设置进行改革，经济系由法学院析出，与商学院合并，成立经济学院。

壬辰（1952）五十一岁

7 月，在其主持下，厦门大学成立研究部，兼任部长；原《厦门大学学报》（1926 年 4 月创刊时名为《厦门大学季刊》，1931 年更名为《厦门大学学报》）复刊，成为新中国成立后第一家复刊的大学学报。王亚南亲自参与组稿、写稿、审稿及编辑工作。

7 月 15 日，厦门大学院系调整委员会成立，王亚南任主任委员。

甲午（1954）五十三岁

9 月，当选第一届全国人民代表大会代表，兼任福建省政协副主席、福建省教育工会主席、福建省哲学社会科学联合会主席。

11 月，《中国地主经济封建制度论纲》由上海华东人民出版社刊行。

同年，将陈景润安排在厦门大学资料室担任助教，为其提供了做学术研究的基本条件。

乙未（1955）五十四岁

自本年度起，奉命停办统计、会计、财金、贸易四系，原经济学院撤销，改为经济系，下设政治经济学、统计学、会计学、货币与信贷、贸易 5 个专业，稳固原有师资队伍，为日后厦门大学经济学科的振兴与发展积蓄了力量。

6 月，中国科学院哲学社会科学部成立，当选为学部委员、常委。

丙申（1956）五十五岁

率厦门大学代表团访问印度。

《马克思主义的人口理论与中国人口问题》一书由科学出版社出版。

丁酉（1957）五十六岁

5 月 23 日，在厦门大学加入中国共产党。

11 月，《政治经济学论文选集》由福建人民出版社刊行。

冬，率中国教育专家组赴缅甸工作。

《中国半封建半殖民地经济形态研究》一书由人民出版社刊行。

戊戌（1958）五十七岁

1 月初，由缅甸回国。

9 月，创办《经济调查研究集刊》，10 月试刊。撰写《我们研究经济的方向与实践》一文作为发刊词。

是年，福建省委筹办福州大学，鼎力支持，将理科近一半的师资力量（包括亲自延请来的专家学者）调拨给福州大学。

己亥（1959）五十八岁

1月，《经济调查研究集刊》经中共中央宣传部批准，更名为《中国经济问题》，正式发刊。

4月，当选为第二届全国人民代表大会代表。

10月，著书《论当前两种社会制度下的两种不同经济现象和市场问题》由上海人民出版社刊行。

辛丑（1961）六十岁

王亚南参加全国高等学校文科教材编审会议，承担了编写经济学史方面教材的任务，会后同上海几位经济学教授编选出版了《资产阶级古典政治经济学选辑》。

癸卯（1963）六十二岁

《〈资本论〉讲座》（第一册，与袁镇岳共同主编）由上海人民出版社刊行。

甲辰（1964）六十三岁

12月，当选为第三届全国人民代表大会代表。

乙巳（1965）六十四岁

12月，主编《资产阶级古典政治经济学选辑》一书由北京商务印书馆刊行。

丁未（1967）六十六岁

"红色风暴"席卷厦门大学校园，被打成"反动学术权威"，遭批斗，入牛棚。

戊申（1968）六十七岁

无法做学问，抓紧时间自学法语。

乙酉（1969）六十八岁

春，感觉身体不适。

夏，病情恶化。

在上海卧病期间谈到，"过去一位学者说过：专制制度下只有两种人，一种是哑子，一种是骗子，我看上海就有专制制度的味道，上海就是少数骗子在统治多数哑子"，"我并不怕死，只是想在死以前看一看这出戏的结局，看一看几个丑角的下场，否则，我死不瞑目。"

11 月 13 日，因癌症在上海华东医院逝世，终年 68 岁。

参考文献

1. 朱立文：《王亚南校长著译系年目录》，载《中国经济问题》，1981 年第 5 期

2. 甘民重，林其泉：《王亚南传略》，载《党史资料与研究》，1987 年第 4 期

3. 张兴祥编：《王亚南先生学术年表》，见《中国官僚政治研究》，北京，商务印书馆，2010 年

4. 林其泉：《王亚南》，见中国社会科学院近代史研究所中华民国史研究室编《中华民国史人物传》（第六卷），北京，中华书局，2011 年

5. 王亚南所撰相关论文、著作

中国近代思想家文库

丁文江卷	宋广波	编
钱玄同卷	张荣华	编
张君劢卷	翁贺凯	编
赵紫宸卷	赵晓阳	编
李大钊卷	杨琥	编
李达卷	宋俭、宋镜明	编
张慰慈卷	李源	编
晏阳初卷	宋恩荣	编
陶行知卷	余子侠	编
戴季陶卷	桑兵、朱凤林	编
胡适卷	耿云志	编
郭沫若卷	谢保成、魏红珊、潘素龙	编
卢作孚卷	王果	编
汤用彤卷	汤一介、赵建永	编
吴耀宗卷	赵晓阳	编
顾颉刚卷	顾潮	编
张申府卷	雷颐	编
梁漱溟卷	梁培宽、王宗昱	编
恽代英卷	刘辉	编
金岳霖卷	王中江	编
冯友兰卷	李中华	编
傅斯年卷	欧阳哲生	编
罗家伦卷	张晓京	编
萧公权卷	张允起	编
常乃惪卷	查晓英	编
余家菊卷	余子侠、郑刚	编
瞿秋白卷	陈铁健	编
潘光旦卷	吕文浩	编
朱谦之卷	黄夏年	编
陶希圣卷	陈峰	编
钱端升卷	孙宏云	编
王亚南卷	夏明方、杨双利	编
黄文山卷	赵立彬	编

图书在版编目（CIP）数据

中国近代思想家文库. 王亚南卷/夏明方，杨双利编. —北京：中国人民大学
出版社，2015.1
ISBN 978-7-300-20810-7

Ⅰ．①中… Ⅱ．①夏…②杨… Ⅲ．①思想史-研究-中国-近代②王亚南
（1901～1969）-思想评论 Ⅳ．①B250.5

中国版本图书馆 CIP 数据核字（2015）第 030644 号

中国近代思想家文库
王亚南卷
夏明方　杨双利　编
Wang Yanan Juan

出版发行	中国人民大学出版社				
社　址	北京中关村大街 31 号		**邮政编码**	100080	
电　话	010 - 62511242（总编室）		010 - 62511770（质管部）		
	010 - 82501766（邮购部）		010 - 62514148（门市部）		
	010 - 62515195（发行公司）		010 - 62515275（盗版举报）		
网　址	http://www.crup.com.cn				
经　销	新华书店				
印　刷	涿洲市星河印刷有限公司				
开　本	720 mm×1000 mm　1/16		**版　次**	2015 年 5 月第 1 版	
印　张	33.5 插页 1		**印　次**	2024 年 7 月第 2 次印刷	
字　数	523 000		**定　价**	115.00 元